快速充电百科知识丛书 Kuaisu Chongdian Baike Zhishi Congshu 既可现用现查　又能轻松储备

2000个应该知道的国学常识

2000 Ge Yinggai Zhidao De Guoxue Changshi

张艳玲　李艳君　编著

内蒙古科学技术出版社

图书在版编目（CIP）数据

2000个应该知道的国学常识 / 张艳玲，李艳君编著
. — 赤峰：内蒙古科学技术出版社，2018.4（2021.1重印）
（快速充电百科知识丛书）
ISBN 978-7-5380-2900-0

Ⅰ. ①2… Ⅱ. ①张… ②李… Ⅲ. ①国学—通俗读物
Ⅳ. ①Z126-49

中国版本图书馆CIP数据核字（2018）第001469号

2000个应该知道的国学常识

编　　著：张艳玲　李艳君
责任编辑：马洪利
封面设计：李　莹
出版发行：内蒙古科学技术出版社
地　　址：赤峰市红山区哈达街南一段4号
网　　址：www.nm-kj.cn
邮购电话：0476-8227078
印　　刷：三河市华东印刷有限公司
字　　数：662千
开　　本：710mm × 1000mm　1/16
印　　张：33
版　　次：2018年4月第1版
印　　次：2021年1月第2次印刷
书　　号：ISBN 978-7-5380-2900-0
定　　价：68.00元

如出现印装质量问题，请与我社联系。电话：0476-8237455　8225264

编者的话

公元前8世纪，在世界的东方，古老的中华民族进入了文明的第一个恢弘盛世——春秋战国；在世界的另一端，随着第一次奥运会的召开，古希腊也迎来了她文明的鼎盛时代。此后，两个古老的文明，在世界的东方和西方交相辉映。古希腊文明成为近现代欧洲文明的源头，而中华文明依然在东方光芒四射。

春秋战国就是这么一个多姿多彩的时代，绵延两千年不断的中国传统文化就在这个时期发轫。以先秦经典、诸子之学为号召，以后的历代史学、两汉经学、魏晋玄学、隋唐佛学、宋明理学以及为后人所吟诵的汉赋、六朝骈文、唐诗、宋词、元曲、明清小说，构成了享誉世界的、中国人民引以自豪的经、史、子、集四大部，它们形成、完善，并最终成为中国文化的主流形态，后人称之为“国学”。它们生生不息，浸润着人们的心灵，造就了温润淡雅的中华民族的品格，并且同中华民族的生命血脉交融。

历史总是让人叹息。当古老的中国沿着它几千年不变的道路蜿蜒前行的时候，西方文明已经悄然走到了前头，当西方强势文化如急风暴雨般横扫而来时，一大批新型的文化精英崛起，大声呼吁学西方以图自强，国学经历了前所未有的尴尬局面。然而，尽管欧风东渐，而中华文明道统依然潺潺流淌。

国家民族危机的时代早已过去，一个飞速发展的新时代昂然于世人面前。生活在当今时代的人，享受着现代文明带来的种种便利与奢华，却又难免感染“现代病”，繁音乱耳，物欲扰心，情感受挫，心智枯寂。于是，那曾经深入民族血脉的儒家，思考宇宙人生、追寻精神家园的道家，求真务实的法家，哺育着中华民族性格的诗书画，再次唤起了国人内心深处某些共通的东西。其所包含的深沉理念，穿透深邃的历史时空，给繁华又烦躁的世界带来一缕清新的空气，与我们的心灵相遇、相励、相慰，犹如世代相传的火种，点亮世代相承的人们的智慧和情感之灯。

于是，国学不再是少数文化精英们的专利，一如两千多年前伟大的教育家孔子的时代，每个人都有关注文化的权利和慧眼。不是吗？哪一个人的内心深处没有受到儒家、道家、佛家的浸染？哪一个童子不会背诵几首唐诗宋词？哪个人不知道“秦时明月汉时关”？国学在新的历史时期，在不知不觉中，成为国人安身立命的根基。

国学是这样的无所不在，就像庄子讲的那个故事。那个浪漫主义的思想家在他的《庄子·知北游篇》中讲了一个有趣的故事：东郭子问庄子“道”在哪里，庄子说：“无所不在！”东郭子说：“指出一个地方来！”庄子说：“道在蝼蚁身上！”东郭子说：“怎么这样卑下呢？”庄子说：“道在稊稗。”东郭子说：“怎么更加卑下了？”庄子说：“道在瓦甓里面。”东郭子又问：“怎么愈说愈卑下了呢？”庄子说：“道在屎溺里面。”这样的一问一答，庄子把道无所不在的含义，发挥到了极致。国学之“道”亦如庄子的“道”，就在“寻常巷陌”。国学不是高高在上的贵族之学，而是每一个国人内心深处最直接的渴望。

我们编写这部国学常识，它不是教科书，它仅仅是一扇窗，透过它，让你能便捷地看清国学，包括其基本结构、延续脉络，以及其举世无双的巨大魅力。

本书浓缩了中华国学领域的各种知识点，包括国学经典介绍、国学著作解读、国学大家简介等，还分别介绍了国学分支中的哲学、史学、宗教学、文学、礼俗学、戏剧、书画，等等。这些生动有趣的国学常识，可以开拓文化视野，升华人生境界，无论你是中学生、大学生，还是社会人士，都可以通过它一窥国学的丰姿。一册在手，你就拥有了一把开启精神家园的钥匙；身处其间，你就可以穿越时空，看华夏千年光阴游走，看中华文化所历经的灿烂辉煌。然后，你会惊喜地发现，原来国学就在我们身边。

2017 年 12 月

目　　录

一、经学

二、史学

三、子学

四、文学

五、书学

六、画学

七、蒙学

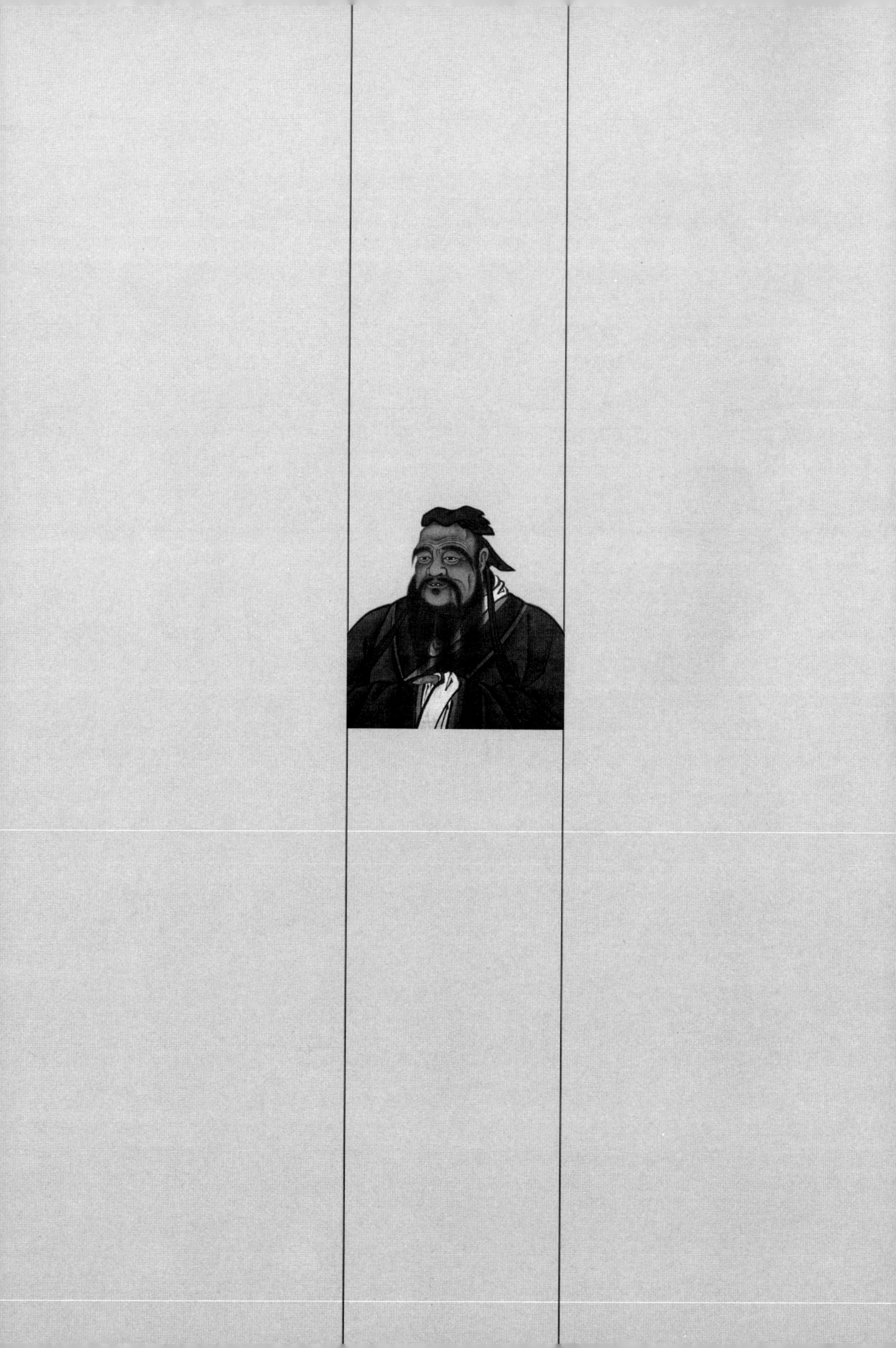

一、经学

什么是经学

“经”字的本义，是“织布的纵丝”，所以许慎《说文解字》说:“经,织从丝也。”段玉裁《说文解字注》有:“织从丝谓之经，必先有经,而后有纬。是故三纲五常六艺，谓之天地常经。”

“经”字又引申为经常、经纬之义，指在一切书籍中特别重要，足以作为经典的东西，也就是经书。班固《白虎通》有:“经,常也。有正常之道,故曰‘五经’，言不变之常经也。”

什么是经书

经书一般指历史典籍或学者的著作，不限于儒家经典，如庄子就把墨子的著作称为《墨经》。后来统治者出于政治上的需要，才逐渐把经书限于儒家的重要典籍。特别是到了西汉武帝时，朝廷实行“罢黜百家，独尊儒术”的方针，从此儒家的思想和重要著作便处于唯我独尊的“经典”地位了。

五经

作为儒家的经典，最初只有六部，即孔子所谓的六经。但是《乐》早已失传，到西汉时，实行“罢黜百家，独尊儒术”，儒家的这五部书——《诗》《书》《礼》《易》《春秋》，就成为官方最权威的“经书”。学者如果治“五经”以外的学问，那他连担任教师的资格也没有。官吏也主要出于儒生，儒学逐步发展，便成为两千年来中国社会的正统思想。

四书

“四书”是《大学》《中庸》《论语》《孟子》这四部著作的总称。据称它们分别出于早期儒家的四位代表性人物曾参、子思、孔子、孟子，所以又称为“四子书”，也称“四子”，简称为“四书”。南宋光宗绍熙元年（1190），著名理学家朱熹将《礼记》中的《大学》《中庸》两篇拿出来单独成书,和《论语》《孟子》合为“四书”,又撰成《四书章句集注》，从此“四书”便成为封建社会科举取士的标准读本。

十三经

十三经是指在南宋时期形成的十三部儒家经典，分别是《诗经》《尚书》《周礼》《仪礼》《礼记》《周易》《春秋左传》《春秋公羊传》《春秋穀梁传》《论语》《尔雅》《孝经》《孟子》。清乾隆时期，镌刻“十三经”经文于石，阮元又合刻《十三经注疏》，从此，“十三经”在儒学典籍中便有了至高无上的尊崇地位。

“十三经”内容博大精深，蕴涵着极其丰富的思想，上起治国平天下的方针大计，下到对臣民思想的规范、伦理道德的确立、民风民俗的导向，无一不渗透其中。儒家经典施于社会的影响无时不在，无处不在。了解和研究中国传统文化，不能不阅读“十三经”。

《易经》是占筮之书吗

《易经》是冠居群经之首的儒学经典，也是一部探求宇宙奥秘与人世变迁的旷世奇书。《易经》原称《易》，本是周代的一部占筮之书，所以后人称为《周易》。“易”在古代就是占筮之书的通称。狭义的《周易》只指《易经》，广义的《周易》则包括《易经》和《易传》两部分。《易经》蕴涵着极其丰富的哲学思想。

伏羲画卦的传说

八卦相传为伏羲所作。《易·系辞下》说：“古者包牺氏之王天下也，仰则观象于天，俯则观法于地。观鸟兽之文与地之宜，近取诸身，远取诸物，于是始作八卦，以通神明之德，以类万物之情。”伏羲画卦还只是传说，它是上古时代人们记事的符号，后被用为卜筮符号，并且日益神秘化。

神秘的河图

据汉代孔安国、刘向解释：“伏羲时有龙马出于黄河，马背有旋毛黑点，后一、六，前二、七，左三、八，右四、九，中五、十，称作龙图，伏羲取法以画八卦生蓍法。中宫之数为太极，以奇偶之总数为两仪；河图中生数为一二三四，各加中五，则为六七八九，此即为四象之数；分北方一六之数则为坤卦，分南方二七之数则为乾卦，分东方三八之数则为离卦，分西方四九之数则为坎卦。

神秘的洛书

根据孔安国、刘向解释：夏禹治水时有神龟出于洛水，背上裂文，前九后一，左三右七，中五，前右二，前左四，后右六，后左八。纹如文字，禹取法而作《尚书·洪范九畴》。陈抟作“洛书图”。洛书属于“洪范”系统。洛书讲五行之数，五行之数为奇，奇为数之始，洛书之奇数即一、三、

五、七、九居四正位及中位，体现了五行相生和相胜的顺序相互流转，生化万物，变化无穷。

八卦

《易经》是有规律可循的。它用“—”和“--”两个最基本的符号代表阳和阴，分别称为阳爻、阴爻。把“—”和“--”叠列三层。卦的三画，代表天、地、人三才。《系辞》说：“易之为书也，广大悉备。有天道焉，有人道焉，有地道焉，兼三才而两之，故六非它也，三才之道也。”又说“为三画而三才始备”。三画可以形成八种组合形式，叫作八卦。

八卦取象歌

八卦对于很多人来说是神秘的，卦形也不容易记得住，所以，宋代大儒朱熹专门编了一首《八卦取象歌》：

乾三连，坤六断；
震仰盂，艮覆碗；
离中虚，坎中满；
兑上缺，巽下断。

八卦代表什么

八卦中的每一卦象又代表某一种事物，如乾为天、坤为地、震为雷、巽为风、坎为水、离为火、艮为山、兑为泽。对于每一卦象的含义还可以进一步引申，例如乾既代表天，又可以表示国君、君子、刚健、阳气等。《易传》作者认为八卦主要象征天、地、雷、风、水、火、山、泽八种自然现象，每卦又象征多种事物，并认为“乾”“坤”两卦在“八卦”中占有特别重要的地位，是自然界和人类社会一切现象的最初根源，后来便逐渐引申出丰富的哲理。

《易经》的奥秘

《易经》在先秦著作中是比较重要的一部书。它包括两部分，一个是经的部分，这里面有卦与六十四卦的卦辞，以及三百八十四爻的爻辞。这些统统叫作《易经》。另一个是传的部分，这里面有彖辞、象辞、系辞、文言、序卦、说卦、杂卦等篇，而彖辞、象辞、系辞又各分为上下篇，这样加起来就有十篇。过去的人叫它为“十翼”，我们叫它为《易传》。传和经的关系，传是解释经的，是对经的注释和论述。

《易经》就是一本从卦爻的变化来探讨宇宙一切事物不变的理则。《易经》在长期流传过程中被神秘化了，但在神秘的形式下，蕴涵着极为丰富的逻辑思维和朴素的辩证法观点。如吉凶、祸福、得失、损益等的对立统一，以及否极泰来、亢龙有悔的物极必反的规律，等等。作为一部哲学著作，《易经》还涉及到许多自然科学知识，如天文、地理、历数、兵医卜、炼丹、堪舆等，后世的科学研究者都从中获得了有益的营养。

《易经》的传播

《易经》作为一门古老的东方智慧，在世界各国也引起了不少学者的极大兴趣。明末来华的意大利传教士利马窦首先翻译了乾、坤二卦。此后，《易经》被翻译成了拉丁文。17世纪与18世纪之交，德国哲学家、数学家莱布尼茨根据《易经》，发现了六十四卦的二进制奥秘。法国传教士白晋在巴黎发表演讲，极力推崇《易经》，说它是“最完美的哲学”。现在，《易经》已经有了德文、俄文、意大利文、荷兰文等多种译本，《易经》爱好者更是遍布全世界。

文王演卦

用八卦的卦象两两重叠，又能组合成六十四卦。

相传六十四卦是周文王所作。纣王曾将文王囚禁在羑里（河南汤阴县内），就在这时，文王把八卦交叠为六十四卦。故史书称文王作《周易》。还传说纣王听说文王能掐会算，就把文王的儿子杀了，剁成肉酱，熬成肉汤，叫人把肉汤送去给文王喝，看他能不能算出那是用他儿子的肉做的。据说，文王算出来了，但为了自己日后的大业，还是含着泪喝下了，所以纣王以为文王并不像传说中的那么神，就把他放了。文王死后，他的儿子姬发即位，这便是周武王。武王继承了文王的事业，为六十四卦配上爻辞。所以司马迁在《史记》里说“西伯拘羑里，演《周易》”，又说，西伯“益《易》之八卦为六十四卦”。

六十四卦

六十四卦，每卦都有六爻，都是用来象征宇宙的万物万事，从这里面可以占卜吉凶，所以六十四卦之作，其原意也只是占卜之用。至于卦爻的名称，阳爻叫作“九”，阴爻叫作“六”，每卦最下的一爻，阳爻叫作“初九”，阴爻叫作“初六”。从第二爻到第五爻，阳爻叫作“九二、九三、九四、九五”，阴爻就叫作“六二、六三、六四、六五”，每卦最上的一爻，阳爻叫作“上九”，阴爻就叫作“上六”。

卦爻辞

《易》中，对于每一卦以及卦中的各爻，都有阐述其意义的解说。这就是卦辞和爻辞，它们是《周易》的正文部分。

以《乾》卦为例：

乾：元亨、利贞。

卦名为“乾”；“元亨、利贞”，为卦辞。

爻辞如下：

初九：潜龙勿用。

九二：见龙在田，利见大人。

九三：君子终日乾乾，夕惕若厉，无咎。

九四：或跃在渊，无咎。

九五：飞龙在天，利见大人。

上九：亢龙有悔。

用九：见群龙无首，吉。

这样，六十四卦中，每卦均包括卦象、卦名、卦辞、爻辞四个部分。

什么是《易传》

《易传》是对《易经》的解释，它原本与《易经》是分开的，由经师分别传授，到了汉代，郑玄等经学家以传附经，活附在经文条目下，使得学者更方便研习《易经》。

孔子作“十翼”

解释《易传》最著名的是“十翼”。“翼”的意思就是辅助，表示它们是帮助人们理解《易经》的，“十翼”好比《经》的羽翼。《易传》有十篇文章：

《彖辞》上　《彖辞》下
《象辞》上　《象辞》下
《系辞》上　《系辞》下
《文言》　　《说卦》
《序卦》　　《杂卦》

相传《易传》是孔子所作。大约在周文王三百年后，孔子又继承了文王和武王的事业，为《周易》校订并加上十篇注解。据后人考证，十翼的作者并非一人，著作时间也不相同，早自春秋末年，晚至西汉初年。根据历代说法，十翼中，《彖辞》上下、《象辞》上下等四篇当定为孔子作，《系辞》上下两篇及《文言》当定为孔子弟子所记，至于《说卦》《序卦》《杂卦》三篇则由后人依托。

《彖辞》指什么

《彖辞》又称《彖》或《彖传》，分上、下两篇，是对彖辞的解释。唐代经学大家孔颖达将其解释为“断”，为断定以卦之意。“彖辞统论，一卦之义，或说甚卦之德，或说其卦之文，或说其卦之名。”可见，“彖”还含有吉凶变化之意。

《象辞》指什么

《象辞》又称《象》或《象传》，分《大象》《小象》两篇。《大象》主要是取八卦所象征的天、地、风、雷、水、火、山、泽等自然现象，解释卦象和卦名的含义；《小象》是对各卦爻象和爻辞的解释，但体例不一。《象》多举天地万物之象，以喻人事道德之义。如乾卦《象》曰：“天行健，君子以自强不息。”

《文言》指什么

《文言》专门解释乾、坤两卦的卦辞和爻辞，分《乾文言》和《坤文言》。它的主旨在于借阐发天地之德，说明君臣上下、进退存亡之道，修身、齐家、治国、平天下之理。其中多处吸取前人解《易》的言论。

《系辞》指什么

《系辞》又称《系辞传》，分为上、下两篇。因系于经之下而得名。它是解说《易经》全书义理的通论，是《易传》思想的中心所在，篇幅也较长。《系辞》包含着很多关于自然内容方面的思想。

《说卦》指什么

《说卦》收录汉初经师的“卦注”“卦象”之说。其内容可以分为两个部分，前一部分简要说明《易经》卦爻的观变穷理，贯通天、地、人三才之道，后一部分解说八卦所象的事物。在这里，八卦取象更为宽广，如乾卦象征天、君、父、首、马、王、金、寒等；以乾坤为父母，其余为长、中、少三男三女，用父母兄弟姐妹之道来解释八卦的关系。

《序卦》指什么

《序卦》是对六十四卦排列顺序的说明，从天地万物说起，以“有天地，然后万物生焉。盈天地之间者唯万物”来说明乾、坤两卦居于首位。然后以万物生长的过程，事物变化的因果关系及物极必反、相反相生的运动规律等解释其他各卦的相互关系。

《易传》的辩证法思想

《易传》在解释《易经》的时候，大量吸收了儒家、道家、阴阳家的思想，《系辞》中有“形而上者为之道，形而下者为之器”，其中的“形而上”就是指形以前，即无形的意思。“一阴一阳谓之道，刚柔相推而生变化”，则是阴阳家的观点。“一阴一阳谓之道”观点更是对《易经》的概括与发挥。如《易经》中奇偶二数，阴阳二画，是一阴一阳；八卦中也是一阴一阳相对，六十四卦也是一阴一阳，两两相对。“一阴一阳谓之道”又扩展到整个自然界和人类社会，就有了诸如天阳地阴，日阳月阴，君阳臣阴，男阳女阴等。

阴阳变化又推出了“刚柔相推而生变化”的道理：

日往则月来，月往则日来，日月相推而明生焉。

寒往则暑来，暑往则寒来，寒暑相推则岁生焉。

这些都包含着朴素的辩证法思想。

“自强不息”“厚德载物”出于何处

《易传》认为宇宙间充满了一种刚健的、向上的力量。由宇宙而人生，莫不如此。看到宇宙充满生机，就会领悟到人生有无上崇高的价值和无限丰富的意义。所以，《大象传》中有：

天行，健。君子以自强不息。
地势，坤。君子以厚德载物。

这是一种健康的、乐观的人生观，正是这样生生不息的乐观精神鼓舞着中华民族，并成为中华民族不朽的精神财富。

“否极泰来”是什么意思

《易经·杂卦》中有：“否泰，反其类也。”意思是闭塞到极点，就会转到通泰。这就是我们常用的成语。这句话又可以引申为，自然界和人类社会是充满变数的，好事可以变成坏事，坏事也可以变成好事。所以，困难时不能丧失信心；顺利时，则要预防灾难的降临，远离大喜大悲，用一颗平常心对待这个变化多端的世界。

“革故鼎新”一词的出处

《易经·杂卦》有：“革，去故也。鼎，取新也。”“革”：改变，革除；“故”：旧的；“鼎”：树立。这句话说的是改革的道理。《易》的精髓就是变化和发展。《系辞》说“天地之大德曰生”，天地最大的德性是生，是化生万物，生生不息的功能。阴阳消长交感而幻化宇宙万物，宇宙万物又处于生生不息的流变之中。只有不断地革除旧的、不适应新时代发展的东西，新的进步的东西才能树立起来，宇宙万物才能保持生机和活力。与自然之变化发展相适应，人的变化发展体现在创造与创新上，创造是从无到有，只有创造才能富有，创新是从有到有，只有创新才能发展。人在充满生机和活力的宇宙中，才能充满信心与勇气，才能积极进取，创新发展。

“文化”一词来自《易经》

《易经》有：“观乎天文，以察时变，观乎人文，以化成天下。”文化一词，就是从这儿来的，它的意思是按照人文来进行教化。现代意义上的文化主要有三种含义：一是人类在社会发展过程中所创造的物质财富和精神财富的总和；特指精神财富，如文学、艺术、教育、科学等。二是考古学用语，指同一个历史时期的遗迹、遗物的综合体。同样的工具、用具，同样的制造技术等，是同一种文化的特征，如仰韶文化、龙山文化等。三是指运用文字的能力及一般知识，如“学习文化”“文化知识”等。

《诗经》的创作年代

《诗经》是我国最早的一部诗歌总集，由于后来被列为儒家经典，故不称诗集而称《诗经》。《诗经》作品的创作年代，大致可分三期：(一）西周前期之武王至孝王时；(二）西周后期夷王至平王东迁；(三）平王东迁后到春秋末期。

诗三百

相传周朝设有采诗官，叫行人。每年到民间采诗，回来交给乐官配乐。从《诗经》中诗歌创作年代前后历五百多年，但形式和音韵却保持了大体上的一致来看，证明《诗经》成书时是经过加工整理的。据说《诗经》为孔子删定，实际上，《诗经》很可能是在很长的时期内由很多人加工整理而成的。成书年代大约是春秋中叶，孔子整理过《诗经》。《诗经》存诗三百零五篇，取其整数，又称《诗三百》。

由“乐”而“经”

孔子认为《诗经》具有很强的教化功能，他把《诗经》列为主要教学科目，并且谆谆教导他的弟子们：“不学诗，无以言。”在孔子的大力提倡下，《诗经》流传很广，士大夫常在外交场合引用《诗经》来表达自己的意愿、见解。到汉代，《诗经》被提到了“经”的尊崇地位，成为儒家的重要典籍。把歌舞乐改造为思想行动的纲领，提举为治国经邦的理论依据，看似有悖正理，这正说明聪明的中国古代先人看到了乐的巨大潜力，也说明《诗经》本身所包含的博大内容和深刻思想。

《国风》的内容

《诗经》分风、雅、颂三种。《诗大序》中说，风是风化、感化、讽刺的意思。“风”是各地方的乐调，《国风》便是各国土乐的意思。《国风》旧有十五，包括“周南”“召南”“邶”“鄘”“卫”“王”“郑”“齐”“魏”“唐”“秦”“陈”“桧”“曹”“幽”，合称十五国风，共一百六十篇。后分出“二南”，还剩十三，而其中邶、鄘两国的诗，现经考定，都是卫诗，那么，就只有十一《国风》了。《国风》是《诗经》中艺术成就最高的部分，许多诗篇来自于社会现实，讴歌爱情、赞美祖国、揭露社会丑恶现象等，成为历代人们吟诵的佳篇非常多，如《关雎》《桃夭》《燕燕》《静女》《淇奥》……不可胜数。如《芣苢》就具有一种音韵之美：

采采芣苢，薄言采之。
采采芣苢，薄言有之。
采采芣苢，薄言掇之。
采采芣苢，薄言捋之。
采采芣苢，薄言袺之。
采采芣苢，薄言襭之。

《雅诗》的内容

“雅”就是“乌”字，似乎描写这种乐的呜呜之音。雅也就是“夏”字，古代乐章叫作“夏”的很多，也许原是地名或族名。雅又分《大雅》三十一篇，《小雅》七十四篇，大约也是乐调不同的缘故。《雅》诗大多是贵族上层社会典礼、宴会时所演唱的乐歌，所以内容最多的是宴饮诗、史诗和政治讽刺诗，另外还有些恋歌、怨歌等。《雅诗》中有很多史诗，如《生民》《文王》《大明》等。

《颂诗》的内容

“颂”就是“容”字，容就是“样子”。

《毛诗序》说："颂者，美盛德之形容，以其成功告于神明。"这种乐载歌载舞，大多是颂扬祖先功德、宣扬天命的内容。《诗经》中，颂有《周颂》三十一篇，《鲁颂》四篇，《商颂》五篇，共四十篇，合称"三颂"。《商颂》经考定实是《宋颂》。

《诗经》中的"赋"

赋、比、兴是《诗经》的表现手法。赋本是唱诗给人听，但在《大序》里，也许是"直铺陈今之政教善恶"的意思。《国风》中的《七月》《氓》等，就采用了赋的手法。

《诗经》中的"比"

比、兴都是政教的譬喻。比，就是比喻，《诗经》完美地使用这种方式，使得人物的形象极其鲜明，如《鄘风·相鼠》《魏风·硕鼠》，就用令人憎恶的老鼠比喻不劳而获、贪得无厌的贵族统治者。

《诗经》中的"兴"

在诗篇发端的叫作兴。《毛传》标出的兴诗，共一百十六篇，《国风》中最多，《小雅》第二；按现在说，这两部分搜集的歌谣多，所以譬喻的句子也多。如《周南·桃夭》：

桃之夭夭，灼灼其华。
之子于归，宜其室家。
桃之夭夭，有蕡其实。
之子于归，宜其家室。
桃之夭夭，其叶蓁蓁。
之子于归，宜其家人。

用"桃之夭夭，灼灼其华"起兴，以盛开的桃花，比喻美丽的女子，生动而自然。

"诗言志"

"诗言志"是一句古话。"诗"这个字就是"言""志"两个字合成的。但古代所谓"言志"和现在所谓"抒情"并不一样，那时"志"总关联着政治或教化。春秋时通行赋诗。在外交的宴会里，各国使臣往往会点一篇诗或几篇诗叫乐工唱，但是所点的诗句必加上政治的意味。这可以表示这国对那国或这人对那人的愿望、感谢、责难等等，都从诗篇里断章取义。断章取义是不管上下文的意义，只将一章中的一两句拉出来，就当前的环境，作政治的暗示。如《左传》有：襄公二十七年，郑伯宴晋使赵孟于垂陇，赵孟请大家赋诗，他想看看大家的"志"。子太叔赋的是《野有蔓草》。原诗章云，"野有蔓草，零露漙兮，有美一人，清扬婉兮。邂逅相遇，适我愿兮。"子太叔只取末两句，借以表示郑国欢迎赵孟的意思：上文他就不管。全诗原是男女私情之作，他更不管了。可是这样做正是"诗言志"的反映；在那次宴会中，赵孟就和子太叔说了"诗以言志"这句话。

"思无邪"

《论语·为政》中有一句话，子曰："诗三百，一言以蔽之，曰：'思无邪。'"孔子的意思是："《诗经》用一句话就可以概括了，就是'思想纯正'。"《诗经》最初的意思明白易晓，可是到孔子这里，却用来讨论做学问做人的道理。《论语·学而篇》有：

子贡曰："《诗》云：如切如磋，如琢如磨。其斯之谓与？"子曰："赐也，始可与言诗矣。告诸往而知来者。"

子贡说他不懂《诗经》上"如切如磋，如琢如磨"是什么意思，孔子就感慨地说："赐啊，我现在可以跟你讨论《诗经》上的问题了。""如切如磋，如琢如磨"，是《诗经·国风·卫风·淇奥》中的一句，本来说的是治玉，将玉比人。他却用来教训学生做学问的功夫。

《毛诗》

古文的《诗经》，只有《毛诗》一家。毛氏有两个人：毛亨，汉时鲁国人，人称为大毛公；毛苌，赵国人，人称为小毛公。大毛公创始《诗经》的注解，传给小毛公，在小毛公手里完成。东汉时，郑玄专给毛《传》作《笺》。《毛诗》虽然只在平帝时一度立为博士，但其学流行于民间。因为有郑玄为之作《笺》，于是《毛诗》流传下来。我们今天读到的《诗经》，就是由毛亨、毛苌流传下来的。毛苌曾任河间献王博士。

《诗经》与边塞诗

从《诗经》本身来看，撇开"风""雅""颂"和"赋""比""兴"的约束，《诗经》又可以分成：周民族史诗、颂赞诗、怨刺诗、婚恋诗、农事诗、征役诗、爱国诗等十种。几乎后世所有诗歌表现的内容都可以在《诗经》找到渊源。如《小雅·采薇》，是一首征战归来的边防士兵所赋的诗。诗中反映了士兵的征战生活和内心感受。末章：

昔我往矣，杨柳依依。
今我来思，雨雪霏霏。
行道迟迟，载渴载饥。
我心伤悲，莫知我哀！

抒发归途遇雪，忍饥受渴的辛苦和悲伤，诗味最浓，其情极苦。士兵诉说战争的劳苦悲伤，与强烈的爱国热情交织在一起。在题材上，可称为边塞诗的鼻祖，征人思乡和爱国情愫成为后代边塞诗的重要主题。

《诗经》的黍离之悲

历史上无数次朝代的更替，人事的兴亡，都会在人们心中产生强烈的反响。这是人类最深邃的历史反思，超越了个体的功名利禄，反映着人类普遍的情感意识。所以，《黍离》这首诗两千年来不断被传唱着。魏晋向秀的《思旧赋并序》"叹《黍离》之愍周兮，悲《麦秀》于殷墟”。后来，人们常用“黍离”表示对国家昔盛今衰的痛惜伤感之情。

历史是一面镜子，丧家之痛，亡国之悲，谁堪忍受。《诗经》淋漓尽致地表现了这种伤痛，每在改朝换代之际，又被人们不断地吟咏，愈加凄悲。正如钟嵘在《诗品》中评价《诗经》说：“文温以丽，意悲而远，惊心动魄，可谓一字千金。”

三家诗

三家诗即《齐诗》《鲁诗》《韩诗》，属于今文的《诗经》。《齐诗》传自齐人辕固生，《鲁诗》传自鲁人申培公，《韩诗》传自燕人韩婴。此三家的诗，后人合称为“三家诗”。到了魏时，《齐诗》便首先亡佚；至西晋之时，《鲁诗》也随之失传；北宋时，《韩诗》亦亡。

《毛诗传笺》

这是汉代时期研究《诗经》的著作。东汉郑玄著，简称《郑笺》，共 23 卷。《郑笺》解诗，以宗毛为主，遇毛义隐略处则加以阐发表明；遇毛义与己不同时则申明己意，兼采三家诗说加以疏通。在论《诗》的主旨方面，《郑笺》把《诗》当作圣贤垂教的经典，比附义理，不免有牵强附会的解释。

《诗序》

《诗序》是列于《诗经》各诗之前解释各篇主题的文字，汉代传《诗经》有鲁、齐、韩、毛四家。前三家为今文经学派，早立于官学，却先后失传。赵人毛苌传《诗》，为“毛诗”，属古文学派，汉代未立官学，毛诗在汉末兴盛，取代三家而独传于世。毛诗于古《诗》三百篇均有小序，而首篇《关雎》题下的小序后，另有一段较长文字，世称《诗大序》，又称《毛诗序》。

《诗经》的兴、观、群、怨

《论语·阳货》中有，子曰：“小子何莫学夫《诗》？《诗》可以兴，可以观，可以群，可以怨。”这是孔子对《诗经》的社会作用的概括。其中“兴”是指《诗经》在修身方面的教育作用，比如读了某诗，有所触动，从而调整自己的行为，使之更符合道德规范。“观”指的是《诗经》的认识作用，主要是针对统治者而言。“群”是指在人际交往中修身进德，调整相互间的关系，使个人与社会和谐。“怨”指《诗经》的讽刺作用，是对下而言的，但要“温柔敦厚”，“止于礼仪”。

《诗经》的温柔敦厚

《礼记·经解》载：“孔子曰：入其国，其教可知也。其为人也温柔敦厚，《诗》教也；疏通知远，《书》教也；广博易良，《乐》教也；……故《诗》之失，愚；《书》之失，诬；《乐》之失，奢；《易》之失，贼；《礼》之失，烦；《春秋》之失，乱。其为人也，温柔敦厚而不愚，则深于《诗》者也。疏通知远而不诬，则深于《书》者也。广博易良而不奢，则深于《乐》者也。”

《诗经》的“四始”

“四始说”是诗经学重要名词之一，历代研究者的解释不同，《史记·孔子世家》说：“《关雎》之乱以为风始，《鹿鸣》为小雅始，《文王》为大雅始，《清庙》为颂始。”这里指风、二雅、颂每一部分的篇首作品。此种解释比较普遍。

《尚书》书名的含义

《书经》在古代只称《书》，是中国夏、商、周时代的一些历史文献汇编，其中也包括某些追述更古时代史事记录，因此它属于历史书。春秋以后，《书》被儒家学者们尊奉为经典，称之为《书经》。汉朝人又称它为《尚书》。“尚”即是“上”，“尚书”就是指“上古帝王之书”。最初《尚书》中保存的历史文献是很多的。到了东周之世，王官失守，档案流散民间，孔子便将这些史料加以编集，作为教材，这便成为百篇《尚书》。

伏生授经

秦始皇焚书时，《尚书》焚亡。秦博士伏生在山东老家将《尚书》一部藏于屋壁中，汉初取出时，仅剩二十八篇。伏生将残书一一抄录整理，教于齐鲁诸生。因为是用当时通行的隶书抄写，故称《今文尚书》。

汉初《尚书》学者皆出伏生门下。当时伏生已口齿不清，令其女羲娥代为解说。弟子有千乘欧阳生、济南张生等。伏生弟子根据伏生对《尚书》的解释，编成《尚书大传》。汉文帝听说伏生很有学问，可他已经 90 多岁了，无法征召入朝，便派太常掌故晁错向他学习《尚书》。《尚书》经师徒传授，有大小夏侯氏、欧阳氏三家，都是伏生一派分出来的。

古文尚书

汉景帝时，鲁恭王为了扩展自己的宫殿，去拆毁孔子的旧宅，在墙壁里得到“古文”经传数十篇，其中有《书》。这些经传都是用“古文”写的。所谓“古文”，其实只是晚周民间别体字，也叫蝌蚪文。那时，恭王肃然起敬，不敢再拆房子，并且将这些书都交还孔子的后人孔安国。孔安国加以整理，发现其中的《书》比通行本多出十六篇，这称为《古文尚书》。

武帝时，孔安国将这部书献上去。因为是用先秦古文字写成的，一时竟无人能通读那些“逸书”，所以便一直压在皇家图书馆里。

孔府壁中书

公元前 154 年，西汉的鲁恭王刘余

拆除孔子故居，扩建宫殿，在一堵夹墙里发现大批用古文字写成的古书，有《尚书》《礼记》《论语》《孝经》等几十部。刘余赶紧把这些典籍送还孔子的十二世孙孔安国。孔安国将这些古文经献给朝廷，希望立于官学，广为流传。当时正好爆发巫蛊之祸，朝廷未予重视，该书就在民间传授，逐渐形成与今文经学分庭抗礼的古文经学派。后来，刘向、刘歆父子校书，揭开了今、古文经学之争的序幕，从此引发了今、古文经学长达两千年的争斗。

今古文之争

《尚书》的真伪、聚散，极其复杂曲折。汉成帝时，刘向、刘歆父子先后领校皇家藏书。刘向开始用《古文尚书》校勘今文本子，校出今文书简及异文各若干。哀帝时，刘歆想将《春秋左氏传》《毛诗》《逸礼》及《古文尚书》立博士，这些都是所谓“古文”经典。当时的五经博士不以为然，刘歆写了长信和他们争辩。这便是后来的今古文之争。

东晋时，梅赜根据一些散逸的《尚书》文字，编撰成所谓古文《尚书》二十五篇，后人称之为“伪古文《尚书》”。梅赜同时又吸收了原来今文《尚书》的二十八篇（但被离析为三十三篇），共凑成五十八篇，这就是现今通行的《十三经注疏》本《尚书》，它实际上是由今文《尚书》和伪古文《尚书》两部分组成的。清代阎若璩著《古文尚书疏证》等，才将《古文尚书》和孔安国《尚书传》乃属伪造的性质断实。

《尚书》篇目

《尚书》共有四部分，分别是：

《虞书》五篇：尧典、舜典、大禹谟、皋陶谟、益稷；

《夏书》四篇：禹贡、甘誓、五子之歌、胤征；

《商书》五篇：汤誓、盘庚、高宗肜日、西伯戡黎、微子；

《周书》十九篇：牧誓、洪范、金縢、大诰、康诰、酒诰、梓材、召诰、洛诰、多士、无逸、君奭、多方、立政、顾命、刑甫、文侯之命、费誓、秦誓。

《尚书》五诰六誓

五诰、六誓是指《尚书》的内容。

五诰是指《尚书》中的五篇作品，即《酒诰》《召诰》《洛诰》《大诰》《康诰》。

六誓是指《尚书》中的六篇作品，即《甘誓》《汤誓》《泰誓》《牧誓》《费誓》《秦誓》。

《尚书》“六体”

“六体”是指《尚书》的六种体例：

典体：是重要史实或专题史实的记载；

谟体：是记君臣谋略的；

训体：是臣开导君主的话；

诰体：是勉励的文告；

誓体：是君主训诫士众的誓词；

命体：是君主的命令。

敬天保民思想

周朝灭商不久，武王就去世了。继位的成王年幼，由武王的弟弟周公辅政。周公领导周民平定了管叔、蔡叔、霍叔发动的三监之乱，营造成周，制礼作乐，奠定了周初各项制度。在这一系列活动中，贯穿了周公敬天保民的思想。《尚书》对此多有记载。

《康诰》说："敬哉！天畏棐忱，民情大可见。"

意思是上天是可怕的，它是否真诚地保佑你，会从民情中体现出来。民情是反映天命的镜子，社会政治的得与失，都要从民情中去体察。在天意与民情之间，周公抓住了根本，他要康叔把心用在了解民情，怀保小民上，不要迷信天威。所以，《酒诰》说："人无于水鉴，当于民鉴。"

《君奭》中，周公又对召公说："殷既坠厥命，我有周既受，我不敢知曰，厥基永孚于休……又曰：天不可信！"

"天不可信，天不可信！"周公反复叮咛着，商朝也是受命于天的，可是它失去人心，便失去了天下。

"受有亿兆夷人，离心离德；

予有乱臣十人，同心同德。"

商纣王受宠信妲己，过着酒池肉林的生活，谁要是胆敢反对他，就会被他挖心或受炮烙之刑。有正义感的大臣们不是被他杀死，就是不得不逃亡，老百姓被逼得活不下去了，就和他离心离德。我们周国虽然只有十个治国能臣，但是同心同德，所以就胜利。

《泰誓》——武王伐纣的誓师宣言

周武王决定讨伐商纣，在盟津会师各路诸侯，举行了誓师大会，发表了誓师檄文《泰誓》，武王说："现在商纣王荒淫无道，把大臣当成贼人，把朋友当成仇敌。说自己代表天，作恶多端却无所畏惧。老百姓只能祈求上天让自己远离他。从前夏桀很强大，但是倒行逆施，上天就派成汤来将他流放。今天纣王受有亿万臣民，可是他荒淫残暴，倒行逆施，导致人民离心离德；我们虽然只有十个治国能臣，但是同心同德，上天一定会看见百姓的心愿、一定会听到百姓的声音。请让我们为老百姓讨伐他，请让我们把成汤的事业发扬光大。"

武王的军队势如破竹，在牧野打败了强大的商朝军队，商纣王自杀，商朝灭亡，周朝建立。

"大经大法"

《尚书》所体现的思想，自汉以来，一直被视为中国封建社会的政治哲学经典，既是帝王的教科书，又是贵族子弟及士大夫必遵的"大经大法"。今天，此书又可作为立身治国的龟鉴，其价值和影响均不可低估。

《尚书》还为后人留下了许多名言佳句，直到今天仍然具有启迪意义。如：“元首明哉，股肱良哉，庶事康哉”“若网在纲，有条而不紊”“任贤勿贰，去邪勿疑”“心之忧危，若蹈虎尾，涉于春冰”“树德务滋，除恶务本”，等等。

《尚书》——古代散文创作的先河

《尚书》不仅是文告、会议记录等应用文体的滥觞，还开辟了古代散文创作的先河。《尚书》记言叙事，摹声绘色，生动形象。不少篇章已出现很成熟的辞格，譬如《梓材》连用种地、建房、作器三个生活中常见的事理作比喻，说明创业和守成的关系，自然贴切，具有较强的说服力。《周书》各篇大多讲究章法结构，例如《无逸》《顾命》，条理非常清晰，历代散文家十分重视。《尚书》为后世散文创作奠定了基础。

《尚书》的感情色彩

《尚书》是官方文书，语言却带有感情色彩。一部记言体的《尚书》，又以记载周公言论为最，周公语录成了《周书》的主体。如讨伐管、蔡叛乱的《大诰》，告诫康叔为政之道的《康诰》《酒诰》《梓材》，劝勉成王的《无逸》《立政》《洛诰》，告示殷民及其他方国的《多士》《多方》等，无不带着周公各种真挚感情，如《君奭》篇结尾处周公的几句话：

公曰：“君！予不惠，若兹多诰；予唯用闵于天越民。”

公曰：“呜呼！君，唯乃知民德，亦罔不能厥初，唯其终。祗若兹，往敬用治！”

感叹词“呜呼”与称呼语“君”的使用，已表现出感情色彩，然而更重要的是通过恳切的话语，坦露了周公以天子基业为重的赤诚胸襟，词语中有对太保奭的衷心赞扬、中肯批评、炽热期望、无限信任，字里行间洋溢着周公对同僚的全部感情，表现了一个无私无怨、忠心报国的辅弼形象。

“三礼”

“三礼”是儒家三部有关礼的经典的总称，指《周礼》《仪礼》《礼记》，它们都在十三经之列，其中《仪礼》是儒家最早的经典“六经”之一。“三礼”中，《周礼》载官制，与政治制度有关，常常被人利用或批驳；《仪礼》载礼仪规定，对后世影响很大；《礼记》是儒学杂著，记载了儒家许多重要思想，内容最为丰富。

《仪礼》十七篇

《仪礼》是现存最早的关于礼仪的典籍。儒家十分注重典礼仪式，希望通过“礼”来区分人们的贵贱尊卑地位，维护封建等级制度。《仪礼》就是详细记载古代各种礼仪的书。现今传世的《仪礼》

共十七篇，其篇目是：

士冠礼第一	士昏礼第二
士相见礼第三	乡饮酒礼第四
乡射礼第五	燕礼第六
大射第七	聘礼第八
公食大夫礼第九	觐礼第十
丧服第十一	士丧礼第十二
既夕礼第十三	士虞礼第十四
特牲馈食礼第十五	
少牢馈食之礼第十六	有司彻第十七

可见，《仪礼》十七篇记载了古代的各种习俗礼仪，及于上古贵族生活的各个方面，如加冠、婚丧、交际、敬老、宴饮、外交、觐见、祭祀等。

《仪礼》的作者

《仪礼》约在东周时期成书，书中记载的各种典礼仪式，则在成书以前就存在了。现今传世的《仪礼》共十七篇，记载了古代的各种习俗礼仪，及于上古王族、贵族生活的各个方面。《仪礼》的作者，有周公说、孔子说等，但都难成定论。可能周公、孔子都对《仪礼》的完善和发展做出过努力，而且可以肯定的是孔子对“礼”的继承做出了很大的贡献。

孔子定礼

孔子一生以维护和恢复周礼为己任，对各种违反礼的行为都要批评和斥责。他积极地宣传礼、实践礼，把《礼》当作教诲弟子的教科书，即使在周游列国的艰难路途中，他也要和弟子们在大树下演习礼仪。孔子定礼，这在古籍中多有记载。《史记·孔子世家》说：“孔子不仕，退而修《诗》《书》《礼》《乐》。”孔子在整理经书时下了很大的功夫。司马迁还说，孔子离开鲁国十四年后又回到鲁国，“追迹三代之礼”，从事“编次”工作。

《仪礼》奠定礼仪之邦

说到中国的礼仪文化，就不能不提到《周礼》《仪礼》和《礼记》，即通常所说的“三礼”。“三礼”是古代礼乐文化的理论形态，对礼法、礼仪作了最权威的记载和解释，对历代礼制的影响最为深远。《仪礼》是现存古代最早的关于礼仪的典籍，是儒家经邦治国的皇皇大典之一。我国自古以来就是礼仪之邦，举凡父子之礼、夫妻之礼、兄弟之礼、朋友之礼、君臣之礼，以及宾礼、祭礼、婚礼、冠礼、丧礼、葬礼，等等，涉及社会生活的方方面面。《仪礼》则对此作出了最初的成文规定，所以《仪礼》堪称中国礼仪文化的渊源。

《仪礼》的延续

宋代以后，《仪礼》一书在学术界受到冷落，但在皇室的礼仪制度中，《仪礼》始终是作为圣人之典而受到尊重的。从唐代的开元礼到宋代的《政和五礼新仪》《大明集礼》，乃至《大清会典》，皇室主要成员的冠礼、婚礼、丧礼、祭礼，以及聘礼、觐礼等，都是以《仪礼》作为蓝本，加以损益而成的。所以，《仪礼》这部书，是研究我国古代社会文化所必读的一部书。今礼之中有古义，古礼也可以今用。《仪礼》中的许多礼仪，是儒家精心研究的结晶，是宝贵的历史文化遗产，在素有礼仪之邦的中国，让古礼焕发出新意，对中华民族整体素质的提升都有重要的意义。

《礼记》的作者是谁

战国至秦汉年间，儒家学者们在传习《仪礼》的同时，也传授一些有关的参考资料。这些资料可以进一步解释、补充《仪礼》经文，人们称之为“记”。当时这种“记”很多，写作时间也有先有后，其中多数篇章可能是孔子的七十二弟子及其学生们的作品。

“大戴《礼》”与“小戴《礼》”

《礼记》原本是关于《礼》的札记，累世积聚，数量很多。但是，流传到东汉中期只剩下了两种：一种是相传为戴德选辑的“大戴《礼》”八十五篇，另一种是相传为戴圣选辑的“小戴《礼》”四十九篇。

《礼记》成为“经”

东汉大儒郑玄为小戴《礼记》作了出色的注解，后来这个本子便盛行不衰，并由解说经文的著作逐渐成为经典，到唐代被列为“九经”之一，到宋代被列入“十三经”之中，成为士人必读之书。

“大戴学”的开创者戴德

戴德是西汉今文礼学“大戴学”的开创者。梁（郡治今河南商丘）人。任信都王太傅。他和他哥哥的儿子戴圣跟从后苍学《礼》。宣帝时，立为博士，称“大戴”，也叫“太傅《礼》”。曾选集古代各种有关礼仪等的论述，编成“大戴《礼记》”八十五篇，今残。

“小戴学”的开创者戴圣

戴圣是西汉今文礼学“小戴学”的开创者，曾任九江太守。其与叔父戴德同学《礼》于后苍。宣帝时，立为博士，参加石渠阁议，世称“小戴”。又选集古代各种有关礼仪等的论述，编成“小戴《礼记》”，就是今本《礼记》。

《礼记》四十九篇

《礼记》的内容主要是记载和论述先秦的礼制、礼仪，解释仪礼，记录孔子和弟子等的问答，记述修身做人的准则。它的内容十分庞杂。

以下是小戴《礼记》四十九篇：

曲礼上第一　曲礼下第二
檀弓上第三　檀弓下第四
王制第五　月令第六
曾子问第七　文王世子第八
礼运第九　礼器第十
郊特牲第十一　内则第十二
玉藻第十三　明堂位第十四
丧服小记第十五　大传第十六
少仪第十七　学记第十八
乐记第十九　杂记上第二十
杂记下第二十一　丧大记第二十二
祭法第二十三　祭义第二十四
祭统第二十五　经解第二十六
哀公问第二十七　仲尼燕居第二十八
孔子闲居第二十九　坊记第三十
中庸第三十一　表记第三十二
缁衣第三十三　奔丧第三十四
问丧第三十五　服问第三十六
间传第三十七　三年问第三十八
深衣第三十九　投壶第四十
儒行第四十一　大学第四十二
冠义第四十三　昏义第四十四
乡饮酒义第四十五　射义第四十六
燕义第四十七　聘义第四十八
丧服四制第四十九

不学《礼》无以立

《礼记》是一部九万字左右的著作，它内容广博，门类杂多，涉及政治、法律、道德、哲学、历史、祭祀、文艺、日常生活、历法、地理等诸多方面，几乎包罗万象，集中体现了先秦儒家的政治、哲学和伦理思想，是研究先秦社会的重要资料。《礼记》对社会生活所涉及到的问题都作了详尽的规定。如祭上帝祖宗有祭礼，诸侯朝觐天子有觐礼，军事演习有大搜礼，士人见面有士相见礼，乡俗有乡射礼、燕礼、大射，婚嫁有聘礼，等等。士人君子的一言一行都有相应的礼仪规范，整个社会生活都由“礼”连接起来。正因为《礼记》准确而详尽地记述了礼仪制度，阐述了淑世拯民的道理，所以一直受到重视，对素有“礼仪之邦”美称的中华民族来说，此书应该成为一本必读书。

《周礼》的荣耀地位

西汉的景帝、武帝之际，河间献王刘德从民间征得一批古书，其中一部名为《周官》，相传为周公制作。原书当有天官、地官、春官、夏官、秋官、冬官等六篇，冬官篇已亡佚，汉儒取性质与之相似的《考工记》补其缺。西汉末年，学者刘歆将它改名为《周礼》。东汉末，经学大师郑玄为《周礼》作了出色的注。由于郑玄的崇高学术声望，《周礼》一跃而居“三礼”之首，成为儒家的皇皇大典之一。

《周礼》六官

这是一部记载古代政治制度的书，

是战国时期儒家学者搜集了周王室的官制以及春秋时各国的制度，并根据儒家的政治理想加以增减排比而成的制度汇编。《周礼》内容如下：

天官冢宰，称为治官，管理朝廷大政及宫中事项，有属官六十三；

地官司徒，称为教官，管理土地方域及王畿内人民教养，有属官七十八；

春官宗伯，称为礼官，管理宗教及文化，有属官七十；

夏官司马，称为政官，管理军制、步骑、兵甲、交通及各方诸侯有关事项，有属官六十九；

秋官司寇，称为刑官，管理刑狱、司法政务，兼掌礼宾等，有属官六十六；

冬官司空，称为事官，管理工程建设兼及沟洫、土地、水利等，有属官三十。

它展示了一个完善的国家典制，国中的一切都井然有序，富于哲理。该书对后世的政治有较大影响，后来的王莽改制、宇文泰改革官制、王安石变法等政治改革，都曾试图从《周礼》中找到依据。

“礼尚往来”的出处

《礼记·曲礼上》记载：“礼尚往来，往而不来，非礼也；来而不往，亦非礼也。”

对于受恩者来说，应该滴水之恩，涌泉相报。在古人眼中，没有比忘恩负义更伤仁德的。孔子说：“以德报德，则民有所劝；以怨报德，则刑戮之民也。”可见，“以德报德”，有恩必报，是待人接物的基本道德修养。

尊老爱幼的传统

《礼记》强调社会教育的必要性、教育的意义和教育的方法，强调教育的根本是让人成为真正的人。这样的人，是由各种道德礼仪规范起来的。《礼记·祭义》说：“古之道，五十不为甸徒，颁禽隆诸长者。”意思是，五十岁以上的老人不必亲往打猎，但在分配猎物时要得到优厚的一份。可见敬老爱老，在那个时代就已经明确地规定下来了。《礼记·礼运》又说：“使老有所终，壮有所用，幼有所长，矜寡孤独废疾者，皆有所养。”这当然是一幅理想的社会图景。

自我修养

《礼记》强调尊礼爱人，还要做到能适时地节制自己，反省自己。这样的训诫《礼记》中常常提到：

博闻强识而让，敦善行而不怠，谓之君子。——《礼记·曲礼上》

敖不可长，欲不可从，志不可满，乐不可极。——《礼记·曲礼上》

君子不失足于人，不失色于人，不失口于人。——《礼记·表记》

知不足，然后能自反也；知困，然后能自强也。——《礼记·学记》

做人要有良好的品德，要做善事，要有良好的知识素养，既博闻强识，又不骄傲自大，进德修业，才能成为优秀的人。

一张一弛，文武之道

《礼记·杂记下》说："一张一弛，文武之道也。"是说治理国家，应该像操纵弓箭一样，既要张，又要弛，张弛有度。这就是周文王、周武王的治国原则。

大同理想

《礼记》体现着儒家治国的理想，这个理想就是大同世界，就是天下为公。《礼记·礼运·大同篇》记载了儒家所向往的理想世界：

"大道之行也，天下为公。选贤与能，讲信修睦，故人不独亲其亲，不独子其子，使老有所终，壮有所用，幼有所长，矜寡孤独废疾者，皆有所养。男有分，女有归。货，恶其弃于地也，不必藏于己；力，恶其不出于身也，不必为己。是故，谋闭而不兴，盗窃乱贼而不作，故外户而不闭，是谓大同。"

这是一个伟大而美好的原则通行的时代。天下为公，选贤与能，老有所终，壮有所用，幼有所长，人民各得其所，社会安定。

小康社会

大同世界不再，便进入了小康社会。小康社会的典型特征是"天下为家"，财产私有、各谋其利、尔虞我诈、弊端丛生，各亲其亲、各子其子，整个社会失去了和谐。于是，谋略产生了，战争兴起了。圣人"承天之道，以治人之情"，大禹、商汤、周文王、周武王、周成王、周公六人，是这个时代的圣人。他们"治人之七情、修十义、讲信修睦，尚辞让、去争夺"，所以，人们都追随他们；否则，就会遭到抛弃。这样的时代，叫作"小康"。

孔子见死麟而修《春秋》

鲁哀公十四年，也就是公元前481年，鲁西有猎户打着一只从没有见过的独角怪兽，想着定是个不祥的东西，将它扔了。消息传到孔子那里，赶紧去看，他抱着这只怪兽，流着泪说："这是麟啊，你是为谁来的呢！干什么来的呢！唉唉！我的道不行了！"他一面用衣襟擦拭着眼泪，一面歌道："唐虞世兮麟凤游，今非其时来何求？麟兮麟兮我心忧！"

在中国古代，人们是把麟看作仁兽的，代表着祥瑞：只有有道君主在位，天下太平，它才会来，不然是不会来的。可是，那个时代哪有明君啊？天下正乱纷纷的，诸侯纷起，礼崩乐坏，谁来拯救那末世啊！所以，孔子感叹唐虞那样的盛世麟才会来，而今这麟来得真不是时候啊！

这一年，孔子已经71岁了，他一生都在为自己的政治理想努力着，又常常觉得生不逢时，不能行道；他为周朝伤心，也为自己伤心。看了这只死麟，既同情它，也引起了无限感慨。他一生都在宣传自己的主张，并为此周游列国，可当世的人君总不信他。于是，他发愿修一部《春秋》，要让人从历史的兴衰中，得到一些启发。于是便动起手来，九个月书就完成了。书起于鲁隐公，终于获麟；因获麟有感而作，所以叙到获麟绝笔，是纪念的意思。

编年史《春秋》

《春秋》是东周各国史书的通称，也是鲁国史书的专名。现存的《春秋》记述了鲁隐公元年（前722）至鲁哀公十四年（前481）共242年间的鲁国历史。这是目前我国最早的一部编年史书。据记载，孔子曾对《春秋》进行了修订、整理，并且把它列为六经之一，作为教授学生历史知识的重要教科书。

“春秋笔法”

相传孔子在修订《春秋》时，曾经运用一些隐微的言辞，暗喻、示意某种深远的意义，后世儒家学者把孔子这种文笔曲折而意含褒贬的所谓“春秋笔法”称为“微言大义”。《孟子》《史记》等都有记载。孔子见世道衰微、邪说暴行不断、礼乐征伐自诸侯出，便创作《春秋》，“孔子成《春秋》而乱臣贼子惧”，这说的就是《春秋》的警戒作用。所谓“一字之褒，荣于华衮；一字之贬，严于斧钺”。

春秋大义

孔子在编写《春秋》时，不尽是对客观事实的记录，而是包含着他自己的主观看法。记载一件事情，不是按照事情本来的样子去写，而是写他认为的样子。比如，孔子认为吴、楚两国还不是文明国家，就不把他们的王称为王。晋国把周天子叫了去，孔子认为照实写，是有损于周天子的尊严的，所以就只写周天子到某地去狩猎。这就是所谓的春秋大义。孔子非常清楚《春秋》将给他带来什么，他曾经感慨地说：“知我者其惟《春秋》乎！罪我者其惟《春秋》乎！”

“断朝烂报”

《春秋》记事极为简略，全书仅一万六千余字，每年记事最多不过二十来条，最少只有两条，最长的条文四十多字，最短的仅一两个字。如《隐公元年》：“元年，春，王正月。三月，公及邾仪父盟于蔑。夏五月，郑伯克段于鄢。”事件记述很不详细，所以，宋代大文学家王安石讥讽《春秋》为“断朝烂报”。朝报是当时官府的公告，刊载诏令、奏章及官吏任免事项等；“断烂”则指《春秋》记载太简略，解经者遇到疑难不易解处就是残缺了。

《春秋》信史

《春秋》可说是一部信史，里面所

记的鲁国日食，有三十次和西方科学家所推算的相合，这绝不是偶然的。不过书中残缺、零乱和后人增改的地方很多。书中纪事按年月日，这叫作编年。编年体在史学史上是个大发明，它使历史系统化，并增加了它的确实性。《春秋》虽用鲁国纪元，所记的却是各国的事，所以也是我们的第一部通史。所记的齐桓公、晋文公的霸迹最多，后来说“尊王攘夷”是《春秋》大义，便是从这里着眼。

史传文学《春秋》

《春秋》的用语，看上去似乎平平常常，细细体味每个字都渗入作者鲜明的政治主张和强烈的感情，表现着作者对人物的爱憎褒贬,正如刘勰《文心雕龙·宗经》说:“《春秋》则观辞立晓，而访义方隐。”文笔浅显，用意深刻，以至于“一字之褒，宠逾华衮之赠;片言之贬，辱过市朝之挞”(范宁《春秋穀梁传·序》)。以一字寓褒贬的笔法，也易导致脱离史实以个人主观来定是非,《春秋》里也确有为亲者尊者讳，对亲者尊者回护之处，对后世史家有消极影响，但对史传文学来说，却恰好增加了强烈的感情色彩。

《春秋》三传

《春秋》最初原文仅一万八千多字，现存版本则只有一万六千多字。这么简短的文字记述了春秋二百四十二年的历史，可见其语言之精练，事件之简略，而对举凡诸侯攻伐、盟会、篡弑及祭祀、灾异礼俗等，都有记载。就因文字过于简质，而且还运用了许多隐微的言辞，暗喻、示意某种深远的意义，后人理解起来很困难，所以诠释之作相继出现，对书中的记载进行解释和说明，称之为“传”。古代为《春秋》所作的传，流传至今有三部，即《春秋左氏传》《春秋公羊传》和《春秋穀梁传》。

《春秋》的劝惩作用

《春秋》三传特别注重《春秋》的劝惩作用，真实与否，倒在其次。按三传的看法，《春秋》大义可以从两方面说:一是明辨是非，分别善恶，提倡德义，从成败里见教训;二是赞扬霸业，推尊周室，亲爱中国，排斥夷狄，实现民族大一统的理想。前者是人君的明鉴，后者是拨乱反正的程序，这都是王道。而敬天事鬼，就包括在这王道里。《春秋》里记灾，表示天罚;记鬼，表示恩仇，都有劝惩的意思。

宽猛相济的思想

孔子在修《春秋》的时候，显然借鉴了各国治乱兴衰的经验。郑国名相子产临死时，嘱咐他的继任者子大叔说:“为政宽难。”可是子大叔执政，“不忍猛而宽”。结果，郑国强盗多起来了，聚集在水泽之地。大叔很懊悔，说:“我早听从先生的教诲，就不至于到这一步。”于是调动步兵去攻打水泽的强盗，将他们全部杀死。强盗稍稍有些收敛。《左传·昭公二十年》记载，孔子对这件事感慨颇深，他说：“宽以济猛，猛以济宽，政是以和。”意思是，用宽大来调和严厉，又用严厉来补充宽大，政事因此而调和。孔子认为，政策过于宽厚，百姓就会轻视，社会问题就会增加；宽严相济固然很重要，但不如宽严恰到好处，刚柔相济，使之趋于中正之道。执政者应该清醒地认识这个问题，社会才能达到和谐境界。

唯才是举思想

在任何社会，人才都是关键的关键，所以《左传·襄公二十六年》说：“虽楚有材，晋实用之。”意思是楚国虽然有很多贤才，但都被晋国使用了。为什么呢？因为楚国的统治者有才而不知、知才而不用、用才而不专；而晋国国君对身边的贤士谋臣赵衰、先轸等知人善用，善待始终。这种不论亲疏、不论贵贱，唯才是举、唯才是用的用人政策，吸引了楚国的一大批才俊之士甚至王公贵胄来到晋国谋求发展。“楚材晋用”这个典故实际上就讲了一个人才流失的问题。人才难得，古今概莫能外。人才是资源，人才也是财富。国家之盛，系于人才；各项事业的兴盛，也系于人才。人才难得，优秀的人才更难得。自己的人才不要轻易放走，对手送上门来的人才一定要牢牢抓住。这也是领导者成功与否的一个关键因素。《左传·昭公七年》说：“故政不可不慎也，务三而已：一曰择人，二曰因民，三曰从时。”为政之事，千头万绪，概括起来就六个字：择人，因民，从时。这道理至今仍适用。

《左传》

《左传》的全名是《春秋左氏传》《左氏春秋》，司马迁认为《左传》的作者是左丘明。

《左传》编年起于鲁隐公元年，终于鲁悼公四年（公元前464），比《春秋》多出17年。《左传》属于古文经。西晋名臣杜预作《春秋经传集解》，把《春秋》和《左传》合在一起，自成专门之学。《左传》的地位逐渐超过了《公羊传》和《穀梁传》。唐代，《左传》被列为“九经”之一。

《左传》的文学价值

《左传》不仅是“十三经”之一，也是优美的散文著作。它的语言，是历代文人学者推荐的典范，堪称后世长篇叙事文学的雏形。它用精练、婉转、传神的语言，刻画出各具神态的人物形象，描摹出口吻毕肖的人物语言。它追求富赡，讲究文采，晋范宁在其《春秋穀梁传集解自序》中评价说：“《左氏》艳而富。”《左传》为后代文学创作提供了丰富的可资借鉴的经验，无论在体制、容量、手段诸方面，它都具备了长篇叙事文学的雏形。这部伟大著作的艺术成就是开创性的，具有重大的奠基意义。正如说《荷马史诗》之于西方文学，《左传》对后世文学产生的影响，是先秦同时期的其他历史著作无法相比的。

《左传》的史学价值

《左传》还为我国保存了一些自然科学方面的史料，记录了我国古代一些科学成就。例如：在这时期记录了三十七次日食，观察到了彗星，对恒星作了观测；记录了陨石、地震发生的时间、地点等。这些对自然界中现象的记录，在世界科技史上来说，都是最早的宝贵资料。

兵书《左传》

《左传》尤为出色的是善于描写战争，集中体现了它高超的叙事艺术。对当时一些著名战役，如秦晋韩之战、宋楚泓之战、晋楚城濮之战、秦晋殽之战、晋楚邲之战、齐晋鞌之战、晋楚鄢陵之战、齐晋平阴之战、吴楚柏举之战、齐鲁清之战等等，都有非常出色的描写。因此后人还将《左传》看作一部古代兵书。《左传》之写战争，结构完整，情节精彩，运笔灵活，并不局限于正面的战斗场面描写，而能着眼于战争的前后左右；重在描述战争的来龙去脉和胜败的内外因素，以历史学家的卓越识见，揭示其前因后果、经验教训，因而波澜起伏、跌宕多姿。同时，还以简练形象之笔，描写战争中的人物和事件，绘声绘色。这样的战争描写，不仅前所未有，而且后所难及。比较典型的实例如记齐鲁长勺之战的《曹刿论战》，仅有短短的几百字，情节跌宕起伏，闪烁着军事战争智慧的光芒。

《公羊传》

《公羊传》又称《春秋公羊传》《公羊春秋》，儒家经典之一。《公羊传》相传为齐国人公羊高所传。公羊高是孔门弟子子夏的学生，他口述《春秋》的微言大义，四传至玄孙公羊寿。汉景帝时，公羊寿和他的学生、齐国人胡毋生最后著录成书，即今本《春秋公羊传》。《公羊传》属于今文经传。

“公羊学”的尊崇地位

西汉时期，《公羊传》的地位远远高于《左传》之上。治“公羊学”的学者非常多，公孙弘因精于《公羊传》而封侯拜相，董仲舒是当时著名的“公羊学”学者，他引《公羊传》，使汉武帝确立“罢黜百家，独尊儒术”的方针。在政治上，他们主张“大一统”，对于巩固汉代国家的统一，加强专制主义中央集权，有其积极作用。

“公羊学”的史料价值

《公羊传》是专为解释《春秋》而写作的，它不是用史实去疏证经文，而是逐字、逐句地解释《春秋》，以问答体逐层阐论大义。它的史料价值不高，但却能使读者理解《春秋》的字义，对了解先秦时期的名物制度和礼仪制度有一定的价值。如春秋时期的“士”是一个复杂的阶层，《公羊传》就列举出“士”有“元士”“上士”“风士”“下士”和“士民”等等，这就为研究春秋时期阶级关系提供了资料。还有对“初税亩”的解释，“税亩者何？履亩而税也”，也较为明确。此外，对井田制的解释，也都很值得重视。

《公羊传》的衰微

公羊学根据《春秋》的纪事，任意发挥。因此，每当社会处于制度的转型期，公羊学派就一跃成为热门学派。西汉晚期，谶纬之学风行，公羊学受到高度重视。然而，东汉一代，古文学兴盛起来，学习《左氏春秋》成了热点。公羊学面临着日趋衰微的严峻形势，不断地遭到古文学家的批评。

《穀梁传》的传承

《穀梁传》的全名是《春秋穀梁传》，或《穀梁春秋》，相传《穀梁传》的传授者也是孔子的门人子夏。子夏传给穀梁俶，由穀梁俶写定。也是在西汉初年才用隶书写成定本，其起讫年代及体例，都和《公羊传》相近，虽彼此详略不同，又互相补充和引用，但本书比较审慎、质朴，是研究战国、秦、汉时期儒家思想的重要资料。《穀梁传》属于今文经传。

《穀梁传》是怎样解经的

《穀梁传》是重在解释《春秋》经文的义例，而且其解经又多本于《论语》，书中寓有“明辨是非”的精神，所以《穀梁传》不仅是阐发《春秋》大义的典籍，而且也是探索孔子思想的津梁。但是《公羊传》《穀梁传》所讲的“大义”也未必符合《春秋》的原旨。汉代及以后历代的今文经学家常常利用这两部书来发表自己的政治观点，把它们作为议论时事的理论根据。

半部《论语》治天下

《论语》是孔子弟子及后学记述孔子言行的语录体著作，成书于战国时期。《论语》是儒家最有价值的名著，两千多年来，深受世人的推崇，《宋史·赵普传》有这样的记载：

普尝谓太宗曰：“臣有《论语》一部，以半部佐陛下定天下，以半部佐陛下致太平。”

赵普所说的话，其实一点也不夸大，《论语》的确就是一部安身立命、拯民救世的经典。

《论语》书名的意义

《论语》书名的意义，有两种比较有

代表性的解释。

班固《汉书·艺文志》:"论语者，孔子应答弟子，时人及弟子相与言，而接闻与夫子之语也。当时弟子各有所记，孔子既卒，门人相与而论纂，故谓之《论语》。"这是关于《论语》得名最早也是最有代表性的一种说法。

郑玄说:"论者，纶也，轮也，理也，次也，撰也。以此书可以经纶世务，故曰纶也;圆转无穷，故曰轮也;蕴含万理，故曰理也;篇章有序，故曰次也;群贤集定，故曰撰也。"郑玄在注《周礼》中也谈及《论语》的名称,他说:"答述曰'语'。以此书所载皆仲尼应答弟子及时人之辞，故曰'语'。而在'论'下者，必经论撰，然后载之,以示非妄谬也。以其口相传授，故经焚书而独存也。"

刘勰《文心雕龙·论说》说:"论者，伦也。伦理无爽，则圣意不坠。昔仲尼微言，门人追记，故抑其经目，称为《论语》。"

《论语》三论

《论语》在汉代时有三个版本，即《鲁论(语)》《齐论(语)》《古论(语)》，合称"三论"。前两者为今文本，后一种为古文本。《齐论》有22篇，比《鲁论》多《问王》《知道》两篇;《古论》相传出于孔子宅壁，有21篇;《鲁论》为鲁人所传,有20篇,始于《学而》,止于《尧曰》，就是今天所见的《论语》篇目。东汉郑玄为《鲁论》作注,使得郑注本独传,《齐论》《古论》皆亡佚。

《论语》的形式

《论语》是一部语录体散文集，全书三分之二以上都是单人对话，大多数都以"子曰"开头,只有一部分是对话体的，有问有答。各章篇幅不长,语言非常凝练。全书通过对孔子言行的记载，不仅展示出孔子的光辉形象，也展示出孔门弟子丰富多彩的群像，刻画了历史生活中诸多的人物原形等。《论语》的体裁对后世影响很大，汉代扬雄的《法言》、宋代张载的《正蒙》等都效法了《论语》的体式。

《论语》二十篇

《论语》自《学而》至《尧曰》，全书凡分20篇。《论语》原本没有题目，现在所见各篇篇目，是后人从篇中首章开头摄取的两三个字加上的，如《颜渊》《述而》《先进》等。所以，每篇篇名并没有特殊的意义。篇章之间也没有内在的联系，篇幅长短也不等。今本《论语》是西汉末年张禹根据《鲁论》参考《齐论》编定，20篇如下:

学而第一	为政第二
八佾第三	里仁第四
公冶长第五	雍也第六
述而第七	泰伯第八
子罕第九	乡党第十

先进第十一　　颜渊第十二
子路第十三　　宪问第十四
卫灵公第十五　　季氏第十六
阳货第十七　　卫子第十八
子张第十九　　尧曰第二十

“礼”的思想

《论语》思想的核心就是仁和礼。“礼”的核心是“正名”。在孔子看来，周礼最重要的原则是尊尊与亲亲。为了贯彻亲亲和尊尊的原则，孔子提出“正名”的主张，他说：“名不正，则言不顺；言不顺，则事不成；事不成，则礼乐不兴；礼乐不兴，则刑罚不中；刑罚不中，则民无所措手足。”(《论语·子路》)这样，孔子提出“君君，臣臣，父父，子子”(《论语·颜渊》)的主张。意思是，为君者要符合于君道，为臣者要符合于臣道，为父者要符合于父道，为子者要符合于子道。

“仁”的思想

仁道思想是孔子学说的中心。孔子主张的“仁”，在《论语》中有多重含义。一是“仁者爱人”，二是“克己复礼为仁”，三是“仁者，人也”。孔子主张“仁”，孟子重视“义”，所以，孔子的“杀身成仁”(《论语·卫灵公》)与他的继承人孟子的“舍生取义”(《孟子·告子上》)，就成为后世志士仁人的价值尺度，深刻地影响着中国人的处世哲学。

因材施教的教育思想

孔子因材施教的教学思想，在中国教育史上有较大的影响。在教学上，孔子还提倡师生之间相互切磋，共同讨论，互相启发，以收到教学相长的良好效果。一部《论语》，实际上就是记载他们师生间互相问对、讨论的情况。有一次，子夏引《诗经·卫风》上的诗句，向孔子请教：“‘巧笑倩兮，美目盼兮，素以为绚兮。’何谓也？”(《论语·八佾》)意思是，《诗经》上说：有酒窝的脸笑得真美呀，黑白分明的眼睛流转得真叫人喜爱呀，洁白的底子上画着花卉呀。这几句诗是什么意思呢？孔子回答说：先有白色底子，然后画花。子夏接着进一步阐明：那么，是不是礼乐的产生在仁义之后呢？孔子高兴地说：卜商呀，你真是能启发我的人。现在可以同你进一步讨论《诗》了。

正己、勤政、爱民思想

《论语》强调为官者的表率作用，“正”，就是“端正”，作为领导者，首先要带头端正自己的言行，自身端正了，有谁还敢不端正呢？如果自身行为端正，你不用对老百姓下命令，老百姓也会听你的；如果自身行为不端正，即使下命令强迫，老百姓也不会服从。《论语》还主张“不在其位，不谋其政”“君子思不出其位”，而且还特别强调为政者要勤勉尽忠，不要懈怠。这还是说领导者的表率作用。领导者勤于政事，下属都看在眼里，自然会向他学习。领导者慵懒怠政，疏于政事，在其位不谋其政，或者谋私、贪赃枉法，都是很危险的。所以，正己、勤政、爱民，是执政者必须具备的素质。

《论语》对人生的价值

几千年来，《论语》一直受到高度评价。现代学者梁启超说："孔子个人有多少价值，《论语》便也连带地有多少价值。"朱自清在《经典常谈》中说："《论语》是孔子弟子们记的。这部书不但显示一个伟大人格——孔子，并且让读者学习许多做学问的道理，如'君子''仁''忠恕'，如'时习''阙疑''好三''隅反''择善''困学'等，都是可以终身应用的。"

《论语》是读书人的必读书

在中国古代，《论语》历来就是读书人必读之书。在汉代，当时的儿童最先读识字课本，之后就是读《论语》《孝经》。虽然在当时《论语》还不是"经"，却是读书人必读之书，因为讲《论语》是士人必备的修养。在唐代，参加医、算、律学考试者可以不读《五经》，但《论语》《孝经》同样非读不可，用意大体与汉代相同。宋代，朱熹集合《大学》《中庸》《论语》《孟子》为《四书》，目的也正是给读书人提供一套完成"小学"之后的格致诚正、修齐治平的入门书。它上升为"经"的地位。当时的读书人都要把《论语》奉为"圣典"，背得滚瓜烂熟。可以说，不能精通《论语》，就不可能走上"学而优则仕"的道路，那么中国古代知识分子也就失去了赖以安身立命的阶梯。废除科举制之后，《论语》也还是读书人常读之书。因为它承载着中华传统文化的精髓，大到道德规范，小到成语格言，包蕴极广。

《论语》的文学价值

作为一部优秀的语录体散文集，《论语》在文学上具有不容忽视的价值，并对后世散文的发展有着深远的影响。它意味深长地记述孔子的议政论道之语，言简意赅，含蓄隽永。这类语录在《论语》中占有显著地位。有的不过三言两语，如"为政以德，譬如北辰，居其所而众星共之"，"周监于二代，郁郁乎文哉！吾从周"，"朝闻道，夕死可矣"，"岁寒，然后知松柏之后凋也"等等。有的则为政治短评，如孔子曰：

天下有道，则礼乐征伐自天子出；天下无道，则礼乐征伐自诸侯出。自诸侯出，盖十世希不失矣；自大夫出，五世希不失矣；赔臣执国命，三世希不失矣。天下有道，则政不在大夫。天下有道，则庶人不议。

此段议论主要从政权归属和群众舆论两方面，指出了所谓"天下有道"或"天下无道"的显著差异，见解精辟而用语简要。此外，还有篇幅稍长的政论。

《孟子》七篇

《孟子》是一部记录孟轲言论行事，包括他和当时人及门人弟子们相互问答的书。《孟子》一书主要是由孟轲门人万章、公孙丑二人所记，大概孟轲本人也亲自进行过润色。书中记载了孟子的政治活动、政治学说以及他的唯心主义哲学、伦理、教育等思想。《孟子》七篇如下：

《梁惠王》上，下，《公孙丑》上、下，《滕文公》上、下，《离娄》上、下，《万章》上、下，《告子》上、下，《尽心》上、下。

《孟子》的形式

《孟子》作为儒家的经典，无论内容还是形式，都和《论语》有不少相同之处，当然也有自己的特点。《孟子》与《论语》一样，原本没有标题，现在的标题是后人加上的。这些标题也大多没有什么意义。《孟子》是对话体，有问有答，反复答问，更能深入地阐发论题，更能体现文章之美。《孟子》全篇有三万多字。从内容上说，《论语》是“载述圣人言行”，即记录孔子言行的；《孟子》则是“绍述圣人之法”，是继承孔子思想并有所发展贡献的。

《孟子》性善学说

性善学说是孟子学说的出发点。孟子认为人的本心都是善的，所以他在《公孙丑上》说：

恻隐之心，仁之端也；
羞恶之心，义之端也；
辞让之心，礼之端也；
是非之心，智之端也。
人之有四善端也，犹其有四体也。

孟子认为人性善的内容就表现在这“仁、义、礼、智”四种道德范畴中，人生来就有这四种道德规范的根苗，这叫四种“善端”，因此人性自然都是善的。孟子又在《告子上》中说：“仁、义、礼、智、信，非由外铄我也，我固有之也。”人先天都有这种“善端”。孟子的这种性善学说，不但可以启迪人类向上的自信，同时也可以鞭策人类向上的努力，其影响中国人的思想，真是极为深远。

《孟子》仁政学说

“仁政”就是仁德的政治，就是以德治国，也就是“王道”政治。从这个学说出发，孟子提出了很多有价值的思想。他认为实行“仁政”，首先要争取“民心”，统治者应以“仁爱之心”去对待民众。他还提出要重视民众，他在总结三代以来的历史经验时说：“诸侯之三宝：土地，人民，政事。”并且得出结论：“民为贵，社稷次之，君为轻。”

朱元璋删削《孟子》

“民贵君轻”的思想是孟子最光辉的论点。他把民权，也就是人权置于君权之上，直接否定了“君权至上论”，这让后代的帝王们闻之如芒刺在背，骨鲠在喉，心中不舒服。据说，朱元璋当了大明的皇帝以后，听人读到这句话时，勃然大怒，下令把孟子的牌位从孔庙的配祀中撤去，还命令翰林院学士刘三吾删去了《孟子》中有关内容八十五条，可见孟子思想有多么大的影响力。

《孟子》的思想遗产

《孟子》的思想遗产最核心的部分即“民贵君轻思想”。

《孟子·尽心下》说：“民为贵，社稷次之，君为轻。”在人民、国家、君主三者之中，人民最重要，君主最不重要。“民贵君轻”的思想是孟子最光辉的论点。他把民权，也就是人权置于君权之上，直接否定了“君权至上论”。

“民贵君轻”的思想，在两千多年后的今天看来，仍闪耀着智慧和光芒。到中国近代，资产阶级改良派康有为、梁启超等，都从中汲取有益的养分，论证资产阶级取代封建社会的合理性。民主革命的先行者孙中山先生，极力赞扬“民贵君轻”的思想,并且赋予其近代民权的含义。“民贵君轻”思想是孟子为中国古代政治思想史留下的一份宝贵的遗产。

《孟子》语言的特点

孟子一生的思想集中地体现在《孟子》一书中。它不仅是一部政治经典，也是一部光辉的文学名著。其中一篇篇散文，都大气磅礴，感情充沛，读起来使人感到一气呵成，淋漓痛快。汉唐以后中国散文家几乎无不推崇《孟子》，唐宋大古文家如韩愈、柳宗元、苏洵、苏轼，都很重视《孟子》散文的特点。苏洵说：“孟子之文，语约而意尽，不为巉刻斩绝之言，而其锋不可犯。”

《孟子》的浩然之气

打开《孟子》一书，其中充满了浩然之气，充满了积极向上的力量。《公孙丑上》记载，孟子的弟子公孙丑问孟子：“敢问夫子恶乎长？”请问先生您最擅长什么呢？孟子说了下面这句流传千古的话：“我善养吾浩然之气。”

接着，孟子论述了怎样培养浩然之气。孟子的“浩然之气”是至大至刚的人间正气。“至大”，就是无所不在，充满于天地四方；“至刚”，就是无所不胜，刚强而不屈服。这“浩然之气”与“仁义”相配合,就成为人们道德行为的根本。人们拥有了这样的“浩然之气”，就会勇往直前，无往不胜。它是从人的内心自然长成的，而不是外部强加的，是力行仁义，日积月累而成的，而不是偶然的正义行为带来的。

《大学》是怎样成为“四书”之一的

《大学》原是小戴《礼记》里的第四十二篇，旧说为曾子所作。北宋时，程颢、程颐竭力尊崇，将其从《礼记》中抽出来，独立成篇。南宋时，朱熹在二程改编的基础上继续加工，作《大学章句》，最终和《中庸》《论语》《孟子》并称“四书”。宋、元以后，《大学》成为官方规定的教科书和科举考试的必读书，对古代教育产生了极大的影响。

“大学”是对“小学”而言，是说它不是讲“详训诂，明句读”的“小学”，而是讲治国安邦的“大学”。“大学”是大人之学。

《大学》的“三纲领”

《大学》开头就说：“大学之道，在明明德，在亲民，在止于至善。”这就是后人所说的《大学》“三纲领”。这是《大学》提出的教育纲领和培养目标。

《大学》的“八条目”

《大学》又提出“格物”“致知”“诚意”“正心”“修身”“齐家”“治国”“平天下”，后世称为《大学》的“八条目”，这是实现“三纲领”的具体步骤。“修身”是“八条目”的基本，是格物、致知、诚意、正心所要达到的目的，“齐家”“治国”“平天下”是儒家所追求的最高理想。

《大学》“十章”

《大学》相传共有“十章”，1546字，分别解释明明德、亲民、止于至善、本末、格物致知、诚意、正心、修身、齐家、治国平天下。后两章最长，反复征引了《诗经》《尚书》中关于治乱的史实，说明道德修养对治乱的作用。如“忠信以德”“骄泰以失”“终始以小人祸国”等。

子思与《中庸》

《中庸》是儒家经典的一种，司马迁称其为子思所作。子思为孔子之孙，孔鲤之子，曾受业于曾参。《孔子世家》又说，子思曾困于宋，“子思作《中庸》”。子思晚年返回鲁国，宣扬儒学，他以“昭明圣祖之德”为己任，通过《中庸》一书，使孔子的思想发扬光大，因此，后世称他为“述圣”。

“四书”之一——《中庸》

《中庸》原为《礼记》里的第三十一篇。北宋时，程颢、程颐竭力尊崇，将其从《礼记》中抽出来，使其独立成篇。南宋时，朱熹在二程改编的基础上继续加工，作《大学章句》，最终和《论语》《孟子》《大学》并称“四书”。

《中庸》的含义

《中庸》一书主要是从道德修养层面

来论述“中庸”思想的，受此影响，后世对“中庸”一词的理解，也大都确定在“道德修养”和“教育思想”的范畴。汉代学者郑玄对“中庸”的注解为：“中庸者，以其记中和之为用也；庸，用也。”也有学者解释为：“中，谓之无过无不及。庸，平常也。”孔子和儒家对中正、中行、中道的行为是尤为提倡和赞扬的，认为“君子中庸，小人反中庸”，把“中庸”看成是一种特别的美德。

中庸之道，道德之至

《中庸》一书主要是从道德修养层面来论述“中庸”思想的。“庸”即“用”，“中庸”即“以中为用”，就是在思想和行动中严格地遵循周礼仪，无过无不及，不偏不倚，不改不易。子思的先祖孔子对中庸之道是极力提倡和赞扬的，视中庸为尽善尽美，道德之至。《大学》引孔子的话：“君子依乎中庸，遁世不见知而不悔，唯圣者能之。”孔子要求人们坚守中庸之道，言行要依循中庸之道。如果遭遇无道之君，自己就隐居于世，即使自己的才德不被人知，也不后悔。这是考量一个人道德修养的重要尺度。

“过犹不及”的思想

《中庸》一书重点发挥了孔子“过犹不及”的思想，要求人们追求“和而不流”“中立不倚”的境界，以达到社会秩序的稳定。“居上不骄，居下不倍”。上下都有秩序，人们就可以安居乐业了。“中庸”思想对中华民族性格心理的形成影响巨大，在民间，普通老百姓把“中庸之道”直接看成是一种为人处世的态度，并由此得出了许多“为人处世的哲学”。这其中有不少积极的因素，值得后人汲取。

“致中和”“尊德性”

儒家提倡“致中和”“尊德性”其实就是要达到“国治民安”“与天地参”的功效。就是贤人执政，达到“居上不骄，为下不倍。国有道，其言足以兴，国无道，其默足以容”的理想。儒家推崇的“圣人”，在俗世之中，既能“居上”，也能“为下”，无论身处何处，都能恰到好处。政治清明就不失时机地去发挥自己的作用，为国家人民做一番大事业。政治昏暗，就退隐山林，全性保身，远离祸患。这正是“中庸”所提倡的，审时度势，进退有时。

唐玄宗注《孝经》

《孝经》是“十三经”之一，它是讨论孝道的书。从前的人都认为《孝经》是孔子的学生曾参作的，所以《孝经》这本书向来都受到世人重视。实际上，《孝经》成书于战国时期，是一些儒家后学撰辑成的。《孝经》的基本内容是从儒家学说出发，倡导封建孝道。书中提倡行孝，也进而劝“忠”，主张孝子对待国君应该忠贞不二。这就使得历代封建统治者对

《孝经》十分重视，唐玄宗曾亲自为之作御注，要求所有的读书人都必须熟读它。

《孝经》的篇目

今本《孝经》分为十八章，仅1799字。篇目如下：

开宗明义章第一	天子章第二
诸侯章第三	卿大夫章第四
士章第五	庶人章第六
三才章第七	孝治章第八
圣治章第九	纪孝行章第十
五刑章第十一	广要道章第十二
产至穗章第十三	产扬名章第十四
谏诤章第十五	感应章第十六
事君章第十七	丧亲章第十八

“孝”是天经地义

《孝经》是孔子和他的学生曾子讨论孝道的书。其中“开宗明义章第一”讲“孝”为“德之本”：“身体发肤，受之父母，不敢毁伤，孝至始也。立身行道，扬名于后世，以显父母，孝之终也。”“孝，始于事亲，中于事君，终于立身。”这是全书的概括性的总纲。以后所有各章讲的就是怎样尽孝道，“孝”是“无所不能”、广泛适用的道理。

“孝”与“忠”两全

《孝经·开宗明义章》说：“夫孝，始于事亲，中于事君，终于立身。”它要求把孝亲与忠君联系起来，国君用孝治理国家，臣民用孝立身理家，保持爵禄。“孝”具有极大的社会功能，“孝悌之至”就能够“通于神明，光于四海，无所不通”了。《孝经》还把“孝”这种道德规范与封建法律联系起来，认为“五刑之属三千，而罪莫大于不孝”；如果“孝”不能成为一种自觉的道德约束，那么就要借用国家法律的权威，而以“孝”维系着社会的道德秩序。

二十四孝故事

二十四孝故事是经历了几千年积累起来的，是几千年沉淀下来的“文化”。它的最终目的是劝人行孝，劝人向善。它告诉我们“孝”是一切社会关系中的最高准则，与父母的关系是“爱与孝”的关系，是一切关系中最重要的关系。

孝感动天

舜，传说中的远古帝王，五帝之一，姓姚，名重华，号有虞氏，史称虞舜。相传他的父亲瞽叟及继母、异母弟象，多次想害死他：让舜修补谷仓顶时，从谷仓下纵火，舜手持两个斗笠跳下逃脱；让舜掘井时，瞽叟与象却下土填井，舜掘地道逃脱。事后舜对父亲曲尽孝道，对弟弟慈爱。他的孝行感动了天帝，成为中国历史上第一个大孝子。帝尧听说舜非常孝顺，有处理政事的才干，把两个女儿娥皇和女英嫁给他；经过多年观察和考验，选定舜做他的继承人。舜死以后，娥皇和女英在湘水里溺死，成了湘神。他的弟弟象被他的德行感动，在他死后真的变成一头大象，在舜的墓田里耕种。

亲尝汤药

汉文帝刘恒，汉高祖第三子，为薄太后所生。公元前180年，吕后死后即帝位。文帝以俭约节欲自持，是个谦逊克己的君主，与其子景帝的两代统治，历来被视为盛世，史称“文景之治”。他也以仁孝之名，闻于天下，侍奉母亲从不懈怠。母亲卧病三年，他常常目不交睫，衣不解带；母亲所服的汤药，他亲口尝过后才放心让母亲服用。

啮指痛心

曾参字舆，是春秋时期鲁国人，孔子的弟子，以孝著称。少年时因家贫，常入山打柴。一天，家里来了客人，母亲不知所措，就用牙咬自己的手指。曾参忽然觉得心疼，赶紧背着柴返回家中，跪问缘故。母亲说：“有客人忽然到来，我咬手指盼你回来。”曾参学识渊博，曾提出“吾日三省吾身”的修养方法，他跟从孔子学习，相传他著有《孝经》。

百里负米

仲由字子路、季路，春秋时期鲁国人，孔子的弟子，性格直率勇敢，十分孝顺。早年家中贫穷，他怕父母营养不够，为了让父母能吃到米饭，他要到百里之外才能买到米，背回家奉养父母。父母死后，他到楚国做了大官，随从的车马有百乘之众，所积的粮食有万钟之多。坐在垒叠的锦褥上，吃着丰盛的筵席，他常常怀念双亲，慨叹说：“即使我想吃野菜，为父母亲去负米，哪里能够再得呢？”孔子赞扬说：“你侍奉父母，可以说是生时尽力，死后尽思哪！”

芦衣顺母

闵损，字子骞，春秋时期鲁国人，孔子的弟子，他的德行非常好。孔子曾赞扬他说：“孝哉，闵子骞！”他生母早死，父亲娶了后妻，又生了两个儿子。继母经常虐待他，冬天，两个弟弟穿着用棉花做的冬衣，却给他穿用芦花做的“棉衣”。一天，父亲出门，闵损牵车时因寒冷打战，将绳子掉落地上，父亲鞭打他，芦花随着打破的衣缝飞了出来，父亲方知闵损受到虐待。父亲返回家，要休逐后妻。闵损跪求父亲饶恕继母，说：“留下母亲只是我一个人受冷，休了母亲三个孩子都要挨冻。”父亲十分感动，就依了他。继母听说，悔恨知错，从此对待他如亲子。

鹿乳奉亲

郯子，春秋时期人。父母年老，患

眼疾，需饮鹿乳疗治。他便披鹿皮进入深山，钻进鹿群中，挤取鹿乳，供奉双亲。一次取乳时，看见猎人正要射杀一只麂鹿，郯子急忙掀起鹿皮现身走出，将挤取鹿乳为双亲医病的实情告知猎人，猎人敬他孝顺，以鹿乳相赠，护送他出山。

戏彩娱亲

老莱子，春秋时期楚国隐士，为躲避世乱，自耕于蒙山南麓。他孝顺父母，尽拣美味供奉双亲，70岁尚不言老，常穿着五色彩衣，手持拨浪鼓如小孩子般戏耍，以博父母开怀。一次，他为双亲送水，进屋时跌了一跤，他怕父母伤心，索性躺在地上学小孩子大哭，二老大笑。

卖身葬父

董永，相传为东汉时期有名的大孝子，少年丧母，他父亲亡故后，董永卖身至一富家为奴，换取丧葬费用。丧事办完后，董永便去地主家做工还钱，半路上在一槐荫下遇一女子，自言无家可归，二人结为夫妇。女子以一月时间织成三百匹锦缎，为董永抵债赎身，返家途中，行至槐荫，那女子便辞别了董永。相传该女子是天上的七仙女。因为董永心地善良，七仙女被他的孝心所感动，遂下凡帮助他。从此，槐荫改名为孝感。

刻木事亲

丁兰，相传为东汉时期人，幼年父母双亡，他经常思念父母的养育之恩，于是用木头刻成双亲的雕像，事之如生，凡事均和木像商议，每日三餐敬过双亲后自己方才食用，出门前一定禀告，回家后一定亲见，从不懈怠。时间长了，其妻对木像便不太恭敬了，竟好奇地用针刺木像的手指，而木像的手指居然有血流出。丁兰回家见木像眼中垂泪，得知实情，就把妻子休了。

行佣供母

江革，东汉时齐国临淄人，少年丧父，侍奉母亲极为孝顺。战乱中，江革背着母亲逃难，路遇强盗，欲杀江革，江革哭告，有老母无人奉养，强盗感其孝，放其生还，江革背着母亲最后在下邳定居下来。为了生活，他到一家人家当佣人，供养老母，自己贫穷赤脚，而母亲所需甚丰。后来他又背着母亲回到老家临淄。明帝时被推举为孝廉，章帝时被推举为贤良方正，任五官中郎将。

怀橘遗亲

陆绩，三国时期吴国人，科学家。6岁时，随父亲陆康到九江谒见袁术，袁术拿出橘子招待，陆绩往怀里藏了两个橘子。临行时，橘子滚落地上，袁术嘲笑道："陆郎来我家做客，走的时候还要怀藏主人的橘子吗？”陆绩回答说：“母亲喜欢吃橘子，我想带回去给母亲尝尝。”袁术见他小小年纪就懂得孝顺母亲，十分惊奇。陆绩成年后，博学多识，通晓天文、历算，撰有《浑天仪说》，作《浑天图》，注《易》，释《太玄经注》。

埋儿奉母

郭巨，晋代人，原本家道殷实。父亲死后，他把家产分作两份，给了两个弟弟，自己独取母亲供养，对母极孝。后家境逐渐贫困，妻子生一男孩，郭巨的母亲非常疼爱孙子，自己总舍不得吃饭，把仅有的食物留给孙子吃。郭巨担心，养这个孩子，必然影响供养母亲，就和妻子商议：“儿子可以再有，母亲死了不能复活，不如埋掉儿子，节省些粮食供养母亲。”当他们挖坑时，在地下二尺处忽见一坛黄金，上书：“天赐郭巨，官不得取，民不得夺。”夫妻得到黄金，回家孝敬母亲，并得以兼养孩子。

扇枕温衾

黄香，东汉人，9岁丧母，事父极孝，酷夏时为父亲扇凉枕席，寒冬时用身体为父亲温暖被褥。他少年时即博通经典，文采飞扬，京师广泛流传“天下无双，江夏黄童”。安帝时任魏郡（今属河北）太守，魏郡遭受水灾，黄香尽其所有赈济灾民。其著有《九宫赋》《天子冠颂》等。

拾葚异器

蔡顺，汉代人，少年丧父，侍奉母亲极尽孝道。王莽之乱，又遇饥荒，柴米昂贵，只得拾桑葚母子充饥。一天，巧遇赤眉军，义军士兵厉声问道：“为什么把红色的桑葚和黑色的桑葚分开装在两个篓子里？”蔡顺回答说：“黑色的桑葚供老母食用，红色的桑葚留给自己吃。”赤眉军怜悯他的孝心，就送给他三斗白米，一头牛，让他带回去供养他的母亲。

涌泉跃鲤

姜诗，东汉人，娶庞氏为妻。夫妻俩孝顺，母亲喜喝长江水，就到六七里外去汲水给母亲喝。母亲爱吃鱼，夫妻俩就常做鱼给她吃；母亲不愿独自吃，他们就请来邻居老婆婆一起吃。时间长了，夫妻俩既忙不过来，经济也承受不了，可又不敢怠慢母亲。正当他们一筹莫展时，他们家屋后突然冒出了一股泉水来，味道如同长江水一样，而且每天清晨，泉水里一定会冒出两条大鲤鱼。夫妻俩每天用新鲜的泉水和鲜嫩的鲤鱼孝敬母亲。姜诗庞氏孝母感天之事，远近传播。东汉明帝遂举为孝廉，又拜郎中，再任江阴令，庞氏其人其事被史学家记入《后汉书·列女传》中。

闻雷泣墓

王裒，魏晋时期人，博学多能。父亲王仪被司马昭杀害，他隐居以教书为业，终身不面向西坐，表示永不做晋臣。其母在世时怕雷，死后埋葬在山林中。每当风雨天气，听到雷声，他就跑到母亲坟前，跪拜安慰母亲说：“裒儿在这里，母亲不要害怕。”他教书时，每当读到《蓼莪》篇，就常常泪流满面，思念父母。

哭竹生笋

孟宗，三国时人，少年时父亡，母亲年老病重，医生嘱用鲜竹笋做汤。适值严冬，没有鲜笋，孟宗无计可施，独自一人跑到竹林里抱着竹子哭泣。他的孝心感动天地，没一会儿，地裂了，地上长出数茎嫩笋。孟宗大喜，采回做汤，母亲喝了后果然病愈。后来他官至司空。

乳姑不怠

崔山南，唐代人，官至山南西道节度使。当年，崔山南的曾祖母长孙夫人，年事已高，牙齿脱落，祖母唐夫人十分孝顺，每天盥洗后，上堂用自己的乳汁喂养婆婆，如此数年，长孙夫人身体依然健康。长孙夫人病重时，将全家老小召集在一起，说：“我无以报答新妇之恩，但愿新妇的子孙媳妇也像她孝敬我一样孝敬她。”后来崔山南做了高官，果然像长孙夫人所嘱，孝敬祖母唐夫人。

卧冰求鲤

王祥，晋朝人，生母早丧，继母朱氏对他不好，多次在他父亲面前说他的坏话，使他失去父爱。父母患病，他衣不解带侍候，继母想吃活鲤鱼，适值天寒地冻，他解开衣服卧在冰上，冰忽然自行融化，跃出两条鲤鱼。继母食后，果然病愈。王祥因孝名和功绩被加官晋爵，晋武帝时又官拜太保，晋爵为公，许以不朝之特权，寿终 94 岁。

恣蚊饱血

吴猛，晋朝人，8 岁时对父母就极尽孝道。家里贫穷，没有蚊帐，蚊虫叮咬使父亲不能安睡。每到夏夜，吴猛总是赤身坐在父亲床前，任蚊虫叮咬而不驱赶，担心蚊虫离开自己去叮咬父亲。敬爱孝顺之举，到了极致。

扼虎救父

杨香，晋朝杨丰的女儿。她很小的时候，母亲去世，父亲含辛茹苦，把她拉扯成人。14 岁时随父亲到田间割稻，忽然跑来一只猛虎，把父亲扑倒叼走，杨香手无寸铁，只知道救父亲，全然不顾自己的安危，她跳上前，用尽全身气力扼住猛虎的咽喉。老虎无法呼吸，瘫倒在地上，父亲得救了。

尝粪忧心

庾黔娄，南齐高士，任孱陵县令。赴任不满 10 天，忽觉心惊流汗，预感家中有事，当即辞官返乡。回到家中，知父亲已病重两日。医生嘱咐说："要知道病情吉凶，只要尝一尝病人粪便的味道，味苦就好。"黔娄于是就去尝父亲的粪便，发现味甜，内心十分忧虑，夜里跪拜北斗星，乞求以身代父去死。几天后父亲死去，黔娄安葬了父亲，并守制三年。

弃官寻母

朱寿昌，宋代人，7岁时，生母刘氏被嫡母嫉妒，不得不改嫁他人，50年母子音信不通。神宗时，朱寿昌在朝做官，曾经刺血书写《金刚经》，行四方寻找生母。得到线索后，决心弃官到陕西寻找生母，临别时，他对家人发誓："找不到母亲，我今生今世绝不回家！"终于在同州找到生母，母子欢聚，一起返回，这时母亲已经70多岁了。

涤亲溺器

黄庭坚，北宋人，著名诗人、书法家，苏门四学士之一，生前与苏轼齐名。他虽身居高位，侍奉母亲却竭尽孝诚，每天晚上，都亲自为母亲洗涤溺器（便桶），没有一天忘记儿子应尽的职责。

《尔雅》的含义

《尔雅》是一部古代训诂的汇编，即对古代经典中的词语进行解释的书，可以说是中国古代的词典。唐朝以后，《尔雅》被列入"经部"，成为儒家经典之一。其中"尔"是"近正"的意思；"雅"是"雅言"，是某一时代官方规定的规范语言。"尔雅"就是使语言接近于官方规定的语言。所以《尔雅》是考证词义和古代名物的重要资料，后世经学家常常用它来解说儒家经义。

《尔雅》为什么会成为经书

《尔雅》是为帮助理解经书而产生的、存在的。在魏晋南北朝时期，人们把它称为"《诗》《书》之襟带"，宋代人又称其为"六籍之户牖，学者之要津"，清代人称它为"训诂之渊海，五经之梯航"，"襟带""户牖""要津""梯航"，这些字眼都说明《尔雅》对治经的重要意义。可以说，没有《尔雅》，是很难理解经典的意义的。所以，尽管《尔雅》既不阐发思想，也不辑录史料，但作为经书中唯一一部词典，它一定会受到重视。它的作用与"三传"、《礼记》基本上是一致的。在唐代文宗太和年间石刻经书时，它就被加入"十一经"中，成为"十二经"之一。

《尔雅》的篇目

《尔雅》这部书，是古代训诂名物的总汇，所搜罗的语言辞类十分丰富，可以作为研读经籍的工具书。今存《尔雅》共十九篇：

释诂：解释词汇；

释言：解释一些动词和形容词；

释训：解释连绵词、词组、形容词、副词；

释亲：解释亲属的称呼；

释宫：解释宫室建筑；

释器：解释日常用具、饮食、衣服；

释乐：解释乐器；

释天：解释天文历法；

释地：解释行政区划；

释丘：解释丘陵、高地；

释山：解释山脉；

释水：解释河流；

释草：解释植物；

释木：解释植物；

释虫：解释动物；

释鱼：解释动物；

释鸟：解释动物；

释兽：解释动物；

释畜：解释动物。

其中“释诂”“释言”等篇为一般词语的解释，其余如“释亲”“释器”“释草”等则为按各种名物分类作出解释。

《尔雅》的作者

《尔雅》的作者历来说法不一。有的认为是孔子门人所作，有的认为是周公所作，经后人增益而成。后人大都认为是秦汉时人所作，经过代代相传，各有增益，在西汉时被整理加工而成。事实上，《尔雅》并不是经，也不是某一部经书的附庸，它是一本独立的词典。人们借助于这部词典的帮助，可以阅读古籍，进行古代词汇的研究；可以了解古代社会，增长各种知识。

什么叫“注”“疏”

对于十三部儒家的经传，汉朝及其以后的学者们做了大量的注释工作，人们称之为注或笺。唐宋时期，由于时间久远，人们对汉代的注释也难于理解了，于是一些学者不仅注解经传正文，而且对前人的旧注也进行解释和阐发，习惯上就称之为“疏”或“正义”。南宋以后，有人把“十三经”以及比较好的注、疏、正义合刻在一起，形成一整套经书及其注文，称为《十三经注疏》。

《十三经注疏》

“十三经”各注释版本中，以清代学者阮元主持校刻的《十三经注疏》最为完善，号称“善本”，是研究中国古代文化的重要文献。

这十三部经书的注疏作者如下：

《周易》：魏·王弼、韩康伯注，唐·孔颖达等正义；

《尚书》：汉·孔安国传，唐·孔颖达等正义；

《诗经》：汉·毛亨传，汉·郑玄笺，唐·孔颖达等正义；

《周礼》：汉·郑玄注，唐·贾公彦疏；

《仪礼》：汉·郑玄注，唐·贾公彦疏；

《礼记》：汉·郑玄注，唐·孔颖达等正义；

《春秋左氏传》：晋·杜预注，唐·孔颖达等正义；

《春秋公羊传》：汉·何休注，唐·徐彦疏；

《春秋穀梁传》：晋·范宁注，唐·杨士勋疏；

《论语》：魏·何晏集解，宋·邢昺疏；

《孝经》：唐玄宗注，宋·邢昺疏；

《尔雅》：晋·郭璞注，宋·邢昺疏；

《孟子》：汉·赵岐注，宋·孙奭疏。

西汉今文经学

汉代的儒学分为今文经学派和古文经学派。

先秦时期的儒家著作，经过秦始皇焚书，绝大部分被销毁了。这些儒家的先秦古文典籍大都没有传于后世，流传下来的主要是由战国以来的学者们通过口传心授，传诵下来的。到了西汉初年，社会生活逐渐稳定下来，人们便用当时通行的隶书把这些儒家著作抄录下来，写成定本，当时人称它们为今文经。

五经博士

西汉传经之儒，以申培、伏生、董仲舒诸人最为著名。他们所传的经书，都是“今文经”。同时，他们先后也都立于学官：在文帝时，申培、韩婴以《诗》为博士；景帝时，辕固生也以《诗》为博士，董仲舒、胡毋生则以治《公羊春秋》为博士。后来到了武帝建元五年时，五经博士就普遍设立；元、成二帝时，十四博士也立于学官，经学于是进入全盛时代。

公羊学派

公羊学派是儒家经学中专门研究和传承《春秋公羊传》的一个学派，属于今文经学内部最重要的一个分支学派。

《公羊传》亦称《春秋公羊传》《公羊春秋》，是专门解释《春秋》的一部典籍，其起讫年代与《春秋》一致，即公元前722年至前481年，其释史十分简略，用问答的方式解经，着重阐释《春秋》所谓的微言大义。

“公羊学”大师董仲舒

董仲舒（前179—前104），西汉时期著名的唯心主义哲学家和今文经学大师，汉景帝时任博士，讲授《公羊春秋》。汉武帝元光元年（前134），董仲舒在著名的《举贤良对策》中，提出他的哲学体系的基本要点，并建议“罢黜百家，独尊儒术”，为汉武帝所采纳。其后，任江都易王刘非的国相10年；元朔四年（前125），任胶西王相，4年后辞职回家。此后，居家著书。

董仲舒著《春秋繁露》

董仲舒是西汉著名的公羊学大师，著有《春秋繁露》一书，共十七卷，八十二篇。他是正统的儒家信徒，同时也是虔诚的神的拥护者，他试图把儒学和神学统一起来，把人界和神界联为一体，而这联系的通道，就是“道”。于是，他以注解孔子修订的《春秋》形式，创造性地提出了三个命题：天人感应、天人合一、天人互见。他吹捧和发挥孔孟的思想，作为“奉天而法古”的理论根据，阐发“春秋大一统”之旨，并杂凑阴阳五行学说，对自然和人事作各种牵强比附，建立“天人感应论”的神学目的论。他宣称“天”是宇宙最高的主宰，“天”不仅有目的地安排了自然界的四时变化、万物生长，决定人世间的治乱兴衰，朝代更迭，而且还安排了君主来统治人民，提出了“王者天予”“君权神授”的观点；还提出“三纲”“五常”“三统”“性三品”之说，为加强封建统治提供理论根据。汉武帝接受董仲舒“罢黜百家，独尊儒术”的主张，儒家的正统地位得到确立。

三纲五常

“三纲五常”学说，是董仲舒提出的，目的是维护封建等级制度，也是儒家的基本伦理教条。“三纲”指“君为臣纲，父为子纲，夫为妻纲”。“纲”本义为鱼网上的大绳，与“纲”相对的是“目”，目本意为网眼。举起纲，网眼就张开，目上对纲，是绝对服从的关系。把君主、父亲、丈夫称为纲，就决定了臣子、儿子和妻子对于他们的绝对服从的关系。“五常”即仁、义、礼、智、信，是用以调整、规范君臣、父子、兄弟、夫妇、朋友等人伦关系的行为准则，“常”具有规范性和永恒性的意义。

“学海”何休

东汉一代，古文学兴盛起来，学习《左氏春秋》成了热点。公羊学面临着日趋衰微的严峻形势，不断地遭到古文学家的批评。这时，公羊学派中出现了何休这个大师。何休，是董仲舒以后最大的公羊学者。他“雅有心思，精研六经”，花了十七年心血，撰成《春秋公羊解诂》。《公羊解诂》是两汉公羊学的集大成著作，它博采众家精华，使《公羊传》成为一部更系统的今文学经典。这部著作一直流传至今，完整地保留在《十三经注疏》中。何休又作《左氏膏肓》《穀梁废疾》，时人称为“三阙”，以为高不可攀，人称“学海”。

古文经学

汉景帝时，鲁恭王从孔子旧宅壁中发现古文典籍，得《尚书》《礼记》《论语》《孝经》，凡数十篇；河间献王刘德从民间得到不少古文先秦旧书，有《周官》《尚书》《礼》《礼记》《孟子》等；汉宣帝时，河内女子发老屋，得逸《易》《礼》《尚书》各一篇，都是用东方六国所使用的篆书写成的，因此称为古文经。

古文经的发现催生了古文经学，但终汉之世，古文经学立于学官的时间很短。西汉最后一位皇帝哀帝建平年间，经学家刘歆争立古文经传于学官，但五经博士群起反对。由此，经学的今文、古文两个派别形成，开始了长达两百年的争论。

白虎观会议怎样讨论五经异同

东汉初年，经今古文学的门户之见日益加深，各派内部因师承不同，对儒家经典的解说不一。为了统一思想，建初四年（79），章帝召集各地著名儒生在洛阳白虎观召开会议，讨论五经异同，这就是历史上有名的白虎观会议。会议由章帝亲自主持，参加者有当时的大儒魏应、淳于恭、贾逵、班固等。会议由五官中郎将魏应秉承皇帝旨意发问，侍中淳于恭代表诸儒作答，章帝亲自裁决。这样考详同异，连日始罢。此后，班固将讨论结果纂辑成《白虎通德论》，又称《白虎通义》，作为官方钦定的经典刊布于世。

“三纲”“五常”“六纪”

《白虎通义》发扬《春秋繁露》无类比附的手法，将封建制度下君臣、父子、夫妇之义与天地星辰、阴阳五行等各种自然现象相比附，用以神化封建秩序和等级制度。“三纲”“六纪”是《白虎通义》的主要内容。“三纲”规定了君臣、父子、夫妇、兄弟等社会关系的纲纪伦常，就是“君为臣纲，父为子纲，夫为妻纲”。“五常”就是仁、义、礼、智、信。“六纪”，即诸父、兄弟、族人、诸舅、师长、朋友。

刘歆在经学上的贡献

刘歆（约前50—23），字子骏，汉哀帝时为应谶纬而改名秀，字颖叔。刘向第三子，西汉宗室。西汉著名经学家、目录学家、文学家，西汉古文经学的真正开创者。刘歆少年时通习今文《诗》《书》，后又治今文《易》和《榖梁春秋》等。他曾与其父同校理皇家藏书。哀帝即位时，刘歆建议将《左氏春秋》及《毛诗》《逸礼》《古文尚书》皆列于学官。哀帝下诏征询臣下对立《左传》博士的意见，同时让刘歆去跟今文经博士们讨论经义。今文博士“不肯置对”，拒绝设立古文经博士的建议。刘歆便写了一篇驳斥太常博士的书文。这篇《移让太常博士书》，是汉代经学史上的一篇重要文献。他批评今文博士满足于师说传授，是因陋就简，抱残守缺。刘歆因此得罪了当权大臣，又为今文博士们所讪谤，被迫出任地方官。汉平帝即位，王莽操纵朝政，重新起用刘歆。由于他所提倡的古文经符合王莽所谓“复古改制”，他成为国师，号“嘉新公”。后来，他谋诛王莽，事泄自杀。

经学的衰落

《白虎通义》继承了《春秋繁露》“天人合一”“天人感应”的神学目的论，并加以发挥，把自然秩序和封建社会秩序紧密结合起来，提出了完整的神学世界观，使封建制度和伦理道德更加神学化、系统化。

《白虎通义》融合今文经学、古文经学与谶纬迷信于一体，使儒家思想进一步神学化。《白虎通义》宣告了经学的衰落，是经学走向没落与衰败的标志。

马融讲经

马融（79—166），字季长，东汉名将马援的从孙，东汉儒家学者，著名古文经学家。他少年时就表现出奇才，因为与外戚不睦，官运不通，后遭诬陷，免官，流放朔方。后又阿附外戚梁冀，为士林所不齿。达生任性，不太注重儒者节操，常坐高堂，施绛纱帐，前授生徒，后列女乐，开魏、晋清谈家破弃礼教的风气。门人常有千人之多，郑玄从其学，3年竟未得见面。他讲学的同时从事著述，一生注书甚多，注有《孝经》《论语》《诗》《周易》《三礼》《尚书》《列女传》《老子》《淮南子》《离骚》等书，皆已散佚。

郑学

郑学也称“郑氏学”“通学”“综合学派”等，是指东汉末由郑玄开创的经学学派。

郑玄（127—200）是东汉的儒家学者、中国历史上著名的经学家。他十二三岁时就能诵读和讲述儒家“五经”了。他曾师从张恭祖、马融，通晓今古文经学两大学派的重要经籍。他曾经游学10年，见识与学识在当时无人能比。45岁时，郑玄遭遇党锢之祸。在以后的14年里，他杜门不出，站在“通学”的立场上，遍注群经。

“经神”郑玄

根据史籍记载，郑玄曾注解过《周易》《尚书》《毛诗》《周礼》《仪礼》《礼记》《论语》《孝经》《尚书大传》，以及《中候》《乾象历》，又撰写了《天文七政论》《鲁礼稀祫义》《六艺论》《毛诗谱》等，注释与著书“凡百余万言”，集汉代经学之大成。他还针对何休的“三阙”，作《发墨守》《针膏肓》等，以相驳难，时人称为“经神”。

熹平石经

“熹平石经”又称“汉石经”。其字为当时书法家蔡邕用标准的八分隶书体写成，故又称“一体石经”。这是刻在石碑上的最早的官定的儒家经典。汉代立“五经”于学官，但各家经文并不统一，博士考试也常常因为文字异同而引起争端。汉灵帝熹平四年（175），议郎蔡邕等奏请在太学建立正定的六经标准文字，以免贻误后学，得到灵帝许可。熹平石经共刻《鲁诗》《尚书》《周易》《春秋》《公羊传》《仪礼》《论语》等七经，凡六十四石，计200910字。原石立于河南省洛阳市城南门外太学讲堂前。石几经兵火，荡然无存，宋代以后偶有残石出土。

魏晋玄学

魏晋时期，朝廷实行九品中正制的选官制度，注重家世出身，同时社会长期处于动乱之中，因此在文人、士大夫中严重滋长了悲观厌世的思想。许多名士都以出身名门世家、容貌举止和虚无玄远的“清谈”相互标榜。他们把老庄的道家虚无思想同儒家的孔孟之道糅合在一起，认为封建秩序是天理，宣扬“无为”和安于现状。这样把道家的老庄思想同儒家的经义结合起来，就发展为玄学。

何谓“玄”

玄学之“玄”出于老子《道德经》第一章：“玄之又玄，众妙之门。”“玄”是深远莫测的意思。玄学家们把宇宙与人生问题抽象为有与无，本与末，名与实等概念，清谈玄虚，寡言具体的社会人生问题。

“王学”

王肃（195—256），字子雍。东海郯城人。他的父亲王朗，是当时颇有名气的学者。他本身也是“高才博雅”，曾经为司马氏出谋划策，颇受器重。他的女儿嫁给司马懿的儿子司马昭，所以他是晋武帝的外祖父。他在做官之余，编注群经，形成了所谓“王学”。他所撰《证圣论》驳难郑学，一时间竟占上风，他还假托孔子后裔孔鲋之名，作《孔丛子》和《孔子家语》，用以支持自己的学说。王学在西晋时被立为官学，到东晋时逐渐失势。

何晏创玄学

玄学的创始人是何晏（?—248）。何晏是汉大将军何进之孙，他的母亲被曹操纳为妾，他也被曹操收为义子，并且很受宠爱。何晏是典型的浮华子弟，倡一代浮华之风。史书记载，何晏少以才秀知名，好老、庄，“美姿仪而绝白”，喜傅粉，“行步顾影”，人称“傅粉何郎”。娶魏公主。为人好色，服饰拟于太子，被魏文帝曹丕所憎，称其为“假子”，未授官职。正始年间(240—248)曹爽秉政，何晏党附曹爽，因而累官侍中、吏部尚书，典选举，爵列侯，仗势专政，后为司马懿所杀。何晏与夏侯玄、王弼等倡导玄学，竞事清谈，遂开一时风气，为魏晋玄学的创始者之一。

何晏认为“道”或“无”能够创造一切，“无”是最根本的，“有”靠“无”才能存在，由此建立起“以无为本”，“贵无”而“贱有”的唯心主义本体论学说。还认为圣人无喜怒哀乐，圣人无累于物，也不复应物，因此主“圣人无情”说。何晏的著作有《道德论》《无名论》《无为论》《论语集解》等，《论语集解》至今仍为《论语》注本的权威之作。

王弼注《老子》

王弼比何晏小30岁。他是个早慧又早夭的天才哲学家。他好谈儒道，辞才逸辩，与何晏、夏侯玄等同倡玄学清谈风气，世称“正始之音”。为人高傲，“颇以所长笑人”，所以时人都很嫉恨他。他的才华实在是太耀眼了，以至于夺了何晏的名气。他所作的《老子注》是当时和后世解注《老子》这部高深著作的范本。他在23岁辞世时就已经广为学界所知了。

王弼的哲学思想核心是“以无为本”，把老子的宇宙生成论发展为有无何以为本的本体论玄学。他认为“万物万形，其归一也。何由致一？由于无也”。这样，中国式的形而上之学在王弼手中已具雏形。王弼的贵无论对后世宋明理学影响很大，他的玄学对佛教中国化、本土化也起了重要作用，其“得意忘象”的思考方法对中国古代诗歌、绘画、书法等艺术理论也有一定影响。

竹林七贤

正始十年，何晏、王弼死后，在玄坛上出现了“竹林七贤”，他们是嵇康、阮籍、山涛、向秀、刘伶、王戎及阮咸。七人常集在竹林之下，肆意酣畅，故世谓“竹林七贤”。他们在生活上不拘礼法，清静无为，聚众在竹林喝酒，纵歌。他们是当时玄学的代表人物，他们的思想倾向略有不同。嵇康、阮籍、刘伶、阮咸始终主张老庄之学，“越名教而任自然”；山涛、王戎则好老庄而杂以儒术，向秀则主张名教与自然合一。

向秀“振起玄风”

向秀（227—272）是竹林七贤之一，官至黄门侍郎、散骑常侍。史书说他“雅好庄老之学”。当时，何晏、王弼都为《老子》作注了，他就为《庄子》作注，他充分发挥了庄子的深层意义，发前人所未发，甚至发庄子所未发。他的书在当时引起了极大的轰动，通过向书，人们似乎重新发现了庄子，人人都在读向书，人人都以为自己得了《庄子》真髓。一时间，《庄子》之风大盛。“发明奇趣，振起玄风”。

王通著《文中子》

《文中子》是隋代大儒王通所著，也称《中说》。王通（584—617）是唐初四杰之一——王勃的祖父。出身世代官宦人家，父王隆，以学术见长，曾为国学博士。王通从小受家学熏陶，精习“五经”，传说他15岁时便开始从事教学活动。王通名声极大，不仅门下弟子多达千余人，还结交了许多朋友和名流，薛收、温彦博、杜淹等是他的学生，房玄龄、魏征、王珪、杜如晦、李靖、陈叔达等大名鼎鼎的人物都是他的友人。王通仅活了38岁，他死后，众弟子为了纪念他，弘扬他在儒学发展中所作的贡献，仿孔子门徒作

《论语》而编《中说》，又称《文中子中说》《文中子》等，用讲授记录的形式保存下王通讲课时的主要内容，以及与众弟子、学友、时人的对话，共为十个部分，包括王道篇、天地篇、事君篇、周公篇、问易篇、礼乐篇、述史篇、魏相篇、立命篇和关朗篇等。《文中子》以儒学为基础，提出儒、佛、道“三教于是乎可一矣”的主张，试图从理论上调和“三教”。

唐代编定《五经正义》

唐代是封建文化高度发达的时期。学校教育非常完备，儒家经典成为基本教材，以《易》《礼》《诗》《书》《春秋》五经为主。科举考试的选官制度也已经确立。在科举考试中，考试经书已是最重要内容，这就需要向读书人提供统一的经书课本。为此，唐太宗特诏令国子祭酒孔颖达等人对过去的各种经说进行了整理、划一的工作。孔颖达等人编定了《五经正义》，以后，科举考试的习学、评判均以此为依据，被后来的“义疏”派奉为金科玉律。

经学家孔颖达

孔颖达（574—648）是隋唐间著名的儒家学者，经学家。他以精通五经称于世，尤明《左传》，郑玄注《尚书》《毛诗》《礼记》和王弼注《易》，兼善历算、能属文。入唐后，被李世民聘为秦王府文学馆学士，是著名的“十八学士”之一。曾助魏征撰写《隋书》，参与修订“五礼”。孔颖达对经学的最大贡献是编定《五经正义》。

“九经正义”

在唐代，《五经正义》再加上贾公彦的《周礼义疏》《仪礼义疏》，杨士勋的《春秋穀梁传疏》，徐彦的《春秋公羊传疏》等，共合为“九经正义”。唐朝学者们著作的“正义”和“疏”总结了自汉代以来的经学，对各种经说做了统一工作，同时也为科举考试提供了必要的条件。

三教合一

从北朝末年至唐初，儒教内部出现了一些主张融合佛、道学说的著名学者。首先是颜之推，他认为儒佛“内外两教，本为一体，渐积为异，深浅不同”。他把儒家的五常（仁、义、礼、智、信）同佛家的五戒（不杀生，不偷盗，不邪淫，不妄语，不饮酒）比附，目的是融佛入儒。第二个著名学者是王通，他提出“三教可一”的命题。最后是唐初的孔颖达，奉诏撰《五经正义》，以儒为主，兼取佛、道两教学说。经过这些学者的努力，在唐初，完成了儒、释、道“三教合一”的历史进程。

宋代理学

经学到宋代发生了重大的变化。宋

代的儒家学者一般都不顾经书的旧传注，抛弃传统的训诂、义疏，直接对经书原文阐释义理性命（指人的本性和命运），称为“性理之学”，又简称“理学”。宋儒认为自己是孔孟道统的继承者，于是又称之为“道学”。他们大讲“存天理、弃人欲”，强调三纲五常，标榜自己是儒学的正统。

程朱理学

理学的创始人是北宋的周敦颐、程颢、程颐等人，至南宋朱熹集其大成。朱熹主张客观上存在着一个先天就有的“理”，它是产生万物的本源，是自然界和人类社会的主宰，从而建立了一整套客观唯心主义理学体系。朱熹认为，这个所谓永恒的天理体现在封建伦理道德上就是“三纲五常”，即君为臣纲、父为子纲、夫为妻纲，以及仁、义、礼、智、信等道德规范。他要求人们通过放弃私欲来保持自己的封建道德，实际上是要求人们都必须遵守封建的伦理纲常，听命于封建统治。朱熹用这些理学观点去阐释儒家经典，被后世封建统治者奉为儒学的正统。

陆九渊心学

在宋代，除了以朱熹为代表的客观唯心主义理学体系外，还有另一派主观唯心主义理学。它始于北宋的邵雍、程颢，直至南宋陆九渊发展为“心学”而总其成。陆九渊把理学同佛教的某些思想结合起来，提出“心即理”之说。他认为一切天理都在人的心中，以此证明一切封建的道德都是人应该具有的，是永恒不变的。他号召人们要“存心”“去欲”，可见他的心学同朱熹的客观唯心主义理学在本质上是一致的。

程颢、程颐的教育思想

程颢、程颐是宋代理学的奠基人。程颢（1032—1085），字伯淳，洛阳人，后人称明道先生。程颐（1033—1107），字正叔，程颢之胞弟，后人称伊川先生。二人开创“洛学”，奠定了理学基础。二程不仅是思想家，也是教育家，是教育史上卓然而立的巨人。他们潜心于学术，先后在开封、嵩阳、洛阳等地讲学，形成一套教育思想体系。他们认为教育的目的在于培养圣人，必须以儒家经典为教材，以儒家伦理为教育的基本内容。其教育思想对后世影响深远，后人曾在他们的讲学之地设书院以为纪念，如嵩阳书院、伊川书院等。

《皇极经世》的思想

《皇极经世》是北宋经学家邵雍所著，共十二卷，分《观物内篇》和《观物外篇》。由门人记述，其子邵伯温编辑。邵雍（1011—1077），与司马光是好朋友。邵雍根据《易经》关于八卦形成的解释，掺杂道教思想，虚构一套宇宙构造图式和学说体系，成为他的象数之学，也叫先天学。他宣扬以心为太极，由心而有万物，用以造宇宙生存的结构模式，并用卦象推导古往今来治乱盛衰的命运。其带有浓厚的神秘主义和宿命论色彩。

理学的发端——《太极图说》

《太极图说》是北宋思想家周敦颐所著。周敦颐（1017—1073），世称濂溪先生，他创立的学派称“濂学”，是两宋四大著名理学学派之一。他是理学的创始人之一，程颢、程颐都是他的弟子。他继承《易传》和部分道家及道教思想，作《太极图说》。《易通》为说《易》之书，“太极图”附于《易通》之后。《易通》全书展示了周敦颐理学思想体系。《太极图说》则发挥了《周易大传》的“义理”，融合了儒、释、道三教学说，成为理学的发端。

神秘的太极图

《太极图》本脱胎于宋初道士陈抟的“无极图”。在264个字的说明中，作者标榜《易》说，融合道家思想，提出一个以“太极”为中心的宇宙生成说。认为宇宙的生成是由“无极而太极”，“太极”是最原初的、绝对的实体，由它的一动一静而生“阴阳”“五行”，再生宇宙万事万物。朱熹曾评价《太极图说》：“高极乎无极太极之妙，而其实不离乎日用之间……不外乎《六经》《论语》《大学》《中庸》《七篇》之所传也。”

《通书》中“诚”的思想

原名《易通》，一称《周子通书》，周敦颐著，共一卷四十章，是他的《太极图说》中心论点的发挥。其主要是把《中庸》的“诚”和“无极”糅合起来，强调“诚”是“纯粹至善”的，“寂然不动”的，但却是仁、义、礼、智、信“五常”的根本。“诚”是无为而静的，但又是至高无上的，是“无极”的体现，是世界的本原。

《正蒙》的“太虚本原说”

《正蒙》九卷为北宋张载所著。张载（1020—1077），字子厚，陕西眉县横渠人，人称张横渠。他长期在关中讲学，所以他的学说被称为“关学”。《正蒙》原来只有数万言，包括《太和》《参两》《天道》《神化》《诚明》《大心》《乾称》等篇目。张载的理学独树一帜，从另一个角度探讨了世界的本原问题，提出了“太虚本原说”。他提出“太虚即气”的著名论断，论述了朴素唯物主义的气一元论，批判了佛教的“一切唯心”和道家的“有生于无”。对宋明唯物主义的发展有巨大影响。

“二程”宣传的“理”

二程是指北宋程颢、程颐兄弟。程颢（1032—1085），字伯淳，号明道先生。

程颐（1033—1107），字正叔，号伊川先生。《二程全书》就是他们合编的著作。这对亲兄弟都是周敦颐的学生，因为他们长期在洛阳讲学，故其学称为“洛学”。

二程对张载的“太虚即气”说进行了调整，使用“理”或“天理”的概念作为世界的本原。他们认为：“所以以阴阳者是道也。阴阳，气也，形而下也；道，太虚也，形而上也。”太虚和气的实质是道和阴阳，“道”又称作“理”。二程说，“有理而后有象，有象而后有数”，“有理则有气，有气则有数”。认为理在气先，理为气体。天地万物都是由理派生出来的。“天理云者，这一个道理，更有甚穷已，不为尧存，不为桀亡。”天理就是天地万物的本原。二程最著名的命题是“存天理，灭人欲”。到南宋时，朱熹进一步发展了这个命题，成为统治阶级提倡的道德准则。

《朱子语类》的命题

南宋大儒朱熹的讲学语录，共一百四十卷，分“理气”“鬼神”“性理”“学”等二十六门。朱熹（1130—1200），字元晦，号晦庵，徽州婺源（今属江西）人，南宋诗人、哲学家。宋代理学的集大成者。因晚年在福建讲学，他的学派被称为闽学。朱熹继承了二程学说，使其理论进一步完善。他认为理是“形而上之道也，生物之本也”。从根本上说，理、气同出一源，无先后，“天下未有无理之气，亦未有无气之理”。“有理便有气流行，发育万物。”他用“天理”重新解释了周敦颐的“太极说”，认为“太极，理也；动静，气也”，“无极而太极，不是说有个物事，光辉辉地在那里，只是说当初借无一物，只有此理而已”。从程、朱开始，以“理”或“天理”作为宇宙本原就成为理学最基本的命题。

《伊洛渊源录》的资料价值

南宋朱熹著，十四卷，是关于理学源流的记述。伊、洛为河南二水名。因二程（颢、颐）为洛阳人，故“伊洛”标志二程学派，朱熹推二程为理学正宗，记载也以二程思想为最详。其他属于二程理学派而言行无大影响者，亦具录姓名备考。《宋史》中的“道学”“儒学”两传，多根据此书。

《四书集注》的中心思想

《四书集注》全称为《四书章句集注》，理学大家朱熹编注。朱熹把《大学》《中庸》从《礼记》中抽出来，同《论语》《孟子》汇编在一起，称为《四书》，并为之作注，包括《大学章句》一卷，《中庸章句》一卷，《论语集注》十卷，《孟子集注》七卷。注释中颇多发挥理学的论点，中心思想是“存天理，灭人欲”。他的理学思想得到明清统治者的大力提倡，《四书》和《四书集注》成为经学教科书和进行科举考试的标准答案。

《象山先生集》的观点

南宋理学家陆九渊的著作汇编，三十六卷，由其子持之编定。陆九渊(1139—1192)，一生长期讲学，最后讲学于象山书院，人称象山先生。其主要阐述“心即理也”的观点，认为天理就在人的心中。他有两句得意的话：“宇宙便是吾心，吾心即是宇宙。”“致知不假外求”，只要“发明本心”，就可以无所不知。陆九渊为心本论学派的思想奠定了基础。到明代，王守仁发展了他的“心学”思想，程朱“理学”开始走向解体，陆王心学一度兴盛。

阳明心学

王守仁（1472—1528)，字伯安，浙江余姚人。因曾在阳明洞讲学，故又称阳明先生。他对哲学的最大贡献是创立阳明心学，对以后中国的思想和学术均产生深远的影响。

王守仁早年信奉程朱理学。后来，他被贬谪贵州龙场。在那里，他悟出了“心即理”的道理，正式由理学转到心学，提出了一整套主观唯心主义理论，成为明代中后期最时髦的哲学。王守仁主观唯心主义世界观的基本命题是“心外无理”“心外无物”。他继承了从孟轲到陆九渊的主观唯心主义传统，把“心”作为万事万物和万理的本体，认为“心之体无所不赅”，举凡自然界、人类社会，一切事物的法则，乃至于各种道德伦理规范等等，无一不是它所派生的。所以说“心外无物，心外无事，心外无理，心外无义，心外无善”(《与王纯甫书》)。这是和陆九渊一模一样的主观唯心论，所不同的是，王守仁在论证“心外无理”“心外无物”的命题时，比陆九渊的“理论性”更强一些罢了。

王守仁“格竹子”

王守仁早年信奉程朱理学。在他21岁那年，有一天，他和一位姓钱的朋友讨论如何格物穷理，成为圣贤的问题。王守仁想起朱熹“众物必有表里精粗，一草一木，皆涵至理”的话，便指着亭前的竹子，和他的朋友面对竹子苦苦思索，企图“格”出竹子中蕴含的“至理”来。他们日夜端坐在竹子前面，苦思冥索，用尽心力。第三天，他的朋友病倒了。王守仁不死心，独自坐在竹子跟前，日夜穷格，仍“沉思其理不得”，到第七天也病倒了。这件事情使他对朱熹的“格物穷理”之说开始发生了怀疑和动摇。

“龙场悟道”

王守仁因为得罪了当朝权贵，被贬谪到贵州。龙场地处西南边鄙，环境十分艰苦。王守仁到了那里，日夜端居静坐，有一天深夜，他忽然悟出了“心即理”的道理，认为找到了朱熹的格物致知之学的根本错误所在，不觉欢呼雀跃起来。原来是他体悟到了“天下之物本无可格者，其格物之功，只在身心上做”，“圣人之道，吾性自足，向之求理于事物者误也”。从此他正式由理学转到心学，提出了一整套主观唯心主义理论，成为明代中后期最时髦的哲学。

元明经学的衰微

元明两代，经学基本上处于停滞状态，成就甚微。元代经学上承宋代理学，主要是阐述理学思想，著作有许衡的《读易私言》、吴澄的《五经纂言》。官修经书很少，私家著述更少有规模。这种状况的出现，主要是因为朝廷以理学为宗，从而限制了经学的发展。

《传习录》

《传习录》是阐述王守仁哲学思想的语录，由其门人徐爱、钱德洪等辑录，分上、中、下三卷。内容集中反映王守仁对宋代陆九渊心学的继承和发展。据陆九渊说“宇宙便是吾心，吾心即是宇宙”，进而发挥为：“心即理也，天下又有心外之事，心外之理乎？”同时反复宣扬其有关“致良知”“知行合一”等说教。强调“天理”就是人心所固有的“良知”，“天理”不需要到心外去求，只要在内心下功夫，就能“致良知”；“求理于吾心，此圣门知行合一之教”。

《传习录》的“四句教”

《传习录》还记载了王守仁及其弟子钱德洪、王畿传授为学四句宗旨的史料，就是后人所说的“四句教”。这四句教是：“无善无恶心之体，有善有恶是意之动，知善知恶是良知，为善去恶是格物。”这也是王学的主要思想。

《大学问》的史料意义

《大学问》是明代儒学大家王守仁阐述其哲学思想的语录，是他对门人提出有关《大学》几个问题的解答，由钱德洪辑录。内容以“致吾心之良知”解释《大学》中“格物致知”之义。他提出：“致知必在于格物，物者，事也。凡意之所发必有其事，意所在之事谓之物。格者，正也，正其不正以归于正之谓也。正其不正者去恶之谓也，归于正者为善之谓也。”《大学问》还提出了“以天地万物为一体”的思想，是研究王守仁哲学思想的主要资料。

清代实学

明代中叶以后，伴随着资本主义的萌芽，具有民主色彩的新的思想文化正在孕育、萌芽。传统的宋明理学已经日趋走向反动腐朽。至明末清初，一些思想进步的知识分子开始起来批判其流弊，从思想、学术等方面探究明朝灭亡的原因。这方面的代表人物就是明末清初思想家顾炎武、黄宗羲、王夫之等人。他们反对宋明以来理学家们空谈玄虚，主张学习经书应该有益于治理国家。由于他们大力提倡实用之学，使得经学领域开始恢复了汉代古文经学派那种注重音韵、训诂、考证的学风。

乾嘉汉学

清朝统治者入关后，对广大知识分子进行拉拢、利诱的同时，还多次大兴文字狱，高压之下，许多文人学者在治学中尽量回避现实政治，毕生埋头于对古书的辑佚、考证等工作上。这些都促进了清朝前期考据学的兴起。考据之学盛行于清代乾隆、嘉庆年间，因此又称它为乾嘉学派、乾嘉汉学。考据学派在整理古代典籍方面取得了丰硕成果，对古代文字、音韵的研究也很有成就，为中国近代语言学的研究奠定了基础。但是他们的考据也往往流于烦琐，他们追求的纯学术考证完全脱离了社会政治，这是他们的缺点和局限。

汉学的传承

乾嘉汉学是清代最具特色，也是最有代表性的学术，在中国学术史上占有重要地位。它起源于明末清初的实学思潮，由顾炎武开山，阎若璩、胡渭奠基，至吴县惠栋正式确立，经徽州戴震发展到高峰，再到扬州阮元等学者而进入总结阶段。乾嘉汉学最主要的贡献在于整理古代典籍方面取得了丰硕成果，对古代文字、音韵的研究也很有成就，为中国近代语言学的研究奠定了基础。

新今文经学

清嘉庆以后，封建社会面临着全面危机。一些比较开明的知识分子开始高呼“变法图新”，想要挽救颓败的封建制度。这些人在学术上重新提倡今文经学，宣扬“通经致用”思想，主张用儒家的经学思想来解决现实社会的政治危机。他们认为，孔子作《春秋》就是为了表达自己受命改制的思想。龚自珍、魏源、康有为是其中杰出的代表。康有为承袭了龚自珍、魏源以来的今文经学“经世致用”的思想，他在1898年发起了一场戊戌变法运动，随后今文经学派衰落。

黄宗羲著《明夷待访录》

黄宗羲（1610—1695），明末清初著名的思想家，被誉为清朝“开国儒师”“清学开山始祖”。《明夷待访录》是封建社会后期少见的揭露和批判封建专制主义的著作。在书中，黄宗羲把锋芒直接指向最高统治者——君主，他对封建君主专制制度的批判，启蒙了现代民主、自由意识，这是他对中国传统文化的一种深层反省。

《宋元学案》

黄宗羲（1610—1695）编著。全祖望在《梨洲神道碑文》中说：“(黄宗羲）晚年于《明儒学案》外,又辑《宋儒学案》《元儒学案》，以志七百年之门户”，“尚未编成而卒”。由其子黄百家续编，亦未完成。最后由全祖望编成。全书记述了两千余位宋元学者，按不同派别加以系统总结。每个学案先列一表，列举师友弟子，以明学术渊源；其次，叙述人物生平、著作、思想，末附轶事及后人评论。对理学和反对理学的思想均有叙述。本书取材丰富，是研究宋元思想的必读参考书。

《药地炮庄》的唯物主义思想

《药地炮庄》是明末清初时方以智（1611—1671）著。“药地”是方以智的别号。本书是在其师父道盛《炮集》的基础上写成的，其中收集了古人和同代人的注解，还保存道盛的评语，最后作者发表自己的意见。以庄子学说为“药”，以自己的意见为“药之炮”，故曰“炮庄”。主旨是用唯物主义观点改造庄子的学说，批判庄子的唯心主义观点。

《物理小识》中的自然科学价值

《物理小识》由方以智著。本书继承了中国古代“千世之慧”的唯物主义传统，吸收了西方的“质测”（即自然科学）之学的长处，对天、地、历、风雷、雨旸、人身、医药、饮食、金石、器用、草木、鸟兽、鬼神、方术等方面进行分析、研究，是一部追求自然界“天裂索陨，息壤水斗，气形光声”的规律的哲学著作。

《日知录》的经世致用之学

《日知录》是顾炎武的代表作品之一，是顾炎武“稽古有得，随时札记，久而类次成书”的著作，三十二卷本，属于读书札记。作者自编时分三大类，“上篇经术，中篇治道，下篇博闻”。其内容大体划分为八类，即经义、史学、官方、吏治、财赋、典礼、舆地、艺文。本书所涉及的内容极广，但以“明道”“救世”为宗旨。作者主张文章必须有益于天下，提倡经世致用之学。所以书中所讨论的问题，多为明中叶以来到清初的社会现实生活中的问题，显示作者在潜心寻求一条救治社会弊病的良策。《日知录》显然是寄托作者经世思想的一部书。

《周易外传》对道学的批判

《周易外传》是明清思想家王夫之（1619—1692）所著。前四卷论卦，五、六两卷论《系辞》,末卷论《说卦》《序卦》《杂卦》。本书的主要贡献是对易象作了唯物主义的解释，提出“天下惟器而已。道者器之通，器者不可谓道之器也”。“无其器则无其道。”“道”是随“器”的变化而变化的，“汉唐无今日之道，则今日无他年之道者多矣”。而且认为运动变化是客观事物的固有属性，“前无不生，后无不止”，在时空上是无限的。其批判了道学的太极说和道器说，把朴素辩证法推向一个新的高度。

《尚书引义》的思想

《尚书引义》由王夫之著。本书借评《尚书》的形式，引申其中某些观点，批判历史上的唯心主义和宋明程、朱、陆、王之理学以及佛教的“唯心唯识”之论，以发挥其朴素唯物主义观点。书中着重解决了天人关系中“延天以祐人”的自然观和“行不以知为功”的唯物主义认识论问题，阐明了“能”（认识主体）与“所”（认识对象）的关系，提出“因所以发能”“能必副其所”等命题,反对“离行以为知”，强调“行”的重要性。

王夫之著《读四书大全说》

《四书大全》是明永乐年间胡广等以朱熹《四书章句集注》为基础，广收宋元以来程朱派学者对“四书”的解释而汇编成的一部书。王夫之著《读四书大全说》批判程朱的“理在气先”“理能生气”的观点，认为“理即是气之理”“理不先而气不后”，“言心、言性、言理，俱必在气上说”。他批判理学家“知先于行”的说法，论证了“致知、格物亦有行”；强调“人欲之各得，即天理之大同”，驳斥了“存天理，灭人欲”的说教。

《张子正蒙注》的辩证法观点

《张子正蒙注》由王夫之著。《正蒙》是北宋张载的哲学著作。王夫之极推崇“张子之学”。通过对《正蒙》的注释，批判了陆王心学和老庄、佛教唯心主义，发展了张载哲学中的朴素唯物主义和辩证法因素。肯定“气”是世界万物的本原，推出“阴阳二气充满太虚，此外更无他物，亦无间隙，天之象，地之形，皆其范围也”，“天地之化，人物之生，皆具阴阳二气”，提出了“天之生物，其化不息”，“变化日新”的变化发展的观点，而且还进一步看到变化发展的原因在于阴阳二气的对立统一。

《庄子通》对庄子的批判

《庄子通》为王夫之著。本书借《庄子》发挥自己的哲学观点。作者对庄子虽有某些同情，但对庄子“不谴是非”“逃之空虚”等消极避世思想进行了批判，着重论述了相对和绝对的辩证关系，阐述了“以物为师”的认识论以及参与实践的观点。

博大精深的《船山遗书》

《船山遗书》为王夫之撰。明亡后，王夫之抗清复明失败，隐居石船山（在今湖南衡阳西北），潜心著述，是中国哲学史上多产的学者。王夫之的哲学博大精深，是我国古代唯物主义的集大成者。

重要的哲学著作有《周易外传》《尚书引义》《张子正蒙注》《思问录》《老子衍》《庄子通》等。其哲学思想在对老庄唯心主义、神学目的论、魏晋玄学、佛教唯心主义，特别在对宋明理学的唯心主义的批判和斗争中，把我国朴素唯物主义发展到新的高峰，成为中国近代启蒙思想运动的思想源泉之一，对资产阶级革命也发生过影响。

《思问录》的进步思想

《思问录》也是大思想家王夫之所著。分内外两篇，收入《船山遗书》。《内篇》主要是探讨哲学问题。提出“目所不见，非无色也；耳所不闻，非无声也”等论点，肯定“色”“声”等外界事物的存在，即使人们暂时看不见，听不到，“而为物之体历然矣”。还对动与静的辩证关系作了阐述，认为“一动一静，阖辟之谓也；由闻而辟，由辟而阖皆动也”，而且运动是绝对的，静止是相对的，“静者静动，非不动也”，“静即含动，动不舍静”。天地间没有“废然而止”“无动而静”的绝对静止。《外篇》主要探讨自然科学问题，肯定自然和人类都是发展进化的。

《老子衍》对老子的剖析

《老子衍》由王夫之著，收入《船山遗书》。本书是王夫之在37岁时完成，其晚年重定稿本，但已亡佚。本书是对《老子》所作的注释，就“物”与“道”的问题，作者阐述了“物即道”的唯物主义观点，并用此观点剖析《老子》之“瑕”，对老子哲学进行了批判。

带有近代民主色彩的《潜书》

《潜书》原名《衡书》，清初唐甄著。分上下两篇，九十七目。上篇主要论学术，下篇主要论政治。《有为》《良功》《辩儒》《博观》等阐述了作者对程朱理学的批判，其中包含着若干辩证法因素。《柳尊》《室语》《全学》等则着重对封建君主专制进行了抨击，提出“凡帝王者，皆贼也”的大胆论点。在批判了专制君主以后，作者还提出了富于近代民主色彩的“富民”主张。

反对迷信的《四存编》

《四存编》是清初颜元（1635—1704）所著。其包括《存治编》一卷，《存性编》一卷，《存学编》四卷，《存人编》四卷。《存治编》原名《王道论》，主张托古改制，表现对当朝制度不满的社会思想。作者的主要思想表现在《存性》《存学》两编里。前者批判了程朱理学以善为天命之性的观点，后者以辨明学术为主，认为圣贤立教是与异端有区别的，圣贤之学在于事事表现于实用，而异端是空谈心性，以此批判程朱理学的空谈性命之学。《存人篇》专为反对佛教、道家和伪道门等，劝人不要迷信。

《戴氏遗书》的哲学思想

《戴氏遗书》是清代学者戴震的文集。清乾隆年间《微波榭丛书》本。其中有《东原文集》十卷，《毛郑诗考正》四卷，《杲溪诗经补注》二卷，《考工论图》二卷，《孟子字义疏证》三卷，《声韵考》四卷，《声类表》九卷，《原善》三卷，《原象》一卷，《续天文略》二卷，《水地记》一卷，《方言疏证》十三卷。《孟子字义疏证》借考据训诂的形式，集中表达了作者的哲学思想；其他各书，则对训诂、音韵、地理、天文、算学等多作论证。

《孟子字义疏证》对礼教的批判

清代思想家戴震（1724—1777）著。本书充分阐明“气化风行，生生不息，是故谓之道”，“理”只是事物的“分理”“文理”“条理”等唯物主义观点，批判了程朱理学的“夫以‘理’为‘如有物焉，得于天而具于心’”的唯心主义的“理”，斥责程朱理学“以理杀人”。特别是对“天理”和“人欲”的关系剖析极微，指出宋儒的“绝人欲”，就是“绝天理”，对这种礼教进行严厉批判。

《清学案小识》的门户之见

《清学案小识》原名《国朝学案小识》，是记述清代前期学术的史书。清代学者唐鉴撰。分立传道学案、翼道学案、守道学案，第其高下。又别设经学、心学两案，示排斥之意。主旨在程、朱之绪，宣扬程、朱理学，门户之见极深。对清初陆陇其、陆世仪、张履祥、张伯行等推崇备至，而对汤斌以下兼宗陆、王者，多有贬词。全书共叙二百六十一人，对研究清代前期学术思想有一定参考价值。后人将其与《宋元学案》《明儒学案》合编，称为《四朝学案》。

《文献徵存录》的学术思想

《文献徵存录》是清代钱林辑、王藻编。钱林从嘉庆年间入翰林院起，二十余年间，极尽所能搜讨当代名流的事迹，积有稿本十一册。他去世后，由其门生王藻于咸丰年间编定刊行。此编叙清代学者孙奇逢、万斯同、顾炎武、黄宗羲、钱大昕等四百六十余人的生平事迹，以学术著述为主，对研究清代学术思想演变颇有价值。

汉学的总结性著作——《汉学师承记》

清代江藩撰，江藩是清代著名汉学家惠栋的再传弟子。本书是总结清代汉学成就的著作，采用纪传体例，选录清嘉庆以前汉学家四十人，各为立传，详述其学术思想、师承关系，以明西汉儒林家法之承授、清代经学之源流，并记各人遗文逸事。作为以经师为中心的经学史著作，基本上准确地把握清代汉学的主要特征，反映了当时考据学研究的最高成就，尤其是凸现经学研究成就，是最早对清代汉学进行全面总结与评价的专著。

《古文尚书疏证》的学术价值

《古文尚书疏证》，作者阎若璩。本书作者在学术上明确表示自己“主汉不主宋”，并尤为崇尚考据，强调精审博征，注重求真求是，凡著一书、立一说、论一事，必定有根有据，做到“旁参互证，多所贯通”。本着这种求真求是的治学态度，用三十年之精力乃著成。作者从篇数、篇名、典章制度、历法、文字句读、地理沿革和古今行文异同等多方面进行考证，列举例证一百二十八条，专辨东晋梅赜所献《古文尚书》十六篇，以及孔安国《尚书传》，皆系伪作，引据确凿，《古文尚书》伪作遂成定论。

《天演论》的进化论思想

《天演论》是英人赫胥黎《进化论与伦理学》的译本。严复译著。本书是意译，不是直译，附有译者的按语、导言、自序，所以本书实际上是严复用自己的观点加以发展和改造了的译作。翻译时只取原书的前半部，所以以《天演论》作为中译本的书名。“天演”即为自然进化之意。严复在书中介绍了达尔文的学说，宣传唯物主义观点，并以机械运动来说明物质世界的运动。同时大力阐述“变”的观点，认为天演进化“贯天地人而一理”，是事物发展的普遍规律。指出中国如能顺应“天演”规律而实行变法维新，就会由弱变强；否则将沦于“亡国灭种”而被淘汰。这无异于在民族危机严重情况下敲起救亡的警钟，唤起人们起来奋斗。因而《天演论》为当时爱国者所重视，影响很大。其中的“物竞天择，适者生存”成为风靡于世的口头禅，为资产阶级变法运动提供了理论根据。

康有为著《新学伪经考》

《新学伪经考》着重从经学方面进行论述，对传统的“古文”经学展开猛烈的攻击。本书认为，秦始皇焚书，官府博士所藏经书并没有烧毁，因此西汉立于学馆的用秦汉通行篆书所写的今文经，都是孔子的真经。历代封建统治者所尊崇的“古文”经典，如《周礼》《逸礼》《古文尚书》《左传》《毛诗》等都是西汉末年刘歆伪造的，因此都是“伪经”。而刘歆制造伪经的目的，是为了帮助王莽篡夺西汉的政权，建立国号为“新”的朝代，所以古文经学是新莽一朝之学，只能称之为“新学”。当时清代官方所规定的科举考试的学习内容和学者所从事的研究对象，都是这种所谓“新学伪经”。因此本书一出现就在政治上沉重地打击了封建顽固派神圣的“祖训”，为资产阶级改良运动作了舆论准备。

什么是纬书

纬书简称纬，是汉代以神学迷信附

会儒家经义的一类书，是与经书相对而言的。纬书中保存不少古代神话传说，也记录一些有关古代天文、历法、地理等方面的知识。

纬书出现在汉武帝“罢黜百家，独尊儒术”之后，由于当时经书地位高，就出现了大量的依傍、比附经书的纬书。纬书解释经文大多采用诡厄神秘的语言，但又有明显的目的性，旨在会通天人、左右世事，为达到某种政治目的提供理论根据。

七纬包括哪些书

六经《易》《书》《诗》《礼》《乐》《春秋》及《孝经》均有纬书，称“七纬”，包括《易纬》《书纬》《诗纬》《礼纬》《乐纬》《春秋纬》及《孝经纬》，也叫“七经纬”。“七纬”均托名孔子所作，实际是汉代儒生、方士所编，内容多附会人事吉凶，预言治乱兴废，颇多怪诞之谈，但对古代天文、历法、地理等知识以及神话传说之类，均有所记录和保存。

什么是小学

“小学”是中国古代作为经学附庸的一种学问，大体上相当于今天的语言文字学。解经首先要确定字义，疏通文句，于是就形成了以文字训诂为主要内容的小学。“小学”最早是指周代的贵族少年学校。当时贵族子弟8岁入学，主要学习“六艺”等，其中“六书”是重要的内容。15岁以后进入大学，学习儒家的修齐治平。所谓“小学明而经学明”（王念孙语），“由小学入经学者，其学可信”（张之洞语）。小学的贡献亦不只在于经学，尤其是在清代，经学昌盛，为了通经传，学者们大力研究文字、音韵、训诂，所以文字学大放异彩，学者们在古籍整理与辨伪、古史考证、金石书画研究等方面都有重大成就，文字学也开始向新的方向发展。

小学类的书籍

小学的名称最早见于东汉班固的《汉书·艺文志》。《汉书·艺文志》根据西汉末刘歆的《七略》，把幼童识字用的字书和解释字义的书附在经学《六艺略》之后，统称之为“小学”。后代也就以此来称语言文字之学。《六艺略》著录有小学十家，都是字书和训诂之类，排在六艺（即儒家的“六经”）之后。隋唐以后，小学类的书籍又分为训诂、文字、音韵三类。

仓颉造字的传说

传说在五千多年前，有个叫仓颉的人，他是黄帝的史官，黄帝命他创制文字，以利于民。于是，在造字的那个晚上，天像下雨那样落下粟子，鬼在夜里悲哭，即“天雨粟，鬼夜哭”，文字就这样诞生了。从此，“仓颉造字”的故事就在中国历史上长期地流传着。其实，这种传说是不可靠的。四只眼的仓颉是不是确有其人，暂且不说，就算他真的存在，文字也不可能是他一个人创造的。假如他真的存在过，很可能做过文字的整理工作，因为这个原因，后人便将一些悲壮的、富于神话色彩的故事加在他身上，使得古老的汉字增加了一些神秘的色彩。

汉字六书

"六书"是指汉字的造字法。早在春秋战国时期，就有人注意到了汉字的造字法了。如《左传》里讲"止戈为武"，"反正为乏"，《韩非子》里讲的"自环者谓之私，背私谓之公"等。《周礼·保氏》里，提出"礼、乐、射、驭、书、数"为"六艺"，同时提出了"六书"，可能就是指汉字的六种造字法。"六书"的形成经历了一个过程。

文字创造之初，是对实物的摹写，就是所说的"象形文字"。摹写的对象，大都为目所及见的实物，按照实物的样子描写，就像绘画一样；或者做一点简单的抽象，作为符号。随着人类思维的日益丰富，生产生活活动的频繁，简单的描摹不够了，于是，就将复杂的活动用绘画或符号表示了，然后再加以种种组合，构成了含义丰富的文字。构造的方法，非常巧妙，容易掌握记忆字形和字义。这种造字法计有六种，就是所说的"六书"。

今天我们所说的六书，其名称和顺序是：象形、指事、会意、形声、转注、假借。

象形、指事、会意、形声是造字之法

"象形"就是摹写实物的外形。东汉许慎说："象形者，画成其物，随体诘诎，日、月是也。"意思是，画成那样的东西，按照它的形体，笔画有所曲折，日字月字就是这样形成的。"指事"是指在象形符号的基础上加上抽象符号来表示意义。许慎解释："指事者，视而可识，察而见意。"意思是，初看起来，可以识别字形，再看看还可以了解意思。"会意"，许慎的解释是："比类合谊，以见指㧑。"意思是，把构成这个字的几个部分合起来领会它的意思，了解它所指的是什么。如止戈为"武"，人言为"信"。"形声"，许慎的解释是："以事为名，取譬相成。"意思是，用一个表示意思的部件，再用一个表示读音的部件组合而成一个字。

转注、假借是用字之法

"转注"是指两个字互相注释。许慎的解释是："建类一首，同意相受。"如"老""考"之类，许慎在《说文》解释是："老"即"考"，"考"即"老"。汉字六书中转注最难理解。"假借"是指一字两用。许慎的解释是："本无其字，依声托事。"意思是，没有专门的一个字表示这个意思，于是就借用一个跟这个说法声音相同的字来表示，简单地说，就是用同音字代替。如"令"为县令，他的命令也用"令"表示；"长"为"长大"的"长"，又为“尊长”的“长”。

甲骨文

甲骨文是三千多年前，居住在现在河南省安阳县小屯村的商朝人使用的文字，是我们现在所见到的最早的文字。这些文字刻在龟甲、兽骨上，所以我们称之为“甲骨文”。殷墟出土的甲骨文有15万片，单字约4500个，其中约有1500个单字已被释读。它的象形程度很高，图画意味比较重。从字体的数量和结构方式来看，甲骨文已经是发展到了有较严密系统的文字了。汉字“六书”的原则，在甲骨文中都有所体现。

甲骨文的研究

清光绪二十五年（1899），北京国子监祭酒，著名古文字学家王懿荣在中药“龙骨”上首次发现甲骨文，并收藏了千余片甲骨。不久，因其殉死于义和团事件，所藏甲骨片转归刘铁云。1903年，刘铁云精选出1058片甲骨拓片出版《铁云藏龟》六册，这是第一部著录甲骨文的书籍。孙诒让据此写成第一部考释甲骨文的专著《契文举例》。此后甲骨文的研究进入新的阶段，罗振玉、王国维、郭沫若和董作宾等都是著名的甲骨文研究者。

金文

商代出现了铸在钟、鼎等器物上的文字，叫“钟鼎文”，还有刻在铜器上的文字，叫“铭文”，现在统称为“金文”。“金文”中有很多字也是象形文字。商代铜器上的铭文一般都很短，最长的不过三四十个字。到周代的铭文，多的已近五百个字，堪称鸿篇巨制了。现在得到的金文有3000多字，能认识的有2000多个。

大篆与小篆

象形文字笔画复杂，不便于书写。周宣王的时候，太史籀对甲骨文和钟鼎文进行了一次整齐划一的工作，制定了“大篆”。这种字体后来通行于秦国。保存到现在的“石鼓文”，就是秦国所使用的“大篆”。春秋战国时期，诸侯割据，政权分裂，在文字上也表现出各行其是的情形，字形很不一致。这个阶段的文字，现在一般叫“六国文字”。“六国”就是指韩、赵、魏、齐、楚、燕。秦灭六国以后，为便于政令的推行，在丞相李斯的主持下，简化了秦国的大篆，废除了各国的异体字，汉字得到统一，人们把这种统一后的汉字叫作“小篆”。

隶书

小篆字形匀称圆润，笔画粗细相等，内聚环抱，颇有气势。但写起来很麻烦，所以秦朝时候一般人写字多使用平直的笔画，这样一来，又形成了一种新字体，即隶书，传为程邈所创制。到汉朝的时候，隶书经过文人的加工，变得又工整又美观，成为汉代的正式书体。

草书和行书

隶书的草率写法就是“草书”，进入东汉后，经过文人、书法家的加工，草书有了比较规整、严格的形体，可以用在一些官方场合，称之为“章草”。但东晋时，隶书的意味被去掉，形成了另一种类型的草书，称之为“今草”。“行书”介于楷书和草书之间，东汉时，张芝以草书闻名；东晋时，王羲之的行书达到了我国书法艺术的高峰。

楷书

楷书也是在汉代产生的。字形呈方形，就是所谓的“方块字”。楷书的字体端正，笔画清楚，有“正书”“真书”之称。从唐、宋至清，楷书一直是占统治地位的字体，书法名家辈出。

宋体

在宋朝刻印的书籍中，楷书被美术化，写得更加规矩而漂亮，称为“宋体字”。后来还有模仿宋体字而加以变化的，叫作“仿宋体”。宋体字横平竖直，横细竖粗，起落笔有棱有角，字形方正，笔画硬挺，阅读起来舒适且有美感，在现代印刷中主要用于书刊或报纸的正文部分。

汉字的读音

人类在没有发明文字以前，已经有了语言；没有语言以前，先有了声音。中国文字进化的次序应该是声音—语言—记号（图绘）—文字。

中国文字的字音随着时代和地理而不同。现代学者钱玄同把字音分成周秦、两汉、魏晋南北朝、隋唐宋、元明清、现代等六期；每个时代的字音都有变化，因而中国的文字有古音和今音。以唐代大诗人杜甫的《春望》为例：

国破山河在，城春草木深。
感时花溅泪，恨别鸟惊心。
烽火连三月，家书抵万金。
白头搔更短，浑欲不胜簪。

诗中，“深、心、金、簪”四字应该是押韵的，但以今天的读音，“心”和“金”是押韵的，“深”和“簪”却是不同韵的。汉字读音随着时代变化是不可避免的。

中国文字是单音字，一个字一个音。人的发音器官有喉、舌、齿、唇、牙等；发出的声音，又有上下、头根、面里、轻重、局部和全部的不同。

一般发音可以辨别出来的字，如可、我、刚、康等字是从喉管发音，丁、定、听、停等字是从舌头发音，食是从牙部发音，邦、朋、炮、跑等字是唇音。

古音和今音的区别，主要在于音的轻重。

另外，方言问题，也是字音上的大问题。

自周代末年起，字音就分成楚、夏两种。夏音是中原一带人的发音，楚音是南方人的发音。当时不只九州的言语不通，就是战国时代的七国各自为政，语言文字也各不相同。

从魏晋南北朝以后，南北方交流增多，中原人民和各个少数民族日益融合，南北的音也有了融合的趋势。

什么是“读若”法

“读若”法就是用音近的字来给另一个字注音，如许慎的《说文解字》有“埻，射臬也，读若准”。在东汉反切法发明以前，人们采用直音法和读若法给汉字注音。“读若”法在古代不仅用于注音，还用于训诂领域，也就是说明文字通假、解释字义。如《礼记·儒行》中“竟信其志”，郑玄解释为“信，读若屈伸之伸，假借字也”。

什么是直音法

直音法就是用一个汉字来直接标注另一个汉字的读音，如陆德明《经典释文》:“拾，音十。”直音的前提是两个汉字读音相同。直音法的局限是并非所有的字都有同音字，或者虽有同音字，却是生僻字，注了也起不到应有的作用。直音的注法在东汉时形成，一直沿用到注音字母的出现。

什么是反切法

反切法就是用第一个字的声母和第二个字的韵母及声调合拼来注音，使得所有汉字发音都有可能组合出来。如“练，朗甸切”，即“练”的发音是“朗”的声母与“甸”的韵母及声调拼成的。反切的基本原理是上字与被切字的声母相同，下字与被切字的韵母和声调相同；上字的声母和下字的韵母及声调相拼，即是被切字的读音。

什么是韵部

韵部是汉语韵母的分部，汉魏以后，由于“反切”的出现，汉字拼音有了声、韵之分，为了押韵的需要，就把汉字归纳成若干部，叫作韵部。韵部的分类和数目历代多有不同，北宋的《广韵》分206韵，南宋的《平水诗韵》分106韵。韵部的发明对文学创作，特别是写诗、填词、度曲有重要的意义。

什么是训诂

古代研究字义的学问叫作训诂。训，是指用较通俗的话去解释某个字义，如人言为信。诂，指用当代的话去解释字的古义，或用普遍通行的话去解释方言的字义，如不聿为笔。训诂就是解释字义。照现代的说法，训诂就是把古文、古字翻译成现代汉语。古代训诂有音训、形训、义训，以及用雅言训方言、以今训古、反训等方法。

训诂学

“训诂学”是关于训诂的学问，是我国传统学科领域中小学的一个部类，也叫“训故”“故训”“古训”“解故”“解诂”，用通俗的语言解释词义叫“训”，用当代的话解释古代的语言叫“诂”。“训诂”连用，最早见于春秋时期鲁国人毛亨注释《诗经》的书，书名叫《诗故训传》，“故”“训”“传”是三种注解古文的方法。训诂合用始见于汉朝的典籍。到了汉代，由于重视研究经典，训诂学蓬勃发展，达到了第一个高潮。到了宋代，训诂学得到了很多的革新。元明时期，训诂学出现了衰退，在清代，训诂学发展到最辉煌的高峰。

训诂之书《广雅》

《广雅》是仿照《尔雅》体裁编纂的一部训诂汇编，相当于《尔雅》的续篇，篇目也分为十九类，各篇的名称、顺序，说解的方式，以至全书的体例，都和《尔雅》相同，甚至有些条目的顺序也与《尔雅》相同。《释诂》《释言》《释训》三篇，解释一般文字，其他各篇实为百科名词术语的简单解释。所不同的是，《广雅》取材的范围要比《尔雅》广泛。书取名为《广雅》，就是增广《尔雅》的意思。此书编纂者为三国魏时的博士张辑。《广雅》原书分为上、中、下三卷，总计18150字。现已不传。

郭璞《尔雅注》

《尔雅》是儒家经典十三经之一，是我国最早的一部解释词义的专著。郭璞为《尔雅》作注，成《尔雅注》。郭璞所处时代离汉时不远，多见古本，故所注多可据，后人虽迭为补正，然宏纲大旨，终不出其范围，是《尔雅》众多注书中较好的一种。

《小尔雅》

《小尔雅》也称《小雅》，训诂书。《汉书·艺文志》有《小尔雅》一卷，列在《尔雅》之后，无作者姓名。唐以后的人把当时通行的《小尔雅》收入了《孔丛子》系伪书，所以《小尔雅》也是伪书。由于唐以前的很多疏注都引《小尔雅》，推出此书当出于汉末，魏晋之间就比较流行。因此其是一部产生较早的词典。《小尔雅》共十三类，对《尔雅》的十九类作了一些调整，另有度、量、衡三章，《尔雅》所无，为《小尔雅》所新增。体例上也仿《尔雅》。

《释名》是怎样的训诂书

《释名》是在我国东汉末年出现的一部专门探求事物名源的著作。作者刘熙曾师从著名经学家郑玄，学问渊博宏大。其中“名”指事物的名称，“释”就是解释事物的名称。《释名》，凡二十七篇，刘熙撰此书的目的是使百姓知晓日常事物得名的缘由或含义。其二十七篇依次是：释天、释地、释山、释水、释丘、释道、释州国、释形体、释姿容、释长幼、释亲属、释言语、释饮食、释彩帛、释首饰、释衣服、释宫室、释床帐、释书契、释典艺、释用器、释乐器、释兵、释车、释船、释疾病、释丧制。所释名物典礼共计1502条。《释名》与《尔雅》《方言》《说文解字》历来被视为汉代四部重要的训诂学著作，在训诂学史上占有重要地位，具有较高的学术价值。

《经典释文》的价值

《经典释文》是为古代经书释义注音的专著，唐代陆德明著。共三十卷，本书对所注之经典，均标明书名和章节，然后摘录字句，注释音义，绝大多数字都标明反切或直音。作者不仅为经典本文注音，而且还为注文注音，全书共收录汉魏六朝二百三十余家的各种音切和诸家训诂。除注儒家经典(《孟子》除外)，还注《老子》《庄子》。因绝大多数音训原书都已失传，故本书保存的资料弥足珍贵，颇受后世学者尊崇。

大型训诂词典——《经籍纂诂》

《经籍纂诂》是一部训诂学书，清代学者阮元主编，106卷，按平水韵分部，每一韵为一卷。各卷单字略依《佩文韵府》次序编排。凡一字数体，“通作”“或作”之类,依《集韵》置于一处。一字数读的，依韵分入各部。单字不注音。释义一般先列本义，次列引申义，再列辗转相训与名物数象。此书收罗极为丰富，是中国唯一的一部汇辑经传子史的引证于一书的大型训诂词典。

什么是音训

音训就是从字音中求字义。例如，春就是蠢（chǔn），到了春天，万物蠢动而生；土就是吐，因为泥土是吐生万物的。

形训、义训、反训

形训就是从字形解释字义。例如，古代的茶杯是用木料做成的，所以杯子从木旁；现代人用的镜子，在宋代以前用铜制，所以镜子从金旁。

义训就是用话把它说明。例如，解释“震”是“动”的意思；天子的妃叫后，诸侯的妃叫夫人。

雅言训方言就是用雅言来解释方言。以今训古就是用现代语言翻译古代的语言。反训就是用字义相反的字解释某一个字。

什么叫字书

字书是以解释汉字形体为主，兼及

音义的工具书。清代编修《四库全书总目》时，把小学类分训诂、字书、韵书三种。以《尔雅》以下为训诂，《说文解字》以下为字书，《广韵》以下为韵书。这三种书各有所侧重。训诂书重在讲解字义，解释名物；韵书则重在分辨字音，依韵列字，并说明字义；字书与训诂书、韵书的不同，在于据字形分部，说明字的音义。

中国最早的字书

汉字的出现以及不断发展和丰富，促使古人很早就开始对文字进行研究。中国最早的字书是西周时太史籀的《史籀篇》。其是用大篆写成的，也称籀文，《汉书·艺文志》："《史籀》十五篇，周室王太史籀作大篆。"《说文》中保留了籀文225个，是许慎依据所见到的《史籀》九篇集入的，是我们今天研究大篆的主要资料。

秦蒙三书

战国时期，七国分立，文字异体。这时秦使用籀文已500多年，笔画繁复，实用中渐趋简化。秦始皇统一天下以后，实行"书同文"政策，命令宰相李斯、中车府令赵高、太史令胡毋敬模仿《史籀篇》的体例，分别编写了《仓颉篇》《爰历篇》《博学篇》。三部书都由小篆写成。汉初合三书为一书，称秦蒙三书。汉初，闾里书师合《仓颉》《爰历》《博学》三篇，断60字以为一章，凡55章，统称《仓颉篇》，一共3300字。秦蒙三书不仅规范了文字的书写形体，也成为一部权威的蒙童识字教材。《仓颉篇》一直流行到东汉，后来被保存在《三仓》中，唐以后才完全亡佚。

何谓"三仓"

西汉末年扬雄在《仓颉篇》所收字之外，续编《训纂篇》，收2040个字。东汉人贾鲂又续编《滂喜篇》，收2040个字。这样，《仓颉篇》《训纂篇》《滂喜篇》三书共收7380个字。后人把这三书合并，称为"三仓"。

《急就篇》之得名

到汉代，秦汉所编的字书大多已失传，只有史游的《急就篇》流传下来，共34章，2144个字，所收的都是一些常见字，按姓名、衣服、饮食、器用等分类，成三言、四言、七言韵语。《急就篇》成为汉代儿童识字书。首句有"急就"二字，因以名篇。意思是如遇难字，缓急可就而求，因而得名。

第一部方言词典——《方言》

《方言》是我国很早的一部关于古代语言的书，可视为我国第一部方言词典。全书原十五卷，今本十三卷。作者旧题西汉扬雄。扬雄是大文学家，他博学多识，精于文字学，多识奇文古字。本书汇集了古代不同方域的语汇，包括从西汉到东汉黄河流域和长江流域绝大部分地区的方言。有的来源于古代典籍，有的来源于直接的调查。仿照《尔雅》体例，采用分类编次的办法。一是先举出一个词，作为话题，然后分别说明其他各地的不同称谓；二是先举出同义词，作一共同解释，然后分别辨析，指出各地区用语的差异。全书的编撰，有明确的目的和方法，首创新例，自成系统。不同地区的方言，参酌其异同，还以古语和今语对照，探讨其延续与变革，显示了古今语言由于时间地点的移易而产生的交错演变关系，在语言史上有很高的价值。

文字学的开拓者——许慎

许慎（约58—147），字叔重，东汉汝南召陵（现河南郾城县）人，汉代著名的经学家、文字学家、语言学家，是中国文字学的开拓者。他从东汉和帝永元十一年（100）开始，历时20多年，终于写成《说文解字》这部不朽的文字学巨著。他还著有《五经异义》《淮南鸿烈解诂》等书，已失传。

《说文解字》是一本什么样的书

《说文解字》是我国古代最有影响的字书，也是世界上第一部形、音、义三结合的字典，它的出现，具有划时代的意义。

《说文解字》简称《说文》，许慎编著，旨在“通经”，即准确、晓畅地理解古文经，以纠正今文经学的无证之谈。《说文解字》共14篇，所收文字，以小篆为主，此外也包括籀文等。书中主要分析字形结构，根据不同的偏旁分立514部，始于“一”部，止于“亥”部。部与部的排列顺序大体以部首的笔画和形体是否相近为准，相近则排在一起；每部中意思好的字在前，不好的在后；专有名词在前，普通名词在后。据许慎自己统计，全书收字9353个；重文1163个，共10516个字。

《说文解字》是怎样解字的

《说文解字》分析汉字的基本原则是“以形为主，因形以说音、说义”。每个字均用篆文，字下先释义，后说形体结构，有时还指明是六书中的哪一种，有的最后说明读音。如“气，云气也，象形”，说明“气”字归雨部，是象形字；又如“赏，赐有功也，从贝尚声”，说明“赏”字是“贝”和“尚”结合的形声字。

《说文》对后世的巨大影响

《说文解字》在我国字典史上具有极高的地位，它创造了字典式的体例，被称为字典的鼻祖，其“分别部居，不相杂厕”，以偏旁分类的编制方法，一直成为编字典的一种主要体例，并沿用至今。现代对古汉语的释义、释音也多从其说。清代学者王鸣盛认为：“凡训诂当以毛苌、孟喜、京房，郑康成、服虔、何休为宗，文字当以许氏为宗；然必先究文字，后通训诂，故《说文》为天下第一种书。读遍天下书，不读《说文》，犹未读也。但通《说文》，即未读余书，不可谓非通儒。”由此可知《说文》的价值。

《说文》四大家

《说文解字》自诞生以来，一直为学者所尊重。关于此书之研究，名贤辈出，著作如林。到清代，随着清代考据学的兴起，《说文》受到了前所未有的尊崇，为之作注的就有几十家，其中《说文解字注》《说文解字义证》《说文句读》《说文通训定声》四家成就最为突出，称为“《说文》四大家”。

《说文段注》

《说文解字注》，亦称《说文段注》，是清代著名学者段玉裁著。该书校勘《说文》的不足之处，对《说文》本身进行了一些发凡起例，对许慎的不足予以批评。考证说明，创见极多，是最基本的《说文》研究著作。

《说文解字义证》

《说文解字义证》，桂馥著。取许慎《说文解字》与诸经之义相疏证，故名曰“义证”。专胪古籍，不下己意。全书资料丰富，条理严谨，便于参考。

《说文句读》

《说文句读》，王筠著。以段、桂二书及其他著作博观约取，录其精当，略有增易更正，以便学者诵习。

《说文通训定声》

《说文通训定声》，朱骏声著。以古韵十八部为纲编排次序，除解说许氏的训释以外，旁及字义的引申和假借，另附《说文》以外的汉魏以前所见字以补缺。

《释名》

《释名》也称《逸雅》，是我国第一部汉语词源学专著，训诂学中“以音为训”的重要著作，是一部百科名词词典。东汉刘熙著。全书八卷，二十七篇。每篇以义为类。体例仿《尔雅》，但多有创新。特别是从语音上探求意义的来源和联系。对解释词义完全采取音训的办法，即以同音字或音近的字来解释词义，对探求语源、辨证古音和古义都有参考价值。

《玉篇》之流传

《玉篇》是继《说文解字》之后又一部保存完整、流布较广、影响面比较大的字书。它的最初编纂者是梁代的顾野王。全书 30 卷，分 542 部，收字 16917 个，每字不仅注明字义，而且举古籍例证和前人注解，先经传，后文集。《玉篇》撰成之后，进呈朝廷，“太宗嫌其书详略未尽，以恺博学，于文字尤善，使更与学士删改”。适野王之世,《玉篇》已经一变。此后四百余年间，流传于世的即为顾野王撰写、萧恺等人删改的本子。在唐代，《玉篇》又经历了两次变动。今天所见的版本已非原貌。

张参的《五经文字》

《五经文字》是一种辨正经传文字形体的书。唐代宗大历十一年（776）国子司业张参撰。收集疑文互体，根据汉熹平石经和《说文解字》《字林》《经典释文》等书，收经传文字3235字，依据偏旁部首排列，凡160部，分为3卷。所收文字除见于《易》《书》《诗》《礼》《春秋》五经以外，还兼收《论语》《尔雅》中的字。经书文字的楷书写法自有《五经文字》以后才有了一定的准绳，因此此书对汉字的规范化起了重要的作用。

《字汇》的流行

《字汇》是明代梅膺祚所撰，成书于明万历四十三年（1615），收字33179个,它的部首比《说文解字》大大减少了，只有214部，按笔画多少为顺序，十分便于查找，所以在明代它极为流行，成为后世字典的典范，后来的《康熙字典》等都是以该书为蓝本而编撰的。

官修《康熙字典》

《康熙字典》是清代康熙年间由官府组织修纂的一部字典，是我国现存的第一部官修字典。它共收字47035个,在《中华大字典》出版以前，一直是古代字书中收字最多的字典。

康熙皇帝统治时期，有感于当时各种字书都不无缺憾，因而下令修撰。总纂官为大学士张玉书、陈廷敬，内阁学士凌绍霄、史夔、周起渭、陈世儒等28人合力完成。康熙四十九年（1710）开始修纂，至康熙五十五年（1716）完成。据传，康熙曾称赞这部书“善美兼具”，可奉为“典常”，乃称为“字典”。因在康熙年间完成，又称《康熙字典》。

收字最多的古代字书——《康熙字典》

此书是依据明代《字汇》和《正字通》加以增订、修改而成。全书按地支分为12集，每集又分上、中、下三卷。共有部首214部，每部之下以笔画为序。该书释音、释义集历代韵书、字书之大成,释字体例是先音后义,注音先古后今，释义先列本义、引申义,次列别义、借义，条理较为清晰。释义之后还征引《尚书》《孟子》《左传》等经史子集之书为证。

此书以收字尽可能多为目标，多收古字、冷僻字，收字达47000多个。但由于编纂时间仓促、工作草率，存在不少错误。尽管如此，这部字典仍是流传很广、影响很大的一部字典。

《康熙字典》的版本

《康熙字典》的版本非常多，有康熙内府刻本，即武英殿版本。其包括有两种纸本：开化纸和太史连纸两种。康熙内府刻本多是内廷赏赐用的，装订非常豪华，民间很少见到。此外，还有道光七年（1827）的内府重刊本、其他木刻本，以及“光绪甲辰”出现的石印本。清末上海同文书局增篆石印本是发行量最大、最流行的一种版本。

汉字究竟有多少

汉字的历史非常悠久，仅就我们今天所能见到的最古的甲骨文算起，大约有四五千年的历史了。汉字随着时代的发展，有的旧字消失了，新字又不断地出现。汉字字数究竟有多少，历代多有不同：

夏商的陶文 500 余字

商的甲骨文 3500—4500 字

秦·李斯等《仓颉篇》3300 字

汉·扬雄《训纂篇》5340 字

汉·许慎《说文》9353 字

魏·李登《声类》11520 字

梁·顾野王《玉篇》22726 字

北宋·陈彭年等《广韵》26194 字

北宋·司马光《类篇》31319 字

明·梅膺祚《字汇》33179 字

明·张自烈《正字通》33440 字

清·张玉书等《康熙字典》47035 字

民国的欧阳溥存等《中华大字典》48000 字

现代《汉语大字典》56000 字

汉字的“竖行”与“横行”

中国古代汉字书写是竖行，这大约和汉字初期的书写材料是木简、竹简，书写工具是毛笔，汉字是方块字等有关。木简、竹简，狭窄而长，竖写起来很方便，毛笔也是从上往下写方便。从上到下，从右到左，这是古代的书写方式。等到汉代以后纸虽然发明出来了，但汉字书写已有很久的历史了，仍然是通行竖写。隋唐雕版印刷出现，到宋代活字印刷发明，都仍是竖排竖行。到了清朝末年，一些知识分子学习西洋文化，提倡汉字改革，提倡拼音文字，力主改变传统的书写方式,改用从左到右的“横行”排列方式。1909 年我国已有了用“横行”排版的书。

标点符号小史

在我国古代并没有系统的标点符号，读文章的人，要自己断句，因而，常常弄得文意不明。到了汉朝才发明了“句读”符号，语意完整的一小段为“句”；句中语意未完，语气可停的一段为“读”（音逗）。约在宋代时,开始有了“。”和“,”，明代时出现了人名号和地名号。到了近代，我国知识界又吸收了国外的标点符号，于是出现了我国的标点符号系统。

什么叫韵书

韵书是把汉字按照字音分韵编排的一种书。这种书的编撰目的是为分辨、规定文字的正确读音。因为它还进行字义的解释和字体的记载，所以也能起辞书、字典的功用。韵书的产生是格律诗诞生的必然结果。随着文学样式的发展和成熟，人们在写诗、填词、度曲时，更加需要方便查找押韵的字，于是，韵书便应运而生了。

最早的韵书——《切韵》

隋代陆法言的《切韵》是我国最早的韵书，也是历史上影响最大的韵书之一。陆法言在继承和总结前代韵书的基础上，编纂此书，成为以后一切韵书的鼻祖。原书没有流传下来。现在可以看到的只是敦煌出土的唐人抄本《切韵》原书（传写本）的片断和一些增订本。全书5卷，分193韵，收字11500个。

《唐韵》的特点

《唐韵》是《切韵》的一个增修本。唐代孙愐作，因为它定名为《唐韵》，曾献给朝廷，所以虽是私人著述，却带有官书性质。但原书已不存在。据清代卞永誉《式古堂书画汇考》所录唐元和年间《唐韵》写本的序文和各卷韵数的记载，全书5卷，共195韵。《唐韵》对字义的训释，既繁密又有出处、凭据，对字体的偏旁点画非常考究，使得韵书更加具有字典的性质，所以这也是《唐韵》备受后人重视的原因。

韵书的完善——《广韵》

《广韵》全名《大宋重修广韵》，是宋真宗大中祥符元年（1008）陈彭年等人奉诏根据前代韵书修订成的一部韵书。它是中国古代第一部官修的韵书。它继承了《切韵》《唐韵》的音系，是汉魏以来集大成的韵书，所以对研究古音有重要的作用。《广韵》共5卷，计206韵，包括平声57韵（上平声28韵，下平声29韵），上声55韵，去声60韵，入声34韵，《广韵》的韵数、小韵数、字数都较以前的韵书有增加。韵书到了《广韵》，这种体制已成定型。《广韵》也可以说是一部按韵编排的同音字典。

《集韵》的特点

《集韵》是在宋仁宗宝元二年（1039）编纂完成的，它分韵的数目和《广韵》全同，只是韵目用字，部分韵母的次序和韵目下面所注的同用、独用的规定稍有不同。《集韵》收字比《广韵》多，而且收的异体字特别多。一个字无论有多少不同的写法，也无论是正体，还是古体、或体、俗体，只要有点根据就收进来。有的字竟多到八九种写法。《集韵》共收

53525 字,比《广韵》多收 27331 字。《集韵》这部韵书也是一本较好的字书。

《古今韵会举要》的成就

元代黄公绍在元世祖至元二十九年(1292)以前编过一部《古今韵会》,简称《韵会》。其中征引很多典故,而且非常注重训诂。黄公绍的同乡,又在他家坐过馆的熊忠嫌《韵会》注释太繁,便加以删改,编成《古今韵会举要》。全书共分 107 韵,编撰方法比较精审,就韵字的收录而言,每个韵字都注出来源,并且统计出数目来。卷首《凡例 · 韵例》交待总数,分卷又有记录。现代学者对《韵会》的成就归纳出四项:(一)“通文字之源流”;(二)“明经傅之假借”;(三)“厘正字体”;(四)“所引经传往往有古时善本,足以证今本之讹者”。

 二、史学

“史”的含义

要想理解什么是史学，就要首先了解“史”的含义。东汉许慎《说文解字》说：“史，记事者也。”《玉篇》说：“史，掌书之官也。”《周礼·天官·宰夫》说：“史，掌官书以赞治。”由上三说可知，史的本义为掌书记事的官，职位非常重要。而史官的工作，最重要的是记言与记事两项。所以，《汉书·艺文志》说：“左史记言，右史记事。”

什么是史学

梁启超在《中国历史研究法》中说：“史者何？记述人类社会赓续活动之体相，校其总成绩，求得其因果关系，以为现代一般人活动之资鉴者也。”历史是人类过去一切活动的总记录，举凡朝代的盛衰、风俗的文野、政教的得失、文物的盈虚，都可从历史上获得经验与教训。历史不仅指过去发生的一切事实，更是指人们对过去事实的有意识、有选择的记录。对于历史的专门性研究，就是历史学，简称史学。

史官

在中国历史上，设立史官，记录国家大政和帝王言行，是一种由来已久的制度和传统。史官起初负责主持祭祀，占卜吉凶，沟通人神关系。同时记录时事，编次文献，保管简册。进而分工，方有记言之史与记事之史之别。

各朝对史官的称谓与分类多不相同。商代已经有了文字，出现了史官。殷商甲骨文中有“作册”“史”“尹”等字。金文有“作册内史”“作册尹”的记录。

周代的史官

《周礼·春官宗伯》将史分为五类：大史、小史、内史、外史、御史。五史皆属春官，执礼、掌法、授时、典藏、策命、书事、考察，无不涉及，跟后世只管记录史事的史官颇不相同，不但职司广，而且设官多。

史官的分工

史官内部的分工和职责也十分细致、

明确，《礼记·玉藻》说："动则左史书之，言则右史书之。"刘知几《史通·史官建置》记："大史掌国之六典，小史掌邦国之志，内史掌书王命，外史掌书使乎四方，左史记言，右史记事。"所谓记言，就是为君王起草文书，发布文告，推行政令；所谓记事，是指负责记录平时发生的与君王有关的事件，诸如人事活动和自然界的重大变化。

史的分类

我国史籍丰富，世界称最，分类也很精细。《四库全书总目》将史书分为十五类：正史、编年、纪事本末、别史、杂史、诏令奏议、传记、史钞、载记、时令、地理、职官、政书、目录、史评。

史家的四长

唐代著名史家刘知几在《史通》中提出了史家必须具备三个条件，即史才、史学、史识。清代学者章学诚在此基础上，又提出"史德"之说。这就是史家的"四长"。

史才：指对历史事件的叙述和对史料的组织富有逻辑性和生动性，文字简洁，条理清楚。

史学：指史学家历史知识的广博，掌握资料的丰富，考证史料的严谨。

史识：指所持的观点、立场问题，即应该如何认识历史、判断历史。

史德：对历史学家人品、道德、修养的要求，就是"著书者之心术也"。

梁启超先生认为史德最为重要，次史学，又次史识，而史才居末。钱穆也认为有了史学、史才及史识，又须有史德，如此才能"不抱偏见，不作武断，不凭主观，不求速达"。譬如《魏书》，被讥为秽史就是作者的人品造成的。

董狐之笔

《左传》记载了宣公二年（前607）这样一件事：晋灵公年纪很轻就继位为国君，他无知而骄横，胡作非为，正卿赵盾屡次谏诤，可是灵公非但不听，反而怀恨在心，密谋杀死赵盾。赵盾听说了，只得逃出都城避难。赵盾的侄儿赵穿趁灵公喝醉酒时把他给杀死了，另立晋成公为国君，并派人把赵盾找回都城，让他继续担任正卿，主持国政。晋国史官董狐认为这件事赵盾有责任，便直言不讳地在史册上记下："赵盾弑其君。"并在朝廷公示。赵盾说这么记载不符合事实。董狐说："子为正卿，亡不越境，返不讨贼，非子而谁？"赵盾无可奈何，长叹道："呜呼！我之怀矣，自诒伊戚，其我之谓矣。"

孔子称赞董狐道："董狐，古之良史也，书法不隐。"后来，人们称赞正直的史官，就叫作"董狐"；直书其事而无隐，赞为"董狐之笔"。董狐作为史家秉公直书的典范对后世史官影响很大。

不惧死的史官典范

《左传》还记载了襄公二十五年（前548）一件事：

齐灵公二十八年(前554),灵公病了，不能处理朝政，大夫崔杼把废太子光从放逐地接了回来，排除种种干扰把他立为齐君，这就是齐庄公。后来，齐庄公与崔杼的夫人棠姜私通。崔杼气愤不过，就指使手下杀死了齐庄公，另立齐景公为国君。

这件事发生之后，齐太史在竹简上写下了“崔杼弑其君”。此人被崔杼杀了。继任的太史仍如此记录，被杀。再继任的太史还是如此记录，被杀。这三位太史是兄弟三人，都被崔杼杀了。他们的弟弟继任太史，不惧死亡的威胁，仍然秉笔直书，崔杼这才知道正直的史官是杀不绝的，只好悻悻作罢。这时，齐国另一位史官南史氏，听说接连有三位太史因实录国事被杀，便带上写有“崔杼弑其君”的竹简赶往宫廷,准备继续去写，中途得知第四位太史照实记录没有被杀，这才返身回去。齐太史为了维护史实的尊严“身膏斧钺”和齐南史秉笔直书、面对死亡毫无惧色的事迹，几千年来被誉为中国古代史官的典范。

历史的“资治”作用

北宋元丰七年（1084）十一月，经过近19年的努力，司马光和他的助手们终于完成了一部长达354卷的历史巨著。在呈报给皇帝的表文中，司马光希望这部书能使皇帝“鉴前世之兴衰，考当今之得失，嘉善矜恶，取是舍非，足以懋稽古之盛德，跻无前之至治，俾四海群生，咸蒙其福”。司马光以前朝的兴盛和衰落作为借鉴，考察当今政治的得失，嘉奖善事，惩处恶行，坚持正确，抛弃错误，那就足以发扬古代的盛德。司马光于五代终笔，正可与开篇三家分晋相呼应。

史部的发展概况

史部是我国古代图书四部分类法中的一个部类，也称乙类。我国很早就有史籍产生,史籍堪称浩瀚。但在汉代以前，史书都只是六艺的附庸，直到隋代才独立出来。大概情形如下：

汉代:《汉书·艺文志》中，史籍附在《春秋》之后，称“春秋家”。

魏晋南北朝：图书有甲乙丙丁四分法，史籍开始独立称部，或入丙部、乙部，尚无“史部”名目。

隋代:《隋书·经籍志》首分经、史、子、集四部，“史部”下又分13类。

唐代:《新唐书·艺文志》分13类，但与《隋志》不同。

清代:《四库全书总目》分史部为15类，是历史上最完备的分类法。

先秦史籍的状况

先秦史籍：先秦时期，包括春秋、战国、秦，是史籍的产生阶段，附庸于经部，有的史籍被尊为经籍。流传下来的有《尚书》《逸周书》《春秋》《左传》《周礼》《仪礼》《世本》《竹书纪年》《战国策》等。这些史籍的特点，多为资料汇编，或修订、解释历史文献。一般成于众手，成书也非一时一人，因此没有严格的体例。

先秦史籍六家

先秦史籍是后世多种史体的源头，唐代史家刘知几总结唐以前史体流派有六家，先秦史籍占四家。六家为《尚书》家、《春秋》家、《左传》家、《国语》家、《史记》家、《汉书》家。《春秋》家和《左传》家代表的是编年体。中国古代史籍纪传、编年、记事本末三大体，最早就是先秦时期产生的编年体。

两汉魏晋南北朝史籍

这个时期史学和史籍不再是经部的附庸，成为一个大部类，列于四部中的第二位。最重要的史学著作是《史记》和《汉书》，这两部伟大的著作，标志着我国史学的成熟。汉魏六朝还有多种文体产生，以及史注的繁荣。从体裁上看，除纪传体正史外，有别史几十种，有人物传记219种。《隋书·经籍志》史部所载，数量总计874部，16558卷。

隋唐宋元史籍

唐宋时期是我国史籍发展的鼎盛时期，唐代杜佑的《通典》、刘知几的《史通》、袁枢的《通鉴纪事本末》，宋代司马光的《资治通鉴》，使史籍的发展走向了高峰，史籍空前繁荣，据记载史籍总计有1652部，16558卷。从唐朝开始，政府设馆修史，唐太宗李世民亲自挂衔领修《晋书》，其他官修史书还有《梁书》《陈书》《北齐书》《周书》《南史》《南齐史》以及《隋书》，被列为正史的二十四史中，有三分之一撰成于唐代。修史书的制度创立之后，一直延续到清代，每个朝代建国之初，都要开设国史馆换修前朝史书。官修正史从此在历代中成为一件大事。

明清史籍

明清时期很少有人写当代史，明代野史仅有《国榷》《明季北略》《南疆逸史》等数种。《清史稿·艺文志》著录的49种正史，除官修《明史》一书外，其余48种多为对前二十一史的考证、补注、校释。另外有《续三通》《清四通》《续资治通鉴》《明通鉴》等书，还有《十七史商榷》《二十二史札记》《二十二史考异》等史考。明清史籍总数达7119种，275857卷。

《隋书·经籍志》的分类

《隋书·经籍志》最早对史籍进行分类，共分为十三类：(一)正史(纪传表志)；(二)古史(编年系事)；(三)杂史(纪异体)；(四)霸史(纪伪朝)；(五)起居注(人君动止)；(六)旧事(朝廷政令)；(七)职官(序班品秩)；(八)仪注(吉凶行事)；(九)刑法(律令格式)；(十)杂传(先贤人物)；(十一)地理(郡国山川)；(十二)谱系(世族继序)；(十三)簿录(史条策目)。

《四库全书总目提要》的分类

清代《四库全书总目提要》对史籍的分类更细,共分十五类:(一)正史;(二)编年;(三)纪事本末;(四)别史;(五)杂史;(六)诏令奏议;(七)传记;(八)史钞;(九)载记;(十)时令;(十一)地理;(十二)职官;(十三)政书;(十四)目录;(十五)史评。

什么是纪传体

纪传体是我国史书的主要体裁之一,通称正史。正史的名称,始见于《隋书·经籍志》,其《正史序》说:“世有著述,皆拟班马,以为正史。”我国最早的纪传体史书,也是我国最优秀的一部史书,是西汉司马迁编纂的《史记》。

《史记》的体例,共分五类:本纪、表、书、世家、列传。这五类体例,并非司马迁自创。正如清代学者赵翼所说:“司马迁参酌古今,发凡起例,创为全史。本纪以序帝王,世家以记侯国,十表以系时事,八书以详制度,列传以志人物。然后一代君臣政事,贤否得失,总汇于一编之中。自此例一定,历代作史者,遂不能出其范围,信史家之极则也。”

《史记》这五个部分,各自为用,又交叉配合、相辅相承,加上“太史公曰”,构成了一个完整的记载和总结人类社会历史的体系。“纪传体”由此确立。

《史记》体例的编次,是先“本纪”,次“表”,次“书”,次“世家”,次“列传”。班固《汉书》缺世家,余皆相同。此后,历代的正史多依循这个规格。

正史

正史即纪传体史书,多为历代官修且经过封建王朝认定的史书,也就是平常所说的“二十四史”,创于《史记》,成于《汉书》。就体裁而言,历代正史均为纪传体史书,以帝王的本纪为纲,以列传为辅,本纪、列传是不可少的内容,表和志不是所有正史都有的。此外,除了《史记》和《南/北史》外,其余正史都为断代史。

前四史

前四史指西汉司马迁的《史记》、东汉班固的《汉书》、南朝范晔的《后汉书》和东晋许寿的《三国志》四部史书。三国时社会上已有“三史”之称。“三史”通常是指《史记》《汉书》和东汉刘珍等写的《东观汉记》。《后汉书》出现后,取代了《东观汉记》,列为“三史”之一。“三史”加上《三国志》,称为“前四史”。

二十四史的形成

纪传体的史书，称为正史。它以人物为中心，详一人的事迹。由汉司马迁《史记》首开其例，随后，历代史家书写不辍，遂成二十四史。二十四史的完成经历了自汉至清长达两千年的时间。

四史：《史记》《汉书》《后汉书》《三国志》。

十三史：前四史外加《晋书》《宋书》《南齐书》《梁书》《陈书》《魏书》《北齐书》《周书》《隋书》。

十七史：十三史外加《新唐书》《新五代史》《南史》《北史》。

二十一史：十七史外加《宋史》《辽史》《金史》《元史》。

二十二史：二十一史外加《明史》。

二十四史：二十二史外加《旧唐书》《旧五代史》。

二十五史：二十四史外加《新元史》。

二十六史：二十五史外加《清史稿》。

二十四史为清朝乾隆年间钦定，不允许擅自增减，即《史记》《汉书》《后汉书》《三国志》《晋书》《宋书》《南齐书》《梁书》《陈书》《魏书》《北齐书》《周书》《隋书》《南史》《北史》《旧唐书》《新唐书》《旧五代史》《新五代史》《宋史》《辽史》《金史》《元史》《明史》。

各史或称“书”，或称“志”，或称“史”，或称“史记”，实为一体。

《世本》对纪传体创立的影响

《世本》是战国时赵国的史书，为避唐太宗李世民讳，唐代改称《系本》或《代本》。其主要记载黄帝以来至春秋间一些帝王、诸侯、卿大夫的姓氏和世系。该书不仅保存了先秦的重要史料，而且体例上也有独到之处，且对《史记》体例的创立有非常大的影响。《世本》的《帝系篇》《王侯世》《卿大夫世》又称为《纪》或《本纪》，是《史记》的“本纪”和“世家”的渊源；《作篇》记器物发明，《居篇》记帝王诸侯都城，是《史记》“书”的渊源。《史记》的《三代世表》《十二诸侯年表》也是仿效此书创作的。

《史记》概说

《史记》是我国第一部纪传体的通史，也是我国古代第一部传记文学的总集。其与《汉书》并称“史汉”，再加《后汉书》《三国志》合称“前四史”。《史记》最初称《太史公书》《太史公记》《太史公》《太史记》。到东汉末，才改称《史记》。《史记》全书包括十二本纪、十表、八书、三十世家、七十列传。记事上起于传说中的黄帝，止于汉武帝太初年间（前122），前后约三千年，包括政治、军事、经济、文化、民族等诸多方面的事迹。《史记》一百三十篇，五十二万余字。司马迁死后，书藏于家，至汉宣帝时，才由他的外孙杨恽将全书献给朝廷，公布于世。

司马迁发愤著《史记》

司马迁（前145—前90）字子长，西汉左冯翊夏阳（今陕西韩城）人，生卒年不详。他是太史令司马谈的儿子，从小受到了良好的教育，又曾向董仲舒、孔安国等大师学习儒学，博通天文历法、诸子百家。20岁以后，他开始游历，足迹遍天下。元封三年（前108），司马迁继承父亲遗志，担任太史令。他有机会看到许多史籍和别的藏书，便开始做整理工作。太初元年（前104），司马迁开始动手写他的史书，以完成父亲的遗命。

天汉二年（前99），李陵奉了贰师将军李广利的命令，领五千汉军，出塞攻打匈奴，被匈奴八万骑兵包围；汉军杀伤匈奴一万多，自己人马也死伤一大半，李陵不得不投降。司马迁为李陵辩护，得罪了汉武帝，被下狱。第二年，武帝杀了李陵全家，处司马迁宫刑。两年后，武帝大赦天下。司马迁出狱，做了中书令。他仍然夜以继日地写他的书。前后经过18年的努力，征和二年(前91)，全书完成。

《史记》的宗旨

司马迁著史，是以历史上受了大磨难而成就了大事业的人激励自己的，他说："盖西伯拘而演《周易》；仲尼厄而作《春秋》；屈原放逐，乃赋《离骚》；左丘失明，厥有《国语》；孙子膑脚，《兵法》修列；不韦迁蜀，世传《吕览》；韩非囚秦，《说难》《孤愤》；《诗》三百篇，大抵贤圣发愤之所为作也。此人意皆有郁结，不得通其道，故述往事，思来者。"司马迁遭受宫刑，仍然忍辱含垢，怀着"究天人之际，通古今之变，成一家之言"的伟大抱负，使自己的书"藏之名山，传之后世"。

《史记》的资料来源

《史记》是一部取材广泛、采择审慎的实录。其中资料来源有经传典籍，又有档案资料；有官方记录，又有民间口碑；有文字资料，还有实物依据。前代的史籍，包括《左传》《国语》《战国策》《楚汉春秋》及诸子百家等。同时，司马迁作为太史令还比较便利地接触到国家档案，民间保存的古文书传。他在游历时接触到的大量的第一手资料，也为他的史书增添了生动的一笔。这些使得这部著作蕴藉百家，包容万代，成为双跨文史学界的不朽巨著。

《史记》的体例

《史记》是我国第一部纪传体通史，堪称纪传体通史的鼻祖。纪传体例的创制是最大的贡献，即它可以以本纪、表、书、世家、列传等不同体式来记载复杂的历史事实。最后一篇为《太史公自序》，叙述作者的家世和事迹，说明撰著本书的经过、意旨及作者的史学见解。在各篇中，发表了对历史事件和历史人物的评价，以"太史公曰"标明。《史记》的这五个部分，各自为用，又交叉配合、相辅相成，加上“太史公曰”，构成了一个完整的记载和总结人类社会历史的体系。这种体例，是司马迁首创，被后人称为“纪传体”。

十二本纪

本纪共十二篇，记历代帝王世系及国家大事，是编年的，是全书的纲领。其包括五帝本纪、夏本纪、殷本纪、周本纪、秦本纪、秦始皇本纪、项羽本纪、汉高祖本纪、吕后本纪、孝文本纪、孝景本纪、孝武本纪。“本纪”是全书的纲领，实际上就是帝王的传记，为帝王作纪传而名之为“本纪”，是为了显示天下本统之所在，使官民行事都有一定的纲纪的缘故。在“本纪”的写作中，司马迁采取了详今略远的办法，时代愈远愈略，愈近愈详。“本纪”托始黄帝，是因为黄帝是中华民族的始祖，又是“正名百物”的祖师。将项羽列入“本纪”，则表现了作者对其人格的推崇。

十表

表以表格形式简明排列世系、人物和史事，脉络清晰。包括世表、年表、月表，以分年略记世代为主。其包括三代世表第一、十二诸侯年表第二、六国年表第三、秦楚之际月表第四、汉兴以来诸侯王年表第五、高祖功臣侯者年表第六、惠景闲侯者年表第七、建元以来侯者年表第八、建元以来王子侯者年表第九、汉兴以来将相名臣年表第十。

八书

八书是记典章制度的沿革，由礼书第一、乐书第二、律书第三、历书第四、天官书第五、封禅书第六、河渠书第七、平准第八组成。“书”，是记载历代朝章国典，以明古今制度沿革的专章，非是熟悉掌故的史家，是无法撰写成书的。班固《汉书》改称“志”,成为通例。“书”的修撰，为研究各种专门史提供了丰富的资料。

三十世家

世家记西周、春秋、战国时期诸侯国的世系及历史，汉朝丞相、功臣、宗室、外戚的事迹，还记述了在历史上有特殊文化地位的孔子和特殊政治地位的陈涉的事迹。《世家》部分写了大汉帝国的创始人刘邦，也写了和刘邦同争天下的项羽。在司马迁的笔下，项羽不仅是一个叱咤风云，所向披靡，才气过人的英雄，还是一个心胸坦荡，性格豪爽，重情重义的君子。司马迁还用了大量的篇幅介绍汉帝国的创始人刘邦，这位昔日沛县小小的泗水亭长简直就是个无赖，他行事阴险，言而无信，反复无常，正是儒家所谓的典型的“小人”，司马迁用他鲜明的个人见解把刘邦的形象漫画化了。汉帝国官方史官把帝国的创始人描写为无赖子和阴谋家，可以想见司马迁的勇敢、正直、不畏权贵，中国史家秉笔直书的优良传统被司马迁很好地继承下来并发扬光大。如此，后世的人们也最大可能地接近了历史的真实。

七十列传

列传记社会各阶层及各方面重要历史人物，还记述了各少数民族及邻国的历史。列传是重要人物的传记，司马迁在这些人物的身上倾注了自己的全部热情。他以典型人物的描写，以及由这些典型人物所串联起来的典型事件，不仅描绘出了那个时代波澜壮阔的画面，而且表现出了其中所浸润着的中国人的品格特性，以及他们对后世中国人的巨大影响。这些典型人物及事件有：苏秦连横，魏公子救赵，范雎复仇，廉蔺争位，李斯相秦，韩信拜将，季布然诺，魏田交恶，李广难封，汲黯鲠直，周昌骂帝，张汤清廉，郅都威猛，等等。

《史记》的史笔

《史记》是个人撰述的史书，具有非常鲜明的个人色彩。这在我们阅读《史记》时，是随时可以感受到的。就史笔而言，《史记》“其文直，其事核，不虚美，不隐恶”，因此历代对其评价都很高，堪称“实录”。但《史记》的思想在后世来看，算不上“正统”，比如以项羽入本纪；陈涉入世家，强调农民起义领袖的作用；写汉高祖刘邦既写了他英雄的一面，也写了他无赖的一面；写汉武帝虽是当朝人写当朝事，但也敢于直书其事，决不曲意逢迎，为历代“正史”所不及。而当他在写孔子时，热烈的赞美敬仰之情却情不自禁地发露笔端：“诗有之：‘高山仰止，景行行止。’虽不能至，然心向往之。余读孔氏书，想见其为人……”这是不符合修史的准则的，但却极大地感染着读者，增加了史书的魅力。

《史记》的文笔

《史记》中司马迁笔下的一系列历史人物，不仅性格鲜明，具有很高的典型性，而且寄寓着作者的褒贬和强烈的爱憎，形象本身有着动人心弦、移人性情的巨大艺术魅力。字里行间洋溢着作者的激情，使人感到作者好像不是在写散文，而是在写政治抒情诗，笔下赋予这部书以浓厚的诗情画意，使它含蕴着一种积极浪漫的色彩和情调。

“史家之绝唱，无韵之离骚”

《史记》是中国史学史上最辉煌的著作，同时在文学史上也有极高的价值。所以，鲁迅先生赞其为“史家之绝唱，无韵之离骚”。“史家之绝唱”是说其历史学成就。《史记》确实是集先秦及汉初之大成的私家著作，分量之大，卷帙之多，内容之富，结构之严，体制之备，均可谓空前。“无韵之《离骚》”是说其文学成就。司马迁带着深切的痛苦去理解笔下人物的奋斗和成败，所以笔端常饱含着悲愤。尤其对布衣闾巷之人、岩穴幽隐之士和才高被抑、无可申诉者，更是写得一往情深,感同身受。那飞扬的文采，传神的刻画，滔滔的雄辩，都让人们感受到了近于《离骚》的那种悲愤。

“重于泰山”“轻于鸿毛”

司马迁在《报任安书》中说过“人固有一死，或重于泰山，或轻于鸿毛”的话。任安是司马迁的朋友，曾经写信给司马迁，叫他利用中书令的地位“推贤进士”。过了很久，司马迁给他回了这封信。在这篇文章中，司马迁以极其激愤的心情，申述了自己的不幸遭遇，抒发了内心的无限痛苦，大胆揭露了汉武帝的喜怒无常，刚愎自用，提出了“人固有一死，或重于泰山，或轻于鸿毛”的比较进步的生死观，并表现出了他为实现可贵的理想而甘受凌辱，坚韧不屈的战斗精神。由于后人的辗转引用，现在这句话可以说是家喻户晓、妇孺皆知了。但是，如今人们对这句话的理解和应用，大都与司马迁的原意不符。

父子相继著《汉书》

《汉书》，班固著，是我国第一部纪传体断代史。《汉书》的写作是从班固的父亲班彪开始的。班彪撰写了《后传》六十五篇，作为《史记》的续篇。光武帝建武三十年(54),班彪去世,班固在《后传》的基础上开始撰写《汉书》。和帝永元四年（92），班固去世时，尚有八表和《天文志》没有完成，班固之妹班昭和马续参考皇家藏书，奉诏完成。

史家班固

班固（32—92），字孟坚，扶风安陵（今陕西咸阳）人。他家和司马氏一样，也是个世家;《汉书》是子继父业，也和司马迁差不多。班固生在河西，5岁时随父亲到京师洛阳。9岁时能做文章,读诗赋。大概是16岁时,入洛阳太学,他博览群书，治学不专守一家；又善作辞赋，为人宽和容众，不以才能骄人，因此颇受时人赏识。23岁时，父亲班彪死去，班固回到安陵。28岁时班固开始改撰父亲的书。他觉得《后传》不够翔实,自己专心精究,想完成一部大书。3年后,有人上书给明帝，说班固私自改作旧史，明帝当即诏令扶风郡逮捕班固，解到洛阳狱中，并调看班固的稿子。班固的兄弟班超随即带着全家赶到洛阳。他上书给明帝，陈明原委，请求召见。明帝果然召见，他陈明班固不敢私改旧史，只是续父所作。那时扶风郡也已将班固稿子送呈。明帝看了，非常赏识班固的稿子，命班固做校书郎，兰台令史，跟别的几个人同修东汉光武帝的本纪。章帝建初七年（82），班固51岁时，《汉书》大致完成了。章帝主持大儒在白虎观讲论《五经》,班固受命记述其事,写成《白虎通义》。和帝永元元年（89），班固随大将军窦宪出征，匈奴大败。窦宪在出塞三千多里外的燕然山刻石记功，班固作铭。这是班固一生最辉煌的时刻。永元四年（92），窦宪阴谋弑和帝，事败自杀。他的党羽，或诛死，或免官，洛阳令种兢罗织罪名，将班固逮捕下狱。那年，班固已经 61 岁，受不了狱中的种种酷刑，可怜一代史家惨死在狱中。

女史家班昭

班固死后，《汉书》的稿子很散乱。他的妹妹班昭高才博学，嫁给曹世叔，世叔早死，她的节行并为人所重。当时称为曹大家。这时候她奉诏整理哥哥的书；并有高才郎官十人，随从她研究这部书——经学大师扶风马融，就在这十人里。书中的八表和天文志就是她和马融的哥哥马续参考皇家藏书，奉诏完成的。

《汉书》断代为史的创举

《汉书》是我国第一部纪传体断代史。其起于高祖元年（前 206），终于王莽地皇四年（23），记西汉一代 230 年的主要史事。纪、表、志、传，共一百卷。班固著《汉书》，根据父亲的评论，修正了《史记》的缺失，并且创立了断代这种体例。这样做，一方面保存了文献，另一方面贯彻了发扬本朝功德的趣旨。所以后来的正史都以《汉书》为范本，名称也多叫作“书”。断代为史的创举影响极大，《汉书》比《史记》所包含的内容更为广阔，天地、鬼神、人事、政治、道德、艺术、文章，尽在其中。

“汉承尧运”的观点

班固写《汉书》的时代距离司马迁写《史记》，已经过了 100 多年。这 100 多年，汉代的治国思想渐趋于成熟。早在司马迁写《史记》时代，汉武帝就接受了董仲舒“罢黜百家，独尊儒术”的建议，儒家思想成为正式的官方统治思想。董仲舒主张天人感应论，认为“天不变，道亦不变”，其中的“道”就是“天道”，就是封建社会的根本法则，就是封建的道德、政治、教化、习俗等。表现在政治上就是君权神授，表现在制度上就是“三纲五常”，再杂以五行终始说，就建立了一个历史循环论。班固认为，从夏朝到商朝到周朝，是黑、白、赤“三统”的周而复始，汉是继周而起的，朝代虽然改变了，那个“道”是不变的。班固接受了儒家这种天人感应、五德终始的观点，并且贯穿到了他的书中。他讲“三统”“三正”，讲历史循环论，即“汉承尧运”的观点，高祖“伐秦继周”，光武帝接续汉朝。

班固的历史观

班固在《汉书》中对秦、西汉、王莽新朝三个王朝兴亡进行了叙述。秦朝的兴起，是数代人经过一百多年的积累，到秦始皇时才灭掉六国，统一天下的。

秦朝建立以后，总结周朝灭亡的历史经验，认为是“起于处士横议，诸侯力争，四夷交侵，以弱见夺”，于是有针对性地采取严厉的防范措施，进行残暴统治。但是秦王朝的大厦仅存在了十几年，就在强大的反秦大风暴中轰然倒塌了。秦朝的迅速败亡，使刘邦无需积累多世功业，仅凭在反秦斗争中发展起来的力量，便在短短的几年内灭秦朝，败项羽，夺取天下，建立大汉王朝。西汉后期，自元帝时就已显出衰微之势，成帝时外戚王氏操纵朝政的形势已经形成。最终，王莽乘西汉衰微之机，废汉自立，建“新”称帝。王莽称帝以后，各种社会矛盾急剧恶化，反莽斗争很快就在全国各地风起云涌，结果王莽被杀，新朝灭亡。这些叙述，通过大量的史实说明，秦、西汉、新三个王朝的兴与亡，都是历史发展的客观形势所造成。

《汉书》对《史记》的发展

《汉书》大致继承了《史记》的体例，但有改变，如改书为志，取消世家入列传。记事之文，于武帝以前，多用《史记》原文，但对史书颇有损益，并补充新史料，而且增加《惠帝记》《张骞传》《西域传》等。十志对《史记》八书也有增删，刑法、五行、地理、艺文四志全属新创。其还增加了《百官公卿表》《古今人表》。各传多载有关学术、政事的文章，以史书而兼有一代文章总集的性质。文章详密凝练，也为后世所称。《汉书》传世后，一直为后世推崇，它以纪、表、志、传为主要形式，成为后世修“正史”的标准形式。

《汉书》十志

《汉书》十志的规模比《史记》的八书更宏大，也最能体现《汉书》的详赡。《食货志》记述西周至王莽时期的农业、农政、货币和财政的情况。《刑法志》记述古代至东汉初年的军制和刑法的历史变化。《地理志》记述了当时的郡国行政区划、历史沿革，以及各地区的范围、山川、户口、物产、风习，还有中外交通。《沟洫志》记述古今水利事业，记载了贾让的治河三策。《礼乐》《郊祀》二志记载历来的礼乐文化和祭祀制度。《天文》《律历》二志记有古代自然科学的宝贵资料。《五行志》专载五行灾异，保留了有关自然灾害、地震、日食、月食的记载。《艺文志》吸收了刘歆《七略》的成果，著录了西汉末年皇家藏书的情况，并综述了各种学术派别的源流和短长。

《汉书·艺文志》的独特地位

《汉书·艺文志》是我国现存最早的目录学文献。它是班固根据刘歆《七略》增删改撰而成的，仍存六艺、诸子、诗赋、兵书、术数、方技六略三十八种的分类体系，另析“辑略”形成总序置于志首，叙述了先秦学术思想的源流。总共著录图书 38 种，596 家，13269 卷。由此可以领略西汉文化典籍的状况。此书是中国现存最早的系统性图书目录，并首创史志目录的体例，对后世目录学，尤其是史志目录的发展影响极大。

《汉书》的文笔

《汉书》文章组织严密，注意细节描绘，语言受汉代辞赋和散文的影响，繁富工丽而又凝练简净。因此，书中有一些人物传记能摹声绘影，形象鲜明，堪与《史记》媲美。旧时学者往往“班马并称，《史》《汉》连举”，认为“两家之文并千古绝调”。

何以“班马”并称、“史汉”并称

在史学领域，常见“班马”“史汉”这两个并称，“班马”是指班固和司马迁，“史汉”是指《史记》和《汉书》。这样并称，说明两者之间有着密切的关系。在史学领域，《史记》和《汉书》都有重要的意义，《史记》开创了纪传体的体例，《汉书》开创了断代为史的先河。它们的文学特色也很突出，是读史者首选的两部著作，司马迁和班固也都是优秀的史学大家。

《东观汉纪》的湮没

《东观汉记》是记载东汉（25—220）光武帝到灵帝时期的一部编年体史书。东观是东汉都城洛阳宫殿的藏书之所，也是修书之地。此书经过了几代人的努力才完成，班固、蔡邕等都参与过，是一部卷帙浩大的史书，但因董卓之乱，到汉献帝时，已散佚不全了。曾一度非常受重视，与《史记》《汉书 》并称“三史”。《后汉书》流行后，此书渐渐被湮没。

《后汉书》

《后汉书》为纪传体东汉断代史，共一百二十卷，包括纪十卷、传八十卷、志三十卷。纪、传为南朝宋范晔撰。志为晋司马彪撰，一般称《续汉志》。《后汉书》以《东观汉记》为主要依据，综合各家之长，成为一编。又仿华峤《后汉书》列“皇后纪”，又增加“党锢”“宦者”“文苑”“独行”“方术”“逸民”“列女”“孝子”等传。每篇之末，“论”后又附以“赞”。既有体例上的创新，其议论也爱憎分明，且多有创见。

范晔的生平事迹

范晔（398—445），字蔚宋，南朝宋顺阳（今河南淅川县东南）人。范晔出生在一个著名的士族家庭，又有正宗的家学传统。他自己也从小好学，再加上天资聪慧，少年时便以博涉经史、善写文章而负盛名。范晔 23 岁时应召到刘裕之子刘义康的府下，以后几经升迁，官至尚书吏部郎。后来，刘义康的母亲王太妃去世，范晔竟深夜饮酒，听挽歌为乐，触怒刘义康，被贬为宣城太守。范晔郁郁不得志，便开始从事《后汉史》的编纂工作。35 岁那年，范晔完成了他的历史名作《后汉书》。最后，范晔又卷入刘义康与宋文帝刘义隆的权力之争，元嘉二十二年（466），以谋反罪被处以死刑。

范晔的侄孙范缜、范云在齐、梁间有盛名。范缜继承与完善了范晔的无神论的思想，范晔生前一直未能完成的无鬼论，由范缜所著的《神灭论》完成了。

《后汉书》的时代特点

范晔文才宏富，所撰论赞，堪称杰作。他列“皇后纪”，因为东汉从和帝开始，连续有六个太后临朝。把她们的活动写成纪的形式，既名正言顺，又能准确地反映这一时期的政治特点。列传推崇党锢，表彰逸民，对宰相公卿并不尤加注意。又以南朝偏安江左，政治腐败，对马援、班超等人物，特别多刻画。范晔是第一位在纪传体史书中专为妇女作传的史学家。尤为可贵的是，《列女传》所收集的十七位杰出女性，并不都是贞女节妇，还包括并不符合礼教道德标准的才女蔡琰。此外，范晔效法班固《汉书》，多收政论辞赋。所以两汉名文，大半可于两汉书中读到。

《后汉书》的文采

由于《后汉书》采撷众家所长，所以书出以后，深受学者好评，唐代以本书与《史记》《汉书》并称“三史”，其他各家纪传体东汉书日渐湮没。范晔作史，十分讲究文采，对于《后汉书》的文章，他自己评价很高。确实，范书文辞优美，简洁流畅，不仅为史学名著，也称得上是文学名作。

“良史”陈寿

陈寿是《三国志》的作者。陈寿(233—297)，字承祚，安汉（今四川南充北）人。他少好学，曾师事著名学者、名士谯周。他熟读《尚书》和《春秋》，更精细地研习了西汉司马迁的《史记》和东汉班固的《汉书》，熟悉了写作史书的方法。同时，他所写的文章又美艳动人，深得前辈赞许。陈寿在蜀汉时曾任散骑黄门侍郎等职。入晋后，他任著作郎，专门负责编撰史书，后官至治书侍御史。他既积累了大量蜀国的资料，西晋统一后他又得到了魏、吴两国资料，这样，一部长达六十五卷的鸿篇史学巨著终能编撰而成。

《三国志》尊魏为正统

《三国志》共六十五卷，其中《魏书》三十卷，《蜀书》十五卷，《吴书》二十卷，原是各自为书，分别记载三国的历史，一直到北宋才合而为一，改称《三国志》。《三国志》分别记载三国的历史，只有纪传，没有表志。陈寿是晋臣，晋是承魏而有天下的。所以，《三国志》便尊魏为正统，对魏的君主称帝，吴蜀则称主不称帝。在《魏书》中为曹操写了本纪，而《蜀书》和《吴书》则只有传，没有纪。

记刘备则为《先主传》，记孙权则称《吴主传》。这是编史书为政治服务的一个例子，也是《三国志》的一个特点。

《三国志》与《三国演义》

《三国志》在完成那一刻起就在当世引起了轰动。晋惠帝看过《三国志》后，当即下诏，命令全国百姓每家每户都要抄写《三国志》，《三国志》中的故事很快就在民间普及。到唐朝时，社会上出现了一种新兴的行业——说书，又进一步推动了三国故事在民间的普及。明代罗贯中根据《三国志》创作了古典文学名著《三国演义》。

《三国志》的巨大影响

《三国志》在诞生后的1700多年里，不仅被中国人奉为经典，更进而影响整个世界，《三国志》中所体现出来的智慧与谋略现今被世界各国的人们广泛应用在政治、军事、商业等各个领域。在文学领域，它也具有独树一帜的风采，一再地被改编成小说、戏剧、电影，甚至漫画与电子游戏，在世界上更为广泛地传播着。《三国志》不仅展现了那个时代波澜壮阔的历史画面，更为中华民族的智慧宝库增加了最壮美的篇章。

人才济济修《晋书》

《晋书》修撰于唐太宗李世民在位时期。从贞观二十年（646）开始，历时不到三年的时间就修成了。《晋书》的修撰汇聚了当时最有名望的人才。房玄龄、褚遂良、许敬宗三人为监修，其余十八人是令狐德棻、敬播、来济、陆元仕、刘子翼、卢承基、李淳风、李义府、薛元超、上官仪、崔行功、辛丘驭、刘胤之、杨仁卿、李延寿、张文恭、李安期和李怀俨。所以说，《晋书》是一部官修史书，既有政府提供的强大的人力、物力、财力支持，又有图书档案资料以资借鉴，还有前人所作的蓝本为依据，成书也相对容易。

帝王参与修撰《晋书》

《晋书》是纪传体晋代史，记事的年代，上起西晋武帝泰始元年（265），下迄东晋恭帝元熙二年（420）刘裕以宋代晋，共156年的历史。《晋书》包括叙例、目录各一卷，帝纪十卷，志二十卷，列传七十卷，载记三十卷，共一百三十二卷。后来叙例、目录失传，今存一百三十卷。李世民亲自撰写了《宣帝纪》《武帝纪》和陆机、王羲之两传的传论。其号曰“御撰”。《晋书》的内容，包含西晋、东晋以及与东晋同时存在的北方“十六国”的历史。

《晋书》的特点

《晋书》中，“天文”“律历”“五行”三志，出自星历专家李淳风，尤为精彩。令狐德棻等擅长文学，其纪、传叙事爽洁老劲，并首创“载记”一体，叙述十六国割据政权的史事。其他如“地理志”只详武帝一朝，怀帝以后仅有数语，东晋则不着一字；又特立叛逆传，诋毁农民起义军领袖。缺《艺文志》及史表。《晋书》选用资料多神怪异闻，记载舛讹很多，文辞又好用骈俪。所以，《晋书》辞藻华丽。后人批评它“竞为绮艳，不求笃实”。这也是《晋书》的缺点之一。

《宋书》的修撰

《宋书》是记述南朝刘宋一代历史的纪传体史书，共一百卷。齐永明五年（487）时，沈约任太子家令兼著作郎，奉诏撰《宋书》。他依据宋代何承天、苏宝生、徐爰等修撰的《宋书》及其他记述宋代历史的书籍，增补宋末十几年的事迹，只用一年时间，就完成纪十卷、传六十卷，后又续修志三十卷。

《宋书》的优点与不足

《宋书》所记上起东晋安帝义熙元年（405）刘裕当权之时，止于宋顺帝昇明三年（479）宋亡。除记事外，还收录许多诏令、奏、议、书、札、文章，以资料繁富著称。八志内容，上溯三代秦汉，尤详于魏晋，可补《三国志》以来诸史之缺，但无“食货”“艺文”二志，是其缺陷。又因作者历仕宋、齐、梁三朝，对于改朝换代等政治现象多有曲饰不实之处。原书传至北宋时，已有部分散佚，后人取李延寿《南史》等补足卷数。

“竟陵八友”之一——沈约

沈约（441—513），字休文，吴兴武康（今浙江德清西）人，出身江南大族。历仕宋、齐、梁三朝，曾自称“少好百家之言，身为四代之史”。在齐朝，沈约担任太子家令，受到特别的优待。后来，沈约投到竟陵王萧子良门下，他与谢朓、王融、萧衍、任随、范云、萧琛、陆倕号为“竟陵八友”。永元四年（502），齐雍州刺史萧衍自立为帝，建立梁朝，沈约在其中起了非常重要的作用。沈约政治地位很高，加上耆年硕望，深于世故，所以成为当时公认的文坛领袖。

沈约的政治生涯也有不如意处。当初萧衍逼迫齐和帝将皇位禅让于他，又打算把齐和帝贬到南海郡巴陵国安置，沈约就告诫萧衍“不可慕虚名而受实祸”，萧衍就杀了齐和帝。后来，沈约梦见齐和帝用剑割断了他的舌头，沈约害怕，赶紧请来和尚，用红笔向上天写了一道奏章，说禅位的事并非出自于他。这件事让萧衍知道了，特别恼怒，接连四次派中官到沈约家责骂沈约，结果硬是把沈约给吓死了。

《南齐书》概说

《南齐书》本名《齐书》，南朝梁萧子显所撰。宋以后为了和唐李百药《北齐书》相区别，故加“南”字。纪传体史书。六十卷，唐时亡佚“序录”一卷，今存五十九卷。有纪八卷，传四十卷，志十一卷。各志不全，“食货”“刑法”“艺文”均缺，无表。所记上起南齐建元元年（479），下至齐和帝中兴二年（502），共 23 年史事。

帝王子孙修史书

《南齐书》的作者是南朝梁萧子显。他是齐高帝萧道成之孙，13 岁的时候，萧齐皇朝被萧衍推翻了。萧衍就是著名的梁武帝。入梁后，萧子显凭着他的才华、风度、谈吐的出众，受到梁武帝的礼遇和信任，官至吏部尚书。萧子显是一个“风神洒落，雍容闲雅，简通宾客，不畏鬼神”的人，而且“颇负才气”。做吏部尚书时，“见九流宾客，不与交言”，只是举起手中的扇子一挥而已。萧子显只活了 49 岁，在这短暂的生命中，他撰写了五部历史著作：《后汉书》一百卷，《晋史草》三十卷，《齐书》六十卷，《普通北伐记》五卷，《贵俭传》三十卷。只有《齐书》流传了下来。《齐书》可能就作于萧子显 20 岁至 30 岁之间。萧子显堪称是一位青年史学家。

曲笔写史

萧子显既是萧齐皇朝的宗室，又是萧梁皇朝的宠臣，所以他撰《南齐书》一方面要为萧道成避讳，一方面又要替萧衍掩饰。例如他写宋、齐之际的历史，就不能直接写萧道成的篡夺之事，只能以曲笔微露痕迹；他写齐、梁之际的历史，则用很多篇幅揭露齐主恶迹，以衬托萧衍代齐的合理。这是他作为齐之子孙、梁之臣子的良苦用心。《南齐书》也很讲究华丽的辞藻，这是那个时代留下的印记。

《梁书》的编撰

南朝梁代史，帝纪六卷，列传五十卷，无表，无志，共五十六卷。记载自梁武帝萧衍建国至梁敬帝萧方智亡国，共 56 年间的历史，是姚察及其子姚思廉两代人辛勤撰写完成的。

梁代的历史，曾由沈约、周兴嗣、裴子野和杜之伟、顾野王、许亨等在梁、陈两代先后受命编撰。姚氏父子撰写《梁书》多收梁朝国史旧文，特别是参考收录了顾野王的编纂成果。《梁书》叙事详备，其中《儒林传》保存范缜《神灭论》《无因果论》，最为珍贵。

《梁书》的价值

本书经姚氏父子两代经营，考订审核，堪称精密。行文继承了班马的文风与笔法，叙事用散文，行文简洁，矫正初唐尚骈丽之风，不尚华丽的辞藻与浮泛；但表志全缺，记事也不免有虚美失实之处。前此各家梁史，今皆散佚，梁朝一代原始史料，多赖此书保存。

《陈书》的编撰

纪传体南朝陈代史，帝纪六卷，列传三十卷，无表，无志，共三十六卷。记载了自陈武帝陈霸先即位，至陈后主陈叔宝被隋文帝灭国，首尾33年间的史事，由姚察及其子姚思廉两代人撰写。多述皇族事迹。姚氏父子因本属陈人，叙事每多回护，对梁元帝的猜忌、凶残，徐妃的淫秽，临川王萧宏的恣意聚敛、懦弱无能等，都加以回护，曲笔不书。对后主的荒淫，也只说“因循未遑改革”。《陈书》中本纪与“皇后传”论赞为魏征所撰，论述与姚氏父子不尽相同。

史家姚察

姚察（533—606），字伯审，南朝吴兴武康（今浙江杭州西北）人，先后在梁、陈、隋三朝做官，在隋朝任秘书丞，隋文帝杨坚命他继续修撰早已着手的梁、陈两代历史。史称其“学兼儒史，见重于三代”。隋炀帝大业二年（606），姚察去世，修史的任务传给了他的儿子。

史家姚思廉

姚思廉（557—637），字简之，姚察之子。贞观初，姚思廉任著作郎、弘文馆学士，后官至散骑常侍。唐贞观三年（629），思廉奉诏续修梁、陈二史，魏征监领。到贞观九年（635），姚思廉据其父旧稿补充整理成书。姚思廉撰《梁书》五十卷，《陈书》三十六卷，终于实现了他父亲的遗志。这一年，他80岁。第二年他就去世了。姚思廉一生对史学贡献颇大，除了撰成《梁书》和《陈书》而外，他还是唐初第一个撰述本朝国史的人。

《魏书》

本名《后魏书》，是记述北朝拓跋氏所建立的北魏及东魏历史的纪传体史书。一百二十四卷，其中本纪十二卷，列传九十二卷，志二十卷。因有些纪、列传和志篇幅过长，又分为上、下或上、中、下三卷，实共一百三十卷。北齐魏收撰。当时受命修撰的虽有多人，魏收与房延祐、辛元植、刁柔、裴昂之、高孝幹等“博总斟酌”，但书中三十五例、二十五序、九十四论、前后二表一启，皆出于魏收一人之手。该书只用了3年多的时间就告完成。

“惊蛱蝶”魏收

魏收（505—572），字伯起，巨鹿（今河北平乡一带）人。魏收是北齐著名文人，与温子升、邢子才并称三才子。但他生性轻薄，人称“惊蛱蝶”，早在北魏末年就参加了国史和起居注的编写。他在东魏、北齐仕途通畅，直做到尚书右仆射，除起草诏令之外，修史长期是他的专职。但魏收为人恃才傲物，嫉贤妒能，所以这次设局修史，选用的史官都是一向趋奉自己的人，并没有罗致到所有优秀的人才，又借修史公报私怨，致使其书被人称作“秽史”。

《魏书》是“秽史”吗

天保五年（554）秋，《魏书》的纪传完成，十一月又成十志。书成后，魏收自认为是“勒成一代大典”的盛事，但却在朝廷内外引起轩然大波，一些人直斥其为“秽史”。有人指责魏收借修史来酬恩报怨，凡是史官的祖先姻戚，“多列史传”，“饰以美言”，据说魏收还有受贿行为。由于魏收在列传人物的去取褒贬上触犯了某些门阀地主，诸家子孙控诉“不平”的达一百多人，一时间“群口沸腾”。其实，“秽史”一说，只是一些门阀世族计较自己祖先在书中的反映而编造的夸大之词，并不完全符合事实。

《魏书》十志

《魏书》十志，条贯井然，其中《释老志》《官氏志》二志，更是独创。《释老志》记佛、道二教，以记佛教为主，叙述了佛教在中国传播的过程，详细记载了它在北魏的兴衰史。《官氏志》首记官制，后叙姓族，是反映北魏统治封建化、门阀化的重要文献。重姓族，崇佛教，正是当时的社会风尚和历史特点。其他如《序纪》一篇述拓跋氏的先世，《食货志》记载了均田制度及北方经济的情况，也有很高的史料价值。

《魏书》的价值

《魏书》是我国封建社会历代“正史”中第一部专记少数民族政权史事的著作。它以北魏和东魏为正统，记述了北方鲜卑族拓跋部从4世纪末叶至6世纪中叶（即北魏道武帝至东魏孝静帝）的历史，内容涉及它的发展兴盛、统一北方、实现封建化和门阀化的过程，以及北魏、东魏与南朝宋、齐、梁三朝关系的历史，大致阐述了拓跋氏的历史渊源。对拓跋部及各族人民的活动，北方门阀制度的叙述详赡，反映了当时的阶级矛盾与民族矛盾。对门阀豪族的丑行，不尽回护。

《北齐书》

原名《齐书》，为别于萧子显的《南齐书》，北宋时改称《北齐书》，作者为唐代李百药，五十卷。以记载北齐历史为主，实际上从公元534年北魏分裂为东、西魏开始，中经公元550年高洋灭东魏建立齐国，至公元577年北齐为北周吞并为止，前后约80年的历史，集中反映了东魏、北齐王朝的盛衰兴亡。

李百药著史

《北齐书》的作者为唐代李百药。李百药（565—648），字重规，定州安平（今河北安平）人。李百药出身于仕宦家庭，其父李德林在北齐官位显赫，长期参与国史修撰，编成纪传体《齐史》二十七卷，入隋又奉诏续修《齐史》，完成三十八卷。李百药自幼受到家庭影响，好学博闻，为人不拘小节，喜欢豪饮，又仗义疏财，俸禄供亲友共用，他的才能得到隋文帝的赏识，一时朝中奏议文告，多出自他的手笔。入唐后，他又受到唐太宗的重用，贞观三年（629），奉命撰修《北齐史》。李百药据父亲旧稿续修，经过十年增补整理，于贞观十年（637）成书。北宋以后，散佚很多，后人取《北史》等书补足。今本有李百药原著约十七篇，保存了一些《北史》所没有的史料，仍有参考价值。

《北齐书》为何多用口语

《北齐书》的一大特点是多用口语，由此保留了当时不少的口语，弥足珍贵。李德林父子生长于齐代，掌握资料方便，而成书又远在齐亡之后，写作顾虑较少。隋王劭著《齐志》，记载北齐事忠实可据。多用当时口语，如实传达时人风貌，尤为后人所赞赏。李百药可能与隋代史家王劭所撰《齐志》有关，所以《北齐书》中颇保留生动的口语。卷二十三说魏恺“迁青州长史，固辞不就。杨愔以闻。显祖大怒，谓愔云：‘何物汉子，我与官，不肯就！明日将过，我自共语’”。

《北齐书》的史料价值

《北齐书》中保留了东魏、北齐时期有关农民起义的重要史料。这些史料在《北史》中多被删除，更可见其价值的珍贵。尤为可贵的是，该书在思想文化方面的记录，也留下了宝贵的资料，从中我们可以知道，綦毋怀文是灌钢技术的发明者。他总结劳动人民的经验，发明了用生铁灌注熟铁之中的灌钢冶炼法，用这种材料制造的刀，能砍透三十层铠甲。可见灌钢技术的发明在我国约有1500年的历史，比欧洲的炼钢法要早1000多年。

《周书》概说

《周书》是专记西魏、北周史事的“正史”，记述了上起公元534年东、西魏分裂，到公元581年杨坚代周的48年历史。《周书》五十卷，唐代令狐德棻、岑文本、崔仁师等撰。其中帝纪八卷，列传四十二卷，而全书史论多出于岑文本之手。此书多取材于隋牛弘所撰周史帝纪，被取去之间，颇有精心独到之处。本纪中兼载东魏、北齐、梁、陈等朝的兴革，对当时南北朝政权变易局面，能一览了然。

文字古奥的《周书》

文字古奥是《周书》的一大特点。这和西魏北周政治文化各方面提倡复古的政治形势有关。北周皇帝宇文泰总觉得自己的门望不如中原，文化不如江南，所以特别发展了一套制度与文化，就是官制用周朝的官制，文字用先秦的文字，以示夸耀。因此《周书》的文字就像周朝的文告，非常深奥。

《南史》

南朝是东晋之后建立于南方的四个朝代的总称。公元 420 年，刘裕建宋，此后在南方先后出现了宋（420—479)、齐(479—502)、梁（502—557)、陈（557—589）四个国家，它们存在的时间都相对较短。其中最长的不过 59 年，最短的仅有 23 年，是我国历史上朝代更迭较快的一段时间。这是中国南北大分裂的时期。《南史》就记载了公元 420 年刘裕建宋，到公元 589 年陈后主陈叔宝被隋所灭，其间 170 年的史事。作者是唐代李大师和李延寿。本纪十卷，列传七十卷，共八十卷。

《北史》

北朝是我国历史上与南朝同时代的北方王朝的总称，一般以魏道武帝拓跋珪建国称魏（386）算起，至杨坚建隋代周（581）为止，包括北魏、东魏、西魏、北齐、北周五个王朝。《北史》上起北魏登国之年（386)，下迄隋义宁二年（618)，记北朝和隋 230 多年的历史。《北史》是唐李延寿撰，一百卷，其中本纪十二卷，列传八十八卷，无表，无志。

李延寿父子著史

李延寿（生卒年不详），字遐龄，出于陇西大姓。他的父亲李大师（570—628)，是南朝末期由隋入唐的历史学家。他熟悉前代旧事。当时，沈约的《宋书》、萧子显的《齐书》、魏收的《魏书》已经流传很久，魏澹的《魏书》和王劭的《齐志》等也已成书。李大师认为这些史书都断代为史，彼此孤立，记事重复，因而有意按编年体记述南北朝历史，但计划未及完成便去世了，由他的儿子李延寿承续下来。李延寿做过太子典膳丞、崇贤馆学士，后任御史台主簿，官至符玺郎，兼修国史。他曾参加过官修的《隋书》《五代史志》(即《经籍志》)、《晋书》及当朝国史的修撰。他的主要成就是继承父亲未竟的事业，完成了《南史》《北史》。

《南史》《北史》相贯通

从一定意义上说，《南史》《北史》可以作为“通史”来读，《南史》是通宋、齐、梁、陈四个皇朝的历史，《北史》是通北魏、东魏、西魏、北齐、北周、隋六个皇朝的历史，它们分别把南朝和北朝（包括隋朝）看作一个大的历史阶段，故可视为一定意义上的通史。特别是《北史》体例完整，材料充实，后来魏、齐、周三书在唐以后皆残缺不全，后人便多取《北史》加以补足，成为研究北朝历史的重要资料。

汇集“良史”而成《隋书》

《隋书》是记述隋代历史的纪传体史书，全书八十五卷，其中纪五卷，传五十卷，志三十卷。记载了公元 581 年杨坚以隋代周，到 618 年隋为唐所灭，其间38年的史事。

贞观三年（629），唐太宗诏重修梁、陈、北齐、北周、隋五朝史，由魏征“总知其务”，并主编《隋书》。纪传部分由魏征主编，颜师古、孔颖达、许敬宗等撰。当时参加修《隋书》的都是饱学之士，具有很高的修史水平。魏征性格刚直，素称谏臣，号为“良史”，他主持编修的纪传，坚持秉笔直书的史家传统，品评人物很少阿附隐晦，不为尊者讳；孔颖达、许敬宗皆名列贞观时期著名的“十八学士”之列；颜师古是当时名垂一时的经史大师；负责修撰天文、律历的是唐代著名天文学家李淳风。

《隋书》首创四部分类法

《隋书》是现存最早的隋史专著，也是《二十五史》中修史水平较高的史籍之一。当时“五代史”没有志，十志以隋为主，兼及梁、陈、北齐、北周，为五代史而作，称《五代史志》，亦称《隋书十志》，内容历叙魏晋南北朝的典章文物，本末兼明，极有条理。其中《经籍志》创立经、史、子、集四部分类法，成为旧目录书籍分类的标准，一直被沿用到清朝，在官修书中可称佳作。《隋书》保存了南北朝以来大量的典章制度，为后人研究隋代以及前几朝的政治、经济、文化制度保留了丰富的资料。

《旧唐书》的编撰情况

唐代建立于公元618年，终于907年，是中国封建社会的鼎盛时代，是文化极其繁荣的时代。五代后晋时官修的《旧唐书》，是现存最早的系统记录唐代历史的一部史籍。它原名《唐书》，为区别于欧阳修等所撰《新唐书》改称《旧唐书》。《旧唐书》共二百卷，包括本纪二十卷，志三十卷，列传一百五十卷。赵莹、张昭远、贾纬等人用力最多。因宰相刘昫监修国史，故题刘昫撰。因出于多人之手，烦琐冗杂，缺漏重复时有出现，所以《新唐书》出现后，该书便受到冷落。

《旧唐书》的史料价值

“本纪”部分因杂采诗话书序婚状狱词，其中不少是唐代的名家所书，不仅如实保留了史料，而且在文笔上也很有特色。纪传里还大段大段地引录唐朝君臣的诏令、手札、奏章，这些原始资料后因战乱有的已荡然无存，仰赖《旧唐书》的收录才得以保留。“传”的部分也很有特色，赵翼《廿二史劄记》评论说，《旧唐书》中的《封常清传》，“郁勃悲凉”，“千载下犹有生气”；裴垍所写的《郭子仪传》，“首尾整洁，无一酿词，因此可知唐史官之老于文学也”。

《旧唐书》里记录了大量的我国少数民族的史料，以及他们和中原的唐王朝相互交往的亲密关系。比如，文成公主和松赞干布婚姻的纪实，金城公主入藏的史迹等，都在《旧唐书》里有较多的记载。《旧唐书》还较为详细地记载了唐朝和邻国日本、朝鲜、印度的关系。所记史实是比较可靠的。

正由于《旧唐书》有上述这些长处，司马光等在修《资治通鉴》时，隋唐部分便大量采用了其中的材料。

《新唐书》概说

《新唐书》二百二十五卷，包括本纪十卷，志五十卷，表十五卷，列传一百五十卷。宋仁宗认为刘昫《唐书》浅陋，下诏重修。前后参与其事的有欧阳修、宋祁、范镇、吕夏卿、王畴、宋敏求、刘羲叟等人，可谓将该时代最有才名的人士都集中起来了。欧阳修编撰本纪、志、表，宋祁编撰列传，所以《新唐书》题宋祁、欧阳修撰。《新唐书》编撰历时十七年,于仁宗嘉祐五年（1060）始成书。

《新唐书》与《旧唐书》的不同

宋代建国后，散佚史料次第出现，又经编纂者十余年的努力,所以《新唐书》对于补充《旧唐书》的缺失是有贡献的。全书删去六十一传，新增三百一十传，共增两千多条史事，采用的家传、碑志、小说都经审慎别择，谶纬怪诞虚美之事概不录取。立藩镇传，各镇的传袭杀夺，可以一目了然，也较旧书为佳。纪、志属辞也简要明达，事增文省。

《新唐书》的修撰者因为都是当时文坛大家，后人一般也都沿袭他们的看法，对《旧唐书》贬责颇多，所以《旧唐书》渐渐不流传了。但《新唐书》也有考核未周之处。时间观念含糊，事实不明，文辞晦涩。又因反对骈文，往往任意删改所载原文，史料价值不如旧书。与《旧唐书》比较，两书互有短长。

《新唐书》的“志”

《新唐书》在“志”上颇为用功，也是最有特色的部分。首创“兵”“仪卫”“选举”三志，“选举志”与“兵志”系统地整理了唐朝科举制度和兵制的演变资料，为后世各史所遵循。“食货志”增加为五卷，不仅比《旧唐书》分量大，而且比较有系统、有条理地保存了大量的社会经济史资料。“地理志”补充了不少《旧唐书·地理志》所没有的资料。“天文志”和“历志”记载详细，特别是保存了历法史上占有重要地位的《大衍历》的《历议》，反映了唐代历法理论的水平和发展高度。“艺文志”补充很多《旧唐书·经籍志》未收录的内容，如李白、柳宗元的作品。

《旧五代史》

《旧五代史》是记述唐亡后出现的五代十国历史的纪传体史书，上起907年朱温篡唐建梁，止于960年北宋建立，其间共54年。原名《五代史》，为区别于其后出的欧阳修所撰《五代史记》，改称《旧五代史》。薛居正监修，卢多逊等撰。一百五十卷。《旧五代史》以五代的实录和范质的《五代通录》等为根据，文献甚备，加以时在宋初，见闻亦近，所以纪传多首尾完备，事实较详。许多原始史料因此得以保存。但因材料芜杂，文字繁冗，观点不统一，每为学者所讥。欧阳修《五代史记》刊行后，本史渐废。现在所见《旧五代史》为辑本。

《新五代史》为何被称为“呜呼传”

宋代欧阳修撰，也是记述后梁、后唐、后晋、后汉、后周五代的历史。七十四卷。原名《五代史记》，后世为区别于薛居正等官修的五代史，改称为《新五代史记》，简称《新五代史》。《新五代史》又多发议论，都用“呜呼”二字开头，如《一行传·序》:“呜呼，五代之乱极矣！”所以，后人戏称此书为“呜呼传”。

欧阳修的“春秋笔法”

《新五代史》为个人私撰。作者欧阳修修史的宗旨，在于褒贬是非，以维护封建道德，自称得《春秋》旨意。如他自己说:“呜呼，五代之乱极矣！”“当此之时，臣弑其君，子弑其父，而缙绅之士安其禄而立其朝，充然无复廉耻之色者皆是也。”五代是乱世，欧阳修作史就是为了抨击那些他认为没有“廉耻”的乱臣贼子，所以书中无不透露编者的立场、观点。比如设立“家人传”“臣传”“死节传”“死事传”“一行传”“唐六臣传”“义儿传”“伶官传”“宦者传”“杂传”等名目。专事一朝的就列入“臣传”，历事几朝的就列入“杂传”；又根据死者忠的不同程度，分为两等，头等的进“死节传”，次等的入“死事传”。

卷帙庞大的《宋史》

《宋史》撰修于元朝末年，四百九十六卷，其中本纪四十七卷，志一百六十二卷，表三十二卷，列传二百五十五卷，约五百万字，是“二十四史”中篇幅最庞大的一部官修史书。

元顺帝时修撰，丞相脱脱为总部裁，铁木尔塔让、贺惟一、张起岩、欧阳玄、李好文等为总裁官。参与编撰的有30人，绝大多数为汉族文人，欧阳玄为纂修《宋史》的主要人物。记载自建隆元年（960）北宋立国起，至祥兴二年（1279）元灭宋为止，共319年的历史。

《宋史》“四弊”

《宋史》成书仓促，向来有繁芜之讥。钱大昕说《宋史》有四弊：一是南渡诸传不备。南宋七朝略于北宋九朝，南宋宁宗以后的四朝又不如前三朝详备，理、度两朝尤多缺漏。南宋文坛名人如林，但《文苑传》挂漏甚多，甚至豪放派三大家之一的刘克庄亦未能列传。二是一人重复列传，有一人立两传者，有应立而不立传者。三是编次前后失实，纪、志、表、传间时有矛盾和错误。四是褒贬不可信。《宋史·岳飞传》是从岳珂的家传中抄来，其中言辞夸大之处自可想见。尽管如此，《宋史》仍不失为一部珍贵的史籍，其详尽的叙事方式，保留了大量的史料。

“纵横舞剑”的《辽史》

《辽史》是记述辽朝（907—1218）历史的纪传体史书，记载了以契丹贵族为主体而建立的辽朝和西辽的历史。共一百一十六卷，包括本纪三十卷，志三十二卷，表八卷，列传四十五卷，国语解一卷。其主要取材于辽耶律俨所修《实录》、金陈大任所修《辽史》、宋叶隆礼《契丹国志》等。但因记录简略，篇幅不相称，又往往同一事实分见于纪、志、表、传中，重复甚多，人、地、部族、官职、器物同名异译或异名同译者，不知凡几。前人讥讽为“纵横舞剑”。但因辽代历史记载流传下来的不多，该书便成为辽代的唯一史书。

《金史》

《金史》记载金代（1115—1234）110多年的史事。共一百三十五卷，其中有本纪十九卷，志三十九卷，表四卷，列传七十三卷。元丞相脱脱等撰。历代对《金史》的评价很高，认为它不仅超过了《宋史》《辽史》，也比《元史》高出一筹。本书条例整齐，首尾完密，在元修宋、辽、金三史中最善。后人常称其叙事详赅，文笔老练。记述历史事实也比较客观审慎，因而真实性比较可靠。

元修三史总裁官脱脱

脱脱（1314—1355），亦作托克托，蒙古族，字大用。元顺帝朝大臣，至正元年（1341）为中书右丞相，主持“更化”，主持编撰《辽史》《宋史》《金史》，任都总裁官。后因位高权重，为元顺帝所忌，至正十五年（1355），被流放云南，后被元顺帝派人毒死。至正二十二年，昭雪复官。元修三史，脱脱只是名义上的最高领导，欧阳玄才是出力最多者，他是三史的主要总裁官之一，始终参与修史工作。

《元史》的史料价值

纪传体元代史，明宋濂（1310—1381）、王祎等撰。共二百一十卷，包括本纪四十七卷，志五十八卷，表八卷，列传九十七卷。其记述了上起1206年成吉思汗建立大汗国，到1368年元朝被明朝灭亡共163年的史事。《元史》是明朝官修史书，只用了143天便完成了。其中保存了不少原始史料，尤以《天文志》《历志》《地理志》《河渠志》最为珍贵。列传部分对于蒙古、色目人的记录也远较其他史书详尽，后人虽多有重修《元史》的，但都不能取代《元史》。

《元史》的不足

《元史》因成书仓促，未能广泛搜集和运用大量史料，不仅《皇元圣武亲征录》《元朝秘史》等资料未加利用，宋元人有关蒙古、西域的著作也没有注意。至于国外史料，更限于条件，无法援用。所以内容详于中国内地，略于西北宗藩；对蒙古族的源流发展，中西交通等重要史迹未曾交代。又因编者不通蒙古文，译名不统一，年代事实错误不少，甚至有出现一人两传者。编辑体例粗疏，混乱芜杂。因此，清代史学家嘲笑“修《元史》整个，皆草泽腐儒，不谙掌故”，下笔“无不差谬”。

《元史》作者宋濂

宋濂（1310—1381），字景濂，号潜溪，别号玄真子、玄真道士、玄真遁叟，浦江（今浙江金华）人。元末投奔朱元璋起义军，受到礼遇。洪武二年（1369），奉命主修《元史》，累官至翰林院学士承旨、知制诰。他与刘基、章溢、叶琛并称“四先生”，是当时的文章大家，后因胡惟庸案牵连，全家被流放，途中病死于夔州（现在重庆奉节）。

《新元史》列入正史

《新元史》为民国初年柯劭忞所撰。1920年成书，1930年修订完成。第二年，北洋军阀政府总统徐世昌，明令把《新元史》列入正史，1922年刊行于世。这样，清朝乾隆皇帝钦定的“二十四史”就成了“二十五史”。这是近代篇幅巨大的一部断代史。它对成吉思汗以前蒙古族的世系源流，各大汗国的衰亡盛兴，叙述略备；于百官、兵、刑、食货等志，多所辑补，增《行省宰相年表》，又予译名作统一更定，充实和修正了《元史》。《新元史》还纠正了《元史》的错误。各家改造元史之作，以本书最称精审。

柯劭忞

柯劭忞（1848—1933），字凤荪、凤笙，号蓼园，山东胶州人，近现代著名学者，尤擅长治史学。他不满于《元史》体例粗略，疏漏讹误，乃广泛搜集资料，吸收诸家研究成果，以30余年之力，整理排比，编成《新元史》。柯邵忞以一人之力成此巨著，功不可没。《新元史》完成后，他被授予日本东京帝国大学名誉文学博士学位，名重一时。

最为完善的官修正史——《明史》

《明史》为清代官修史书，署名张廷玉撰。共三百三十二卷，包括本纪二十四卷，志七十五卷，列传二百二十卷，表十三卷。记述起自洪武六年（1368）朱元璋建立明朝，迄于崇祯十七年（1644）朱由检自缢煤山，共276年的史事。《明史》也是历史上修撰时间最长的一部史书，从顺治二年（1645）开始，至乾隆四年

(1739)刊行，前后历经90余年。该书引用公私文献均极丰富，又得专家指导，编修方法比较严密，复经长时期参考订正，在历代官修“正史”中号称佳作。

《明史》的价值

《明史》各部分中以嘉靖以后的列传为最好，因其所据的资料最丰富，辞达事明，胜于唐宋各史。根据时代特点，增加“阉党传”“土司传”“七卿表”等。“土司传”“外国传”“西域传”保存了边疆少数民族和外国史料，很有价值。修成之后，得到后代史家的好评，认为它超越了宋、辽、金、元诸史。

未被列入正史的《清史稿》

《清史稿》，题赵尔巽主编。原本五百三十六卷，今本五百二十九卷，其中本纪二十五卷，志一百四十二卷，表五十三卷，列传三百一十六卷，以纪传为中心。所记之事，上起1616年清太祖努尔哈赤在赫图阿拉建国称汗，下至1911年清朝灭亡，共296年的历史。

1914年，设清史馆开始修撰，1927年大致完稿。撰修人员前后有一百多人，而以缪荃孙、夏孙桐、柯劭忞、王树枏、吴廷燮、金兆蕃、张尔田等知名之士出力最勤。其主要取材于清代国史馆的底本和《实录》《圣训》《宣统政纪》《东华录》等，尚称完备。然主持纂修的人员多为清朝遗老，一味对清代各帝歌功颂德，称明末义师为“土贼”，称太平军为“粤匪”，把辛亥革命叫作“倡乱”。其他如慈禧太后不立本纪，“艺文志”不收小说、戏曲，都表现出作者的保守态度。

什么叫编年体

编年体的史书，就是按年月记载史事的史书，在史书中，其起源最早，《春秋左传》即是。《隋志》称为“古史”，以别于正史的纪传体。编年体的长处就是以时间为线索，最为切近历史事件本身发生、发展的规律，能从时间上给人展现出一种完整的历史面貌，线索分明，没有分述的烦恼。

中国最早的史书——《春秋》

《春秋》为中国最早的编年体史书。相传是孔子据鲁国史官编写的《鲁春秋》，并参考周王室及诸侯国史官的记载修订而成。所记上起鲁隐公元年（前722，周平王四十九年），迄鲁哀公十四年（前481，周敬王三十九年）西狩获麟，凡十二公（隐、桓、庄、闵、僖、文、宣、成、襄、昭、定、哀），242年。内容为周王室及各诸侯国的政治、军事活动，如朝聘、会盟、战争等，以及日食、地震、水火、旱灾、虫灾等自然现象。叙事极简，每条最多不过四十余字，最少仅一字。以用字为褒贬。今传已有阙文。西汉以后被儒家奉为经典，列为五经之一。

史书《左传》

《左传》是《春秋左氏传》的简称，亦称《左氏春秋》,与《公羊传》《穀梁传》合称“春秋三传”。相传为春秋末年鲁国太史左丘明所作。记述春秋时代的历史，起自鲁隐公元年（前722)，终于鲁哀公二十七年(前468)。其比《春秋》多13年。《春秋》仅仅是最简括的历史大事记，《左传》则详载其本末及有关轶闻琐事。以记事为主，兼记言论。叙述详赡，文字生动简洁，为中国第一部完整的编年史。后成为儒家的经典。

《竹书纪年》

《竹书纪年》是记述战国时魏国史事的史书。该书原无名题，因原本写于竹简上，称为《竹书》；又因所记史事属于编年体，称为《纪年》，一般称为《竹书纪年》；又因为是晋太康二年（281)，汲郡人不准盗发战国时魏安釐王（或言襄王）冢，发现的竹书，故又称《汲冢纪年》《汲冢古文》或《汲冢书》。《纪年》共十三篇，叙述夏、商、西周和春秋、战国的历史，按年编次。

“善钞书”《汉纪》

《汉纪》是记载西汉历史的编年体史书，东汉荀悦撰。汉献帝觉得班固的《汉书》难懂，于是让荀悦根据《左传》编年纪事的体例写《汉纪》供他参阅。荀悦便在《汉书》的基础上进行删节，取《汉书》各传及志、表之文，按年月次序，分别编入本纪各年之下。有关政治、军事、经济、文化及民族关系之重要史实，均予简明扼要叙述。书成后，共三十卷，约十八万字，不足《汉书》的四分之一，内容和《汉书》基本相同，所以，梁启超先生称赞《汉纪》为“善钞书者”。

“班荀二体”

“班荀二体”是指班固《汉书》、荀悦《汉纪》所分别完善的纪传体和编年体体例。班固《汉书》对司马迁《史记》编写体例上的完善，主要在于舍“世家”，改“本纪”为“纪”,“列传”为“传”,“书”为“志”,并断代记事。相比荀悦著《汉纪》贡献更大。自《左传》之后，编年体史书沉沦已久，荀悦著《汉纪》，使得《春秋》和《左传》所用的编年体形式逐渐完善起来,引起了史家的重视,继作兴起，编年体史书与纪传体史书并列成为史学领域两大体例的“正史”。

《后汉纪》

东晋袁宏撰，是一部出色的编年体断代史，记述了东汉二百余年的兴衰史。

《后汉纪》体例仿荀悦《汉纪》，依据《东观汉纪》，谢承、司马彪、华峤、谢沈、张璠《后汉纪》及其他东汉史料，考订、剪裁精密，删繁补缺，斟酌同异，纠正错谬，编次而成。向为历代学者重视，认为在编年体断代史中可与荀悦《汉纪》媲美，在东汉史书中与范晔《后汉书》并称佳作，同为现存有关东汉史的重要史籍。

史家袁宏

袁宏（328—376），字彦伯，东晋陈郡阳夏（今河南太康）人。出生于一个世族家庭，少有文名，曾出任东阳郡太守。其咏史诗颇受时人赞誉。王珣尝感慨："当今文章之美，故当共推此生。"袁宏是以"一时文宗"而著称于世，《后汉纪》是他流传至今的唯一精心史作。

司马光的生平

司马光（1019—1086），字君实，号迂叟，世称涑水先生。北宋时期著名政治家、史学家。宋神宗熙宁初拜翰林学士、御史中丞。熙宁三年（1070），因反对王安石变法，出知永兴军。次年，判西京御史台，居洛阳十五年，专门从事《资治通鉴》的编撰。哲宗即位，还朝任职，主持朝政，排斥新党，新法尽废。数月后去世。

司马光是怎样写《资治通鉴》的

司马光一生的最大成就，莫过于主持编写史学巨著《资治通鉴》。他自幼聪敏好学，"司马光砸缸"的故事使司马光很小就出了名。步入仕途后，他仍然潜心学习，力求博古通今。他立志编撰编年体通史，最初独立完成战国、秦史八卷，乃表进于朝，英宗看后极其满意，于治平三年（1066）下诏，在崇文院内置书局，继续编撰。司马光邀请了著名史家刘攽、刘恕、范祖禹等协助。他们各修所长，分段负责。刘攽负责两汉史，刘恕负责魏晋南北朝史，范祖禹负责唐五代史。然后由司马光总其成，删订成稿。司马光的儿子司马康负责处理文字。经过近 19 年的努力，司马光和他的助手们终于完成了这部历史巨著。

《资治通鉴》的叙事方法

《资治通鉴》上起公元前 403 年，韩、赵、魏三家分晋，下迄公元 959 年，五代末年赵匡胤灭后周。记述长达 1363 年的史事。全书二百九十四卷，通贯古今。写法上依时代先后，以年月为经，以史实为纬，顺序记写；对于重大历史事件的前因后果，与各方面的关联都交代得清清楚楚。

全书篇幅巨大，取材极其广博，除正史资料外，尚有野史、传状、文集、谱录等 320 种。经编著者删减加工，成一家之言，内容以政治、军事为主，兼及经济、文化。叙事或先提其纲，后详原委，或先溯由来，再述本事，成书一事而连类及其他；或因叙事而兼及时人言行。

《资治通鉴》中的史论

《资治通鉴》由司马光一人精心定稿，统一修辞，文字优美，叙事生动，既有较高的史料价值，又有很高的文学价值，历来与《史记》并列为中国古代史笔“双璧”。因此，司马光与司马迁被称为“史学两司马”。书中还选录了史论97篇，又以“臣光曰”的形式，撰史论118篇，比较全面地反映了司马光的政治思想和历史观点。

《资治通鉴》的含义

在呈报给皇帝的表文中，司马光希望这部书能使皇帝“鉴前世之兴衰，考当今之得失，嘉善矜恶，取是舍非，足以懋稽古之盛德”。意思是，以前朝的兴盛和衰落作为借鉴，考察当今政治的得失，嘉奖善事，惩处恶行，坚持正确，抛弃错误，那就足以发扬古代的盛德了。神宗深许司马光的论点，以其“鉴于往事，有资于治道”,将这部恢弘巨著命名为《资治通鉴》。

《续资治通鉴长篇》

南宋李焘撰。《资治通鉴》的续书，也是我国古代私家著述中卷帙最大的断代编年体史书。原本九百八十卷，今存五百二十卷，记载了北宋九朝168年的史事。该书仿《资治通鉴》先撰长编的体例，根据日历、实录、“正史”、会要，以及诸家野史、家乘、行状、志铭等，取北宋九朝事迹，编著此书。书中保存了很多已失传的第一手北宋史料，可考定《宋史》《辽史》及现存文集、笔记传写之误。例如，关于王安石变法的事迹和新、旧两派人物的奏章言论，以及当时颁行的新法条例和实施办法等，在书中都有详细记载。近代治宋史者对该书史料价值评价甚高。

李焘的生平事迹

李焘（1115—1184），字仁甫，唐朝宗室曹王的后代，绍兴进士，累官礼部侍郎，进为敷文阁学士，同修国史。博览群书，熟悉掌故。因性格刚强，秦桧当政不为所用，秦桧死后，李焘才被朝廷了解。他作《资治通鉴长编》，本着“宁失于繁，无失于略”的原则，广征博采，凡有不同记载，两存其说。他死前口授遗表给皇帝说:“臣年已七十，死不为夭，所恨报国缺然。”卒年70岁。同时代人评价他“平生生死文学间，《长编》一书用力40年”。

《建炎以来系年要录》

南宋李心传撰，二百卷，专述南宋高宗一朝（1127—1162），正与《续资治通鉴长编》相接。《要录》据国史、日历，以及稗官、野史、家乘、状志、案牍、奏议等辑录而成。本书重史事，能据实直书；遇有异说，则并存各条下，以备后来评定。既有宋高宗一代政治、军事、经济、文化等各方面的叙述，也记录了金太宗完颜晟、金熙宗完颜亶、金海陵王完颜亮三代的史事，为研究宋、金等史的基本史籍之一。

李心传专心著史

李心传（1166—1243），字微之，四川井研人。其父为南宋大臣李舜臣。李舜臣任宗正寺主簿时，他随父身边，得以阅读官藏的当代史书，引起研究当代史的兴趣。30岁时考进士不第，从此绝意于科举，专心从事史学研究。经多年努力，编成《建炎以来系年要录》一书。

《续资治通鉴》的价值

编年体的宋辽金元史，因在时间上承接《资治通鉴》，体例上借鉴《资治通鉴》，故得名《续资治通鉴》。清毕沅撰。编者利用徐乾学《资治通鉴后编》，以及宋、辽、金、元四史，《续资治通鉴长编》《建炎以来系年要录》等书一百一十种，取材比较完备。改变以前诸家详宋而略辽、金、元的弊病，以辽、金两代大事，与宋代史事并重。对史事不加评论，采用据事直书、善恶自见的方法，是一部比较完备的宋辽金元史。

毕沅修史

毕沅（1730—1797），字攘衡，一字秋虹，自号灵岩山人，镇洋人，清代大臣、著名学者。毕沅好学爱士，宦迹所至，广聘学者，校释古籍搜求金石碑版。当时著名学者严长明、程晋芳、邵晋涵、洪亮吉、章学诚等，都先后投入门下。他以徐乾学等所撰《资治通鉴后编》未臻完善，乃与其门下各位知名学者一起，重加修订，历20年而成《续资治通鉴》。

《资治通鉴纲目》

简称《通鉴纲目》。五十九卷，卷首凡例一卷。宋朱熹（1130—1200）撰。该书据司马光《资治通鉴》，提纲挈领，成一简编。记事起讫悉依《通鉴》，体例仿《春秋左传》，每条大书以提要者为“纲”，以分注为“目”。纲乃朱熹自作。朱熹为理学大家，作此书的用意在于用《春秋》笔法“辨名分，正纲常”。分注浩繁，史料价值不高，但创立了纲目体，对史书编纂具有较大影响。

蒋氏《东华录》

《东华录》是编年体清代史料长编，有“蒋录”“王录”两种。乾隆三十年（1765），重开国史馆，蒋良骐任纂修，就《清实录》及其他官书文献摘录清初六朝五帝史料，成书三十二卷。全书内容按年月日顺序排次。因国史馆在东华门内，故题为《东华录》，通称《蒋氏东华录》。蒋录失于简略，但保存了传本所不载的一些重要史料，对研究清初历史仍有重要参考价值。

王氏《东华录》

清代光绪年间，王先谦改修本实录，仿蒋氏抄录乾隆、嘉庆、道光三朝史料，辑为《东华录续编》，对“蒋录”则重新加以详编和补充，称《九朝东华录》。后潘颐福辑咸丰朝《东华录》，王氏亦加以增补，凡一百卷。加自辑同治朝《东华录》一百卷，合称《十一朝东华录》，俗称《王氏东华录》。全书于有清一代二百余年间大事，年经月纬，约略可见，为研究清史的重要史籍。

什么是实录

实录是专记某一皇帝在位期间重要史事的资料性史书。它按时间编年记录，因此也属于编年体史书。一般以所记皇帝的谥号或庙号为书名，如唐《顺宗实录》或清《世祖章皇帝实录》。也有以某一王朝命名的合刊本，如《明实录》《清实录》等。实录所记载的内容，往往有一些不尽不实之处，但它毕竟是依据档册及起居注等原始资料修撰而成，所记载的许多重大历史事件，在时间、地点、人物姓名及主要情节等方面，大都有史实根据。所以历代修纂正史，多取材于实录，因此具有较高的史料价值。《明实录》《清实录》是现存较完整的实录体史书。

《明实录》

明代共16个皇帝，有13部实录存留，第二个皇帝建文帝的实录附于《太祖实录》内，第七个皇帝代宗的实录附于《英宗实录》内，最后一个皇帝崇祯帝的实录只存后人辑补的17卷。纂修此书，以朝廷诸司部院所呈缴的章奏、批件等为本，又以遣往各省的官员收辑的先朝事迹做补充，逐年记录各个皇帝的诏敕、律令，以及政治、经济、文化等大事而成。《明实录》保存了大量的原始资料，具有重要的史料价值。

《清实录》

《清实录》是记载清朝较为详尽的历史书籍，全称《大清历朝实录》。清代12个皇帝中有11个撰修了实录，全部保存下来。其中太祖、太宗朝的实录，曾经过顺治、康熙、雍正、乾隆诸朝多次重修和改修，有多种撰修本传世；世祖朝（顺治）的实录也经雍乾时重修，但未见其初修本流传。最后一个皇帝宣统帝溥仪即位未久即被推翻，无人为其修实录。《清实录》分别以汉、满、蒙三种文字缮写正本四部、副本一部。

《三朝辽事实录》

明代王在晋撰，40卷。作者曾任兵部尚书、辽东经略。本书记万历四十六年（1618）以后与泰昌、天启两朝的辽东战事。首卷《总略》叙辽东形势与建州女真之兴起。始于努尔哈赤以十大恨誓师攻明，经万历、泰昌、天启三朝，逐渐占有山海关外地区，历叙战局梗概、将士怯弱、官僚互相攻击等情状，有较高的史料价值。清乾隆时被列入禁书，传本极少。

什么叫起居注

起居注是中国封建时代记载帝王言行，兼记朝政大事的日记体史册，它是一种完全纪实的记录册，算不上史书。起居注的源头可上溯到周代，那时有左史、右史专门为天子记行记言。起居注的正式名称始于汉代。西汉武帝时有《禁中起居注》，东汉明德马皇后自撰有《明帝起居注》。魏晋以后始设专官编撰，历代沿袭。清以前的历代起居注，除三卷《大唐创业起居注》及明代的一些零星起居注外，原件均已佚失。起居注为当时人记当时事，所载史事一般比较可靠，保存了不少原始资料，为历代编修实录及正史的主要史料来源之一。

《大唐创业起居注》的史料价值

这是一部记载李渊创建李唐王朝的编年体史书。唐温大雅撰。温大雅为李渊大将军府记室参军，他随军撰成该书。所记内容从李渊起兵反隋攻克长安，到正式称帝，时间共357天。该书所记史事与《新唐书》《旧唐书》《资治通鉴》有出入。《起居注》说李渊起兵反隋出于己意，两《唐书·本纪》归功于李世民首谋。《起居注》历记李渊雄才大略，两《唐书·本纪》则描述为庸懦无能。《起居注》记录了李渊长子李建成的多次战功，而《唐书·本纪》或归之于李世民，或缺而不记；《资治通鉴》虽间或记录，也不记李建成名字。可见李世民即位后，史臣在编撰实录和国史时，有意篡改了史实真相。由此可见该书的史料价值。

什么是纪事本末体

纪事本末体为中国史书体裁之一。它是针对编年体的不足而创制的，创始者为南宋袁枢及其《通鉴纪事本末》。以事件为主线，将有关专题材料集中在一起，既不同于编年体之以纪年为主，也不同于纪传体之以传人为主，而是以记事为主，把历史上的大事，详其首尾，集中表述其过程，所以称纪事本末体，与纪传体、编年体并列为我国古代三大史书体裁。

《通鉴纪事本末》的特点

《通鉴纪事本末》是南宋袁枢编撰，我国第一部纪事本末体史书。袁枢自幼喜读《资治通鉴》，但又苦其浩繁，往往一件事相隔数卷，难以管窥事之始末。于是，将《资治通鉴》依历代正史，将战国以至五代史事，依次序叙述，按年月编次，以事件为纲，集中抄录《资治通鉴》的有关原文，使读者对其结果、成败得失的经验教训一目了然。最后，他把《资治通鉴》294卷的内容、1362年的编年史改编为239个以事件标目的专题，始于“三家分晋”，终于“世宗征淮南”，全书缩减为42卷。因各专题记一事之本末，故将这种史书体裁称为“纪事本末”。

袁枢首创纪事本末体

袁枢（1131—1205），字机仲，南宋史学家。7岁时，在屏风上举笔题诗云：“泰山一叶轻，沧海一滴水，我观天地间，何啻犹一指。”被称为诗童。宋孝宗隆兴元年（1163）登进士第，累官工部侍郎、大理少卿、知江宁府。他首创纪事本末体，是对我国古代史学的一大贡献。成书后，800年来一直为历代朝野及史学家所重视。清代史学家章学诚在《文史通义》中称该书是“化臭腐为神奇”的历史著作，是“前古未有”的杰作。

“九朝纪事本末”

袁枢之后，后世仿其体例的史书相继出现，多达十几种，它们前后连贯，也如二十四史一样，形成了一套通史体系。其中，《左传纪事本末》《通鉴纪事本末》《宋史纪事本末》《辽史纪事本末》《金史纪事本末》《西夏纪事本末》《元史纪事本末》《明史纪事本末》《清史纪事本末》号称“九朝纪事本末”。

《左传纪事本末》

清高士奇撰，五十三卷。该书以列国事迹，分列专题，取左氏传文，以类相从，因事命题，篇末附以评论。又杂采先秦两汉经史诸子，以为“补逸”“考异”“辩误”“考证”“发明”，参详于各篇之中，对史实作了补充、考订和阐述。

《续资治通鉴长编纪事本末》

一名《皇宋通鉴长编纪事本末》。南宋杨仲良撰，一百五十卷。以李焘《续资治通鉴长编》叙从太祖到钦宗九朝史事，卷帙浩繁，乃为之分门别类，编为本书。北宋170年政事兴废、制度沿革，灿然俱备，为研究北宋史的重要资料。

《续通鉴纪事本末》

清李铭汉撰，一百一十卷。刊于光绪三十二年（1906）。据清毕沅《续资治通鉴》编纂，起于宋太祖建隆元年（960），下迄元顺帝至正三十年（1370），共一百一十事。上与袁枢《通鉴纪事本末》相衔接。

《宋史纪事本末》

明陈邦瞻撰，二十八卷。书中涉及问题颇广，除政治事件外，治河、茶盐、学术思想等，亦有专题叙述。另有金与蒙古早期社会状况、农民起义、统治阶级议论朝政得失等内容。叙述颇有条理。宋史前后始末，得此一编，可一目了然。其中有张溥所撰论断，抨击投降派最力，序文有“构既无良，桧尤凶丑”等语，并举高宗、秦桧，在旧史家中尤为少见。唯考订不精，往往沿袭《宋史》记事的错误。

《辽史纪事本末》

清李有棠撰。分太祖肇兴、埒克等叛、东丹建国、赫噜佐命、西北部族属国叛服、宋初和战、西辽达实之立等四十专题，成四十卷。考异占全书大半，对人名、舆地、建置、职官、年代等多所考订。

《金史纪事本末》

清李有棠撰，五十二卷。以金代统治集团兴衰为主，分帝基肇造、克辽诸络等五十二专题。对史实、人名、地理等进行考订，纠正《金史》舛误，为后世所重。

《西夏纪事本末》

清张鉴撰，三十六卷，另卷首图表二卷。此书辑录宋、辽、金、元诸史中有关西夏的资料，列为得姓始末、夏台复入、统万堕城、乌白失期、灵州失陷等三十六事，叙述清楚，义例较详密，评论亦近于事实，为研究西夏史的珍贵资料。

《元史纪事本末》

明陈邦瞻撰，列二十七事，成二十七卷。仅八月而成书，史料简练，文字优雅。

《明史纪事本末》

清谷应泰撰。本书比《明史》早八十多年。所记起自元末朱元璋起兵（1352），终于崇祯十七年（1644）李自成攻克北京，列为八十专题，成八十卷。本书集众家之长，对谈迁《国榷》、张岱《石匮藏书》等多所采录，可补《明史》之缺，为研究明代历史的重要史籍。

《清史纪事本末》

近人黄鸿寿撰。记载从满族兴起到清亡的史事，共八十卷。包括政治、军事、经济、文化、民族关系、中外交往等，力求全方位地扼要反映有清一代的历史面貌。取材于清代各朝实录以及清末以来学术界已发现利用过的各种史书、档案及其他文献等。

《三藩纪事本末》

清杨陆荣撰，凡四卷。本书记三藩之乱始末，共分二十二目。每卷每篇内容均相对独立，互不连接。第一卷记载南明各王朝内部的一些史事，包括《三藩僭号》《四镇》《两案》《马阮之奸》四篇，其内容主要是南明弘光、隆武、永历三个小朝廷从建立到覆亡的简单经过，以及宫廷内幕及军政要事；第二至四卷记载清军平定南明抗清政权的经过，以及全国各地抗击清军的事迹。据《自序》言，书成于康熙丁酉，当时文字禁令正严，因此，本书缺漏失实的地方甚多。

什么是别史

别史是杂记历代或一代史实的史书，是正史之外体例完备、撰述系统的史籍。别史创始于北宋陈念孙的《直斋书录解题》。别史也是正史之外最齐整的史书，它与正史的区别主要在于是否受到了官方的认定。如《旧唐书》《旧五代史》在被钦定为二十四史前，只能算是别史。别史的体裁也是无所不包，有纪传体，如《续汉书》，有编年体，如《资治通鉴》，有典制体，如《通典》等。别史在史书中数量很多，保存了大量的史料。

《建康实录》

唐代许嵩撰，是记述吴、东晋、宋、齐、梁、陈六代史实及轶事的别史。因六朝都建都于建康，故名。作者在《序》中说，此书“具六朝君臣行事，事有详简，文有机要，不必备举。若土地、山川、城池、宫苑，当时制置，或互兴毁，各明处所，用存古迹。其有异事别闻，辞不相属，则皆注记，以益见知。使周览而不烦，约而无失者也”。书中保存了许多有价值的资料。

《绥寇纪略》

《绥寇纪略》十二卷，补遗三卷。清初大诗人吴伟业撰。记述明末镇压李自成、张献忠起义及有关逸事，仿《杂编鉴戒录》例，每篇标三字为题，每篇一卷，共十二卷。作者对农民起义抱有成见，但所搜材料详备，不失为研究明末农民战争史的重要参考书。

《罪惟录》的史料价值

《罪惟录》原名《明书》，为清初查继佐所撰，为纪传体。原书帝纪二十二卷，志二十七卷，列传三十五卷。查继佐曾任鲁王府兵部职方主事，南明亡后隐居撰修《明书》，经二十年努力，终于完成。本书材料来源，万历以前大都取材于朱国桢的《明史概》、庄廷鑨的《明史辑略》等，崇祯以后则出于访问所得。自云“手草易数十次，耳采经数千人”。故所载晚明史事翔实，超过其他官私载藏，足以补正《明史》，与谈迁的《国榷》同为明遗民所撰的两大明史巨著。

《永历实录》

《永历实录》，二十六卷，是清初学者王夫之所著。撰于康熙年间。以纪传体记南明永历帝朱由榔一朝十五年史事。作者曾入瞿式耜幕府，对湖南、两广军事见闻颇多。本书史料价值，以这部分为最高。列传所收人物事迹相当完备。对农民起义领袖高必正、刘体纯、李赤心、李来亨等，皆为立传，可补史乘之溯。本书为研究南明历史的重要史籍。

《峄史》的体例

《峄史》，一百六十篇。清初史学家马骕撰。是先秦史料的汇编，记上古至秦末之事，分太古、三代、春秋、战国、外录五部。以纪事本末体为主，兼采编年、纪传诸体之长。外录则相当于诸史的表志。每事皆引史料注明出处，排比先后；相类之事，则随文附注；遇有异同讹误之处，亦附有考证，方便检阅。但春秋以前取材不免芜杂，且删节原文，不注篇名；春秋以后较为精审。

《后鉴录》之得名

《后鉴录》，七卷，清初毛奇龄所撰，皆记有明一代盗贼之事。作者于康熙年间入明史馆修史，分撰《流贼传》，而有关农民起义事迹，多分散于各传之中，乃将史馆所见史料编撰成本书。内容大抵不出《明史》范围，首尾兼具，方便参考。由于作者撰书目的是为统治者提供经验教训，得名《后鉴录》。

《十国春秋》的取材

《十国春秋》记述五代时的十国史事，为纪传体，一百一十四卷。清代吴任臣撰。作者认为欧阳修《新五代史》记事不详，十国尤不备，乃据新旧《五代史》、《九国志》及各种类书、杂史、地方志，编撰十国史。每国有本纪或世家及列传，本文下常加注“考异”，或附记逸事异说。又作十国的纪元、世系、地理、藩镇、百官等五表，以相统贯，对后人研究十国社会历史很有帮助。

什么是杂史

杂史是指杂记史事的史书，名称最早见于《隋书·经籍志》。它专记一事始末、一时见闻等。《四库全书总目 · 史部 · 杂史类叙》述其著录标准称：“大抵取其事系庙堂，语关军国，或但具一事之始末，非一代之全编；或但述一时之见闻，祗一家之私记。”杂史一般是私人撰写，体例不像正史或别史那样严谨，所记大多是作者亲见或亲闻，所以保存了不少第一手资料；又因为其记载领域比较独特，其他书籍很少涉及，撰述者忌讳又少，所以能较好地反映某些历史真相。

国别体史书《战国策》

《战国策》是战国时游说之士的策谋和言论的汇编。主要记述了战国时期纵横家的政治主张和策略，展示了战国时代的历史特点和社会风貌，是研究战国历史的重要典籍。它是一部记言体的国别体史书。全书按东周、西周、秦国、齐国、楚国、赵国、魏国、韩国、燕国、宋国、卫国、中山国依次分国编写，共33卷，约12万字，由西汉末刘向编定。它的文学价值很高。

《逸周书》

《逸周书》原名《周书》，我国古代历史文献的汇编。《汉书·艺文志》载“《周书》七十一篇”。传为孔子整理《尚书·周书》后的余篇，因而称《逸周书》。又有误认为是从魏安釐王（或言襄王）墓冢中出土之竹书，误称为《汲冢周书》。今本《逸周书》，有些篇为周代文献，如《世俘》《克殷》《商誓》《度邑》《皇门》《祭公》《芮良夫》等，多数是战国至汉代人撰写的，也有几篇是晋以后从古文献中补缀的。书中文字多误脱。

《国语》的作者是谁

《国语》是中国最早的一部国别史著作。记录了周朝王室和鲁国、齐国、晋国、郑国、楚国、吴国、越国等诸侯国的历史。上起周穆王西征犬戎（约前947），下至智伯被灭（前453）。它与《左传》记述的历史时段大致相同，因此又被称为《春秋外传》。旧说为左丘明所作，实际上，该书非成于一人之手，普遍看法是，《国语》是战国初期一些熟悉各国历史的人，根据当时周朝王室和各诸侯国的史料，经过整理加工汇编而成。

什么是典制体

典制体是我国古代史书的异彩之一，此类史书也称“政书”。各朝典章制度最早见于《史记》《汉书》中的“书”和“志”，因为大多断代为史，其中所记典章制度多限于一代，篇目、记载各不相同，很难看出历代制度的沿革变化。因此，东汉以后开始出现了一些典章制度的专史。如开元年间，刘知几的儿子刘秩就曾编《政典》三十五卷，分礼、户、吏、兵、刑、工六纲，记载历代的政治制度，“大为时贤称赏”。唐代杜佑即以刘秩所编《政典》为基础，博采诸书，扩充整理而成《通典》，从而开创了典制体。

“前三通”“九通”“十通”都指哪些书

马端临所撰《文献通考》、郑樵所撰《通志》，与《通典》合称“前三通”，又有清乾隆年间敕撰的“续三通”“清三通”，为“九通”。再加上《清朝续文献通考》合而为十，称“十通”，典章制度史日趋完备。

《通典》的开创性贡献

《通典》，唐杜佑著，是第一部专门叙述历代典章制度的通史。所记内容上起黄帝，下迄唐玄宗天宝末年，肃、代以后的变革，也附载于注中。二百卷，分为九类，即食货典、选举典、职官典、礼典、乐典、兵典、刑典、州郡典、边防典九门。各门之下有子目。每一制度皆条贯古今，溯源明流，全按历史顺序排列材料，而每个项目又都各自立有标题。这种编纂方法，源于纪传体史书的"书""志"。《通典》作为最早系统叙述历代经济、政治、文化等典制的一部通史，"会通古今，观其沿革"，开了这一史体编撰之先河。

《通典》的特点

《通典》九门，以"食货"为首，而"食货"又以田制为先。虽说历代史书都有"食货"，但把这种社会经济结构，特别是历代土地关系的变革，放在典章制度的首位加以叙述，则是《通典》的独创。这充分显示了杜佑作为政治家和史家的远见卓识，说明杜佑已经看到农业生产在当时社会中的重要地位，它的发展与否，直接影响社会的政治与文化的发展。《通典》不列律历、天文、五行、祥瑞、舆服等内容，增加了选举、兵、边防等门类，这就打破了旧史中重礼乐、天文、五行的模式，对后世的典制体著作的编撰影响深远。

杜佑的生平事迹

杜佑（735—812），字君卿，京兆万年（今陕西西安）人，曾任唐朝节度使和宰相等职，历仕德宗、顺宗、宪宗三朝，对中央及地方制度极为熟悉。他采录历代典籍，溯寻制度的因革变迁，希望为大唐帝国写下一幅臻于理想的政治蓝图，于是就有了《通典》的诞生。《通典》规制宏大，资料丰富，体例完备，开了典制体的先河。这项伟大的贡献，是他用36年的时间完成的。

郑樵著《通志》

郑樵（1104—1162），字渔仲，号夹漈。16岁时，其父病逝。从此谢绝人事，不应科举，到夹漈山造草屋三间，专心读书。30年后，对各种学问做了有计划、有系统的研究，并将研究成果分门别类，撰成专著，为他编撰《通志》奠定了坚实的基础。《通志》完成后，他携书步行两千里，到临安献给高宗，高宗诏令送秘书省收藏，从此名声远播。

《通志》概说

《通志》仿《史记》而作，二百卷，五百多万字，是一部纪传体通史，包括本纪、世家、列传、载记、年谱、略六门。《通志》改"书"为"略"，改表称"谱"，其中"二十略"氏族、六书、七音、天文、地理、都邑……职官、刑法、食货、艺文、校雠等，是全书的精华。郑樵主张"会通"，即"会"各种学术文化，"通"古今之变。他提倡"实学"，强调"核实"，反对任情褒贬，指斥五行相应说。郑樵力主编写通史，反对断代为史，以见"会通之义"。

《通志》的菁华——"二十略"

郑樵自谓："今总天下之大学术而条

其纲目，名之曰略，凡二十略。百代之宪章，学者之能事，尽于此矣。其五略，汉唐诸儒所得而闻；其十五略，汉唐诸儒所不得而闻也。”郑樵的话未免夸大其词。但六书略、七音略、谥略、校雠略、图谱略、金石略、昆虫草木略等七略，以往旧史殊未涉及，确乃郑樵独创。特别是提出了“类例”的概念。他在“校雠略”中指出：“类书，犹持军也。若有条理，虽多而治。若无条理，虽寡而份。类例不息其多也，息处多之无术耳。”“类例”概念的提出，对于编修书目、整理资料具有非常重要的意义，这是郑樵对古代文献学的一个贡献。

《文献通考》是怎样编纂的

《文献通考》是继《通典》之后又一部典制体通史。元代马端临撰。《文献通考》与《通典》有着更多学术上的继承性。马端临对《通典》评价极高，认为它“纲领宏大，考订该洽，固无以议为也”。但《通典》所述，在时间上仅止唐天宝间，“天宝以后盖阙焉”，内容方面也有缺陷，因此，他便以《通典》为基础，加以继承发展。自天宝以前增加《通典》所没有的内容，自天宝以后至宋嘉定之末，则详细记述，对于《通典》原先没有论述的经籍、帝系、封建等门类，则“采摭诸书以成之”。

《文献通考》的内容

《文献通考》全书三百四十八卷，在《通典》基础上扩充为二十四门，即田赋、钱币、户口、职役、征榷、市籴、土贡、国用、选举、学校、职官、郊社、宗庙、王礼、乐、兵、刑、经籍、象纬、帝系、封建、物异、舆地、四裔。其中经籍、帝系、封建、象纬、物异五门为马端临自创。全书以文、献、注三原则编撰，记事上起三代，下终南宋宁宗嘉定五年（1212）的典章制度，分类较细，内容丰富。

通考体例

马端临在各条后面夹录前人和当时文人学士的议论，最后再用按语的形式阐述自己的见解。他的按语，贯串古今，折中恰当，力求从历史事实出发，作出审慎的结论，尤其对于土地制度、兵役制度所发表的见解为前人所未有。但马端临旨在通古今的典制，而不涉时政，因以汇集考核典制为特点，故以后凡与此同类之书均称通考。

马端临的生平事迹

马端临（约1254—1323），字贵与，江西饶州乐平人。宋亡隐居不仕，著《文献通考》以补杜佑《通典》之阙，历二十余年而成书。马氏《文献通考》在典章制度史的发展中，有继往开来之功。《四库全书总目提要》称其条分缕析，使稽古者可以案类而考，“虽稍逊《通典》之简严，而详赡实为过之，非郑樵《通志》所及也”。

“续三通”之《续通典》

《续通典》，嵇璜、刘墉等奉敕撰，纪昀等校订，清乾隆三十二年敕撰，乾隆四十八年(1783)成书。凡一百五十卷。全书体例篇目，全依杜佑《通典》，惟兵、刑分设二门，共为九门，按年编次。以杜佑《通典》终于天宝之末，接续唐代天宝以后至明崇祯十七年的史事。以正史为主，旁参图籍，以求详赅。对唐至明代的典制源流，兴亡得失，多有记述，尤以明史料最详。

“续三通”之《续通志》

《续通志》，嵇璜、刘墉等奉敕撰，纪昀等校订，清乾隆年间敕撰成书。凡六百四十卷，本书体例篇目，全依郑樵《通志》。有本纪七十卷，后妃传十卷，略百卷、列传四百六十卷。以郑樵《通志》止于唐代，因续纪传自唐初至元末止，二十略自五代至明末止，补充了《通志》对于唐代史事的缺略。

“续三通”之《续文献通考》

《续文献通考》，张廷玉、嵇璜、刘墉等奉敕撰，纪昀等校订，清乾隆年间敕撰，凡二百五十卷。本书体例篇目，一仍马氏《通考》，而于“郊社考”中分出“群祀考”一门，“宗庙考”中分出“群庙考”一门，共为二十六门。内容包括南宋后期及辽、金、元、明五朝史事。

“清三通”之《清通典》

《清通典》，本名《皇朝通典》，凡一百卷，体例、门目大体沿袭杜佑《通典》。《清通典》原分九门仍旧，删去《通典》中所有的榷酤、算缗、封禅等目。

“清三通”之《清通志》

《清通志》，本名《皇朝通志》，一百二十六卷。乾隆五十一年至五十二年（1786—1787）间定稿。叙事断限以乾隆五十年为止，少数有延至次年者。体例、门目大体沿袭郑樵《通志》。删去本纪、列传、年谱，除氏族、六书、七音、校雠、图谱、金石、昆虫、草木诸略外，大致与《清通典》同。

“清三通”之《清文献通考》

《清文献通考》，本名《皇朝文献通考》，三百卷。体例、门目大体沿袭马端临《文献通考》。二十四门分类外，又加群庙、群祀两考共二十六门。子目中删去均输、和买、和籴、童子科、车战等，增八旗田制、银色、银直及回部普儿、外藩、八旗官学、安奉圣容、蒙古王公等。

《清朝续文献通考》

《清朝续文献通考》，原名《皇朝续文献通考》，清代刘锦藻撰，以个人之力完成。据清代实录、会典、则例等资料编成，于1912年成书。全书四百卷，续写至宣统三年（1911），记晚清一百二十六年间各种典章制度的激烈剧变。体例除《清朝文献通考》的二十六考外，增加“外交”（交际、界务、传教、条约）、“邮政”（总类、船政、路政、电政、邮政）、“实业”（总务、农务、工务、商务）、“宪政”等四考，共三十考，下列一百三十六个子目。其中，“征榷考”新增“厘金”“洋药”。《清朝续文献通考》的价值仅次于“前三通”。

什么是会要体

会要体是中国史籍重要的体裁之一，它是按朝代汇聚史料，内容多为典章制度，也有载史事的。这种体裁创始于中唐史家苏冕所撰《会要》一书，经后人两次续作而成《唐会要》，深为历代学人所重，直到清代，会要体史书都占有重要地位。宋代王溥编成《唐会要》后，以后历代均官修会要。各会要分类有门、目两级，一般有十几门，目则有三五百不等，它兼具工具书和资料汇编的功能，方便查找，是一种独特的史书。

《唐会要》的价值

《唐会要》是我国现存最早的会要体史书，专门记载唐代的典章制度。作者是宋人王溥。全书一百卷，分帝系、礼、宫殿、舆服、乐、学校、刑、历象、封建、佛道、官制、食货、四裔十三类，514目，另在不少条目下有杂录，将与该条有关联又不便另立条目的史事列入。本书的价值在于它保存了许多唐代史料，书中所记史事有不少为两《唐书》和《通典》所无。而唐起居注、实录已亡佚，部分内容多靠此书保存，因此更为珍贵。《唐会要》史料价值高，文简理备，开拓史籍编纂的新路，对后来产生重大的影响。

《五代会要》

本书为汇编后梁、后唐、后晋、后汉、后周五代典章制度及其损益沿革的史书，是关于五代典章制度的最早撰著。三十卷（一作五十卷），北宋王溥撰。《五代会要》共设279目，除个别目、次略有调整外，体例一遵《唐会要》。每目内，先按朝代更迭，再依年代顺序编排史料，方便检索。《新五代史》关于典章制度的记载非常简略，只有“司天”“职方”二考；《旧五代史》今仅存辑本，资料不全。这50多年的典章，赖《五代会要》得以流传。王溥仕于五代，后周时位居相位，谙熟五代典章文物，编撰此书时又大量摘引五代诸朝实录中的诏令、奏议，所以史料翔实。

《宋会要》

《宋会要》是宋代官修的会要体史书，是汇集宋代典章制度的资料汇编。宋代特设“会要所”，修撰会要，现可查考的宋会要有《庆历会要》《政和重修会要》《淳熙会要》等11种，备载宋代典章制度，卷帙浩繁。但这些会要后来逐渐散佚。清代徐松根据《永乐大典》中收录的宋代官修《宋会要》加以辑录而成，全书366卷，分为帝系、后妃、乐、礼、舆服、仪制、瑞异、运历、崇儒、职官、选举、食货、刑法、兵、方域、蕃夷、道释等17类。各按年、月、日顺序，摘录有关的诏书、奏章，眉目清晰，便于查阅。

《两汉会要》

《两汉会要》是南宋徐天麟编撰，徐氏仿唐、宋会要体例，辑录两汉书中有关史事和政治制度，汇集成《西汉会要》《东汉会要》。两书均分为15门。《西汉会要》为帝系、礼、乐、舆服、学校、运历、祥异、职官、选举、民政、食货、兵、刑法、方域、蕃夷；《东汉会要》无学校、运历、祥异，增文学、历数、封建。相比之下，后书比前书取材丰富，且有议论，史料价值更高。

治国宝典——《贞观政要》

《贞观政要》是一部政论性的专史。本书通过贞观年间唐太宗李世民与臣下魏征、王珪、房玄龄、杜如晦、虞世南、褚遂良等人关于施政问题的对话以及一些大臣的谏议和劝谏奏疏，对贞观年间的历史经验进行了系统的总结，对唐初的立国方针、君道政体、历史借鉴、官员选拔、君民作风、任贤纳谏、教诫太子、道德规范、学校文化、正身修德、刑罚供赋、征伐安边、善始慎终等都进行了详细的记述，反映了贞观年间最高层对治国方针的思考，书中所反映的一代史事，正是“贞观之治”形成的原因。

“贞观之治”本身所具有的强大魅力，贞观君臣的政治谋略和用人谋略，他们所代表的卓越的领导艺术，一直被后世所推崇，《贞观政要》将这些珍贵的经验和谋略智慧如实地记录下来，为后世的政治学、领导学留下了一笔极其丰富的资料。

《贞观政要》包含着极其丰富的治国理念，堪称一部极富东方哲理的领导艺术教科书。它自问世以来，一直受到统治阶级的珍视，奉为治国宝典。唐宣宗李忱对《贞观政要》无比珍视，命人把它抄在屏风上，时时拱手读之，不胜景仰，并且从中汲取经验，用之于自己的治国实践中，做到了明察沉断，用法无私，从谏如流。因为他勤于政事，恭谨节俭，惠爱民物，所以，唐王朝到他那代时，虽已近于黄昏，但政治态势一度好转，成为晚唐唯一值得一提的皇帝。他死之后，人们感念他，称他为“小太宗”。

清朝乾隆皇帝也把《贞观政要》奉为治国的圭臬，曾感叹地说：

“余尝读其书，想其书，未尝不三复而叹曰：贞观之治盛矣。”

《贞观政要》在世界上的影响

《贞观政要》在国外也引起了极大的

反响。书成不久即传到了东邻日本，平安朝以来的历代皇帝都很爱读，精通汉语的大臣们努力为他们讲解，他们模仿贞观政事，把《贞观政要》作为皇家的政治教科书，以后历代幕府也奉为治国圣典，日本历史上著名的德川幕府在1615年颁布《禁中并公家法度》，第一条就是把《贞观政要》定为天子的必读书；明治天皇把《贞观政要》作为座右铭，对明治时期的政治改革产生了很大的影响。

史学家吴兢

《贞观政要》全书10卷40篇，8万余言，作者是唐玄宗时期著名的史学家吴兢。他出生于唐高宗总章三年（670），病逝于唐玄宗天宝八年（749）。早在武则天时期，吴兢就进入史馆，和当时著名的史学家刘知几等人一同修撰史书。那时候，武则天的侄子武三思和男宠张昌宗、张易之弄权，史官们惧怕他们的权势，不免曲笔掩饰，吴兢鄙视那种不良史德，他和刘知几一起撰写的《武后实录》中，如实记载了张昌宗、张易之兄弟以“赂以美官”诱使张说诬证魏元忠。后来张说为相，对这件事深感不安，明知道是吴兢所为，还故意对吴兢说：“记魏齐公事，都是刘知几做的。”吴兢从容回答说：“是兢书之，非刘公修述，草本犹在。其人已亡，不可诬枉于幽魂，令相公有怪耳。”张说几次请求删改，他都断然拒绝，凛然回答：“若取人情，何名为直笔。”吴兢终因此事而被贬官，但他的高风亮节，却得到时人称赞，人们称誉他是当世董狐，后世史家更是以他为典范。吴兢任史官30余年，编纂唐国史65卷，最有生命力的还是这部《贞观政要》。这是一部独具特色，对人富有启发意义的经典著作。

《贞观政要》编撰的宗旨

《贞观政要》写作于开元、天宝之际。当时的社会仍呈现着兴旺的景象，但社会危机已露端倪，实际上在吴兢去世后6年，安史之乱便爆发了，从此唐王朝进入不可逆转的衰势。在政治上颇为敏感的吴兢已感受到这种衰颓趋势的到来。作为一个有责任感的大臣，为了保证唐皇朝的长治久安，他深感有必要总结唐太宗君臣相得、励精图治的成功经验，为当时的帝王树立起施政的楷模。《贞观政要》正是基于这样一个政治目的而写成的。

古为今用的《贞观政要》

《贞观政要》包含的内容博大精深，对于历史的经验和教训记载和论述得非常深刻。举凡国家大事几乎无所不包。古为今用，鉴古而知未来。读《贞观政要》，掩卷细思，感慨良多。其中深刻的见解和哲理，在今天看来仍有振聋发聩的作用。为政之道，为官之道，为人之道，成功的道理都在其中。

《贞观政要》的价值

《贞观政要》所辑录的是唐太宗李世民和魏征等大臣的政论或奏疏。这些人多是有远见的政治家，他们熟悉儒家的治国安邦之术，对历史上的治乱兴衰，如暴秦的速亡，两汉的衰落，南北朝政治的黑暗，都有非常深刻的认识；他们自己又亲历过隋末改朝换代的斗争，头脑更加清醒，也能够冷静地总结历史的经验教训，认真地思考社会现实问题，提出行之有效的治国方针。所以《贞观政要》所阐述的思想便具有了治国安民的重大参考价值，历代帝王更是把它当作一门必修的功课。

兼听则明，偏听则暗

吴兢从贞观君臣的论述中，得出结论，认为君主是封建政权的关键，他在《贞观政要》第一篇“君道”中，集中探讨了为君之道：

“贞观初，太宗谓侍臣曰：‘为君之道，必须先存百姓。若损百姓以奉其身，犹割股以啖腹，腹饱而身毙。若安天下，必须先正其身，未有身正而影曲，上治而下乱者。’”

要想当好君主，必先安定百姓，要想安定天下，必须先正自身。把安民与修养自身当作为君的两个要素，对于封建政治来说，是抓到了点子上的。对于君主的个人修养，他以唐太宗为例，说明清心寡欲和虚心纳谏是相当重要的。这两点正是唐太宗成功的关键，所以后世提及唐太宗，必提这两点为君王的可贵品格。在这篇中，吴兢还提到了“明君”与“昏君”的问题。

“贞观二年，太宗问魏征曰：‘何谓为明君暗君？’征曰：‘君之所以明者，兼听也；其所以暗者，偏信也。……是故人君兼听纳下，则贵臣不得壅蔽，而下情必得上通也。’太宗甚善其言。”

这就是被后人反复提及的“兼听则明，偏听则暗”的道理，当今则已成为领导者的座右铭。

为政之要，唯在得人

做“明君”有一个非常重要的特点，就是善于发现和使用人才。唐太宗对用人有较深刻的认识，他一再强调“为政之要，唯在得人。”(《贞观政要·崇儒》)《贞观政要》第七篇“论择官”中记载：唐太宗问封德彝，政治之本唯在得到人才。近来朕命令你举荐人才，却没见你举荐。天下有那么多事要朕去处理，你却不能为朕分忧。你不说话，我能寄希望于谁呢？封德彝赶紧回答说，臣愚昧，但是也不敢不尽力，只是臣到现在也没碰上个有奇才的人哪。唐太宗就很不高兴地说，前代明哲君王用人是取其所长，而且都在当世取才，哪能等着梦见傅说、姜尚，再去寻找他们，再来治理国家呢？况且哪个朝代没有贤能人才？只是怕被你遗漏了！几句话说得封德彝很惭愧。

《七国考》

明代董说编著，编载战国时期秦、齐、楚、赵、韩、魏、燕七国制度。分职官、食货、都邑、宫室、国名、群礼、音乐、器服、杂记、丧制、兵制、刑法、灾异、瑞征十四门。皆采掇诸书，以相佐证，略如《会要》之体。大致以《战国策》《史记》为本，而以诸子杂史补其遗阙。

《春秋会要》

原名《春秋三传会要》，清代姚彦渠撰。其记述了春秋时期诸多国家的典章制度、沿革情况。取材仅限于《春秋》及其三传，分为《列国世系》和吉、凶、军、宾、嘉五礼，共六门，九十八事。其中“七国考”颇富研究价值。

《秦会要》

晚清孙楷撰写，记述了战国时期的典章制度情况。该书采录《左传》《国语》《史记》《汉书》《后汉书》，以及先秦诸子、杂记、类书等。分14门，301目，以史事系其下，还分别标明所因书名，方便查阅。

历代会要还有哪些

《南朝会要》，清代朱铭盘编；《两晋会要》，清代朱铭盘编；《晋会要》，清代汪兆庸编；《三国会要》，清代杨晨编；《明会要》，清代龙文彬编；《清会要》，因有《清会典》而不名。

什么是会典

会典之名始见于明代，意思是“典章会要”。会典大多属当代官修史书，着重记述法令典章，而不详备史实。现存的会典有《唐六典》《元典章》《明会典》《清会典》。

《唐六典》

我国古代第一部会典，唐玄宗时官修，旧题唐玄宗撰、李林甫等注，实为张说、张九龄等人编纂。按《周官》分为理典、教典、礼典、政典、刑典、事典六个部分编成，故称《唐六典》。《唐六典》的正文记叙唐朝中央、地方各级官府的组织规模、官员编制（定员与品级）及其职权范围，多直接取自当时颁行的令、式，均属第一手资料，具有较高的文献价值。

《明会典》

明代弘治十年（1497）仿《唐六典》制定《明会典》。总裁官为大学士李东阳、焦芳、杨廷和。体例以六部为纲，吏、礼、兵、工四部诸司，各有事例者，则以司分。户、刑二部诸司则分省而治。共一事例者，则以科分。于一代典章，最为赅备。凡史志之所未详，此皆具有始末，足以备后来之考证。全书二百四十卷，卷一至二二六卷记文职衙门，卷二二七至二二八记武职衙门。

《清会典》

又称五朝会典，是康熙、雍正、乾隆、嘉庆、光绪五个朝代所修会典的统称。康熙二十三年（1684）初修，形式上仿《大明会典》，到了雍正、乾隆、嘉庆和光绪年间曾四次重修。书中把典则与事例分开，称“会典”和“会典事例”。大致“以典为经，例为纬”，事例作为会典的辅助。嘉庆、光绪《清会典》中，将户部的舆图，礼部的仪式、祭器、簿，钦天监的天体图等，绘图成编，称“会典图”。

什么是传记

传记是专门记人的史书。包括自传、外传、别传、传状（传记行状）、传叙（人物传记）、传诔（传记和诔文）等。

《列女传》宣传了什么思想

一部介绍中国古代妇女行为的书，西汉的儒家学者刘向撰。共分七卷，记叙了105名妇女的故事。这七卷是：母仪传、贤明传、仁智传、贞顺传、节义传、辩通传和孽嬖传。《列女传》选取的故事体现了儒家对妇女的看法，其中有一些所赞扬的内容在现在的多数人看来是对妇女的不公平的待遇。每则故事都有颂辞，传各有图，相传为东晋顾恺之画。《列女传》对后世影响很大，有一些故事流传至今，如“孟母三迁”的故事即出自该书。

《晏子春秋》

晏子使楚是记叙春秋时代著名政治家、思想家晏婴言行的一部书。晏婴(？一前500)，春秋时齐国夷维（今山东高密）人。字仲，谥号平，后人也称他为晏仲平，晏子是对他的尊称。他是春秋时期齐国有名的宰相。他历仕灵公、庄公、景公三朝，可以说是齐国的“三朝元老”，执政50余年。以节俭力行、谦恭下士著称于世。注意政治改革，关心民事，反对祈福禳灾等迷信。全书共八卷，包括内篇六卷（谏上下、向上下、杂上下），外篇二卷，计二百一十五章，全部由短篇故事组成。全书通过一个个生动活泼的故事，塑造了主人公晏婴和众多陪衬者的形象，反映了晏婴的政治主张和思想品格。

《高士传》中的人物形象

《高士传》，皇甫谧撰。皇甫谧（215—282），魏晋间人，一生没有做过官，专事著书。高士，一般指封建社会里品格高尚的隐士，他们对现实采取超然态度，“不戚戚于贫贱，不汲汲于富贵”，注意保持自已的节操，因而受到人们的尊敬。写这种传记，旨在表彰人物的高尚品质，激发读者励志向上，因此选材极严，表现的大多是传主的高风亮节，其中的人物故事历来受到人们喜爱。

《藏书》的史料价值

《藏书》，又名《李氏藏书》，是纪传体的李氏著作，68卷，89万余字，明代思想家李贽编纂。《藏书》上起战国，下迄于元代，涉及八百余重要历史人物，依次编为纪传；纪传之中又各立名目，系以叙论。李贽对《藏书》的评价自许甚高，曾说："承谕《李氏藏书》，谨抄录一通，专人呈览。年来有书三种，唯此一种系千百年是非，……此吾精神心术所系，法家传爱之书，未易言也。"可以说，《藏书》集中体现了作者的历史观和价值观。作者以"与千百人作敌对"的反传统精神，不以孔子是非为是非，对李氏人物作出与传统见解不同的评价。他对革新人物大力赞扬，主张妇女解放，称道农民起义，对现实大胆批判，对孔孟、程朱都进行了尖锐的批判，因此被统治者列为禁书。

《畴人传》——为科学家立传

清阮元辑，是中国第一部自然科学家传记集。辑录古籍中有关天文、数学家记载，按朝代编排而成。自上古传说时代起，迄于清中叶，凡二百四十三人，附西洋三十七人。所记特详于诸家学说要旨及天算仪器制度。著述态度严谨，史料都注出处，凡以星象占验吉凶或事涉荒诞者一概不录。对后世影响非常大，是研究我国天文、历法、数学史之重要史籍。

什么是霸史

霸史是记载割据统治(列国)的史书，也称"伪史",《隋志》称"霸史",《汉书》《史通》等称"载记"。

《吴越春秋》反映的历史

《吴越春秋》由东汉经学家赵晔著，是汉晋以来保留得最完整的历史小说。书中历叙吴越两国史事，尤其是吴越争霸。素材大体以《左传》《国语》和《史记》所记载的吴、越、楚三国大事为主，但又不拘于史实，掺杂了许多传说、异闻。作者刻画人物形象细腻生动，特别是伍子胥这个"烈丈夫"的形象，对他英雄、果断、沉着、机警的性格特征，刻画得极为生动，反映了作者的思想立场。

《越绝书》歌颂什么

《越绝书》是研究吴越历史的工具书，一般认为其作者是东汉人袁康。全书叙述春秋时期吴越两国的史事，又大多涉及楚国的史事，特别着重描写了伍子胥、子贡、范蠡、文种等人物在军事外交方面的活动,又与《左传》《国语》和《史记》互相印证与补充。它反映春秋时代大国之间的斗争和矛盾，歌颂正义，反对强暴，宣扬儒家的仁义思想和颂扬越国的奋斗精神。

《十六国春秋》

记载十六国（304—439）历史的纪传体史书，北魏崔鸿撰。一百卷，此外还有序例一卷，年表一卷。每国各为篇卷，叫作“录”，记其君臣事迹，则称为“传”。以晋为正统。这部著作的出现是北朝时期民族大融合的反映。原书已佚。

什么是方志

方志是一种传统的史地类书籍，也叫地志、地方志。它以一定的体例反映一定行政区域的自然和社会方面有关历史与现状，是专门记载名山大川、城池都邑、寺庙宫观、名胜古迹、风土人情的书籍，因此方志堪称一个地方的百科全书。方志为我国优秀的文化典籍，起源很早，《周礼·春官》就有“外史”“掌四方之志”的说法，春秋战国时初显萌芽，秦汉至五代遂成雏形，宋时正式定型，元明时发展完备，清代达到全盛。全国旧有方志总量（不含新编）达1万多种，11万多卷，约占全部古籍的十分之一。在史籍中一般归于史部。

方志的种类

方志种类很多，但归纳起来，不外五大类，即全国志、省志、州县志、乡村志、专志。

1. 全国志：又称一统志。汉时就有全国性方志雏形的《汉书·地方志》，隋时有全国性地理总志《隋区宇国志》，唐朝有总志《括地志》，北宋有《元丰九域志》，元明清代有《大元大一统志》《大明一统志》《大清一统志》等。

2. 省志：有总志、通志两种，两省或两省以上合编叫“总志”，如《湖广总志》；一省一志叫“通志”。明清两代全国各省均有志。省以下州以上的府，叫“府志”。近代民族英雄林则徐就编撰过《四州志》。

3. 州县志：州志是记述一州范围之方志。县志是记述一县范围古、今、人、事、物的志书，清时编纂最多，基本上每县都有，今存量也最多。

4. 乡村志：包括镇志、坊志、里志等。

5. 专志：专记或主要记述某一项内容的志书。如都邑、工程、山水、名胜、风土、盐井、宫殿、寺庙、陵基、书院、人物、艺文、物产等。

《禹贡》

中国最早的区域地理著作，原是《尚书》的一篇，成书于战国时期。全书分九州、导山、导水和五服四部分。该书用自然分区方法把全国分为九个州，假托为禹治水后的政区制度。书中记述传说中禹所导治的地区、山岭、河流、湖泊、土壤、植被、田赋、物产、民族等。导山，自南而北顺序列出东西延伸的四条山系，反映出中国地形西多高山，东多平原的特点。导水，记述九条河流的水源、流向、流经地区，所纳支流和河口等。五服，反映作者要求大一统的政治思想。《禹贡》把治水传说发展成为一篇珍贵的古代地理记载，是我国最早的一部科学价值很高的地理著作。

《山海经》是古代地理书吗

《山海经》是中国先秦古籍。一般认为主要记述的是古代神话、地理、物产、巫术、宗教、古史、医药、民俗、民族等方面的内容。有些学者则认为《山海经》不但是神话，而且是远古地理，包括了一些海外的山川鸟兽。过去认为该书作者为禹、伯益，现代学者一般认为《山海经》成书非一时，作者亦非一人，其中十四篇是战国人作。现在最早的版本是经西汉刘向、刘歆父子校刊而成。晋朝郭璞曾为之作注。

《山海经》的价值

《山海经》全书十八卷，由“山经”“海经”“大荒经”组成，共约31000字。记载了一百多邦国，五百五十山，三百水道以及邦国山水的地理、风土物产等信息。其中《山经》所载的大部分是历代巫师、方士和祠官的踏勘记录，经长期传写编纂，多少会有所夸饰，但仍具有较高的参考价值。

《华阳国志》记述何地之事

《华阳国志》由晋常璩撰，是我国现存最早、最完整的一部地方志。此书记载地域范围为晋代梁、益、宁三州（今四川及陕西汉中、云南一部分地区）。因该地区为《尚书·禹贡》所记的梁州，又有“华阳照水惟梁州”一语，故以“华阳”为书名。书中记录了这个地区自远古至东晋的历史、地理、风俗。作者为蜀郡人，成汉李势时官至散骑常侍。他有接触大量文献，进行广泛实地调查之便，为编纂是书提供了条件。书中所记史事也比《三国志》为详。

《长安志》记载的长安盛况

《长安志》是中国现存最早的古都志，宋代宋敏求撰。长安是中国古都，从汉至唐，一直是我国的政治、经济、文化中心。唐代长安更是世界上少有的大都会。作者遍搜与长安有关的史部实录、传记、家谱、古志、古图、碑刻、笔记等，整理编纂成书。全书20卷，记述长安的坊市、街道、宫室、官邸，雍州府县的政治，官员的职务，地方上的河渠、关塞、风俗、物产等，对各地宗教寺院的状况和佛教故事传说都有详细的记述。

《大唐西域记》记述的国家和地区

《大唐西域记》简称《西域记》，十二卷。中国唐代玄奘述，辩机编。贞观二十年（646）成书。记玄奘西行并周游所亲历者一百一十国，得之传闻者二十八国的山川、城邑、物产、习俗，多是《唐书》未载。其是研究印度、尼泊尔、巴基斯坦、孟加拉国、斯里兰卡及中亚等地古代历史地理的重要文献，向为世界学者所重视。

玄奘西行

玄奘（602—664），少年时就出家做了和尚，他精通佛教经典。因为翻译过来的佛经错误很多，于是就决心到佛教发源地天竺（今印度半岛）去取经求学。唐贞观元年（627），玄奘出发西行。他穿过大片沙漠，克服重重困难，整整走了一年，终于到达天竺。玄奘在天竺留学15年，游历了70多个国家。他精深的佛教造诣，在当地引起了极大的轰动。贞观十七年（643）春，玄奘携带657部佛经，取道今巴基斯坦北上，经阿富汗，翻越帕米尔高原，沿塔里木盆地南线回国，两年后回到首都长安。玄奘此行，行程5万里，历时18年。回国后，玄奘立即开始大规模的翻译佛经工作，前后翻译佛经74部，约1300多卷。

《水经注》的价值

《水经注》是我国古代地理名著，公元6世纪时北魏郦道元所著，四十卷，约30万字。此书为注释《水经》，实则以《水经》为纲，作了20倍的扩展，自成巨著。书中记载1252条水道，详细记录了河流流经地区的自然、人文、山川胜景、历史沿革、风俗习惯、人物掌故、神话故事，等等，可谓是我国6世纪的一部地理百科全书，无所不容。对历史学、考古学、地名学、水利史学以至民族学、宗教学、艺术等方面都有一定的参考价值。其中引用书籍达437种，文笔绚烂，因而又具有很高的文献和文学价值。

专记寺庙的《洛阳伽蓝记》

《洛阳伽蓝记》是一部专门记载洛阳名寺的地理类史籍，北魏杨衒之撰。“伽蓝”是梵文音译“僧伽蓝摩”的简称，就是寺庙。洛阳是北魏的都城，北魏佛教大盛，当时有寺庙上千座。北魏灭亡后，洛阳城日渐破败，寺庙更是毁损不堪，所以《洛阳伽蓝记》就只记了四十三寺。本书详细地记述北魏时期洛阳城内和城外佛教寺院的兴废沿革，书以城内、城东、城南、城西、城北分卷，涉及内容包括政治、人物、风俗、地理、传闻、住宅、名胜、古迹以及宫苑建筑、外夷风俗，无所不包。

《元和郡县志》的记述方法

《元和郡县志》是中国唐代地理总志，李吉甫撰。原名《元和郡县图志》，元和是唐宪宗的年号，因每篇首均冠以图，故称图志。北宋时图佚改名。原本四十卷，目录二卷，现存三十四卷。以当时四十七节镇为标准，分镇记载府、州、县、户、沿革、山川、道里、贡赋等项。该书是我国现存最早又比较完整的地理总志。作者久任宰相，熟悉当时图籍，记载详尽,较为可据。它下开《太平寰宇记》,为后世所重视。

《元丰九域志》

北宋官修地理总志，共十卷。王存等编著。体例因袭唐代《十道图》、宋代《九域图》等图经，而取消其地图部分。以熙宁、元丰间四京、二十三路为标准，分路记载府、州、军、竖、县之户口、乡镇、山泽、道里等项。对各地区间四至八到，叙述最详，州县土贡，又备载额数，足资考核。

《太平寰宇志》

北宋地理总志,共二百卷。乐史编著，太平兴国时基本完成。作者杂取山经地志，纂成此书，始于东京，终于“四夷”。其后晋割让契丹的幽、蓟十六州，仍列其名，以表达时人恢复燕云志愿。本书除因袭《元和郡县图志》门类外，又增加风俗、姓氏、人物、土产等门，为后来总志体例所延续。

《东京梦华录》

宋代孟元老撰。孟元老自幼随父亲宦游南北。宋徽宗崇宁癸未（1103），来到东京汴梁，生活了23年。南渡后，他追述旧京的繁荣，写下此书。书中所描写的大多是宋徽宗崇宁到宣和年间都城汴梁的情况，全书十卷，包含了京城的外城、内城、河道桥梁、皇宫、衙门、街巷坊市、店铺酒楼、朝廷朝会、郊祭大典，以及民风习俗、时令节日、饮食起居、歌舞百戏等，与同时代的画家张择端所作的《清明上河图》一样，描绘了一幅生动的世俗生活图景。

《都城纪胜》

本书是介绍南宋都城临安城市风貌的著作。宋耐得翁撰。作者曾寓游都城临安（今浙江杭州），根据耳闻目睹的材料仿效《洛阳名园记》写成该书。书内分市井、诸行、酒肆、食店、茶坊、四司六局、瓦舍众伎、社会、园苑、舟船、铺席、坊院、闲人、三教外地共十四门，记载临安的街坊、店铺、塌坊、学校、寺观、名园、教坊、杂戏等。其中“瓦舍众伎”一门内容充实，保存了当曲等方面的重要资料。

《梦粱录》

本书是介绍南宋都城临安城市风貌的著作，共二十卷。南宋吴自牧撰。吴自牧为临安府钱塘人（今浙江杭州）。该书仿《东京梦华录》体例，自序有“时异事殊”，“缅怀往事，殆犹梦也”，书名由此而来。书中首载郊庙、宫殿，次及人物、市肆、物产、户口、风俗，下至百工、杂戏、寺观、学校，“无不备载”，妓乐、百戏伎艺、角觝、小说讲经史诸节，为宋代文艺的珍贵资料。

《武林旧事》

宋代周密撰。周密是当时著名的词人，宋亡后，寓居临安（今杭州）。《武林旧事》共十卷，详述临安（也称武林）杂事。书中记述南宋都城临安的山水名胜、人文古迹、城郭宫殿、皇家园林，南宋的诸多典章制度，中国传统节日、民风民俗，南宋都城临安的市肆商品、娱乐活动及都民习性等。“诸色伎艺人”门著录的演史、杂剧、影戏、散耍等55类、521位艺人的姓名或艺名和“官本杂剧段数”门著录的280本杂剧剧目，对文学、艺术和戏曲史的研究尤为珍贵。

《大元一统志》

元代官修地理总志，共一千三百卷。以每路和行省直辖的府、州为纲，分建置沿革、坊郭乡镇、里至、山川、土产、风俗形胜、古迹、宦迹、人物、仙释等目，内容丰富，网罗详备。《大明一统志》的纂修，即以此书为蓝本。《元史·地理志》亦多取材于此。原书明代已佚，仅有残篇传世。近人金梳敝曾搜集整理，刊有《大元大一统志》残本十五卷，辑本四卷。

《大明一统志》

明代官修地理总志，共九十卷。李贤、彭时等纂修。体例因袭《大元大一统志》，以两京、十三布政司分区以及所属一百四十九府为纲，以城池、坛庙、山陵、苑囿，以及建置沿革、郡名、形胜、风俗以至古迹、人物等为目，比较系统而集中地保存了明代政区的有关地理资料。后期刻本有增人嘉靖、隆庆时建置的。书中所引用古事，错误颇多。甚至句读不通，为学者所病。但也保存了不少明代资料，可与《寰宇通考》比较参考。

《徐霞客游记》

本书是以日记体为主的中国地理名著。明末徐弘祖著。徐弘祖字霞客，经30多年旅行，写有天台山、雁荡山、黄山、庐山等名山游记17篇和《浙游日记》《江右游日记》《楚游日记》《粤西游日记》《黔游日记》《滇游日记》等著作，除佚散者外，遗有60余万字游记资料。死后由他人整理成《徐霞客游记》。主要按日记述作者1613—1639年间旅行观察所得，对地理、水文、地质、植物等现象，均作详细记录，开辟地理学上系统观察自然、描述自然的新方向，对西南边区地理提供不少珍贵资料，有关石灰岩地貌的记述，早于欧洲约二百年。

《大清一统志》

清代官修地理总志。前后编辑过三部，即康熙《大清一统志》、乾隆《大清一统志》、《嘉庆重修一统志》。首为京师，下分直隶、盛京、江苏、安徽、山西、山东、河南、陕西、甘肃、浙江、江西、湖北、湖南、四川、福建、广东、广西、云南、贵州、新疆、乌里雅苏台、蒙古共二十二统部和青海、西藏等地区。先有图、表，继以总叙，再以府、直隶厅、州分卷，列有疆域、分野、建置沿革、形势、风俗、城池、学校、户口、田赋、山川、古迹、津梁、寺观、人物、土产等二十五目。其是内容最丰富、最完善的地理总志，其价值和重要性，超过了以往的任何一部地理总志。

清代地方志的代表作

清代是封建王朝修志的全盛时期，现存清代地方志5587种。其中，通志80多种，府志450种，县志3659种。有代表性的有《湖北通志》《浙江通志》《新疆通志》《山西通志》《苏州府志》《顺天府志》《玉门县志》《江陵县志》《仪征县志》《常熟县志》《成都县志》《永清县志》《射洪县志》等。

千古绝作《读史方舆纪要》

《读史方舆纪要》是考订明代以前历史地理的集大成著作，清初顾祖禹撰，共130卷（后附《舆地要览》4卷），约280万字。顾祖禹(1631—1692)，字瑞五，号景范，江苏无锡人。清兵入关，随父避居常熟虞山，过着清贫生活，潜心著述，经过30余年的笔耕，而成这部举世闻名的历史地理巨著。该书着重记述历代兴亡大事、战争胜负与地理形势的关系，详列山川关隘、形势利害，包含着极其丰富的历史地理、自然地理及经济地理资料，被誉为“数千百年绝无仅有之书”“千古绝作”。

顾炎武著《天下郡国利病书》

本书是记载明代各地区社会政治经济状况的历史地理著作，120卷，明末清初启蒙运动思想家顾炎武撰。顾炎武(1613—1682)，自崇祯十二年（1639）后开始搜集史籍、实录、方志及奏疏、文集，并对其中所载山川要塞、风土民情作实地考察，以正得失。约于康熙初年编定成书，后又不断增改，终未定稿。该书先叙舆地山川总论，次叙南北直隶、十三布政使司。除记载舆地沿革外，所载赋役、屯垦、水利、漕运等资料相当丰富。作者提倡经世致用学风，书中不选无关国计民生的内容，并对其加以分析，指谪利弊，鉴往知来，以讲究郡国利病贯穿全书，具有很高的价值。

什么是史注体

注体是中国古籍最为常用，并且成果众多的一种体式。“注”的本意是用水以此挹彼，即灌注、灌输的意思，引申之，是以今语释古语，以今事比古事。古代史书往往叙事简约，文简意丰；或者叙事简约，以致疏略，必须解释才能读懂，犹如水道阻塞，需灌注而后通。为了用浅近的语言或丰富的材料解决史书中的疑难，为时人和后人阅读史书提供便利，史家便将注体用之于治史，史注体遂诞生。

史注体的种类

裴松之《三国志注》出现后，注体著作相继出现，注释的种类日丰，有注体、解体、训体、考辨体、音义体、集解体、自注体等体式；所注对象涉及多种史书体裁，诸如编年、纪传、天文、地志、笔记、杂志等；注体名家辈出，有的甚至超过原书作者，史注体的发达使中国史学呈现出更加丰富多彩的局面。

裴松之注《三国志》

裴松之（372—451），字世期，河东闻喜（山西闻喜）人，出身世代官僚之家。28 岁做官，东晋武帝时任殿中将军、员外散骑侍郎。刘裕代晋称帝（420）时，裴松之 49 岁。宋文帝时任中书侍郎。文帝以《三国志》记事过于简略，乃命裴松之作注。裴松之花了 3 年时间，于元嘉六年(429)完成《三国志注》。宋文帝叹为“不朽”。此书不仅是研究三国历史的重要文献，而且开创了注史的新例，也为后世读者阅读古文献资料提供了便利。

《三国志注》的史料价值

裴松之广收资料，引用之书多达一百五十六种（其中绝大部分已亡佚），篇幅几为原书三倍。除少数有关文字上的解释外，绝大部分为补充缺漏，备载异说、矫正谬误、辨明是非。其主要价值在于提供了大量资料，使史事愈益详明。如《魏书 · 武帝纪》注中全文抄录了曹操《述志令》，这是一篇自述作者 55 岁以前生平抱负变化的重要文章，然《三国志》没载，裴松之从《魏武故事》中全文抄录。曹魏的屯田制度，在《三国志》中只有“是岁用枣祗，韩浩等议，始兴屯田”十三个字，裴注补充了有关屯田的事迹一百四十字，在《任峻传注》中又补充了一百八十二字。著名科学技术家马钧，在《三国志》中一字未提，裴注则从《魏书 · 明帝纪注》《杜夔传注》中引了有关著作的记载共一千二百余字，对马钧的生平事迹和创造发明作了详细的记录。此外，还对错误的记载予以考订改正，对歧义的记载加以比较分析，使读者便于了解史事的真相。以后历代学者公认裴注与《三国志》同具重要价值。

《史记》三家注

给《史记》作注，最早始于东汉，其时延笃作《史记音义》一卷，不知孰氏作《史记索隐》五卷。晋时，中散大夫徐广作《史记音义》，成为裴骃的《史记集解》的基础。《史记》的注本，最有名的是“三家注”，即南朝宋裴骃的《史记集解》、唐司马贞的《史记索隐》和张守节的《史记正义》。这是我们今天所能见到的最早的、最重要的《史记》注本。

《史记集解》

《史记集解》是存世最早的《史记》旧注，共八十卷。裴骃《史记集解》的产生，有其特殊的时代背景与家庭背景。裴骃是赫赫有名的《三国志注》作者裴松之的儿子，受到父亲治史的影响，加上南北朝时期学风的影响，裴骃选择了以集解体注释《史记》。《史记集解》博采诸子百家之长，兼取先辈注书经验，以补益《史记》。《史记集解》多存佚说，保留了大量书目及相关内容，有功于目录学、辑佚学；多聚异本，订正文字，有功于版本学、校勘学；注释兼及音义、名物、地理、典故，并发表评论，补充史料，极大地丰富了注释的内容，有功于注释学、史料学。

《史记索隐》

《史记索隐》作者是唐代史学家司马贞。司马贞，字子正，开元中官至朝散大夫，宏文馆学士，主管编纂、撰述和起草诏令等。司马贞学识广博，才情横溢，他著书不守汉儒“疏不破注”的旧例，攻驳、纠正了裴骃《史记集解》的许多错误。加上《史记索隐》音义并重，注文翔实，具有极高的史学研究价值，在“史记三家注”的三家之中，后世史学家誉称该书“价值在裴、张两家之上”。

《史记正义》

《史记正义》作者张守节，也是唐代开元间人，比司马贞的年辈略晚一点。开元时为长史。清代学者钱大昕评论说：司马长于驳辩，张长于地理，要皆龙门功臣，难以偏废。《史记正义》专门注释《史记》的地名，其注释文字散列于《史记》正文之后。早在北宋年间,《史记正义》就跟《史记》合编，成了《史记》一书的重要组成部分。

《史记》三家注合刻本

《史记》“三家注”依次相注，关系紧密。起初它们是各自独立成书的。《史记集解》附于《史记》原文，《史记索隐》《史记正义》各自单以注释行世。到了北宋，开始有人将三种注本打散，统一地穿插、编排于《史记》的正文之下。可惜这种三家注合刻本，我们今天已经见不到了。今天所能见到的最早的三家注合刻本，是南宋宁宗庆元年间的黄善夫本。现在常见的“百衲本”二十四史中的《史记》，就是根据这个本子影印的。三家注合刻本方便实用，深受人们喜爱，所以七百年来一直出版不绝。

《汉书》的多种注本

《汉书》是我国古代史学的一部成功巨著，它创造了纪传体断代史的体制和规模，为此后历代正史所效法。由于《汉书》内容丰富，涉及到大量历史事件、人物活动、典章制度、地理、民族和社会生活各个方面，而且文字比较古奥，从撰成之后，便成为专门传授之学，历代有许多学者以专治《汉书》名家，留下了大量校勘、注解之作。韦昭、应劭、服虔、崔浩、姚察等二十多家为《汉书》作注，其中颜师古《汉书注》尤为一代名注本。

颜师古注《汉书》

颜师古（581—645），字籀，京兆万年（今陕西西安市）人，儒家学者，经学家、语言文字学家、历史学家，出身于世代大族。他的祖父颜之推为南北朝时的著名学者，有著名的《颜氏家训》，至今仍为人们所推崇。他的父亲颜思鲁，以儒学显名，撰有《汉书决疑》。颜师古则以《汉书注》和《五经定本》留名于世。

《汉书》第一名注

颜师古注《汉书》，首先是订正《汉书》在流传中产生的讹误脱漏，恢复《汉书》的原貌；其次是阐明由于时代的推移所出现的语音、词义的变化，以及名物、典制、史实等问题。这使得颜注不仅内容丰富，而且引据确凿。考虑到难字、假借字是读懂《汉书》的主要障碍，如果读者去求助于其他史书就会影响正确理解原文，所以在注中特别注重有关注音、解词、辨古今字的注释。有人称颜注是重训诂一类的史注，这虽然有一定道理，但主要原因还在于《汉书》多用古音、古字，到唐代已有古今之隔，这是注释《汉书》必须做的。为了疏通《汉书》文句，颜师古不仅注音解词，而且还串讲语句，指出词句演化轨迹。颜师古反对考辨正文，但注中也存有异说，兼容并存有一定参考价值的不同解释。颜注也便成为研究汉语语音史的重要资料。

胡三省注《资治通鉴》

胡三省（1230—1302），字身之，浙江宁海人。宋末元初人。宋理宗宝祐四年（1256）进士，与文天祥、陆秀夫同榜。曾任扬州江都丞、江陵县令等。后改任寿春府学教授，以《通鉴》教授子弟。元军攻下临安后，他避难新昌县。在此次战乱中，他花费多年心血积累的书稿《通鉴注》全部散失。南宋灭亡后，他隐居不仕，全力投入《通鉴》注释，先后耗时30年而完成二百九十四卷的《资治通鉴音注》。

《资治通鉴音注》

《资治通鉴》体大文繁，深奥浩博。《资治通鉴音注》中首先是关于文字方面的注释，如字音、文义、名物、典故、地理等方面的注释，辨正前人注释及史事记载上的错误，并且对历史事件或历史人物进行评价。特点是凡记事之本末，地名之异同，州县之建置离合，制度之沿革损益,疏通证明,极为赅备。又予《资治通鉴》义例,随文疏解;史事讹误,尤多订正。胡三省生当易代之际,感怀家国,所以在注中经常抒发个人议论。《资治通鉴》是一部伟大的著作,《资治通鉴音注》本身也是一部博大精深的学术著作,自诞生后一直受到人们推崇。

王先谦补注《汉书》

唐代颜师古撰成《汉书注》,被称为《汉书》的功臣,晚清王先谦撰成《汉书补注》与之前后媲美,同样是一部负有盛名的集大成之作。王先谦(1842—1917),清代著名学者,湖南长沙人,曾任城南书院、岳麓书院山长。他一生博览古今图籍,研究各朝典章制度;治学重考据、校勘,荟集群言,有多部著作传世。《汉书补注》一百卷是集注性质,称"补注",意为补颜师古注解之不足。

《汉书补注》

王氏鉴于颜师古《汉书注》虽集隋以前二十三家注释之所长,但有讹误,故以汲古阁本为底本,兼荟各本,校勘异同,博采诸家考释,尤其是吸收清人的注释和考辨成果,特别是在考证西汉的封国、职官、制度、历法、地理等项的成绩,作为补注,引文都注有出处,间有王氏自己的考证。其中包括版本上讹脱错乱的校正,史事方面的诠释疏理,政治制度特别是礼书的考订等,贡献很大。《地理志》一篇的注释考核,尤为精博。《汉书补注》是现在通行的最好的《汉书》注本。

什么叫史评

史评就是以评论史类或史籍为宗旨的著述。我国历来不仅有修史传统,而且有史评传统。早在战国时期,就有了一些对历史的评论。诸子争鸣,以史发议,多为政治服务。真正意义上的史学批评,开始于司马迁,他肯定史书的教育作用和政治意义。堪称史评专篇的是班彪的《前史略论》。梁代刘勰《文心雕龙》虽属文学评论,但其《史传篇》是史评专文,第一次对"史传"编修问题的学术性进行探讨。一般认为史评始于刘知几《史通》。史评范围有:评史事、评史书、评史法、评史家、评编纂等。

刘知几著《史通》

刘知几(661—721),字子玄,彭城人。武则天长安二年(702)开始担任史官,撰起居注,历任著作佐郎、左史、著作郎、秘书少监、太子左庶子、左散骑常侍等职,兼修国史。当时史馆制度混乱,监修贵臣对修史工作横加干涉,对此,刘知几非常不满。景龙二年(708)他辞去史职,"退而私撰《史通》,以见其志"。《史通》对纪传体史书的各部分体例作了全面而详尽的分析,对编写史书的方法和技巧也多有论述,这在中国史学史上还是第一次。

《史通》的内容

《史通》是我国历史上第一部史学评论的专著。全书二十卷，四十九篇，分内外两篇。其中，内篇三十九目，《体统》《纰缪》《弛张》三篇有目无文，仅存三十六篇；外篇十一目，其中《杂说》分为上、中、下三篇，共十三篇。内篇为全书的主体，着重讲史书的体裁体例、史料采集、表述要点和作史原则，而以评论史书体裁为主；外篇论述史官制度、史籍源流并杂评史家得失。

《史通》的价值

《史通》是中国史学史上最早的从理论上和方法上着重阐述史书编纂体裁体例的专书，是对中国唐初以前的史学编纂的概括和总结，是中国史学家从撰述历史发展到评论史家、史书和史学工作的开创性著作。作者主张直书，反对曲笔；主张一家独断，反对官府垄断；主张实事求是，反对附会臆说。

刘知几的史家“三长”

刘知几第一次提出了史学家必须具备史才、史学、史识“三长”的论点。史学，是历史知识；史识，是历史见解；史才，是研究能力和表述技巧。“三长”必须兼备，而史识又是最重要的，史识的核心是忠于历史事实，秉笔直书，就是“不掩恶，不虚美”的实录、直书精神。史有“三长”之说，被时人称为笃论，对后世有很大影响。

被埋没的学者——章学诚

章学诚（1738—1801），字实斋，号少岩，浙江会稽人。他是清代乾嘉时期的著名学者，但他却显于今而不著于时。生前，他的学术不被理解，极为自负，有着别识独裁的《文史通义》一书也殊乏知音；身故后，生平事迹和著作足足埋没了一百二十余年。直至20世纪20年代，经胡适、梁启超等大力张扬，其人其学才被世人所识。他历时30年之久，完成《文史通义》这部巨著。全书计八卷，内篇五卷，外篇三卷，共六十二篇。

《文史通义》的独特看法

《文史通义》一书包罗宏富。内篇多论文史，为章氏史学理论的核心，旨在阐明“六经皆史”，提升史学的地位。章氏主张史学应具有“义”或“史意”，六经之所以皆史，就在其有“史意”。他提出“史学所以经世”，史文“质以传真”，志为史体等看法，推崇独断与家学。

章学诚的“史德”

章学诚在刘知几史家修养“三长”的基础上，提出“史德”，他说：“史所贵者义也，而所具者事也，所凭者文也。”具备“义、事、文”方可称为“史学”。“义”指历史观点，“事”指历史事实，“文”则是表达的文笔。在章氏看来，三者以“义”为主，而“事”与“文”不过是求“义”的根据和技巧而已。这一观点受到了后人的普遍赞誉，梁启超更是把“史德”作为史家“四长”之首。他既反对“务考索”，又反对“腾空言”，并讥刺官史之弊端，在史学理论方面取得前所未有的成就。

《十七史商榷》的价值

本书是中国传统史学走向总结时期的一部重要历史考证学著作。清代王鸣盛撰。王鸣盛（1722—1797）是清代著名的史学家、经学家，著述宏富。他用汉学考证方法研究历史，历时20多年，撰写《十七史商榷》，共一百卷。他搜集、考证了大量史料，对汲古阁所刻各史，上起《史记》，下至新、旧《五代史》，共十九部正史进行校勘和考订。因宋人习惯称十七史，故延用旧称，内容除校勘本文、补正讹误、考订史实外，最详于舆地、职官、典章制度，为清理和总结中国古代史学作出了贡献。

《二十二史考异》

清代钱大昕撰。钱大昕（1728—1804）早年以诗赋闻名江南。后萃其平生之学，历时近50年，撰成《二十二史考异》。所考二十二史，即二十四史中除去《旧五代史》《明史》的各史。作者对各史记载出入、矛盾、错误之处，作了较详细的考订，还兼及典章制度与名物训诂。重点是考订年代、官制、地理沿革，以及辽金国语、蒙古世系等。本书代表了清代历史考据的最高水平。

《二十二史札记》

清代赵翼撰。赵翼（1727—1814）是当时文坛大家，与袁枚、蒋士铨合称“乾隆三大家”。《二十二史札记》所考内容遍及二十四史，但因当时《旧唐书》《旧五代史》尚未列入正史数内，故称“二十二史”。全书三十六卷。采用清代经学家“以经记经”的方法，以本书证本书，或以一史证他史。对各史除勘校文字、史事之讹误外，对其编纂体例、沿革、方法及史料来源，均分别予以探讨，并评价其得失高下。尤为可贵者，对古今风气的变迁，政事变化和治乱兴衰的原因，都有所论述，从不同角度反映一个时代的社会风尚和政治特点。

《读通鉴论》的独到见解

《读通鉴论》是明末清初卓越思想家王夫之有关古史评论的代表作之一。王夫之（1619—1692），晚年隐居衡阳石船山，学者尊称其为“船山先生”。明亡后参加南明抗清斗争，后退隐乡间间，在极艰苦的条件下，以著述终其身。《读通鉴论》是王夫之阅读《资治通鉴》的笔记，全书按朝代分为30卷，卷末又附有《叙论》。其中每一节都是针对《资治通鉴》所记的某一段史实而发的议论，他希望“推本得失之原”,“立一成之型”，其中有很多独到的见解。如世人都推崇刘备与诸葛亮的关系，作者却一反传统之见，认为刘备对诸葛亮的信任远不如对关羽，更不如孙权对周瑜。

《中国历史研究法》的影响

《中国历史研究法》是现代学者梁启超所撰，以在南开大学所讲《中国文化史稿》为底本增删修订而成。本书就清末以来对中国封建史学的批判、改造作了总结，对史学研究对象任务作了规定。主张用西方资产阶级的方法来整理东方古代文明，详细论述了史料种类和史料搜集、鉴别、排比、归纳的方法。书中宣扬了唯心史观，否认社会历史有一定的形态，认为英雄、人类心理是社会发展的决定因素，为中国较早的资产阶级史学理论和方法论专著，影响较大。

《中国工业史》

《中国工业史》，四编十章。现代学者陈家锟撰。陈氏叙述中国历代工业发展情况，以期唤起国民注重工业。认为远古至尧舜是开化时代，饮食器和武器制作为工业起源。夏、商、周是进化时代，以建筑、冶金为代表。秦、汉至明是退化时代，重农战，抑工商，然有唐、宋、明三次小进化。清是退化而趋进化时代，叙开港后工业变迁，于船舰、枪炮制作、铁路铺设、厂矿兴办等尤详。全书对历代陶瓷、冶金、建筑、纺织、火药、印刷、交通、机械诸方面均有所记述。

蒙古三大史书之《蒙古秘史》

《蒙古秘史》也称《元朝秘史》，是蒙古文的汉译名称，是一部蒙古族最古老的历史文学典籍，也是世界文化遗产。全书十八卷。明洪武年间，火原洁、马沙懿黑二人将未经修正的《忙豁仑纽察脱必赤颜》译为附有汉文总译的汉字标音本，共十八卷，二百八十二节。内容上溯成吉思汗的先世，下到元太宗十二年（1240）为止。记叙了蒙古社会生活状况、阶级关系，以及成吉思汗的政治军事活动，窝阔台继位的事迹。该书是记载13世纪蒙古国家兴起的唯一流传下来的蒙古文著作，具有很高的史料价值。年代和史实上虽有若干错误，但蒙古文原稿已失传，本译书便成为研究蒙古汗国历史、社会、风俗、语言者所不可少。

蒙古三大史书之《蒙古源流》

《蒙古源流》原名《宝贝史纲》，共八卷。明末清初蒙古人小彻辰萨囊台所撰。成书于康熙元年（1662），乾隆四十二年（1777）由蒙古文译为满文，后由满文译为汉文，译者不明。本书大抵以佛教为纲，记载蒙古族的起源、成吉思汗及元朝各帝事迹，至明初为止。其最有价值者，为有关元亡后蒙古地区政治、经济、喇嘛教传播、封建领地划分、各部间战争记载，俺答汗及鄂尔多斯部之事迹，记载尤详。此书还收录了很多蒙古民间传说、诗歌及藏、汉、满等族的语言资料，是17世纪蒙古编年史中最珍贵的一部历史文献。

蒙古三大史书之《黄金史纲》

《黄金史纲》原名《诸汗源流黄金史纲》。作者不详，成书约在1604—1627年间。全书内容可略分两大部分。第一部分印藏王统，主张蒙古源出印藏之说；第二部分为蒙古王统，前段从孛儿帖赤那叙述至顺帝妥懽帖睦尔，后段从必里克图汗叙述到林丹汗。还记录了传说故事多则，不能作为信史。但本书对明代蒙古鞑靼、瓦剌两部的历史叙述颇详。较为系统地勾画了当时蒙古的社会政治面貌，是本书史料价值之所在。

《青史》

《青史》作者桂洛·宣奴贝（1392—1481），西藏佛教噶举派僧人，著名译师。本书系藏族学者用藏文撰写的藏族佛教和历史著作，成书于明成化年间（1476—1478）。全书共分十五品，记述了藏族历代王统传承及西藏佛教各教派创建、传播的历史，对噶举派的叙述尤为详尽。此书采用编年史的体例，系统分明，条理清晰，文字流畅朴实，以对历史人物及年代的考订翔实而著称，是研究西藏历史的学者不可缺少的一部历史著作。

什么是目录学

目录学是一门古老的学问。所谓“目”就是书名或篇名；所谓“录”，是对目的说明和编次。传统的目录学渊源很早，西汉的刘向曾奉命整理皇家藏书，编成最早的目录学专著《别录》。他的儿子刘歆又在父亲著作的基础上，编成《七略》。班固的《汉书·艺文志》就是删减此书而成的。《汉书叙传》，始有“目录”之名。到宋代，“目录学”成为一门专学。宋、金、元时期在目录学方面有十分显著的成绩。目录学通过对书籍的分部、归类、著录，反映着书籍和学术发展的状况。

《七略》的分类法

《七略》是我国第一部综合性的系统反映国家藏书的分类目录，又是我国最早的一部图书分类法，成书于公元前6年，根据当时的国家藏书编制而成。作者刘歆是汉朝宗师，曾与其父、经学家刘向共同领校皇家藏书，父亲去世后，他继承父业，主持完成了图书整理工作，在此基础上完成《七略》。这是皇家藏书的提要，以辑略为名，六艺略、诸子略、诗赋略、兵书略、数术略、方技略、七略类。论述学术源流及各门学术的宗旨，是我国最早的图书分类专著，后来的四部分类法即由此而来。此书已佚，从《汉志》可窥其大略。

《汉志》的六分法

《汉书·艺文志》是我国现存最早的目录学文献，班固撰写，简称《汉志》。属于史志书目，《汉书》十志之一，根据刘歆《七略》增删改撰而成，志名曰“艺文”。所谓“艺”，以《诗》《书》《礼》《乐》《易》《春秋》六者为六艺；所谓“文”，指文学百家之说。《汉书·艺文志》仍存六艺、诸子、诗赋、兵书、术数、方技六略三十八种的分类体系，“辑略”属于总序，置于志首，叙述了先秦学术思想源流。其中共著录图书三十八种，五百九十六家，一万三千二百六十九卷。由此可知西汉文化典籍的盛况。

《隋书·经籍志》的四分法

《隋书·经籍志》是唐初官修的一部目录。它主要依据隋代、唐代的政府藏书，并参考以前的有关目录书编纂而成。主要因循荀勖《中经新簿》的图书分类，但其分类不用甲、乙、丙、丁部，改为经、史、子、集。这种四部分类法一直延续到清代官修《四库全书》。

《四库全书》的四分法

清代乾隆三十七年（1772），设馆编修《四库全书》。当时，四库馆里聚集了全国最有名望的专家学者，如纪昀、戴震、邵晋涵、姚鼐、朱筠、王念孙、任大椿、翁方刚等，真可谓人才济济，极一时之盛。历十年完成，分经、史、子、集四部，故名四库。这部丛书收入古今图书三千四百七十五部，共计七万九千余卷，内容包罗万象。它集中华民族悠久灿烂的文化于一体，合数万种图书的精华于一部，且整齐美观，便于查阅，容易保存，是中华文化史上的又一巅峰之作，具有巨大的历史价值。

《四库全书》辑录的图书

经部：指儒家的经典。经部又分为《易》《书》《诗》《礼》《春秋》《孝经》《四书》《乐》《小学》《石经》等，主要是儒家经典和注释研究儒家经典的名著。其中最主要的是儒学十三经。

史部：即历史，包括各种体裁的历史著作。史部又分为正史、编年、纪事本末、别史、杂史、诏令奏议、传记、史抄、载记、时令、地理、职官、政书、目录、史评、汇编等。重要书目如《史记》《汉书》《资治通鉴》《通鉴纪事本末》等。

子部：包括政治、哲学、科技和艺术等类的书。子部又分为儒家、兵家、法家、农家、医家、天文算法、术数、艺术、谱录、杂家、类书、丛书、汇编、小说家、释家、道家、耶教、回教、西学格致等。重要书目如《老子》《墨子》《庄子》《荀子》《韩非子》《管子》《尹文子》

《慎子》《公孙龙子》《淮南子》《抱朴子》《列子》《孙子》《山海经》《艺文类聚》《金刚经》《四十二章经》等。

集部：收历代作家的散文、骈文、诗、词、散曲集子和文学评论、戏曲著作等。《四库全书》分为楚辞、别集、总集、诗文评、词曲等五类。重要书目如《楚辞》《全唐诗》《全宋词》《乐府诗集》《文选》《李太白集》《杜工部集》《韩昌黎集》《柳河东集》《白香山集》，等等。

《书目答问》是一本什么样的书

《书目答问》是指导治学门径的举要目录，五卷，清张之洞著。张之洞是清末洋务运动的代表，提倡学校教育。此书为他任四川学政时编撰，实际工作的多为其幕僚。此书继承和发展了传统四部分类法，将所著录的两千二百余种书籍分为经、史、子、集、丛书五部，每部又分若干类。各部比较重要的书均有按语，简明扼要，比较实用，因此刊行后一直盛行不衰，成为影响最大的目录书。

"六经皆史"

章学诚著《文史通义》："六经皆史也。古人不著书，古人未尝离事而言理，六经皆先王之政典也。"古代之史与经不分途，故《尚书》，左史掌之；《春秋》，右史掌之；《易》为卜筮之史；《诗》叙列国得失之迹；《礼》《乐》，史之制度。所以"六经皆史"。

"天子"探源

天子是对古代君主的尊称。夏、商、周代，天子的正号是王，如周武王就被称天子；在秦汉至清代，天子则指皇帝。所谓"天子"，意指君主君临天下，犹天之子，如《礼记·曲礼下》中有"君天下曰天子"，《尚书·洪范》中有"天子作民父母，以为天下王"。天子之说就是为君主专制的神圣、合法性而制造的理论。

"君"字的含义

古代对帝王称"君主"，又简称"君"，有"君临天下"之意。君字古体从"群"字，意即"群下之所归心也"（《白虎通·号篇》）。君字的本意，说明了国君是从原始的部落群体发展而来的，随着私有制和国家的产生，原来的部落首领逐渐成为国家元首，具有了至高无上的地位。《尚书·益稷》说："元首明哉，股肱良哉，庶事庶哉。"这里"元首"即指君，股肱指臣。《汉书·丙吉传》更称"君为元首"。

古代君主的称谓

古代的诸侯和封建帝王常常自称"孤""寡人""不谷"。"孤"，意思是自己不能得众；"寡人"，意为"寡（少）德之人"；"不谷"，谷可以养人，为善物，不谷即不善。这些都是君主的谦称。

"朕"，在古代是通用的第一人称代词，相当"我"。如爱国诗人屈原在《离骚》

首句中云："帝高阳之苗裔兮，朕皇考曰伯庸。"秦始皇统一中国以后，"朕"成为帝王自称的专用词，别人不可以使用。

"天子"即"天之骄子"，他所拥有的权力是上天所赋予的，因此"天子"的地位是至高无上的。

"万岁"一词本是人们在喜庆时的欢呼语。如《战国策·齐策》记冯谖替孟尝君烧掉债券，"昂称万岁"。秦汉以后，臣子朝见国君，拜恩庆贺，呼"万岁"，遂成为帝王之代称。

"陛下"本指侍卫在国君宫殿台阶下的国君近臣或侍卫人员。群臣与天子言，不敢直呼天子，恐有渎圣颜，故呼其身旁侍卫之人以传达。"陛下"遂成为对国君的尊称。

三、子学

什么是子学

春秋时期，周朝王室衰微，五霸迭兴，诸侯竟敢问“鼎”之轻重，大夫的“僭越”行为层出不穷。到春秋末年，礼崩乐坏的局面已经形成。到了战国，一切政治的、社会的、经济的制度，都起了根本的变化。平等自由的空气浓厚，形成了一个大解放的时代。于是诸子百家蜂拥而动，著书立说。他们都想收拾那动乱的局面，让它稳定下来。有些倾向于守旧的，便起来拥护旧文化、旧制度，向当世的君主和一般人申述他们拥护的理由，给旧文化、旧制度找出理论上的根据。又有些人要修正那些，还有人要建立新文化、新制度来代替旧的，还有人压根儿反对一切文化和制度。这些人也都根据他们自己的见解各说各的，都“持之有故，言之成理”。这便是诸子之学。这是一个思想解放的时代，也是一个思想发达的时代，是多姿多彩的伟大时代。经济上的变革、政治上的“诸侯异政”、学术上的“百家异说”，是这个时代最显著的特点。

“子”的含义

“子”字原指男子，以后作为男子的美称。古代士大夫的嫡子以下，皆称为夫子。从孔子起，开始有私人讲学活动，孔子的门人尊称孔子为“夫子”，简称“子”。自此相沿成风。“诸子”包括各家学派，历代所指不同。

诸子百家

荀子指出当时的学派有十二家，还写了《非十二子》进行评论。

司马谈的《论六家要指》记有阴阳、儒、墨、名、法、道六家；

班固《汉书·艺文志》记有儒、道、阴阳、法、名、墨、纵横、杂、农、小说十家；

《隋书·经籍志》记有儒、道、法、名、墨、纵横、杂、农、小说、兵、天文、历数、五行、医方十四家；

清《四库全书》记有儒、兵、法、农、医、天文算法、术、艺术、谱录、杂、类书、小说、释、道十四类。

现存的“诸子”之书

先秦诸子的著述，西汉末刘向、刘歆曾经整理过一次，著有《别录》《七略》，以介绍其内容，但二书早已亡失，现在可考的只有《汉书·艺文志》，其中《诸子略》列有一百八十九家，四千三百多篇。这些著述，因时代久远，已分辨不清真伪。现今流传的先秦诸子书，亦不过二十几种：

《管子》《邓析子》《墨子》《老子》《文子》《关尹子》《列子》《杨子》《商君书》《申子》《尸子》《公孙龙子》《庄子》《慎子》《尹文子》《荀子》《冠子》《鬼谷子》《亢仓子》《韩非子》《吕氏春秋》。

子部各类典籍的情形

儒家：儒家是古代影响最大的学派，除列入经部的，另有《孔子家语》《荀子》等。

兵家：有关军事的书籍，有《六韬》《孙子兵法》等。

法家：主张法治的书籍，有《商子》《韩非子》等。

农家：关于农业生产的书籍，有《齐民要术》《农桑辑要》等。

医家：关于治病救人、本草经方的书籍，有《黄帝内经》《神农本草》等。

天文算法：关于天文、测量、计算的书籍，有《周髀算经》《古今律例考》等。

术数：关于占卜、阴阳等的书籍，有《太玄经》《皇极经世书》。

艺术：有关书画的书籍，有《古画品录》《书谱》等。

谱录：关于名物等的谱系图录，有《宣和博古图》《荔谱》等。

杂家：不好归类的书籍，有《鬼谷子》《吕氏春秋》等。

类书：各种类书，有《艺文类聚》《太平御览》等。

小说家：主要是笔记一类的书籍，志怪、传奇、讲史以及晚近的世情小说均不在其列，有《西京杂记》《世说新语》。

释家：佛教书籍，如《弘明集》《法苑珠林》等。

道家：道教书籍，如《阴符经解》《列子》等。

《十子全书》包括哪些书

《十子全书》有无名氏辑，清嘉庆刊本，节选《老子》《庄子》《列子》《荀子》《管子》《韩非子》《淮南子》《扬子》《文中子》《鹖冠子》，各若干篇，每篇有集评。另有一版本，收《孔子家语》《老子》《庄子》《列子》《荀子》《管子》《韩非子》《孙子》《墨子》《杨子》。

何谓“三教”

“三教”的说法起自三国时代，它指的是儒、释、道三种教派。

儒家的创始人是孔子，后来又经孟子加以发扬，儒家学说到孟子时期也只是一种学术流派，并不是一种宗教。汉朝时候起，崇尚儒家的人，为了抬高孔子的地位，把儒家学说渲染得像宗教一样，并且在祭孔的大典中，大量地加入了宗教的仪式，所以到三国时代，就有人把儒家学派当作一种宗教来尊奉了。

释教是指释迦牟尼创设的佛教。佛教起源于印度，大约在汉朝时候传入中国。到三国时，信仰的人已经相当多，人们便把它和产生在中国的儒教、道教相提并论，成为儒、释、道三教之一。

道教是东汉时候创立的一种宗教，最初称“太平青邻道”。其中有一派叫作五斗米教（即天师道），创始人是张道陵（即道教中所称的张天师）；另一派叫作太平道，可能也是太平青邻的一派，创始人就是领导东汉末年黄巾起义的张角。信道教的人讲究炼丹修道，寻找长生不死之法，这是和佛教的出世思想不同的。在唐朝，由于皇家李氏的提倡，道教曾盛极一时。

何谓“九流”

“九流”的名称要比“三教”的名称出现得早些，在《汉书·艺文志》里，就已经有了这个名词。它指儒、墨、道、名、法、杂、农、阴阳、纵横等战国时期的九种学术流派。

儒家以孔子、孟子为代表，墨家以墨翟为代表，道家以老子、庄子为代表，名家以公孙龙为代表，法家以韩非为代表，阴阳家以邹衍为代表，杂家以战国末年的秦相吕不韦为代表，农家以楚国人许行为代表，纵横家的代表人物有苏秦和张仪。九家在战国的舞台上纵横驰骋，相互争鸣，形成了学术上争奇斗艳的局面。

何谓十家

九流也称为九家，即儒、墨、道、名、法、杂、农、阴阳、纵横。《汉书·艺文志》把诸子概括为十家，就是在九家之外加上小说家，合称九流十家。

“儒”字的含义

传统认为儒始于孔子，不过在孔子之前，就已经有“儒”存在了。《礼记·儒行》称“儒有澡身而浴德”，澡身就是沐浴，浴德就是斋戒，沐浴斋戒是当时儒者的职业。东汉许慎《说文·人部》有：“儒，柔也，术士之称也。”从人，需声。钱穆在《古史辨》中解释：“柔乃儒之通术，术士乃儒之别解。”这样，“儒”有两个基本含义：一是“柔”，即柔和、温和；二是“术士”，就是有一定专业知识和技能的人士，也就是帮助统治者因循天道去教化百姓的人。特别是古代中国人重视死的观念与丧葬礼仪，这样就促成了一个特殊的社会阶层“儒”。因此，原始意义上的“儒”可以看成古代知识分子的通称。

儒家是怎样形成的

随着时代的进步，“儒”开始分化，一部分“儒”利用他们所掌握的礼仪和宗教方面的知识，成为国君诸侯的宰辅，当他们退休或辞官以后，就从事教育，培养乡闾子弟；另一部分人则利用他们所具有的“礼”的知识，专门为贵族服务。

我国古代还常把“儒”和“师”联系起来，他们都是属于传授文化知识和进行道德教育的人。

孔子是什么样的人

孔子（前551—前479），名丘，字仲尼，鲁国陬邑（今山东曲阜）人，春秋末期著名的思想家、政治家、教育家，儒家学派的创始人。他是一个品德高尚的知识分子，正直、乐观向上、积极进取，一生都在追求真、善、美，一生都在追求理想的社会。他的成功与失败，无不与他的品格相关。他品格中的优点与缺点，几千年来一直影响着中国人，特别是影响着中国的知识分子。

孔子的出身之谜

孔子的祖先原是宋国的贵族，如果再往前追溯，还可以追溯到殷代，他是殷代贵族的后裔。孔子之前的三四代，他们家由宋国逃到了鲁国，从此，这个贵族世家日益没落了。

孔子的父亲名纥，字叔梁；母亲姓颜，名征在。叔梁纥在自己63岁时与颜征在结合。他们希望得到一个儿子，就到尼丘山祈祷，后来就生了一个男孩，取名叫丘，别名仲丘。这就是中国历史上的伟大人物孔子。孔子出生的这一年，是公元前551年，周灵王二十一年，鲁襄公二十二年，距今2500多年。

孔子3岁时，叔梁纥去世。因为叔梁纥和颜征在的结合本身就不符合当时的礼制，颜征在一直受到舆论的谴责，丈夫死后，她不得不离开叔梁纥家，带着孔子迁居到鲁国国都曲阜城内的阙里。现在山东曲阜城内孔庙东侧仍有一条阙里街，街北的尽头就是孔子故居。

至圣先师

儒家的创始人孔子本身就是个儒士。孔子年轻时做过几任小官，但他一生大部分时间是从事教育，相传收弟子多达三千人，教出不少有知识、有才能的学生。他教书奉行“有教无类”的原则，广招学生，不问身家，只要缴相当的学费就收，收来的学生，一律教他们读《诗》《书》等珍贵的古代典籍，并教他们礼、乐等功课。这些从前是只有贵族才能够享受的，孔子是第一个将学术民众化的人。

向老子问礼

据说孔子曾向老子问礼。当孔子离开洛阳时，老子赠言曰：“聪明深察而近于死者，好议人者也。博辩广大危其身者，发人之恶者也。为人子者毋以有己，为人臣者毋以有己。”这是老子对孔子善意的提醒，也指出了孔子的一些毛病，就是看问题太深刻，讲话太尖锐，伤害了一些有地位的人，会给自己带来很大的危险。

孔子为政

公元前501年，鲁定公九年，孔子51岁那年，当上了中都宰，相当于现在的首都市长。孔子为政，成绩非常好。《史记》记载孔子执政后三个月，商人们不再欺行霸市，买卖开始公平；男女分开走路；路不拾遗。一年后，当时西方各国都想学孔子的治理方法。于是孔子升任到司空（相当于国务院总理），又由司空而为大司寇，负责国家安定安全。孔子“以德治国”的理念一直受到后世的推崇。

离开鲁国

由于鲁国的迅速强大，相邻的齐国就开始害怕。定公十四年，齐国送给定公八十名歌女，三十辆装饰华丽的马车。于是，鲁定公就三天不上朝。孔子知道了，凄然长叹。孔子的弟子子路在侧，说：“鲁君已陷入温柔乡，把国事也放置脑后了，夫子可以走了吧？”孔子说：“别急！郊祭的时候已到了，这是国家大事。要是国君还没有忘记的话，国事犹可为。”不久鲁国举行郊祭，鲁定公循例去应付了一下，就回宫寻欢作乐去了。祭祀后按惯例送祭肉给大夫们，但没有送给孔子，这表明定公不想再任用他了，孔子不得不离开鲁国，到外国去寻找出路，开始了周游列国的旅程，这一年，孔子55岁。

陈、蔡之围

孔子带弟子先到了卫国，卫灵公开始很尊重孔子，发给他俸禄，但并不让他参与政事，而且对他也很不放心，孔子便几次离开卫国，又几次回到卫国，中间经历过无数磨难。

鲁哀公二年，孔子59岁，他离开卫国，经曹、宋、郑至陈国，在陈国住了三年。吴攻陈，兵荒马乱，孔子便带弟子离开，在陈、蔡交界处，孔子师徒被围困，绝粮七日。最后还是子贡找到楚国人，楚派兵迎孔子，孔子师徒才免于一死。这就是“陈、蔡之围”。

“丧家狗”孔子

一次，孔子到郑国，与弟子们走散了，一个人站在外城的东门。孔子的弟子们到处寻找他，郑人有看见孔子的，就对子贡说：“东门有个人，他的额头像唐尧，脖子像皋陶，肩膀像郑子产，可是从腰部以下比禹短三寸，狼狈不堪的样子，真像一条丧家狗。”子贡找到他的老师，把郑人的话如实地告诉了孔子。孔子高兴地说道：“他形容我的相貌，不一定对，但说我像条丧家狗，太对了！太对了。”孔子随后来到陈国，寄住在司城贞子家里。

韦编三绝

孔子晚年喜欢钻研《周易》，他详细解释了《彖辞》《系辞》《卦》《文言》等。

孔子读《周易》刻苦勤奋，以致把编穿书简的牛皮绳子也弄断了多次。他还说："再让我多活几年，这样的话，我对《周易》的文辞和义理就能够充分掌握理解了。"

"孔里"与"孔庙"

鲁哀公十六年，孔子73岁，患病，不愈而卒。孔子死后葬在鲁城北面的泗水岸边，弟子们为他服丧三年。三年服丧完毕，有的离去，有的就留了下来。他的弟子和一些鲁国人，相继迁移到孔子墓旁居住的有一百多家，以后人们就把这里命名为"孔里"。鲁国世世代代相传，每年都定时到孔子墓前祭拜，儒生们也在这时演习礼仪。孔子的墓地、故居的堂屋以及弟子们所居住的内室，后来就改成庙，收藏孔子生前穿过的衣服，戴过的帽子，使用过的琴、车子、书籍等。

孔子政治思想的核心是什么

孔子所倡导的儒学非常注重人格的修养。他说为人要有真性情，要有同情心，能够推己及人，即所谓"直""仁""忠""恕"；还得合乎礼，就是遵守社会的规范；只重义，不计利。这样的人才配去从事政治，为国家服务。孔子的政治学说的核心就是"正名"，他认为当时制度崩坏，阶级紊乱，都是名不正的缘故。君没有君道，臣没有臣道，父没有父道，子没有子道，实和名不能符合起来，天下自然乱了。他认为救时之道，便是"君君，臣臣，父父，子子"；正名定分，社会秩序就会恢复。

儒家七十二贤人

"孔门弟子三千。贤者七十二"，这七十二人为：颜回、闵损、冉耕、冉雍、冉求、仲由、宰予、端木赐、言偃、卜商、颛孙师、曾参、澹台灭明、宓不齐、原完、公冶长、南宫括、公皙哀、曾蒧、颜无繇、商瞿、高柴、漆雕开、公伯缭、司马耕、樊须、公西赤、巫马施、梁鳣、颜幸、冉孺、曹恤、伯虔、公孙龙、冉季、公祖句兹、秦祖、漆雕哆、漆雕徒父、壤驷赤、商泽、石作蜀、任不齐、公良孺、后处、秦冉、公夏首、奚容箴、公肩定、句井疆、鄡单、罕父黑、秦商、申党、颜之仆、荣旂、县成、燕伋、郑国、秦非、施之常、颜哙、步叔乘、原亢籍、乐欬、廉絜、叔仲会、狄黑、邦巽、孔忠、公西舆如、公西箴。

孔门六艺

儒学最初有四门课程——诗、书、礼、乐，都是儒生必修的科目，时称四术，大致相当于今天的文学课、古代史课、政治课及音乐课。到孔子晚年时，又增设易和春秋两门，相当于今天的哲学课和近代史课，后人称之为"孔门六艺"，对应的书目有《诗经》《书经》《礼经》《乐经》《易经》《春秋》，称为六经。六经当中，《乐经》由于没有乐谱已在战争中失传，到汉朝时，只剩下了其他五经。汉文帝时开始设立各经学博士，至武帝时代系统学府完成，五经获得独尊的地位。

孔庙“四配”

四配指配祀孔庙的四个圣人，即复圣颜回、宗圣曾参、述圣孔伋、亚圣孟轲。

颜回字子渊，孔子最得意的弟子，三十二岁早逝。他敏而好学，安贫乐道。

曾参字子舆，孔子弟子，孔子道统的继承人。《大学》和《孝经》是孔门学说中最精辟的两部著作，孔子口述，由曾子笔录成书。

孔伋字子思，孔子嫡孙，曾参弟子，独能传授孔门心法。受困于宋，而作《中庸》。《中庸》乃儒家人生哲学的名著，论心性多精语，宋明理学家奉为圭臬。因述圣祖之业，后世称为“述圣”。

孟子名轲，字子轲，以孔伋为师。《孟子》七篇是他在家乡讲义论道，由其弟子记其言行的一部书。其学说是尊王贱霸，重仁义、轻功利，主张人性本善。他弘扬儒学，后世孔孟并称，尊为“亚圣”。

儒家八派

孔子逝世以后，他的门徒散游各个诸侯国，聚徒讲学，宣扬孔子的学说。由于孔子的思想学说体系博大精深，弟子们又各自取舍不一，旨趣不同，便逐渐演变为不同的派别。据《韩非子·显学》记载：“自孔子之死也，有子张之儒，有子思之儒，有颜氏之儒，有孟氏之儒，有漆雕氏之儒，有仲良氏之儒，有也氏之儒，有乐正氏之儒。”战国时期的儒家八派，是当时“百家争鸣”中儒家内部出现的派别，它们之间的观点很不相同，但都自认为是代表了孔子，是孔子的真传。他们之间互相批评，互相争论，其激烈程度不亚于儒家和当时其他各家之间的斗争。

孟母三迁

孟子（前372—前289），名轲，邹国（今山东邹县）人。他是春秋末年鲁国“三桓”之一孟孙氏的后裔，幼年丧父，家庭贫困。历史上有“孟母三迁”和“断机教子”的故事。孟子年幼时家境贫寒，全靠母亲仉氏纺线织布生活。孟子住的村子紧邻坟地，总有送葬人家经过。孟子就和邻居的小孩一起学大人跪拜、哭号的样子，玩办理丧事的游戏。孟母深知这不利于孟子学习，便搬家至集市旁边去住，那里喧闹异常，孟子又和邻居的小孩学起商人做生意的样子。孟母便第三次搬家。这次隔壁是个学堂，环境幽雅，书声琅琅，读书氛围浓郁。孟子开始变得守秩序、懂礼貌，喜欢读书。孟母这才放心。后来，孟母把孟子送进学堂，学习《诗经》《尚书》等，使孟子终成为儒门“亚圣”。

受业于子思门人

孟子后来受业于子思之门人。子思

是孔子的嫡孙，相传他曾从学于孔子的学生曾参。孟子的思想渊源，正是通过子思、曾子而上承孔子的。所以，孟子的思想属于子思之儒一派。孟子对孔子推崇备至，自述平生之志就是要学习、追随孔子。

周游列国

和孔子一样，孟子也曾和他的弟子们周游列国，宣扬他的思想，足迹遍及齐、魏、宋、鲁、滕等国。但和孔子一生颠沛流离，不为世人所知相比，孟子的命运已经大大不同了。他担任过齐宣王的上卿，虽无实权，但名气很大，“后车数十乘，从者数百人，以传食于诸侯”，曾显赫一时。他也曾打算找一个贤明的君主，让其采纳自己的主张，但不为各国诸侯所用。当时，秦国用商鞅，楚国用吴起，齐国用孙膑，天下大行合纵连横，以攻伐为尚，而孟子却宣扬唐、虞三代之德，不符合当时的风尚，没有哪个诸侯愿意实践他的主张。

著书立说

晚年的孟子又回到邹国，在弟子们的协助下，著《孟子》一书。《史记》说《孟子》有七篇传世，这七篇可能就是他的弟子万章等人所记录整理，在孟子生前完成，孟子本人可能还为之润色过，当为孟子言行无疑。

仁政学说

仁政学说是孟子思想的核心，是由孔子“仁”的学说发展而来的。《孟子·梁惠王上》记载：有一天，齐宣王向孟子询问统一天下的办法。孟子反而先问他：“假使邹国人和楚国人作战，大王您认为谁能取胜呢？”齐宣王说：“楚国会胜利。”孟子说：“这样看来，小国自然敌不过大国，人口少的国家自然敌不过人口多的国家，弱国自然敌不过强国。如今四海之内的土地，像千里见方那样大的共有九块，齐国的地方凑集起来也只占其中的一块。以九分之一来与九分之八对敌，这跟邹国与楚国对敌又有什么不同？大王您为什么不从根本上来着手呢？现在大王若能改革政治，施行仁政，使天下的士大夫都想到齐国来做官，农民都想到齐国来耕田，商贾都想到齐国来做生意，旅客都乐意取道齐国，以至于天下痛恨本国君主的人都跑到您这里来控诉。如果能做到这样，那么又有谁能抵挡得住齐国称王于天下呢？”这段对话，体现了孟子“仁政”学说的精神。这一学说也是顺应封建地主阶级统一天下的历史趋势的。

性善论

其实，一部《孟子》，从开篇到收尾，赞仁政，斥暴政，赞贤君，斥暴君的言论，多处可见，他认为对不行仁政的暴君，可以流放，甚至可以诛杀。如武王伐纣，只是诛杀了一个独夫，并非弑君，“闻诛一夫纣矣，未闻弑君也”。在哲学思想上，孟子主张“性善论”，认为人生来具有“良知”“良能”和仁、义、礼、智四种品德，必须不断用自我修养的办法去保持和发展，否则将会失去这些好品德，故而孟子提出了“吾养吾浩然之气”，以达到“万物皆备于我”的个人修养方式。孟子的学说对后世儒家特别是宋明理学家影响很大。

《孟子》寓言

《孟子》一书，行文感情饱满，气势充沛，善用比喻、寓言说明道理，引人入胜。那些妙趣横生的故事，比如《五十步笑百步》《齐人乞播》《邻人攘鸡》等已经在历代中国人中家喻户晓，妇孺皆知。用寓言来说理，也比直接说理更美妙、更诱人。《孟子》文章逻辑严密，措辞尖锐，对后世散文有重大影响。宋元以后，孟子在儒家中日受尊崇，获得“亚圣”的称号。

《孟子》寓言之《五十步笑百步》

梁惠王说：“我对于国家，很尽心了吧？河内饥荒，就把那里的民众迁移到河东，把河东的粮食运到河内去，河东饥荒时也这样。了解一下邻国的政绩，没有像我这样尽心尽力的。邻国的民众不见减少，我的民众不见增多，是什么道理呢？”孟子答道：“大王喜好打仗，让我用打仗来做比喻。战鼓咚咚，交战开始了，战败的士兵丢盔弃甲拖着武器奔逃，有的跑了一百步才停下，有的跑了五十步就停下了。跑了五十步的人因此而讥笑跑了一百步的人，行不行呢？”惠王说：“不行，他只不过没有跑到一百步，但同样是逃跑。”孟子说：“大王如果知道这个道理，就不要希望你的民众比邻国多了。”此事见《孟子·梁惠王》，孟子借这个寓言，指责梁惠王好战，没有彻底实行儒家的“仁政”，同邻国比起来，只是五十步笑百步，都是不仁不义。

《孟子》寓言之《拔苗助长》

从前，有个农夫，种了稻苗后，可是秧苗长得太慢，他希望能早早收成。于是，他就下田把秧苗一棵一棵地拔高。经过一番辛劳后，他疲惫不堪地回家休息，心想：明天稻苗长得一定更高了。隔天早晨，一早起身，他迫不及待地去稻田看他的成果。哪知，他跑到稻田时，却看到所有的稻苗都枯萎了。这个故事出于《孟子·公孙丑上》，比喻违反事物的发展规律，急于求成，反而坏事。

《孟子》寓言之《邻人攘鸡》

有个人，每天偷邻居家的一只鸡，有人告诉他说：“这不是君子的行为。”他听了，颇为尴尬，就说：“那我就减少一些，先每个月偷一只，等到明年就完全不偷了。”如果知道这种行为不正当，便应赶快停止下来，为什么要等到下年呢？

这个故事出于《孟子·滕文公下》，孟子劝人为善，有了错，就要及时改。

荀子生平

荀况是继孟轲之后的又一儒学大师。荀子（前313—前238）名况，字卿，汉人因避宣帝刘询讳，称孙卿子，战国时期赵国人。荀子也曾周游列国，宣传他的政治主张。他早年游学于齐，以王道说齐国，不为用。他警告齐湣王治国要小心谨慎，亦不为所动。不久，湣王被燕国击败，身死国危。荀子亦受谗言，而游于楚国。齐襄王时，荀子二次入齐，年已60岁左右，"最为老师"，"三为祭酒"，就是三为稷下学宫祭酒，地位显赫。后来，应秦昭王之聘，他又离齐去秦，向秦昭王陈述统一天下之大计，未被昭王采纳。不久，荀子离开赵国，再赴楚国。楚相春申君非常赏识他，任他为兰陵令，春申君死后，他遭诽谤，离楚去赵，赵以为上卿。再后他又离赵回楚，复任兰陵令。80岁高龄时被免去职务，潜心著述，以教后人。死后葬兰陵。

荀子的政绩

荀子在任兰陵令的7年里，继续推行新政。他制定吏法，监督县衙内的官吏各司其职。他考察兰陵的地理、环境、民情，沿湖北行寻找水源。第二年春天就着手测量渠道路线，冬天征调民夫修堤坝、开水渠，形成千亩良田。他申明礼义，严格法度，减轻了当地的赋税和徭役，兰陵逐渐变得仓廪丰实，府库充裕。同时他还兴建学室，开办讲学处，慕名而来求学的人中，就有后来注释《诗经》的学者毛亨。

荀子的学生

荀子也曾经传道授业，战国末期两位最著名的思想家、政治家——韩非、李斯都是他的入室弟子，也因为他的两名弟子为法家代表人物，使历代有部分学者怀疑荀子是否属于儒家学者，荀子也因其弟子而在中国历史上受到许多学者的猛烈抨击。

荀子的著作

荀子学问渊博，在继承前期儒家学说的基础上，又吸收了各家的长处加以综合、改造，建立起自己的思想体系。现存的《荀子》三十二篇，大部分是荀子自己的著作，除末六篇出自弟子外，大都可认为是出自荀况手笔，内容涉及到哲学、逻辑、政治、道德等许多方面，对后世影响非常深远。

《劝学篇》

荀子和孔子、孟子一样，是一个伟大的教育家。《荀子》一书开篇之作就是《劝学》篇，他强调人们后天学习的重要性，鼓励人们好学上进，奋发图强。他的"青取之于蓝而青于蓝"，化为"青出于蓝而胜于蓝”，已家喻户晓，妇孺皆知。《荀子》的散文已发展为完整而详密的鸿篇巨制，想象丰富、形象生动、构思奇妙、语言和谐，极富美感。

“隆礼”与“重法”

荀子发展了孔子“礼”的思想，同时吸收了先秦法家重法的思想，提出“礼”“法”兼治、王霸并用的主张。他认为必须建立一套统一的制度和社会道德规范，才能适应社会的发展，因为“人无礼则不生，事无礼则不成，国家无礼则不宁”。“礼”作为等级制度和伦理规范，对于人生、社会、国家是不可以缺少的。当然，“礼”是分别贫富、贵贱、长幼、男女、君臣的标准，“礼”还要同“法”结合起来，以“法”为治国之具，也就是“隆礼”“重法”，才能达到“天下为一”。他既不同意只讲礼治、德治，不讲法治，也不同意只讲法治，不讲礼治、德治。

性恶论

在人性论问题上，荀子与孟子的性善论针锋相对，主张“性恶论”。荀子说：“今人之性，饥而欲饱，寒而欲暖，劳而欲休，此人之性情也。”认为人与生俱来就想满足欲望，若欲望得不到满足便会发生争执，因此主张人性本恶，须要由圣王及礼法的教化，来“化性起伪”，使人格提高。他强调人的道德品质是后天形成的，是环境影响和教育的作用。这是他为自己的“隆礼”“重法”的政治思想所作的理论上的论证。

“人定胜天”思想

荀子在天道观上，提出了“制天命而用之”的著名论点。在这点上，他显然受到老子天道观的影响，以为天是生长万物的自然界，并无意志，更不可能决定人的吉凶祸福，从唯物论方面发展了老子的天道观。他提出人要顺应自然才能改变自然，这种“人定胜天”的思想，对后人产生了重大影响。

王道思想

在重民思想上，荀子继承儒家的王道思想，提出了“为政以德”“勤政爱民”的观点。“水则载舟，水则覆舟”的著名论点就是荀子提出的，成为许多后世贤明的封建君主的座右铭。他主张效法当代有作为的圣贤，即“法后王”，否定命运，对古代的朴素唯物主义有所发展。

荀子寓言

《荀子》是质朴的说理文，引用寓言故事不多。先秦时期的思想以运用寓言说理见长，荀子当然也离不开寓言，为了说理所使用的比喻，丰富多彩，层出不穷。荀子运用寓言的最大特点是“言简意赅，一语破的，具有格言性质”，舍去了细致的描写、完整的故事和曲折的情节，凝缩格言化的寓言，既高度凝练，又入情入理，文学意味浓郁。

《荀子》寓言之《浮阳之鱼》

《荀子·荣辱篇》讲了一件有趣的事：有两种鱼，它们喜欢浮在水面上晒太阳，所以成为浮阳之鱼。一天，它们跟着潮水越游越远，游到了沙滩上。正当它们逍遥自在的时候，潮水退落了，浮阳之鱼还在那里自由自在地游来游去，直至潮水完全退去，它们发现自己已搁浅在沙滩上了，想回到水里已经晚了。于是，它们怨天尤人，埋怨潮水退得太快，埋怨没人提醒它们。荀子对此发表意见说，有自知之明的人，是不会责备别人的。认识自然规律并遵循它行动，才是明智的。

《荀子》寓言之《少女遇盗》

有个少女，脖子上挂着宝珠，腰间佩有玉环，身上带着很多黄金，在山中遇见了盗贼。强盗见财起意，持刀抢劫。少女被吓得魂不附体，不敢正视，急忙弯腰下跪，苦苦哀求，表示愿给强盗做婢妾，然而强盗还是把她杀了。这是《荀子·富国篇》讲的一个故事。荀子寓意在于面对强大的侵略者，用言语是打动不了他的，是不能保证国家独立和自身安全的，侵略者贪得无厌，你越是顺从他，麻烦就越多，最后必然是倾家荡产，亡国毁家。因此，他告诫人们："事强暴之国难。"

被湮没的巨星

荀子在他生活的时代，名声远播。此后的很长时间内，他一直受到人们的尊崇。但宋代以后，理学家抬高孟子而贬抑荀子，将他从儒家的"道统"中排除，以至于荀子在后人的心目中远不及孔子和孟子。荀子对邪恶人性的揭穿，冒犯了人类的尊严，直戳人类所谓"自尊"的痛处；对社会的批判太尖锐、太深刻了，触犯了时忌；对名、实等哲学问题的探讨，很难为缺乏哲理分析的同胞理解，曲高和寡，致使一代宗师，划时代的巨星湮没了。

"道"的含义

"道"字，《说文》里解说："道，所行道也。从辵（chuò），首声。"其原始含义指道路、坦途，《易经》中有"复自道，何其咎"，"履道坦坦"，"反复其道，七日来复"，都是道路的意思。以后，"道"又被引申为道理。《尚书·洪范》中说："无有作好，遵王之道；无有作恶，遵王之路。无偏无党，王道荡荡；无党无偏，王道平平；无反无侧，王道正直。"这里的道，已经有正确的政令、规范和法度的意思，说明"道"的概念已向抽象化发展。

道家与道教

到了春秋后期，老子最先把道看作是宇宙的本原和普遍规律，成为道家的创始人。他认为，天地万物都由道而生。他说："道生一，一生二，二生三，三生万物。"老子因此成为道家的创始人。以后，"道"又指道家和道教。这两者也是不同的。道家是一个哲学派别，道教是一种宗教，它们都渊源于先秦道家。

老子生平

老子（约前604—约前531），亦称老聃，相传与孔子同时而稍早。

传说老子姓李名耳，字伯阳，谥曰聃，为楚国苦县厉乡曲仁里人。曾任"周守藏室之史"，相当于现在的国家图书馆馆长，因此，他深悉周朝的文化典籍，学识渊博。相传孔子曾"问礼于老聃"，所以说起来他还可以算是孔子的老师。老子做了很长时间的史官，由于周王室日益衰微，他感到很失望，于是弃官西去。传说老子函谷关遇关尹，请他著书立说，"于是老子乃著书上下篇，言道德之意五千余言而去"，最后"莫知其所终"。

对于老子的生平经历，太史公司马迁已弄不清了，提出了三说：一说东周守藏室之史老聃；二说与孔子同时的楚人老莱子；三说孔子死后129年的东周太史儋。对此三说，司马迁说："世莫知其然否？"但目前最流行的还是第一说。

老子为何姓李

老子的祖先据说是皋陶。皋陶的后代经历虞、夏、商三代，世袭为大理，后来就把族名定为理氏。到商纣时，理氏有个后人叫理征，他继承祖先的传统，执法不阿，公正严明，就是对商纣王也决不姑息，这就得罪了商纣王，残暴的商纣王竟把他处死了。理征的妻子契和氏听说丈夫被纣王害死了，只好带着幼子利贞逃命。母子俩悲悲凄凄，好不容易到了伊侯之墟。因为匆忙出逃，身上无粮无钱，伤心、难过、饥饿，后面还有纣王的追兵，母子真是快到绝路了。正在这时，前面突然出现一片李树，金黄色的李子挂在树上，他们赶紧摘了一些，充充饥，母子才活了下来。后来，利贞母子到苦县定居下来。为了报答李子的救命之恩，为了逃避纣王的追缉，也因为"理"与"李"同音，便从利贞开始改"理"为"李"了。由此我国开始有了李姓，李利贞即为天下李姓第一人。据康熙《鹿邑县志》记载，李乾是李利贞的第十代孙。李乾又生子李耳，就是春秋时期的大思想家老子。

孔子问礼

据说孔子曾向老子问礼，在庙堂阶前看到一尊"三缄其口"的金人，孔子问他，背后的铭文"无多言，多言多败。无多事，多事多虑"是何意。老子回答："一个人等到他的骨头都已腐朽了，只有他的言论尚存。况且作为一个君子，时机成熟的时候可以出而为仕，否则就随遇而安。会做生意的商人，常把货物藏得很严密，仿佛一无所有；有盛德的君子，看他的容貌，仿佛十分愚钝。去掉你身上的骄气与过多的欲望，去掉你造作的姿态与过多的志向，这些对你有益无害。”关于这件事，史书是这么记载的：“子所言者，其与人骨皆已朽矣，独其言在耳。且君子得其时则驾，不得其时则蓬累而行。吾闻之，良贾深藏若虚，君子盛德，容貌若愚。去子之骄气与多欲，态色与淫志，是皆无益于子之身。吾所以告子，若是而已。”

孔子听了非常感动，他连连点头说：“先生的话语确实是肺腑之言，弟子谨记在心。”

孔子心中的老子

孔子回到鲁国，弟子问孔子：“老子什么样啊？”孔子道：“鸟，我知道它能飞翔；鱼，我知道它能在水中游动；兽，我知道它能奔跑。能奔跑的兽我可以用网去捕捉它，能游的鱼可以用钓绳去钓，能飞的鸟可以用箭去射。至于龙，我就不知道了，它是否能乘风云飞上天呢？我今天见到老子，感觉他就像龙一样。”

《老子》的成书年代

现存《老子》一书,被后人奉为《道德经》，全文五千字，分上下篇，道经在前，德经在后。近年在湖南马王堆汉墓发现《老子》帛书，为西汉早期抄本，却德经在前，道经在后，何以如此，尚在研究探索之中。至于《老子》一书成书年代,亦说法不一。由于书中出现“万乘之主”“不尚贤，使民不争”等春秋战国之交和战国时期才有之用语，因此，一些学者认为该书成书于战国时期。学者们又根据孔子问礼于老聃时，老聃的一番回答——君子得其时就出来为官，不得时则隐居而去,要能“深藏若虚”“容貌若愚”等说法正是《老子》一书中所论述的主旨思想，认为“《老子》一书虽出于战国人之手，非老子所作之说”是不成立的。

紫气东来

关于老子，有很多有趣的传说。据说老子西游，接近函谷关。守关的官员尹喜登上楼观台，仰望星空，忽见东方紫云聚集，足有三万里长，形如飞龙，由东向西滚滚而来，看见如此异相，尹喜知道有圣人要来。

几天之后，老子果然骑青牛而来。老子在函谷关待了数日，尹喜热情招待。一日，老子对尹喜说：“老夫到此地已多日，现在该走了，请关令发关牒吧。”尹喜一听老子要走，恳求道：“现在您就要隐居了，可您把您的学问和智慧留在肚子里，多可惜呀。后世想向您求教都难了！为什么不把您的智慧之道写成书，传之后世呢？”

尹喜一再请求，老子只好答应了。

老子便在函谷关楼观台著书立说，这就是五千言的《道德经》。

传说，现在函谷关太初宫的正殿，

就是当年老子著书的地方。这五千言的《道德经》，后来被奉为道教的经典。

老子的“道”

“道”是老子思想中最重要的概念。老子认为“道”先天地而存在，“道”是万事万物之根本，天地万物都是从“道”中产生的。在《老子》中，经常把“道”比作天地万物之母，有时也称之为“玄牝”。其次，“道”是一个混成之物，它自身包括“无”和“有”两个方面，是“无”和“有”的统一体。第三，“道”是运动变化的，老子不仅看到了万事万物相互依存，又相互对立，而且能相互转化，提出了“有无相生，难易相成，长短相形，高下相倾，音声相和，前后相随”等论点。

“自然无为”思想

老子判断道德与非道德的唯一标准是：自然无为。老子认为，“道”是世界的本质，“德”是万物的本性，天、地、人、物的道德应当是一致的，以宇宙自然而然的那个样子为样子，自然地存在、发展，不要施加任何有意识、有目的的人为的东西。这种自然无为的、本然的道德人格，与自然天道一样。

老子理想的道德

自然天道使万物出生，自然天德使万物发育、繁衍，它们养育了万物，使万物以一定的形态、形状存在、成长。所以，万物没有不尊崇“道”而珍贵“德”的。“道”之所以被尊崇，“德”之所以被重视，并没有谁来强迫命令，是自然而然的。“生而不有，为而不恃，长而不宰”，就是老子理想的道德。

老子“贵弱”

“无为”表现为一种柔弱的态度。在老子的时代，当一般人都以刚强为美德的时候，老子发现了柔弱的价值。《老子》称：“弱者，道之用。”把柔弱视为“道”的性质和作用。老子说：“人之生也柔弱，其死也坚强。草木之生也柔脆，其死也枯槁。故坚强者死之徒，柔弱者生之徒。”与刚相比，柔弱乃生命的象征。老子还通过水来证明柔弱胜过刚强的道理。他说：“天下莫柔弱于水，而攻坚强者莫之能胜，以其无以易之。弱之胜强，柔之胜刚，天下莫不知，莫能行。”柔弱胜刚正是自然界的规律。

老子的“不争”

与“柔弱”相联系，《老子》最后一章的最后一句还高度概括：“天之道，利而不害；人之道，为而不争。”“不争”思想，是与“道”的“柔弱”特性相联系的。由于道是“柔弱”的，因而“道”也是谦下而不争的。由贵柔的主张，老子引出了不争的政治策略和人生态度，即《老子》中的“三宝”——“慈”“俭”“不敢为天下先”。他说：“慈故能勇；俭故能广；不敢为天下先，故能成器长。”说明“三宝”只是手段而不是目的。

老子的辩证法思想

老子的“贵柔”与“不争”并不意味着懦弱和消极，他是以退为进，以柔为刚，以弱为强，表现出一种生活的智慧和进取的策略。这样的思想早已进入中国人的思维深处，融入民族性格特点和中华民族传统文化之中，他的“祸兮福之所倚，福兮祸之所伏”，“柔弱胜刚强”，“不敢为天下先”，“将欲弱之，必固强之；将欲废之，必固兴之；将欲取之，必固与之”等等思想论点，对中国传统文化和中国人的精神世界已经形成了巨大的影响。

《老子》的养生之道

道教的基本信仰就是神仙信仰，道教的最大特点就是重生、乐生、贵生，追求长生不老，得道成仙。老子在《道德经》中说:“深根固蒂,长生久视之道。”在《道德经》第五十章里，老子专门谈了养生的重要:“出生入死。生之徒，十有三；死之徒，十有三；人之生，动之于死地，亦十有三。夫何故？以其生生之厚。盖闻善摄生者，陆行不遇兕虎，入军不被甲兵。兕无所投其角，虎无所措其爪，兵无所容其刃。夫何故？以其无死地。”

这段话的意思是：人始于生而终于死，长寿的、短命的各占十分之三。人本来可以活得长久些，却自己走向死亡，也有十分之三。这是什么缘故呢？实在是愈看重肉体愈保不住啊。听说，善于养生的人，在陆地上行走，不会遇到攻击他的牛和虎，在军中作战，碰不到杀伤人的兵刃。因此，牛虽强悍，却无法以角来攻击；虎虽勇猛，爪子派不上用场；刀虽有利刃，却无处发挥。因为善于养生的人，不会进入濒死的境地。老子引用这个比喻，是想告诉人们要少思寡欲，清静质朴，纯真自然。

老子对养生之道推崇有加，提倡一种简单的生活方式，《老子》第六十七章中有“天下皆谓我道大，似不肖。夫唯大，故似不肖。若肖，久矣其细也夫！我有三宝，持而保之：一曰慈，二曰俭，三曰不敢为天下先。”意思是世人都说道太深，天下无人能比。不错，就因为道深，所以不像别的物体；如果它像某种物体的话，岂不早就变成微不足道的东西了。我以为，有三件宝贝是要永远保持的：一种叫仁慈，一种叫勤俭，一种叫不敢为天下先。有了这三件宝贝，人就能活得恬淡自然，也就长生了。

《老子》的文学价值

《老子》虽只有五千言，但在先秦诸子中却独树一帜，凝练晓畅，朗朗可诵，语精意奥，启人深思。《老子》文体异于诸子，文中多处用韵语，如：“谷神不死，是谓玄牝。玄牝之门，是谓天地根。绵绵若存，用之不勤。”又如：“信言不美，美言不信。善者不辩，辩者不善。知者不博，博者不知。”等等。还有遣词用语与“楚辞”相似者，如：“我独泊兮，其未兆，如婴儿之未孩，累累兮，若无所归！众人皆有余，而我独若遗。我愚人之心也哉，沌沌兮！俗人昭昭，我独昏昏。”这种韵散结合的文体在先秦诸子中常见，但《老子》一书最突出。《老子》还多用格言、警句，为后世留下了很多精辟的名言。

老子身后的荣耀

老子一路歌着，向西而去。他的后人就一直追寻着他。尹喜得到五千言的《道德经》便辞职而去，追随老子，自己也成了“神仙”。那个写过《逍遥游》的庄子得了老子的指点，就在妻子死时鼓盆而歌，抛却了人间的一切恩怨，向西追寻老子去了。到了汉朝，张天师张道陵把老子推到了道教教主的宝座上，说他“散形为气，聚形为太上老君”，如此，老子就可以无处不在，无时不在了。

老子的尊崇地位

老子在唐代受到了至高无上的尊崇。李氏皇朝说自己是老子的后代，尊他“太上老君”，奉太清宫为家庙。唐高宗给老子上了尊号“玄元皇帝”，高宗的孙子、唐玄宗李隆基说自己多次遨游仙境，亲眼看到了他的老祖宗老子，并祈求祖宗保佑自己和自己的帝王家业，开元三年(725)，他亲自颁布诏令，以二月十五日老子诞辰为玄元节，这个日子后来成为唐朝的法定节日。其他如李隆基之前的秦始皇、汉武帝，之后的宋徽宗、元太祖成吉思汗、明世宗嘉靖帝、清朝雍正帝，等等，无不对老子顶礼膜拜。

老子是怎样成为道教始祖的

尹喜是第一个传播老子思想的人。但是，使老子思想成为一大门派者是庄子。庄子是战国初期又一位大思想家。这个曾经以打草鞋为生的一代圣人，非常推崇老子。他过着隐居生活，并以极其优美的文字写下了《庄子》一书，同样成为后世尊奉的经典。庄子继承老学思想，不遗余力地提倡老学。大概就是在庄子生活的时代，齐之稷下（今山东临淄北）出现了宣扬老学的黄老学派。

东汉初年，光武帝信奉道士之言，说“黄老养性”可以延年度世。明帝时，楚王刘英使黄老之学与佛教经言发生联系，讲说“老子入夷狄，为浮屠”的神话，这是老子神仙化的开端。东汉末期，张道陵创立并传播五斗米道，因为老子学问高、名气大而极力推崇老子。又因为《道德经》具有的神秘主义色彩，其中“道”的论述含义很宽，可以根据需要自由发挥，所以《道德经》就成了道教的经典，老子也就正式成了道教始祖了。

老子与太上老君

老子在世的时候，还没有他是神仙

一说。几百年以后，道教确立了，老子被奉为教主，称为“太上老君”，老子便被赋予崇高的神性。

早期道教在塑造祖神老子时，即谓：“老子者，道也。乃生于无形之先，起于太初之前，行于太素之元，浮游六虚，出入幽明，观混合之未别，窥清浊之未分。”把老子视为道的体现者和化身。《老子想尔注》也说：“一者道也，……一散形为气，聚形为太上老君。”后来，宋代谢守灏集历代各类神仙传记中有关太上老君的事迹，编成《混元皇帝圣纪》，其中说：“老子者，老君也，此即道之化身也，元气之祖宗，天地之根也。”于是，老子在道教中便被神化为众生信奉的神灵，老子是“混沌之祖宗，天地之父母，阴阳之主宰，万种之帝君”。

老子的神仙异相

东晋葛洪在《抱朴子·杂应篇》中详细地描述了老子的姿态：

“老君真形者，思之，姓李名聃，字伯阳，身长九尺，黄色，鸟喙，隆鼻，秀眉长五寸，耳长七寸，额有三理上下彻，足有八卦，以神龟为床，金楼玉堂，白银为阶，五色云为衣，重叠之冠，锋挺之剑，从黄童百二十人。左有十二青龙，右有二十六白虎，前有二十四朱雀，后有七十二玄武。前道十二穷奇，后从三十六辟邪。雷电在上，晃晃煜煜，此事出于仙泾也。”

这俨然一副神仙怪异形象，绝非人类之形。相传老子有法身七十二相，八十一好，他有“动静有则，以正理邪，周遍无滞，救度无穷”的特异功能。

老子的封号

到唐代，对太上老君的崇拜达到了顶峰。唐太宗李世民因为自己姓李，为了抬高自己的家族地位，就把老子奉为自己的先祖，立家庙祭祀。唐玄宗李隆基给老子上尊号为“大圣祖高上大道金阙玄元天皇大帝”，唐代各地州县都设立玄元皇帝庙。宋代皇帝也多信老子之术，真宗时封老子为“太上老君混元上德皇帝”。

老子在西方的影响

老子在西方也受到深度关注。据说，老子的《道德经》被翻译成五十余种外国语言，是翻译的语种最多，翻译的版本也最多的汉语经典。老子甚至被当作“东方尼采”。美国前总统里根在一次施政纲领演说中还念念有词地引用老子的话：“治大国，若烹小鲜。”几年前，《纽约时报》把老子评为世界十大作家之一。可以说，《老子》在世界范围内的影响可能超过了《论语》。

尹喜的生平

尹喜即老子弟子，曾为函谷关关尹。据说尹喜得到《道德经》如获至宝，终日默诵，如饥似渴。八十一章奇文，尹喜倒背如流，并将其传诸后世。他还把老子口授心传的修炼成仙的秘诀整理成书，名《关尹子》。后来，尹喜辞去关尹之职，西去追随老子。人们传说曾看见他和老子在流沙河一起修炼，最后，也成了神仙。

道家经典之《关尹子》

《汉书·艺文志》著录《关尹子》九篇，《隋书·经籍志》《唐书·艺文志》等皆未载，可知原本已佚。南宋时出现，内容多法释氏及神仙方技家，多认为已非原本，而是出于宋人所作伪书。道教将它神秘化，奉为经典，称为《文始真经》。

道家经典之《文子》

《汉书·艺文志》录《文子》九篇。注："老子弟子，与孔子并时，而称周平王问，似依托者也。"书中许多句子与《淮南子》相同，似为西汉时的依托之作。其思想以"道"为宗，杂糅名、法、儒、墨诸家之语，以解《道德经》。唐代与《老子》《庄子》并重。天宝元年玄宗诏改《文子》为《通玄真经》，列为道教经典之一。

杨朱的生平

老子之后，杨朱与列子是道家学派的重要代表。杨朱是战国时期魏国人，大概比孟子稍早。杨朱也是个"避世"之士，对孔子"知其不可而为之"，费力不讨好的行为是颇不以为然的。他的见解散见于《庄子》《孟子》《韩非子》《吕氏春秋》等书中。

悲观的诗人杨朱

杨朱这个人很有意思，从他的行事上看不像个思想家，倒像个多愁善感的诗人。据说，有一次他外出到了一个岔路口，竟然哭了，因为他联想到了人生的歧路，心中不禁伤感起来。还有一次，他的弟弟出门时穿了一身白衣，回来时因为天下雨就换了一身黑衣，结果家里的狗没有认出来，朝他狂吠，弟弟气得要打它，杨朱却说："你不要打它。假设这狗在出外时为白色，回来时却变成了黑色，难道你不同样地感到奇怪吗？"

一毛不拔的哲学家

《孟子·尽心上》说，墨子主张"兼爱"和"非攻"，反对残酷的战争，杨朱却跟他作对，竭力反对"兼爱"，主张"为我"。据说，有一天，墨子的学生禽滑厘遇到杨朱，毫不客气地问道："拔你身上的一根汗毛而能使天下的人都得到好处，你愿意不愿意？"杨朱听后摇摇头说："天下的问题，决不是一根汗毛可以救济得了的。"禽滑厘反驳道："这只是一种假设，如果拔你一根汗毛而能安定天下，你肯不肯？"杨朱听后默然不语。

孟子针对此事抨击杨朱道："杨子取为我，拔一毛而利天下，不为也。墨子兼爱，摩顶放踵利天下，为之。"意思是杨朱主张“为我”，假如拔他身上一根汗毛而对天下有利，他是决不会干的；墨子主张“兼爱”，如果对天下有利，即使磨秃了头顶，磨破了脚板，他也是愿意干的。

杨朱“贵己”

杨朱思想的核心是“为我”“利己”。他主张“全生保真，不以物累形”；他最重要的命题是“拔一毛而利天下，不为也”，意思是将天下给他，换他身上一根汗毛，他也不干。天下虽大，是外物；一根毛虽小，却是自己的一部分。所谓“真”，便是自然。杨朱所说的只是教人顺从生命的自然，不加伤害；“避世”便是“全生保真”的路。不过世事变化无穷，避世未必就能避害，杨朱的教义到这里却穷了。庄子的学说似乎便是从这里出发，加以扩充的。

列子“贵清”

相传列子是战国时的列御寇。先秦时期的一些书都提到他曾随关尹子学习，关尹是老子的弟子。关尹的思想，以“贵清”为基本特征，也就是要求人心和外物接触时要保持清虚状态，这对列子有一定的影响。《汉书·艺文志》著录《列子》八篇，已亡佚。今仅存八篇，计有天瑞、黄帝、周穆王、仲尼、汤问、力命、杨朱、说符等，内容多为民间故事、寓言和神话传说。从思想内容和语言使用上看，可能是魏晋人所作。思想内容较为复杂，文学价值颇高。

《列子》中的名篇

《汤问》《说符》中，有不少脍炙人口而又有教育意义的故事，如《九方皋相马》，启迪人们观察事物要注意抓实质；《纪昌学射》，说明学习要虚心，要持之以恒；《杞人忧天》，嘲笑盲目臆断所造成的多余的担心；《愚公移山》，赞扬不怕困难，坚持到底的精神；《杨朱》篇则反映了个人享乐的颓废思想。唐王朝自称是老子的后代，宣扬道教，故于天宝元年(742)诏号《列子》为《冲虚真经》；宋景德中又加称为《冲虚至德真经》，为道教的经典之一。

《列子》名篇之《愚公移山》

太行、王屋两座山，方圆七百里，高七八千丈。北山愚公，年纪将近九十岁了，面对着山居住，大山阻塞了交通，进出要绕远道，就率领家人要把这两座大山搬走。他们敲凿石头，挖掘泥土，用箕畚搬运到渤海的边上。邻居家的孤儿，刚七八岁，也蹦蹦跳跳地去帮助他们。寒来暑往，季节交换，才往返一趟。河曲智叟笑着劝阻愚公说：“你们这样干太愚蠢了。凭你在世上这最后的几年，剩下的这么点力气，连山上的一棵草都铲除不了，又能把泥土石头怎么样呢？”北山愚公长长地叹息说：“你太顽固，简直到了不能通达事理的地步，连孤儿寡妇都不如。即使我死了，还有儿子在呀；儿子又生孙子，孙子又生儿子；儿子又有儿子，儿子又有孙子；子子孙孙是没有穷尽的啊。可是山却不会再增高加大，还愁挖不平吗？”河曲智叟没有话来回答。山神听说愚公移山这件事，怕他不停地挖下去，就向天帝报告了这件事。天帝被愚公的诚心所感动，便命令大力神夸娥氏的两个儿子背走了两座大山，一座放在朔方的东部，一座放在雍州的南面。

《列子》名篇之《杞人忧天》

杞国有个人担忧天会塌地会陷，自己无处存身，便整天睡不好觉，吃不下饭。另外又有个人看到这个杞国人这么忧愁，很为他担心，就去开导他，说：“天不过是积聚的气体罢了。你一举一动，一呼一吸，整天都在天空里活动，怎么还担心天会塌下来呢？”那个人说：“照你这么说，天是气体，那日月星辰不就会掉下来吗？”开导他的人说：“日月星辰也是空气中发光的东西，即使掉下来，也不会伤人的。”那个人又说：“如果地陷下去怎么办？”那个人说：“地是堆积起来的泥土，没有什么地方是没有土块的，你站立行走，整天都在地上活动，为什么还忧虑地会陷下去呢？”那个杞国人这才放下心来。

《列子》名篇之《九方皋相马》

有一次，秦穆公问伯乐：“你是天下第一等相马的人，有没有可以继承你的子弟？”伯乐微笑：“我的儿子一个个都是平凡庸俗的人，恐怕没有鉴赏天下良马的能耐。要是您不嫌弃的话，我很乐意为你引见一个会相马的人，他叫九方皋。”穆公很快就接见九方皋，随后命令他出去寻找天下的良马。过了三个月后，九方皋才回来见穆公，穆公问他说：“先生找到的是什么样的马啊？”九方皋说：“嗯！……是匹黄色的雌马吧？”穆公带着侍卫去看了看，结果马厩中站的不是黄色的雌马，而是黑色的雄马！穆公很失望，马上把伯乐叫来问：“你推荐的九方皋并不像你所说的那么好，甚至还有点笨笨的呢！甚至连马的色泽、雌雄都分不清楚，哪里有什么才能去认识‘天下的马’呢？”“其实您批评九方皋不认识马的地方，正是他识马的才能啊！他所看到的是一匹马内在的美好才能，而不是外在的形态。他的相马法是超越马的躯壳，直接认识本质的高妙境界啊！”伯乐说。九方皋带回来的马，经过检验后，果然是一匹卓越的“天下之马”！

庄子的生平

庄子是老子思想的继承者和发展者，后人常把他与老子并列，合称老庄。

庄子（约前369—前286）名周，战国时期宋国蒙城人。蒙城在今河南商丘附近，原属宋，后归楚。庄子比老子和孔子晚两百年左右，大约与孟子同时而稍晚，活了七八十岁。

庄子的生平事迹古籍中记载极略，幸好在《史记·老子韩非列传》中，插入了记载庄子的文字二百三十余字，使后人才能知其生活的大体梗概。庄子曾在家乡蒙城当过漆园吏，是个小官，但没干多久，就弃职归家，过着隐逸的生活。他潦倒穷困，无米下炊，只好靠打草鞋卖点钱买米过日子，平日穿的衣服也是破烂不堪。

庄子的理想

庄子曾经有过富贵的机会。一次，魏王召见他，他就穿了身补了又补的衣服去朝见，魏相惠施是他的好友，想请他出来做官，他不干。楚威王听说他很有才能，派了使者以“千金”招聘他为“卿相”。庄子笑着对使者说：“你看见过祭祀用的牛吗？养了它好多年，给它披上有花纹的绣衣，到头来不过是杀了拿到太庙里去当祭品。到那时候，它想做一只在污泥里滚来滚去的小猪，都不可能了，它已经不能摆脱被宰割的命运了。你快走吧，不要再污辱我！我宁愿在污泥里嬉戏，自寻欢乐，也不愿意受当权者的羁绊。终身不做官，才能使我的精神自由自在。”（《史记·老庄申韩列传》）可见，庄子是追求精神上的自由自在的。

庄周梦蝶

传说庄子曾师事于老子。庄子常常白日做梦，梦见自己化为蝴蝶，在园林花草之间翩翩起舞。醒来时，还感觉臂膊如两翅飞动，心里很纳闷。一日，庄子把自己的梦告诉了老子，因为老子知道三生来历，就告诉庄子他的前生事。原来，在混沌初分时，庄子是一只白蝴蝶，长生不死，翅如车轮。后游于瑶池，偷采蟠桃花蕊，被王母娘娘位下守花的青鸾啄死。其神不散，托生于世，做了庄周。庄子被老子点破了前生，如梦初醒，自觉两腋风生，好似一只蝴蝶翩翩欲飞，把世间一切都看作行云流水。老子知道他觉悟了，就把五千字《道德经》传授给他。庄子用心研读，学会了分身隐形，出神变化。从此弃了漆园吏的前程，辞别老子，周游访道。

濠梁之辩

庄子和他的好朋友惠子一起出来游玩，来到濠水的桥上，河水清澈，大大小小、五颜六色的鱼儿在水中嬉戏追逐，一幅美妙的图画。庄子不禁感叹道：“这水中的鱼儿多么悠闲自在，这就是鱼儿的快乐啊！多么让人羡慕！”惠子说：“你不是鱼，你怎么知道鱼的快乐？”庄子说：“你不是我，怎么知道我不知道鱼儿的快乐？”惠子说：“我不是你，固然不知道你；你也不是鱼，你不知道鱼的快乐，也是完全可以肯定的。”庄子说：“还是让我们顺着先前的话来说。你刚才所说的‘你怎么知道鱼的快乐’的话，就是已经知道了我知道鱼儿的快乐而问我，而我则是在濠水的桥上知道鱼儿快乐的。”

鼓盆而歌

庄子的妻子病死了。好朋友惠子前来吊唁，见庄子正盘腿坐地，鼓盆而歌。惠子责问道："你们夫妻一场，她为你生子、养老、持家。如今去世了，你不哭也就罢了，还鼓盆而歌，岂不太过分、太不近人情了吗？"庄子说："不是这样啊。她刚死时，我怎会独独不感悲伤呢？思前想后，我才发现自己仍是凡夫俗子，不明生死之理，不通天地之道。如此想来，也就不感悲伤了。"

道家经典之《庄子》

庄子的思想集中体现在《庄子》一书中。《汉书·艺文志》著录《庄子》五十二篇，经晋代郭象编定为三十三篇，分内篇七，外篇十五，杂篇十一。多数学者认为内篇为庄子所作，外、杂篇为庄派后学所作。

守望家园

《庄子》就是一篇篇优美的散文，庄子就是一位诗人哲学家。他以诗化的哲学探讨人类的精神家园。《庄子·让王》说："今世俗之君子，多危身弃生以殉物。"俗世之人都急急忙忙地追逐着身外之物，如财货、知识、声誉或权势等等，他们创造了财富和文明，反为财富和文明所累，成为"物"的奴隶。人类是世间既被缚也自缚的奴隶，是物质的奴隶、思想的奴隶、集团的奴隶，也是自我的奴隶。他们在不断的焦躁、恐惧、疲累和劳碌中迷失掉自我，在"安于所不安，不安于所安"的大迷惑中将他们的人生家园遗失掉了。这是多么可悲啊！面对这种种可悲的现实和异化的人生，庄子作为一个清醒的旁观者，不禁生出无限的感慨："众人皆醉我独醒，以天下为沉浊，不可与庄语，…… 独与天地精神往来。"

道是人生的最高境界

庄子的精神家园当然不是那几间简陋的茅舍，不是古老的村庄和没落的宋国，而是唯以精神才能通达的道的境界。道是人生的最高境界，也是人所应复归的精神家园。为了返回精神家园，他认为最重要的是"无己"，也就是超越自我。普通人"有己"，"有己"就有生死、寿夭、贫富、贵贱、得失、荣辱等种种计较。只有"至人""神人""圣人"才能超越自我，"至人无己，神人无功，圣人无名"。

要达到超越自我的境界，也就是庄子所说的"体道"境界，就要进行自我的修养。为此，庄子提出了"外物""外天下"，就是要求人们不要执着于外在的客观世界，而是追求"天人合一""万物与我为一"的境界。人如果没有任何实用功利目的，不受任何束缚，人类"自生""自化"，便可以复归自己的家园了。

《庄子》寓言

庄子经常用寓言的形式来表达自己的哲学思想。洋洋十万言的著作，内容十分丰富。书中形形色色的人物，以至一草一木，一鸟一鱼，无不栩栩如生，生机勃勃。它那意出尘外的构思，超群绝俗的想象，美妙奇幻的意境，汪洋恣肆的文风，不仅前所未见，而且后所难及。它开辟了散文艺术的新境界，促进了文学自身的新飞跃。追求绝对精神自由和彻底超脱现实是庄子的追求。所以，《庄子》散文的构思好似天马行空，不落俗套，特别是它注目于寓言和神话，使其更具有浪漫主义的色彩。《庄子》比古希腊的《伊索寓言》想象力要丰富得多，哲理要深刻得多。《庄子》一书在哲学、文学上都有极高的研究价值。

《庄子》寓言之《东施效颦》

春秋时代，越国有一位美女名叫西施。西施有心口疼的毛病。她犯病的时候，皱着眉头，捧着胸口，表现出一种动人怜爱的美。街坊上有一个丑女子，名叫东施，却非常爱美。她也学着西施的样子，手捧胸口，紧皱眉头，在村里走来走去，结果人们见了她都很害怕。《庄子·天运》讲了这个故事，意在说明每个人都要根据自己的特点，扬长避短，不顾自己的实际情况，盲目模仿别人的做法是愚蠢的。

《庄子》寓言之《望洋兴叹》

一个秋天，一连下了好几天雨，河水猛涨，众多大川的水流汇入黄河，河面宽阔，波涛汹涌，两岸和水中沙洲之间连牛马都不能分辨。河神欣然自喜，认为所有的水都流到自己这里了。河神顺着水流向东而去，来到北海边，面朝东边一望，看不见大海的尽头。河神于是改变先前洋洋自得的面孔，望着一片汪洋慨叹道："俗话说得好，有的人懂得的道理多一些，便认为天下再没有谁能比得上自己的，我就是这样的人。而且我还曾听说过孔丘懂得的东西太少、伯夷的高义不值得看重的话语，开始我不敢相信，如今我亲眼看到了你是这样的浩渺博大、无边无际，我要不是因为来到你的门前，真可就危险了，我必定会永远受到修养极高的人的耻笑。"《庄子·秋水》讲了这个故事，它用河伯望洋兴叹的故事，说明了"学然后知不足"的道理，告诉我们千万不要有了一知半解便沾沾自喜，以为自己了不得。

《庄子》寓言之《庖丁解牛》

《庖丁解牛》是一则寓言，出自《庄子·养生主》。

庖丁替梁惠王解剖牛，手按着它，肩靠着它，脚踩着它，膝盖抵着它，都有特异的声音；皮肉分离，刀进牛体，都有哗哗的响声。这所有声音好似音乐一般动听，节奏感很强，既与夏代《桑林》

舞的韵律相和谐，又符合古乐《经首》乐章的节奏。梁惠王看了，惊叹道:“啊!妙极了！你解牛的技术怎么能精熟到这般程度呢？”庖丁放下刀子回答:“我所研究的是牛体解剖方面的‘道’，这远远超过了对肢解牛本身的操作技巧。我刚开始宰牛时，看见的都是一只只完整的牛，经过三年的学习研究，我完全掌握牛解剖方面的学问，任何一只完整的牛摆在我的面前，我所注意的只是它内部的结构和脉络，也就是把它看成许多部分的组合，了解它各部分之间组合的规律，因而在我的心目中，再也没有完整的牛了。到了现在,我对牛体的各个部位，已经了如指掌，而不必用眼睛去观看了。感觉器官已经不起作用了，而精神活动却积极起来。顺着牛身上的自然纹理，劈开筋骨之间的空隙，导向骨节间的窍穴;依照牛的自然结构去用刀，一些支脉、经脉、盘骨肉、肌腱以及筋脉交结的地方，我的刀刃没有一点妨碍，更不用说那些骨头了。好的厨师每年要更换一把刀，因为他是用刀解剖牛；普通的厨师每月要换一把刀，因为他是用刀去砍骨头。到今天为止，我这把刀已经用了十九年！用它宰的牛已有几千头了，可是，刀刃却像新刀刚刚在磨刀石上开了口一样锋利。那牛的骨节间有空隙，刀刃又薄，以薄刀插进骨节间，宽绰有余，活动自如。所以十九年了，我的刀刃还像新刀刚刚在磨刀石上开了口一样。尽管如此，每遇到筋骨脉络聚结的地方，我也感到不容易下手，总是警告自已谨慎小心。目不旁视、动作缓慢，用力极为微妙，喀喀几下，牛的骨肉就解开了，如一堆黄土散落在地上，这时我提刀站起，四周望望，心满意足，把刀擦干净好好地收藏起来。”梁惠王听完后说:“好啊！我听了庖丁的这一番话，懂得了养生的道理了。”

庄子通过这个故事说明世界上的一切事物都有各自的规律，人应该按照客观规律去做。在庄子看来，养生也和解牛一样，不能违背客观规律，而应该按照自然的节奏安排生活。

“仙人”著作《亢桑子》

亢桑子亦称仓子、庚桑子。传说他姓庚桑，名楚，陈国人。又传说为《庄子》中的寓言人物，得太上老君之道，能以耳视目听。隐居毗陵峰，登仙而去。相传《亢桑子》一书为其所著。此书不见于《汉书·艺文志》。《新唐书·艺文志》载王士元《亢桑子》二卷，王士元为唐代开元、天宝年间道士，因《亢桑子》已佚,遂杂取《老子》《庄子》《列子》《商君书》和刘向《说苑》等书，联络贯通，编成此书，基本思想属于道家。

道家四大真人

南华真人、冲虚真人、通玄真人、洞灵真人，道教尊之为四大真人。南华真人即庄子，唐玄宗天宝（742）追封庄子为南华真人,称《庄子》为《南华真经》；宋徽宗追封其为“微妙元通真君”。冲虚真人，为春秋末至战国前期道家学者列子。唐玄宗天宝元年封为“冲虚真人”，号其书为《冲虚真经》。宋真宗景德四年(1007)加“至德”二字，号为《冲虚至德真经》。宋徽宗追封为“致虚观妙真君”。通玄真人，据传为战国末黄老新道家的代表人物文子。唐玄宗天宝元年封其为通玄真人，诏封其著为《通玄真经》。洞灵真人，为古代仙人，又称亢桑子、亢仓子、庚桑子。相传《亢桑子》一书为其所著，唐玄宗天宝元年诏封为《洞灵真经》，封其为“洞灵真人”。

“墨家”的含义

“墨”字原指黑色的原料，其后引申为“绳墨”之意。墨又是古代的刑法之一，即用刀刺刻犯人额颊等处，再涂上墨，作为惩罚的标记，用来惩治犯有轻罪的人。后来墨子创立他的学派，即以“墨”名之，称“墨家”。墨子主张刻苦，他的弟子都来自社会下层，相传皆能赴火蹈刀，以自苦励志。其徒属从事谈辩论者，称“墨辩”；从事武侠者，称“墨侠”；领袖称“矩子”。

墨子的生平

墨子（约前480—约前420），姓墨名翟，祖为宋人，长期居鲁。《史记》说：“盖墨翟，宋之大夫，善守御，为节用。或曰并孔子时，或曰在其后。”墨子的生平已不可考，他大约晚于孔子，早于孟子，与孔子的二传弟子同时。其事迹也因缺乏记载，而十分模糊。大致说来，墨子生于贵族之家，当过宋大夫，后来败落，做过工匠，被称为“贱人”，或“鄙人”，可见其社会地位不高。《淮南子·要略训》说：“墨子学儒者之业，受孔子之术。以为其礼烦扰而不说，厚葬靡财而贫民，久服商生而害事。故背周道而用夏政。”可见墨子是从孔学开始，接受了文化知识，成为一个“士”。后来他批判了儒学而创立墨学。

《墨子》的十大主张

墨子的思想被记录在《墨子》一书中，是他的弟子或再传弟子，将其言行辑录而成的。《汉书·艺文志》著录《墨子》七十一篇，今存五十三篇。五十三篇中的大部分可以反映墨翟的思想及其社会活动，也有一部分是后期墨家之作，个别篇如《亲士》《修身》等还可能是儒家的伪作。墨家通过《墨子》一书，提出了十大主张：“兼爱”“非攻”“尚贤”“尚同”“天志”“明鬼”“非乐”“非命”“节用”“节葬”。其中，“兼爱”“非攻”是其思想的核心。

“兼相爱”的大同世界

“兼爱”就是“兼相爱，交相利”。墨子认为一切“乱”的根源都在于不能“兼相爱”。他要求爱人如己，把别人与自己同等看待。即“爱无等差”，这必然要求人与人之间的平等。不用说，这也是墨子根据尧舜时代设计出来的大同世界的模型。虽然这在阶级社会中只是一种幻想，但他所提出的理想却对后人有着巨大的启迪意义。兼爱是墨学思想的基础。兼爱是大到国家之间要兼相爱、交相利，小到人与人之间也要兼相爱、交相利。而非攻则主要表现在国与国之间。只有兼爱才能做到非攻，也只有非攻才能保证兼爱。

墨子非攻

“非攻”是“兼爱”的必然发展，“非攻”就是反对一切不义战争。他认为“伐人之国”是最大的不义之战，为“百姓死者不可胜数”，“国家废政，夺民之利，废民之利”，所以必须“非攻”。墨子不但在理论上主张“非攻”，而且身体力行。史书记载：楚将攻宋，墨子赶到楚都，与为楚制造攻具的鲁班演习攻守，墨子取胜，实现了他“非攻”的论点。

“墨家之法”

墨子也和孔子、孟子、荀子一样长期授徒，他的学生门徒，都是下层社会的劳动者，他们“以裘褐为衣，以跂蹻为履，日昼不休，以自苦为极”，渐渐形成了一个学派。后来，他的学派发展为一个有严密组织的团体，其领袖称“矩子”，执行“墨家之法”，要求墨者具有“赴火蹈刀，死不还踵”的精神。据《吕氏春秋》记载，有一次墨家一百多名弟子受某国君委托守城，后来此国君因受追究而逃走，墨家所接受的守城之托很难再坚持，一百多名弟子全部自杀。自杀前，墨家首领孟胜派出两位弟子离城远行去委任新的首领，两位弟子完成任务后仍然回城自杀。新被委任的首领阻止他们这样做，他们也没有听。按照墨家规则，这两位弟子虽然英勇，却又犯了规，因为他们没有接受新任首领的指令。

墨子的自然科学理论

《墨子》一书记录了战国时期有关光学、力学以及几何学方面的成就。在光学方面，科学地解释了光的直线前进，记载了关于反射和平面镜、凸面镜、凹面镜等的各种成像，是我国最早的光学著作。在数学方面，记载了平、中、厚、直、圆、方的定义，这是我国最早的几何定义。在数学方面，除加、减、乘、除外，还出现了分数，并能够对体积和面积加以计算。又由于井田制的废除，商业的发展和历法计算方面的需要，还发明筹算（珠算的前身）和简单的四则运算。在力学方面，作出了许多比较科学的阐述，指出力是使人发生运动和转移的原因；还指出力在平衡器中的作用，并把力臂叫作“本”，重臂叫作“标”。解释了杠杆起重的机械作用和力的平衡等问题。

墨学的价值

由于墨子长期生活于社会下层，广泛接触劳动群众，所以他能深切体会和表达他们的疾苦与愿望，经常表示出对上层“王公大人”之不满，于是上层社会终于排斥墨家。秦汉之后，墨家衰落。一直到近代，墨学的价值被重新发现。孙中山把墨子推崇为平等、博爱的中国宗师。梁启超把墨子与西方的思想家亚里士多德、培根、穆勒做对比，认为《墨子》的科学价值是极其宝贵的。

“法”的含义

“法”，古写作“灋”，会意。从“水”，表示法律、法度公平如水；从“廌”，即解廌，是神话传说中的一种神兽。据说，它能辨别曲直，在审理案件时，用角去触理屈的人。又有记载说“法”是一种与鹿和牛类似的神兽，在古代人们将它作为断案的工具，每当办案时出现多个嫌疑人的时候，神兽就会用犄角顶真正的罪犯。后来，“法”字就引申为法治、法令。

法家的三大派

春秋时代，随着“礼崩乐坏”，代之而起的政治制度是法治。新兴的各诸侯之间互争雄长。他们心中最关切的问题是如何富国强兵，如何进行有效的统治。法家诸子，依其学说的中心思想，各有不同的侧重和强调，可以分成三大派别：一是以慎到为代表的重势派，二是以申不害为代表的重术派，三是以商鞅为代表的重法派。至于韩非，则认为势、术、法三者不可偏废，成为法家之集大成者。此外，战国时代，伪托管仲所作之《管子》一书，亦为法家的重要著作。

慎子的生平

慎子（约前390—约前315），名到，战国时期赵国人。据《史记·孟子荀卿列传》说，慎到曾学黄老之术，黄老之术曾是先秦道家的主流之术。班固《汉书·艺文志》著录法家《慎子》四十二篇，《注》云：“名到，先申韩，申韩称之。”他的生活年代比申不害、韩非早。齐宣王时他曾长期在稷下讲学，有不少学生，在当时享有盛名。在稷下时，与田骈、接子、环渊等有较多的交往。他们一起被齐王命为大夫，受到尊敬，齐王还特意为他们建起了高楼大厦，修筑了四通八达的道路，可见其声名之盛。

慎子七篇

《汉书·艺文志》的法家类著录了《慎子》四十二篇。后来很多都失传了，唯有《威德》《因循》《民杂》《知忠》《德立》《君人》《君臣》七篇留存传世。慎子的思想具有明显的道家和法家的特点。例如：他主张因循自然，顺应情势，则本自老子；他主张“齐万物以为首”，则与庄子相同；他主张弃知去己，更是道家共守的要旨。

慎到“重势”

慎子是重势派的代表人物。“势”主要指权势，慎子认为，君主如果要实行法治，就必须重视权势，这样才能令行禁止。他在《慎子 · 威德》篇中举例说：“有雾的时候，腾蛇可以漫游雾中；有云的时候，飞龙可以翱翔云端。一旦云雾散去，腾蛇飞龙便和蚯蚓无异。为什么？因为它们失去了遨游飞翔的凭借。相同的，一个贤者之所以屈就在不肖的人之下，是因为他权轻；一个不肖的人肯臣服于贤者，是因为他位尊。”可见“权势”与“地位”是何等重要。所以，慎子主张“民一于君，事断于法”，即百姓、百官听从于人君的政令，而人君做事必须完全依法行事，做到以公平为原则，信赏必罚，唯法是赖。法律之前，人人平等的观念，正是慎子开启的。

申不害变法

申子（约前395—前337），名不害，是战国时代郑国京邑人。《史记 · 老庄申韩列传》记载：韩国灭掉郑国后，韩昭侯重用他为丞相，在韩国主持改革，十五年间便使韩国强盛起来，没有敢侵犯韩国的。该篇还说他原来信奉道家思想，后来分化出来，成为法家。

《汉书·艺文志》著录了《申子》六篇，今天已全部亡佚。但是从《韩非子》征引《申子》的遗文及前人对《申子》的记述中，仍然可以考察申子思想的大概。

申子重术

申不害继承了道家的学说，主要从道家里边吸收了“君人南面之术”，即驾御大臣的权术。申子在当时的法家以注重用“术”出名，是“重术派”的代表人物。这个“术”，最典型的就是“藏于无事，示天下无为”，这是具体的驾御大臣的权术。他要求君主“去听”“去视”“去智”，就是装听不见，装看不见，装不知道事情真相，避免暴露自己，这使大臣摸不清君主的底细，没办法投其所好，也就没法掩盖他们自己的缺陷。君主深藏不露，一切看得明白，就能辨别出忠臣和奸佞小人了。

商鞅的出身

商子（约前390—前338），姓姬名鞅，原为卫国的庶公子。在春秋时代，凡是诸侯的旁支子孙都以“公孙”为氏，所以又称公孙鞅。商鞅是卫国宗室贵族的后裔，只是到他这一代已经很没落了。这时，卫国是魏国的附属国。尽管如此，商鞅依然以魏国的强大而骄傲。他从小就热衷于法家学说，对李悝、吴起的变法心向往之。因此，他一直希望在魏国施展他的才华。

公孙痤荐贤

商鞅先是投到了魏国国相公孙痤的门下，做了“中庶子”，也就是公孙痤的家臣。公孙痤很欣赏商鞅的才干，可惜，还没来得及提拔商鞅，就得了重病。魏惠王亲自去看他，公孙痤说："我有个家臣叫公孙鞅，虽然年轻，但有非凡的才能，大王您重用他，魏国就无忧了。"魏惠王不以为然，公孙痤又说："大王您如果不重用他，就把他杀了，千万不要让他逃到别的国家去。"然后，他又让商鞅逃走。商鞅说："魏王不听你的话重用我，当然也不会听你的话杀了我。"

四见秦孝公

公元前361年，秦孝公登上了秦国的王位，颁布了一个招贤令，说："不管是本国人，还是别的国家的人，谁能献奇计，使秦国强大起来，寡人就封给他高爵，赐给他土地，让他做高官。"商鞅立即收拾行装，带着李悝的《法经》，风尘仆仆地向秦国奔来。商鞅入秦以后，通过孝公宠臣景监的关系求见孝公，孝公先后四次接见商鞅。

第一次，商鞅对秦孝公大谈传说中的尧、舜等帝王如何与百姓同甘共苦，身体力行，以自己的模范行动感化了百姓，从而达到天下大治这一套所谓的"帝道"。结果说得秦孝公直打瞌睡，一句也没听进去。

第二次，商鞅大谈周文王、武王的"王道"，这次，孝公没睡觉，听了一半。

第三次，商鞅大谈春秋五霸以武力强国的霸道，孝公也没表示要任用他，但约了下次再谈。

第四次拜谒，商鞅向孝公进献强国之术，秦孝公听得入了迷，有时甚至忘记了君臣礼节，不知不觉地一次次将坐席向前移。商鞅一连说了好几天，孝公也没听够。

从此，孝公接受了商鞅的观点。在以后的两年里，商鞅成为孝公宫廷中最受欢迎的人。他们经常在一起彻夜长谈，富国强兵的政策也成熟了。

商鞅变法

公元前359年，孝公授权商鞅，正式推行变法。

商鞅是个务实的理论家，当他一旦获得了孝公的信任，便把自己的理论付诸实施，这直接体现在他的变法事业上。商鞅变法涉及的内容非常广泛，主要有："为田开阡陌封疆，而赋税平"，就是在全国范围内废除西周以来一直实行的井田制度，实行土地私有制度；废除旧的世卿世禄制，"依军功行田宅"；"重农抑商"；废封建制，建郡县制；奖励军功制度，禁止私斗，等等。变法的结果，"秦民大说，道不拾遗，山无盗贼，家给人足。民勇于公战，怯于私斗，乡邑大治"。

令出必行

商鞅变法的成功，仰赖于他对"法"的重视。所谓"法"就是官府颁布法令，使人民相信赏罚绝对要实施，奖赏是赐给守法的，刑罚是处分违令的，这是人臣所必须遵守的东西。他认为治国之道有三：一曰法，二曰信，三曰权。“明主爱权重信，而不以私害法。”法令必明，赏罚必信，令出必行。为此，他自己更是身体力行。

立木取信

商鞅在变法推行之前，怕老百姓不信任他，不按照新法令去做。为了树立新法的威信，他特意在南门立木，以表示自己有法必依的决心。据说他先是悬赏十两金子，让人把一根木头从南门扛到北门去。结果，老百姓议论纷纷，都认为左庶长在开玩笑，没有一个敢上去扛木头的。商鞅知道老百姓不相信他的命令，就把赏金提到五十两。没有想到赏金越高，看热闹的人越觉得不近情理，仍旧没人敢去扛。这时，有一个人把木头扛起来就走，一直搬到北门。商鞅立刻派人传出话来，赏给扛木头的人五十两黄金，一两不少。这件事立即传开，一下子轰动了秦国。老百姓说：“左庶长法令如山。”

片面重法

商鞅的法家思想可以概括为：重农、重战、重法。他认为“国待农战而安，主待农战而尊”，为此，他提出了“一于农”，“一于战”，“一断于法”的主张。他说：“以战去战，虽战可也；以杀去杀，虽杀可也；以刑去刑，虽重刑可也。”又一味尊重人君，鄙视臣下，用刑极严。据说，在渭水之滨，他曾一次就处死七百多人，把渭水都染红了，悲哭之声震动天地。

富国强兵

公元前359年，孝公授权商鞅，正式推行变法。公元前350年，商鞅又实行了第二次改革，通过两次改革，秦国废除了旧制度，实行了新制度，秦国迅速强大起来，成为战国时期最强大的国家。商鞅也因为建了大功，封于商，所以改称商鞅。

为变法而死

公元前338年，秦孝公死了，太子驷继位，这就是秦惠王。公子虔一班人告发商鞅要造反，派人去逮捕商鞅。商鞅逃跑到边境关口，想住旅店。旅店的主人不知道他就是商鞅，说：“商君有令，住店的人没有证件店主要连带判罪。”商鞅只得离开秦国潜逃到魏。魏国人怨恨他曾打败魏军，拒绝收留他，还把他送回秦国。商鞅再回到秦国后，就潜逃到他的封地商邑，和他的部属发动邑中的士兵，向北攻击郑国谋求生路。秦国出兵攻打商鞅，把他杀死在郑国黾池。秦惠王把商鞅五马分尸示众，商鞅全家都被诛灭了。

《商君书》记载了什么

《史记·商鞅列传》和《商君书》记

载了商鞅佐秦孝公变法的事迹和他的法治理论。《汉书·艺文志》著录了法家《商君》二十九篇，今存二十四篇。《商君书》并非商鞅自著，而是后代研究《商君》之学者，追辑其法令与言论而成的。

韩非发愤著书

韩非（前280—前233），战国末年韩国人，出身于贵族，为韩国的公子。韩非口吃，不善于辩论。他和李斯是同学，共同师事于儒家大师荀子。当时韩国国势日下，他曾多次向韩王提出变法革新的主张和建议，主张以法治国，以权势统御臣下，任用贤才，采取富国强兵的政策，但韩王不采纳他的建议，反而宠信沽名钓誉之徒，奸邪谄谀者排斥正直廉洁之士，造成腐败的局面。对此，韩非痛心疾首，发愤著书立说。《史记·老子韩非列传》中说韩非“观往者得失之变”，故作《孤愤》《五蠹》《内外储》《说林》《说难》十余万言”。

韩非入秦

据说，有一天，秦始皇读到从东方传来的《孤愤》《五蠹》等书，不禁拍案叫绝，赞叹不已：“嗟呼！寡人得见此人与之游，死不恨矣！”在一旁的舍人李斯告诉他：“这是韩非写的书，他现在韩国。”秦始皇问怎样能得到韩非，李斯便建议：“急攻韩，求韩非。”秦国便猛烈地攻打韩国，指名要韩非为人质。公元前234年，韩王只得派韩非出使韩国。秦始皇与韩非面谈后，对之更加钦佩。

被害身死

韩非受到秦王的欣赏，李斯担心自己的才能比不上韩非，就和大臣姚贾等人一起在秦始皇面前诋毁韩非。秦始皇一时不察，将其下狱，李斯立即送来毒药，逼他喝下。韩非想申辩，但没有机会见到秦王。据说，秦王又后悔了，派人去赦免韩非时，为时已晚了！这年正是他入秦后的第二年，即公元前233年。韩非死后，他的政治学说基本上被秦始皇所采用，并付诸实践，最终建立了大一统的天下。韩非的思想保存在《韩非子》一书中。

法家思想的集大成者

在先秦法家中，韩非总结商鞅、申不害、慎到三家的思想，集其大成，创立他的一家之言。法即法制，术即权术，势即威势，他说势、术、法三者都是“帝王之具”，缺一不可。韩非继承和发展了荀子的“性恶论”。主张治国以刑赏为本，完成了他从儒家向法家的过渡。他虽然以法家的角度，对法家以外的先秦诸子都加以批判，但也善于吸收其他学术流派中的成果，为己所用，建成了相当完备的初期法学理论。

权、术、势相结合

韩非从权、术、势相结合的观点，提出了“事在四方，要在中央；圣人执要，四方来效”的中央集权主张，完备了加强封建君主专制的理论。他在《显学》篇中，又提出禁止与之矛盾的学说，定法家于一尊，在文化思想上也应建立专制主义。在《解志》《喻志》两篇中，他批判、改造了老子的自然观，为法家理论找到哲学基础,所以《史记》中说他“材归本于黄老”。在《五蠹》中，他提出今胜于昔的历史进化观，反对“法先王”，认为一切复古的主张都是行不通的。这种进化论的主张，成为韩非坚决主张变法的理论根据。

《韩非子》寓言

《韩非子》中有300—400则寓言和故事，大都平易朴实，短小凝练。作者意在以此作为论证手段，因此总是在故事之外点明寓意，使人一目了然。故事中很少渲染藻绘，但能抓住主人公的本质特征，予以针砭讽刺，具有幽默冷隽的特点。如《郑人买履》《扁鹊治病》《守株待兔》《画蛇添足》《鹬蚌相争》等等。《韩非子》寓言犀利峭刻，对世态人情予以深刻的鞭笞，揭去了笼罩在统治者家庭关系上的温情脉脉的面纱，把他们因利害而相残的关系暴露在光天化日之下。他是一个真正敢于说真话的人。

《韩非子》寓言之《自相矛盾》

楚国有一个卖兵器的人，到市场上去卖矛和盾。他先向大家夸口说：“我的盾，是世界上最最坚固的，无论怎样锋利尖锐的东西也不能刺穿它！”接着，他又拿起一支矛，大言不惭地说：“我的矛，是世界上最尖利的，无论怎样牢固坚实的东西都会被它刺穿！”这时，一个人上前问道：“如果用这矛去戳这盾，会怎样呢？”这个人没法回答了。这个故事出于《韩非子·难势》，比喻自己说话做事如果前后互相抵触，那就会矛盾百出，像楚国商人一样经不住驳斥。

《韩非子》寓言之《郑人买履》

郑国有一个人想去买一双鞋，先比量了一下自己的脚，然后画了一个底样的尺码放在座位上。他匆忙走到集市上去买鞋子时，忘记把量好的尺码带在身上。他拿起鞋子，才想起，说：“我忘了拿量好的尺码来了。”于是，赶紧跑回去拿底样。等他赶回来时，集市已经散了，鞋子也就没有买成。有人问他说：“你为什么不用自己的脚去试鞋子呢？”他说：“我宁可相信自己量好的尺码，也不相信自己的脚。”这个故事出于《韩非子·外储说左上》，用来讽刺只信教条，不顾实际的人。

《韩非子》寓言之《滥竽充数》

齐宣王让人吹竽，一定要三百人一

起吹。南郭处士请求为齐宣王吹竽，齐宣王很高兴。官仓供养的乐手有好几百人。齐宣王死后，他的儿子齐湣王继位。齐湣王也喜欢听吹竽，但他喜欢让他们一个一个地吹，南郭处士只好逃走了。这个故事出于《韩非子·内储说上》，比喻没有真才实学的人混在行家里面充数，或是用不好的东西混在好东西里充数。南郭先生也成了滥竽充数者的代名词。

《韩非子》寓言之《画鬼最易》

有人为齐王作画，齐王问他："画什么最难？"他说："狗、马最难画。"齐王又问："画什么最容易？"他说："画鬼怪最容易。"这个故事出于《韩非子·外储说左上》。狗、马是实际生活中真实存在的东西，为人们所熟悉，不可仅仅画得相似而已，所以难画；鬼怪是无形的，谁也没见过鬼是什么样子的，所以容易画。韩非子借用这个故事讽刺那些貌似高深，其实是故弄玄虚的高谈阔论。

《韩非子》寓言之《扁鹊治病》

《扁鹊治病》记叙的是神医扁鹊拜访蔡桓公，发现蔡桓公有病，但不被相信。这个故事揭示了防微杜渐的道理，并对讳疾忌医的行为给予了抨击。结尾，扁鹊不得不逃亡，暗示了专制君主统治下的残暴。

管仲的生平

管子（约前725—前645），名夷吾，字仲，齐国人。管仲的祖先曾经是名门望族，其父管庄曾做过齐国的大夫，后来家道中落，到管仲这一代时已经很贫穷。虽属没落贵族，管仲还属于士的阶层。春秋时候的士都是文武全才，平时办理行政事务，战时充军。管仲从小熟读《诗经》《尚书》，学习礼仪。为了谋生，管仲做过被当时人认为很卑贱的事——经商。但很快他就和鲍叔牙一起从政了。

管鲍之交

管仲在经商的时候结识了鲍叔牙，两人相友善。鲍叔牙深知其贤。他俩一起经商，管仲总是少出钱，赚了钱，管仲又总是多分给自己，少分给鲍叔牙。鲍叔牙却从不和管仲计较。有的人在背地议论说："管仲是个贪财之人，对不起鲍叔牙的友谊。"鲍叔牙知道后就替管仲解释，说："管仲不是不够义气，只贪图钱财的那种人。他这样做，是因为他的家境不好。多分给他钱，是我情愿的。"

管仲曾经三次参加战斗，但三次都从阵上逃跑回来。因此，人们讥笑他，说："管仲是贪生怕死之人，没有勇敢牺牲的精神。"鲍叔牙知道这是众人冤枉了管仲，就向人们解释说："管仲不是怕死，因为他家有年迈的母亲，指望他一个人赡养呢，他不得不那样做呀。"

春秋名相

齐桓公立，鲍叔牙举荐管仲，管仲遂为齐相。他向齐桓公论述了治国称霸之道，并在齐国主持改革，使得齐国通货积财，富国强兵，最后九合诸侯，成为春秋五霸之一。

管子的事迹散见于《左传》《国语》《史记》诸书中。今本《管子》，非出于一人之手，亦非作于同一时间。南宋朱熹已怀疑《管子》非管仲所作，明代宋濂已提及《管子》中有绝似《曲礼》者，有近似老庄者，今已断定为战国时人所作。

管仲改革

管仲为相以后，在齐国进行了一系列改革。他认为："仓廪实而知礼节，衣食足而知荣辱。上服度则六亲固。四维不张，国乃灭亡。下令如流水之原，令顺民心。"意思是："仓库充实了，人才知道礼仪节操；衣食富足了，人才懂得荣誉和耻辱。君主如能带头遵守法度，那么，父母兄弟妻子之间便会亲密无间。礼义廉耻得不到伸张，国家就要灭亡。国家颁布的政令像流水的源泉一样畅通无阻，是因为它能顺应民心。"为此，他提出了一系列富民主张。

管子的自然观

汉代刘向把有关《管子》文集三百九十八篇，编定八十六篇，今存七十六篇，主要内容是以管仲为代表的齐法家思想，其中也包含道家、名家思想，以及天文、历数、舆地、经济和农业等知识。管子提出"水"和"气"是万物本原，他说"得天之道，其事若自然"，意思是掌握自然界的规律，做事就会成功。

《管子》的思想

管子强调法治，把法看作最高原则。治民之本，在于法令，"君臣上下贵贱皆从法"，"法令明而赏罚之所立者当"。他对井田制也进行了批判，提出"相地而衰征"的政策，实行实物地租和按地质量的好坏分等征税，强调治国的任务是发展生产，提倡发展盐铁、矿产、森林、商业、水利、土壤等经济事业。《轻重》十九篇，是中国古代典籍中阐述经济问题篇幅较多的著作，对生产、分配、交易、消费和财政等均有所论述。《管子》在先秦诸子中篇幅最为浩繁，可做行政全书之用。

管子的《心术》

《心术》取自《管子》，分《心术上》《心术下》两篇。连同《管子》的《内业》《白心》等篇，现代学者认为是道家著作。基本上保存了战国时期一部分道家关于治心之术的见解。所谓"心术"，即"治心之术"。作者提出了"君道无为"的论点，阐述了"心之在体，君之位也；九窍之有职，官之分也"；"心术者，无为而制窍者也”。心要处于一种自然“无为”的状态，才能控制感觉器官的活动。以虚心和冷静的态度去观察客观事物，是认识“道”的重要方法。以“道”表示客观事物的规律，反映了唯物主义的思想。

“名家”的含义

“名”字本指对事物的称谓。“名”是由“实”而来的，古代以“名”“实”关系，也就是名称与现实或概念与实在关系的根本观点作为探讨对象，从而发展出来的学问称为“名学”。早自孔子、老子，就已经使用了“名”这个术语。孔子曾有“正名”说，强调以礼为原则做到名实相符，言行一致。老子也曾说“无名天地之始，有名万物之母”。荀子擅长名实之辩，有《正名》篇之作。到春秋末年著名的辩士邓析时，“名学”成为一种学术；到惠施、公孙龙时，名学大盛。

尹文子的生平

尹文，战国时期齐国人，“宋尹”学派的始祖，生平不详，大致活动在齐宣王、湣王之际，与宋钘、田骈、彭蒙等齐名。流传于世的《尹文子》一书，是先秦论法术和“形”“名”的专著。《庄子》将其列入道家。班固则列入名家。《汉书·艺文志》有《尹文子》一篇，已佚。

《尹文子》的思想

《尹文子》一卷，分上、下篇。相传战国时尹文著。庄子《天下》篇把尹文与宋钘并称。《汉书·艺文志》将他列为名家。他的学说与黄、老、申、韩之学相近，提出“道不足以治，则用法；法不足以治，则用术；术不足以治，则用权；权不足以治，则用势”；主张统治者要自处于虚静，禁攻寝兵，减省情欲；接触万物，要去除成见，对事物要综名核实。今本《尹文子》并非尹文所作，可能是魏晋间人的伪托。

《尹文子》寓言之《宣王好射》

《尹文子·大道上》讲了“宣王好射”的故事。齐宣王爱好射箭，喜欢别人夸耀他力气大，能够拉开强弓。其实他使的弓只用三石的力气就能够拉开了，但他却常常在近臣面前卖弄。近臣为了讨好他，就装模作样地接过来试一试，把弓拉开一半就停止了，故作惊讶地说：“嗯，的确是硬弓，不少于九石的力气啊，不是大王又有谁能用这么强的弓啊！”齐宣王听了非常高兴。然而，齐宣王的弓不过用三石之力，可是他到死都认为他能拉九石之弓。齐宣王只是图虚名而已。尹文子提出这个命题，说明不能重名不重实。

《尹文子》寓言之《周人怀璞》

《尹文子·大道下》讲了这样一个故事：从前郑国人把没有经过加工雕琢的玉叫作璞，周国人把没有制成腊肉的死老鼠也叫作璞。一次，周人在市场上叫卖他的璞，郑国商人听到了就去买，于是周人就从怀里拿出一只死老鼠，把郑国人吓得连招呼都没打就跑了。尹文子通过“同名异实”的“璞”，说明“名”这个东西不是一成不变的，世上没有万古不变的教条。

讼师邓析

邓析（前545—前501），春秋末年郑国大夫，与子产同时。邓析是著名的讼师，传说他聚众讲学，招收门徒，传授法律知识与诉讼方法，还以类似讼师身份帮助民众打官司。邓析的本事在对于法令能够咬文嚼字地取巧，“以是为非，以非为是”。在他的倡导下，郑国出现了一股新的思潮，“郑国大乱，民口欢哗”，对当时的统治者造成严重威胁。继子产、子太叔而任郑国执政的驷颛对付不了这种局面，于是“杀邓析，而用其竹刑”。

邓析的辩者之学

《汉书·艺文志》著录《邓析》，系后人托名所作。邓析的贡献在于，他利用语言文字的多义性，能够分析语言文字的意义，以此做种种不同甚至相反的解释。这样就发展了辩者的学说，使“名学”成为一种学术。

惠施的生平

惠施（约前370—前318），战国时期宋国人。他曾为魏相十五六年，为魏惠王“定法”，“民人皆善之”。他还代表魏国出使过楚、赵等国，在战国时期是一个颇为活跃的政治人物。他学识渊博，《庄子·天下》说“其书五车”，可见他在当时以好学闻名。同文还记载当时南方有个名叫黄缭的人，曾向惠施请教天为什么塌不下来，地为什么陷不下去，为什么会发生风雨雷霆等一系列问题。惠施几乎是不假思索地把这些问题都回答了，并且滔滔不绝地“偏为万物说”，征引广泛的资料来加以说明，可见他对自然现象有较全面的理解和认识。

惠施是名家代表，以名辩思想传世。但他自己却没有作品存世，他的思想借《庄子》的记载而流传下来。

惠施与庄子

惠施是庄子的好友，《庄子》一书中，多次提到二人同游，互相论辩的情况。在庄子的许多生动的寓言故事里，都有惠施出现或参与。如《庄子·秋水》篇中记载了濠梁之辩的趣事。《庄子·至乐》篇中，关于庄子死妻“鼓盆而歌”，惠施也出来责问他，“与人居，长子老身，死不哭亦足矣，又鼓盆而歌，不亦甚乎！”于是，庄子就讲了一大套关于生死的看法。

“合纵抗秦”的实际组织者

惠施是“合纵抗秦”的实际组织者之一。他在为魏相时，就主张“去尊”，即用反对一国称王称霸的方法团结六国来抵抗强大的秦国。但是，有一天，他突然建议魏王“尊齐王为王”，这使魏王的大臣匡章大吃一惊。匡章问惠施：“先生的学说是‘去尊’，现在又要尊齐王为王，这不是前后颠倒，自相矛盾了吗？”惠施说：“现在有个人，想要打你心爱的儿子的头，如果可以用石头来代替你儿子的头挨打，难道你不愿意吗？我可是愿意这样做。因为儿子的头最重要，石头是无足轻重的，让人家去打那个石头，就会保全儿子的头，这有什么不可以呢？齐王屡次用兵而不肯罢休，目的不就是为了称王称霸吗？现在我们姑且依从他，尊他为王，这样就可以延长人民的寿命，使人民免于一死，这和‘以石代爱子之头’是同样的道理呀！为什么我们不这样做呢？”这个故事是《吕氏春秋·爱类》记载的。惠施这种“以石代爱子之头”的策略正是他“合同异”的名辩思想的具体运用。

“合同异”论点

“合同异”论点，是惠施名辩的主要思想，他认为“天地一体”，万物毕同，事物间的异是相对的，统一才是绝对的，从而忽视了事物之间的差异。他说：“大同”而与“小同”异，此之谓“小同异”；万物“毕同”“毕异”，此之谓“大同异”。从同的一方面看，可以说万物无不相同；从异的一方面看，可以说万物无不相异。同异都是相对的，这叫作“合同异”。惠施的“合同异”思想，就是认为“万物”都是物，“万物毕同”，类似于西方的辩证法。

公孙龙的生平

公孙龙，赵国人，其生卒年代已不可考。大概略晚于惠施，而与邹衍同时。他曾长期在平原君赵胜家中做门客，深得平原君信任。《史记·平原君列传》中，有“平原君厚待公孙龙”的记载，可能为平原君出谋划策有功，因而得与赵惠文王相交接，并出使过燕国，“说燕昭王以偃兵”，也曾游魏，偕魏王出猎。晚年被黜，不知所终。公孙龙有学生綦母子等人，形成一个学派，当时被称为“辩士”“察士”，之后被称为名家学派。

辩士公孙龙子

公孙龙以“白马非马”闻名于世，也因为这个观点，使他遭到了几乎所有其他思想家的一致反对。他们攻击他，嘲笑他，却没有一个人能从正面击败他。孔子的后裔孔穿也加入了攻击他的队伍。一次，孔穿假意请求公孙龙收他为弟子，拜师的条件是要公孙龙放弃“白马非马”论。

公孙龙便说了下面一段精彩绝伦的话：

“我之所以为世所重，正是因为白马非马的学说，你要我放弃这个学说，然后收你为弟子，那我还有什么东西可教你呢。况且你想拜我为师，说明你承认智慧和学问都不及我；现在却要求我放弃自己的学说，说明你又认定智慧和学问都超过我，这不是太荒谬了吗？再说我的白马非马论，是你的祖先孔子也赞成的。楚王有一次打猎，丢了一把宝弓，他的随从要去找。楚王说：‘楚人失之，楚人得之。何必去找？’孔子知道后说：‘只须说“人失之，人得之”就可以了，何必要说“楚人”？’由此可见，令祖孔子认为‘楚人’和‘人’是两个不同的概念。也就是说，孔子认为‘楚人非人’。我的‘白马非马’，正是要论证‘白马’与‘马’是不同的两个概念，跟你的祖先孔子的‘楚人非人’说是同理呀。先生要维护儒学，却又反对孔子的‘楚人非人’；先生要拜我为师，却又反对我的‘白马非马’，这是双重的荒谬！”孔穿被驳斥得哑口无言，此后再也没有人敢与公孙龙正面交锋。

公孙龙子的思想

公孙龙的主要思想，保存在《公孙龙子》一书中。《汉书·艺文志》载名家有《公孙龙子》十四篇，今存六篇。《迹府》是后人汇集公孙龙的生平言行写成的传略。其余五篇是《白马论》《指物论》《通变论》《坚白论》《名实论》，其中以《白马论》最著名，有关他的名辩思想与论点，特别是他的“白马非马”论，更是家喻户晓。

“白马非马”论

《公孙龙子》六篇共3200余字。在第二篇《白马论》中，提出了“白马非马”的命题。他说：“马者所以命形也，白者所以命色也。命色者非命形也，故曰白马非马。”

他认为“白”是指谓颜色的概念，“马”是指谓形象的概念。颜色的概念异于形象的概念，所以说：“白马”不是“马”。“白马非马”论提出了个别和一般的关系问题。

“离坚白”论

在第五篇《坚白论》中，公孙龙提出了另一个著名的论点——“离坚白”。有人问公孙龙：“坚硬、白色、石头合称为三，可以吗？”他答：“不可以。”再问他：“称为二可以吗？”他答：“可以。”他举了一个例子：譬如一块坚而白的石头，看的时候只见白，没有坚，摸的时候只觉坚，不见白。所以白性与坚性两者是分离的。况且天下白的东西很多，坚的东西也很多，有白而不坚的，也有坚而不白的。可见白性与坚性也是分离的。白性使物白，坚性使物坚。就事物的性质来说，公孙龙认为“坚”“白”是可以相离的。

公孙龙哲学的价值

“白马非马”和“离坚白”这两个论点，使公孙龙闻名于世。他提出了人类认识史上两大问题，即认识论和逻辑论，涉及到概念、判断、推理、验证等哲学和逻辑学问题。名家特别在概念与存在，个别与一般，共性与个性等关系方面，提出了许多带有启示性的问题，在哲学上是有其价值的。

“阴阳”的含义

阴阳是中国古代哲学的一对范畴。阴阳的最初含义是很朴素的，表示阳光的向背，向日为阳，背日为阴。以后引申对宇宙万物两种相反相成的性质的一种抽象，表示万物两两对应、相反相成的对立统一。如《周易·系辞传》说：“一阴一阳之谓道。”《老子》四十一章说：“万物负阴而抱阳，冲气以为和。”

阴阳家的形成

根据《汉书·艺文志》的记载，阴阳家源出于古代“羲和之官”，以天文历象作为主要的职掌。他们观察天象，制定历法，并对于天道人事作种种的猜测。为了审察物势的顺逆生克，判断人事的吉凶祸福，到战国时代，阴阳和五行渐渐合流，形成一种新的观念模式。阴阳家以阴阳五行为其基本线路，所以称为“阴阳家”，也称“阴阳五行学派”。

“阴阳家”曾一度非常兴盛。司马谈《论六家要旨》列“阴阳家”为六大学派之首；刘歆《汉书·艺文志·诸子略》将其列为“九流十家”之一，著录了邹衍等阴阳家著作二十一家，都已经亡佚。

邹衍的生平

邹子（约前324—前250）名衍，齐国人。生活年代大致在战国齐宣王之世，比孟子稍晚。邹衍曾经仕于燕国，其后赴齐国，成为稷下名士之一。齐国有三位邹子，分别是邹忌、邹衍、邹奭。邹忌曾任齐相，《邹忌讽齐王纳谏》的故事就出于他。邹奭则完全接受邹衍的思想。因为邹衍好言“五德终始，天地广大”之说，有迂远而超越现实的倾向，因此当时的人称之为“谈天衍”；而邹奭推演邹衍的文章，有若雕镂龙文，因此当时的人称之为“雕龙奭”。

邹衍有《邹子》四十九篇及《终始》五十六篇两种著作，可惜都已经亡佚。从《史记·孟子荀卿列传》的记载，以及清人马国翰的辑佚，仍然可以获知邹衍学说的大要。

邹衍思想的入世精神

邹衍先学儒术，改攻阴阳五行学说，然而终以儒术为其旨归。《盐铁论·论儒》说：“邹衍以儒术干世主，不用，即以变化始终之论，卒以显名。……邹子之作变化之术，亦归于仁义。”“邹子疾晚世之儒墨不知天地之弘，昭旷之道，将一曲而欲道九折；守一隅而欲知万方，犹无准平而欲知高下，无规矩而欲知方圆也。于是，推大圣终始之运，以喻王公列士……”可见,和道家的“无为”“遁世”相比较，以邹衍为代表的阴阳家是具有匡世济民的入世精神的，所以，在大名鼎鼎、野心勃勃的齐宣王、齐湣王时代，邹衍的经世之学很受欢迎。他不仅是稷下名士，而且是王室的上宾。

邹衍生前的荣耀地位

邹衍所到之处，都受到诸侯的礼遇，被称为“谈天衍”。他先在齐国，齐湣王待为上宾。他在齐国极受尊重，连一般的知识分子稷下先生们，也连带地受他影响，都受到齐王的敬重、优待。

齐湣王死后，燕昭王招贤纳士，邹衍离齐入燕。据载，邹衍到燕国时，燕昭王亲自到国境边界去接他，还抱着扫帚为他扫地，怕尘埃落到他身上。邹衍到魏国（梁），梁惠王亲自到郊外去迎接他，以国宾礼招待他。邹衍到赵国，平原君不敢和其并排走路，只小心翼翼地侧着半个身子在后侍从。到了行馆以后，请邹先生坐下，平原君亲自用自己的衣裳把那个座位打扫清洁一下，表示恭敬。平原君还安排邹先生同公孙龙进行了一场坚白之辩。本来平原君对公孙龙不薄，可是经过这场辩论后，公孙龙被黜而离开政治舞台。相比之下，后来的“亚圣”孟子见齐宣王、梁惠王，陈述那些理论思想的时候，是受到极大冷落的。

“五德终始”说

邹衍思想的核心是“五德终始”说。“五德”就是五行之德。五行是古代信仰。邹衍以为五行是五种天然势力。所谓“五德”，就是土、木、金、火、水。“土德之后，木德继之，金德次之，火德次之，水德次之。”每一德，各有盛衰的循环。在它当运的时候,天道人事,都受它支配。等到它运尽而衰，为别一德所胜，所克，别一德就继起当运。木胜土，金胜木，火胜金，水胜火，土胜水，这样“终始”不息。历史上的事变都是这些天然势力的表现。生一朝代，代表一德；朝代是常变的，不是一家一姓可以永保。这是他对朝代更易、治乱盛衰提出的解释。

“大小九州”说

邹衍还提出了“大小九州”之说。他认为中国名叫赤县神州，乃天下八十一分居其一而已。赤县神州之内自有九州，此为“小九州”。中国之外，如赤县神州者九，此为“大九州”。此种地理观念，虽不尽符合事实，可是能够恢廓我们的地理观念，此为前所未有的想法。

阴阳家思想对后世的影响

阴阳家也讲仁义名分，是受儒家影响的结果。那时候儒家也在开始受阴阳家的影响，讲《周易》，作《易传》。到了秦、汉间，儒家更几乎与阴阳家混合为一；西汉今文家的经学大部便建立在阴阳家的基础上。后来“古文经学”虽然扫除了一些“非常”“可怪”之论，但阴阳家的思想已深入人心，牢不可拔了。

五行相生

木生火者，木性温暖，水伏其中，钻灼而生，故木生火；火生土者，火热故能焚木，木焚而成灰，灰即土，故火生土；土生金者，金居石依山，津润而生，聚土成山，土必生石，故土生金；金生水者，少阴之气，温润流泽，销金亦为水，故金生水；水生木者，因水润而能出，故水生木也。

五行相克

古人认为五行相克有顺克和逆克之分。顺克有旺克衰，强克弱，如：强金克弱木，强木克弱土，强土克弱水，强水克弱火，强火克弱金。逆克如：土旺木衰，木受土克；木旺金衰，金受木克；水衰火旺，水受火克；土衰水旺，土受水克；金旺火衰，火受金克。

天干地支

天干地支是中国古代的一种历法。天干有十，为：甲、乙、丙、丁、戊、己、庚、辛、壬、癸。地支十二，为：子、丑、寅、卯、辰、巳、午、未、申、酉、戌、亥。两者按固定的顺序互相组合，便形成干支纪法。

十二地支的具体含义

子是兹的意思，指万物兹萌于既动之阳气下。

丑是纽，阳气在上未降。

寅是移、引的意思，指万物始生寅然也。

卯是茂，言万物茂也。

辰是震的意思，物经震动而长。

巳是起，指阳气之盛。

午是仵的意思，指万物盛大、枝叶密布。

未是味，万物皆成有滋味也。

申是身的意思，指万物的身体都已成就。

酉是老的意思，万物之老也。

戌是灭的意思，万物尽灭。

亥是核的意思，万物收藏。

十天干的具体含义

甲是拆的意思，指万物剖符甲而出也。

乙是轧的意思，指万物出生，抽轧而出。

丙是炳的意思，指万物炳然著见。

丁是强的意思，指万物丁壮。

戊是茂的意思，指万物茂盛。

己是纪的意思，指万物有形可纪识。

庚是更的意思，指万物收敛有实。

辛是新的意思，指万物初新皆收成。

壬是任的意思，指阳气任养万物之下。

癸是揆的意思，指万物可揆度。

十天干与太阳出没有关，表示了太阳的循环往复周期对万物产生的直接影响。

什么是纵横之学

战国时出现了专以纵横捭阖之术游说诸侯，从事政治外交活动的谋士。《汉书·艺文志》列为“九流”之一，实为战国时代两种外交策略。其代表人物有苏秦、张仪等。南与北合为纵，西与东连为横。苏秦出使燕、赵、韩、魏、齐、楚六国，说诸国以合纵拒秦；张仪则破合纵，连横六国分别事秦。两派合称纵横家，对当时政局的发展变化有很大影响。

纵横家的代表人物

纵横学派是以口舌为武器进行的一种外交对抗。他们认为战争会使人类发生大量的死伤，而如果把军事转换成外交，把武器换成三寸不烂之舌，也一样能取得与战争同样的效果。这是费小而利大，事少而利多的事，为什么不这样去做呢？所以，历史上就有了苏秦片言之间取得六国的相印，这就是合纵；而张仪连六国而事秦的事叫连横。

帝王之学

纵横之学目的在于贯彻自己的意志，制伏他人，对于人性的弱点、思虑的性质、揣情的技术、制敌的谋略都有精深的设计与掌握，所以是帝王之学。所谓权术谋略、纵横捭阖，在今天的国际外交、国家战略的设计运用上，仍有很高的价值。

鬼谷子的身世之谜

鬼谷子，周代高士，不知其乡里姓氏，以所居住的地名鬼谷为号。他是一位高明的隐士，是著名的纵横家，更是一位教育家。传说他有道家的仙风，隐者的逸气，策士的权谋，豪士的旷达，被视为纵横家的鼻祖。他与墨子是好朋友。苏秦、张仪、孙膑、庞涓这四位赫赫有名的政治家、外交家、军事家都是他的学生。他们以两两相对的形式出现在政治舞台上。世人称鬼谷子是一位奇才、全才。他有阴阳家的祖宗衣钵，预言家的江湖神算，外交家的纵横之术，政治家的六韬三略。但他不愿为官，过着隐居生活，他的详情不为世人所知，因而关于他的身世，充满神秘色彩。

鬼谷子对后世的影响

鬼谷子在先秦是一位高明的隐士，在后世其影响已远涉域外，波及日本、朝鲜、韩国等国，并且流传到西方，不少著名学者对其刮目相看。鬼谷子学说对现代的政治、经济、文化生活也有很大影响，今日的商战、外交斗争，也纷纷借鉴鬼谷子的谋略。

《鬼谷子》一书，是纵横家理论争鸣之作，也是兵法名著，完整保留在道家的经典《道藏》中。论及纵横家之思想，应以《鬼谷子》为代表。

《鬼谷子》十二篇

《鬼谷子》是一部“奇变诡伟”的纵横家著作，千百年来流传不衰。现存十二篇：捭阖第一、反应第二、内建第三、抵战第四、飞钳第五、忤合第六、揣篇第七、摩篇第八、权篇第九、谋篇第十、决策第十一、符言第十二。今天我们看到的《鬼谷子》一书，相传为苏秦所编。

鬼谷子重术

《鬼谷子》中所述各种术数，充满离奇色彩。鬼谷子的主张，鬼谷子的察人之明，对历史可能性的洞察以及对当时外交技巧的掌握，必然使他成为当时最有影响的人物。鬼谷子主张，不管是君主统治百姓、量材用人，还是军事家统兵打仗、外交家游说诸侯，在开始行动之前，都要进行揣测。“抱薪趋火，燥者先燃；平地注水，湿者先濡。”在揣测的基础上，与事实相对应，进行有分析、有目的的谋略，然后有针对性地实施。因此鬼谷子非常重视“术”，他的所谓“术”范围非常广泛。

鬼谷子之捭阖术

《鬼谷子》中有：“观阴阳之开阖以命物，知存亡之门户，筹策万类之始终，达人心之理，而守司其门户。故圣人之在天下也，自古至令，其道一也……”“口者，心之门户也。心者，神之主也。”在鬼谷子看来，阴阳、开合、捭阖是命名万物生死存亡的大道理，是事物发展的普遍规律。无论是从政、治军、经商，都应该自觉地运用捭阖术，掌握这种客观规律，从而达到自己的目的。捭阖术有着神奇的功力，“用之于人，则量智能、权财力、料气势，为之枢机，以迎之、随之，以箝和之，以意宣之，此飞箝之缀也。”“乃可捭，乃可阖，乃可进，乃可退……”是一种大策略。

鬼谷子之反应术

鬼谷子认为在军事中，要善于掌握敌方的情况，知彼知己，从而采取灵活的措施，所谓“人言者，动也。己默者，静也。因其言，听其辞。言有不合者，反而求之，其应必出”，这样就可以达到“张网而取兽”的目的。使用反应术非常重要。“古之大化者，乃与无形俱生。反以观往，复以验来；反以知古，复以知今；反以知彼，复以知此。动静虚实之理不合于今，反古而求之。事有反而得复者，圣人之意也，不可不察。”

鬼谷子之飞箝术

鬼谷子说："审其意，知其所好恶，乃就说其所重，以飞箝之辞，钩其所好，乃以箝求之。""飞箝"就是先以为对方制造声誉来赢取欢心，再以各种技巧来钳制他。鬼谷子认为要把"飞箝"之术用于治理天下，必须首先分析权谋和能力，全面了解对方的实力，分清谁是我们的朋友，谁是我们的敌人，知道他们心里忧虑的是什么。只要审定了他们的真实意图，知道他们爱好什么、厌恶什么，就可有针对性地开展游说，采用钳制的方法引诱对方进入自己的圈套，达到自己所求的目的。

鬼谷子之雄辩术

雄辩是纵横家必须具备的看家本领，他们在外交辞令上，非常重视讲话的技艺。鬼谷子的雄辩术，主张研究说服的对象，见什么人说什么话。最常用的方法是赞美对方，使其很有荣誉感、成就感。采用的对策则是：时而顺着说、时而逆着说，时而赞同、时而反对。或者反复试探，然后诋毁他；或者试探中带诋毁；或者诋毁中带试探。有时甚至还以各种金钱宝物引诱迷惑，使尽手段，就是为了以雄辩取胜。

张仪的三寸不烂之舌

张仪（？—前310），本是魏国人，还是贵族的后裔，可是到他这一辈的时候，早就穷困潦倒了。但张仪才华出众，曾投到著名的谋略大家鬼谷子门下，学习纵横之术。学成之后，就回到魏国。他求见魏惠王，献以强国之术，魏惠王没理他；他又求见楚威王，楚威王都没接见他。只好投在楚国令尹昭阳门下做客卿。有一次，张仪和众宾客陪楚相喝酒，大家喝得挺高兴。席间，宾客们传递赏玩一块名贵的玉璧，谁知传了一圈，玉璧竟不见了。张仪穷，人们就把怀疑的目光投向了张仪，说他既穷又没有德行，一定是他偷了玉璧。于是，就把张仪捆了起来，一顿打。张仪被打得皮开肉绽，鲜血直流，始终不承认，楚相没办法，就把张仪给放了。张仪垂头丧气地回到家里，妻子看着张仪满身的伤痕，说："你要是不读书，不出去谋官做，哪会受这样的委屈！"张仪张开嘴，问妻子说："我的舌头还在吗？"妻子说："舌头当然还长着。"张仪说："只要舌头在，就足够了。"

连横之父

张仪相信，凭着自己对六国形势的洞察和自己那三寸不烂之舌，总有一天会出将入相，成就名望。后来，张仪游历至秦国，凭借出众的口才得到秦惠文王的信任，封为秦国之相。上任后，他以连横之说拆散齐楚联盟。后又先后说服齐国、赵国、燕国连横亲秦，拆散六国合纵。张仪因有功于秦，秦王给他五个邑做封地，封为武信侯。张仪的主张是"事一强以攻众弱”，“外连衡而斗诸侯”，因而被称为“连横之父”。张仪运用雄辩的口才，诡谲的谋略，纵横捭阖，游说诸侯，建树了诸多功绩，在秦国的政治、外交和军事上成为举足轻重的人物。

一代纵横之士苏秦

苏秦，字季子，是东周洛邑人，出身于寒门。苏秦生活的时代，正是战国中期，各国龙争虎斗，风云际会。一批纵横之士往来于诸侯之间，以口舌之功博取功名，成为白衣卿士，权倾人主，名震天下。他的哥哥苏代、苏厉、苏辟、苏鹄，都是闻名一时的纵横之士。苏秦非常敬慕这些人，从小便有大志。据说，他曾随鬼谷子学游说术多年，后见同窗庞涓、孙膑相继下山求取功名，也告辞鬼谷子下山，返回故里。

苏秦游秦受阻

苏秦变卖了家产，得钱后做了美衣，备了车马，去遨游列国，考察世情。

苏秦先去了秦国。可是，秦惠王刚刚继位，他杀了推行变法的商鞅，对外来的说客都存有戒心。苏秦说：“我愿意为大王您献计献策，秦国一定能强大起来。”秦惠王只冷冷地说：“感谢苏先生不远千里前来指教。秦国现在就像一只幼鸟，羽毛还没有长成，不可以高飞。等寡人准备好了，秦国的力量强大了，再请教先生吧！”

苏秦并不甘心，他索性在客栈住了下来，数次向秦王献策，秦王一直不用他。

如此数年折腾，钱都花完了，衣服也破了，苏秦只好卖掉车马仆人，挑个破担子回家了。

头悬梁，锥刺股

苏秦游秦失败，回家后受到冷遇。“败家子”回家，父母骂他；妻子正织布，看他回来，连织布机都不肯下，懒得理他；他肚饿难忍，只好求嫂嫂给自己做饭，嫂嫂不热不冷地说家中没柴烧，也不肯给他做饭。

苏秦不觉泪如雨下，叹息说：“妻子不把我当丈夫，嫂嫂不把我当小叔，父母不把我当儿子，贫贱如此，全家人都不认我，全是我的过错无能呀！”

尽管如此，苏秦还是不死心，他取出师父临下山时赠送给他的姜子牙的《阴符》，昼夜苦读。真是知耻近乎勇，他读书时，把头发用绳扎起来，悬在梁上，自己一打盹，头发就把自己揪醒；夜深太困了，他拿锥子刺自己的腿以求清醒。功夫不负苦心人，凭着这种“头悬梁，锥刺股”的精神，苏秦在不到一年的时间里，就把所有的书研读了一遍，把一部《阴符》背得滚瓜烂熟。他还边读书边揣摩列国形势，对天下大势了然心中。

合纵之父

经过努力，苏秦终于成功地说动六国构成合纵之势联手抗秦，自己更为“纵约长”，兼佩六国相印，荣耀至极。苏秦荣归故里后，家人都不敢仰视他，恭伏郊外迎候。苏秦见此喟然叹息说：“世情看冷暖，人面逐高低。富贵则亲戚畏惧之，贫贱则轻易之，况人乎！”

公元前286年，齐灭宋之际，苏秦暗中组织的五国反齐联军兵临城下。苏秦的间谍身份暴露。齐湣王盛怒之下，下令将苏秦车裂。苏秦死时，50多岁。苏秦一生为合纵之事奔波，曾经荣耀一时。大诗人李白曾有诗赞曰：

洛阳苏季子，剑戟森词锋。
六印虽未佩，轩车若飞龙。

《苏子》三十一篇

《汉书·艺文志》纵横家类有《苏子》三十一篇，当是苏秦作品或后人所记有关他的事迹的汇集，其中似也包括他的兄弟苏代、苏厉的一些游说之辞。此书汉以后亡佚。长沙马王堆汉墓出土的帛书本《纵横家书》，其中有十一篇苏秦上燕王或赵王书，不见于《战国策》《史记》等传世的古籍，另有两篇其部分内容见于《战国策》，这十三篇是现在了解苏秦事迹的重要新材料。

“兵家”的起源

兵家以行阵仗列、集体征战作为主要目的。在古代，“祭祀”与“兵戎”是国家最重要的两件大事。兵戎之事，直接关系到国家的兴亡盛衰。春秋战国时代，诸侯之间不断爆发战争，从事军事的智谋有识之士，总结军事方面的经验教训，研究制胜的规律，这一类学者，古称之为兵家。战国时期，兵家之学最为兴盛。

兵家之学

老子曾说：“以正治国，以奇用兵。”又说：“夫唯兵者，不祥之器。”《孙子·兵势》篇也说：“凡战者，以正合，以奇胜。”兵家之学，内涵十分繁复。

《汉书·艺文志·兵书略》将兵家之学分为“权谋”“形势”“阴阳”“技巧”共五十三家，七百九十篇，图四十三卷。或因伪托，或因亡佚，今人提及先秦兵家之学，以春秋时代孙武的《孙子兵法》及战国时代吴起的《吴子》为代表。

武经七书

《孙子兵法》被尊为“历代兵家之祖”“世界古代第一兵书”“兵学圣典”。宋神宗元丰年间（1078—1085），正式颁布《孙子》《吴子》《六韬》《司马法》《黄太公三略》《尉缭子》《李卫公问对》为武学必读之书，号称“武经七书”。《孙子兵法》被列为“武经七书”之首。它不仅是我国最早的兵书，也是世界上最早的一部军事著作。18世纪之后，《孙子兵法》陆续有了英、法、德、捷、俄、芬等译本。它不仅受到了军事界的重视，而且受到了外国管理界的高度重视。

兵家始祖

孙武及《孙子兵法》被称为中国兵法兵书之祖。《孙子兵法》又称《吴孙子兵法》，以别于孙膑之《齐孙子兵法》。《孙子兵法》历来受我国军事以及谋略家之尊崇，唐初即传入日本，近代更传至欧美，引起举世重视，产生世界影响。孙武主张改革图强，亩大税轻，“士少”，“富民”，鼓励发展小农经济，以求富国强兵。从公元前512年至公元前418年，他在吴三十年，战功显赫，荣耀无比。

孙武的生平

孙武，齐国人，生卒年代已不可考，其活动年代，大约与孔子同时，出身贵族。据《史记》记载，公元前512年，孙武从齐国出走至吴。在吴国结识伍子胥，经伍子胥推荐，得见吴王阖闾，以兵法十三篇呈上，受到吴王赞赏，任之为将，与伍子胥同率三万军攻楚，击溃楚大军二十万，进入楚都郢城。从此，吴国强盛起来，吴王称霸诸侯。

孙武练兵

《史记·孙子吴起列传》记载孙武曾受吴王之命演习他的兵法，参加演习的是吴王宫中的一百八十名美女。孙武将她们分为两队，用吴王宠爱的两个宫姬为队长，并叫她们每个人都拿着长戟。队伍站好后，孙武便发问：“你们知道怎样向前向后和向左向右转吗？”众女兵说：“知道。”孙武再说：“向前就看我心胸，向左就看我左手，向右就看我右手，向后就看我背后。”众女兵说：“明白了。”于是孙武命搬出铁钺（古时杀人用的刑具），三番五次向她们申戒。说完，便击鼓发出向右转的号令。怎知众女兵不但没有依令行动，反而哈哈大笑。孙武见状说：“解释不明，交代不清，应该是将官们的过错。”于是又将刚才一番话详尽地向她们解释一次。再次击鼓发出向左转的号令，众女兵仍然只是大笑。孙武便说：“解释不明，交代不清，是将官的过错。既然交代清楚而不听令，就是队长和士兵的过错了。”说完命左右随从把两个队长推出斩首了。自此以后，众女兵无论是向前向后，向左向右，甚至跪下起立等复杂的动作都认真操练，再不敢儿戏了。此事后来引申为“三令五申”，即反复告诫的意思。

《孙子兵法》十三篇

《孙子兵法》十三篇，六千余字。现存十三篇有《计》《作战》《谋攻》《形》《势》

《虚实》《军事》《九变》《行军》《地形》《九地》《火攻》《用间》。1972 年山东临沂银雀山汉墓出土《孙子兵法》残简，内中除十三篇外，尚有《孙子兵法》佚文《吴问》等五篇，为研究孙武及其军事思想提供了最新资料。

孙武的用兵谋略

《孙子兵法》十三篇中，以《计篇》为开篇，可作为全书思想之总纲。《计篇》讲的是作战前之“庙算”，即俗话所说的“运筹帷幄”。其中提到十二条“诡道”，也就是用兵谋略。战争谋略或韬略思想，可称为孙武思想之精华所在。我国后世军事家，莫不从中吸取营养，运用于克敌制胜之实战中。

“不战而胜”思想

在对敌作战时，孙武提出了“全胜”思想，把“不战而胜”“不战而屈人之兵”，作为最高战略要求，摆在统帅部首要位置。这样，孙武就把政治谋略、外交谋略置于军事谋略之先，实际上提出了军事是实现政治、外交目标的手段的论点。在提到为将之道的时候，孙武又把政治品质、道德品质作为将帅的主要条件。

揭示战争规律

《孙子兵法》一书的主要篇幅是揭示战争规律，以及将帅如何根据千变万化的情况，灵活运用战争规律。比如，在《谋攻》篇中，孙武提出了“知彼知己，百战不殆；不知彼而知己，一胜一负；不知彼不知己，每战必殆”的论点，几乎已妇孺皆知，而且被广泛运用于社会生活的各个方面，以此论点化出的“知己知彼，百战百胜”，已成为举世皆知的名言了。

《孙子兵法》中还强调以法制军。主张“会之以文，齐之以武”，即将政治思想工作和严格的纪律教育结合在一起；在执行纪律时，务必赏罚适当。

《十一家注孙子》

本书是孙子兵法的重要传本之一。一般认为它来源于《宋史·艺文志》著录的《十家孙子会注》，由吉天保辑。注家为：曹操、梁孟氏、李筌、贾林、杜佑、杜牧、陈皞、梅尧臣、王皙、何氏与张预。

孙膑受刑

孙膑，齐国人，孙武的后世子孙，生卒年代已不可考，约为战国中期，与商鞅或孟子同时。据《史记》载，孙膑曾和庞涓共学兵法。后来，庞涓辍学到魏国从政，很受魏惠王的赏识，被任命为将军；而孙膑则心无旁骛地继续跟老师研究学问。庞涓清楚，本来学问就高出自己的孙膑，一旦学业结束走上了齐国的政治舞台，对于魏国和他自己都非常不利。因此，他设下圈套把孙膑邀请到了魏国，以防范并杜绝他效忠齐国。孙膑来到魏国后，庞涓又设法陷害使他获罪，然后依法用刑砍断了孙膑的双腿，并且在他脸上刺字涂墨。

孙膑入齐

庞涓想用酷刑使孙膑终身残废，埋没他的才学，不让他施展整军经武的才华。后来在齐国使臣的帮助下，孙膑到了齐国，被推荐给了齐国大将田忌。田忌佩服孙膑的军事才能，热情地接待了他，并且把他留在自己的门下，待之以宾客之礼。孙膑入齐，对齐国的一度强大起了重要作用。

田忌赛马

田忌喜欢赛马，常常跟齐国宗室的公子王孙们押重金赌输赢。孙膑曾随田忌前往观赏赛事，结果田忌连输三场，孙膑就给田忌出主意，说："下次，您只管重下赌金，我保证让您大赚。"田忌想不出孙膑会用什么招法，不过他十分相信孙膑。到了下次赛马的时候，田忌果然投下了千金赌注。开赛之前，孙膑给田忌面授机宜，说："这次比赛，第一场您用下等马同他们的上等马周旋；第二场，您以上等马同他们的中等马比试；第三场，拿您的中等马跟他们的下等马较量。"这样，三场赛事下来，田忌以二胜一负告胜，赢得了齐王的千金赌注。

擒杀庞涓

田忌赛马的事也赢得了齐威王的极大兴趣。他当即召见孙膑，孙膑谈了些兵法方面的问题，孙膑的智慧学识一下子征服了齐威王，齐威王对孙膑佩服敬重，当下就拜他为军师。

在孙膑的参谋策划之下，齐军在桂陵和马陵两次大战中，采用"围魏救赵"和"援韩攻魏"的谋略，大败魏军，擒杀庞涓，俘魏太子申，创造了避实击虚，以弱胜强的著名战例。

孙膑也从此名扬天下，他的兵法著作更是流传后世。

《孙膑兵法》的创新

今存《孙膑兵法》三十篇，可断定前十五篇为《孙膑兵法》原作，后十五篇可能掺入了其他失传兵书之章句，但仍具有很高的价值。

《孙膑兵法》首篇即为《擒庞涓》，可见《孙膑兵法》既有对《孙子兵法》的继承，又有以实战经验总结为基础的创新，其在中国兵法兵书中的重要地位，自不待言。

《孙膑兵法》的实战意义

将两部《孙子兵法》加以对照比较，可以看出《孙膑兵法》较之《孙子兵法》更强调战争条件和战争手段的重要性，把创造有利形势提到战略高度。所谓"孙膑贵势”，即指此。他所提出的采取机动灵活的战术等军事理论和思想，均比《孙子兵法》有所发展，这和战国时期军事手段和战争规模皆较春秋时期有了较大变化是分不开的。

吴起杀妻求将

吴子名起，卫国人。《史记·孙吴列传》记载了他的生平事迹。吴起初期投效鲁国。周威烈王十四年（412），齐国进攻鲁国，鲁国国君想用吴起为将，但因为吴起的妻子是齐国人，对他有所怀疑。吴起渴望当将领成就功名，竟杀了自己的妻子，表示不倾向齐国，史称杀妻求将。因为这件事，吴起一直为后世所不齿。但吴起却赢得了鲁君的信任，任命他为将军，率领军队与齐国作战，并且取得了胜利。

吴起入魏

鲁国人批评吴起为人猜忌残忍，说吴起是个残暴无情的人。吴起小时候，家资丰厚，后来他想当官，到处游说没有成功，以致家庭破产。乡邻耻笑他，他就杀了三十多个诽谤他的人，然后逃出卫国而东去。他和母亲告别时，咬着臂膀发誓说：“不为卿相，不复入卫。”以后，他才学习兵法奉事鲁君。鲁君对他有怀疑，他就杀了自己的妻子以争取做将军。这样的人怎么能任用呢？于是，鲁君就辞退了吴起。吴起离开鲁国，投效魏文侯，官至西河守。

军事改革

魏文侯任用吴起进行军事改革，建立了一支强锐的常备军——魏武卒。其规定：凡能身着全副甲胄，执十二石之弩（十二石指弩的拉力，一石约今三十公斤），背负矢五十个，荷戈带剑，携三日口粮，在半日内跑完百里者，即可入选为“武卒”，免除其全家的徭赋和田宅租税；并对“武卒”严格训练，使之成为魏国的精劲之师。

身先士卒的将军

吴起做将军总是身先士卒，同他们同衣同食。士卒中有人生疮，吴起就用嘴为其吸脓。这个士卒的母亲知道这事后大哭起来。别人说：“你儿子是个士卒，吴将军亲自为他吸疮脓，你怎么还哭呢？”母亲说：“往年吴公为我丈夫吸过疮上的脓，打仗时，我丈夫就拼命往前冲，结果战死了。现在吴公又为我儿子吸疮上的脓，我不知他又将死到哪里了，所以我哭。”

吴起治军，主张严刑明赏、教戒为先，认为若法令不明，赏罚不信，虽有百万之军亦无益，曾斩一未奉令即进击敌军的兵士以明法。

拜相楚国

魏武侯之后，吴起又投奔楚国，楚悼王任吴起为相，进行改革。改革的结果，打击了旧贵族的势力，加强了王权，楚国国力一度强盛，“南平北越，北并陈蔡”，“却三晋，西伐秦”，引起各诸侯国的恐慌。

吴起之死

吴起改革仅一年，楚悼王就死了。旧贵族对吴起发难。吴起跑到悼王的尸体旁，伏在尸体上，意在射我必中王，中王，自然就暴露他们是反叛的罪人。但旧贵族还是射杀了吴起，乱箭也射到了悼王的身上。这就是“矢中王尸”。这一年是公元前381年。楚肃王继位后，又全部杀了因射刺吴起而同时射中了悼王尸体的人，被诛灭的宗族有七十多家。

《吴子》的治军思想

《汉书·艺文志》著录《吴起》四十八篇，已佚。今本《吴子》六篇，即《图国》《料敌》《治兵》《论将》《变化》《励士》，皆为后人所托。吴起为人虽邪僻，但是持论不诡于正。论治国治军，主张“教之以礼，励之以义”，论为将之道则曰“所慎者五：一曰理，二曰备，三曰果，四曰戒，五曰约”，大抵能够尚礼义，明教训。吴起一生在鲁、魏、楚三国出将入相，显示了卓越的军事才能，对后世用兵有深远的影响。

《太公兵法》

《六韬》又称《太公兵法》，是一部集先秦军事思想之大成的著作，对后代的军事思想有很大的影响，被誉为兵家权谋的始祖。相传为周初太公望，就是我们非常熟知的吕尚——姜子牙所著。姜子牙是周初杰出的韬略家、军事家与政治家，后世儒、道、法、兵、纵横诸家始祖，均尊其为“宗师”。

姜子牙的出身

姜子牙出身于贵族家庭，但到他出生时，他的家境已经十分破败了。贫穷容易使人丧失意志，但姜子牙从来也没有放弃过心中的远大志向，他把所有心思都用在了读书上，几十年后，他成了一个博览群书、足智多谋的人。姜子牙前半生生活在商朝纣王统治时期。据说，姜子牙还在商纣王手下做过官。姜子牙看出商朝的气数将尽，便毅然离开商朝，周游列国。这时，他大概有80岁了。

齐国始祖——姜子牙

周国的西伯侯姬昌，也就是后来的周文王宽厚仁爱、礼贤下士、勤政爱民，天下有识之士纷纷前去投靠。西周聚集了一大批文才武将。姜子牙看出，西伯侯将得天下，就天天到渭水河边钓鱼，最终遇见西伯侯姬昌，也就是周文王。这就是“姜太公钓鱼，愿者上钩”的传说。

文王非常赞赏太公，把他带回自己的封国，任为军师。以后，姜太公辅佐文王、武王，完成了灭商的大业。之后，他被封到齐国，成为齐国的始祖。

《六韬》对后世的影响

姜太公半生寒微，飘游不定；动心忍性，静待时机；韬光养晦，卓绝于世。传说《六韬》是他留下的宝贵精神财富。虽然至今为止，《六韬》到底为何人所作，尚存疑问，但姜太公的奇谋智慧是历代为人们所称道的。他的道德功业，一直为后人所推崇、称颂。有人把他由人变为神，列入神仙之首，说他能呼风唤雨、使神役鬼；有人把他尊为“兵家鼻祖”；齐人称他为“天齐至尊”。

《六韬》在北宋时被列为《武经七书》之一，为武学必读之书。16世纪，它又传入日本；18世纪传入欧洲；现今已被翻译成日、法、朝、越、英、俄等多种文字，在世界谋略学上占有一席之地。

“六韬”指的是什么

今本《六韬》共六十一篇，近两万字，共分六卷，全书以太公与文王、武王对话的方式编成。内容如下：

文韬——论治国用人的韬略；

武韬——讲用兵的韬略；

龙韬——论军事组织；

虎韬——论战争环境以及武器与布阵；

豹韬——论战术；

犬韬——论军队的指挥训练。

《文韬》的“六守”

《六韬》卷一《文韬》阐述为政者要贤德、爱民，省刑罚，正礼仪。《文韬·六守》提出人君应有“六守”“三宝”。文王问“六守”是什么呢？太公曰：“一曰仁，二曰义，三曰忠，四曰信，五曰勇，六曰谋，是谓六守。”

《文韬》的“三宝”

“三宝”又是什么呢？太公曰：“大农、大工、大商谓之三宝。农一其乡，则谷足；工一其乡，则器足；商一其乡，则货足。三宝各安其处，民乃不虑。无乱其乡，无乱其族，臣无富于君，都无大于国。六守长，则君昌；三宝完，则国安。”这些主张在今天看来，仍有很强的现实意义。

十二条“文伐”

《六韬》卷二《武韬》论述了取得政权及对敌斗争的策略，强调在作战前必须先对敌我双方的情况了如指掌，进行比较，以己之长克敌之短，达到制胜的目的。《文伐》篇中列举了十二条属于文伐，不属于武攻的阴谋诡计。一是“因其所喜，以顺其志”，使敌人滋生骄傲之心；二是“亲其所爱，以分其威”，造成一心两用，危害其社稷；三是“阴赂左右，得情甚深”，就是使用贿赂的手段，使敌方内部生害；四是用珠玉、美人来腐蚀麻痹敌人；五是挑拨敌方君臣关系；六是收买敌人的内臣，离间其外臣；七是送给敌人大量财物，使其轻视生产，因而导致蓄积空虚；八是与敌国伪结亲谊以麻痹敌人，使其为我所用；九是表面上尊崇敌国，使其狂妄自大而荒废政事；十是对敌国君主假意卑微屈从，使其骄怠自毙；十一是闭塞敌国君主的视听，收买敌国英雄豪杰为己用；十二是扶植敌国的奸臣，以乱臣美色迷乱其君主的心智。

《六韬》的主要内容

《六韬》中的《龙韬》《虎韬》《豹韬》《犬韬》等大多论述军队与国家治理问题。

《六韬》的内容十分广泛，涉及战争观、军队建设、战略战术等有关军事的许多方面，其中又以战略和战术的论述最为精彩，它的权谋家思想也很突出。《六韬》强调人君驾驭百姓，就要像渔人钓鱼，以钓饵来诱使人们上钩，听从驱使。这大概就是姜太公所使用的“愿者上钩”的故事。权谋表现在很多方面：如“予之为取”、爱民之道、“攻强必先养强”“文伐”，用兵要见机而作，以谋略取胜，而不以力战，等等。两万字的著作确实是包含了极其丰富的内容，是值得认真阅读的著作。

五花八门

“五花八门”原是古代战术中的阵势：“五花”是五行阵，“八门”则是八门阵。

春秋战国时期，许多战略家都懂得使用五行阵。五行系指金、木、水、火、土。古人认为，构成各种物质的种种元素即是五行。加之五行又代表红、黄、蓝、白、黑五种色素，它们混在一起还可变为多种颜色，能够使人眼花缭乱。

八门阵也称八卦阵，这个阵势，原来是按照八卦的次第列为阵势的。但是，八八可变成六十四卦，常使对方军队陷入迷离莫辨之中。相传，春秋时期的孙武、孙膑最早运用八门阵。后来三国时期的诸葛亮又将八门阵改变成为“八阵图”。

八阵法

八阵法是《孙膑兵法》中提出的八种最基本的阵法，包括：方阵，用于截断敌人；圆阵，用于聚结队伍；疏阵，用于扩大阵地；数阵，密集队伍不被分割；锥行之阵，如利锥，用以突破敌阵；雁行之阵，如雁翼展开，用于发挥弩箭的威力；钩行之阵，左右翼弯曲如钩，准备改变队形、迂回包抄；玄襄之阵，多置旌旗，是疑敌之阵。八阵法经历秦汉传到三国，由于诸葛亮的出色运用，而成为一种著名的阵法。

十大阵图

我国古代不仅有十八般兵器，而且还有十大阵图：一字长蛇阵，二龙汲水阵，三方天地人阵，四门斗底阵，五虎攒羊阵，六子连芳阵，七星斩将阵，八卦金锁阵，九曜星宫阵，十面埋伏阵。另外，还有许多阵名，如“天门阵”“龙门阵”等。

三令五申

宋代曾公亮撰《武经总要》书中解释了三令五申的具体所指。

所谓“三令”：一令观敌人之谋，视道略之便，知生死之地；二令听金鼓、视旌旗，以齐其耳目；三令举斧钺，以宣其刑赏。

所谓“五申”：一申赏罚，以一其心；二申视分合，以一其途；三申画战阵旌旗；四申夜战听火鼓；五申听令不恭，视之以斧钺。三令与五申是教育将士应该在战阵中和军事行动中明确的作战守则。

何谓“百战”

常讲的“百战”，确有一百种战法。所谓“百战”就是：计战、谋战、间战、选战、步战、骑战、舟战、车战、信战、教战、众战、寡战、爱战、威战、赏战、罚战、主战、客战、强战、弱战、骄战、交战、形战、势战、昼战、夜战、备战、粮战、导战、知战、斥战、泽战、争战、地战、山战、谷战、攻战、守战、先战、后战、奇战、正战、虚战、实战、轻战、重战、利战、害战、安战、危战、死战、生战、饥战、饱战、劳战、佚战、胜战、败战、进战、退战、挑战、致战、远战、近战、水战、火战、缓战、速战、整战、乱战、分战、合战、怒战、气战、归战、逐战、不战、必战、避战、围战、声战、和战、受战、降战、天战、人战、难战、易战、饵战、离战、疑战、穷战、风战、雪战、养战、书战、变战、畏战、好战、忘战。

十八般兵器

“十八般兵器”之称是从“十八般武艺”一词演化而来。“十八般武艺”的原始出处和内涵今天已无从查考。谢肇浙《五杂俎》中对“十八般武艺”的具体内容作了记述：“一弓、二弩、三枪、四刀、五剑、六矛、七盾、八斧、九钺、十戟、十一鞭、十二简、十三挝、十四殳、十五叉、十六把、十七绵绳套索、十八白打。”前十七种都是兵器的名称，第十八般名曰“白打”，就是“徒手拳术”。

“杂家”的含义

杂家是战国后期出现的一种哲学派别，以“兼儒墨，合名法”为特点，“于百家之道无不贯通”，即杂糅诸子思想而成，自身并无一贯的宗旨。《汉书·艺文志·诸子略》将其列为九流之一。《汉书·艺文志·诸子略》载杂家著作多家，但现在只留下《尸子》《吕氏春秋》《淮南王》。

《尸子》的思想

尸子名佼，晋国人，或说鲁国人。相传商鞅曾经奉之为师，商鞅死后，尸佼逃入蜀地。尸佼逃往蜀后，写作《尸子》书。《汉书·艺文志》著录了《尸子》二十篇，大部分已亡佚，后由唐代魏征、清代惠栋、汪继培等辑成。《汉书·艺文志》列尸佼为杂家。他的思想，融合了儒、墨、道、法各家，和孟轲、荀卿、商鞅、韩非等人的思想都有相通处；对农家许行也有影响；在思想史上是个重要环节。他强调"兼爱百姓，务利天下"，劝说统治者要"善修国政"，是有一定的进步意义的。

吕不韦遇"奇货"

吕不韦（约前292—前235），卫国濮阳（今河南濮阳）人，他在阳翟（今河南禹县）经商，发财致富，"家累千金"。据说，有一年，吕不韦到赵都邯郸，遇到了秦昭王的孙子异人，这个异人此时正在赵国做人质。吕不韦回家就问他的父亲："耕田之利几倍？"父亲答："十倍。"问："珠玉之赢几倍？"答："百倍。"问："立国家之主几倍？"答"无数。"吕不韦听罢哈哈大笑。老父不解地问："因何而笑？"答："遇奇货可居也。"以后，吕不韦就把这位落魄的秦王孙当作"奇货"，把自己的商贾巨利押在了这个人身上。

经营帝王之业

吕不韦把落魄的秦昭王孙异人当作"奇货"。当时，异人的父亲安国君已经被立为太子。安国君有二十多个儿子。安国君的宠姬华阳夫人没有儿子。吕不韦先是以经商的名义去秦国，以重金贿通华阳夫人的姐姐，又经过华阳夫人把异人立为安国君的储子。安国君还请吕不韦当异人的老师，异人的名声在诸侯中越来越大。吕不韦的第一步计划实现。吕不韦在这时又斥巨资购买了一个美女——赵姬做自己的妾。赵姬怀孕后，吕不韦便将她给了异人。赵姬隐瞒有身孕。第二年，赵姬就在赵国邯郸生下了一名男婴，因正月生于赵国，取名赵正，回秦国后叫嬴政，就是后来中国历史上赫赫有名的秦始皇。

辅佐秦庄襄王

公元前251年，秦昭王病殁，安国君正式嗣位，为秦孝文王。一年后，秦孝文王也因病去世。当时，32岁的异人做了秦国国君，是为秦庄襄王，立嬴政为太子。庄襄王登上王位，当然十分感激吕不韦，封吕不韦为秦相，朝政全由吕不韦掌管。吕不韦熟知各国局势，经过周密的准备，突然以迅雷不及掩耳之势，出兵击溃了赵军，秦的军力由此逐渐壮大起来。

饮鸩自杀

秦庄襄王在位三年便驾崩了，他的儿子嬴政继位。嬴政继位时年仅13岁，大权由吕不韦独揽。随着秦王嬴政长大，即将亲政，皇权和相权发生矛盾，最后秦王嬴政命吕不韦迁移遥远的蜀地，还给吕不韦送去了一封信。上面说："君何功于秦，秦封君河南，食十万户？君何亲于秦，号称仲父？"吕不韦害怕，在流放途中饮鸩自杀，执掌秦国相印凡十三年。

一字千金

除了经营了一项帝王之业，吕不韦还给后世留下了一部《吕氏春秋》。在先秦诸子百家代表作品中，《吕氏春秋》可谓"收尾之作"。其成书于秦始皇八年(前239)。共二十六卷，分十二记、八览、六论三大部分，共一百六十篇，二十余万字。因以月记为首，如孟春记、仲春记等，故书名定为《吕氏春秋》，也称《吕览》。据说，书成之后，吕不韦用重金悬赏，有能增删一字者赏千金。"一字千金"之典故即由此而来。

杂家之说——《吕氏春秋》

《吕氏春秋》集儒、道、法、墨、农、阴阳、刑名诸家之言，故属杂家之作。据记载，吕不韦在任秦相国期间，有门下客三千人。他要这些宾客人人著所闻，"以为备天地万物古今之事"。由于这些门下客思想倾向各不相同，故该书编成后，尽管在形式上保持了全书的统一，但内容上却集先秦诸子百家学说于一书，成为一本思想资料汇编。《汉书·艺文志》说它"兼儒墨，合名法"，故将之列入"杂家"。

《吕氏春秋》的史料价值

《吕氏春秋》保存了许多先秦史料，以及古代许多遗文佚事，还保存了不少古代农业技术史料，更值得后人珍视。司马迁在《史记》中，将《吕览》与《周易》《春秋》《离骚》并列，认为该书"大出诸子之右"，评价很高。

《吕氏春秋》的主要思想

《吕氏春秋》是第一部完整的书。吕不韦所以编这部书，就是想化零为整，集合众长，统一思想，这和战国末期政治走向统一的趋向相吻合，也显示了吕不韦包容天下思想与知识的雄心。书中采用的"十二纪"如同一个涵盖天地万物古今之事的基本框架，依天道循环变化，以四季十二月为纲，"春生、夏长、秋收、冬藏"的联想，将天象、物候、农事、政事、人事等统统联系起来，综合各种思想、知识与技术，设想了一个日常思想与行为的秩序。

《吕氏春秋》中的寓言

《吕氏春秋》中运用了280多则寓言故事，以简单浅显的语言，说明深刻的道理，如《察今》中讲了一个“刻舟求剑”的故事，讽刺那些死守教条、拘泥成法、固执不知变通的现象。

楚人有涉江者，其剑自舟中坠于水，遽契其舟，曰：“是吾剑之所从坠。”舟止，从其所契者入水求之。舟已行矣，而剑不行，求剑若此，不亦惑乎？以故法为其国与此同。时已徙矣，而法不徙。以此为治，岂不难哉！

“掩耳盗铃”“其父善游”“齐人偷金”“知人不易”等故事也对各种各样的人生及社会问题进行讽刺，具有很强的教育意义。《吕氏春秋》是百家争鸣时代最后的文化成就，同时作为文化史即将进入新阶段的重要标志，是一部具有里程碑意义的巨著。

《淮南子》内二十一篇

《淮南子》也称《淮南鸿烈》，西汉淮南王刘安是当时皇室贵族中学术修养较为深厚的人，他组织其门客苏非、李尚、伍被等八人编著了这部书。一般认为《淮南子》是杂家著作。《汉书·艺文志》著录内二十一篇，外三十三篇。颜师古注曰：“内篇论道，外篇杂说”，现只流传内二十一篇。据高诱序言，“鸿”是广大的意思，“烈”是光明的意思。作者认为此书包括了广大而光明的通理。

刘安“得道成仙”

刘安(前179—前122)，江苏沛县人，是汉高祖刘邦的孙子。传说刘安迷恋修道成仙的事，做梦都想成为仙人，飞升仙境。于是，他招了很多术士住在自己家现场熬制妙药。有一天，刘安吃下一粒丹药，忽觉身轻气爽，不知不觉竟飘了起来。原来，他真的得道了。他慢慢地升天成仙了。刘安的妻子一看，丈夫得道升天了，便也吃了一粒灵丹妙药，果然也成仙升天了。接着，刘安家其他的人都争着吃那些剩下的灵丹妙药，一个个都得道飞升仙境。刘安家的那些鸡、鸭、猫、狗，因为舔食了盛药的器皿里的残余仙药，也都随着成仙升天了。

后来，人们说的“一人得道，鸡犬同升”就来源于此。其实，刘安不可能得道成仙，他是在59岁时，被汉武帝以“大逆不道，谋反”罪逼迫自杀的。

《淮南子》的特点

全书内容庞杂，它将道、阴阳、墨、法和一部分儒家思想糅合起来，但主要的宗旨倾向于道家。《汉书·艺文志》则将它列入杂家。首篇《原道训》提出宇宙起源于“气”的思想，是对先秦以来讲“道”、讲“气”的进一步具体化，其中有神秘主义观点。书中有“以道绌儒”的倾向，与汉武帝“独尊儒术”相对抗；还保存了先秦诸子和自然科学史材料。

《淮南子》在阐明哲理时，旁涉奇物

异类、鬼神灵怪，保存了一部分神话材料，如“后羿射日”“共工怒触不周山”等古代神话，都因为本书而流传下来。

《抱朴子》二十篇

《抱朴子》是魏晋神仙道教的代表作，也是集魏晋道教理论、方术之大成的重要典籍。葛洪撰。《抱朴子》今存内篇二十篇，论述神仙、炼丹、符箓等事，自称“属道家”；外篇五十篇，论述“时政得失，人事臧否”，自称“属儒家”。外篇中《钧世》《尚博》《辞义》《文行》等篇有关于文学理论批评的内容。

葛洪的生平

葛洪（284—364），字稚川，两晋时学者、文学家，丹阳句容（今属江苏）人。曾为司徒王导主簿，又被征为散骑常侍、大著作，不就。后赴广州，在罗浮山炼丹。他是中国东晋时期著名的道教理论家。

《抱朴子内篇》的价值

《抱朴子内篇》主要讲述神仙方药、鬼怪变化、养生延年、禳灾却病，属于道家。其是现存体系最完整的“神仙家言”，对道教理论有一定的发展。内篇中《金丹》《黄白》等篇，研究用矿物炼丹药，炼金银；《仙药》及其他篇，有用药物治疗疾病的记载，对化学和药物学的发展有一定的影响。

《抱朴子外篇》的主要内容

《抱朴子外篇》主要谈论人间得失，讥刺世俗，讲治民之法；评世事臧否，主张藏器待时，克己思君；论谏君主任贤能，爱民节欲，独掌权柄；论超俗出世，修身著书等。《抱朴子》将玄学与道教神学，以及方术与金丹、丹鼎与符、儒学与仙学统统纳于一体之中，从而确立了道教神仙理论体系。

“农家”的兴起

《汉书·艺文志·诸子略》称：“农家者流，盖出于农稷之官。播百谷，劝耕桑，以足衣食，故八政一曰食，二曰货。”可见农家是以重视农业生产为主要诉求的。农家的兴起，与战国时期诸侯之间相互攻伐、疏于农业，以致民不聊生的背景有关。农家尊神农氏，神农是三皇之一，始创耒耜，教民稼穑，实为农业的始祖。农家著作有《神农》二十篇，《野老》十七篇，《宰氏》十七篇，《董安国》十六篇，《尹都尉》十四篇，《赵氏》五篇等，均已佚。许行是战国时期的农家代表。

农家许行

许行，楚国人，活动于楚宣王至楚怀王时期。与孟子同时，他的事迹只见于《孟子》一书中。许行和他的几十个门徒，曾经在江汉间以打草织席为生。滕文公元年（前332），许行及其门徒从楚国来到滕国，要求滕文公给他们一块土地，一间房子，使他们留住滕国，从事耕种。这些人生活极为简朴，穿粗麻短衣，自织而衣，自耕而食。他们主张过俭朴的农耕生活，而且身体力行，在社会上产生了不小的影响。大儒家陈良之徒陈相及弟弟陈辛带着农具从宋国来到滕国，拜许行为师，摒弃了儒家观点，成为农家学派的忠实信徒。

“农”“儒”论

许行和他的弟子到滕后，儒家的孟轲游滕。《孟子·滕文公上》载：“陈相见孟子，道许行之言曰：‘……贤者与民并耕而食，饔飧而治。’”意思是，陈相拜访孟子，转述许行的话说：“……贤人治国应该和老百姓一道耕种而食，一道亲自做饭。”孟子对许行的农学派毫不客气，贬斥为“南蛮鴃舌之人，作先王之道”。这就是历史上有名的“农”“儒”论。

农家的思想特点

从孟子和弟子们的谈话以及和陈相的论辩中，可知许行的思想有两点：一是主张君民共耕。他认为贤君也应和百姓一样，参加农耕，自食其力，只有这样，才是真正的贤人。二是主张“市贾（价）不贰”。就是布匹丝绸只要长短同，价钱一样；麻缕丝絮轻重同，价钱也一样；五谷多寡同，价钱一样；粗制的鞋子和精做的鞋子，只要大小同，价钱也一样。这样一来，市场的同种物品，就只有一种价格，没有第二种价格，因此小孩子到市场上买东西，也不会被人欺骗。许行的思想，是小农经济平均主义的反映，集中显示了农民阶级自食其力的淳朴本色，表达了企图解除现实压迫的强烈愿望，充满了对想象中的平均社会的美好憧憬，对后世产生了很大影响。

稷下学派

战国时期，齐国成为文化学术的中心，其集中代表为稷下学宫。齐国首都临淄有稷门，稷门附近称稷下，此处有齐王设立的学宫，聚集了大批知名学者。他们在此聚徒讲学，著书立说，自由辩论。这些人被称为稷下先生，他们的门徒叫作稷下学士，这些学者被统称为稷下学派。所以，稷下学派实际上是指学宫内的争鸣团体，非指学术观点一致或相承袭的学派而言。稷下学者中以黄老学派为主体，故也有人称之为黄老学派。稷下学派作为战国时代学术中心，影响很大。由于“不治而议论”，稷下又是百家争鸣和思想交流之中心，促进了文化学术的繁荣发展，在先秦文化史上，应大书一笔。

稷下学士宋钘

宋钘（约前370—前291），宋国宋城人。约自周烈王六年至周赧王二十四年间在世，与齐宣王同时，游稷下，著书一篇。与孟子同时而略早。孟轲、庄周都很尊敬他，呼之曰“先生”，或称“宋子”。他的思想接近墨家，主张“情欲寡浅”，“对人宽恕”，其学与墨学颇接近。班固以为其“言黄老意”，但在《汉书·艺文志》中则将他列入小说家。

稷下学士田骈

田骈（约前370—前290），齐国人。他本学黄老，借道明法，与慎到齐名。他的思想也与慎到接近，属道家。曾讲学稷下，雄于辩才，有“天口骈”的称号。曾从彭蒙之师学到“贵齐”要领，主张“齐万物以为首”，要求摆脱各自的是非利害，回到“明分”“立公”的自然之理，从“不齐”中实现“齐”。《汉书·艺文志》有《田子》二十五篇，已佚。

稷下学士环渊

环渊，楚人，一作玄渊、蜎渊。有人说环渊即关尹，学黄老道德之术，与詹何齐名。曾讲学稷下，整理老聃语录，成《道德经》上下篇，对保存道家原始思想资料作出了贡献。《汉书·艺文志》著录《蜎子》十三篇，早佚。

稷下学士邹奭

邹奭是继邹衍之后的阴阳家。齐人有“谈天衍，雕龙奭”的说法，意为邹衍善谈天，邹奭之言则细致如雕镂龙文。有《邹奭子》十二篇，已佚。

稷下学士淳于髡

淳于髡，出身低贱，齐威王、宣王时人。齐国赘婿，齐威王用为客卿。他博闻强记，能言善辩。他多次用隐言微语的方式讽谏威王，居安思危，革新朝政；还多次以特使身份，周旋诸侯之间，不辱国格，不负君命。“其学无所主”，即不属任何学派，在百家争鸣中，常持调和态度。善用隐喻，故《史记》将其列入《滑稽列传》之首。所著《王度记》今已失传。

《六祖坛经》

《六祖坛经》是中国佛教禅宗典籍，也称《六祖大师法宝坛经》，简称《坛经》，是唯一的一部被称为经的僧人著作。其记录了惠能的主要事迹以及言传身教，内容极其丰富，文字通俗易懂，是研究佛教禅宗思想渊源的重要依据。由于历代辗转传抄，因而版本较多，体例互异，内容详略不同。据流通较广的金陵刻经处本，其品目为《自序》《般若》《决疑》《定慧》《妙行》《忏悔》《机缘》《顿渐》《护法》《付嘱》等十品。

惠能的求佛

惠能是唐代高僧，中国佛教禅宗六祖，一作慧能。他是中国历史上的一个传奇人物。他的生平事迹是由佛家弟子口口相传的奇闻逸事构成的。俗姓卢，范阳（今北京大兴）人。幼随父流放岭南新州（今广东新兴）。父亡后，他随母移居南海，家无产业，以卖柴为生。

据说，惠能天生慧根。有一次，他在集市上听到有人在诵《金刚般若经》，便凝神聆听，久久不肯离去。他拉住诵经的人问："跟谁能学到《金刚般若经》？"诵经的人回答："蕲州的弘忍禅师精通这部经，说是即得见性成佛。"惠能从此萌发了拜师求法的念头。回家之后，为老母准备了一些生活用品，自己一路北上。那年，他24岁。

拜师五祖

唐龙朔元年（661），在蕲州黄梅东禅寺，惠能谒见禅宗五祖弘忍。一见面，弘忍就问他："你从何处来？想求什么？"惠能回答："从岭南来参拜敬礼，只求作佛。"弘忍说："你是岭南蛮荒之人，何来佛性？"惠能说："人有南北，佛性岂有南北？"弘忍心中颇为赞许，于是把惠能留了下来，让随从作务，劈柴踏碓八个多月。

了悟佛性

五祖弘忍年事已高，急于传付衣法，就命弟子作偈考察他们禅解的深浅。若有悟道者就传授衣钵，继承祖位。上座弟子神秀呈偈云：

"身是菩提树，心如明镜台，时时勤拂拭，莫使惹尘埃。"

弘忍以为未见本性，未传衣法。惠能虽然是个苦役小僧，但聪明过人，于是口诵一偈。因为自己不识字，便请人题于壁上，其偈为：

"菩提本无树，明镜亦非台，本来无一物，何处惹尘埃。"

众弟子看见此偈，大大惊叹。因为惠能把菩提树、明镜台都看成空的了，自然要比神秀对"空"的理解更彻底。但这个偈恐怕会给惠能招来灾难，于是，弘忍看了看，说："也未见心性。"便脱下鞋子擦了。

惠能逃亡

神秀与惠能分别作偈的当天夜里，五祖弘忍唤惠能到堂内，为他讲解《金刚经》，将衣钵传付给他。惠能成为中国禅宗的第六代祖师。为了免遭迫害，弘忍吩咐惠能赶快离开，不到必要的时机，不能把自己是禅宗六祖的身份讲出来，免得众僧来争夺衣钵。惠能连夜南归。神秀无法获得衣钵，自然开始追杀惠能，惠能逃往岭南老家并且隐居了16年。

创建禅宗南派

仪凤元年（676）正月初八，惠能到广州法性寺。据《瘗发塔记》载，当印宗法师在该寺讲《涅槃经》之际，"时有风吹幡动，一僧曰：风动；一僧曰：幡动；惠能进曰：不是风动，不是幡动，仁者心动”。印宗闻之悚然，问：“久闻五祖衣法南来，难道是行者吗？”惠能于是取出衣钵出示众人。印宗欢喜，即于正月十五日，在一个菩提树下为惠能剃度，又召集高僧为他举行了隆重的受戒仪式，至此，惠能才算是真正的僧人。

第二年春天，惠能离开法性寺北上。他来到曹溪宝林寺，在那里开山传法，大倡顿悟法。从此形成禅宗的南派。当年他的大师兄神秀所传之法则为禅宗的北派。

在当时，惠能的禅宗南派影响极大。上起达官贵人，下到普通百姓，都纷纷潜心南宗。连女皇帝武则天都说：“恨不召陪下位，侧奉聆音，倾求出离之源，高步妙峰之顶。”

六祖圆寂

开元二年（713），惠能在新州国恩寺圆寂。韶、广二州门人，迎惠能遗体至曹溪南华寺供奉至今。惠能去世后，更是名位加身，帝王们接连为他追封谥号，王维、柳宗元、刘禹锡等名家都为他撰写过长篇碑文，追忆他的事迹。

顿悟自性，见性成佛

惠能宣扬人人都有佛性，提出“本性是佛，离性别无佛”，“佛向性中坐，莫向身外求”；宣扬“顿悟成佛”说，即“一闻言下便悟，顿见真如本性”。其中心思想是“见性成佛”，即所谓“唯传见性法，出世破邪宗”。他认为“先立无念为宗”。所谓无念，就是虽有见闻觉知，而常空寂之意。关于“顿悟”，他的解释是：自心从本已来空寂者，是顿悟。即心无所住是顿悟；今于顿中立其渐者，即如登几层之台，要藉阶渐，终不向渐中而立渐义。又说：“又有迷人，空心静坐，百无所思，自称为大。此一辈人，不可共说，为邪见故。”他还说：“佛法在世间，不离世间觉。离世觅菩提，恰如觅兔角。”不但扼要地说明了禅宗源于般若，而且为禅宗的开展奠定了理论基础。

《六祖坛经》对后世的影响

《六祖坛经》是禅宗的重要典籍。中国佛教著作被尊为经的，仅此一部。惠能倡导佛在心中，无须外求，用不着苦心修行，也不须诵读大批经卷，只要静心省悟，便可顿悟成佛。惠能的顿悟说，成佛的方法简单易行，便于人们接受，得到了广泛的传播。到唐代后期，禅宗南宗几乎取代了佛教的所有宗派，垄断了佛坛。南宗教义后来逐渐为儒家所汲取，为宋代“心学”的产生提供了养分。

四、文学

"文学"之含义

我国古代典籍浩繁，前人以四部分类，即经、史、子、集。集部的图书基本上属于文学类，今人便以"文学"代替前人所谓"集部"。什么是文学？范晔自述《后汉书》说："文患其事尽于形，情急于藻，义牵其旨，韵移其意。""政可类工巧图绩，竟无得也，手笔差易，文不拘韵故也。"刘勰《文心雕龙》说："今之常言，有文有笔，有韵者文也，无韵者笔也。"

在现代，文学则专指用语言文字塑造形象，以反映社会生活、表达思想感情的艺术。文学与史学、哲学、美学、逻辑学等都有着直接的关联。古代文学中，又分为诗、赋、词、曲、文、小说等多种文体形式。

章太炎对"文学"一词的解释

章太炎在《国学略说》中说：

据我看来，有文字著于竹帛叫作"文"，论彼的法式叫作"文学"。文学可分有韵、无韵二种：有韵的今人称为"诗"，无韵的称为"文"。

古时所谓文章，并非专指文学。孔子称"尧、舜焕乎其有文章"，是把"君臣朝廷尊卑贵贱之序，车舆衣服宫室饮食嫁娶丧祭之分"叫作"文"，"八风从律，百度得数"叫作"章"。换句话说：文章就是"礼""乐"。后来范围缩小，文章专指文学而言。

章太炎又在《国故论衡·文学总略》上说：

言文学者，不得以兴会神旨为上，应以表谱簿录为始；非但经史诸子为文学，机铸铜雕木之类，所以济文字之穷者，亦文学之属也。

可见，章太炎所定义，是广义的，即只要是记录在竹简、布帛、纸张上的文字，并有一定法式的，就是文章。经史诸子之文都是文学。

中国文学的明珠——《诗经》

《诗经》是中国古代文学史上一颗璀璨的明珠。在其诞生后的几千年里，不仅一直处于"经"的尊崇地位，而且一直受到人们的喜爱，尽管时代变迁，世事沧桑，依然放射着璀璨夺目的光芒。《诗经》共三百零五篇，人们根据篇数，取整数，称“诗三百”。《诗经》共分风、雅、颂三类：有十五“国风”——《邶风》《鄘风》《卫风》《王风》《郑风》《齐风》《魏风》《唐风》《秦风》《陈风》《桧风》《曹风》《豳风》和“周南”“召南”，计一百六十篇。“大雅”和“小雅”，计一百零五篇作品。“周颂”“鲁颂”和“商颂”，计四十篇。如果撇开“风”“雅”“颂”和“赋”“比”“兴”的约束，单从内容上对《诗经》分类的话，可分成周民族史诗、颂赞诗、怨刺诗、婚恋诗、农事诗、征役诗、爱国诗等十种。

《诗经》中的史诗

《诗经·大雅》保存了五首古老的周民族的史诗——《生民》《公刘》《绵》《皇矣》《大明》，记载了从周始祖后稷诞生到武王灭商的一些传说和英雄史迹。

《生民》是一部神话浸透的传奇，也是一段神话包裹的历史。它记载的姜嫄履迹怀孕，无夫生子的奇迹，隐含着母系氏族社会婚姻杂交、原始野合、知其母不知其父以及图腾崇拜的史实。

后稷之后数百年，周氏族举族迁徙，从有邰迁到豳地。领导周人完成这次伟大壮举的是公刘。《公刘》就记载这次迁徙，该诗热情地赞颂这位领袖。

公刘之后又数百年，周民族再次大迁徙，由豳地来到周原，并在这里建立了家天下的周王国。这期间，他们的领袖是古公亶父。《大雅·绵》就是称颂这位领袖的。

《皇矣》描述了文王继承先祖遗业，发展壮大周民族的事迹，主要写的是文王伐密、伐崇这两次战争。诗中对这两次大战极力渲染，战斗场面写得十分生动形象，有力地表现了周人保卫部落生存的无畏气概，歌颂了两次征伐的胜利。

《大明》描述王季、文王的婚姻和家庭，赞美武王伐纣的辉煌胜利。全诗共八章，从王季娶太任而生文王说起，一路铺叙，直到武王伐纣胜利为止。

从《生民》《公刘》《绵》《皇矣》到《大明》五篇史诗，叙述了自周始祖后稷到武王灭商这一历史阶段的全部发展经过，比较完整地勾画出了周人创业建国的历史。诗中热情地歌颂祖先的功德，充满着对祖先的崇拜。

《诗经》中的颂赞诗

《诗经》中的二《雅》、三《颂》是赞美神权、赞美王权、赞美贵族的诗，这类诗在《诗经》中占了四分之一以上。《颂》中的诗，文辞庄严堂皇，典雅铿锵，虽然是为祝颂、祭祀而作，但其中保留了不少有价值的史料，有的诗见解深刻，富有哲理，对后世颇有启迪。

《大雅》中的《生民》《公刘》《绵》《皇矣》《大明》《思齐》等，都属于赞美诗。

《诗经》中的怨刺诗

怨刺诗的主要内容是悯时伤政、怨

天尤人，也叫政治讽刺诗，是结合社会现实，反映国计民生的作品。这些诗集中于《雅》之中。《桑柔》是《大雅》怨刺诗的代表作。全诗十六章，前八章刺厉王失政，好利而暴虐，以致民不聊生，激起民怨。后八章责同僚，同时道出厉王用人不当的过失。指责朝廷权贵是“为民不利”的“贪人败类”，是“民之贪乱，宁为荼毒”“进退维谷”“职盗为寇”的祸根。

《桑柔》揭露了厉王统治的水深火热，揭示了官逼民反的历史事实。

《民劳》《节南山》《小弁》《北山》等都属于怨刺诗。另外，还有一些忧国哀民、愤世嫉俗的诗，诗中对人民的疾苦有所反映，如“小雅”中的《正月》《苕之华》等，都是乱离之世的忧苦之音。

《伐檀》是魏国的民歌，也是一首著名的怨刺诗。它描写一群在水边的劳动者砍伐树木，一边劳动，一边唱歌，发表议论。把不劳而获的“君子”比作“硕鼠”，质问他们不参加生产劳动，却囤积着大量的粮食和大量的猎物，愤激地谴责他们，发誓要和他们彻底决裂。

《诗经》中的婚恋诗

婚恋诗是《诗经》中最重要、最著名的一部分，历来受到人们喜爱。如《关雎》《桃夭》《木瓜》《野有蔓草》等已成为历代脍炙人口的诗篇，这些诗内容极为丰富多彩。《诗经》里开宗明义的第一首诗歌是《国风·周南》中的《关雎》，以追求和思念为主旋律，展示了一个男子的痴情，中和平正中含蓄着一股难以遏止的激情，表达了对美好爱情的渴望。

关关雎鸠，在河之洲。
窈窕淑女，君子好逑。
参差荇菜，左右流之。
窈窕淑女，寤寐求之。
求之不得，寤寐思服。
悠哉悠哉，辗转反侧。
参差荇菜，左右采之。
窈窕淑女，琴瑟友之。
参差荇菜，左右芼之。
窈窕淑女，钟鼓乐之。

又如《邶风·静女》写一个小伙子钟情一个女孩，约好在城角约会，而女孩调皮地藏了起来，急得小伙子团团转。恋歌以朴素优美的语言形式描写了男女之间纯洁的爱情生活，表现了他们对待爱情的高尚情操，爱情生活的和谐与欢乐。其爱情的表达大多是率真大胆，毫无忸怩之态，基调也是健康的。

最值得一提的是《秦风·蒹葭》，表现对心上人可望而不可即的相思之苦，成为千百年来人们传诵不衰的爱情诗。秋苇苍苍、白露茫茫、寒霜浓重，主人公感到一片迷茫，他苦苦追求的伊人就在不远处。“所谓伊人，在水一方”，眼前本来是秋景寂寂，秋水漫漫，什么也没有，可由于牵肠挂肚的思念，他似乎遥遥望见意中人就在水的那一边，于是想去追寻她，以期欢聚。可是“遡洄从之，道阻且长”，主人公只好沿着河岸向上游走，去寻求意中人的踪迹。但不论主人公怎么游，总到不了她的身边，她仿佛就永远在水中央，可望而不可即。眼前总是浮动着一个迷离的人影，似真亦幻。整个诗篇蒙着一片迷惘与感伤的情调。

《诗经》中的征役诗

《诗经》中有很多都是抒发人们生活郁闷和人生忧伤的诗，如《王风·黍离》：

彼黍离离，彼稷之苗。
行迈靡靡，中心摇摇。
知我者谓我心忧，
不知我者谓我何求。
悠悠苍天，此何人哉！

这就是一首漂泊者的哀歌，他满腔的愁苦却无处诉说，只好向着苍天呼喊："悠悠苍天，此何人哉？"

又如《小雅·采薇》，是一首征战归来的边防士兵所赋的诗。诗中反映了士兵的征战生活和内心感受。其末章：

昔我往矣，杨柳依依。
今我来思，雨雪霏霏。
行道迟迟，载渴载饥。
我心伤悲，莫知我哀！

抒发归途遇雪，忍饥受渴的辛苦和悲伤，诗味最浓，其情极苦。全诗交织着士兵诉说战争生活的劳苦悲伤和爱国热情交织的情绪。《采薇》一诗在题材上可称为边塞诗的鼻祖。征人思乡和爱国情愫成为后代边塞诗的重要主题，打动着千百万读者的心弦。

在这类作品中，有不少是借女主人公思念在外服役的"行人"来表现主题的，古人称之为"思妇之辞"。如《王风·君子于役》描写在家的思妇盼望久役在外的丈夫回家，夕阳下山、牛羊牧归的场景更触动思妇的情感，引起愁肠，但这思念又化为祝愿——苟无饥渴，聊以慰藉。闺阁中人不能深知栉风沐雨之劳，所念者饥渴而已。但这正是最家常处，也是生存之最根本处，深深的忧思和怀念动人心魄。

《诗经》中的农事诗

《周颂》中反映周初农业生产的诗有《臣工》《噫嘻》《丰年》《载芟》《良耜》等篇。习惯上称它们为农事诗，都是产生于西周初年的作品。这些诗是周王朝春夏祈谷、秋冬报赛的祭歌，其中写到当时农业生产的情况和规模。如《噫嘻》中记载了在三十平方里的大片土地上，上万人同时耕作的场景。

《诗经》中的爱国诗

《诗经》一方面表达征役之苦，一方面也写出了他们的爱国感情和英雄气概。《采薇》一诗就交织着士兵诉说战争生活的劳苦悲伤和爱国热情的复杂情绪。

相传为许穆夫人所作的《鄘风·载驰》一诗，也是有名的爱国诗篇。公元前660年，狄人侵卫，卫懿公战死，由于宋国的帮助，遗民在漕邑安顿下来，并立了新君，也就是许穆夫人的哥哥卫戴公。许穆夫人从许国到漕邑吊唁，并为了娘家卫国准备向大国求援，许国人不支持她的这些行动，甚至抱怨她，反对她，阻拦她。许穆夫人于是写下此诗，歌以言志。诗中写许穆夫人归心如焚，面对许人的阻拦，心头忧愤，同时表示自己的决心,以示决不回头。高尚的灵魂，威武的气概，爱国的热情交织成一幅壮丽的诗篇。

《诗经》不朽

《诗经》是我国文学的辉煌开端，其以丰富而深刻的思想内容，精湛而杰出的艺术成就把我国诗歌推向了第一个高峰。其中的很多诗篇，无论是抒情、叙事、咏物、写景、说理，都是真挚之情的流露，保存了民歌拙朴率真的趣味，音韵上的自然和谐，情感上的诚挚活泼，情调上的健康清新，处处表现了艺术上的最高成就。

《诗经》对后世的影响

在《诗经》的影响下，我国历代产生了许多成就卓越的伟大诗人，创造了无数优秀诗篇。《诗经》影响着后代的创作，中国文学史上的又一个瑰丽珍宝——汉赋就是在其直接影响下形成的。班固在《两都赋序》中说："赋者，古诗之流也。"历代《乐志》中记载的郊庙歌、燕射歌，以及后世的碑、志、赋、颂、诔、铭等颂德祭祖之作中，还都可以看到"周颂"和"大雅"的影子。《诗经》还是六朝、唐诗的祖宗。《诗经》的魅力不在于历代统治者赋予的崇高地位，而是其自身艺术感染力在人们心中所形成的最强大的震撼。

什么是楚辞

《楚辞》也作《楚词》，指楚人所作的诗歌。楚辞既是文体名，也是书名。汉代，楚辞指以屈原为代表的楚人的作品。宋代黄伯思在《校定楚辞序》中概括说："盖屈宋诸骚，皆书楚语，作楚声，记楚地，名楚物，顾可谓之'楚辞'。"

楚辞在句中或句尾普遍带个兮（古音读啊）字。这种带"兮"字的诗体，并非屈原首创，远在屈原以前的楚地民间的口头歌谣，句中多带"兮"字，它们就是屈原以前的楚辞，或楚辞先声。屈原学习和运用楚地民间歌谣，结合历史和现实生活，进行再创作，使之成为一种诗歌形式，使之在思想性和艺术性上达到了高峰，所以有人将屈原所写《楚辞》称为"屈体"或"骚体"。

楚辞与汉赋

"楚辞"在汉代被称作"赋"，因为汉赋是受"楚辞"的影响直接发展起来的文体，汉人把屈、宋之辞与枚乘、司马相如之赋等同起来，都叫“赋”。楚辞和汉赋的区别在于，楚辞是诗歌，汉赋是押韵的散文。

后来流行的《楚辞》是西汉末年刘向所编，里面原收屈原、宋玉以及汉代淮南小山、东方朔、王褒、刘向等人的辞赋共十六篇。不过，现在人们所说的《楚辞》，主要指以屈原为代表的作品。

屈原投江

屈原（前340—前278），名平，字原，楚武王子瑕的后裔。瑕原封于屈，因以为氏，故屈原虽与国君同姓（楚为熊姓），不称熊原，而称屈原。楚怀王早期，屈原得到信任，任“左徒”之职。那时，他大概20岁。屈原很有学问，熟悉历史和政治，口才又好。他一方面参赞国事，一方面给怀王见客，办外交，头头是道，怀王很信任他。

当时楚国有亲秦、亲齐两派，屈原是亲齐派，主张联齐抗秦。秦国看见屈原得势，便派张仪买通了楚国的贵臣上官大夫、靳尚等，在怀王面前说他的坏话。怀王果然被他们所惑，将屈原放逐到汉北。张仪便劝怀王和齐国绝交，说秦国答应割地六百里。等到楚和齐绝了交，张仪却说答应的是六里。怀王大怒，举兵伐秦，不料大败而归。这时候想起了屈原，将他召回，让他出使齐国。亲齐派暂时抬头。但是亲秦派不久又得势，怀王终于让秦国骗去，不得返回。三年后死在秦国。这件事让楚人极其悲愤，屈原就更不用说了。

怀王的儿子顷襄王继位后，以弟子兰为令尹，子兰不停地诋毁屈原，结果屈原第二次被放逐到江南。他流浪了九年。爱国无路，报君无门，一腔悲愤，化为诗歌，写出伟大的诗篇《离骚》。

秦国的侵略一天紧似一天，屈原不忍亲见亡国的惨象，又想以一死来感悟顷襄王，便自沉在汨罗江里。

屈原的悲剧

屈原是一个浪漫主义、爱国主义诗人。旧历五月五日端午节，相传便是他的忌日；后来的竞渡据说原来是表示救他的，粽子原来是祭他的。他是个忠臣，而且是个缠绵悱恻的忠臣；他是个节士，而且是个浮游尘外，清白不污的节士。“举世皆浊而我独清，众人皆醉而我独醒。”他的一生是一出悲剧，他一直深受人们的敬仰与怀念。

《离骚》是怎样写成的

《离骚》既是《楚辞》的代表作，也是屈原的代表作。此篇是屈原第二次被放逐时所作。那时候，他感念怀王的信任，却恨他糊涂，让一群小人蒙蔽着，拨弄着。而顷襄王又不能觉悟，以致国土日削，国势日危。他自己呢，“信而见疑，忠而补谤”，简直走投无路，满腔委屈，千头万绪，没人可以诉说，终于只能告诉自己的一支笔，《离骚》便是这样写成的。

《离骚》的特点

“离骚”是“别愁”或“遭忧”的意思。屈原是个富于感情的人，那一腔遏抑不住的悲愤，随着他的笔奔迸出来，成就了这篇千古流传的杰作。

在这篇诗歌中，屈原借助神话传说和宇宙间的壮丽景色，把对现实生活的描述和丰富的幻想交织在一起，是一首浪漫主义和现实主义巧妙融为一体的杰作。

《离骚》中的政治隐喻

屈原通过《离骚》，追叙了许多历史人物事迹和历史事件的过程，他陈说唐、虞及夏、商、周三代的治，桀、纣、羿、浇的乱，善恶因果，历历分明；用来讽刺当世，感悟君王。他又用了许多神话里的譬喻和动植物的譬喻，委曲地表达他对于怀王的钟爱，对于贤人君子的向往，对于群小的深恶痛绝。他将怀王比作美人，他是“求之不得”，“辗转反侧”，情辞凄切，缠绵不已。他又将贤臣比作香草。“美人香草”从此便成为政治的譬喻，对后来解诗、作诗的人影响很大。正是经过这样的比喻象征、幻化升华，而把现实生活中的复杂斗争、美与善的崇高、恶与丑的卑鄙龌龊、光明与黑暗的不可两立形象地表现出来，启发人的认识，激动人的心灵。

《离骚》——士人自己的化身

《离骚》还可以看作是一篇具有自传体性质的作品，其中记载着屈原的世系和生辰。诗人通过叙述自己的出身，祖先之光荣，生辰之卓异，名字之佳美，自己为国尽忠的热望，塑造了一个纯洁高大的抒情主人公形象。他有崇高的理想，峻洁的人格，丰富强烈的感情。他不仅有内在的美好品质，又有美好的仪表，他憎恶黑暗、嫉恶如仇，宁“伏清白以死直”，不肯与邪恶同流。就是揩拭眼泪也与平常人不一样：“揽茹蕙以掩涕兮，霑余襟之浪浪。”真是“出污泥而不染”，在他身上集中了一切美好的东西，而这正是诗人自己的化身。

《九歌》包括哪些篇章

《九歌》是屈原在民间祭神乐歌的基础上改写而成的，是一组抒情诗，大概作于屈原被放逐之前。《九歌》共十一篇：《东皇太一》《云中君》《湘君》《湘夫人》《大司命》《少司命》《东君》《河伯》《山鬼》《国殇》《礼魂》。《九歌》的基调是赞美神，而且都是自然神祇，既有祭祀中歌舞娱神的热烈场面，又有人们对神的热烈礼赞，更写了神与神、神与人之间的相爱及离愁别意。虽然写的是神，却有着浓厚的人情味。《九歌》是屈原诸作中最美的，是祭歌，又是优美的抒情诗，它取材于神话传说，不像《九章》带有强烈的政治性和战斗精神。

《九歌》之《国殇》

《九歌》是一套祭祀用的歌词，其中《国殇》一篇比较特殊，唯独《国殇》一篇所祭既非天神，亦非地祇，而是人鬼。戴震《屈原赋注》："'殇'之义二：男女未冠（二十岁）笄（十五岁）而死者，谓之'殇'；在外而死者，谓之'殇'。'殇'之言伤也。'国殇'，死国事，则所以别于二者之殇也。"所谓"国殇"，就是指为国牺牲的将士。将为国牺牲的将士和天神、地祇同等祭祀，是一首追悼为国牺牲将士的挽歌。《国殇》歌颂爱国主义，歌颂牺牲精神，其中对死难将士英勇不屈、视死如归的精神进行了热烈的礼赞，格调悲壮刚健，充满爱国主义精神。

《九歌》中的恋歌

《湘君》《湘夫人》《山鬼》三篇是优秀的恋歌。湘君、湘夫人是一对配偶神，山鬼是一位女山神。他们都像凡人一样渴望着爱情的幸福，他们的感情也像凡人一样强烈而真挚。诗中到处洋溢着人世间的生活气息。诗人用朴素自然的语言表达他们之间的感情，特别是《湘夫人》写湘君待湘夫人而不至，其怀恋怨慕之情，凄艳哀恻。开头四句，说湘君想象湘夫人已经降临到了北渚，自己在等待她到来，望眼欲穿，而她却迟迟不来，眼前唯见徐徐的秋风、洞庭湖的波澜和飘落着的树叶，禁不住愁绪满怀，把环境气氛、人物的表情和心理状态和谐地交织在一起，构成了迷离恍惚、若有若无、凄清悲凉之画面。它的意境历代被传诵，诗人们由此引发出了许多美丽的诗篇。

长诗《天问》

《天问》是一首非常奇特的长诗。在中国文学史上可谓前无古人，后无来者。它从头至尾用疑问句，一口气提出一百七十多个问题，包括宇宙形成、天地开辟、日月运转、大地形状、川流走向等自然现象，也包括诸如天命人事、神仙故事、历史传说、社会现实等，极为神幻奇诡。四言一句，流畅自然，变化多端。

"天问"就是问天，由于天尊不可问，故曰天问也。古人相信，天乃万物之总名，亦是统理万物之主宰。因此，问天也就是问自然、问社会、问万事万物。

《天问》用提问的方式表达诗人的观念和价值取向，情理交融，声情并茂，宛若梦笔生花，令人读来兴趣盎然，绝无枯燥之感。因此，清代学者刘献庭在《离骚经讲录》中赞其为"千古万古至奇之作"。

《九章》有哪些篇章

《九章》共包括九篇作品，依照王逸《楚辞章句》的次序为：《惜诵》《涉江》《哀郢》《抽思》《怀沙》《思美人》《惜往日》《橘颂》《悲回风》。《九章》这九篇作品非作于一时一地。《九章》属于政治抒情诗，文笔比较朴素，多直抒胸臆；浪漫主义成分较少，除少数片断外，一般不用幻想、夸张的手法；质朴的文字中处处体现着诗人强烈的爱国之情。

《九章》之《橘颂》

《橘颂》是一首咏物述志的诗，借对橘的赞颂寄寓了诗人高洁的情怀和热爱祖国的感情，情调欢快，一般认为是屈原早期的作品。诗中橘亦是我，我亦是橘。橘乃造化所赐，吸天地精华，成一代佳木，绿叶离离，金实灿灿。它刚正不阿，无己无私，恬然自得却又与世无争，只为自然展现出自我内在的魅力。如此高洁的品质，又有谁能与之伦比呢？颂橘即颂己，我有如此高洁的情怀，却又有谁能识得呢？率真的笔触，美丽的南国橘图，使得《橘颂》历经两千多年传诵不衰，它像一颗璀璨的明星，在我国浩瀚的诗歌星空中放射着夺目的光彩。

《九章》之《哀郢》

《哀郢》和《涉江》是屈原除《离骚》以外的两篇有代表性的作品。哀郢，就是哀悼郢都的陷落。公元前278年秦将白起攻陷郢都，作者亲眼目睹了当时的惨状。诗中描写了当时的荒乱景象，对人民遭受的灾难，对国家的濒于危亡，表现了无限的悲痛和哀伤，对腐朽贵族的误国罪行和顷襄王的不辨贤愚忠奸表示了愤怒和谴责。

《九章》之《涉江》

《涉江》也是屈原作品中的名篇，记述了诗人被放逐江南的历程和心情，其中作者的行迹历历可见，诗中作者一再表示决不“变心从俗”，决不向邪恶势力屈服。其艰苦卓绝、矢志不渝、坚持真理的精神，动人心弦，感人肺腑。

《九章》之《抽思》

《抽思》是作者被怀王流放汉北时的作品，表现了诗人独处异域的孤寂苦闷心情和对郢都的怀念。其中说：“惟郢路之辽远兮，魂一夕而九逝。”诗人一夜当中九次梦见回到故国的郢都，思乡爱国之情无以言表。

《九章》中的其他作品

《惜诵》写于被怀王疏远以后，写作时间也比较早。《怀沙》《惜往日》是屈原自沉以前不久的作品，后者是作者的绝笔，是他的最后一首述志诗，诗中说“不毕辞而赴渊”。

《招魂》文风

《招魂》的作者，历来存在着争论。东汉王逸《楚辞章句》称《招魂》的作者是宋玉，因哀怜屈原“魂魄放佚”，因作以招其生魂。西汉中，司马迁在《史记·屈原贾生列传》中，将《招魂》与《离骚》《天问》《哀郢》并列，定为屈原作品。

《招魂》当作于公元前296年，即顷襄王三年。三年前楚怀王受秦欺骗，入武关而被拘于秦，逃跑不成，怨愤而死。屈原悲愤难抑，写作《招魂》，"外陈四方之恶，内崇楚国之美"，并在诗的最后发出震撼心灵的呼唤——"魂兮归来，哀江南"，这是屈原在招楚怀王之魂。《招魂》在艺术上极尽铺排夸张之能事，文辞绚丽，想象诡异，是一首浪漫主义诗篇，对后来的汉赋创作有直接影响。

宋玉的生平

在中国古代文学史上，常是屈、宋并称，屈即屈原，宋即宋玉。有关宋玉的生平，后世知之甚少。传说宋玉是屈原的弟子。《九辩》的题材和体制都模拟《离骚》和《九章》，但是没有屈原那样激切，调子比较低沉。宋玉是第一个描写"悲秋"的人，对后世文人影响极大。

宋玉的作品

《汉书·艺文志》载宋赋十六篇，《隋书·经籍志》有《宋玉集》三卷。现今流传下来的宋玉作品，《楚辞章句》中有《九辩》与《招魂》(一说为屈原所作)，《文选》中有《风赋》《高唐赋》《神女赋》《登徒子好色赋》《对楚王问》，《古文苑》中有《笛赋》《大言赋》《小言赋》《钓赋》《舞赋》《讽赋》等篇。

《九辩》开创伤感文学

宋玉的作品，最可信的是《九辩》。

在《九辩》中，诗人以细腻的文笔，描写一个失意文人在秋风寒冷中的哀愁：

"悲哉，秋之为气也！萧瑟兮草木摇落而变衰，憭栗兮若在远行；登山临水兮送将归！泬寥兮天高而气清，寂寥兮收潦而水清，憯凄增欷兮薄寒之中人。怆怳懭悢兮去故而就新；坎廪兮贫士失职而志不平。廓落兮羁旅而无友生；惆怅兮而私自怜。"

个人的自怜自叹，是《九辩》的主题。一个失职的寒士，发泄出一点怀才不遇的不平之感，流露出一点悲秋的感情。宋玉的感情，主要是由个人仕途失意与自然环境所酿成的哀伤。但是宋玉的文采和情感，却引起了一代又一代知识分子的共鸣。那些穷愁失意的文人，都自比宋玉，伤春悲秋，多愁善感，模仿《九辩》，写出自怨自怜的哀感文章。宋玉是第一个描写"悲秋"的人，在《九辩》的前段中，连用"萧瑟""憭栗""泬寥""憯凄""怆怳""懭悢""坎廪""廓落""惆怅""寂寞""淹留"这些哀怨的字眼，织成凄凉悲苦的音调，也成为后代文人伤感人世的文学的滥调，他们觉得只要有这种字眼，便算是哀感的妙文。当然，后来这些滥调作品，比起宋玉的《九辩》来，却远未得其精髓。

楚辞不朽

楚辞开创了中国诗史上光辉灿烂的一页。楚辞的出现，打破了《诗经》以后两三个世纪的沉寂而在诗坛上大放异彩，后人也因此将《诗经》与《楚辞》并称为诗、骚。楚辞充满着浪漫主义的气息。诗、骚成为中国古典诗歌现实主义和浪漫主义创作的两大流派。

屈原是楚辞最优秀的代表。他的高洁的品质，爱国主义的精神，他的人格力量和悲剧命运都对后世中国人产生了极大的影响。伟大的史学家和文学家司马迁读《离骚》曾从中汲取了精神力量。他说："推此志也，虽与日月争光可也。"他以"屈原放逐，乃赋《离骚》"勉励自己写成名垂千古的史学巨著《史记》。唐代大诗人李白高度评价屈原："屈平辞赋悬日月，楚王台榭空山丘。"宋代爱国诗人陆游有诗："《离骚》未尽灵均恨，志士千秋泪满裳。"表达了和屈原同样的爱国忧民的思想。《离骚》与《诗经》一起构成了中国文学史的双璧。

赋的产生

赋是在汉代涌现出的一种有韵的散文。"赋"本是"颂"的意思，《汉书·艺文志》说："不歌而颂谓之赋。"荀子的《赋篇》第一次以"赋"名篇。汉人沿袭其义，凡辞赋都称为"赋"。汉代贾谊是荀子的再传弟子，他的境遇近于屈原，又久居屈原的故乡；很可能他模拟屈原的体制，沿用了荀子的"赋"的名字。这种赋日渐发展，屈原诸作也便被称为"赋"。赋的特点是散韵结合，专事铺叙。《文心雕龙·诠赋》篇对赋的定义："赋者，铺采攡文，体物写志。"大意是说，赋是继《诗经》之后所产生的韵文，它用华丽的辞藻来铺陈其事。赋是咏物的文学，属于载道言志的文学。

汉赋的繁荣

自汉武帝后，辞赋日益发达。当时汉武帝好辞赋，作者极众，争相竞胜。扬雄说："诗人之赋丽以则，辞人之赋丽以淫。"辞赋家以丰辞缛藻、穷极声貌来大肆铺陈，为汉帝国的强大或统治者的文治武功高唱赞歌，只在结尾处略带几笔，微露讽谏之意。于是，汉赋便成汉代文学的主流。司马相如和扬雄为此时赋家最杰出的代表。东汉以来，班固作《两都赋》，"极众人之所眩曜，折以今之法度"，张衡仿他作《二京赋》，晋左思又仿作《三都赋》，汉赋一度达到高潮。

赋的发展

赋发展到齐、梁、唐初为极盛，称为"俳赋"。唐代古文运动起来，宋代加以发挥光大，诗文不再重排偶而趋向散文化，赋体也变了。像欧阳修的《秋声赋》，苏轼的前、后《赤壁赋》，虽然有韵而全篇散行，排偶极少，比《卜居》《渔父》更趋散文化。这称为"文体"的赋。唐、宋两代，以诗赋取士，规定程式。赋定为八韵，调平仄，讲对仗；制题新巧，限韵险难。这称为“律赋”。对“律赋”而言，汉赋属于“古赋”。

贾谊的生平

贾谊（前200—前168）人称贾生、贾子、贾长沙。他出生于汉高祖七年（前200），这个时代正是西汉政权刚刚建立的年代，它既给贾谊带来了施展才华的机遇，也给他的人生带来了坎坷和痛苦。他是西汉著名的政治家、文学家，也是个有名望的大儒。他只活了33岁，就赢得了如此巨大的声誉。所以，当时的人们都叫他“洛阳少年”。

汉文帝元年（前179），贾谊被征召入朝，立为博士。和他同事的都是白胡子一把的老博士，和老博士相比，贾谊既有满腹经纶，又有远见卓识。他思维敏锐，见解深刻，文帝器重他，一再提拔他。年仅22岁就被破格晋升为太中大夫。当时刘姓诸侯王的势力已经严重影响了中央集权，贾谊就提出“众建诸侯而少其力”的主张；匈奴人经常侵扰中原，战火一度烧到了首都长安，贾谊就提出出兵匈奴的主张；还力主重农政策。但贾谊遭到了权贵周勃、灌婴等人的诽谤和诋毁，文帝也开始疏远他了，后来就派他去做长沙王吴产的太傅。后来，他又担任梁怀王太傅，不料怀王坠马而死。贾谊听到这个消息哀伤不已，他责备自己没有尽到责任，有负文帝的嘱托。他日日啼哭，绝望至极，伤感过度而死。

贾谊《吊屈原赋》

从中央政府被贬谪到偏远荒凉的长沙去做官，对贾谊是一个巨大的打击。他伤心、委屈、气愤，在渡湘水的时候，满怀悲愤地写下了《吊屈原赋》。一百多年前，屈原就是在离这里不远的汨罗江，满怀着报国无门的悲愤，投江而死的。如今，自己也遭到了同样的命运。他那悲愤的心情如滔滔江水，翻腾不息。满怀的忧郁愤懑与对现实的不满，强烈地渗透在字里行间。“鸾凤伏窜兮，鸱枭翱翔。阘茸尊显兮，谗谀得志”，正是贾谊与屈原所面对的同样的政治现实。

不过，贾谊并不赞同屈原以身殉国的行动。他认为自己虽然将居住在潮湿的长沙，环境恶劣，也应当顽强地活下去，或许因此而不能长寿，但他不愿去自尽。他表示：

“历九州而其君兮，何必怀此都也？凤凰翔于千仞兮，览德辉而下之；见细德之险征兮，遥曾击而去之。彼寻常之污渎兮，岂能容夫吞舟之巨鱼？”

贾谊在文中既赞美屈原，又是他的自喻，吊屈原实乃吊自己，是对愚贤颠倒的社会现实的强烈抗议。

贾谊《鹏鸟赋》

贾谊到长沙，转眼三年过去了。唐代诗人刘长卿留下了“三年谪宦此栖迟，万古惟留楚客悲”的诗句，暗示贾谊在长沙的凄苦岁月。贾谊到长沙的第三年的一天，一只鹏鸟飞入他的住宅。长沙民间认为此鸟所到人家，主人不久将会死去。贾谊触景生情，倍感哀伤，便写下千古流传的《鹏鸟赋》。

贾谊问鹏鸟：“予去何之？吉乎告我，凶言其灾。淹速之度兮，语予其期。”

鹏鸟叹了一口气，扑棱一下翅膀，扬起头，好像听懂了贾谊的话，想要回答他的样子，却又不知如何回答。于是，贾谊便假借鹏鸟的口气说：

祸兮福所倚，福兮祸所伏；忧喜聚门兮，吉凶同域。彼吴强大兮，夫差以败；越栖会稽兮，勾践霸世。斯游遂成兮，卒被五刑；傅说胥靡兮，乃相武丁。夫祸之与福兮，何异纠纆；命不可说兮，孰知其极？水激则旱兮，矢激则远；万物回薄兮，振荡相转。云蒸雨降兮，纠错相纷；大钧播物兮，坱圠无垠。天不可预虑兮，道不可预谋；迟速有命兮，焉识其时。

一人一禽的问答，借鹏鸟回答的方式，如同道家所阐发的，作者对祸福、死生作了极其通达的评述，企图以此来求得自己精神上的解脱。是啊，人生祸福无常，应该“知命不忧”了。但通过这些豁达的语词，还是可以感觉到在贾谊旷达的精神世界中，其实还隐忍着深沉的悲哀！那是一种被永远放逐的痛苦！

枚乘的生平

枚乘（？一前140），字枚叔，生活在汉武帝之前的文、景时代，曾是吴王、梁王的文学侍从。吴王发动七国之乱前，他曾上书极力谏阻；七国叛乱中，他又上书劝谏吴王罢兵。吴王均不听。七国之乱平定后，枚乘因此而显名。枚乘以善写辞赋著称于世。《汉书·艺文志》著录“枚乘赋九篇”。今仅《七发》可以确定为枚乘所作。

《七发》的内容

《七发》是一篇讽谏劝谕之作。文中假托楚太子有病，吴客探视，以七事启发楚太子。全文采用问答形式，构成八段文字。首段为序，借吴客之口，分析了楚太子患病的缘由：腐化享乐、安逸懒惰，非药石可治。正文共六段，通过太子与吴客的反复问答，由吴客为他描述音乐之美、饮食之丰、车马之盛、宫苑之宏深、田猎之壮阔、观涛之娱目等六事的乐趣，结果都不能解除太子的病；到最后一段归于以“要言妙道”转移太子的志趣，太子“据几而起”，出了一身透汗，霍然病除。

行文铺张扬厉，辞采繁富，是《七发》最鲜明的特色，写音乐之美妙动听，写郊猎之威猛雄壮，写观涛之惊心动魄，都极尽华美。特别是“观涛”一节写得繁音促节，气壮神旺，令人触目惊心，如临其境。其篇章结构也层次清楚，脉络贯串，移步换形，不觉呆板，为后来的大赋所不及。

《七发》的文体

如果说贾谊开始了“赋”这种形式，那么到枚乘的《七发》，标志着汉代散体大赋的正式形成。此后，辞赋随着时代的发展而进一步丰富，又有后代许多赋家刻意模仿《七发》，于是，在赋中逐渐形成了一种定型的主客问答形式的文体——“七体”。

司马相如的生平

司马相如（约前179—前117），字长卿，小名犬子，蜀郡成都人。相如少好读书、击剑，被汉景帝封为“武骑常侍”，景帝不好辞赋，相如便借病辞官。到梁国，与梁孝王的文学侍从枚乘等交游，写了名篇《子虚赋》。梁孝王死后，他投奔临邛县令王吉。在临邛县，他听说富豪卓王孙寡女卓文君，容貌秀丽，善诗书琴画，便趁做客卓家的机会，以一曲《凤求凰》表达对卓文君的爱慕之情。于是二人当夜私奔，完成了两人生命中最辉煌的事件。后来，两人实在太穷，只好由成都回临邛，开了家酒肆，文君当垆卖酒，卓王孙不得不认下了这个女婿。司马相如与卓文君的浪漫爱情故事曾打动了无数人，并被视为文人雅士的代表，被人们演绎着，成为中国文学永恒不衰的话题。司马相如一生倾力作赋，在他的努力下汉赋进入了辉煌时代。司马相如的创作也成为后世赋家的范本，汉代赋家如扬雄、班固、张衡等都以他为榜样，创作出名动千古的文章。

《子虚上林赋》怎样铺排渲染

《汉书·艺文志》记载，司马相如赋二十九篇，大都失传，现存《子虚赋》《上林赋》《大人赋》《长门赋》《美人赋》《哀二世赋》。其中，《子虚赋》《上林赋》为相如代表作。

《子虚赋》为相如游梁国时所写，后来，汉武帝看见了，大加赞赏，恨不能与此人同时。于是，将相如召去，相如说《子虚赋》不过叙诸侯游猎之事，不足观，请赋天子游猎，遂成《上林赋》。武帝读了更高兴了，留他在朝中做官，为首席专职作家，以后还派他出使过西南。

《子虚赋》《上林赋》可以看作是一篇，又叫《子虚上林赋》。全篇通过子虚、乌有先生、无是公三人的问答，夸耀天子诸侯的苑囿，表现出封建社会极盛时期王朝的气魄，是名副其实的宫廷文学，其中极尽夸张之能事。主人公子虚、乌有先生、无是公，他们的名字昭示着这一切都出于虚构。楚国之子虚先生讲述随齐王出猎，齐王问及楚国，极力铺排楚国之广大丰饶，说楚国有七泽，云梦是最小的，也有方圆九百里。于是，奇花名草，珍禽异兽，山水土石，东南西北，毫无节制地铺排下去，华艳夺目，富丽堂皇。乌有先生不服，便以齐之大海名山、异方殊类，傲视子虚。无是公不满他们的吹嘘，说：“诸侯小国，说这些大话未免太过分了。”随后，以极其华丽的语言赞美天子的上林苑，这座皇家园林“出入泾渭，终始灞浐”，太阳从东边出来，西边已经落了，北方冰天雪地，南方已树木葱茏。

三个人漫无边际地夸耀着，只要是脑袋里有的，都拿出来，铺排在那里；脑袋里没有的，就到字书里去找，用华丽的辞藻，虚构了一幅光怪陆离的画面。最后又在末尾加了一点小小的讽喻，于是，正如扬雄所说“劝百讽一，曲终而奏雅”了。

《长门赋》为谁而写

《长门赋》是一篇声情并茂的优秀作品，是受武帝废后陈皇后之托而作。陈皇后，小名阿娇，她和汉武帝曾有一段“金屋藏娇”的美妙故事，后来，武帝宠爱卫子夫，陈阿娇被废。关在长门宫里的陈阿娇痴心地盼望丈夫能有回心转意的那一天。她听说司马相如的文采飞扬，他写的每一篇辞赋武帝都会读，于是，便以百斤黄金求司马相如为自己做一篇赋，希望以此感念丈夫。司马相如果然妙笔生花，写了一篇凄恻动人的名作《长门赋》。

《长门赋》以女主人公的口吻诉说了自己被君王抛弃后忧愁、凄凉、悲苦的生活，以及希望重获恩宠的强烈愿望。据《长门赋序》称，这首赋被武帝看了之后，感动无比，虽然不能复立陈阿娇为皇后，却又重新与她旧情复燃，共效于飞之乐。但事实是，陈阿娇依旧是凄清悲凉地在冷宫里打发余生。

《长门赋》委婉曲折，语近《楚辞》，是作者别具一格的抒情小赋，对后代宫怨一类题材的诗作产生了很大的影响。

扬雄的生平

西汉末期，同是蜀郡成都人的扬雄继承司马相如的风格，成为文坛领袖。

扬雄（前 53—18），字子云。为人口吃，不善言谈，善作赋。汉成帝时曾随侍左右。公元前 11 年正月，扬雄与成帝前往甘泉宫，作《甘泉赋》讽刺成帝铺张。十二月又作《羽猎赋》，仍然以劝谏为主题。被封黄门郎，与王莽、刘歆等为同僚。公元前 10 年，扬雄作《长杨赋》，讽喻成帝。王莽当政，拉拢扬雄，任他为中散大夫。后默默无闻而终。

扬雄早年沉溺在辞赋之中，极力模仿司马相如，用思构词，追求沉绵绝丽，因此也有“扬马”之称。后来思想转变，文风也随之转向“绝伦”，即研究哲学。曾仿《论语》作《法言》，仿《易经》作《太玄》。

扬雄对后世的影响

扬雄非常推崇司马相如，说如果“孔门用赋”，则“贾谊升堂，相如入室矣”。称赞相如的赋“不似从人间来，其神化所至耶”。

扬雄的创作对后世的影响也很大。唐代大诗人杜甫少年时曾学他的辞赋，赞扬他"赋料扬雄敌"。《长杨赋》是扬雄的代表作。赋中以翰林为主人，子墨为客卿，叙写汉朝声威之盛，气势恢弘，词采华丽。但它同司马相如的赋有同样的缺点，即所谓"劝百而讽一"。

《两都赋》的主题

班固是历史学家，他的《汉书》在中国史学上占有极重要的地位。班固也是东汉前期最著名的辞赋家。《两都赋》是班固最有名的辞赋。

《两都赋序》记述了作此文的缘由。两都，指西都长安和东都洛阳。东汉建都洛阳，西京父老有怨言。"西土耆老，咸怀怨思。冀上之眷顾，而盛称长安旧制，有陋洛邑之议。故臣作《两都赋》，以极众人之所眩曜，折以今之法度。"这也是《两都赋》的主题。

《两都赋》的特点

赋中以主客问答方式，假托"西都宾"向"东都主人"夸耀西都长安的关山之险要、宫苑之富丽、物产之繁盛，希望东汉皇帝驾返西都；"东都主人"则责备"西都宾"安土重迁和炫耀失实，转而向他夸耀今朝盛事。他先颂扬光武帝的建国，继述修东都洛阳，"备制度"，再称田猎、祭祀、朝会、宴饮、来远人的盛况，以驳斥"西都宾"的"淫侈之论"，最后归之为应建都洛阳。

《两都赋》颂扬了东汉建都洛阳和光武帝中兴汉室的功绩，体制宏大，有不少警句，写法上铺张扬厉，完全模仿司马相如的《子虚赋》《上林赋》，是西汉大赋的继续。《两都赋》开拓了写京都的题材，对张衡的《二京赋》和左思的《三都赋》均有影响。

张衡的生平

张衡（78—139）是我国古代杰出的科学家，在天文学、数学、地理学等方面都有杰出的贡献。张衡也是一位著名的文学家。他生活在东汉中期以后，由盛转衰之际。当时贵族官僚崇尚奢侈，宦官专权，政治黑暗。他空有一腔报国热望，却无处施展，长期心情抑郁。

张衡也是个勤敏朴实的学者，崔瑗在给他写的墓志铭上赞扬他："敏而好学，如川之逝，不舍昼夜。"张衡在《应闲》里这样鼓励自己："约己博艺，无坚不钻。""君子不患位之不立，而患德之不崇；不耻禄之不伙，而耻智之不博。"这正是他自己人格的写照。

张衡《二京赋》

《二京赋》是张衡的代表作。《二京赋》模拟班固的《两都赋》，而结体更宏伟，铺叙夸张更加厉害，被称为京都大赋的"长篇之极轨"。赋的主旨在于讽谏奢侈，劝谕节俭，比之以前的汉大赋较有现实意义和真情实感。赋中警告统治者要懂得"水所以载舟，亦所以覆舟"的道理，不可“好剿民以偷乐，忘民怨之为仇也；好耽物以穷寇，忽下叛而生忧也”。深沉的忧虑贯穿于字里行间。赋中还写了一些社会风俗人情，如“角觝百戏”、游侠辩士、都市商贾等，也都生动细腻。《二京赋》的写作花了十年时间，可见其用功之深。

曹植的生平

汉赋的题材，是以对封建帝王的歌功颂德为主，常常是鸿篇巨制。曹魏时期的赋，则偏重于抒发个人情怀，题材的范围扩大了，形式上更是以短赋为主体。曹魏时期的赋家，在当时最著名的是曹植与王粲。

曹植（192—232），字子建，曹操第三子。少聪敏，颇为曹操所宠爱。后失宠，其兄曹丕称帝后，曹植屡受猜忌和迫害，纵情诗酒，最后郁郁而死。曹植在诗歌和辞赋创作方面有杰出成就，他的赋继承两汉以来抒情小赋的传统，又吸收楚辞的浪漫主义精神，为辞赋的发展开辟了一个新的境界。

《洛神赋》的人神之恋

《洛神赋》为曹植辞赋中最杰出的作品。这是一首浪漫而感伤的抒情散文，它融入神话题材，通过梦幻境界，描写人神恋爱的悲剧。洛神为洛水之神，相传为古帝宓羲氏之女。曹植在赋序中说：“感宋玉对楚王神女之事，遂作斯赋。”赋中先用大量的篇幅描写洛神宓妃的容貌、装束、姿态，美人纯洁如芙蓉，风华绝代。随后诗人对她产生爱慕之情，托水波以传意，寄玉佩以定情。洛神终被他的真情所感动，与之相见，倾之以情。然终归是“人神之道殊”，洛神含恨赠珰而去。诗人失意追恋的心情达于极点。

《洛神赋》背后的爱情悲剧

全文想象绚烂，浪漫凄婉之情淡而不化，惆怅丝丝，令人感叹。这千古美文的背后，竟有一段令人断肠的爱情故事。

据记载，曹植幼时与曹丕妻甄妃朝夕相处，进而生出一段情意。公元200年，曹丕称帝后，甄氏被封为妃，次年郁郁而死。甄后死，曹植到洛阳朝见哥哥。甄后生的太子曹睿陪皇叔吃饭。曹植看着侄子，想起甄后之死，心中酸楚无比。饭后，曹丕遂将甄后的遗物玉镂金带枕送给了曹植。曹植睹物思人，在返回封地时，夜宿舟中，恍惚之间，遥见甄妃凌波御风而来，曹植一惊而醒，原来是一场梦。与甄后洛水相遇的情景历历在目，于是文思激荡，写了一篇《感甄赋》。四年后（226），明帝曹睿继位，改为《洛神赋》。

《洛神赋》一经诞生，即为广泛传诵，人们既为凄惘迷离的情节所征服，亦为曹植与甄氏的恋爱悲剧所感动，于是，人们认定甄后就是洛神。

王粲的生平

王粲（177—217），字仲宣，建安七子中成就最高的作家，《文心雕龙·才略》称他为“七子之冠冕”。王粲先依附刘表，后投奔曹操，深得器重，官至侍中。王粲以诗名，亦善辞赋。他曾亲身经历董卓之乱，目睹战争所造成的苦难，反映在他的作品中，充满凄清之苦。

王粲《登楼赋》

《登楼赋》是王粲最有名的一篇辞赋，在当时影响很大。此赋为王粲流寓荆州时，登当阳城楼所写，赋中塑造了一位乱离人的形象，表达了对家乡的极度思念和遭逢乱世的不幸，表达了诗人渴望天下统一太平，自己能施展才能，建功立业。

此赋一反前代赋家铺张扬厉、形式呆板的形式，运用华美流畅的语句，抒发身逢乱世的悲郁情怀，在艺术上更具感染力。

左思的生平

左思（约250—305），西晋人，出身寒门，功业心很强，他的妹妹左分以才名入宫，为晋武帝嫔妃。左思幼时平平，后听父亲对人说他资质远不如其父小时，故发愤苦练，遂成晋代著名文人。因妹妹在宫中，他对此很抱有一番幻想，但还是一生仕进不利，官止于秘书郎。元康年间，左思参与当时文人集团“二十四友”之游，并为贾谧讲《汉书》。元康末年，贾谧被诛，左思退隐，专意典籍。数年后病逝。

《三都赋》引起的“洛阳纸贵”

左思的《三都赋》是魏晋赋中独有的长篇，一时声誉特盛。富贵之家把《三都赋》视为至宝，争相传抄，竟使洛阳的纸张突然紧张起来，这就是《三都赋》所引起的“洛阳纸贵”的美谈。他反对过分强调形式上的华丽，而失其真实的一面。《三都赋》所以造成“洛阳纸贵”，除了其本身的富丽文采及当时文坛重赋等因素外，更重要的是因为它包含了当时朝野上下关心瞩目的内容：进军东吴，统一全国。

向秀的生平

向秀（？—约275），字子期，魏晋竹林七贤之一。他好读书，与嵇康、吕安等人友善，但不善喝酒。隐居不出，景元四年（263）嵇康、吕安被司马氏害死后，他只好到洛阳任散骑侍郎、黄门散骑常侍、散骑常侍。向秀喜谈老庄之学，曾注《庄子》一书，没注完就过世了，郭象则承其《庄子》余绪，成书《庄子注》三十三篇。

《思旧赋》的微言

《思旧赋》是为了纪念友人嵇康的被

害，作者用极其悲愤的心情和含蓄回转的笔法，表达出深厚的友谊，从侧面表示对当日黑暗政治的不满。序中云：“余与嵇康、吕安，居止接近；其人并有不羁之才。然嵇志远而疏，吕心旷而放，其后各以事见法。嵇博综技艺，于丝竹特妙。临当就命，顾视日影，索琴而弹之。余逝将西迈，经其旧庐。于时日薄虞渊，寒冰凄然，邻人有吹笛者，发声寥亮，追思曩昔游宴之好，感音而叹，故作赋云。”《思旧赋》的核心内容，是哀悼嵇康之死，首先是揭示嵇康之死的真相。在司马昭集团的血腥统治下，为避免触及时忌，向秀自不能明言，而不得不采用微言。所以后世学者论及《思旧赋》，往往称之为“欲言又止”，或称之为“模模糊糊”。

陶渊明的生平

陶渊明（约365—427），一名潜，字元亮，私谥靖节，生活于晋、宋时期。他出身于没落的仕宦家庭，41岁以前，他渴望进取，怀有“大济苍生”的政治抱负，渴望干一番事业。他做过江州祭酒，刘裕幕下镇军参军、彭泽令。41岁以后，时局动荡，仕途险恶，官场政治腐败，他几次出仕，终于不满于现实，心灰意冷，愤然归隐。从此栖身田园，从事诗歌创作，过着安贫乐道的生活。陶渊明归隐后，躬耕田园，因而写出了不少赞美田园风光、赞美农村纯朴生活的优美诗篇，成为我国田园诗派的创始人，对我国古典诗歌的发展作出了巨大贡献。

陶渊明的辞赋

陶渊明是晋代文学家的代表。他的作品，无论诗文辞赋，都保持着特有的个性和鲜明的平淡自然的风格。《归去来兮辞》是其辞赋中的名篇，以朴茂清新的语言，摆脱雕琢、铺陈的习气，表现他退居田园的思想感情。他的《闲情赋》是一篇象征性的作品。此篇技巧新奇，描写细密，很有特色。其写法，在辞赋中是少见的，对于后代小说颇有影响。陶渊明另有《感士不遇赋》，为他晚年所作。从这篇赋里，可以看出他一生的思想变化以及他对于当时黑暗政治的不满。

鲍照的生平

鲍照（约414—466），字明远，南朝宋人。早年追随临川王刘义庆，颇得赏识。最后做了临海王刘子顼的参军，故称鲍参军。子顼作乱被赐死，鲍照亦为乱兵所害。鲍照一生自负不凡，热衷功名，有着强烈的建功立业的渴望，终因家世低微，长期受压抑。他的作品中常常为那些满腹才学、郁郁不得志的知识分子鸣不平。

鲍照不仅是一位杰出的诗人，也是一位杰出的辞赋与骈文作者。他的《芜城赋》与《登大雷岸与妹书》，都是盛传不衰的杰作。

鲍照《芜城赋》

《芜城赋》以夸张笔法将广陵城昔日的繁荣与它在宋代两次遭到兵祸后的荒凉景象相对照，哀叹战争的惨重破坏和世事的变迁无常，透露了非常沉重的时代的伤感，同时也有讥刺权势者繁华如梦的意味。尤其是写战乱之后景象的一节，作者将主观情绪渗透在客观景物之中，以悲怆的语调、峭拔的气势、阴森狞厉的形象，描摹这座荒弃的城市。

然而，这座“芜城”在作者笔下，并不是一座死城，而是一座惊心动魄的恐怖之城。这种描写，在乐府诗《代苦热行》中也出现过，在这篇赋中更为突出。它不仅表现了明确的思想主题，还体现了一种特殊的审美趣味。这就是通过有力的语言构造出阴森恐怖的意象，达到震荡人心的特殊美感。

《登大雷岸与妹书》的语言特色

《登大雷岸与妹书》，是鲍照在从建康去江州的途中，写给妹妹鲍令晖（也是一位女诗人）的家书。书中除首尾略述旅途之感受外，基本都是对所见自然景色的描写，运用赋体的手法，是当时文章的新体。语言风格，与作者其他诗文相类，色彩瑰丽，用词雄健有力。此文画面阔大，气象万千，群山众水，均呈动势，光色耀目，令人应接不暇。作者驾驭文字的才华，确是不凡。这封信远远地超出了家书的范围。它描写了风景，暗寓自己旅途的凄苦：“涂登千里，日逾十晨，严霜惨节，悲风断肌。去亲为客，如何如何！”惨烈的抒情气氛令人心悸。

“江郎才尽”

江淹（444—505），字文通，南朝人。江淹6岁能诗，13岁丧父，家境贫寒，曾采薪养母。20岁时步入仕途，历仕南朝宋、齐、梁三代。江淹一生坎坷。宋时，他一度被诬受贿入狱，在狱中上书陈情始获释。坎坷的经历反而造就了一位文学大家。起伏跌宕中的江淹把自己无限的感慨诉诸笔端，生花妙笔令人拍案叫绝。江淹的许多代表作品都写于被贬期间。中年以后，江淹官运亨通，到梁武帝萧衍代齐后，官至金紫光禄大夫，封醴陵侯。富贵安逸的环境，使他才思减退，很少有传世之作，在历史上留下了“江郎才尽”的典故。

“饮恨吞声”的《恨赋》

江淹是南朝骈文大家，他的《恨赋》《别赋》与鲍照的《芜城赋》《舞鹤赋》可说是南朝辞赋的绝唱。

这两篇抒情短赋都有浓厚的感伤情调，都是就社会上各式各样人物的愁恨和离情别绪来加以渲染，道出各种人物的不同心理状态。在他的笔下，每一类人物都有显著的特色；同时，在这些人物身上又都贯穿着那个时代失意的知识分子的共同情绪。

《恨赋》中写李陵、冯敬通、昭君等人物都着重刻画他们不遇知音和有志难伸的痛苦。特别是写冯敬通的一段，最能引起失意者的共鸣。赋的最后满怀悲愤地发出血泪控诉：

“已矣哉！春草暮兮秋风惊，秋风罢兮春草生。绮罗毕兮池馆尽，琴瑟灭兮丘垄平。自古皆有死，莫不饮恨而吞声。”

“饮恨吞声”从此便成为知识分子尴尬政治处境的代名词。

《别赋》

《别赋》开篇就写道：“黯然销魂者，唯别而已矣！”接着写从军边塞的壮士，感恩报主的剑客，服食求仙的道士，桑中陌上的情人等不同身份的人们“黯然销魂”的离别，或刻画临别的衔涕伤神，或描写别后的相思不尽，或慷慨悲歌，或缠绵往复，也同样写得丰富多彩，富丽高华。全文具有极其浓厚的抒情气氛，尤其像“春草碧色，春水绿波，送君南浦，伤如之何”等，更富有感染力。作者抒写身世的牢骚或离别之情，一直打动着旧社会中许多失意者的心灵。

庾信的生平

庾信（513—581）字子山，出身贵族。他的父亲庾肩吾是著名的宫体诗作家。他从小跟着父亲，出入宫廷，写作一些浮艳的诗歌，与徐陵齐名，诗体号为“徐庾体”。他先仕梁，在梁元帝手下做官，官至右卫将军。奉命出使西魏，值西魏和梁发生战争，江陵被陷。他因此长留北方，历事北周，直到隋文帝开皇元年（581）才死去。

庾信在北朝虽为高官，但内心却是痛苦的。故国之思，乡土之感，以及身世漂泊的感慨，交织心中，体现在他的作品中，就是那种难堪的情绪，华美的语句表现的却是凄楚的意境，更符合那个时代人们感时伤世的情绪。

忧苦之作——《哀江南赋》

《哀江南赋》《枯树赋》等都是庾信的代表作品，一直受到人们的高度评价。《哀江南赋》历叙梁代的兴亡和他自己的身世，情绪十分悲苦。

日暮途远，人间何世！将军一去，大树飘零；壮士不还，寒风萧瑟。荆璧睨柱，受连城而见欺；载书横阶，捧珠盘而不定。

一生经历，化为一声长叹，悲凉无比。接着选用典故，以一连串的历史人物，比拟自己的遭遇和心情。最后吐露自己的乡关之思，更清楚地显示出自己忍辱含垢地生活的痛苦。

日穷于纪，岁将复始；逼迫危虑，

端忧暮齿。

这痛苦的生活，深重的家国之恨，构成了一幅悲凄的画面，让人不忍卒读。《枯树赋》《竹枝赋》《伤心赋》都是忧苦之作，“人生几何，百忧惧至”，悲观主义笼罩在文字之间，尤让后人感叹。

离乱之作——《枯树赋》

《枯树赋》是一篇抒情短赋，借枯树的形象来表达自己的身世之感。赋的一开始就说：“此树婆娑，生意尽矣！”后面的情调更为凄怆：“若乃山河阻绝，飘零离别，拔本垂泪，伤根沥血。火入空心，膏流断节。横洞口而欹卧，顿山腰而半折。”情与景，已经融合为一。另一篇短赋《小园赋》，也抒写了遭受乱离的痛苦，其中有些句子力图用接近口语的词汇写入骈体文中，如“一寸二寸之鱼，三竿两竿之竹”，也颇清新可爱。

杜牧的生平

杜牧的《阿房宫赋》是唐代律赋的杰出篇章。杜牧（803—约852），字牧之，出身名门望族，是中唐宰相、史学家杜佑之孙。大和二年（828）进士，初为弘文馆校书郎，官终中书舍人。因秉性刚直，屡遭排挤。曾注《孙子》。文学上，诗、赋、古文俱佳，其中尤以诗的成就最高，与李商隐齐名，人称“小李杜”。

杜牧生活的时期，大唐帝国已渐渐走向内外交困的风烛残年。这令人忧心如焚的时代，加上自己政治上的不得志，构成了杜牧复杂的性格。他既想在政治上有所作为，又感壮志之难伸，希望之渺茫，因而怀着摆脱不掉的苦闷，放荡不羁，自我麻醉。然终究是有抱负的，便作《阿房宫赋》，借秦始皇荒淫奢侈自取灭亡的史实，讽喻当权者。

《阿房宫赋》的警示意义

《阿房宫赋》以艺术的夸张，华美的语言，精巧的对仗，淋漓尽致地铺叙秦始皇所营造的阿房宫的规模、气象和宫中的豪华、奢侈，最后指出：穷奢极侈，必亡于顷刻。历史兴亡，激荡胸中；目睹现实，感慨万端。神奇瑰丽之阿房宫付之一炬令人可惜，显赫一时的秦王朝毁于一旦令人叹息，前事不忘，后事之师，不意今人又在步秦人之后尘，唐王朝的命运不也令人堪忧吗？赋的最后一段警告后代统治者，如不以亡秦为鉴，则必将重蹈覆辙，再为后人所哀。

欧阳修的生平

欧阳修（1007—1072），字永叔，号醉翁，晚号“六一居士”。北宋时期政治家、文学家。庆历年间，范仲淹等人推行“新政”，欧阳修参与革新，提出改革主张。改革失败后，欧阳修被贬为滁州太守，后奉旨还朝，官至刑部尚书等职。与宋祁同修《新唐书》，独立编写《新五代史》。欧阳修是北宋诗文革新运动的领袖。他的文学成就以散文最高，影响也最大。他是唐宋八大家之一。

“文士悲秋”——《秋声赋》

《秋声赋》是文学史上的经典作品，历代传诵不衰，几至家喻户晓。此文在形式上已经突破了骈赋、律赋的限制，风格更近于散文，因而被称为“文赋”。《秋声赋》当作于“庆历新政”失败后，是作者长期苦闷心情的反映。《秋声赋》实为悲秋赋，文中用“惨淡”“栗冽”“寂寥”等词语，描摹出秋天的衰飒悲凉景象，衬托作者悲伤的心理感受。肃杀的秋气摧败万物，一叶落而知秋至，敏感的文人们便咏出一支支哀婉的“悲秋”之歌。文人本就敏感、柔弱、感伤，由自然之秋，不禁会联想到生命之秋、人生之秋，春去秋来，花开花谢，自然规律不可抗拒，敏感的文人们便生发无尽的悲伤之情。宋玉曾有《九辩》，起首即写道：“悲哉！秋之为气者，萧瑟兮草木摇落而变衰。”自宋玉以来，“文士悲秋”便成为一种文学传统，“悲秋”成为诗文反复吟咏的主题。

苏轼的生平

苏轼（1037—1101），字子瞻，号东坡居士。苏轼的一生充满坎坷，他先后任杭州、密州、徐州通判，湖州知州。因被诬“谤讪朝廷”而获罪，入御史台狱，酿成“乌台诗案”，后被贬黄州团练副使。哲宗元祐初年（1086）任中书舍人、翰林学士兼侍读。因反对司马光等尽废新法，再求外调。元祐七年复授翰林侍读学士、礼部尚书。次年哲宗亲政，新党重新掌权，又被斥为以文字“讥刺先朝”，贬谪惠州、儋州。元符三年（1100）遇赦北归，次年卒于常州。

苏轼是一位多才多艺、学识渊博的文坛巨匠，在书法、绘画、诗词、散文各方面都有极高造诣。善书法，与蔡襄、黄庭坚、米芾合称“宋四家”；善画竹木怪石，其画论、书论也有卓见；他的散文与欧阳修齐名；诗歌与黄庭坚齐名；他的词气势磅礴，风格豪放，与南宋辛弃疾并称“苏辛”。

赤壁二赋

《前赤壁赋》与《后赤壁赋》写于“乌台诗案”后，苏轼被贬黄州团练副使时期。《前赤壁赋》和《后赤壁赋》可以看作是优美的散文诗。这两篇赋都写黄州谪居的心情，表达了从羽化登仙的超然之乐，跌入现实人生的苦闷，然后再在清风明月中找到出路，因而比词带有更多的虚无缥缈的色彩。赤壁二赋抒发了作者的人生哲学，但它本身仍然是非常完美的艺术佳构。

《前赤壁赋》与《后赤壁赋》的不同

前赋描写的是秋天的赤壁风光，雄

伟的江山，清幽的夜景，在月光之下愉快的航行。作者毫不费力地将人们引进了那个令人神往的境界。主客的对话，内容虽饱含哲学意味，而语言却富于诗情画意。历史上英雄人物的事业和山间明月、江上清风，都成了抒写作者思想感情的材料。由此可以感受到苏轼的旷达心胸和不为环境所屈服的精神状态，其中也不乏人生虚无的感慨。

后赋描写的是冬季的赤壁风光，清冷阴森的气氛，仙鹤托梦的幻境，凄凉朦胧，寓意着作者当时抑郁不平的心情。通过景物的描写，渲染出这种情调、气氛，其中不乏神秘的色彩，整个调子是消沉的。但二赋具有同样的浪漫主义情调。

乐府诗

乐府是古代时的音乐行政机关。由于它的职掌在采集各地的民歌，或取文士所写的诗加以配乐，作为朝廷典礼、宗庙祭祀，以及君臣宴饮时所用的诗歌，后代人称民歌为乐府。乐府是合乐的诗歌，是音乐和诗各占一半的“音乐文学”。汉武帝时，在中央设立乐府，派使者到各郡国采集代、赵、秦、楚的歌谣和乐谱，然后集中到中央，将一些歌词谱上曲子，或者为现有的乐曲配置歌词。当时乐府里养着各地的乐工好几百人，大约便是演奏这些乐歌的。这种乐歌，后来称为“乐府诗”，简称“乐府”。北宋太原郭茂倩收集汉乐府以下历代合乐的和不合乐的歌谣，以及模拟之作，成为一书，题作《乐府诗集》。

两汉乐府民歌的内容

两汉乐府民歌，大抵为《清商曲》《相和曲》和《鼓吹曲》《铙歌》，以写实为主，且极富诗趣，又具有讽喻劝化的作用，故发展为叙事诗的形态，足以反映汉代的风俗民情。诚如《汉书·礼乐志》所说的汉乐府的特色，在于“感于哀乐，缘事而发”。缘事而发，便形成叙事诗。例如：《饮马长城窟行》是写征夫徭役思家的诗。《羽林郎》《陌上桑》分别写羽林军调笑酒家胡姬、太守意图占有民女罗敷的故事，表现了汉代女子的贞节观。最长的叙事诗《孔雀东南飞》，描写焦仲卿和刘兰芝夫妇，由于婆婆不喜欢媳妇，在环境、性格、命运等因素下，造成《孔雀东南飞》中焦、刘两家的伦理悲剧，这些多少带有教化色彩。

乐府诗的特点

汉乐府以叙事为主，举凡社会历史、风俗人情、游仙故事都有涉及。另外，也有男女相思和离别之作，格言式的教训，人生的慨叹，自然的变化无常等，都是人们喜欢的题材，自然可以风靡一世。如《上耶》以高山变平地、江水流干、冬雷、夏雪、天地合并等一切不可能发生的事设誓，表达对爱情的坚贞，千百年来一直为人们所吟咏。

上耶！我欲与君相知，长命无绝衰。山无陵，江水为竭，冬雷震震，夏雨雪，天地合，乃敢与君绝！

古诗

东汉末年，又涌现了一种新型诗体，它们改变《诗经》四言格局，全为五言诗。据推测，这些诗当为文人所作，与民歌无关，因此又称“文人五言诗”。可惜，汉五言诗大多已经亡佚，到南朝梁的昭明太子萧统选择了其中的十九首，总名为“古诗”，以后称这一组诗为《古诗十九首》。此后，文人开始大量作诗。

《古诗十九首》

《古诗十九首》得名于梁代萧统所编《文选》。萧统把那些已经失去作者名的古诗选编在一起，冠以《古诗十九首》的总名，从此这个总名便成了专门名称。

《古诗十九首》中八首《玉台新咏》题为汉枚乘作，后人多疑其不确。据后世学者研究，这组古诗非一人一时之作。大体产生在东汉后期献帝之前的数十年之间，其作者大约是汉末的一些中下层知识分子。

《古诗十九首》之爱与死的主题

爱的主题：汉末桓帝、灵帝之世，士人游学、游宦风气蔚为潮流，中下层知识分子为了寻求出路，常要离乡背井，奔走权门，或游京师，或谒州郡，以便谋取一官半职。这些人就是诗中所谓的“游子”（或称“荡子”）。他们长期远离家人乡里，在那个动乱的时代，自然有许多羁旅愁怀需要抒发；而一旦发而为诗，不是游子之歌便是思妇之辞。游子思家，思妇念远，男女离别的哀怨成为汉末文人五言诗的重要主题。《古诗十九首》中的爱浸润着强烈的悲剧意味，与《诗经》中那欢快的爱的描写有明显的不同。感时伤世成为文人们吟咏的主题。他们或愁荣名不立，或叹知音稀少，或恨友情凉薄，或想及时行乐，但出发点都是感于人生如梦、死生无常。其中“死”更成为主题。

“建安风骨”

公元196年到公元220年，在中国文学史上是一个令人激动的时代，是一个诗的时代。以三曹——曹操、曹丕、曹植父子为首，包括“七子”和蔡琰在内，创造了大量的有鲜明时代特色的不朽诗章。他们的诗慷慨悲凉，梗概多气，风格遒劲，与东汉《古诗十九首》形成了明显的差异。这就是备受赞誉的“建安风骨”。“建安风骨”的基本精神，是诗歌要深刻地反映社会现实，而不是作无病呻吟之状。

诗人政治家曹操

曹操（155—220），字孟德，小名阿

瞒、吉利，沛国谯县（今安徽亳州）人。东汉末年杰出的政治家、文学家、军事家和诗人。在政治方面，曹操消灭了北方的众多割据势力，恢复了中国北方的统一，并实行一系列政策恢复经济生产和社会秩序。文化方面，在曹操父子的推动下形成了以曹氏父子为代表的建安文学，在文学史上留下了光辉的一笔。

“汉末诗史”——曹操的诗

曹操的诗借用汉乐府的题目，表现人们的疾苦，描绘了军阀混战造成人民流离失所、田园荒芜的景象，被人称为“汉末诗史”,有《蒿里行》《观沧海》《薤露》《短歌行》《苦寒行》《碣石篇》《龟虽寿》等不朽诗篇。后人还辑有《曹操集》。曹操的诗歌，极受乐府影响，现存的诗歌全是乐府歌辞。这些诗歌虽用乐府旧题，却不因袭古人诗意，自辟新蹊，不受束缚，而又继承了“感于哀乐，缘事而发”的精神。

曹诗——昂扬向上的进取精神

曹诗中，至今最为人们传诵和赞颂的是那些咏唱曹操统一天下的雄心壮志和顽强的进取精神的诗歌，如《短歌行》《步出夏门行》等。《短歌行》分三部分：首先写曹操对时光流逝而壮志未酬的感慨，接着写其求贤若渴的心情，末段以“山不厌高，水不厌深，周公吐哺，天下归心”写其招揽人才以完成统一大业的宏伟抱负。诗人深沉的忧思，和为实现壮志而积极进取的精神，十分动人。《步出夏门行》中的《观沧海》,通过对大海“日月之行，若出其中，星汉灿烂，若出其里”壮阔景象的生动描绘，表现出诗人开阔的胸襟；《龟虽寿》中“老骥伏枥，志在千里；烈士暮年，壮心不已”等直抒心志的语句，则表现出那种老当益壮、昂扬向上的进取精神。

曹丕的生平

曹丕（187—226）是曹操的次子，公元220年，曹操死，他继位为丞相、魏王。当年十月，逼迫汉献帝禅位，自立为帝，是为魏文帝。国号魏，改元黄初，将都城由许昌（原许县）迁至洛阳。曹丕在文学上的贡献，一是在文学批评方面，就是著名的《典论》；二是在诗歌体裁方面，他的《燕歌行》二首，都是完整的七言，使中国诗歌日臻完备。

曹丕对诗歌的贡献

曹丕以前及与他同时代的人，作七言体的还很少。曹丕是在形式上独树一帜了。《燕歌行》句句押韵，而且都是平声，格调清丽婉转，这是七言古诗发展的一个阶段。晋宋作家摹写七言，还照此继续走了相当长的一段路。后来又经过南朝鲍照、萧绎、庾信等人的努力，到唐代卢照邻、骆宾王那种隔句用韵、平仄相押的鸿篇巨制出现的时候，那时七言古诗就又进入一个更新的发展阶段了。可见，曹丕的开创之功是不能否认的。

曹植的诗

曹植是曹丕之弟，曾封为陈王，死后谥曰思，故世称陈思王。曹植一直生活在宫廷政治斗争的旋涡之中，一生郁郁不得志，41 岁便死去了。他把满腔的悲愤与无奈，化作一篇篇不朽的诗章，让人们不但从《洛神赋》那凄迷的爱情故事中，看到一个多情的形象，也从他的五言诗中，感受到他对生活、对现实的态度。他对五言诗的发展作出了一生的贡献，《白马篇》为曹植前期的重要代表作品。诗人以曲折动人的情节，塑造了一个性格鲜明、生动感人的青年爱国英雄形象。“捐躯赴国难，视死忽如归。”诗人热情地歌颂他，赞扬他，对这位武艺高强又富有爱国精神的青年英雄推崇备至。诗中的英雄形象，既是诗人的自我写照，又凝聚和闪耀着时代的光辉，充满着昂扬的进取精神。

建安七子的诗

建安七子：孔融、陈琳、王粲、徐干、阮瑀、应玚和刘桢。他们的作品多而且富丽，被《文心雕龙》誉为“慷慨以任气，磊落以使才”的“建安体”。“七子”中除孔融而外，政治上都倾向曹操。这些作家大都饱经忧患，对动乱的社会现实有直接的感受。他们赞成曹操的改革政策，渴望国家重新统一，并愿意为此建功立业。所以，反映社会动乱和民生疾苦、表现其统一天下的政治理想和雄心壮志，便成为他们诗歌创作的主题，梗概多气、悲凉慷慨，便是他们作品共同的风格特征。

孔融《临终诗》

孔融（153—208），字文举，鲁国曲阜人，孔子二十世孙。为汉末大儒，曾为一代文章宗师，不仅名重当时，“海内英俊皆信服之”。孔融让梨的故事更是让他家喻户晓。建安年间，孔融先后担任将作大匠、少府、太中大夫等职。这时曹操专权，他与曹操政治上颇有分歧，每多乖忤，后被曹操所杀。孔融一生“负其高气，志在靖难，而才疏意广，迄无成功”。孔融能诗，而以文胜。《临终诗》比较有名，表现出对自己悲剧性格、悲剧命运的深刻认识。

王粲《七哀诗》

王粲以赋名世，他的《七哀诗》则反映当时战争给人们带来的痛苦。三首写其由长安至荆州途中，以及在荆州的经历和感慨。第一首写其为避董卓余党李傕、郭汜之乱，离京赴荆，途中见到“白骨蔽平原”和饥妇弃子的惨象，感慨动乱，喟然伤怀。第二、三两首写其羁旅的愁苦，以及在荆州所见“百里不见人”的凄凉情景，苍凉悲慨，凄哀动人。三首诗都体现了以乐府旧题抒写时事的精神。

陈琳《饮马长城窟行》

陈琳（? —217）也是“建安七子”之一，字孔璋，广陵射阳（今江苏淮安县东南）人。生年无确考，唯知在“建安七子”中比较年长，约与孔融相当。他的《饮马长城窟行》，通过夫妇之间的对话，描写徭役给百姓造成的苦痛，充满沉痛的感情。

阮瑀《咏史诗》

阮瑀（? —212），字元瑜，陈留尉氏（今河南开封）人，建安七子之一。诗有《驾出北郭门行》，描写孤儿受后母虐待的苦难遭遇，比较生动形象。有《咏史诗》二首，一为谴责秦穆公的残暴，一为歌咏荆轲的英雄气概。阮瑀的音乐修养颇高，他的儿子阮籍、孙子阮咸皆当时名人，位列“竹林七贤”，妙于音律。明人辑有《阮元瑜集》。

正始诗人

魏朝诗人，有“竹林七贤”之称，即阮籍、嵇康、山涛、向秀、刘伶、阮咸、王戎。他们崇尚老庄虚无之学，轻礼法，常集于竹林之下，饮酒赋诗，故称竹林七贤。他们所处的时代在魏正始年间（240—249），故又称“正始诗人”。其作品以阮籍的《咏怀诗》、嵇康的四言诗为代表。

阮籍：发愤为诗章

阮籍本“好书诗”，有“济世志”，但处于魏、晋易代之际，人命微贱，屠杀极为残酷，如何晏、夏侯玄等因与司马氏不合作，都遭到了灭族之难。阮籍等名士自身安全也受到威胁。故转而崇尚老庄思想，醉酒佯狂，以图保全自己。当司马昭替他儿子求亲时，他故意烂醉了几十天，装聋卖哑，其内心的苦楚便化作一篇篇诗章。

“忧思伤心”——《咏怀诗》的主题

阮籍的主要成就是诗，代表作即著名的八十二首五言《咏怀诗》。诗以隐约曲折的形式，倾泻出内心积郁的痛苦和愤懑，表现了对黑暗现实的不满，对统治者的虚伪、腐朽的痛恨，对社会前途和个人处境充满忧虑，同时表明自己刚正不阿的品格。《咏怀诗》第一首中说：“徘徊将何见，忧思独伤心。”第三十首又说：“终身履薄冰，谁知我心焦？”另一方面，在这严酷的现实面前，他又是无力的，在希求脱离这种现实而不可得的情况下，便流露出游仙的幻想，歌颂清静逍遥的境界，希望到他理想中的世界去。“忧思伤心”“履冰心焦”就是《咏怀诗》的主题。

《咏怀诗》的影响

《咏怀诗》继承了《诗经·小雅》《古诗十九首》的衣钵传统，受到《楚辞》的影响，丰富了五言诗的艺术技巧，巩固了五言诗的地位，对后世产生了深远影响。阮籍之后，以咏怀为题或以咏怀为内容的抒情诗，如陶渊明的《饮酒》、庾信的《拟咏怀》、陈子昂的《感遇》和李白的《古风》,显然都受到阮籍《咏怀诗》的影响。此外，他的散文《大人先生传》是一篇激烈反对礼教的名作，全文使气骋辞，奇偶相生，有其独特的艺术风格。

嵇康的诗

嵇康同阮籍一样，都崇尚老庄和反对礼教，但他反抗黑暗现实的言行，比阮籍激烈。在《与山巨源绝交书》中，他“每非汤武而薄周孔”，借着抨击“季世”痛斥司马氏“骄盈肆志，阻兵擅权，矜威纵虐，祸崇丘山”。嵇康的四言诗颇有特色，如《幽愤诗》、四言十八首《赠兄秀才入军》，都表现出他高洁的品格和愤世嫉俗的心情，有着清峻、秀逸的风格。

女诗人蔡琰

蔡琰（177—？），字文姬，汉末文学家蔡邕的女儿。她在父亲的教养和熏陶下，能成为一个女作家，是可以理解的。她处在那个大动乱的时代里，生活上受到种种的苦难。她初嫁卫仲道，夫亡而无子，回归母家。后为董卓部将所虏，流落匈奴十三年，嫁南匈奴左贤王，生二子。建安十二年，曹操遣使以重金赎回，再嫁陈留董祀。董祀正值鼎盛年华，生得一表人才，通书史，谙音律，自视甚高，对于蔡文姬自然有些不足之感。后来董祀犯罪论死，蔡文姬亲自向曹操求情，时值严冬，史载“蓬首徒行，叩头请罪，音辞清辩，旨甚酸哀，众皆为改容”。曹操最后同意赦免董祀。从此以后，董祀感念妻子之恩德，对蔡文姬重新评估，夫妻双双也看透了世事，溯洛水而上，居在风景秀丽、林木繁茂的山麓。若干年以后，曹操狩猎经过这里，还曾经前去探视。蔡文姬和董祀生有一儿一女，女儿嫁给了司马懿的儿子司马师为妻。

《悲愤诗》二篇

蔡琰传世有《悲愤诗》二篇，一为五言，一为骚体，以及长诗《胡笳十八拍》，叙述自己一生不幸的遭遇，具有极高的思想内容和艺术成就。但《胡笳十八拍》是不是蔡琰所作尚有疑问。五言体《悲愤诗》较为可信。

《悲愤诗》从董卓作乱，蔡琰被掠入胡叙起，一直写到别儿归国、还乡再嫁为止。条理谨严，描写生动，语言质朴，形象鲜明。当时政治的紊乱，社会的动荡，广大人民的颠沛流离，军阀割据的种种罪恶，一起在诗中反映出来，这首诗是富有社会性与历史性的作品。诗中关于胡人对待汉人的残暴，母子别离时候那种公义私情的矛盾和悲喜交集的情感，以及她回家后所看见的那种荒凉凄惨的景象，写得特别悲怆。

城郭为山林，庭宇生荆艾。
白骨不知谁，纵横莫覆盖。
出门无人声，豺狼号且吠。
茕茕对孤景，怛咤糜肝肺。

对当时社会破败荒凉的情状以及人民所受的深重苦难，作了真实的反映，是古代叙事诗中不可多得的作品。

太康诗人

晋代的古诗，有三张二陆两潘一左，他们活动于太康年间（280—290），故称“太康诗人”。三张是张载、张协、张亢兄弟，但张亢不列《诗品》，应以张华为是。二陆是陆机、陆云兄弟，两潘是潘岳、潘尼叔侄，一左是左思。公元265年，司马氏建晋，结束了几十年分裂的局面，暂时实现了统一。太康时期，文学一度活跃。“太康诗人”有一个共同的倾向，就是主张“诗缘情而绮靡”，偏重修炼辞藻，崇尚华丽之风，并且倡“巧构形似之言”，重视巧妙的构思，曲写其状的描述，使诗的创作走上排偶对称，重视绮靡艳丽的诗风。嵇康、阮籍诗中那种批判精神，那种清峻、遥深的意境不复存在了。

“左思风力”

左思在“太康诗人”中艺术成就最高。他出身寒微，有着强烈的功业心，但由于受到门阀制度的压抑，仕途十分坎坷。他的代表作《咏史》，就是借咏写史事以抒发抱负和抨击黑暗的社会现实。

《咏史》八首非一时之作。从这几首诗可以看出诗人由热衷用世到放弃仕进的思想转变过程。第一首中“铅刀贵一割，梦想骋良图”，希望为国家建立功业。但是，森严的门阀制度限制了他，使他有志难伸。这让诗人愤慨，也使诗人清醒，既然没有他仕进的“通路”，于是便决计“被褐出阊阖，高步追许由。振衣千仞冈，濯足万里流”（第五首），远离污浊的现实，走向广阔的大自然，与腐朽的门阀社会决裂。对世族豪门，他表示了高度的蔑弃：“高眄邈四海，豪右何足陈！贵者虽自贵，视之若埃尘。贱者虽自贱，重之若千钧。”（第六首）豪迈高亢的情调，闳放充沛的气势和劲挺矫健的笔力，表现出积极浪漫主义特色。这一特色被钟嵘《诗品》称之为“左思风力”，代表了西晋诗歌创作的最高成就。

陶渊明《归去来兮辞》

陶渊明是我国田园诗派的创始人，他的诗歌创作对我国古典诗歌的发展作出了巨大贡献。《归去来兮辞》是一篇孤愤难平、忧乐相生的心灵之歌，有诗人返璞归真、颐养天年的自足自安，也有时光易逝、人生苦短的悲愁苦叹；有纵浪大化、逍遥浮世的自由自在，也有误入官场、心性扭曲的追悔心痛；有自然恬淡、琴书相伴的诗意境界，也有世乏知音、心曲难诉的郁闷孤寂。全诗充满了浪漫情怀和远离世俗的孤傲之态。

桃花源的梦想

《桃花源诗并记》从现实社会的政治黑暗、人民生活苦难出发，结合传说中的情形，描绘了一个与现实社会相对立的自由、幸福的理想社会。在那里没有剥削，没有压迫，自由平等，人人自食其力，过着幸福安定的生活，这便是作者在《桃花源诗并记》中勾勒出来的桃源社会理想。

千古名作《饮酒诗》

《归园田居》五首及《饮酒诗》二十首，描写诗人脱离污浊的现实和官场羁绊的喜悦心情，以平淡的言辞，描写人生的乐趣，堪称绝唱。《饮酒诗》第五首已成为千古吟诵的名诗：

结庐在人境，而无车马喧。
问君何能尔，心远地自偏。
采菊东篱下，悠然见南山。
山气日夕佳，飞鸟相与还。
此中有真意，欲辨已忘言。

“大小谢”的山水诗

南朝诗风，愈加追求华丽的辞藻和奢靡的形式。齐梁间更是以宫体诗为代表，专写宫廷女子的体态、闺阁女子的怨思，时伤轻艳，近于浮靡。不过，在一片华丽的咏叹中，也出现了不同的情调，就是刘宋元嘉时期谢灵运开拓的摹山状水的山水诗和萧齐谢朓开拓的清丽山水诗，是为“大小谢”的山水诗。

谢灵运的生平

谢灵运（385—433），东晋名相谢玄之孙。因从小寄养在钱塘杜家，故乳名为客儿，世称谢客。他在晋时袭封康乐公，故又称谢康乐。刘欲篡晋以后，降公为侯。少帝时曾出为永嘉太守，后辞官，隐居会稽。文帝时为临川内史，后流徙广州，被杀。

谢灵运：清新自然的诗篇

谢灵运的山水诗，绝大部分是其做永嘉太守之后写的，永嘉、会稽、彭蠡湖等地的优美清丽的自然景色都化入他的笔端，成为富丽精工、清新自然的诗篇。鲍照赞其诗“如初发芙蓉，自然可爱”。如“池塘生春草，园柳变鸣禽”（《登池上楼》）之写初春清新景色；“春晚绿野秀，岩高白云屯”（《入彭蠡湖口》）之写暮春光景；“野旷沙岸净，天高秋月明”（《初去郡》）之写秋；“明月照积雪，朔风劲且哀”(《岁暮》)之写冬等都从不同角度揭示出自然之美，给人以艺术的享受。

谢朓的生平

继谢灵运之后，谢朓进一步发展了山水诗。

谢朓(464—499)，字玄晖。出身世家大族，祖母是史学家范晔之姐，母亲为宋文帝之女长城公主，与谢灵运同族。初任豫章王太慰行参军，后在随王萧子隆、竟陵王萧良幕下任功曹、文学等职，颇得赏识，为“竟陵八友”之一。曾出任宣城太守，故有谢宣城之称。谢朓为人很不好，在政治上朝三暮四，失败得很惨。他揭发岳丈，卖父求荣，连妻子也要杀他。最终他死于狱中。

谢朓诗歌的特点

谢朓与谢灵运一样，也是士族文人，诗的思想内容也大致相同，而在艺术上却有新的发展。他的名篇如《晚登三山还望京邑》写春江日暮景色，细致逼真，状物传神，受到唐代大诗人李白的赞赏；《之宣城郡出新林浦向板桥》写其离京赴宣城任所时的情景等，都较少雕琢，较少玄言成分，有清新自然的特点。钟嵘的《诗品》指出，他的诗“一章之中，自有玉石。《暂使下都夜发新林至京邑赠西府同僚》最为传诵。然奇章秀句，往往警遒”。谢朓写景名句很多，如“大江流日夜，客心悲未央”句很受后人推崇。唐代大诗人李白对谢朓非常赞赏，他在爬华山落雁峰的时候，感慨地说：“恨不携谢朓惊人诗来，搔首问青天耳。”

宫体诗

南朝齐梁之间，诗风轻艳，如萧衍、萧纲、萧绎父子，以写宫廷女子的体态、闺阁女子的怨思成为宫体诗的代表。宫体诗内容轻艳，格调卑下，徐陵、庾信亦时有所作，时伤轻艳，近于浮靡。及陈后主时，更以艳丽为美，极于轻薄，如《玉树后庭花》。

北朝乐府民歌

北朝乐府民歌以《乐府诗集》所载《梁鼓角横吹曲》为主，为北方各民族的民间创作。所谓“横吹曲”，是北方民族在马上演奏的一种军乐，因演奏时有鼓有角，所以也叫“鼓角横吹曲”。歌词的作者主要是鲜卑族，也有氐、羌、汉等族的人民。因此，不少歌词是由鲜卑语译为汉语的。

北朝乐府民歌的特点

北朝乐府民歌三个主要内容：一是反映战争和北方人民尚武精神的。如《折杨柳歌》(“健儿须快马”)反映了北方人民为适应战争频繁的社会环境而能骑善射、好勇尚武的精神。二是反映人民的疾苦。北方统治者在战争中除进行残酷的经济掠夺外，还大量掳掠人口，造成人民远徙流离的痛苦，如《紫骝马歌》（“高高山头树”）、《琅琊王歌》《陇头水歌》等都反映了这一社会现实。三是写北方人民婚姻爱情生活的。如《捉搦歌》写男女相悦，《地驱乐歌》反映了在战争环境中“老女不嫁”的现实。

北朝乐府民歌《木兰诗》

《木兰诗》是北朝乐府民歌最优秀的代表作品。它是一首歌颂女英雄木兰代父从军的叙事诗，叙述了一个传奇而浪漫的故事。作品通过生动的情节，展示出人物性格和精神风貌：北方某地农家姑娘木兰，在国家遭受外来侵略时，因父老弟幼，毅然女扮男装代父从军，踏上保卫国家的征途。她跨过黄河黑水，度过燕山朔漠，万里长征，十年转战，立下赫赫战功。凯旋后不受封赏，甘愿回到故乡与亲人团聚，重新过和平安定的生活。在木兰身上，集中了一切美好的品质：勤劳、善良、机智、勇敢，国家危难之时勇于自我牺牲，战争胜利之后不爱名利，不慕高官厚禄而热爱和平生活。因此，一千多年来，木兰代父从军的故事在我国家喻户晓，木兰的形象一直深受人们喜爱。

南朝乐府民歌

南朝乐府民歌，大多数属于《清商曲辞》中的“吴歌”（吴声歌）、“西曲”（西曲歌）两部分。吴歌产生于江南建业（即今江苏南京）一带，《子夜歌》是其主要部分，其次是《读曲歌》。西曲产生于荆、楚（即今湖北、河南一带），即长江中游和汉水两岸城市的歌谣，多写商人游女的生活。《西洲曲》是其中较有代表性的一篇，也是南朝乐府民歌的代表作品。

“吴歌”“西曲”

“吴歌”“西曲”几乎全是情歌，主要是吟咏男女之情。这些情歌的作者和诗中的主人公大多是城市中下层居民，其感情基本上是质朴健康的；其所表现出的大胆泼辣、天真热烈，与封建统治阶级的淫靡轻佻是有显著区别的。如有的信誓旦旦，表示“没命成土灰，终不罢相怜”（《欢闻变歌》）；有的情意缠绵，要“比翼交颈游，千载不相离”（《长乐佳》）；有的热恋成痴，望空想象，“想闻欢唤声，虚应空中诺”（《子夜歌》）；有的则欢娱恨短，妄想“连冥不复曙，一年都一晓”（《读曲歌》）。这些情歌也并不都是咏唱欢乐，其中一部分写男女婚姻恋爱不自由，甚至以死殉情的，如《华山畿》；相思离别和弃妇的哀怨，都是《读曲歌》《子夜歌》中常见的内容。

南朝乐府民歌《孔雀东南飞》

《孔雀东南飞》是南朝乐府民歌最优秀的代表作品，与北朝的《木兰诗》并称“乐府双璧”。全诗共三百五十多句，一千七百多字，为中国五言叙事诗中独有的长篇。全诗通过描写刘兰芝与焦仲卿这对恩爱夫妇的爱情悲剧，控诉了封建礼教、家长制和门阀观念的罪恶，表达了青年男女要求婚姻爱情自主的合理愿望。女主人公刘兰芝对爱情忠贞不贰，她对封建势力和封建礼教所作的不妥协的斗争，使她成为文学史上富有叛逆色彩的妇女形象，为后来的青年男女所仰慕。诗的魅力不仅在于它叙述了这个爱情的悲剧，还在于它在对现实生活描写的基础上，在诗的结尾，点缀美丽的画笔，使死者成为鸳鸯，比翼于松柏梧桐之间，诗篇显现出积极浪漫主义的光辉。

唯情、唯美的《敕勒歌》

这是一首北方敕勒民族唱的民歌，是由鲜卑语译成汉语。它歌唱大草原的景色和游牧民族的生活，气势恢宏苍劲，意境辽阔悠远。南朝乐府多半为恋歌、志怪、山水、宫体之作，描写江南采桑采菱的农耕生活。北朝乐府多半为恋歌、苦寒、征战、思乡、尚武之作，描写草原纵马放牧的游牧生活。但它们共同的特色，在于带有浪漫、神秘，以及唯情唯美的色彩，《敕勒歌》是其中的代表。

敕勒川，阴山下。
天似穹庐，笼盖四野。
天苍苍，野茫茫，
风吹草低见牛羊。

美丽的敕勒大草原，铺展在阴山脚下。天空就像一顶巨大的圆弧形帐篷，笼罩着辽阔的大草原。天空辽阔青青，草原茫茫无际，风吹过时，野草低伏下去，大草原上露出一群群的牛羊。这种苍苍茫茫的气象，正是北方独有的自然境界。

什么是近体诗

近体诗，是与古体诗相对的，也是唐人所开创的新体诗，包括了绝句和律诗。绝句共四句，每句五个字的称为五言绝句，简称五绝；每句七个字的称为七言绝句，简称七绝。律诗分今律和排律两种，今人所谓律诗，多指八句的今律而言；八句以上的为排律，今已不流行。

近体诗的由来

探讨近体诗的由来，是先有绝句，后有律诗。汉代称四句的短诗为“断句”“截句”，后来又有“短句”“绝句”等名称。然而短诗的作法，字数虽少，或二十字，或二十八字，但能将情意包含其中，以达“言有尽而意无穷”的境界。南北朝时小诗兴盛，流行对称的诗句，齐永明间，“声律说”流行，使诗的声调愈趋律化，经初唐上官仪、上官婉儿的倡“上官六对”，使唐诗律化的技巧近于完备。因此初唐四杰，五律已渐次完成。沈佺期、宋之问的“沈宋体”，使七律也告成立。因此近体诗的格律，在初唐的“上官体”“沈宋体”的倡导下，得以建立。

从诗歌的发展来看，是先有绝句，后有律诗。

近体诗和古体诗的不同

近体诗和古体诗最大的不同在于近体诗有句子多寡的限制，绝句四句，律诗八句（排律八句以上）；古体诗便不受句子多少的限制，可以自由抒写。其次，近体诗有平仄的限制，用韵只限一韵，不得通押或换韵；古体诗不受平仄的限制，用韵也宽，有通押和换韵的现象。同时，律诗在二、三两联还要求对仗。因此近体诗在我国诗歌中，无论在形式上、内容上，均臻于最完美的境地。

唐诗

唐代是一个诗的时代，中国古代文学史上，唐诗与先秦散文、汉赋、六朝骈文、宋词、元曲、明清小说并称，它代表了唐代文学的最高成就。清人编纂的《全唐诗》及后人辑录的《全唐诗选》《全唐诗外编》共收录了近五万二千首诗，有姓名的作者达两千三百多人。其数量之众、作者面之广、风格流派之多、体裁样式之全、影响之大，均堪称空前，并出现了李白、杜甫、白居易这样享有世界声誉的伟大诗人和一批众星拱月的名家。因而，它也代表了中国古典诗歌的最高成就。

唐诗发展的四个时期

唐诗繁盛，各个时代又具有不同的特色，可分为初唐、盛唐、中唐、晚唐四个时期。初唐有“四杰”及张若虚等，代表了初唐的华丽壮美，陈子昂倡导“建安风骨”，极大地拓展了初唐诗歌的意象。盛唐有“李瀚林之飘逸，杜工部之沉郁，孟襄阳之清雅，王右丞之精致，储光羲之真率，王昌龄之爽俊，高适、岑参之悲壮，李颀、常建之超凡，此盛唐之盛也”(高棅《唐诗品汇》总序)。中唐元稹、白居易倡导新乐府运动，开启了平易近人的诗风，唐诗再现高潮。晚唐有杜牧、李商隐的绮靡小诗，冷艳圆熟，使小诗达到了登峰造极的地步。

诗的流派

从流派上，唐代诗坛先后出现过风格华丽壮美的四杰，精工纤巧的十才子，闲雅淡远的山水诗派，慷慨豪壮的边塞诗派，平易通俗的元白诗派，奇警崛峭的韩孟诗派，精深婉丽的温李诗派等众多的风格流派，形成斗妍争奇的繁荣局面。

“上官体”

初唐的政治变革和经济繁荣并没有立即改变六朝以来的浮靡诗风。唐初诗人多是深受齐梁影响的陈、隋旧臣，新王朝的统治者对宫体艳诗也情有独钟，初唐前期诗坛的诗人竞相写作淫靡浮艳的宫体诗和富丽呆板的应制诗。上官仪是这时期宫廷诗人的典型代表，他的诗大多描写浮华腐化的贵族生活。以绮错婉媚为本，为当时人所仿效，称为“上官体”。

上官仪的诗

上官仪（607—664），字游韶，陕州陕县（今河南陕县）人。《新唐书·艺文志》著录其有集三十卷，已佚。他在太宗贞观时曾任弘文馆学士及起居郎，得到赏识。高宗时，为秘书少监，更受宠幸，宫中每有宴会，他都得以参加并应诏赋诗。上官仪的诗大多是在这种环境里产生的，故绮错婉媚、华丽精工便成为其特色。他的《八咏应制》轻艳至极，有“瑶笙燕始归，金堂露初晞。风随少女至，虹共美人归”，“残红艳粉映帘中，戏蝶流莺聚窗外”，与陈隋宫体诗没有什么差别。高宗龙朔二年（662），上官仪迁西台侍郎同东西台三品，由于高居相位，他“绮错婉媚”的诗歌也广为流传，大受推崇，时人称之为“上官体”，并纷纷仿效。

女诗人上官婉儿

上官婉儿（664—710）是上官仪的孙女，上官仪父子被武则天杀害后，刚刚出生的上官婉儿与母亲郑氏同被配没掖廷为奴。上官婉儿天资聪颖，熟读诗书，年十四，即为武则天掌文诰。唐中宗时，封为昭容。曾建议扩大书馆，增设学士。代朝廷品评天下诗文，一时词臣多集其门。临淄王（即唐玄宗）起兵，与韦后同时被杀。上官婉儿作有大量诗歌，可惜《全唐诗》仅收其遗诗三十二首，其中《彩书怨》最为有名。

“初唐四杰”

为扭转诗坛沿袭齐梁的颓势，初唐后期陆续有新诗人出现，展开斗争。首先是“初唐四杰”的崛起。所谓“四杰”，是高宗武后时期，“以文章齐名天下”的四个青年诗人：王勃、杨炯、卢照邻、骆宾王。四杰都才高位卑，命运不幸，因而在文学上走着与宫廷诗人不同的道路。“四杰”不仅开拓了诗歌的视野，扩大了诗歌的题材，而且使诗歌具有了昂扬的时代气息。

“初唐四杰”的贡献

初唐四杰的诗虽然并未洗尽南朝习气，但他们对诗歌内容和形式所作的初步革新，不仅给沈宋，而且更给陈子昂、李白、杜甫、白居易等人创造了有利条件，使他们得以把唐诗发展到全新的阶段。诗歌在四杰手里开始由宫廷走到市井，由台阁引向江山和塞漠，扩大了题材，表现了真实健康的思想感情，有力冲击了宫体诗的淫靡与庸俗。同时五言律诗从四杰开始有了基本定型，七言歌行也得到初步发展和提高。“四杰”的出现，预示着唐诗繁荣的即将到来，所以后来的大诗人杜甫热烈地颂扬他们："王杨卢骆当时体，轻薄为文哂未休。尔曹身与名俱灭，不废江河万古流。"

王勃的生平

王勃（649—675），唐代诗人，字子安，绛州龙门（今山西河津）人。王勃与杨炯、卢照邻、骆宾王以诗文齐名，并称"王杨卢骆"，亦称"初唐四杰"。王勃的祖父王通是隋末著名学者，号文中子。王勃才华早露，未成年即被司刑太常伯刘祥道赞为神童，向朝廷表荐，对策高第，授朝散郎。乾封初（666），为沛王李贤征为王府侍读，两年后因戏为《檄英王鸡》文，被高宗怒逐出府。随即出游巴蜀。上元三年（676），王勃南下探亲，渡海溺水，惊悸而死，年仅27岁。相传他作文不打草稿，先磨墨升，然后引被覆面而卧。待深思熟虑后，忽然坐起，奋笔疾书，不易一字。王勃著述很多，今所传者，唯《王子安集》十六卷，也非全本。

王勃的诗

王勃虽然在27岁时就不幸逝世，但却为后世留下了千古佳篇，如《送杜少府之任蜀州》：

城阙辅三秦，风烟望五津。
与君离别意，同是宦游人。
海内存知己，天涯若比邻。
无为在歧路，儿女共沾巾。

全诗摆脱了一般送别诗的旧调，一扫离别之际的依依之情，而以事业心批判儿女情，立足高远，给人以耳目一新之感。"海内存知己，天涯若比邻"，意境开阔，气象高爽，历来为人们传诵。王勃的五绝《山中》和七古《滕王阁诗》，也都具有悲凉雄放的气势，显示出独特风貌。

杨炯的生平

杨炯（约650—693），华阴（今属陕西）人，与王勃、卢照邻、骆宾王齐名，并称初唐四杰。他于显庆四年（659）举神童。上元三年（676）及第。补校书郎，累迁詹事司直。据说，他对"王杨卢骆"的称呼并不满意，说"吾愧在卢前，耻居王后"。武后垂拱元年（685），因其从弟参与徐敬业起兵，被贬为梓州司法参军。晚年迁盈川令，吏治以严酷著称，世称杨盈川。

杨炯的诗

杨炯的《从军行》是一首边塞诗，借用乐府旧题"从军行"，描写一个读书士子从军边塞、参加战斗的全过程。仅仅四十个字，既揭示出人物的心理活动，又渲染了环境气氛，笔力极其雄劲，慷慨激昂，壮怀激烈，反映了初唐一般士人向往边塞生活的豪壮气魄，读来令人精神振奋。

烽火照西京，心中自不平。
牙璋辞凤阙，铁骑绕龙城。
雪暗雕旗画，风多杂鼓声。
宁为百夫长，胜作一书生。

卢照邻的诗

卢照邻（约637—689），字升之，自号幽忧子，幽州范阳（今北京）人。唐高宗和武后时期著名诗文家。他的《长安古意》以纵横奔放、富丽铺陈的诗笔，揭露长安上层社会繁华堕落的生活，并预示这种生活必然幻灭的结局，衬托自己清贫生活的可贵。

骆宾王的生平

骆宾王（约619—687），字观光，婺州义乌（今属浙江）人。七岁能诗赋，人称“神童”。早年出征边塞，后在四川宦游多年。返京后，任武功主簿，转明堂主簿，迁侍御史。因多次上书讽谏武则天，被诬入狱，遇赦后出为临海丞，为徐敬业草讨武檄文，讨武兵败，逃亡不知所终。与王勃、杨炯、卢照邻齐名，世称“王杨卢骆”，号“四杰”。于“四杰”中，年岁最长，经历丰富，诗文最多。骆宾王的代表作《帝京篇》与《长安古意》内容风格相近，是初唐少有的大篇，当时以为绝唱。《在狱咏蝉》寄悲愤沉痛于咏物之中，是初唐律诗中精工凝练的名作。

西陆蝉声唱，南冠客思侵。
那堪玄鬓影，来对白头吟。
露重飞难进，风多响易沉。
无人信高洁，谁为表予心。

沈佺期的诗

沈佺期（约656—714），字云卿。相州内黄（今河南内黄）人。高宗上元二年（675）进士。由协律郎累迁考功员外郎，给事中。中宗即位，因谄附张易之，被流放。遇赦北还后，召拜起居郎兼修文馆直学士，常侍宫中。后历中书舍人、太子少詹事。沈佺期与宋之问齐名，并称“沈宋”。《夜宿七盘岭》是沈佺期在流放岭外时创作的，将游子思乡的情怀放在异乡独特景物的鲜明背景下抒写，显得清新自然。虽然较少雕琢，但反映了内心真实的情感。

独游千里外，高卧七盘西。
晓月临窗近，天河入户低。
芳春平仲绿，清夜子规啼。
浮客空留听，褒城闻曙鸡。

宋之问的诗

宋之问（约656—712），一名少连，字延清，汾州（今山西汾阳）人。与沈佺期同年进士及第。历洛州参军、尚方监丞、左奉宸内供奉。因谄事张易之兄弟，曾贬泷州参军。召为鸿胪主簿，再转考功员外郎，又谄事太平公主。以知贡举时贪贿，贬越州长史，流钦州，赐死。宋之问是与沈佺期齐名的诗人，时称“沈宋”。《题大庾岭北驿》是宋之问在被贬岭南，途经大庾岭时所作。鸿雁飞到这里也要折回，极状谪途的艰险，感叹大雁还能折回去，而自己却无法回转，自己非常痛苦，还要安慰亲人，感情十分真挚感人。全诗以情布景，以景衬情，满怀怨哀，欲露还藏，不失为一首情真意切、哀思婉转的思乡诗。

阳月南飞雁，传闻至此回。
我行殊未已，何日复归来？
江静潮初少，林昏瘴不开。
明朝望乡处，应见陇头梅。

陈子昂的生平

陈子昂（661—702），唐文学家，字伯玉，梓州射洪（今属四川）人。出身豪族，少以侠知名，后入长安游太学。文明元年进士及第。从征西域，至张掖而返。后转右拾遗。又随军东征契丹，参谋军事。返京后，仍为右拾遗。谏议多不合，因解官还乡。为县令诬陷，入狱，被迫害致死。他的诗一变初唐浮靡诗风，或讽谏朝政，或感怀身世，落地做金石声，开了一代诗风。

陈子昂：高扬诗歌革新的旗帜

陈子昂因曾任右拾遗，后世称为陈拾遗。他继“四杰”之后，更高地举起诗歌革新的旗帜。他痛斥齐梁诗风是“彩丽竞繁，而兴寄都绝”，提倡“风雅兴寄”和“汉魏风骨”的优良传统，以复古为号召，实现诗歌内容的真正革新，扫除六朝以来华美空虚的形式主义，振兴一代诗风。他自己更是身体力行，创作出了《登幽州台歌》这首浪漫主义杰作：

前不见古人，后不见来者。
念天地之悠悠，独怆然而涕下！

诗人感念宇宙的无穷和人生的短促，抒写了政治理想不能实现的苦闷，千百年来唤起无数读者的感情共鸣。风格苍劲质朴，深沉悲壮，实乃初唐诗坛扫荡齐梁颓风之作。

陈子昂的《感遇诗》

《感遇诗》三十八首是其代表作。这组诗非一时之作，思想内容也矛盾复杂，但其主要倾向是进步的。或讽刺时政，慨叹现实，慷慨沉痛，充满现实主义精神，如“圣人不利己”“贵人难得意”；或感怀身世，抒写理想，如“兰若生春夏”“本为贵公子”，寄兴幽婉，富有浪漫主义色彩；或反映边塞生活，如“朔风吹海树”“丁亥岁云暮”，都突破了泛拟古题的传统风习，有很强的现实针对性。《感遇诗》由阮籍的《咏怀》发展而来，而又对张九龄的《感遇》、李白的《古风》和韩愈的《秋怀》等诗有直接影响。陈子昂以其鲜明的诗歌革新理论和创作实践，为唐诗发展端正了方向，开创了道路。

“吴中四士”

初、盛唐间，国力空前强大，经济日益繁荣，人民生活相对安定，封建约束相应减弱，由此带来了思想禁忌的放宽。这样，就为人们自由发展个性提供了有利条件。当时，涌现出一大批风流清高、狂放不羁的文人。在文士荟萃的吴越之地，就有贺知章、张旭、张若虚和包融四人，他们“文辞俊秀，名扬于上京”，号“吴中四士”。

“吴中四士”之贺知章

贺知章（659—744），字季真，越州永兴（今浙江萧山）人。他是唐代诗人中高寿者，活了80多岁。开元中曾任太子宾客、秘书监，故人称“贺秘监”，又简称“贺监”。天宝三年（744）辞官还乡为道士，建千秋观以隐居其内，未几卒。贺知章少时以诗文闻名，神龙年间已名扬京城。开元初年与吴越人包融、张旭、张若虚以诗文齐名，世称“吴中四士”，亦称“吴中四友”“吴中四杰”。晚年自号“四明狂客”。

贺知章的诗

贺知章的诗最为人熟悉的是《回乡偶书》：

少小离家老大回，乡音无改鬓毛衰。
儿童相见不相识，笑问客从何处来。

诗中通过故乡儿童的态度，表现出自己的衰老和离家之久，虽不无世事沧桑的感叹，但情味并不衰飒，一种亲切自然的感受仿佛从肺腑中流出，极为真挚感人。

《咏柳》是一首咏物诗。诗人描绘出刚刚发出新芽的柳树美丽的姿态，并对大自然的神奇发出了由衷的赞颂，表达出诗人对春天的热爱。全诗生意盎然，每给人以健康的艺术享受：

碧玉妆成一树高，万条垂下绿丝绦。
不知细叶谁裁出，二月春风似剪刀。

“吴中四士”之张旭

张旭是贺知章的好朋友，他任性豪放，不拘细节，性嗜酒，与李白、苏晋等号称“酒中八仙”；相传每大醉后，呼叫狂走，甚至“以颅墨而书”，时称“张颠”。唐文宗时，诏以李白歌诗，裴旻剑舞，张旭草书为“三绝”。他的《桃花溪》很有特色：

隐隐飞桥隔野烟，石矶西畔问渔船。

桃花尽日随流水，洞在清溪何处边？

溪水两岸，满目桃林，暮春时节，那桃花的粉色如云似雾，就连清清的溪水也悠悠地飘动着片片的粉红，充满着天真、质朴、单纯之美。

“吴中四士”之张若虚

张若虚，扬州（今属江苏）人，生卒年、字号均不详。曾任兖州兵曹。中宗神龙（705—707）中，与贺知章、贺朝、万齐融、邢巨、包融俱以文词俊秀驰名于京都。他的《春江花月夜》是一首“以孤篇压倒全唐”的千古绝唱。

千古《春江花月夜》

《春江花月夜》是一首长达三十六句的诗，由月下江水的流逝进而联想到驾着扁舟在江中漂泊的游子和思念游子的闺中之妇，在自然与人生相互对比和映衬中抒发对人生的感喟：

人生代代无穷已，江月年年望相似。
不知江月待何人？但见长江送流水。

月夜的美景因这些富于哲理意味的诗句而增添神秘气氛，望月怀人的情绪又因这种对宇宙无穷的思索而变得深沉、幽邃。诗中虽带有不少凄凉伤感的成分，但总的看起来并不消沉颓废，它所表现出的那种对美好事物的憧憬向往、对青春年华的无限珍惜以及对宇宙人生哲理的思考探索，都已展示出清新健康的盛唐诗歌的风貌。诗中所蕴涵着的富于哲理意味的人生观和历史观又增添了无限怅然。

刘希夷的诗

刘希夷（约651—679）也是唐代值得注意的诗人，他少有文华，落魄不拘常格，后为人所害，时年未满三十。他的《代悲白头翁》是传诵不衰的名篇。诗人看到花开花落，感慨时光易逝；昔日青春美少年，今成半死白头翁，由此发出“年年岁岁花相似，岁岁年年人不同”以及“宛转蛾眉能几时，须臾鹤发乱如丝”之感慨。“年年岁岁花相似，岁岁年年人不同”乃千古名句。

“开元名相”张九龄

张九龄（678—740），一名博物，字子寿，韶州曲江（今广东韶关）人。武则天时进士，始任校书郎。累官至中书侍郎同平章事，迁中书令。为相时，举贤任能，刚正不阿，为“开元名相”之一。后为李林甫所排挤，罢政事，贬为荆州长史。后病死家中。他的五言古诗，以素练质朴的语言，寄托深远的人生慨望，对扫除唐初所沿袭的六朝绮靡诗风，贡献尤大。其中《感遇》《望月怀远》等更为千古传颂之诗。有《曲江集》二十卷传世。

张九龄的诗

兰叶春葳蕤，桂华秋皎洁。
欣欣此生意，自尔为佳节。
谁知林栖者，闻风坐相悦。
草木有本心，何求美人折？

这是张九龄遭谗贬谪后所作《感遇》十二首之冠首。诗借物起兴，自比兰桂，抒发自己孤芳自赏，气节清高，不求引用之情感。其中既表达了恬淡从容超脱的襟怀，又隐现忧谗惧祸的心情。诗人借兰桂以喻自己的资质禀赋，前四句寓我于物，后四句物我合一，从正面、侧面对兰桂的形貌品格作层层深入的刻画，从而使自己抽象的精神境界活现于读者面前。

《望月怀远》是盛唐诗中的佳作，是一首月夜怀念远人的诗。诗题旨可为两层，一是“望月”，一是“怀远”。“望”是因，是动作细节；“怀”是果，是心理内涵。望月乃写景，怀远则为写情，一景一情，以景生情，还情化景。起句“海上生明月，天涯共此时”，意境雄浑阔大，是千古名句。

王孟诗派

孟浩然、王维是盛唐山水田园诗派的代表，亦称王孟诗派。这派诗人大都接受佛、老和退隐思想的影响，融陶渊明、“二谢”（谢灵运、谢朓）诗之长，以山水田园风光和隐逸生活为主要题材，风格冲淡自然。在求仕不遂或官场失意后归隐田园林下，追求清静闲适的精神生活，作品多表现清幽冷寂的意境和隐逸生活。该派重要诗人还有储光羲、常建、祖咏、裴迪等。

孟浩然的诗人情趣

孟浩然（689—740）生活在开元承平时代，基本是在隐居和漫游中度过一生。他是唐代一位不甘隐沦却以隐沦终老的诗人。他的诗歌主要描写漫游旅程中所见的自然景物和他的隐逸生活，表现一种悠闲自得和洁身自好的情趣。如《春晓》：

春眠不觉晓，处处闻啼鸟。
夜来风雨声，花落知多少。

诗人抓住春晨生活的一刹那，镌刻了自然的神髓，生活的真趣，抒发了对烂漫醉人春光的喜悦，对生机勃勃春意的钟爱。言浅意浓，景真情真，悠远深沉，韵味无穷，而成为一首千古名诗。孟浩然是唐代第一个创作山水诗的诗人，是王维的先行者。

不甘隐沦的诗人

孟浩然在山水描写中常常隐含身世落拓之感，求仕失望的情绪常常流露，如《留别王维》《归故园作》。《夏日南亭怀辛大》是一首怀人之作，描写夏夜清幽绝俗的境界和“恨无知音赏”的惆怅，表现了诗人心境与大自然的契合无间。诗从日落写到夜凉、露重、中宵，层递自然，由境及意，达于浑然一体。《夜归鹿门歌》则以清淡的语言，描绘清幽绝俗的境界，体现了诗人在审美方面追求“清”的特点。但虽归隐于清闲淡素，却对尘世的热闹仍不能忘情，表达了隐居乃迫于无奈的情怀。

孟浩然是唐代第一个大量写作山水诗的诗人，开唐代山水田园诗派的先声。他更把那种秾艳华丽的齐梁诗风转变为雅淡自然的诗风，表达自己的感情，给盛唐诗坛带来了一股新鲜的气息。

王维的生平

王维（701—761），字摩诘，河东人，工书画，与弟缙俱有俊才。开元九年，进士擢第，累官给事中、尚书右丞。维以诗名盛于开元、天宝间，宁薛诸王驸马豪贵之门，无不拂席迎之，得宋之问辋川别墅，山水绝胜。天宝末，为给事中。天宝十五载（756）安史乱军陷长安，玄宗入蜀，王维为叛军所获。服药佯为喑疾，仍被送洛阳，署以伪官。两京收复后，受伪职者分等定罪，他因所作怀念唐室的《凝碧池》诗为肃宗嘉许，且其弟王缙官位已高，请削官为兄赎罪，故仅降职为太子中允，后复累迁至给事中，终尚书右丞。与道友裴迪，浮舟往来，弹琴赋诗，啸咏终日，笃于奉佛，晚年长斋禅诵。

王维诗歌的特点

王维是一位少有的有多方面艺术才能的人。他精通音乐，擅长绘画，诗歌亦别为一家。他的诗不仅数量多，而且艺术成就很高。苏轼说：“味摩诘之诗，诗中有画，观摩诘之画，画中有诗。”这正是对王维山水诗的艺术概括。正因为“诗中有画，画中有诗“的艺术特色，使王维的诗具有构图精美，清新幽雅，宁静恬适之美。如《山居秋暝》：

空山新雨后，天气晚来秋。
明月松间照，清泉石上流。
竹喧归浣女，莲动下渔舟。
随意春芳歇，王孙自可留。

松间斜照的月光，石上潺潺的清泉，竹林里浣纱女子的笑声，荷花间顺流而下的渔舟，翠色欲滴的青岚，点缀着稀疏的红叶，种种形象，和谐完美地融合在一起，构成一种清幽深邃的意境，与诗人的心境和情趣相融洽。千百年来，此诗令人百读不厌，传诵不绝。

王维诗歌的禅意

王维一生笃于奉佛，晚年长斋禅诵。他的诗受到禅宗的影响，他对禅宗特有的空寂的感受，常常化入诗句中，那是一种特有的禅趣和禅境。如《鹿柴》：

空山不见人，但闻人语响。

返景入深林，复照青苔上。

描绘鹿柴附近的空山深林在傍晚时分的幽静景色，颇有忘情世事的味道，甚至流露出些许的幻灭之感。

王维的边塞诗

王维的诗作中还有大量的边塞诗，如《少年行》《老将行》等，或充满昂扬激奋的英雄气概，或抒发深沉的忧思与不平。特别是《使至塞上》：

单车欲问边，属国过居延。
征蓬出汉塞，归雁入胡天。
大漠孤烟直，长河落日圆。
萧关逢候骑，都护在燕然。

宽广的大漠拥抱着悠悠的长河，浑圆的落日映衬着直逼霄汉的一束孤烟。在如此广阔而苍凉的天地间，将士们驰骋疆场，破敌靖边，这是何等悲壮的英雄气概？“大漠孤烟直，长河落日圆”一联，独绝千古。

常建的禅诗

常建也是活跃于盛唐时期的诗人，开元十五年(727)进士。他一生仕途失意，后来干脆隐居，过漫游生活。他的诗禅味也很浓。如《题破山寺后禅院》：

清晨入古寺，初日照高林。
曲径通幽处，禅房花木深。
山光悦鸟性，潭影空人心。
万籁此俱寂，惟闻钟磬音。

这是盛唐山水田园诗中的名篇之一。诗人着力创造了一种幽深寂静的意境，诗中有禅味而又不用禅理说教，具有一种超然意趣。“曲径通幽处，禅房花木深”更是千古名句。

王之涣的诗歌

王之涣（688—742），开元初曾任冀州衡水县主簿，被人诬陷，去官。此后漫游十五年，足迹遍及黄河南北。为人豪放，常击剑悲歌。有诗名，尤长于边塞诗。作品多被当时乐工制曲歌唱，名动一时。《登鹳雀楼》：

白日依山尽，黄河入海流。
欲穷千里目，更上一层楼。

唐人登鹳雀楼题诗者极多，而王之涣这首诗却使他人望尘莫及，传诵千古。山河胜况，雄阔辽远，境界高远。《凉州词》更是千古名篇：

黄河远上白云间，一片孤城万仞山。
羌笛何须怨杨柳，春风不度玉门关。

崔颢的诗歌

崔颢（约704—754）早期多写闺情，

内容轻佻，流于浮艳。后赴边塞，诗风顿变，所作诗篇慷慨豪迈，表现了报国赴难的高远志向和昂扬情感。如《黄鹤楼》被宋代诗论家严羽誉为唐代七律压卷之作：

昔人已乘黄鹤去，此地空余黄鹤楼。
黄鹤一去不复返，白云千载空悠悠。
晴川历历汉阳树，芳草萋萋鹦鹉洲。
日暮乡关何处是？烟波江上使人愁！

黄鹤楼始建于吴黄武二年（223），以楼址在黄鹤矶而得名。传说古代仙人王子安乘黄鹤由此飞过；又说，三国时费文祎在此乘鹤登仙，而得此名。崔颢在仕途失意之时来游览黄鹤楼，其感受与传说合拍，触动灵感，遂发此浩歌。此诗被历代文人推崇为题黄鹤楼的绝唱。相传李白登黄鹤楼，有“眼前有景道不得，崔颢题诗在上头”之叹，无作而去。

边塞诗派

“边塞诗派”是盛唐诗歌的主要流派之一。文学史家根据作品反映的题材，把盛唐诗坛上善于表现边塞生活的诗人称作“边塞诗派”。其代表人物有高适、岑参、王昌龄、王翰等，成就最大的是高适和岑参，故亦称岑高诗派。王昌龄、王翰等也有突出成绩。

边塞诗人受国力强大的鼓舞，热烈向往建立边功事业，因而具有辽阔的视野，积极乐观的性格特征，他们的作品表现出雄伟奔放的风格，极富浪漫主义特色。紧张艰苦的战斗生活、奇异变幻的塞外景象和奔腾跳跃的思想感情都通过他们的诗章表现出来。

高适的第一大篇

高适（约700—765），字达夫，渤海（今河北景县）人。安史之乱起，随哥舒翰守潼关。肃宗朝历官御史大夫、扬州长史、淮南节度使，又任彭州、蜀州刺史，转成都尹、剑南西川节度使。后为散骑常侍，封渤海县侯，病逝。高适是边塞诗派的代表之一，与岑参齐名，世称“高岑”。

高适的诗以写军旅生活最具特色，粗犷豪放，遒劲有力。《燕歌行》被称为高适的“第一大篇”，在整个盛唐边塞诗中也是鲜有匹配的名篇。诗人颂扬士兵们的英勇爱国精神，热烈而高亢；描述征人思妇的悲愁痛苦，幽怨而缠绵。全诗音律和谐，读之铿锵有力，令人振奋。

岑参的边塞诗

岑参（715—770），为天宝三载（744）进士，一生大多在朝廷为官，也曾两度出关。他的边塞诗也极有特色。《轮台歌奉送封大夫出师西征》使轮台成了充满壮美诗意的令人向往的地方。奇寒的天气，强大的军容，行军的鼓声和三军的呐喊，使雪海翻滚，阴山动摇，气势可谓惊天动地。

轮台城头夜吹角，轮台城北旄头落。
羽书昨夜过渠黎，单于已在金山西。
戍楼西望烟尘黑，汉军屯在轮台北。
上将拥旄西出征，平明吹笛大军行。
四边伐鼓雪海涌，三军大呼阴山动。
虏塞兵气连云屯，战场白骨缠草根。
剑河风急雪片阔，沙口石冻马蹄脱。
亚相勤王甘苦辛，誓将报主静边尘。
古来青史谁不见，今见功名胜古人。

王昌龄诗歌的意境

王昌龄（690—756）为开元进士，安史之乱起，王昌龄被杀。前人常把他的七绝与李白并称。他的边塞诗，如《从军行》七首、《塞下曲》四首等都是名篇，表达的是爱国豪情，是盛唐之音。《出塞》以雄劲的笔触，展现出一幅壮阔的图画：

秦时明月汉时关，万里长征人未还。
但使龙城飞将在，不教胡马度阴山。

《芙蓉楼送辛渐》是一首送别诗：

寒雨连江夜入吴，平明送客楚山孤。
洛阳亲友如相问，一片冰心在玉壶。

诗人借玉壶冰心自喻，写得十分含蓄深沉，写送别而不言别，着重表现诗人冰清玉洁的操守和无端被贬的幽怨。“洛阳亲友如相问，一片冰心在玉壶”为千古名句。

王翰的边塞诗

王翰（约687—735），字子羽，并州晋阳(今山西太原)人。景云元年(710)登进士第。张说为相，召为秘书正字，擢通事舍人，迁驾部员外郎。十四年，说罢相，出为汝州长史，改仙州别驾。贬道州司马。工乐府，善写边塞生活。尤以《凉州词》著名，明王世贞推为唐人七绝压卷之作：

葡萄美酒夜光杯，欲饮琵琶马上催。
醉卧沙场君莫笑，古来征战几人回。

大军即将出征，诗人用葡萄美酒、夜光杯、琵琶等一系列事物代指出征前宴会的热烈场面，写尽道别的豪情。“醉卧沙场君莫笑，古来征战几人回”之句，豪放与悲凉合而为一，历来为人传诵。

刘昚虚的诗

刘昚虚（生卒年不详），字全乙，洪州新吴（今江西奉新）人。玄宗开元十一年（723）进士。官夏县县令。天宝中卒。少年时即善作文，与孟浩然、王昌龄、高适友善。唐殷璠《河岳英灵集》评其诗“情幽兴远，思苦词奇，忽有所得，便惊众听。顷东南高唱者十数者人，然声律婉态，无出其右，唯气骨不逮诸公”。《阙题》是刘昚虚的名篇：

道由白云尽，春与青溪长。

时有落花至，远随流水香。
闲门向山路，深柳读书堂。
幽映每白日，清辉照衣裳。

诗人似写往山中访友人时的情景与感受，淡雅自然，清静洒脱，处处突出一个“幽”字。阳光从柳叶中穿隙，洒落在衣襟上，留下斑驳的清辉，别是一番情趣。

柳中庸的诗

柳中庸（?—775），名淡，河东（今山西永济）人。曾诏授洪府户曹。与弟中行皆以文名。安史乱起，随父至江南，大历九年（774）在湖州与皎然等唱和。诗工近体。其《征人怨》为传诵名篇：

岁岁金河复玉关，朝朝马策与刀环。
三春白雪归青冢，万里黄河绕黑山。

诗中描述征人所行之地，所从之事，所见之景，没有一个“怨”字，而怨气无处不在，低回往复，感人肺腑。

李颀的诗

李颀（约690—751），开元二十三年（735）进士，官新乡尉。以久不升迁，弃官归东川别业隐居。与岑参、王维、王昌龄等相唱和，是开元、天宝间重要诗人。其诗以五七言歌行见长。以边塞为题材的诗雄浑奔放，慷慨激昂。《古从军行》是很具特色的一首，同时也是李颀的代表作。该诗不是一般地写征战的艰辛、痛苦或英雄气概，而是着意选择了历史与现实中的典型事件，抒发了战士们在征战中的艰辛和痛苦，通过对汉武帝穷兵黩武的抨击，讽刺唐玄宗的长年开边用兵给广大人民带来的深重灾难。

王湾的诗

王湾（693—751），洛阳（今属河南）人。唐玄宗先天元年（712）登进士第。开元初，为荥阳主簿。曾两次参加朝廷校理群籍的工作，官终洛阳尉。少有诗名，与綦毋潜相友善，往来于吴楚之间，多有著述。其诗写景抒情，语言开阔，刻画乡愁，真挚感人，很有特色。《次北固山下》有“潮平两岸阔，风正一帆悬”句，是全篇最为精妙的两句，用精当的语言描绘出世间变化刻刻流转这一客观规律时，给人以一种蓬勃向上的力量与希望。

祖咏的诗

祖咏（生卒年不详），洛阳人。开元十二年（724）登进士第。仕途失意，后移居汝水以北。与汝州长史王翰交游。与王维、储光羲、卢象、丘为友善。为盛唐山水田园诗人之一。《终南望余雪》极负盛名，渔洋先生将其与陶渊明“倾耳无希声，在目皓已洁”誉之为雪诗之最。

终南阴岭秀，积雪浮云端。

林表明霁色，城中增暮寒。

张继的诗

张继（?—约779），字懿孙，襄州（今属湖北）人。天宝十二载（753）进士。曾佐镇戎军幕府。大历年间，以检校祠部员外郎的虚衔在洪州为盐铁判官。约卒于大历末。为人好谈论，博览有识，与皇甫冉、刘长卿相友善。诗虽多登临纪行之作，但亦有不少反映人民生活与疾苦的篇章。其诗风格爽利激越，语言明白自然，丰姿清迥，不尚雕饰。代表作《枫桥夜泊》，抒情写景，情致清远，为千古传诵的佳作：

月落乌啼霜满天，江枫渔火对愁眠。
姑苏城外寒山寺，夜半钟声到客船。

綦毋潜的诗

綦毋潜（691—756），字季通，荆南人。开元十四年登进士第，由宜寿尉人为集贤待制，迁右拾遗，终著作郎，后不知所终。《春泛若耶溪》是他的名篇：

幽意无断绝，此去随所偶。
晚风吹行舟，花路入溪口。
际夜转西壑，隔山望南斗。
潭烟飞溶溶，林月低向后。
生事且弥漫，愿为持竿叟。

若耶溪在浙江绍兴南，相传为越国西施浣纱处，水清如镜，照映众山倒影，窥之如画。诗人在一个春江花月之夜，泛舟溪上，流连忘返，顿生归隐之念，把内心的情感寄予写景之中，了无痕迹。

崔曙的诗

崔曙（约704—739），曙，一作署，博陵(今河北安平)人。少孤贫,曾居宋州，有草堂在嵩山太室。开元二十六年（738）登进士第,官河内尉。曾与薛据唱酬。《九日登望仙台呈刘明府》是一首通常投赠的诗,也是一首怀古的诗。诗篇措辞高华，语意蕴藉。

汉文皇帝有高台，此日登临曙色开。
三晋云山皆北向，二陵风雨自东来。
关门令尹谁能识，河上仙翁去不回。
且欲近寻彭泽宰，陶然共醉菊花杯。

元结的诗

元结（719—772)，字次山，号浪士、漫郎、聱叟、漫叟猗玗子，汝州鲁山（今属河南）人。后魏常山王遵十五代孙。少不羁，十七岁乃折节向学，师事从兄德秀。天宝十二载（753），应进士试，次年登第。安史之乱时，抗史思明叛军。因功，迁监察御史里行，进水部员外郎，充荆南节度判官。宝应元年（762)，辞官养亲。广德元年（763)，拜道州刺史。大历三年（768)，进授容管经略使，政绩卓著，加左金吾卫将军，罢还京师，卒于旅舍，赠礼部侍郎。其文学主张与“欲济时难”“救世劝俗”的政治改革主张相应，推崇“风”“雅”传统，强调“讽喻”，反对“拘限声病，喜尚形似”的诗风。《贼退示官吏（并序）》作于代宗广德二年（764），元结任道州（今湖南道县）刺史时。此诗叙述自己从出山到做刺史，遇到蛮贼劫乱的情形；在事平以后，又遇到政府的横征暴敛。自己不肯做害百姓的官，宁可弃了官职，告老还家。实现了“将家就鱼麦，归老江湖边”的愿望。

孟云卿的诗

孟云卿（约725—？），河南（今河南洛阳）人。郡望平昌（今山东安丘）。天宝中应进士举落第。永泰二年（766）为校书郎，赴南海幕，元结以诗送之。大历中，流寓荆州、广陵等地。大历八年（773）犹在世。与杜甫、元结、薛据、韦应物友善。工五言古诗，多写民瘼，格调悲怨，语言质朴。《寒食》写在天宝年间科场失意后的一个寒食节前夕。

二月江南花满枝，他乡寒食远堪悲。
贫居往往无烟火，不独明朝为子推。

科场失意使诗人体会到生活无着、漂泊贫困的不幸，从而激发了诗人深深的愤慨，情之所至，写下了这首《寒食》。其中不仅抒发了个人的痛苦和不幸，而且由自身联想到生活贫困的广大百姓，使主题得到了升华。

丘为的诗

丘为，字号、生卒年均不详。大约武后长安初年，至德宗贞元末年间在世，卒时96岁。苏州嘉兴（今属浙江）人。天宝二年（743）进士，官至太子右庶子。与王维、刘长卿相唱和。其诗大抵为五言，多赠别和吟咏田园风物之作。《寻西山隐者不遇》写诗人寻访隐士之事。访隐居的友人，至而未遇，但却不因未遇友人而失望，反而尽兴而返，足见诗人心怀之旷达，习静喜幽，是一位高雅之士。“兴尽方下山，何必待之子！”借题“不遇”而淋漓尽致地抒发了自己的幽情雅趣和旷达胸怀。

裴迪的诗

裴迪，关中（今陕西中部地区）人，一说绛州闻喜（今属山西）人。天宝间，与王维、崔兴宗隐居终南山，相与唱和。安史乱起，陷贼中，居洛阳。上元中，曾至蜀中，与杜甫有诗唱和。风格平易清新，与王维接近。《送崔九》是裴迪送别崔九之往南山的临别赠言：

归山深浅去，须尽丘壑美。
莫学武陵人，暂游桃源里。

此诗送人归隐，赠言“莫学武陵人”。良以言行相顾，事贵实践，若是只知高谈阔论，则万事皆成虚妄。要知道千里之行，始于足下，万里长堤，非一日之功。

“五言长城”——刘长卿

刘长卿（约709—790），宣城人，早年居洛阳。曾任随州刺史，世称刘随州。玄宗开元中即已应进士举，天宝后期始登第，肃宗、代宗、德宗建中初迁随州刺史。建中三年（782），李希烈反叛，占据随州，刘长卿流寓江州。晚年入淮南节度使幕。刘长卿年辈与杜甫相若，早年工诗，然以诗名家，在肃、代以后，与钱起并称“钱刘”，为大历诗风的主要代表。平生致力于近体，尤工五律，自称“五言长城”。诗中多身世之叹，于国计民瘼，亦时有涉及。《寻南溪常道士》是他的代表作。

一路经行处，莓苔见屐痕。
白云依静渚，芳草闭闲门。
遇雨看松色，随山到水源。
溪花与禅意，相对亦忘言。

诗人带着寻山问水的雅兴，顺沿山间小道，欣赏雨后枝叶的苍翠欲滴，山涧小溪的潺潺奔流。道人呀，在这恬静悠逸的环境里生活，是多么超凡脱俗啊！“溪花与禅意”，这样两种富有诗意的“东西”放在一起，意境亦无以言说了。

刘方平的诗

刘方平（生卒年不详），河南（今河南洛阳）人。天宝九年（750）入京应进士试不第。曾入军幕，后归隐于颍阳大谷。元辛文房评其诗“多悠远之思，陶写性灵，默会风雅，故能脱略世故，超然物外”（《唐才子传》）。《月夜》《春怨》为其传世名作。又擅山水画。《春怨》是一首闺怨诗。诗人描画了这样一个画面：落日斜照，黄昏来临，独坐在窗前的少妇脸上泪痕点点。纵然如此，也无人相见。窗外的庭院也是空空如也，梨花已铺满了一地，无人出来，全诗意境飘渺。

纱窗日落渐黄昏，金屋无人见泪痕。
寂寞空庭春欲晚，梨花满地不开门。

李白的生平

李白（701—762），字太白，号青莲居士。出生地有蜀中、西域诸说，尚无定论。少居绵州昌隆（今四川江油）青莲乡，遍观经史百家，好神仙，喜任侠。开元十二年（724），辞亲远游，南穷苍梧，东涉溟海，足迹遍长江中下游地区。西入长安，贺知章见之，惊为“谪仙人”。天宝元年（742），诏征入京，供奉翰林。三载，因权贵谗毁，赐金还山。与杜甫、高适同游。归东鲁，受道箓于齐州紫极宫。复漫游吴越、幽燕等地。安史乱起，受永王璘召入幕府，璘败，系浔阳狱，长流夜郎。中道遇赦放还，漂泊于江汉、洞庭、江西、宣城、金陵等地。后至当涂投奔族叔李阳冰。上元二年（761），李光弼出镇临淮，欲以61岁高龄前往从军，病还，卒于当涂。代宗即位，以左拾遗召，刚好李白去世。人称李翰林或李谪仙，为唐代伟大诗人。他与杜甫齐名，世称“李杜”。

李白诗歌的成就

唐诗代表了古代诗歌最高成就。李白则代表了唐诗的最高成就。在诗坛上，他是一颗光芒四射、掩抑群辉的巨星。“李杜文章在，光焰万丈长。”李白的诗歌，不仅是中国文学史上悬诸日月、永映千秋的艺术瑰宝，也是世界文学史上百代仰照的文学遗产。

“诗仙”李白

李白的人生，可以说是追求自我价值、自我人格实现的人生。他迫切地希望实现自己的人生价值。然而，现实偏偏一次又一次打破诗人的梦幻。奉召长安，李白本以为大济苍生的机运终于到来，但是现实无情地粉碎了他的梦想，终至辞京还山。安史之乱，他参加永王璘幕府，又一次看到了风云际会的希望，可是，李唐王朝的宗室之争，又一次把诗人从幻想的天国抛到地下，他被投入大狱，流放夜郎。渴望建功立业，使李白的诗永远洋溢着高亢的激情。现实与理想的激烈撞击，使他的诗充满了悲慨不平之气，并且以奇异的想象表现出来，所以前人说王维是诗佛，李白是诗仙，杜甫是诗史。李白存诗九百余首，有《李太白集》。

浪漫主义诗歌的典范

《将进酒》是李白的名篇，其中既有“黄河之水天上来，奔流到海不复回”的豪迈，又有生不逢时、怀才不遇的愤慨，更有“天生我材必有用,千金散尽还复来”的信心。全诗大气下注，畅朗明快，豪放飘逸，体现了李诗一贯的浪漫主义特色。

此外，如《蜀道难》《梁甫吟》《梦游天姥吟留别》等，都写得起伏跌宕，豪情悲壮。

作为浪漫主义诗人，李白极富于天才的艺术想象力。李白的诗言出天地之外，思出鬼神之表，如天马行空，飘然而至，倏然而去，充满了“出鬼入神，惝恍莫测”的奇幻色彩。

《梦游天姥吟留别》以梦幻为托，表明了对美好理想的向往追求，对政坛黑暗、权贵当道的憎恶鄙弃。诗人首先描绘了有如仙境般的天姥山胜景，继之他幻想驾着长风，身披月光，飞越镜湖，来到山中剡溪。正在他钟情山水，迷恋花木之时，夜幕降临了，一时熊吼龙吟，山崩地裂，树木怒耸，霹雳轰鸣，美丽的地方立刻变成阴森可怕的世界。这时訇然一声巨响，洞天之门终于向诗人敞开了，他身着霓裳，驾马御风进入仙境……但是，当他从梦境惊醒后，烟霞都化为乌有了，只有身边枕席依旧，他又回到严峻的现实世界。诗人顿悟到:“世间行乐亦如此，古来万事东流水！”可是诗人并没有完全被这种消极情绪所占有，他仍然以傲岸的态度面对人生:“安能摧眉折腰事权贵，使我不得开心颜。”既是对光明世界的无限热情，又是自己人格的宣言书。

李白诗歌的别样情趣

李白不仅为后人留下了大量激情豪迈、神思奇妙的诗篇，还有很多清新雅致，千古传诵的五言、七言诗。如《静夜思》：

床前明月光，疑是地上霜。
举头望明月，低头思故乡。

一夜萦思，踌躇月下，静夜思乡的情形描写得生动逼真，画面仿佛就在眼前。举头低头俄顷之间，顿生乡思，良以故乡之念，久蕴怀中，偶见床前明月，一触即发，正见其思乡心之切切。又如《怨情》：

美人卷珠帘，深坐颦蛾眉。
但见泪痕湿，不知心恨谁。

全诗不闻怨语，但见怨情。卷珠帘方见其坐而沉思，颦蛾眉乃知有怨情，其怨不可知，只见泪痕挂面，愈见其怨。

《黄鹤楼送孟浩然之广陵》：

故人西辞黄鹤楼，烟花三月下扬州。
孤帆远影碧空尽，惟见长江天际流。

行者渐渐远去，消失于水天相接之处，眼前只剩下浩荡长江，茫茫天际，默默东去。依依的惜别之情尽在其中，诗境阔大，风格高远。

另外，如《月下独酌》《关山月》《长干行》《早发白帝城》等都是千百年来传诵不衰的名篇。

杜甫的生平

杜甫（712—770），字子美，生于河南巩县（今河南巩县），是名诗人杜审言的孙子。与沈佺期、宋之问齐名。七岁会做诗文，十四五岁出入东都翰墨场。因曾居长安城南少陵，故自称少陵野老，世称杜少陵。自上元元年（760）起，居蜀八载，其间受到友人成都尹严武照料，曾于浣花溪畔营筑草堂，生活较为安定；因严武离职而漂泊梓州、阆州等地。严武曾表其为节度参谋、检校工部员外郎，所以世称“杜工部”。大历三年（768），去夔出峡，沿江至湖湘，辗转于公安、岳阳、潭州、衡州间。大历五年夏，曾困于耒阳舟中，冬病卒于长沙、岳阳旅途中。有《杜工部集》传世。

“诗史”杜甫

杜甫是与李白齐名的大诗人，他生活的时代，正是唐王朝由盛转衰时期，他自身经历了开元、天宝盛世，经历了安史之乱的全过程。他的一生同他所处的那个时代息息相关。他的诗歌深刻地反映了那个剧变时代的重大政治事件和尖锐社会矛盾，具有高度的人民性和强烈的政治性。正如《新唐书·杜甫传赞》所说："甫又善陈时事，律切精深，至千言不少衰，世号诗史。"

爱国主义的篇章

杜甫的诗首先表现为对祖国无比的热爱，为人民的焦虑、感奋。《春望》《闻官军收河南河北》，集中反映了诗人的忧喜取决于国家形势的安危。《宿府》《旅夜书怀》《登高》《登岳阳楼》等，大都充满着悲壮的爱国热情。如《春望》：

国破山河在，城春草木深。
感时花溅泪，恨别鸟惊心。
烽火连三月，家书抵万金。
白头搔更短，浑欲不胜簪。

诗人被安史叛军俘至长安后，面对满目疮痍的故都，国恨家仇一齐涌上心头。由此感发，遂成千古名作。其中深重的忧国之思、悲哀的家室之恋，这愁苦使诗人白发稀疏，简直到不能用簪束发的地步。这种生理的急遽衰变，是诗人极度悲愤、郁闷的象征，而这一切都是由于忧国忧民所致。

《闻官军收河南河北》是杜甫诗歌中的名篇，诗人在战乱中漂泊受难、饱经沧桑，流离迁徙中，听到这个消息，惊喜欲狂，心中激荡，难以自抑，狂喜之余，以饱含激情的笔墨写下了这首诗，表达了久经丧乱的人们听到战争结束时的狂喜之情，因而千百年来不知打动了多少乱世中流亡者的心。

诗人的高洁品质

杜甫与他同时代诗人不同的地方还在于，他以深刻的同情描写人民疾苦，达到前人和当代未有的深广度。如《茅屋为秋风所破歌》就是通过描写他本身的痛苦来表现"天下寒士"的痛苦，来表现社会的苦难、时代的苦难。"安得广厦千万间，大庇天下寒士俱欢颜，风雨不动安如山。呜呼！何时眼前突兀见此屋，吾庐独破受冻死亦足！"个人的忧患与炽热的忧国忧民的情感联系在一起，表现了诗人高尚的人格。

杜甫始终站在时代的前列，直面现实，讽喻时事，对统治阶级中的上层进行了毫不留情的抨击，如《兵车行》《丽人行》《赴奉先咏怀》等。"三吏""三别"则是杜甫现实主义诗歌的杰作。

"大历十才子"

从代宗元年（766）至文宗开成元年（836），大约七十年间，为中唐。中唐诗人数量多，流派多，风格多变，富于创新精神。中唐早期，"大历十才子"为代表。十才子为：李端、卢纶、吉中孚、韩翃、钱起、司空曙、苗发、崔洞（一作峒）、耿沣、夏侯审。大历十才子大多是失意的中下层文人，也多半是权门清客，因而多为应制酬唱之作。歌颂升平、吟咏山水、称道隐逸是其诗歌的基本主题，对战乱生活和战后的荒凉景象也多有反映。

钱起的诗

钱起在十才子中年辈较老，曾和王维、裴迪等人唱和。诗风也略似王维，以“体格清新，理致清淡”为特色。他的《谷口书斋寄杨补阙》：

泉壑带茅茨，云霞生薜帷。
竹怜新雨后，山爱夕阳时。
闲鹭栖常早，秋花落更迟。
家僮扫萝径，昨与故人期。

云霞之气生于薜萝之帷，山之幽高，雨后之竹，苍翠可怜。夕阳在山，紫绿万状，书斋之景可佳。鹭栖常早，是闲故，秋花落迟，山之深故。书斋之幽旷，山景之极美可见一斑。

卢纶的诗

“十才子”中，卢纶有过戎旅生活，他的诗风较为雄壮，《和张仆射塞下曲》共六首，分别写发布号令、凯旋庆功等情节，赞美将军的将才帅略。其第二首：

林暗草惊风，将军夜引弓。
平明寻白羽，没在石棱中。

写夜间射虎，赞美了将军神奇的箭力。疑是茂草丛中有猛虎隐没，于是“将军夜引弓”，一个“引弓”，描绘出将军抽弓搭箭，镇定自如的形象，诗人的钦佩之情更在言外。

元白诗派

与韩孟诗派同时稍后，中唐诗坛又崛起了以白居易、元稹为代表的元白诗派。他们重写实，尚通俗。他们发起新乐府运动，强调诗歌的惩恶扬善，补察时政的功能，语言方面则力求通俗易解。这派诗人重写实、尚通俗，走了一条与韩孟诗派完全不同的创作道路。清人赵翼说:“中唐诗以韩、孟、元、白为最。韩、孟尚奇警，务言人所不敢言；元、白尚坦易，务言人所共欲言。”

白居易的生平

白居易（772—846），字乐天，号香山居士，山西太原人。曾为江州司马、杭州刺史、苏州刺史，晚年官至太子少傅，谥号“文”，世称白少傅、白文公。会昌二年（842），以刑部尚书致仕，闲居洛阳，皈依佛教，以诗酒自适。卒，谥曰文。初与元稹并称“元白”，同为中唐新乐府倡导者，后又与刘禹锡并称“刘白”。

现实主义诗歌的典范

白居易与元稹积极倡导新乐府运动，强调诗歌的“美刺”内容，主张“文章合为时而著，诗歌合为事而作”。他在总结《诗经》以来现实主义诗歌创作经验的基础上，建立了现实主义的诗歌理论。《卖炭翁》是白居易《新乐府》组诗中的第三十二首，自注云："苦宫市也。"诗人以个别表现一般，通过卖炭翁的遭遇，深刻地揭露了"宫市"的本质，对统治者掠夺人民的罪行给予有力的鞭挞。另外如《秦中吟》《上阳白发人》《新丰折臂翁》《红线毯》等，都深刻地表现和揭露了统治者的暴政和下层人民的苦难，在社会上引起很大的反响。

《长恨歌》和《琵琶行》是两首著名的长诗。唐宣宗在怀念白居易的诗中说："童子解吟《长恨》曲，胡儿能唱《琵琶》篇。"

"童子解吟《长恨》曲"

《长恨歌》取材于唐玄宗李隆基和杨贵妃的爱情故事。全诗一百二十句。前半部讽刺了唐明皇宠爱杨贵妃，"思倾国""日高起""不早朝"的荒淫生活，以至贪情误国，引起安史之乱。后半部以充满同情的笔触描写了李、杨二人天人永隔的刻骨相思，歌颂了他们坚贞不渝的爱情，表现了一个"天长地久有时尽，此恨绵绵无绝期"的爱情悲剧。所以，《长恨歌》并非一篇政治讽喻诗，而是一篇歌颂爱情的诗篇。如果说李、杨的生离死别是个爱情悲剧的话，那么，这个悲剧的制造者最终成为悲剧的主人公，这正是千年遗憾之处。

"江州司马青衫湿"

与《长恨歌》取材于历史故事不同，《琵琶行》却是诗人白居易的亲身经历。全诗八十八句。故事不像《长恨歌》那样曲折，主题也较单一，而其中所寄予的身世之感，同样能引起人们的共鸣。通过琵琶女自述盛衰荣辱的经历：从"五陵年少争缠头，一曲红绡不知数。钿头银篦击节碎，血色罗裙翻酒污"，到"门前冷落车马稀，老大嫁作商人妇""夜深忽梦少年事，梦啼妆泪红阑干"的境地。琵琶女的悲惨命运引起诗人极大的同情，"同是天涯沦落人，相逢何必曾相识""座中泣下谁最多，江州司马青衫湿"，诗人被贬谪的遭遇与琵琶女的命运形成强烈的共鸣。以后，"江州司马""泪湿青衫"便成为后代无数文人经常援引的典故，表现普遍性的知识分子怀才不遇的苦闷和感伤。

宰相诗人元稹

元稹（779—831），字微之，行九，世称"元九"。鲜卑族拓跋部后裔，北魏时为皇族，周、隋两代多显宦。入唐后，经安史之乱，家族衰微。元稹一生辗转仕途，官至宰相。元稹自少与白居易唱和，当时言诗者称"元白"，号为"元和体"。其诗词浅意哀，仿佛孤凤悲吟，极为扣人心扉，动人肺腑。

悲悼亡妻之作

元稹曾作三首《遣悲怀》，其二有名句:“诚知此恨人人有，贫贱夫妻百事哀。”《遣悲怀》三首都是为悼念亡妻韦惠丛而作。韦惠丛是元稹的元配夫人,出身名门,嫁给元稹时,元稹家境贫寒,职位也不高,27岁时，韦惠丛就死去了。诗人写这首诗时，已经位至宰相，想起过去种种生活情景，不禁悲从中来，一句“贫贱夫妻百事哀”，状写了古今多少贫寒之家的真实境遇，不失为千古绝唱。

《离思五首》之四是家喻户晓的名作，大概也是出于对亡妻的感激追忆之情。

曾经沧海难为水，除却巫山不是云。
取次花丛懒回顾，半缘修道半缘君。

“诗鬼”李贺

李贺(790—816),字长吉。祖籍陇西,生于福昌（今河南宜阳）昌谷，后世称李昌谷。唐宗室郑王李亮后裔，但家已没落。青少年时，才华出众，名动京师。他抱负远大,但因是皇室后裔,无法应举,只做过一个执掌祭祀的九品小官。一生愁苦抑郁，体弱多病，死时仅27岁，后人称其为“诗鬼”。李贺诗歌的特点是“奇幻诡异”。表现为：出人意料的想象，险怪迷离的意境，浓丽凄清的色彩，绝不蹈前人之迹的词语、比喻。这一切反映了他在诗歌创作上的呕心沥血，极力追求独创性的特点。

李贺诗歌中的鬼魅世界

李贺是一个青年诗人，但在其作品中出现的“死”字却达20多个，“老”字达50多个，反映了他对好景不常、时光易逝的感伤情绪。“曲水飘香去不归，梨花落尽成秋苑”“况是青春日将暮，桃花乱落如红雨”，表达了他对现实人生无可奈何的心情；“依稀和气排冬严，已就长日辞长夜”，则透露了他对未来光明的憧憬。他在两者的矛盾中，探索摆脱死亡的途径，于是产生了对神仙境界的奇妙幻想。然而死亡终究无法逃避，于是又出现了对另一种鬼魅世界的可怕描述：“鬼灯如漆点松花”“鬼雨洒空草”“秋坟鬼唱鲍家诗，恨血千年土中碧”“百年老鸮成木魅，笑声碧火巢中起”。幽灵出没，阴森可怖。

“天若有情天亦老”

《金铜仙人辞汉歌》是李贺诗歌的代表作之一，诗中，诗人赋予铜人、衰兰、苍天以人的感情；离故宫时，铜人携盘独出，潸然泪下，陪伴着的只有高空明月，相送者只有路旁衰兰。这种悲凉景象,茫茫苍天若有情,也将为之唏嘘不已,感伤衰老。“天若有情天亦老”，诗人发出感叹，亦无可奈何。

韩孟诗派

“韩孟诗派”是以中唐诗人韩愈和孟

郊为代表的一个诗歌流派。两人是挚友，诗歌风格相近，都喜欢琢句雕章。他们着力实践杜甫"语不惊人死不休"的主张，在形式上追求翻空出奇，形成一种奇险怪僻的诗风，具有某些形式主义倾向；但他们的诗对扭转大历以来平庸靡荡的诗风起了一定作用。韩愈是韩孟诗派的代表人物，其诗的最大特点是"奇崛险怪"和"以文为诗"。

韩愈的生平

韩愈（768—824），字退之，郡望昌黎，世称韩昌黎，文学家、哲学家。贞元八年（792）进士，三试博学鸿词科不中，出为节度使幕府。后回到京师，任四门博士，监察御史。因上书论天旱人饥状，贬为阳山令。宪宗时赦还，累官至太子右庶子。回朝后因不满宦官和朝臣专权，一直仕途不畅。元和十二年（818），随宰相裴度平淮西，迁刑部侍郎。不久，又因上《论佛骨表》，触怒宪宗，贬为潮州刺史。后召回，历任国子监祭酒，兵部、吏部侍郎，京兆尹等职。死后谥文，故又称"韩文公"。在文学成就上，同柳宗元齐名，称为"韩柳"。他是唐代古文运动的领袖，世称其"文起八代之衰"。

韩愈诗歌的特点

韩愈一生直言敢谏，才识兼备，在政治上、文学上均有建树，其中文学成就尤为显赫，与柳宗元共同倡导了唐代古文运动。他是我国古代杰出的散文家之一，对后世产生巨大影响。其诗语言新奇，风格雄健，富有气势，当时自成一家。

韩愈的诗波澜起伏、章法曲折。如《八月十五夜赠张功曹》，开始是圆月舒波，万籁无声，迁客举杯消愁；继而是天阴风高，波涌猩号，谪臣幽居荒僻；接着又是嗣皇继圣，一片欢腾，心情如久旱之逢甘霖；最后则是希望成空，只好放浪形骸，听天由命。镜头多次变换，感情几起几落，极尽曲折之能事。

《山石》是韩愈的代表作，全文采用素描式，按时间顺序，记叙游山寺之所遇，所见，所闻，所思。"人生如此自可乐，岂必局促为人鞿"是全文主旨。全诗气势遒劲，风格壮美，数为后人所称道。

"苦吟"诗人孟郊

孟郊（751—814），字东野，早年贫困，屡试不第，46岁始中进士。一生行踪不定，命运坎坷，仕途多蹇。孟郊专写古诗，现存诗五百多首，以短篇五古最多。他长韩愈十七岁，写诗笔力足以与韩愈为敌，因为得到韩愈推崇，诗名大振。

孟郊在诗歌创作上苦思锤炼，以"苦吟"著称，诗句瘦硬奇警，追求冷涩、荒寞、枯槁的色彩和意味，从而尽可能地把内心的愁哀刻画得入骨和惊悚人心。在《夜感自遣》中，描述自己：

夜学晓不休，苦吟鬼神愁。

如何不自闲，心与身为仇。

《游子吟》是一首真挚深沉、感人至深的小诗：

慈母手中线，游子身上衣。
临行密密缝，意恐迟迟归。
谁言寸草心，报得三春晖。

“郊寒岛瘦”

贾岛（779—843），字浪仙，早年出家为僧，号无本。后还俗，屡举进士不第，穷困潦倒一生。他的诗俗味很浓，僧味也不淡。他正是在这双重性中度过自己的一生。他又是苦吟诗人，行坐寝食，都不忘作诗，常走火入魔。贾岛诗在晚唐形成流派，影响颇大。

贾岛一生奔波辗转，宦游赠别的诗颇多佳句。不幸的遭遇，宦旅的愁怀，景色的凄迷常化入他的诗行。如《忆江上吴处士》有“秋风生渭水，落叶满长安”句，颇得后人好评。又如《古怨别》：

飒飒秋风生，愁人怨离别。
含情两相向，欲语气先咽。
心曲千万端，悲来却难说。
别后唯所思，天涯共明月。

孟郊、贾岛在继承杜甫“语不惊人死不休”的艺术传统基础上，刻意追求创新，苏轼评论为“郊寒岛瘦”。

“小李杜”

从唐敬宗（525）开始，到唐哀帝（904），为晚唐时期。此时，唐王朝陷入了无法挽救的危机之中，国事无望，抱负落空，身世沉沦，使晚唐诗人情怀压抑，悲凉空漠之感常常触绪即来。晚唐诗歌因而带有更多的抑郁悲凉，其中表现最多的是怀古咏史诗。杜牧、李商隐是这一时代最突出的代表。杜牧有《阿房宫赋》为后世传诵。晚唐诗多柔靡，杜牧则以峻峭矫之，人称小杜，以别于杜甫，与李商隐并称“小李杜”。

杜牧的生平

杜牧（约803—852），字牧之，京兆万年（今陕西西安）人。出身名门望族，是中唐宰相、史学家杜佑之孙。大和二年（828）进士，初为弘文馆校书郎。因秉性刚直，遭人排挤。后为监察御史，黄、池、睦诸州刺史。晚年任司勋员外郎、史馆修撰。官终中书舍人。杜牧生于晚唐多事之秋，目睹了唐帝国的内忧外患，很想有所作为，早年以济世之才自负，曾作《阿房宫赋》以讽喻当世。又善论兵，曾注《孙子》。文学上，诗、赋、古文俱佳，其中尤以诗的成就最高。

杜牧的诗歌

杜牧留下了大量的怀古咏史作品，在即景抒情中注入了深沉的历史感慨，表达对繁荣昌盛局面消逝的伤悼情绪，寓意着盛衰兴亡不可抗拒的哲理意味。《赤壁》一诗借慨叹周瑜因有东风之便取得成功，抒发自己怀才不遇的心情。

折戟沉沙铁未销，自将磨洗认前朝。
东风不与周郎便，铜雀春深锁二乔。

类似的名篇还有很多，如《泊秦淮》：

烟笼寒水月笼沙，夜泊秦淮近酒家。
商女不知亡国恨，隔江犹唱《后庭花》

又如《寄扬州韩绰判官》：

青山隐隐水迢迢，秋尽江南草未凋。
二十四桥明月夜，玉人何处教吹箫？

李商隐的生平

李商隐（约813—858），字义山，号玉溪先生，又号樊南先生。出身于小官僚家庭，九岁父亡，孤苦无依，发愤苦读。令狐楚赏识他，推荐他于开成二年进士及第。令狐楚死后，入泾原节度使王茂元幕，王茂元爱其才，将最小的女儿嫁给他。受牛李党争的影响，李商隐一直沉沦下僚，辗转于各处幕府。远离家室，漂泊异地。妻子王氏又不幸病故，子女寄居长安，更加重了他的精神痛苦。时世、家世、身世，造就了他的悲剧性格。他的诗便多为感时伤事之作，如《安定城楼》《重有感》《行次西郊作一百韵》《隋宫》《北齐》《齐宫词》等篇，直陈时事，借古讽今，以犀利的笔锋揭露统治者的残暴、荒淫、无能。

千古绝唱《无题》诗

从《无题》诗，可以感受到诗人在爱情生活中那强烈执着的追求、刻骨铭心的思念、依稀微茫的希望和痛苦悲伤的失望，可以窥见一颗在痛苦中挣扎煎熬，一面燃烧着热情之火，一面又滴着鲜血的受伤的心。下面的一首《无题》更成为吟咏爱情的千古绝唱：

相见时难别亦难，东风无力百花残。
春蚕到死丝方尽，蜡炬成灰泪始干。
晓镜但愁云鬓改，夜吟应觉月光寒。
蓬山此去无多路，青鸟殷勤为探看。

意象叠加的《锦瑟》诗

李商隐诗歌非常善于用典，且用典十分灵活自然，如同脱口而出，而又恰到好处。如《锦瑟》：

锦瑟无端五十弦，一弦一柱思华年。
庄生晓梦迷蝴蝶，望帝春心托杜鹃。
沧海月明珠有泪，蓝田日暖玉生烟。
此情可待成追忆，只是当时已惘然。

这首诗所呈现的，是一些似有而实无，虽实无而又分明可见的意象：庄生梦蝶、杜鹃啼血、良玉生烟、沧海珠泪。

这些意象构成一个错综复杂的心象，怅惘、感伤、寂寞、向往、失望……

李商隐的诗宛如一颗美丽而又闪烁不定的宝石，既以其诱人的魅力吸引着读者爱不释手，又以其神奇的光芒显示着这宝石内部存在着的令人捉摸不透的深邃奥秘，因此前人以“旨意幽深”“婉转动情”“绮丽精工”来概括其艺术特色。

皇甫冉的诗

皇甫冉（约716—789），字茂政，润州丹阳（今江苏丹阳）人。十岁能属文，张九龄深器之，后又获萧颖士、李华奖掖。玄宗天宝十五载（756），登进士第，授无锡尉。代宗大历初，王缙为河南节度使，辟为掌书记，官至右补阙。与刘长卿、严维、刘方平相善，有唱酬。《春思》是一首代闺抒写春怨的诗，言外有讥讽穷兵黩武之意。

莺啼燕语报新年，马邑龙堆路几千。
家住层城邻汉苑，心随明月到胡天。
机中锦字论长恨，楼上花枝笑独眠。
为问元戎窦车骑，何时返旆勒燕然。

顾况的诗

顾况（约727—815），字逋翁，自号华阳山人，苏州（今属江苏）人。至德二载（757）登进士第。尝求知杭州新亭监。大历中游湖州，与皎然、韩章联句。大历六年（771）为温州永嘉监盐官。后至江西与李泌、柳浑等交游。建中中，为润州节度使韩滉判官，官大理司直。贞元三年（787），柳浑、李泌相继为相，荐为秘书郎，转著作佐郎。贞元五年，作《海鸥咏》嘲诮权贵，贬饶州司户。后归吴，入道，隐于茅山。工山水画。其诗题材广泛，注意反映当时的社会现实，形式多样，尤长歌行，颇具盛唐风骨，写景诗情致悠长。《宫词》是他的代表作：

玉楼天半起笙歌，风送宫嫔笑语和。
月殿影开闻夜漏，水精帘卷近秋河。

戴叔伦的诗

戴叔伦（732—789），字幼公，润州金坛(今属江苏)人。登进士第。大历年间，应刘晏之召，在湖南转运府申任职，受到好评。建中元年（780）为东阳令，贞元元年（785）任抚州刺史。官至容管经略使。晚年上表自请出家为道士，未几卒。其诗多以农村生活为题材，亦有一些边塞诗和一些其他题材的抒情状景之作。前者写得雄浑激壮，洋溢着豪迈之气；后者写得真挚深婉，清新可读，都不乏佳作。《乡故人偶集客舍》是一首即事即景随口诵出的诗。意为故人偶集难得，劝作长夜之饮：

天秋月又满，城阙夜千重。
还作江南会，翻疑梦里逢。
风枝惊暗鹊，露草覆寒虫。

羁旅长堪醉，相留畏晓钟。

女诗人李季兰

李季兰原名李治，生于唐玄宗开元初年。李治与鱼玄机和薛涛齐名。李治五岁时，就在庭院里作诗咏蔷薇："经时未架却，心绪乱纵横。"她是个天才女诗人。她六岁时，父亲觉得她年纪虽小，却性情不宁，将来必会出乱子，于是将她送入剡中玉真观出家，改名李季兰。李季兰成了女道士，也是颇负盛名的女诗人。李季兰风流放荡，但是她的才情确是出众的，被时人称为"女中诗豪"。

女诗人鱼玄机

鱼玄机（约844—871），字幼薇，一字蕙兰，长安人。市民家女，姿色倾国，天性聪慧，才思敏捷，好读书，喜属文。十五岁为李亿妾，因夫人妒不能容，李亿遣其出家，在长安咸宜观为女道士。但她对李却一往情深，写下许多怀念他的诗。这位美丽多情的才女，曾与许多文士，如温庭筠等交往甚密，以诗相寄赠，但终是孤零一身，痛苦、绝望之际，因妒杀侍婢绿翘，被处死。著有《鱼玄机诗》，目前传世仅五十首，其诗多清词丽句，又对仗工稳。《全唐诗》第八百零四存其诗一卷。

女诗人薛涛

薛涛（768—832），字洪度，唐朝长安人。幼年随父郧流寓成都，八九岁能诗，父死家贫，十六岁遂堕入乐籍，脱乐籍后终身未嫁。后定居浣花溪。知音律，工诗词，创"薛涛笺"。她是唐代著名的女诗人，社会交际非常广泛，常与当时著名文人唱酬。薛涛的诗相传有五百首，南宋时还流传着她的《锦江集》五卷，可惜现在仅存八十九首了。薛涛的诗，不仅如世所传诵的《送友人》《题竹郎庙》等篇，以清词丽句见长，还有一些具有思想深度的关心现实的作品。

后蜀女诗人花蕊夫人

后蜀主孟昶的妃子花蕊夫人是当时一位著名的女诗人。花蕊夫人费氏（一说徐氏）有很高的文学修养，幼即能文，尤长于宫词，以才女著称一时。因受蜀主孟昶宠爱，被赐号花蕊夫人。其宫词用语以浓艳为主，偶有清新之作。其《述亡国诗》历来为人称道，令无数须眉汗颜："君王城上竖降旗，妾在深宫哪得知。十四万人齐谢甲，更无一人是男儿。"世传《花蕊夫人宫词》一百五十余首，其中可靠者九十余首。《全唐诗》卷第七百九十八其名下有诗一百五十八首。

宋诗

宋诗虽比不上唐诗的绚丽、高贵，但在文学中仍占有一定的分量，并且形成了独特的风格。宋诗是在唐诗的基础上发展起来的。北宋初的七八十年中，文坛上笼罩着一股华靡浮艳的风气，文当骈偶，诗重典丽，以西昆体为代表。北宋中期以后，欧阳修、梅尧臣、苏舜钦等相继走上文坛，提倡诗体革新，此后，苏轼、陆游等大家先后媲美，而且都富于浪漫主义色彩。北宋前期的诗人主要向白居易、韩愈学习，北宋后期和南宋前期的诗人主要向杜甫学习，南宋后期的诗人主要向贾岛、姚合学习。苏轼、黄庭坚等更是从多位唐代诗人那里汲取养分，对诗的发展做出了极大的贡献。

西昆派

自宋朝建国至仁宗初年，文坛上笼罩着一股华靡浮艳的风气，文当骈偶，诗重典丽，词更大都被作为征歌逐舞的工具。其中的代表，就是自太宗末至仁宗初风靡天下数十年的“西昆派”诸作家。“西昆派”因杨亿编《西昆酬唱集》而得名。诗集共二卷，收录以杨亿、刘筠、钱惟演为首的十几个御用文人互相唱和的作品，五、七言律诗共二百四十多首，诗的内容不外男女爱情、宫廷故事和官僚生活情致，尤以咏物居多；由于彼此唱和，往往一题多首。其诗模仿李商隐，但内容单薄、感情虚浮、用典陈腐、意旨晦涩，缺乏李诗的深意和挚情，只剩下一副工致华美的躯壳，实际是玩物丧志的文字游戏。由于受到太宗等最高统治阶层的喜爱，“杨、刘风采，耸动天下”达数十年，直到欧阳修领导的诗文革新运动兴起之后，才廓清了西昆派的影响。

杨亿《西昆酬唱集》

杨亿（964—1021），字大年。北宋初期以早慧知名的诗人，从小就受到较好的教育。七岁能属文，对客谈论，有老成风。十一岁，太宗闻其名，诏送阙下试诗赋，授秘书省正字。淳化中赐进士，曾为翰林学士兼史馆修撰，官至工部侍郎。史料记载：杨亿“天性颖悟，自幼及终，不离翰墨。文格雄健，才思敏捷，略不凝滞，对客谈笑，挥翰不辍。精密有规裁，善细字起草，一幅数千言，不加点窜，当时学者，翕然宗之”。宋真宗时期，以杨亿、刘筠、钱惟演为首的馆阁诗人效仿李商隐的诗风，大量写作雕琢用典、铺陈辞藻、属对精工、深婉绮丽的诗篇，彼此唱和应酬。杨亿把这些诗作编为《西昆酬唱集》后，这种被称为“西昆体”的诗风进一步在社会中盛行。

宋诗的“开山祖师”——梅尧臣

梅尧臣（1002—1060），字圣俞，宣城（今安徽宣城）人，人称宛陵先生，又称梅都官。他一生只做过主簿、县令之类小官，穷困不得志。但诗名很高，他和苏舜钦都是与欧阳修同辈的著名诗人，受到欧阳修的推崇。梅尧臣的诗歌主张接近于白居易，推崇“风骚”“雅颂”现实主义传统，主张诗歌应当干预现实、有所兴寄，以达到“刺”“美”的目的。他的一些诗深切地反映了现实生活，特别是农民在赋税、徭役、天灾下的痛苦，从精神和风格面貌上都同中唐新乐府作家的作品相通。如《汝坟贫女》《田家语》《小村》《陶者》诸诗。在北宋诗文革新运动中与欧阳修、苏舜钦齐名，并称“梅欧”“苏梅”。刘克庄在《后村诗话》中称之为宋诗的“开山祖师”。

苏舜钦的诗

苏舜钦（1008—1048），字子美，漳州铜山（今四川中江）人，生于开封。他曾做过县令、大理评事、集贤校理等小官，“数上疏论朝廷大事，敢道人之所难言”，因而被保守派官僚诬陷，被废除名。后居苏州，卒时41岁。

苏舜钦“少慷慨，有大志”，始终对国事民生热切关心。他的诗，笔力雄健，感情奔放，表现为一种粗犷豪迈的风格。抒写杀敌报国、舒民贫困的志向是他诗歌最重要的主题，愤懑不平的感情则是他作品的基调。《庆州败》和《城南感怀呈永叔》是这类诗的代表作。他的《吾闻》诗激昂慷慨地陈述保卫祖国的雄心壮志，是宋诗中出现最早的爱国篇章。

北宋四大诗人之欧阳修

北宋四大诗人指欧阳修、王安石、苏轼、黄庭坚。

欧阳修是在我国文学史上开一代风气的重要作家。他在学术、文艺领域表现了多方面的才能，在散文、诗、词、史传、金石考古方面，都取得了一定成就。欧阳修是唐宋八大家之一，他成功地领导了古文运动，成为当时的文坛领袖，对诗文革新也起了重大作用。他的《六一诗话》开创了“诗话”这一文学批评的新体裁。作为诗文革新运动的领袖，他自己也大量作诗，其诗有的反映人民的痛苦生活，有的抒写个人情怀，风格平易自然。《采桑子》十三首，描绘颍州西湖的自然之美，写得恬静、澄澈，富有情韵，宛如一幅幅淡雅的山水画。

北宋四大诗人之王安石

王安石（1021—1086），号介甫、半山，抚州临川（今属江西）人。他的诗内容充实，反映了民生疾苦和尖锐的社会问题，表现了自己的政治见解和抱负，具有批判精神。如传诵一时的《明妃曲》二首。他的写景诗也很有名，艺术上更加成熟。如《梅花》：

墙角数枝梅，凌寒独自开。
遥知不是雪，为有暗香来。

诗人歌颂梅花不畏严寒的坚强性格和不甘落后的进取精神，历来是脍炙人口的佳作。《泊船瓜洲》也是千百年来传诵不衰的好诗：

京口瓜洲一水间，钟山只隔数重山。
春风又到江南岸，明月何时照我还？

北宋四大诗人之苏轼

苏轼的文学创作以诗歌数量最多，有二千七百多首，题材丰富，风格多样。他的诗主要是抒写个人情怀和歌咏自然景物，也有的反映了民生疾苦。多用比喻、夸张，并常常以议论为诗，以才学为诗。他的《海棠》写得极有情趣：

东风袅袅泛崇光，香雾空蒙月转廊。
只恐夜深花睡去，故烧高烛照红妆。

诗的后两句用典故，作者恐怕深夜花睡去，不仅是把花比作人，也是把人比作花，为花着想，于是烧红烛陪伴，呵护海棠，让海棠振作精神，不致睡去，既富有浪漫色彩，又让人感触到诗人的达观、潇洒。

《饮湖上初晴后雨》是苏轼任杭州通判期间所作，是诗人对西湖美景的赞誉：

水光潋滟晴方好，山色空濛雨亦奇。
欲把西湖比西子，淡妆浓抹总相宜。

北宋四大诗人之黄庭坚

黄庭坚（1045—1105），字鲁直，号山谷道人、涪翁。诗人、词人、书法家，为盛极一时的江西诗派开山三宗之一。历官秘书丞、校书郎、《神宗实录》检讨官等。他的诗众体兼备，不仅有常见的五古、七古、五七言律句，而且有六言、骚体、五言等，这在历代诗人中都是不多见的。《蚁蝶图》是他六言诗中最著名的一首：

蝴蝶双飞得意，偶然毕命网罗。
群蚁争收坠翼，策勋归去南柯。

一双蝴蝶的偶然灾祸，却成为群蚁策勋的福运，谁知到头来还是南柯一梦，其中似乎暗示着人生的哲理。

江西诗派

北宋后期，黄庭坚在诗坛上影响很大，追随和效法黄庭坚的诗人颇多，逐渐形成以黄庭坚为中心的诗歌流派。宋徽宗时，吕本中作《江西诗社宗派图》，尊黄庭坚为诗派之祖，下列陈师道、潘大临、谢逸、洪炎、晁冲之、江端本等二十四人。其中作者不都是江西人，因江西人黄庭坚在这派诗人中影响最大，故有江西派之称。他们论诗主张多读书，认为诗从学问中来。宗法杜甫，强调活法，要求字字有来历，脱胎换骨，点铁成金。常袭用前人诗意而略改其词。崇尚瘦硬风格，常用冷僻的典故，稀见的字面，务求争新出奇。他们反对西昆派的讲究声律和辞藻，为了开辟新的道路，便努力在艺术技巧上进行新的探索。这样他们就走上了脱离现实的新的形式主义道路。

一祖三宗

元代方回撰《瀛奎律髓》，崇奉江

西诗派，倡一祖三宗之说。一祖指杜甫，因江西诗派宗法杜甫。三宗指黄庭坚、陈师道、陈与义，因为他们三人是江西诗派最重要的诗人。

诗人陈与义

陈与义（1090—1139），字去非，号简斋，洛阳（今属河南）人。徽宗政和三年（1113）及第，靖康之难，避乱襄汉，转徙福广等地。高宗年间历给事中、中书舍人兼侍讲、直学士院、参知政事等。陈与义前期诗作风格清新明快，唯题材较窄，以题画咏物写景为主。南渡后身经乱离，感时抚事，慷慨激越，于杜甫诗尤有会心，诗风一变而为“气势浑雄，规模广大”（方回《瀛奎律髓》卷二四），不少作品寄托了深厚的家国之感，上继杜甫、下启陆游，开宋诗新气象。其诗受黄庭坚、陈师道影响亦甚深，故方回以其为江西诗派“三宗”之一。

大诗人陆游

陆游（1125—1210），字务观，号放翁，鄱阳（今属江西）人。绍兴二十八年（1158），入闽任宁德县主簿，后任镇江隆兴通判。乾道六年（1170），入蜀任夔州通判。乾道八年，入四川宣抚使王炎幕府，投身军旅生活。后官至宝章阁待制。他始终坚持抗金，在仕途上不断受到当权派的排斥打击。中年入蜀抗金，军事生活丰富了他的文学内容，作品吐露出万丈光芒，成为杰出诗人。

陆游诗歌的特点

陆游是一个有多方面创作才能的作家。他的作品有诗，有词，有散文。诗的成就尤为显著，仅现存的就有九千三百多首，所以他自言“六十年间万首诗”。陆游诗篇最大的特点就是始终贯穿着爱国主义的激情，充满慷慨激昂、为国立功的壮志和以身报国的牺牲精神，表现了对投降派的讽刺和壮志未酬的愤懑。由于他所写的诗“言恢复者十之五六”，因此受到投降派的厌恶和打击。当时的著名学者朱熹曾经对此表示愤慨道：“恐不合作此好诗，罚令不得作好官也。”

爱国主义的诗篇

陆游的诗中，不管受到多少打击，他的“恢复神州”的爱国信念却始终屹立不移。为国雪耻、抗敌御侮，这一直是最能激动诗人感情和不断得到表现的思想主题。正像他在有名的《书愤》中表现的那样：

早岁哪知世事艰，中原北望气如山。
楼船夜雪瓜州渡，铁马秋风大散关。
塞上长城空自许，镜中衰鬓已先班。
出师一表真名世，千载谁堪伯仲间？

想那山河破碎，中原未收而“报国

欲死无战场”，感于世事多艰，小人误国而“书生无地效孤忠”，诗人郁愤之情喷薄而出。沉郁雄健，激昂高亢的旋律曾经鼓舞了多少人！梦魂萦绕的家国之恨，始终笼罩在诗人的心头，直至晚年，这种心情愈加迫切而悲哀了。其《关山月》《书愤》《农家叹》《示儿》等诗篇为后世广为传诵。

女诗人唐婉

唐婉，字蕙仙，生卒年不详。她是陆游母舅唐诚的女儿，自幼文静灵秀，才华横溢。唐婉嫁给表兄陆游后，两人的亲密感情却引起了陆母的不满，陆游被迫休妻另娶。唐婉嫁给皇族后裔赵士程。1155年，陆游在沈园偶遇唐婉，在墙上题了一首《钗头凤》（红酥手）词。唐婉感慨万千，于是和了一阙《钗头凤》：“世情薄，人情恶，雨送黄昏花易落。晓风干，泪痕残，欲笺心事，独语斜栏。难，难，难！人成各，今非昨，病魂常似秋千索。角声寒，夜阑珊，怕人寻问，咽泪装欢。瞒，瞒，瞒！”此后不久，唐婉便抑郁而终。

中兴四大诗人之杨万里

中兴四大诗人指南宋诗人陆游、杨万里、范成大、尤袤。因宋室南渡，有再度中兴之意，故名。杨万里（1127—1206），字廷秀，号诚斋，吉水（今属江西）人。他的诗主要是写景，想象丰富，描写生动风趣，语言通俗活泼，独具一格。他的《小池》最为后人所乐道：

泉眼无声惜细流，树阴照水爱晴柔。
小荷才露尖尖角，早有蜻蜓立上头。

《晓出净慈送林子方》也是后人非常喜爱的吟咏西湖的名诗：

毕竟西湖六月中，风光不与四时同。
接天莲叶无穷碧，映日荷花别样红。

杨诚斋体

南宋诗人杨万里诗自成一格，杨万里字诚斋，故严羽《沧浪诗话》称之为“杨诚斋体”。其主要特点是：想象丰富，能抓住景物的特征和变化，把自然景物写得生动逼真；富有幽默诙谐的风趣；语言通俗活泼。

中兴四大诗人之范成大

范成大（1126—1193），字致能，号石湖居士，吴郡（今江苏吴县）人。其诗题材广泛，而以描写田园风光和民生疾苦的田园诗最为突出。《四时田园杂兴》是范成大晚年的作品，描述江南生活的各个方面，像一幅长卷，生动地描写了丰富多彩的乡村风俗，富有浓郁的乡土气息。

范成大曾经出使金国，在此期间作有七十二首绝句。这些诗篇如日记般记录了在沦陷区的所见所闻，那些眷怀宋朝的百姓年年月月地盼望着早日收复中原，可惜南宋朝廷偏安一隅，丧权辱国，《州桥》对这样的现实进行批判：

州桥南北是天街，
父老年年等驾回。
忍泪失声询使者：
“几时真有六军来？”

最后一句“几时真有六军来？”更是饱含着多少期待与失望！

中兴四大诗人之尤袤

尤袤（1127—1194），字延之，号遂初居士，无锡（今属江苏）人，官至礼部尚书。尤袤的大量诗稿著作以及三万多卷藏书，都在一次火灾中全被焚毁。他的诗大多托物言志，表达对山河破碎、人民遭受异族压迫的忧愤。从《落梅》一诗中我们可以看出诗人对国事的忧虑，对南宋朝廷不思恢复、陶醉于歌舞升平之中的愤懑：

梁溪西畔小桥东，落叶纷纷水映红。
五夜客愁花片里，一年春事角声中。
歌残《玉树》人何在？舞破《山香》曲未终。
却忆孤山醉归路，马蹄香雪衬东风。

永嘉四灵

永嘉四灵指南宋诗人徐照、徐玑、翁卷、赵师秀。徐照（?—1211），字道晖，一字灵辉，号山民，永嘉（今浙江温州）人。徐玑（1162—1214），字文渊，一字致中，号灵渊，永嘉人。翁卷，字续古，一字灵舒，永嘉人。赵师秀，字紫芝，号灵秀，永嘉人。因四人都是永嘉人，字或号又都有一“灵”字，故称永嘉四灵。他们反对江西诗派。内容上多写山水田园和酬答之作，不谈世事；艺术上专学贾岛，以清新刻露之词写野逸清瘦之趣。因而内容贫弱，风格不高。

江湖派

南宋宁宗、理宗年间，杭州书商兼诗人陈起结交了许多文人雅士，他们相互应酬唱和，形成了一个不固定的诗人群体。经过搜集、选择，陈起出资刻印了一些诗人的诗集，命名为《江湖集》，以后又陆续刻印了《江湖前集》《江湖后集》《江湖续集》《中兴江湖集》等诗歌总集，收戴复古、刘过等多家作品，后来遂称其中所收作家为“江湖派”。这些作家大都是落第文士，政治上没有地位，因而浪迹江湖，靠献诗卖艺为生。他们作品的思想、风格和艺术成就并不相同。

“江湖派”诗人

“江湖派”是一个组织松散、诗风相近的诗歌流派，广义的“江湖诗人”人数众多，包括姜夔、刘克庄、戴复古、赵汝遂、高翥、方岳、叶绍翁等，还有“永嘉四灵”徐照、徐玑、赵师秀、翁卷等人。他们多是流落江湖的中下层文人，反对江西派诗风，比较重视诗歌的抒情性，提倡清丽新巧、精致空灵的诗风，其诗歌也多表现凄情落寞的心境和淡泊高逸的情怀。一些诗人的名篇意境优美、语句流畅，大受人们喜爱，因而流芳千古。如赵师秀的《约客》、翁卷的《乡村四月》、叶绍翁的《游园不值》等，这些诗篇至今仍广为流传。

爱国诗人文天祥

文天祥（1236—1283），字履善，又字宋瑞，自号文山，庐陵（今江西吉安）人。宋理宗宝祐时进士。官至丞相，封信国公。临安危急时，他在家乡招集义军，坚决抵抗元兵的入侵。后不幸被俘，在拘囚中，大义凛然，终以不屈被害。他晚年的诗词，反映了他坚贞的民族气节和顽强的战斗精神，风格直露急切，苍劲悲愤，具有强烈的感染力。这些诗篇结集为《指南录》《指南后录》和《吟啸集》等。他的事迹和诗篇都是后人学习的光辉榜样，《扬子江》《过零丁洋》《金陵驿》《正气歌》等是中国诗史上闪耀着爱国主义光芒的优秀诗篇，传诵至今，流芳千古。

北宋的“诗话”

宋代的文学家颇重视研究、总结诗词创作规律，编著了许多“诗话”“词话”。他们从个人经验出发，提出了一些独特的见解。这些著作既归纳诗词的一些写作规律，也对作家作品进行分析品评，为文人学习作诗填词提供了参考。当时著名的诗话有欧阳修《六一诗话》、司马光《续诗话》、刘攽《中山诗话》、王直方《归叟诗话》、魏泰《临汉隐居诗话》、释惠洪《冷斋夜话》、陈师道《后山诗话》、蔡绦《西清诗话》、范温《潜溪诗眼》、吴开《优古堂诗话》、吴可《藏海诗话》、张表臣《珊瑚钩诗话》、张戒《岁寒堂诗话》、吕本中《紫微诗话》等。

《六一诗话》

《六一诗话》，中国第一部以诗话为名的著作，一卷，北宋欧阳修撰，开创后代诗歌理论著作的新体裁。原书只称《诗话》，因欧阳修晚年自号“六一居士”，后人名之为《六一诗话》《六一居士诗话》《欧公诗话》《欧阳永叔诗话》《欧阳文忠公诗话》等。全书共二十八条，各条目之间的排列并没有逻辑联系，以漫谈随笔形式评论诗歌，记录轶闻趣事和瞬间感想所得。篇幅虽小，内容丰富，有对诗歌规律和特性的探求，有对佳句的点评赏析，也有掌故轶事的介绍和谬说更正等。书中提出的“诗穷而后工”“意新语工”等论点，体现出欧阳修追求冲淡雅正、天然平和的文学思想。欧阳修是唐宋八大家之一，对文学创作有深切体会，因而其诗话多有“点睛”之秒。其中对人物典故的记叙，为珍贵之史料；对诗人的品评，大多准确中肯，足资借鉴。因此，本书在后世广为流传。

南宋的“诗话”

南宋时期的诗话著作也很多，如周紫芝《竹坡诗话》、叶少蕴《石林诗话》、葛立方《韵语阳秋》、许顗《彦周诗话》、吴聿《观林诗话》、陈岩肖《庚溪诗话》、周必大《二老堂诗话》、杨万里《诚斋诗话》、尤袤《全唐诗话》、蔡梦弼《杜工部草堂诗话》、姜夔《白石道人诗说》、严羽《沧浪诗话》、刘克庄《后村诗话》等。

南宋的“词话”

南宋的词话著作有张侃《拙轩词话》、周密《浩然斋词话》、沈义父《乐府指迷》等。这些著作从不同角度总结了诗词创作规律，为南宋诗人写作诗词提供了理论指导。张炎的《词源》总结了格律派词创作的艺术规律，是一部重要的词学理论著作，对后世词人的创作产生了巨大影响。

《沧浪诗话》

本书作者严羽，字丹丘，一字仪卿，自号沧浪逋客，邵武（今属福建）人。生卒年不详，一生未仕。他在诗歌创作方面没有很突出的成就，但《沧浪诗话》却是一部极重要的诗歌理论著作，是宋代最负盛名、对后世影响最大的一部诗话。本书分诗辨、诗体、诗法、诗评、考证五门，以第一部分为核心。全书收入古、近体诗146首。作者提出了“诗道亦在妙悟”“诗有别材，非关书也；诗有别趣，非关理也”“诗者，吟咏情性也”的主张，概述了中国古代诗歌发展的线索和轮廓与历代诗人的风格和流派，归纳了诗歌的基本写作方法和写作艺术特点，主要评析了宋代之前历代诗人及其作品，并对一些诗篇的作者、异文等进行了考辨。针对江西诗派的“以文字为诗，以才学为诗，以议论为诗”，严羽提出了尖锐的批评。元代和明代诗人推崇盛唐诗歌的主张，清代王士祯“神韵说”与袁枚“性灵说”的观点，与严羽的诗歌理论有很大的关系。

辽诗

辽朝是北方契丹族建立的少数民族政权，辽代皇室深受中原文化影响，诗歌创作也很繁盛。辽代宗师贵族有很多人都爱好诗歌并能作诗，都有诗歌传世。辽诗留存下来的作品只有七十余首，多数是以汉字写成的。作者既有契丹人，也有汉人。其中最能体现辽诗特色的当推契丹诗人之作。契丹诗人大多是君主、皇族和后妃，因为他们最先接触到了中原先进文化的滋养。

诗人耶律倍

耶律倍是辽代第一个较有名的契丹诗人。他博览群书，对汉文化极其向往。现存《海上诗》一首：“小山压大山，大山全无力。羞见故乡人，从此投外国。”“山”是契丹小字，其义为“可汗”，与汉字之“山”形同义异。“小山压大山”实际上是写太后立德光，自己虽有太子却被摒弃之事，这是契丹文和汉文合璧为诗的典型例子。诗人利用汉字“山”的意象与契丹文“可汗”的意思的巧合，使此诗既有鲜明的意象，又有深微的隐喻义，清代学者赵翼称赞说：“情词凄婉，言短意长，已深合风人之旨矣。”

女诗人萧观音

辽国最著名的女诗人是萧观音，她的文学成就代表了辽代文学的最高水平。萧观音（1040—1075）是辽道宗皇后，出身辽国名门贵族。因为优裕的家庭环境，使她较早地接受了中原文化教育，她姿容冠绝，工诗，善谈论。自制歌词，尤善琵琶。她善于模仿苏轼、欧阳修等文化名人，以填词赋诗而闻名。现存诗四首，词十首。有一次，辽道宗到秋山狩猎，饮酒高会，命皇后赋诗，萧观音应声赋汉诗一首：“威风万里压南邦，东去能翻鸭绿江。灵怪大千俱破胆，那叫猛虎不投降。”这首《伏虎林应制》笔力雄健，语言晓畅，气势雄浑，豪气干云，令辽帝辽臣无不叹服。萧观音被道宗誉为女中才子。

萧观音的《回心院》

萧观音的丈夫辽道宗沉迷于田猎宴饮，萧观音也被渐渐厌弃疏远。萧观音《回心院》词十首，抒发幽怨怅惘心情。她的词以婉约见长，辞藻华丽，寓意凄婉，怨而不怒，含蓄悠远，被誉为辽代文学的压卷之作。她曾作《怀古》诗：“宫中只数赵家妆，败雨残云误汉王。惟有知情一片月，曾窥飞燕入昭阳。”因诗中有“赵惟一”三字，耶律乙辛等人诬陷她与伶官赵惟一有染，被道宗赐死，一颗闪耀在辽代天空的文学巨星陨落了。

女诗人萧瑟瑟

萧瑟瑟是辽代又一位名垂青史的著名女诗人，是辽天祚帝耶律延禧之妃。她是一位才女，正直有远见。天祚帝沉湎于打猎已到了令人不可理解的地步：金人侵辽，辽丧失国土大半，他还在猎场不回；金人打得他到处跑，他还在空隙时间去打猎。文妃萧瑟瑟对天祚帝的作为十分忧虑，对民族的命运十分关心，于是，她写了一首《讽谏歌》，劝天祚帝刷新政治，信赖忠臣，堵塞奸邪之路。歌曰：“勿嗟塞上兮暗红尘，勿伤多难兮畏夷人。不如塞奸邪之路兮选取贤臣，直须卧薪尝胆兮激壮士之捐身，可以朝清漠北兮夕枕燕云。”此诗情感激切，直抒胸臆，风格奔放，具有很高的文学价值。但萧瑟瑟的忠心劝谏并没有打动天祚帝，在奸臣的陷害下，天祚帝赐死了萧瑟瑟。

金诗

金代是北方女真族建立的政权。与

辽、夏相比，金代可谓诗人辈出，作品繁多。仅《中州集》就收入金代250余位文学家的诗词2116首。金代著名诗人有宇文虚中、蔡珪、吴激、蔡松年、赵可、刘迎、王寂、王庭筠、党怀英、周昂、赵秉文、李纯甫、杨云翼、完颜璹、辛愿、李俊民、王若虚、元好问、段克己等。元好问是金代最杰出的诗人。

王庭筠的诗

王庭筠（1151—1202）是金代书画家。字子端，号黄华山主，又号黄华老人。熊岳（今辽宁盖平）人，左相张浩外孙，自幼聪颖，7岁学诗。金世宗大定十六年（1176）进士，官至翰林修撰。金章宗承安元年（1196）因赵秉文上书事被削职，晚年起复，复官翰林修撰。王庭筠“文采风流，照映一时”，仪观秀伟，善谈笑，外若简贵。他晚年诗律深严，七言长篇尤工险韵。亦善画，其画与诗文紧密结合，发展了文人画派，对后世影响甚大。著有《王翰林文集》《黄华集》《藂辨》十卷等。

“文士领袖”赵秉文

赵秉文（1159—1232）是金朝著名学者、书法家、诗人，字周臣，号闲闲居士，晚年称闲闲老人。他“历五朝，官六卿”，金宣宗时累官礼部尚书。他不仅擅长朝廷各种文书，而且诗文书画俱佳。金人刘祁称他“平日字画工夫最深，诗其次，又其次散文”。他的诗作多描写自然景物，元好问称他“七言长诗笔势纵放，不拘一律。律诗壮丽，小诗精绝，多以近体为之。至五言，则沉郁顿挫，似阮嗣宗，真淳古淡，似陶渊明”。前后主文坛四十年之久，成为金朝末期“文士领袖”。晚年逢金朝衰乱，以禅学求慰藉。有《闲闲老人滏水文集》传世。

大诗人元好问

元好问（1190—1257），字裕之，号遗山，太原秀容（今山西省忻县）人。他是金朝成就最高的文学家，是宋金对峙时期北方文学的主要代表。他出身于一个世代书香的官宦人家。其祖出自北魏拓跋氏，为唐代诗人元结的后裔。他出生后七个月即过继给其二叔元格。他很早就显露出文学才华，7岁即因作诗而获得“神童”的美誉。他生活在金元兴替之际，金亡不仕，潜心编纂著述，并收集整理金国已故君臣的诗词作品，编成《中州集》十卷，附《中州乐府》一卷。全书收录金代251位诗人的2062首诗（《中州乐府》收录金代36位词人的114首词），并为每人编写小传，或简叙生平事迹，或点评诗文作品，保存了大量的文学史料。他自己的文学作品主要有诗1380余首，词380余首，散曲9首，散文250余篇，小说《续夷坚志》4卷202篇等。

元好问的诗

元好问是一位才华横溢、多才多艺的文学家。他对诗、词、歌、曲、赋、小说，传统的论、记、表、疏、碑、铭、赞、志、碣、序、引、颂、书、说、跋、状、青词，以及官府公文诏、制、诰、露布等，都掌握熟练、运用自如。尤以诗、词、曲的成就最突出，并且诗词数量居金代之首，是金末元初之际声望最著的文坛领袖。他的朋友徐世隆评论他的诗："作为诗文，皆有法度可观，文体猝然为之一变。大较遗山诗祖李、杜，律切精深，而有豪放迈往之气；文宗韩、欧，正大明达，而无奇纤晦涩之语；乐府则清新顿挫，闲宛浏亮，体制最备。又能用俗为雅，变故作新，得前辈不传之妙，东坡、稼轩而下不论也。"

元好问论诗

元好问还是一位文艺理论家，他的《论诗三首》《论诗绝句三十首》《与张仲杰郎中论文》《校笠泽丛书后记》等，精辟评论了古代诗人诗派的得失。他仿杜甫《戏为六绝句》体例写作《论诗绝句三十首》，比较全面地评论了从汉魏到两宋一千多年间的重要诗人及诗派，推崇雄健豪迈的风格，反对绮靡纤丽的诗风，对后世诗歌评论和诗歌创作产生了很大的影响。

元诗

元代文学的突出成就反映在杂剧和散曲方面，诗的成就不是很高。但传统诗歌在元代并没有失去其正宗地位，它仍然是广大文人表达思想情感和审美趣味的主要文学形式。元人"举世宗唐"，学习唐人的结果，使元诗也像唐诗那样表现出了万木千花，争奇斗艳的景象。元代诗人主要是具有正统思想的士大夫，有些诗人本身就是理学家或理学中人，如郝经、刘因、许衡、虞集、杨载、范梈、揭傒斯等。元代诗人和作品的数量相当可观，清代顾嗣立编选的元代诗歌总集《元诗选》选录了元代诗人 340 家，选诗 19500 多首，为保存元诗最丰富的总集。其后席世臣、顾果庭续编的《元诗选·癸集》收录诗人 2300 余家，选诗 5000 余首。二者合计共收录 2600 多名诗人，24600 余首诗。

政治家诗人耶律楚材

耶律楚材（1190—1244），字晋卿，号湛然居士，是蒙古汗国大臣，元初最突出的诗人，今存诗 720 余首。他是辽代东丹王耶律倍的八世孙，出生于契丹贵族家庭，长于燕京（今北京）。其父根据《左传》"楚虽有材，晋实用之"的典故，为他命名为楚材，字晋卿。他自幼就接受了良好的儒学教育，精通汉族文化。长大后博览群书，旁通天文、地理、律历、术数及释老、医卜之说，下笔为文，若宿构者。他曾随从成吉思汗和窝阔台远征四方，写下了大量诗歌，其《湛然居士集》收录了660余首诗。他熟悉边疆的风土人情、山川景物，在诗中生动真实地描绘了奇瑰壮丽的西域风光。其西域诗有50余首，其中《西域河中十咏》尤为人称道。

刘因的诗

元代前期有代表性的诗人是刘因、赵孟頫。刘因（1249—1293），字梦吉，号静修，河北容城人。刘因"世为儒家"，一生潜心于儒学，对前代理学大师的理论做出了独到的阐释。刘因是居留北方的汉族人，他的诗作大都流露出对宋朝的追忆和怀恋。《白沟》一诗最为人所乐道：

宝符藏山自可攻，儿孙谁是出群雄。
幽燕不照中天月，丰沛空歌海内风。
赵普原无四方志，澶渊堪笑百年功。
白沟移向江淮去，止罪宣和恐未公。

追溯宋朝开国之初采取重南轻北方针，一味迁就求和，"澶渊之盟"就是软弱妥协的表现，为后来丧失北部地区留下了祸根。

皇家诗人赵孟頫

赵孟頫（1254—1322），字子昂，号松雪道人，湖州（今浙江吴兴）人。宋太祖赵匡胤十一世孙，秦王德芳之后。他是宋代皇室近支，出身高贵，入元后受元世祖的赏识，历官翰林学士、荣禄大夫等。他博学多闻，书画绝伦，是一代书画大师。他的诗歌清丽飘逸，富有画意。高贵的宋皇室出身与仕元的经历，是他一生心头抹不去的阴影，因此他的诗中常常郁积着一种自悔自谴的沉痛感情。《岳鄂王墓》是最为世人称道的好诗，也是历代咏岳飞墓最脍炙人口的诗，借悼岳飞，表现的还是故国之思。

鄂王墓上草离离，秋日荒凉石兽危。
南渡君臣轻社稷，中原父老望旌旗。
英雄已死嗟何及，天下中分遂不支。
莫向西湖歌此曲，水光山色不胜悲。

女诗人管道昇

管道昇是赵孟頫的夫人，历史上著名的女才子。管道昇（1262—1319），字仲姬，湖州吴兴（今浙江吴兴）人。元代著名的书法家、画家、文学家，世称"管夫人"。她是战国时期大政治家管仲的后裔，擅画墨竹，笔意清绝。又工山水、佛像、诗文书法。嫁赵孟頫后，夫妻比翼齐飞。她高超的书画艺术成就掩盖了她在诗词创作上的成就。她的诗词清丽婉约，音韵流畅。她的《渔父词》四首最为有名，其四："人生贵极是王侯，浮名浮利不自由。争得似，一扁舟，弄月吟风归去休。"这种淡泊名利、归隐田园的愿望，正好和夫君暗合。她的《画梅》《题竹》《题画竹》《寄子昂君墨竹》等诗也流传很广。

《我侬词》劝夫

管道昇有一首著名的《我侬词》，据说赵孟頫50岁时想效仿当时的名士纳妾，又不好意思告诉她，她知道后，写下这首词："你侬我侬，忒煞情多；情多处，热似火；把一块泥，捻一个你，塑一个我。将咱两个一齐打破，用水调和；再捻一个你，再塑一个我。我泥中有你，你泥中有我：我与你生同一个衾，死同一个椁。"寥寥七十余字，夫妻情深跃然纸上。赵孟頫看到夫人的曲词写得情深义重，遂打消了纳妾的念头，夫妻相偕白首，成就了一段诗坛佳话。

"元诗四大家"

"元诗四大家"是元中后期出现的诗人，指虞集、杨载、范梈、揭傒斯。他们都是当时的馆阁文臣，长于写朝廷典册和达官贵人的碑版。他们的诗歌典型地体现出当时流行的文学观念和风尚，所以备受时人称誉。"元诗四大家"中最优秀的诗人是虞集。四人的诗歌创作都宗法唐诗，在内容上大致相同，但风格各有不同。

诗人虞集

虞集（1272—1348），字伯生，世称邵庵先生。祖籍仁寿（今属四川）。宋丞相虞允文五世孙，宋亡后，侨居临川崇仁，后至大都，历任翰林直学士兼国子祭酒、奎章阁侍书学士。他是理学大家。他的诗，最为人称道的《挽文山丞相》是元诗中少见的名篇。诗人把深沉的历史感慨溶进严整的艺术形式中，沉郁苍劲，感人至深。

诗人杨载

杨载（1271—1323），字仲弘，浦城（今属福建）人，后迁居杭州。杨载当时文名颇大，文章以气为主，赵孟頫等对他都很推重。他的诗对现实一般是歌颂的，有时也微露不满。他自己说：诗当取材于汉魏，而音节则以唐为宗。杨载的作品今存《杨仲弘诗》八卷。他的七言歌行劲健雄放，律诗谐婉雅致，绝句蕴藉含蓄。其诗潇洒清空，声律圆润，风格似唐诗。如"放浪天地间，无今亦无昔"（《遣兴偶作》），"却到江南春水涨，拍天波浪泛轻鸥"（《送人二首》）。杨载作诗，在炼字造句上颇下功夫。"大地山河微有影，九天风露寂无声"（《宗阳宫望月分韵得声字》）一联，尤为人叹服。

诗人范梈

范梈（1272—1330），字亨父，一字德机，清江（今属江西）人。有《范德机诗》7卷，辑诗550余首。他年少聪颖，过目成诵，善诗能文，由寡母抚养成人。他最长于歌行，诗风豪放超迈又流畅自如。他的五律专学杜甫，颇有杜诗沉郁凝练之风，如《京下思归》："黄落蓟门秋，飘飘在远游。不眠闻戍鼓，多病忆归舟。甘雨从昏过，繁星达曙流。乡逢徐孺子，万口薄南州。”他的一些绝句颇有情致，如《浔阳》一诗：“露下天高滩月明，行人西指武昌城。扁舟未到心先到，卧听浔阳谯鼓声。”其思乡情切，颇为感人，颇有唐人风调。

诗人揭傒斯

揭傒斯（1274—1344），字曼硕，富州（今江西丰城）人，有诗集《秋宜集》。少时家境贫寒，随其父读书，十分刻苦。与虞集、杨载、范椁同为“元诗四大家”之一，又与虞集、柳贯、黄溍并称“儒林四杰”。延祐元年（1314）由布衣授为翰林院国史编修。至元六年（1343）为奎章阁供奉学士，升侍讲学士。乃修辽、金、宋三史，为总裁官。他的诗歌中反映民生疾苦之作比较多，朴实真切。其律诗和歌行以清婉流丽见长，如《夏五月武昌舟中触目》中有：“青山如龙入云去，白发何人并沙语。”他的五言古诗含蓄高雅，质朴无华，别有寄托。如《秋雁》：“寒向江南暖，饥向江南饱。莫道江南恶，须道江南好。”此诗暗讽蒙古统治者既掠夺南人财富，又歧视南人的行径，是元代诗歌中罕见的讽刺之作。

诗人王冕

王冕（1287—1359），字元章，号竹斋生、煮石山农、放牛翁、会稽外史、梅花屋主等，诸暨人，有《竹斋诗集》传世。他出身农家，自幼好学，白天放牛，每晚借佛殿长明灯夜读，终成通儒。他淡泊名利，毕生未仕，晚年隐居于九里山。他还是元代著名的画家，终生爱好梅花，种梅、咏梅又工画梅。他的书法、篆刻自成风格，也是一代名家。他长期生活在社会底层，对元末的社会现实有真切的感受，他的诗多反映百姓疾苦，谴责豪门权贵，如《江南民》《冀州道中》等，风格与杜甫颇为相近。

明诗

明代诗歌总的来说是相当繁荣的，无论诗人或诗作的数量，都超过前代。但是明代诗歌发展的道路很曲折，在反映现实生活的广度和深度方面，既不如唐诗，又逊于宋诗。流派较多，名篇佳制却不是很多。只有少数杰出的诗人，如高启、于谦、杨慎、徐渭等继承“诗言志”的传统，独抒心志，善于创新，在诗歌创作上取得了突出的成就。

诗人高启

高启是元末明初最著名的诗人之一。高启（1336—1374），字季迪，号青丘子，长洲（今江苏苏州）人。他为人孤高耿介，思想以儒家为本，兼受释、道影响，厌倦朝政，不羡功名利禄。洪武七年被杀，年仅 39 岁。青年时代即有诗名，与杨基、张羽、徐贲合称“吴中四杰”。

他的诗歌众体兼长，风格多样。其

乐府诗如《养蚕词》《田家行》等在一定程度上反映了阶级剥削和人民疾苦，质朴真切，富有乡土气息。他的歌行和律诗最能表现其个性特色和艺术才华。他的诗数量较多，仅自编《缶鸣集》就存诗937首。高启能词能文，其词编为《扣舷集》，文章编为《凫藻集》，均刊行于世。

诗人于谦

于谦（1398—1457），字廷益，钱塘人。明代政治家、民族英雄、诗人。明代永乐十九年进士，为官清正，不畏强暴，深得民心，是儒家“修身、齐家、治国平天下”的典范。他是著名的北京保卫战的指挥者和坚定的领导者。他写诗只是政事之余抒写情怀的方式。他的诗继承了“诗言志”的传统，发扬了《诗经》以来的现实主义精神，集中表现了他献身国家的志向、忧国忧民的情怀。如他青年时代写的咏物诗《石灰吟》：“千锤万击出深山，烈火焚烧若等闲。粉骨碎身全不怕，要留清白在人间。”他的诗不事雕琢，直抒胸臆，刚劲清新，自然天成，独树一帜，与当时盛行的呆板凝滞、华贵典雅的“台阁体”形成鲜明对照，成为明代前期诗坛成就最突出的诗人。

前七子

弘治、正德年间（1488—1521），明代文坛上出现了一个新气象，以李梦阳、何景明、徐祯卿、边贡、康海、王九思和王廷相七人为代表，发起了复古运动，主张“文必秦汉，诗必盛唐”。“七子”皆为进士，多负气节，对腐败的朝政和庸弱的士气不满，强烈反对当时流行的台阁体诗文和“千篇一律”的八股习气。复古主张一度风行天下，成为文学思想之主流。“前七子”以李梦阳最突出。

李梦阳的诗

李梦阳（1473—1530），字献吉，号空同子。22岁中进士，历官户部主事、员外郎、郎中，终江西提学副使，43岁罢官家居。他直言敢谏，不避权阉与贵戚，几番下狱、数次罢官，可谓清节不渝、胆气过人，堪称封建时代正直士大夫的典型。他的诗多有吊古伤今之作，如《送李帅之云中》一诗，雄奇高古，苍老遒劲，峥嵘沉郁，在殷殷期待中，致拳拳规劝之心。

黄风北来云气恶，云洲健儿夜吹角。
将军按剑坐待曙，纥干山摇月半落。
槽头马鸣士饭饱，昔为完衣今绣袄。
沙场缓辔行射雕，秋草满地单于逃。

李梦阳在文学方面最为推崇民间歌谣，力主“真诗乃在民间”。他的诗歌创作受到民歌影响较大。他曾改写《童谣二首》，其《长歌行》等诗篇采用了民谣格调。

后七子

嘉靖、隆庆年间（1522—1566）出现的一个文学流派。其成员包括李攀龙、王世贞、谢榛、宗臣、梁有誉、徐中行和吴国伦。以李攀龙、王世贞为代表。因在前七子之后，故称后七子；又有“嘉靖七子”之名。后七子继承前七子的文学主张，同样强调“文必秦汉，诗必盛唐”，以汉魏、盛唐为楷模。

李攀龙的诗

李攀龙（1514—1570），字于鳞，号沧溟。历任内外官职，史称卓有成效。但他为人“简傲”，不在政事，而在诗文，被推为“一代宗匠”。他的诗总是对语言很用心，也自有其人生情怀在内，但其风格，总是近于某一种典范。《和聂仪部明妃曲》是一首比较有名的诗：

天山雪后北风寒，抱得琵琶马上弹。
曲罢不知青海月，徘徊犹作汉宫看。

意味隽永，静韵深长。沈德潜品评此诗说：“不着议论，而一切着议论者皆在其下。”

王世贞的诗

王世贞（1526—1590），字元美，号凤洲，又号弇州山人。江苏太仓人。嘉靖年间进士，授刑部主事，累迁员外郎、郎中。在李攀龙之后，王世贞独主文坛二十年。于唐好白居易，于宋好苏轼，诗文以恬淡为宗。他的《梦中得“百年那得更百年，今日还须爱今日”句》以近乎平直质朴的语言，劝人珍惜可贵时光。

化人宫中百事无，道书一卷酒一壶；
枝头黄鸟听作曲，西山白云看作图。
朝爱朝暾上东岫，夕映夕阳映东牖；
任他故人不通谒，任他朝事不挂口。
偶然案头余酒杯，偶然蹑履山僧来；
自斟自醉当自去，礼岂设为我辈哉！
昨夜懵腾意超忽，寐时得语醒时述：
百年那得更百年，今日还须爱今日。
纵能拂衣归故山，农耕社稷亦不闲；
何如且会此中趣，别有生涯天地间。

诗人徐渭

徐渭（1521—1593），字文长，号青藤，又号天池，浙江山阴（今绍兴）人。他是中国文化史上一位杰出的人物，明代著名的书画家、戏曲家，诗文大家，晚明文学的先驱。他的创作对明、清两代的文学艺术产生了深远影响。他少负才名，却八次应试均未中举。他性孤傲倔强，一生经历充满坎坷。恶劣的社会环境和不幸的个人命运曾导致他精神崩溃，竟然先后九次自杀，后又在狂病发作时杀死继妻而下狱七年，为好友营救出狱。其后他四处游历，著书立说，写诗作画。晚年穷困交加，潦倒而死。他是一位生时寂寞，死后却为后人顶礼膜拜的大家。

徐渭在诗歌创作上推崇韩愈、李贺，对元末诗人杨维桢评价很高并受其影响。他的诗歌既善取前人之长，又富于个人创新,风格险怪幽绝,气势奔放。他的《题墨葡萄诗》可谓其人生的写照:“半生落魄已成翁，独立书斋啸晚风。笔底明珠无处卖，闲抛闲掷野藤中。”他的诗歌对明末“公安派”有很大影响，袁宏道尊他为明代第一诗人。

“公安派”之袁宏道

袁宏道（1568—1610），字中郎，号石公。与兄宗道、弟中道并有才名，时称“三袁”。万历二十年（1592）进士。他虽为官清正，但生性酷爱自然山水而不喜做官，一生多在游山玩水、诗酒之会中度过。以袁宏道为首的“公安派”深受李贽和徐渭的影响，其诗歌理论的核心是“独抒性灵”，强调性情之真，反对模拟古人，主张诗歌创作应时而变，因人而异。袁宏道作诗往往冲口而出，浅易率真，宁可俚俗，不取陈套，如《灵隐路上》《东阿道中晚望》等就体现了这种风格。公安“三袁”的诗歌理论在当时掀起了一场声势较大的诗歌革新运动，对明末清初的诗人影响很大。

诗人陈子龙

陈子龙（1608—1647）是明末诗人，民族英雄。字卧子，号轶符，晚年又号大樽。松江华亭（今上海松江）人。崇祯进士，选绍兴推官。后任兵科给事中。见朝政腐败，辞职回乡。清军陷南京后，联络松江水师抗清，事败后避匿山中，结太湖兵抗清，事泄被捕，乘隙投水而死。有《陈忠裕公全集》三十卷。陈子龙论诗则重视诗歌的社会作用，要求有感而发，不可无病呻吟。前期诗作多仿汉魏盛唐，或绮丽华艳，或质朴深沉；后期诗作感事伤时，沉郁顿挫，慷慨悲凉，充满民族气节。他擅长七律,绝句也较出色。《小车行》《秋日杂感》十首是其代表作。

女诗人柳如是

柳如是（1618—1664），本姓杨，名影怜，改姓柳，名隐。因读辛弃疾词:“我见青山多妩媚，料青山见我应如是。”故自号如是。后又称“河东君”“蘼芜君”。她的一生充满传奇色彩。幼时家遭巨变，被人诱拐卖给名妓徐拂为婢，受其熏染，学习诗文书画。十四岁又被卖入崇祯故相周道登家为妾，因美艳聪慧颇受主人宠爱，常抱膝上教以诗词歌赋；不久因群妾诋毁再度被卖入青楼，成秦淮名姬。她以绝世才貌与诸多江南名士交往，与复社领袖张溥交往、与几社领袖陈子龙情投意合、与钱谦益结秦晋之好。钱谦益降清后，遭猜忌被逐回乡，郁郁而死。钱氏家族乘机向柳如是逼索，柳如是投缳自尽。

柳如是正直聪慧，魄力奇伟，不仅精通史书典故，慧解文字，能诗善词，工书擅画，而且具有坚贞的民族气节。

她留下了不少值得传颂的逸事佳话和颇有文采的诗稿《湖上草》《戊寅草》与尺牍。柳如是还曾选编《古今名媛诗词选》(又名《历代女子诗选词选》)。现代著名史学家陈寅恪先生为之作《柳如是别传》。

清诗

清代诗歌的发展出现了新的趋势。清初的诗人们主张重“性情”，重“学问”，具有宋诗回复的意味，钱谦益是影响最大的诗人，但成就最高的当为吴伟业。清中期是清代的鼎盛时期，诗人人数众多，门派林立，技巧娴熟，以歌咏盛世太平为主要内容。清后期，“宋诗派”兴起，以曾国藩成就最大。魏源、龚自珍、林则徐等人的出现，则为晚清诗坛注入了新的因素，那就是紧扣时代脉搏，抒发对外来侵略的悲愤。随后是诗人苏曼殊，他把西洋诗歌的自由与浪漫精神引入传统的形式中，具有开创性意义。最后，以黄遵宪为代表，具有变革意义的“新诗派”崛起，不久，梁启超提出“诗界革命”，大大改变了中国传统诗歌的面貌，令人耳目一新。

大诗人吴伟业

吴伟业（1609—1672），字骏公，号梅村，江苏太仓人。明崇祯四年（1631）进士，授翰林编修，后任东宫讲读官、南京国子监司业等职。明亡后被迫赴京出仕，任国子监祭酒。三年后奔母丧南归，从此隐居故里，直至去世。吴伟业的诗“才华艳发，吐纳风流，有藻思绮合、清丽芊眠之致”。他并没有很强烈的用世之心，屈节仕清，又被他认为是“误尽平生”的憾事，这种痛苦的心情常常在他的诗中表现出来。

沧桑《圆圆曲》

吴伟业最为后人称道的是爱情长诗《圆圆曲》，叙写吴三桂与陈圆圆的身世遭遇，通过悲欢离合的故事情节，反映明末清初的重大历史事件，具有国家兴亡、朝市沧桑之感。其中有很多句子为后人吟咏，如“恸哭六军俱缟素，冲冠一怒为红颜”“全家白骨成灰土，一代红妆照汗青”等等。

“乾隆三大家”之袁枚

袁枚（1716—1797），字子才，号简斋，又号随园主人，浙江钱塘（今杭州）人。清代著名诗人、文学评论家，也是一位颇有贤名的县令。乾隆年间，他历任溧水、沭阳、江浦、江宁知县，除了赢得贤明政声之外，留下的文学著作也很多。他的诗体式多样，直抒胸臆，意境明晰，清新隽永，别具一种清新灵巧的风格。如《春日杂诗》：“清明连日雨潇潇，看送春痕上鹊巢。明月有情还约我，夜来相见杏花梢。”其咏史诗也颇有新意，如《马嵬驿》：“莫唱当年长恨歌，人间亦自有银河。石壕村里夫妻别，泪比长生殿上多！”他的诗篇现存4000余首，著有《小仓山房集》《随园诗话》及笔记小说《子不语》。

“性灵说”与《随园诗话》

袁枚33岁辞官，在南京小仓山下筑随园，过着论文诗赋、悠游自在的生活，又广交文士，颇负名望。他继承晚明公安派“独抒性灵”的理论，力主“性灵说”，对儒家诗教提出异议。部分诗篇对汉儒和程朱理学发难，并宣称“《六经》尽糟粕”。《清史稿·文苑传二·袁枚传》载：“（袁枚）尽其才以为文辞诗歌，名流造请无虚日……论诗主抒写性灵，他人意所欲出，不达者悉为达之。士多效其体。著随园集，凡三十余种。上自公卿下至市井负贩，皆知其名。”可见他在清代中叶诗坛上的地位和影响。

“乾隆三大家”之赵翼

赵翼（1727—1814），字云崧，号瓯北，江苏阳湖（今常州）人。清代中期诗人、史学家。他出身于清寒之家。其父赵宽以授徒为业。赵翼六岁即随其父在塾中读书，特别喜好诗词古文。《清史稿·文苑传二·赵翼传》载：“生三岁能识字，年十二，为文一日成七篇，人奇其才。”乾隆二十六年中进士。曾任镇安、广州知府，官至贵西兵备道。乾隆三十八年辞官家居，专心著述，曾一度主讲扬州安定书院。赵翼的诗与袁枚、蒋士铨齐名，合称“乾隆三大家”。

赵翼评诗

赵翼论诗也重“性灵”，主创新，与袁枚接近。他反对明代前、后七子的复古倾向，也不满王士禛、沈德潜的“神韵说”与“格调说”。他说：“力欲争上游，性灵乃其要。”（《闲居读书作六首》之五）“李杜诗篇万口传，至今已觉不新鲜。江山代有才人出，各领风骚数百年。”（《论诗》）所著《瓯北诗话》，系统地评论李白、杜甫、韩愈、白居易、苏轼、陆游、元好问、高启、吴伟业、查慎行等十家诗，而且非常重视诗家的创新。他认为每个时代都应该有优秀的诗人，不能厚古薄今，也不必一味法古。其诗今存4800多首，以五言古诗最有特色。文学著作有《瓯北诗钞》和《瓯北诗话》等。

“乾隆三大家”之蒋士铨

蒋士铨（1725—1784），字心馀、苕生，号藏园，又号清容居士，铅山（今属江西）人。乾隆二十二年（1757）进士，官翰林院编修。辞官后曾主持崇文、安定等三书院讲席。蒋士铨是乾、嘉时期一位有影响的诗人，与袁枚、赵翼并称乾隆三大家。他写诗自称15岁学李商隐，19岁改学杜甫、韩愈，40岁兼学苏轼、黄庭坚，50岁以后“不依傍古人，而为我之诗矣”。他论诗也重“性灵”，反对明代前、后七子的复古倾向。蒋士铨的诗现存2500余首，题材比较广泛。

名家之后龚自珍

龚自珍（1792—1841），字尔玉，又字璱人，更名易简，字伯定，浙江仁和人。他出身于世代官宦学者家庭。祖父龚禔身，官至内阁中书军机处行走，著有《吟朦山房诗》。父丽正，官至江南苏松太兵备道，署江苏按察使，著有《国语注补》《三礼图考》《两汉书质疑》《楚辞名物考》等书。母段驯，著名大学问家段玉裁之女，著有《绿华吟榭诗草》。他自小从外祖父习经学，但他主张经世治用，是今文学派的代表人物。他在学风与文风上都开一代之先。正如他自己在《己亥杂诗》中说“但开风气不为师”。

龚自珍的诗歌

龚自珍生活的时代正是清王朝的统治日益腐朽，鸦片战争即将来临之际，社会局面沉闷无希望，他写了六百多首诗，蕴涵着强烈的激愤。《己亥杂诗》中有一首特别激励人心的诗：

九州生气恃风雷，万马齐喑究可哀。
我劝天公重抖擞，不拘一格降人才。

诗人期待着“风雷”来临，打破这沉闷的局面，热切盼望着新时代的到来。

龚自珍写过很多的抒情诗，表现自己深沉的忧郁感、孤独感和自豪感。《己亥杂诗》中还有一首：

浩荡离愁白日斜，吟鞭东指即天涯。
落红不是无情物，化作春泥更护花。

诗人以花自喻，意谓自己虽然处境艰难，但忠贞报国之心始终不变，自信其高尚志节更能感召年轻一代。

外交家诗人黄遵宪

黄遵宪（1848—1905），字公度，清末爱国诗人，杰出的外交家、政治家、教育家，广东嘉应人。1877年应邀任参赞，随何如璋出使日本。1882年，调任驻美国旧金山总领事。驻外使馆近20年。他主张“我手写吾口”，要求表现“古人未有之物，未辟之境”。他是“诗界革命”的领袖，是晚清诗坛上最有成就、最有影响的诗人。长于古体诗，有《日本杂事诗》及《人境庐诗草》。

用诗记录的历史

黄遵宪的诗充满着现实主义和爱国主义情怀，特别是在19世纪80年代投身政治以后，到逝世时为止，近三十年，他几乎对中国近代的每一次重大战役都发出痛心疾首的悲呼。这些诗歌表现出诗人深厚的爱国感情，体现了中国人民的意志，如金石落地般震撼了一代又一代读者的心灵。《冯将军歌》记述了1884年中法之战老将军冯子材英勇抗击法国侵略军的光辉战绩；《悲平壤》记述1895年中日之战中左宝贵等爱国官兵英勇战斗的精神；《东沟行》记述了甲午海战的情况；《哀旅顺》记述清军只图自保，无心抵抗，最后招致旅顺失陷的事实，无限的惋惜，无限的愤怒都包含在一句"一朝瓦解成劫灰，闻道敌军蹈背来"中。另外，如《哭威海》《台湾行》《书愤》《度辽将军歌》《军中歌》等，无不抒发诗人对民族危难的深深忧患，对清统治者的谴责，对外国入侵者的愤怒。如同他在《赠梁任公同年》一诗所表达的：

寸寸河山寸寸金，瓜离分裂力谁任？
杜鹃再拜忧天泪，精卫无穷填海心。

在民族危亡面前，一个爱国知识分子发出了最深沉的叹息！

女诗人顾太清

顾太清（1799—1877），名春，字梅仙，号太清，自署太清春、西林春，而以顾太清名世。姓西林觉罗氏，满洲镶蓝旗人，嫁为贝勒奕绘的侧福晋。她多才多艺，文艺创作涉及诗、词、小说、绘画，尤以作词名重士林。她吟诗填词自出胸臆，直抒性情，才气横溢，潇洒风流。著有词集《东海渔歌》和诗集《天游阁集》，存词300余首，诗800余首。创作小说《红楼梦影》，成为中国小说史上第一位女性小说家。

女诗人秋瑾

秋瑾（1877—1907），原名秋闺瑾，字璿卿，号竞雄，又称鉴湖女侠，浙江会稽人，中国早期民主革命家。她出身于官僚地主家庭，自幼爱读书，工诗文。少年时最钦佩历史上的巾帼英雄，习文练武，性格豪侠，热情而倔强。1904年东渡日本，加入光复会和同盟会，发起了妇女团体共爱会，积极投身革命活动。回国后宣传革命，积极组织武装起义。1907年事发被捕而英勇就义。她牺牲时写下的"秋雨秋风愁煞人"这一壮烈的绝命词成为流传千古的名句。其诗大多慷慨悲歌，格调豪放雄健，充满了英雄气概和浪漫色彩。

词的起源

词作为一种文体，起源于何时，历来众说纷纭。有的认为早至《诗经》，有的认为源于南朝，有的认为在隋，有的认为起于盛唐，中唐开始广泛流行。词是在音乐繁荣、城市演唱活动发达和"胡夷里巷"艺术大力滋养的基础上产生的，是一种配合乐曲、长短不齐的新体诗，因此叫曲子词，后来被称为"词"。

词的特点

词的发展所走的是一条从民间创作到文人创作的道路。从群众中产生一种新的文学样式，文人摄取过来作艺术上的再创造，使得曲子词这种形式日臻完善。曲子词与诗有着不同的功能：它不像诗那样适于曲折叙事、倾泻深哀积愤，然而它朗朗上口、分上下阕、反复吟唱，最宜于触景生情、今昔对比的抒写。这样就更引起了文人的浓厚兴趣。因此，当它出现不久，唐代文人即加以仿作。

最早的词家

最早从事词的创作的是张志和、刘禹锡、白居易。他们的作品已经脱去民间创作的粗糙，呈现出清雅、秀丽的面容。他们在当时的词坛上产生了很大的影响，对词的兴盛和发展起了重要作用。之后经过越来越多文人的不断加工、创造，这种原始状态的艺术形式更趋精美、严谨，更趋格式固定化，艺术技巧也更加成熟。在宋代登上文坛，成为和诗歌并称、盛极一时的新体裁。

什么是小令

词的发展，始于民间的曲子、曲子词，然后发展为歌楼茶肆传唱的伶工之词。这些在五十八字以内的词，称为小令。五十九字至九十字的词，称为中调。九十一字以上的词，称为长调。中调和长调，又称为慢词。晚唐五代的词，便是小令。北宋前期的词，沿《花间集》《尊前集》的遗风，仍是小令之类的歌者之词。北宋晏氏父子晏殊、晏几道首开风气，如《珠玉集》《小山集》，从词集名也可知为小令艳词。

什么是慢词

唐五代至北宋前期，词的字句不多，称为令词。到张先、柳永时代，出现了篇幅较长，字句较繁的词，称为慢词。令、慢是词的两大类别。慢词字句长，韵少，节奏较为舒缓，能够容纳更多的内容，更便于表达词人的感情。柳永的《八声甘州》和《雨霖铃》是长调慢词的极品。

婉约派

明代，评词家们将词分成婉约与豪放两大派，如张綖云：“词体大约有二：一体婉约，一体豪放，婉约者欲其词蕴藉，豪放者欲其气象恢宏。”婉约，即婉转含蓄。内容不外离愁别绪，闺情绮怨。五代即已形成以《花间集》和李煜词为代表的香软词风。北宋词家承其余绪，晏殊、欧阳修、柳永、秦观、周邦彦、李清照等，内容上有所开拓，运笔更精妙，各具风韵，自成一家，婉转柔美。

豪放派

“豪放”作为一种风格，与“婉约”相对，专指恢宏刚健、豪迈磅礴的气势，亦即只取原来豪放中“豪”的一面，而取消了“放”的另一面。北宋词人苏轼开豪放词之先，苏词中的豪放之作虽不太多，但确是一种很有影响的新风格。

在苏轼以前，范仲淹、欧阳修、苏舜钦、王安石虽有个别风格相似的作品，但数量太少,不足独树一帜。只有到苏轼手下，它才异军突起，成为令人不得不刮目相看的、可与婉约媲美的一种新风格。到南宋辛弃疾，大量创作豪放词，所以后人往往“苏、辛”并称。

张志和创慢词

张志和（约730—810），字子同，初名龟龄，浙江金华市兰溪人。唐肃宗时任翰林待诏，授左金吾卫录事参军，并赐名“志和”。后隐居江湖，扁舟垂纶，祭三江,泛五湖,自称“烟波钓徒”,著《玄真子》十二卷三万言，因号玄真子。他好道、能诗、善画。其组词《渔父》五首抒发自己陶醉山水，安贫乐道的隐逸情趣。其一云：

西塞山前白鹭飞，桃花流水鳜鱼肥。
青箬笠，绿蓑衣，斜风细雨不须归。

这首词声韵悠扬，画面明丽，风格清新，颇为时人所叹服，一时名士争相唱和，颜真卿、陆羽、徐士衡、李成矩等共和二十五首，影响远及日本。

刘禹锡《竹枝词》

刘禹锡（772—842），字梦得，晚年自号庐山人。匈奴人的后裔，出身于世代以儒学相传的书香门第。他是中唐时期王叔文派政治革新活动的中心人物之一。一生辗转仕途，晚年回到洛阳，任太子宾客，死后被追赠为户部尚书。他以一篇《陋室铭》而流传千古。他的诗、词成就也很大。

刘禹锡喜爱民间歌词，去其粗俗和方音，创作出不少精细优美、富有生活气息的词。他的《竹枝词》十一首是中唐词的代表，至今仍为人们所传诵。如下面的两首：

山桃红花满上头，蜀江春水拍山流。
花红易衰似郎意，水流无限似侬愁。

杨柳青青江水平，闻郎江上唱歌声。
东边日出西边雨，道是无晴却有晴。

白居易的词

白居易也向民间学习，他在洛阳时期曾创作了几十首词，主要描写男女情爱，声韵悠扬，在艺术上更臻妙境。如《忆江南》就很有格调：

江南好，风景旧曾谙。日出江花红胜火，春来江水绿如蓝。能不忆江南。

词人以清新、自然的笔调描绘了对江南的深深热爱，也激发着读者对那美丽风光的深深向往。又如《长相思》：

汴水流，泗水流，流到瓜州古渡头，吴山点点愁。思悠悠，恨悠悠，恨到归时方始休，月明人倚楼。

这首词是词人怀念他的侍妾樊素而写下的。回忆昔日的欢乐，用回环复沓的句式，流水般汩汩有声的节奏，贯穿于每个间歇终点的相同韵脚，造成了绵远悠长的韵味，使相思之痛、离别之苦表现得更加淋漓尽致。

温庭筠的生平

在中唐以后的文人中，温庭筠是写词最多、对后人影响也最大的词家。

温庭筠（约812—870），名岐，字飞卿，太原祁（今山西祁县）人。唐宰相温彦博之裔孙。精音律，熟曲词。早年迫于功名利禄，奔波于江淮间，辗转飘蓬，托身无所，生活穷困潦倒。但他又志向高远，不肯苟合权贵，在唐末激烈的党争中一直受到排挤。这又造就了这位才华四溢而又抑郁不得志的大才子，使他终于成为一代诗词大家。在晚唐，他与李商隐齐名，并称“温李”。

温庭筠的词

温庭筠的词，秾艳软媚，精巧华丽，以抒写离愁别绪、缠绵闺情见长，而且极其善于描写妇女的容貌、服饰和情态。如《菩萨蛮》：

小山重叠金明灭，鬓云欲度香腮雪。懒起画蛾眉，弄妆梳洗迟。照花前后镜，花面交相映。新贴绣罗襦，双双金鹧鸪。

贵族妇女的华贵服饰、艳丽容貌、娇弱体态和百无聊赖、自我欣赏的动作，作为描写题材，正反映了温庭筠所处的时代唐王朝已近没落的现实。

温词中也有一些淡远清丽、明快自然的作品，如《望江南》把妇女的离愁别恨描写得相当动人：

梳洗罢，独倚望江楼。过尽千帆皆不是，斜晖脉脉水悠悠，肠断白蘋洲。

又如《更漏子》：

梧桐树，三更雨，不道离情正苦。一叶叶，一声声，空阶滴到明。

由于把妇女痛苦的心痕刻画得如此精深细腻，因此这些词赢得了很多不幸女子和具有相似命运的怀才不遇文人的喜爱。

花间派鼻祖

温庭筠是第一位专力填词的诗人。他使词从巷陌新声转为士大夫雅奏，随后五代与宋代的词人竞相为之，终于奠定了词在文坛上的地位。温词秾艳香软、深隐细密的词风，直接影响了五代的一批词人，形成了花间词派，他更被尊为花间派鼻祖。《花间集》收温词多达66首。他使词在中国古代文坛上蔚为大观，至现在仍然有着极广泛的影响。

韦庄词的特点

韦庄（856—910），字端己，晚唐五代人。唐昭宗乾宁元年进士，年轻时仕进不畅，奔波辗转，后入蜀为王建掌书记。王建为前蜀皇帝，任命他为宰相。

韦庄诗词都很有名，以词见长，是“花间派”最大的词人，与温庭筠并称“温韦”。

他虽然也还是“秀而不实”那套风格，但表现范围比温庭筠略见宽广，除写“闺情”之外，还写了一些个人的乡愁旅思；形式上以白描见长，甚少雕琢之迹；语言浅白清丽，亦有别于温词之华艳。正如周济所说：“飞卿，严妆也；端己，淡妆也。”王国维在《人间词话》评价，温词是造境，韦词是抒怀。温词秾艳，韦词清简的特点在他们的作品中反应得特别突出。

韦庄的《浣花集》

韦庄有《浣花集》二十卷传世。他的诗作多伤时、怀乡、感旧的内容，一些小诗抒情写景，清丽深婉。长篇叙事诗《秦妇吟》叙述了黄巢农民军攻占长安以及战争所带来的苦难，颇具史料价值。他的词多抒个人之情，较真实、坦率，语言质朴新鲜，风格清丽疏雅。如下面一首《菩萨蛮》：

人人尽说江南好，游人只合江南老。
春水碧于天，画船听雨眠。
垆边人似月，皓腕凝霜雪。
未老莫还乡，还乡须断肠。

词人历经丧乱，避地蜀中，欲归不能。追忆江南，前尘往事，新悲旧愁，一齐涌上心头，于是就有了这篇千古词章。

花间派词人

西蜀在五代十国中词风最盛，产生的词人词作也最多。后蜀赵崇祚选编词集《花间集》，其中共收录了十八位词人的五百首词作，其中除温庭筠、皇甫松、和凝与蜀地无关外，其余十五人（韦庄、牛峤、薛昭蕴、孙光宪、李珣、牛希济、鹿虔扆、欧阳炯、顾夐、张泌、毛文锡、毛熙震、尹鹗、阎选、魏承班）大多是蜀地人，有的流亡蜀中，有的在蜀地做官，都和西蜀有着这样那样的关系。因此人们常把花间词人称为“西蜀词人”，花间派也称西蜀派。其中，韦庄成就最大。

花间词的特点

花间词人大多生活于环境安定、生活优裕的西蜀。在这个依靠山川险固、不受战祸干扰的小天地里，上层贵族以及依附于他们的士大夫，弦歌饮宴，昼夜不休，纵情声色，乐而忘返，“自南朝之宫体，扇北里之娼风”。于是“秀丽不实”的花间词就在这样的社会风气中应运而生。

“花间词”红香翠软，绝大多数只能堆砌华艳的辞藻以形容妇女的体态服饰，有的甚至堕落到连“才子”跟在佳人风车之后盯梢的流氓行径也作为描写对象。那种软绵绵的情调和令人发腻的脂粉气息，华丽的辞藻、华美的色彩追求，使得花间词派的创作题材狭窄、内容空虚，缺乏意境。比起他们的鼻祖温庭筠，艺术成就相差甚远。

《花间集》收录了多少首词

《花间集》为晚唐五代词选集，10卷，选录唐末五代词500首。编者赵崇祚，字弘基，生平事迹不详。据欧阳炯《花间集序》，此集当成书于后蜀广政三年(940)，其时赵崇祚为卫尉少卿。在1900年敦煌石室藏《云谣集》发现之前，《花间集》被认为是最早的词选集。

南唐词的兴盛

南唐建立在富庶的长江中下游地带，地理条件优越，社会比较安定，吸引了不少文人，他们聚集到这里，过着安定风雅的生活。与西蜀词人相比，南唐词人多是帝王、宰相，政治地位和文化素养都比较高，因此他们的创作也呈现出不同的特点：一是逐渐摆脱了花间词专事描绘妇女容貌、服饰的局限，而着力抒写人物内心无可排遣的哀愁，其语言也比较清新、流转、天然，不像花间词那样堆砌、雕琢。二是基调的感伤。后期的南唐，面临周、宋的强大威胁，只靠岁贡称臣委曲求全。它的君臣们深知江山不稳，又无力挽回颓局，只好苟且偷生，醉生梦死。这就决定了南唐词必然要带上对未来、对前途毫无信心的颓靡感伤色彩。南唐词的重要作家是冯延巳、中主李璟和后主李煜。

冯延巳的词

冯延巳（903—960），又名延嗣，字正中，广陵（今扬州）人。他“学问渊博，文章颖发，辩说纵横”。他的词虽受花间词影响，多写男女离别相思之情，但词风不像花间词那样秾艳雕琢，而以清丽多彩和委婉情深为其特色，有时感伤气息较浓，形成一种哀伤美。其词集名《阳春集》。其《采桑子》十四首，大多表现感时、伤事的情绪。如第十三首：

花前失却游春侣，独自寻芳。满目悲凉，纵有笙歌亦断肠。林间戏蝶帘间燕，各自双双。忍更思量，绿树青苔半夕阳。

人生易逝，好景不长，触目皆是愁、恨、悲凉、断肠等字眼，落日、夕阳的景象，更加重了一腔愁怀。其中又隐含着对国事、家事的深深忧虑与哀伤。

南唐中主李璟

李璟（916—961），字伯玉，徐州人，南唐中主。他好读书，多才艺，具有较高的文学艺术修养。经常与其宠臣如韩熙载、冯延巳等饮宴赋诗，于是，适用于歌筵舞榭的词，便在南唐获得了发展的机会。现仅存李璟词四首，内容多为怀人惜别、感时伤秋，词调低沉哀怨，在叹惋衰败中潜含着无限哀痛，出入风骚，庄严肃穆，意境清幽。

《浣溪沙》第二首是李璟的代表作：

菡萏香销翠叶残，西风愁起绿波间。还与韶光共憔悴，不堪看。细雨梦回鸡塞远，小楼吹彻玉笙寒，多少泪珠无限恨，倚阑干。

虽是悲秋念远，离情别恨，但境界阔大。王国维说南唐中主词，“菡萏香销翠叶残，西风愁起绿波间”，大有众芳芜秽，美人迟暮之感。

南唐后主李煜

李煜（937—978），字重光，南唐中主李璟第六子，在位十五年，南唐亡国之君，世称李后主。宋开宝八年（975）被俘到汴京，封违命侯。太宗即位，进封陇西郡公。太平兴国三年（978）七夕是他四十二岁生日，宋太宗恨他有“故国不堪回首月明中”之词，命人在宴会上下牵机药将他毒死。

李煜词的特点

李煜是一位多才多艺的杰出文学家、艺术家，他工书善画，精通音律，诗词文赋无所不能，词的成就尤为突出。他的词在题材上突破了词为“艳科”的传统范围，发展和扩大了词的表现手段和抒情能力，高出于秾艳涂抹的“花间派”词，在词的发展史上占有一定地位。今传李煜的词共四十七首。

李煜前期词作的特点

李煜的创作明显地划分为两个时期。前期主要描写豪华的宫廷生活，夜以继日的酣歌醉舞，月昏雾重的夜晚与小周后的幽会，等等。

但是，当这位浪漫君主从狂欢中冷静下来的时候，似乎也感觉到前途的渺茫，于是，一种难以排遣的哀愁，禁不住从创作中流露出来。如《相见欢》表现了在宋朝的强大压力下感受到无力摆脱的命运时所流露的沉重哀愁：

无言独上西楼，月如钩，寂寞梧桐深院锁清秋。剪不断，理还乱，是离愁，别有一番滋味在心头。

又如《清平乐》，据说后主乾德四年（966），其弟从善入宋朝拜宋太祖，被留在京师。李煜手疏请求从善归国，太祖不许。李煜挂念弟弟，常常登高北望，泪沾衣襟。因思念深苦，遂作此词。词中深刻地表现出一种普遍而抽象的离愁别恨的伤感，撼人心魄。

别来春半，触目愁肠断。砌下落梅如雪乱，拂了一身还满。雁来音信无凭，路遥归梦难成。离恨恰如春草，更行更远还生。

李煜后期词作的特点

后期的李煜由万乘之尊一变而为任强者凌辱的亡国之君，开始面对着另一个痛苦的世界。他终日悲苦忧伤，以泪洗面，把心中所有的感伤都灌注到他所作的词中。李煜这一时期的作品，写的是对于江南故国和已逝幸福岁月的苦苦思念，是深感昔日一切确已无可挽回的绝望和悲哀，是“日夕以泪水洗面”的眼前凄凉、屈辱、孤独的处境。如《虞美人》：

春花秋月何时了，往事知多少？小楼昨夜又东风，故国不堪回首月明中。雕栏玉砌应犹在，只是朱颜改。问君能有几多愁，恰似一江春水向东流。

王国维的《人间词话》，曾将温庭筠、韦庄和李煜三家词做比较，评温庭筠的词是“句秀”，韦庄的词是“骨秀”，而李煜的词是“神秀”。他认为“词至李后主而眼界始大，感慨遂深，遂变伶工之词而为士大夫之词”。

《南唐二主词》

《南唐二主词》是五代时南唐中主李璟、后主李煜的词集。李璟现存词四首，均写怀人惜别、感时伤秋内容，低沉哀怨，但用语清新，意境清幽。李煜词现存四十余首，分前后两期。前期词作大多描写宫廷享乐生活，内容无甚可取之处，但在抒情艺术上却有一定创造。后期作品多写“故国之思”和“亡国之痛”，情调感伤悲凉又沉痛激越，善用比喻、白描和烘托手法，形象鲜明，贴切生动，语言明净优美，接近口语。他在题材上突破了词为“艳科”的传统范围，发展和扩大了词的表现手段和抒情能力，高出于秾艳涂抹的“花间派”词，在词的发展史上占有一定地位。

敦煌曲子词

清光绪二十五年（1899），在敦煌莫高窟所出土的唐人写本敦煌卷，其中有“敦煌曲子词”，便是唐人的民歌，也可以看作是唐词的开端。任二北先生辑录的《敦煌曲校录》收录五百多首，合称曲子词。它们的创作时代，远在《花间集》以前，有的反映战乱生活，有的反映商旅生活，有的歌颂真挚爱情，大多是民间的作品。在形式上，词体已较完备，形式多样，有小令，有慢词。

爱情的绝唱——《菩萨蛮》

《菩萨蛮》是表达对爱情的坚贞不渝的誓词，词人连举六个自然界中根本不可能出现的现象来设誓，使得这般海枯石烂的誓言何等地真挚动人！与汉乐府中的《上耶》有异曲同工之妙：

枕前发尽千般愿：要休且待青山烂。水面上秤锤浮，直待黄河彻底枯。白日参辰现，北斗回南面。休即未能休，且待三更见日头。

敦煌曲子词已开唐词新的一页，预示着唐代词创作的大量出现和成熟。

宋词

进入宋代，词的创作成为文学的一大主流，产生了大批成就突出的词人，名篇佳作层出不穷，风格流派异彩纷呈。《全宋词》共收录流传到今天的词作一千三百三十多家近两万首。词在宋代真正进入了发展的黄金时代。宋词是中国古代文学皇冠上一颗璀璨的明珠，以姹紫嫣红、千姿百态的丰神，与唐诗争奇，与元曲斗妍，历来与唐诗并称双绝，都代表一代文学之胜。直到今天，人们仍在诵读着那些不朽的词作，欣赏着那份独特的魅力。

宋词的繁荣

宋词是那个时代最有代表性的文学样式。北宋一百多年经济的繁荣，为宋词的兴盛提供了条件。无论豪门权贵，还是一般市民都过着安逸的生活。举凡朝廷盛典，文人聚会，长亭送别，青楼酒肆，无不有词相伴。于是，上起帝王宰相，下到普通文人，都纷纷加入到词的创作行列中，词的盛况前无古人，后无来者。

宋初词的特点

宋词是晚唐五代文人词的延续，它的内容仍然是风花雪月，男女相悦，羁旅闲愁，风格也以婉丽轻柔为特色。除苏轼和存词较少的范仲淹外，包括致力于诗文革新的作家，几乎无人突破。因此词在北宋还是婉约派的天下。但在婉约派中，随着时代推移和整个文学风气的变化，其本身自然也会有所新变。北宋初年词坛上出现了一批达官贵人，他们的词最求深婉精致、含蓄蕴藉的风格。

“红杏枝头春意闹”尚书

宋祁(998—1062),字子京。宋庠弟。开封雍丘（今河南杞县）人，后徙安州安陆（今属湖北)。天圣二年（1024）与兄庠同举进士，历国子监直讲、太常博士、同知礼仪院、尚书工部员外郎，累迁知制诰、翰林学士、史馆修撰，与欧阳修共同修《新唐书》。宋祁为北宋早期政坛重要的人物，他能诗，也善于填词。他有《玉楼春》：

东城渐觉风光好，縠皱波纹迎客棹。绿杨烟外晓寒轻，红杏枝头春意闹。浮生长恨欢娱少，肯爱千金轻一笑？为君持酒劝斜阳，且向花间留晚照。

这首词历代传诵不衰，其中“红杏枝头春意闹”一句尤为脍炙人口，宋祁因此被时人称为“‘红杏枝头春意闹’尚书”，成为一时美谈。

“富贵闲愁”《珠玉词》

晏殊（991—1055），字同叔，江西临川人。仁宗朝官至宰相。他一生仕途通显，喜文学，好宾客歌乐，词在他手中是娱宾遣兴的工具。他是当时词坛的引领者。他的词描写歌乐宴饮，抒发一种惋惜时光流逝的衰迟落寞之感。他学习冯延巳比较疏淡的风格，形成了一种以闲雅清婉为特征的风格，脱去花间派秾艳浮靡之习，在当时的词坛独具一格。有《晏元献遗文》一卷、《珠玉词》一卷传世。

《浣溪沙》（“一曲新词酒一杯”）是他的代表作：

一曲新词酒一杯，去年天气旧亭台。夕阳西下几时回？无可奈何花落去，似曾相识燕归来。小园香径独徘徊。

全词都流露出晏殊所特有的“富贵闲愁”的词风。平凡的题材中寓意着不凡的意境，用语明净，下字修洁，有一种深思凝重、意境深厚的效果。处处流露出怀人之意，表面上却是一片温婉静雅的气象，所谓“哀而不伤”即为此意。

哀感缠绵的《小山词》

晏几道（1038—1112），字叔原，号小山，是晏殊的幼子。他一生官职低微，中年又遭较大变故，穷愁潦倒，因此在他的词中感伤凄楚情绪比较浓重。他的词兼受李煜及花间派词人影响，词风哀感缠绵、清壮顿挫。有《小山词》。《临江仙》（“梦后楼台高锁”）是他的代表作：

梦后楼台高锁，酒醒帘幕低垂。去年春恨却来时，落花人独立，微雨燕双飞。记得小蘋初见，两重心字罗衣。琵琶弦上说相思，当时明月在，曾照彩云归。

此词为别后怀思歌女小蘋之作，通过感旧怀人与今昔对比，抒发了世事无常的悲叹。梦后酒醒，明月依然，彩云安在？一纸相思苦，满篇怀人意，读之令人不能自持。

“张三影”

张先（990—1078），字子野，乌程（今浙江吴兴）人。官至都官郎中。所作长于乐府，主要写个人生活情趣，因词中喜用“影”字，人称“张三影”。他的词情思绵邈，意致凄怆。有《安陆集》一卷、《张子野词》二卷传世。他是宋代较早写慢词的词人，对促进宋词发展有一定的贡献。

"桃杏嫁东风"郎中

《一丛花令》（"伤高怀远几时穷"）是张先的代表作，描写一位女子伤高怀远的情状。主题古老而永恒，它的背后却是一个美丽而又凄楚的爱情故事：

伤高怀远几时穷？无物似情浓。离愁正引千丝乱，更东陌、飞絮濛濛。嘶骑渐遥，征尘不断，何处认郎踪？双鸳池沼水溶溶，南北小桡通。梯横画阁黄昏后，又还是、斜月帘栊。沉恨细思，不如桃杏，犹解嫁东风。

传说张先年轻时，与一小尼姑相好，但庵中老尼十分严厉，把小尼姑关在池塘中一小岛的阁楼上。为了相见，每当夜深人静，张先偷偷划船过去，小尼姑悄悄放下梯子，让张先上楼。后二人被迫分手，临别时，张先不胜眷恋，写下这首词寄意。最后两句，以桃杏喻人，设想新颖，无理而有情，妙绝。《过庭录》中说欧阳修倒屣迎张先，曰："此乃'桃杏嫁东风'郎中。"

范仲淹的生平

范仲淹（989—1052），字希文。和包拯同朝，江苏吴县人。宋仁宗时官至参知政事，相当于副宰相。仁宗庆历三年，与富弼、欧阳修等推行"庆历新政"。文学上，他以《岳阳楼记》名闻天下，词亦擅长。有《范文正公集》传世。

范仲淹：开豪放词的先声

范仲淹的词作大多已经散佚，但从留下来的几首词中仍可看到他词作的风格。如《苏幕遮》：

碧云天，黄叶地，秋色连波，波上寒烟翠。山映斜阳天接水，芳草无情，更在斜阳外。黯乡魂，追旅思，夜夜除非，好梦留人睡。明月楼高休独倚，酒入愁肠，化作相思泪。

这是词人早期的创作，描写羁旅乡愁。凄凉的秋景烘托出送别的凄冷氛围。蓝天白云、遍地黄花和秋风阵阵、北雁南飞、红叶满林等，构成一幅色彩斑斓的暮秋景色，送别的场面弥漫着苍凉之悲，读起来令人回肠荡气。不同于一般的婉约词，在低回婉转之中别有沉雄清刚之气。

到后期，历经磨炼，词风一变而意境高旷，情调悲壮，《渔家傲》即为备受称颂之杰作。

塞下秋来风景异，衡阳雁去无留意。四面边声连角起。千嶂里，长烟落日孤城闭。浊酒一杯家万里，燕然未勒归无计。羌管悠悠霜满地。人不寐，将军白发征夫泪。

全词语言沉郁雄浑，风格苍凉悲壮，开后来苏、辛豪放词派之先声。

一字千金的欧词

欧阳修词受冯延巳影响较深，两人的政治地位与文化素养基本相似，词风大同小异,有些作品往往被混淆在一起。《蝶恋花》（“庭院深深”）就同时见于冯氏词集中而颇难分辨。他的词内容较广，除艳情外，还有部分咏史和述怀的作品。在风格上，除清深婉曲一类外，也还有疏宕明快的一类，如赞美西湖颍州的十首《采桑子》。《蝶恋花》最能代表他的风格：

庭院深深深几许？杨柳堆烟，帘幕无重数。玉勒雕鞍游冶处，楼高不见章台路。雨横风狂三月暮，门掩黄昏，无计留春住。泪眼问花花不语，乱红飞过秋千去。

描写的是上层社会一个深闺思妇的愁苦心情。然细绎词意，一则实指春天，二则象征青春年华，三则隐喻爱情。可谓一字千金，惊心动魄。“泪眼问花花不语，乱红飞过秋千去”，是历来受人赞赏的名句。

《生查子》表达的是那种无计消除的离愁，情深意远，柔婉优美，含蓄蕴藉：

去年元夜时，花市灯如昼。月上柳梢头，人约黄昏后。今年元夜时，月与灯依旧。不见去年人，泪湿春衫袖。

柳永的生平

柳永（约985—1053），字耆卿，初名三变，福建崇安人，出身仕宦之家。真宗天禧初赴京应试不第，后长期居京城，纵酒行乐，沉湎声色，与歌伎乐工相过从，为之填词，作品广为流传，以至人称“凡有井水饮处，皆能歌柳词”。柳永过了半生羁旅漂泊生活，1034年登进士第，在浙江桐庐、定海一带做过几任小官，官终屯田员外郎，世称柳屯田。柳永精通音律，倾一生精力于作词，其词承上启下，开一代风气。有《乐章集》传世，存词二百一十二首。诗仅存三首，其中《煮海歌》一首写盐民之苦,颇痛切。

柳氏三绝

柳永原名三变，出身于一个儒学仕宦家庭。父亲柳宜,宋太宗雍熙二年（985）进士，官至工部侍郎。长兄柳三复，真宗天禧二年（1018）进士，次兄柳三接与柳永在仁宗景祐元年（1034）同榜登进士，兄弟三人颇有文名，时称“柳氏三绝”。

“奉旨填词柳三变”

柳永应试落第之后，曾借一曲《鹤冲天》宣泄自己心中的不满：

黄金榜上，偶失龙头望。明代暂遗贤，如何向？未遂风云便，争不恣狂荡。何须论得丧，才子词人，自是白衣卿相。烟花巷陌，依约丹青屏障。幸有意中人，堪寻访。且恁偎红倚翠，风流事，平生畅。青春都一饷，忍把浮名，换了浅斟低唱。

这首词引起了当时众多落第举子的共鸣，迅速传唱开来，甚至传入宫禁之中。据说柳永再次应试已入围，仁宗皇帝在临轩放榜时，有意将柳永黜落，其理由是："此人风前月下，好去浅斟低唱，何用浮名？且填词去！"柳永在不平无奈的同时不禁自嘲"奉旨填词柳三变"，越发流连于青楼歌馆，浪迹市井之间。直至景祐元年，年近五十的柳三变改名为永后才及第，先后在浙江做过几任地方小官，始于睦州团练推官，终于屯田员外郎。

人生的大境界

柳永精通音律，倾一生精力于作词，其词承上启下，开一代风气。他是北宋第一个专力写词的作家。他的《乐章集》存词近二百首。《凤栖梧》是柳永词的代表作：

伫倚危楼风细细，望极春愁，黯黯生天际。草色烟光残照里，无言谁会凭栏意。拟把疏狂图一醉，对酒当歌，强乐还无味。衣带渐宽终不悔，为伊消得人憔悴。

"衣带渐宽终不悔，为伊消得人憔悴"两句写得朴实无华，流露出了感人至深的悲壮之情。王国维在《人间词话》里对此推崇不已，认为"此等语皆非大词人不能道"。

柳永慢词

柳永对词的最大贡献是使用和创制了大量慢词。《乐章集》中慢词占十之七八。这就为词家提供了可以容纳更多内容的新形式，改变了宋初以来以小令为主的单一格局。如长篇慢词《戚氏》《八声甘州》等。

柳永善于抒写自己怀才不遇的情怀和宦途失意羁旅漂泊的感受。《雨霖铃》和《八声甘州》是词中极品。

寒蝉凄切，对长亭晚，骤雨初歇。都门帐饮无绪，留恋处，兰舟催发。执手相看泪眼，竟无语凝噎。念去去，千里烟波，暮霭沉沉楚天阔。多情自古伤离别，更那堪，冷落清秋节！今宵酒醒何处？杨柳岸，晓风残月。此去经年，应是良辰好景虚设。便纵有千种风情，更与何人说？

——《雨霖铃》

对潇潇暮雨洒江天，一番洗清秋。渐霜风凄紧，关河冷落，残照当楼。是处红衰翠减，苒苒物华休。唯有长江水，无语东流。不忍登高临远，望故乡渺邈，归思难收。叹年来踪迹，何事苦淹留？想佳人，妆楼颙望，误几回，天际识归舟。争知我，倚栏杆处，正恁凝愁。

——《八声甘州》

柳永对词的贡献

柳永词中有很大一部分是从一个失意文人的角度描写城市妓女们的生活，对她们表示一定的同情，因而受到她们的喜爱。还有一部分词描写了北宋汴京、开封、苏州、杭州等城市的繁荣情况，其代表作是《望海潮》写杭州“豪奢”景象和清丽风光。从内容上说，柳永把词的题材转向描写城市生活以及反映怀才不遇文人的悲愤不满，都有一定的开创性。

柳词自然真率的风格和多方面的开创性贡献，使他在宋词发展中具有很大影响，婉约派和豪放派都从柳词中获得了不少艺术借鉴。

王安国的词

王安国（1028—1074），字平甫，临川（今江西抚州）人，王安石弟。熙宁元年应茂才异等科入等，赐进士出身，官至大理寺丞、集贤校理。他并不随意附和当上宰相的哥哥而求青云直上，也不因吕惠卿的诬陷罢废而奔走权门。王安石罢相后，吕遂以郑侠事陷安国，夺官，放归田里。有《王校理集》，不传。《全宋词》录其词三首。他的《清平乐》借景抒情，以表达自己对时光的飞逝、境遇的变迁、美好事物受到摧残的重重慨叹。

留春不住，费尽莺儿语。满地残红宫锦污，昨夜南园风雨。小怜初上琵琶，晓来思绕天涯。不肯画堂朱户，春风自在杨花。

贺铸的词

贺铸（1052—1125），字方回。长身耸目，面色铁青，人称贺鬼头。宋太祖贺皇后五代族孙。自称远祖本居山阴，是唐贺知章后裔。其为人耿直豪爽，任侠好武，喜谈当世事；又因使酒尚气，终身不得美官，一生困顿。他的词，大部分写骚情艳思，情思哀婉近于晏几道、秦观，但笔力较精健，辞藻较艳逸，兼有婉约与豪放之风。他的悼亡之作《鹧鸪天》（“重过阊门万事非”）睹物兴感，沉痛感人，风格略近于苏轼。他的《六州歌头》（“少年侠气”）吐露了报国无门的惘惘不平之气，繁弦促节、激越苍凉，对南宋爱国词人张孝祥、辛弃疾、刘过等有过相当大的影响。

豪放词大家苏轼

苏轼（1037—1101）是北宋中期最杰出的文学家。当柳永大量创制慢词的时候，苏轼则从另一个方向进一步变革了北宋的词风。北宋初期的词以秾艳婉约为主导，在词家手中不过是聊以自遣的工具，表现内容大多为士大夫的闲情别绪，即使一代填词大家柳永也没能摆脱“词为艳科”的藩篱，苏轼则为词的发展带来了全新的面貌。他将北宋诗文革新运动的精神扩大到词的领域，扫除了晚唐五代以来的传统词风，开创了与婉约派并立的豪放词派，扩大了词的题材，丰富了词的意境，冲破了诗庄词媚的界限，对词的革新和发展做出了重大贡献。苏轼的文学创作成就极高，文诗词俱为一代大家。散文为后人所称唐宋八大家之一，苏文坚持了欧阳修文平易之路，而更为畅达自由；文体多样，风格亦多样。除文学外，其书法绘画等方面亦有很高成就，书法尤为别开一派的创始人。著作甚丰，有《东坡全集》《东坡乐府》《东坡易传》《东坡书传》等。

千古中秋词

《水调歌头》是苏词最有代表性的作品：

明月几时有，把酒问青天。不知天上宫阙，今夕是何年。我欲乘风归去，又恐琼楼玉宇，高处不胜寒。起舞弄清影，何似在人间。转朱阁，低绮户，照无眠。不应有恨，何事长向别时圆？人有悲欢离合，月有阴晴圆缺，此事古难全。但愿人长久，千里共婵娟。

词人中秋之夜，望月怀人，感慨身世，以高度的浪漫主义手法，抒发了痛苦矛盾的心情以及设法摆脱这种境遇的旷达胸怀。此词甫一出现，即脍炙人口。《苕溪渔隐丛话》说："中秋词，自东坡《水调歌头》一出，余词尽废。""但愿人长久，千里共婵娟"更成为千古名句。

豪放词的不朽之作

《念奴娇·赤壁怀古》是苏轼豪放词的代表作：

大江东去，浪淘尽，千古风流人物。故垒西边，人道是，三国周郎赤壁。乱石穿空，惊涛拍岸，卷起千堆雪。江山如画，一时多少豪杰。遥想公瑾当年，小乔初嫁了，雄姿英发，羽扇纶巾。谈笑间，樯橹灰飞烟灭。故国神游，多情应笑我，早生华发。人生如梦，一樽还酹江月。

全篇大气磅礴，高唱入云，庄中含谐，直中有曲，是豪放词之首创，并且是词史上传之不朽的名篇。据南宋俞文豹《吹剑录》载："东坡在玉堂，有幕士善讴。因问：'我词与柳词何如？'对曰：'柳郎中词，只好十七八女孩儿，执红牙板，唱'杨柳岸，晓风残月'；学士词，须关西大汉，执铁板，唱'大江东去'。公为之绝倒。"

千古绝唱悼亡妻

苏轼也写情词，但他的情词不只写传统的情词，而是抒发自己的真实情感。《江城子》是他为自己的亡妻而作，抒发的是夫妻感情，不但历代词中无此佳作，就是历代诗中也很少见，实乃千古绝唱。

十年生死两茫茫，不思量，自难忘。千里孤坟，无处话凄凉。纵使相逢应不识，尘满面、鬓如霜。夜来幽梦忽还乡，小轩窗、正梳妆。相顾无言，惟有泪千行。料得年年肠断处，明月夜、短松冈。

全词几乎用白描的手法，语言自然质朴，感情深切真挚。

兴衰往事《洞仙歌》

《洞仙歌》写的是蜀主孟昶和花蕊夫人夏夜纳凉的故事，从词序中可以看出作者写此词的由来。苏东坡以超妙的手笔，深婉的情思，创造出一种美好的艺术境界。

余七岁时，见眉州老尼，姓朱，忘其名，年九十余。自言尝随其师入蜀主孟昶宫中。一日大热，蜀主与花蕊夫人夜纳凉摩诃池上，作一词。朱具能记之。今四十年，朱已死久矣，人无知此词者。但记其首两句，暇日寻味，岂《洞仙歌》令乎？乃为足之云。

冰肌玉骨，自清凉无汗。水殿风来暗香满。绣帘开、一点明月窥人，人未寝，枕钗横鬓乱。起来携素手，庭户无声，时见疏星渡河汉。试问夜如何？夜已三更，金波淡、玉绳低转。但屈指、西风几时来，又不道、流年暗中偷换。

词人力写花蕊夫人的美，想象着花蕊夫人肌肤若冰雪，粉莹清凉而无汗染之气，以明月窥人写出美人的娇媚，连明月也为之动情。想到孟昶和花蕊夫人在摩诃池边纳凉的情景，时值酷暑，虽水殿来风，但终不如秋凉，因而盼西风来。然秋凉之后，年又将满，岁月新增，韶华流逝，又是令人悲愁的，其中寓含有对人生的得失、祸福、兴衰等的思考。

超旷的精神追求

苏东坡还有一首《临江仙·夜归临皋》：

夜饮东坡醒复醉，归来仿佛三更。家童鼻息已雷鸣，敲门都不应，倚杖听江声。长恨此身非我有，何时忘却营营。夜阑风静縠纹平，小舟从此逝，江海寄馀生。

该词作于元丰五年（1082)。苏轼因“乌台诗案”贬谪黄州，住在城南长江边上的临皋亭。词主要写词人谪居之地的真实情境，反映了他的生活理想与追求。词人夜饮醉后返归临皋的情景，家童熟睡，敲门不应，而词人却坦然处之，倚杖听江流之声，展示出一种达观的人生态度，一种超旷的精神世界，一种独特的个性和真情。词人静夜沉思，因而感悟命运不由己，便产生了那种企望脱离现实社会的浪漫主义的遐想，表现了作者复杂的人生观及旷达不羁的性格。

苏门四学士

苏轼是继欧阳修之后主持北宋文坛的领袖人物，在当时的作家中间享有巨大的声誉，一时与之交游或接受他的指导者非常多，在众多门生和崇拜者中，苏轼最欣赏和重视四个人：黄庭坚、秦观、晁补之和张耒。苏轼最先将他们的名字并提和加以宣传。他说："如黄庭坚鲁直、晁补之无咎、秦观太虚、张耒文潜之流，皆世未之知，而轼独先知。"由于苏轼的推誉，四人很快名满天下。

苏门四学士之黄庭坚

黄庭坚是北宋"苏门四学士"之一，他的文学成就主要在于诗——他是"江西诗派"的开创者，在宋代诗坛上享有很高的声誉。他的词亦有成就，在北宋后期具有相当的地位。有《山谷词》一卷。《清平乐》是一首婉约词：

春归何处？寂寞无行路。若有人知春去处，唤取归来同住。春无踪迹谁知？除非问取黄鹂。百啭无人能解，因风飞过蔷薇。

词咏惜春之怀，寄托词人理想与追求；造语清雅，意境隽永，风格柔婉，是一首绝妙好词。

苏门四学士之秦观

秦观（1049—1100），字少游，又字太虚，号淮海居士，江苏高邮人，是苏门四学士之一。绍圣初新党执政后，他连遭贬斥，放还途中死于滕州。在词的创作上，他在苏轼过后，仍然走着婉约派的路子。他善于通过凄迷的景色、婉转的语调表达感伤的情绪。有《淮海集》传世。

千古情词

秦观的词只写他自己的恋情和愁思，因此感情真挚，有很高的艺术性，有时甚至有某种理想色彩。如《鹊桥仙》：

纤云弄巧，飞星传恨，银汉迢迢暗度。金风玉露一相逢，便胜却、人间无数。柔情似水，佳期如梦，忍顾鹊桥归路。两情若是久长时，又岂在朝朝暮暮。

借写牛郎织女的相会，歌颂了爱情的纯洁真挚："两情若是久长时，又岂在朝朝暮暮。"他的《千秋岁》（"水边沙外"）和《踏莎行》（"雾失楼台"）都是写因贬谪而经受的飘零之苦的代表作。

苏门四学士之晁补之

晁补之（1053—1110），字无咎，号济北，又号归来子。济州钜野（今山东巨野）人。十七岁随父至杭州，苏轼嘉许其文，由是知名。元丰二年（1079）进士，徽宗时为户部员外郎，礼部郎中，出知河中府，有政绩。后还家筑"归来园"，号"归来子"。晁补之是苏门四学士之一，为文深受苏轼影响。有《鸡肋集》传世。《水龙吟》（次韵林圣予《惜春》）是他的代表作，表达的是人生哲思，喻人愁春老，人老如春归的哲理词。

苏门四学士之张耒

张耒(1054—1114),字文潜,号柯山,人称宛丘先生。宋神宗熙宁进士,宋徽宗初,官至太常少卿。后被指为元祐党人,数遭贬谪,晚居陈州。诗学白居易、张籍,平易舒坦,不尚雕琢,但常失之粗疏草率;其词流传很少,语言香艳婉约,风格与柳永、秦观相近。其代表作有《少年游》《风流子》等。《少年游》写闺情离思:

含羞倚醉不成歌,纤手掩香罗。偎花映烛,偷传深意,酒思入横波。看朱成碧心迷乱,翻脉脉、敛双蛾。相见时稀隔别多,又春尽、奈愁何。

晁元礼的词

晁元礼（1046—1113），一作端礼，字次膺。熙宁六年（1073）进士，历单州成武主簿，瀛州防御推官，知平恩县，迁知大名府莘县。以得罪上司，废徙达30年。政和三年（1113）因蔡京举荐，应诏入京，以承事郎为大晟府协律，未及供职即病卒。晁元礼与当时另一大词人万俟咏齐名。词中有不少宫廷应制之作，阿谀颂圣，粉饰太平。另有一些作品表现男欢女爱，抒发个人宦游生活感受，风格以含蓄清婉见长。其词今传《闲斋琴趣外篇》。

赵令畤的词

赵令畤（1061—1134），初字景贶，苏轼为其改字德麟，自号聊复翁，又号藏六居士。宋太祖次子燕王德昭之后。元祐六年（1091）签书颍州公事，苏轼为知州，荐其才于朝。后苏轼被贬，他亦受株连罚金。南宋绍兴初，袭封安定郡王，迁宁远军承宣使，同知行在大宗正事。卒赠开府仪同三司。赵令畤喜好文辞，能诗文。擅长词，风格凄婉，近似于秦观。又多与苏轼唱酬，有模仿苏词风格之作。

晁冲之的词

晁冲之（1072—?），字叔用，一字用道，号具茨。钜野（今山东巨野）人。晁补之从弟。以荫授承务郎。哲宗绍圣中隐居于阳翟具茨山下，世称具茨先生。徽宗大观、政和中重返京师。

晁冲之曾从陈师道学诗，与吕本中、王直方等有唱和。其诗沉郁稳健，“意度闳阔，气力宽余”。词亦工。有《具茨集》传世。《临江仙》是一首怀旧相思之作：

忆昔西池池上饮，年年多少欢娱。别来不寄一行书，寻常相见了，犹道不如初。安稳锦衾今夜梦，月明好渡江湖。相思休问定何如？情知春去后，管得落花无。

舒亶的词

舒亶(1041—1103),字信道,号懒堂,明州慈溪(今属浙江)人。治平二年(1065)进士。神宗时,历知谏院、权直学士院、御史中丞等。词作曲折层深。尤工"小词","甚有思致"。晚年任直龙图阁待制。后人辑有《舒学士词》。《虞美人》有题目"寄公度",是一首寄赠友人的作品。全词以情入景,景为情铺;曲折委婉,情婉意深。

芙蓉落尽天涵水,日暮沧波起。背飞双燕贴云寒,独向小楼东畔、倚阑看。浮生只合尊前老,雪满长安道。故人早晚上高台,寄我江南春色一枝梅。

朱服的词

朱服(1408—?),字行中,乌程人(今浙江湖州)。熙宁六年进士。哲宗朝,历中书舍人、礼部侍郎。徽宗朝,任集贤殿修撰,后知广州,黜知泉州,再贬蕲州。存词一首《渔家傲》,表达的是春光即逝,人生易老,自知留春无计,不如及时行乐,但醉后方醒,陡升愁苦在心头的情感。

小雨纤纤风细细,万家杨柳青烟里。恋树湿花飞不起,愁无比,和春付与东流水。九十光阴能有几?金龟解尽留无计。寄语东阳沽酒市,拼一醉,而今乐事他年泪。

毛滂的词

毛滂(约1055—1120),字泽民,号东堂。衢州江山(今浙江江山)人。元祐中为饶州司法参军。苏轼赏其词,荐之于朝,绍圣间为衢州推官。崇宁、大观间为祠部副郎,宣和初贬真定通判。后出知秀州。因谄事蔡京等奸佞,前人即斥其"素行猥薄,反复不常"(《四库全书总目》)。然其工诗能文,尤长于词。其词风婉约,以情韵见长。《惜分飞·富阳僧舍代作别语赠妓琼芳》是一首青春恋情的悲歌。一对情人,一是游宦的士子,一是风尘中歌伎,难以相容的社会地位使他们本能地意识到别离即是永诀。于是就演出了一幕令人肝肠寸断的悲剧:

泪湿阑干花着露,愁到眉峰碧聚。此恨平分取,更无言语空相觑。断雨残云无意绪,寂寞朝朝暮暮。今夜山深处,断魂分付潮回去。

李之仪的千古恋词

李之仪(1035—1117),字端叔,自号姑溪居士。沧州无棣(今山东无棣)人。英宗年间进士,历枢密院编修官,通判原州。哲宗元符中监内香药库,以从苏轼辟诏勒停。徽宗崇宁初,提举河东常平。后因得罪权贵蔡京,除名编管太平州(今安徽当涂)。后遇赦复官,授朝议大夫,未赴任。李之仪诗文词皆工,尤工尺牍。有《姑溪居士集》传世。《卜算子》是千古传诵的恋词：

我住长江头，君住长江尾；日日思君不见君，共饮长江水。此水几时休？此恨何时已？只愿君心似我心，定不负相思意。

皇帝诗人赵佶

赵佶（1082—1135），即宋徽宗，神宗第十一子，哲宗弟，公元1100—1125年在位。在位期间，穷奢极欲，纵情享乐，崇信道教，自号“教主道君皇帝”，大修道教宫观，置道官职，使其与政府官吏同领俸禄。靖康元年（1127），徽宗与钦宗等被金兵掳去，金封其为昏德公。南宋绍兴五年（1135），死于五国城（今黑龙江依兰）。其书法、绘画颇有造诣，书法自成一家，称“瘦金体”，兼及狂草；绘画重写生，尤长花鸟画，存世有《芙蓉锦鸡》《池塘秋晚》。并能诗词，著有《宣和宫词》三卷，已佚。近人辑有《宋徽宗诗》《宋徽宗词》。《燕山亭·北行见杏花》可谓千古悲情词：

裁剪冰绡，轻叠数重，淡著燕脂匀注。新样靓妆，艳溢香融，羞杀蕊珠宫女。易得凋零，更多少、无情风雨。愁苦，问院落凄凉，几番春暮。凭寄离恨重重，者双燕，何曾会人言语。天遥地远，万水千山，知他故宫何处。怎不思量，除梦里、有时曾去。无据，和梦也新来不做。

宋徽宗被金兵掳往北方时，在北行途中偶然见到一处盛开的杏花，有感而作。当时，作者正处于他一生中命运的转折点，由万人之上的帝王一下沦为阶下之囚，并被敌人当作“战利品”带回北方。一路上耳闻目睹的都是生灵涂炭、城郭残破的凄凉景象，再加之自己北上命运未卜，实是作者一生中最痛苦的时刻。当然也是这痛苦的经历，成就了他这首名篇。

宫廷词人周邦彦

周邦彦是北宋最后一位大词人。周邦彦（1056—1121），字美成，号清真居士，浙江钱塘人。他年少时个性比较疏散，但喜欢读书。宋神宗时，他写了一篇《汴都赋》，赞扬新法，受神宗赏识，名动天下。徽宗时为徽猷阁待制，提兴大晟府。作品多写闺情、羁旅，也有咏物之作。旧时词论称他为“词家之冠”。词集有《清真集》《集外词》。

格律派词的创始人

周邦彦前期和柳永有着类似的生活经历，后期一变而为宫廷文人。他被看作是婉约派词的集大成者；又由于其词音韵格律精审，受到南宋姜夔、吴文英、张炎等人推崇效法，因而他又被看作格律派词的创始人。

他也长于写羁旅离别之苦，所以有人把他和柳永并称；又由于他的词律工巧，用语清新，而与秦观并称。继柳永之后，他又把慢词推进一步，以更加成熟的艺术手法，运用复杂的联想表现情绪变化的曲折过程。《兰陵王》是一首借咏柳而抒离情的词，词中还织进作者仕途失意的慨叹。“沉思前事，似梦里，泪暗滴”，发出作者心中深深的叹息，读来令人心碎。

“词中老杜”

周邦彦博学多才，精通音律，无论是做地方官或在京城里，都经常和歌伎舞女们有交往，过他偎绿倚红、眠花宿柳的生活。据说他和宋徽宗都是当时京都名妓李师师的狎客。像他这样长期过着放浪生活，又要专侍皇帝和贵族的词人，自然免不了要写艳词。《瑞龙吟》就是一首典型的艳词，写重游旧地，追忆往事，思念并寻找当年眷恋过的一位歌伎，情人不见，以及由此而触发的离情别意。在这首词中可见周邦彦继承了宋初以来婉约派词家的长处，拓展了比兴与寄托的艺术手段，形成了他自己典雅精丽的独特风格。

《四库全书总目》卷一百九十八《片玉词》提要说：“其词多用唐人诗句，隐括入调，浑然天成。长篇尤富艳精工，善于铺叙。”“邦彦本通音律，下字用韵，皆有法度。”王国维在《清真先生遗事》中把他比作“词中老杜”，认为他的作品格律精细，无与伦比。

词人贺铸

贺铸（1052—1125），字方回，卫州（今河南汲县）人。宋太祖贺皇后五代族孙。自称远祖本居山阴，是唐贺知章后裔，以知章居庆湖（镜湖），故自号庆湖遗老。有《东山集》《庆湖遗老集》等传世。贺铸为人耿直豪爽，任侠好武，喜谈当世事；又因使酒尚气，终身不得美官，郁悒不得志。诗词文皆工，尤以词著名。其词风格多样，合婉约、豪放为一体。

贺铸的断肠词

《青玉案》是贺铸最负盛名的词作：

凌波不过横塘路，但目送、芳尘去。锦瑟华年谁与度？月桥花院，琐窗朱户，只有春知处。飞云冉冉蘅皋暮，彩笔新题断肠句。试问闲愁都几许？一川烟草，满城风絮，梅子黄时雨。

词中最后一句“梅子黄时雨”使贺铸获得“贺梅子”之美称。贺铸退居苏州时偶遇一女子，便心生爱慕之情而写下这首词。虽是写“艳情”，但写得美妙动人，在当世就已传为佳话。后世提起贺铸词，非提《青玉案》不可，提《青玉案》又必提这段情史，可见作词也是要有感而发。

词人张元干

张元干（约1091—1161），字仲宗，自号芦川居士。永福（今福建永泰）人，一说长乐（今属福建）人。出生仕宦之家，徽宗大观四年（1110）学诗于徐俯，后十年间拜谒过苏辙、郑侠等名宿，政和、宣和间又与陈与义唱和。宣和七年（1125）任陈留县丞。钦宗靖康元年（1126）为李纲僚属。后李纲遭贬，亦牵连罪放出京。高宗绍兴元年（1131）因不屑与秦桧同朝，愤而辞官。绍兴二十一年（1151）被秦桧削籍下狱。晚年曾滞留吴越。张元干“诗文皆有渊源”，早年词作婉丽，后经颠沛流离，忠愤填膺，慷慨悲凉，其豪放词风对张孝祥、辛弃疾等人有一定影响。

词人叶梦得

叶梦得（1077—1148），字少蕴，号石林居士，苏州吴县（今江苏苏州）人。绍圣四年（1097）进士，授丹徒尉。徽宗时，累官翰林学士。高宗时致全力于抗金防务。十二年移知福州，兼福建安抚使。晚年致仕，隐居湖州乌程卞山石林谷，以读书吟咏自娱。叶梦得的词以南渡为界，分为前后两期。早期词为数不多，风格婉丽。南渡后，学习苏轼，以词抒发家国之恨和抗战之志，词风一变而为雄杰豪放。他和张元干等词人一样，上承苏轼豪放词，下开辛派词的先声。擅长诗文。

周紫芝的《竹坡词》

周紫芝（1082—1155），字少隐，号竹坡居士，宣城人。绍兴中登第，历官枢密院编修、知兴国军。能诗词。有《竹坡词》《竹坡诗话》。周紫芝自幼酷喜晏几道的词，故其所作，常有仿似晏几道的词作，词风清丽，委婉曲折，而又含蓄深沉。《鹧鸪天》便是一例：

一点残红欲尽时，乍凉秋气满屏帏。梧桐叶上三更雨。叶叶声声是别离。调宝瑟，拨金猊，那时同唱《鹧鸪词》。如今风雨西楼夜，不听清歌也泪垂。

岳飞的悲壮词

岳飞（1103—1142），字鹏举，相州汤阴（今属河南）人。徽宗宣和四年（1122），应募从军。英勇善战，屡建奇功，官至太尉，少保，河南、河北诸路招讨使，枢密副使等，封武昌郡开国公。后因坚持抗金，反对和议，为秦桧等以“莫须有”罪名所陷，囚大理寺狱死。孝宗淳熙六年（1179），追谥武穆。岳飞精忠报国，武略超人，在文学上亦颇有成就。后人编有《岳忠武王文集》八卷，存文一百六十余篇。《满江红》最为激越高亢，传唱不衰：

怒发冲冠，凭阑处、潇潇雨歇。抬望眼、仰天长啸，壮怀激烈。三十功名尘与土，八千里路云和月。莫等闲，白了少年头，空悲切。靖康耻，犹未雪；臣子恨，何时灭？驾长车踏破、贺兰山缺。壮志饥餐胡虏肉，笑谈渴饮匈奴血。待从头、收拾旧山河，朝天阙。

女词人朱淑真

朱淑真号幽栖居士，生卒籍贯不详。她生活于北宋末期，南宋初年尚在世。出生于仕宦家庭，幼时颖慧，博通经史，能文善画，精晓音律，尤工诗词，素有才女之称。相传这位才情横溢的才女，婚姻很不如意，年轻时即抑郁而终。她的作品被父母焚毁，后人将其流传于世的诗词辑成《断肠集》二卷、《断肠词》一卷，因辗转相传，版本很多。其诗词多抒写个人爱情生活，早期笔调明快，文词清婉，情致缠绵；后期则忧愁郁闷，颇多幽怨之音，流于感伤，艺术成就颇高。如《菩萨蛮·木樨》：

也无梅柳新标格，也无桃李妖娆色。一味恼人香，群花争敢当。情知天上种，飘落深岩洞。不管月宫寒，将枝比并看。

女词人李清照

李清照（1084—1155），自号易安居士，济南章丘（今属山东）人。著名学者李格非之女。18岁嫁与宰相赵挺之季子赵明诚，婚后夫妇共同致力于书画金石的整理和研究。靖康之变后，她与赵明诚避乱江南，丧失了珍藏的大部分文物。后来赵明诚病死，她独自漂流在杭州、越州、金华一带，在凄苦孤寂中度过了晚年。李清照在宋代刊行的《漱玉词》已经失传，现在辑录的只有七十多首，其中还有些不可靠。

李清照前期的词

李清照的词可以南渡为界，分为前后二期。前期词描写她在少女、少妇时期的生活，如《如梦令》：

常记溪亭日暮，沉醉不知归路。兴尽晚回舟，误入藕花深处。争渡，争渡，惊起一滩鸥鹭。

词里描绘的藕花深处的归舟和滩头惊飞的鸥鹭，活泼而富有生趣。

《醉花阴》表面上是写词人在深秋时节的孤寂之感，而实际上表现的是对丈夫的思念之苦，反映出词人多愁善感的气质。

薄雾浓云愁永昼，瑞脑消金兽。佳节又重阳，玉枕纱厨，半夜凉初透。东篱把酒黄昏后，有暗香盈袖。莫道不消魂，帘卷西风，人比黄花瘦。

李清照后期的词

南渡以后，李清照的个人生活和思想感情都发生了变化，词作也打上了深深的时代印记，充满了“物是人非事事休”

的浓重伤感情调，表达了她对故国、旧事的深情眷恋。如《声声慢》就表现了这种强烈的家国之痛：

寻寻觅觅，冷冷清清，凄凄惨惨戚戚。乍暖还寒时候，最难将息。三杯两盏淡酒，怎敌他、晚来风急！雁过也，正伤心，却是旧时相识。满地黄花堆积，憔悴损，如今有谁堪摘？守着窗儿，独自怎生得黑！梧桐更兼细雨，到黄昏、点点滴滴。这次第，怎一个愁字了得！

李清照以女性独特的感受和笔触，与词体婉约柔美的风格浑然天成，将极精美雅致的画面与极通俗真切的情事结合在一起，使她的词具有别具一格的魅力。她晚年所作的《声声慢》表明女词人的创作已达到了炉火纯青的艺术境界。

陆游的词

陆游生前其诗文即为世人推重，他也擅词，杨慎言“放翁词纤丽处似淮海，雄慨处似东坡”（《词品》卷五）。文亦堪称大家，《入蜀记》写景传神，引人入胜。著有《老学庵笔记》《剑南诗稿》《渭南文集》《放翁逸稿》《南唐书》等。《卜算子·咏梅》中的梅花形象，正是诗人受排挤的身世和壮志未就的心境的鲜明写照：

驿外断桥边，寂寞开无主。已是黄昏独自愁，更著风和雨。无意苦争春，一任群芳妒。零落成泥碾作尘，只有香如故。

辛弃疾的生平

辛弃疾（1140—1207），字幼安，号稼轩，历城（今属山东）人。南归后，历任湖北、湖南、江西、福建等地安抚使等职。淳熙八年（1181）被弹劾落职，退居江西上饶带湖，后迁至铅山瓢泉。自号“稼轩”。此后二十余年间，除短期赴福建、镇江、浙东任职外，主要闲居乡间。晚年出任镇江知府，不久病卒于铅山。

词家之冠——《稼轩词》

辛词题材广阔，体制恢宏，词风以豪迈奔放为主，与苏轼并称为“苏辛”。有《稼轩长短句》《稼轩词》两种刊本，存词六百余首，数量、质量都堪称两宋词人之冠。

词至南宋，由于特殊的历史原因，也由于辛弃疾等人对词的创新，词的创作取得了前所未有的成就，进入词史的黄金时期。辛弃疾是南宋前期影响最大的词人。

辛词的人生大境界

辛弃疾的词不再只是词人之词，而是抒写爱国志士渴望为祖国战斗的英雄之词。在《稼轩集》中最能体现这种英雄特色的是那些抚时感事、情辞慷慨的爱国篇章。以这种爱国思想和战斗精神为主旋律，他或表现对抗金斗争的颂扬，或表现对南宋苟安局面的不满，或表现壮志难酬的愤懑与慨叹，即使在对田园山水的描写中，也常常不自觉地流露出对时事的关注及无法掩饰的孤苦心境。《青玉案·元夕》塑造了一个不同凡俗、自甘寂寞的人物形象。仔细体味，其中所表现出来的，正是作者自己在政治失意和人生挫折之后，甘受冷落，不愿随波逐流的高士之风。其词如下：

东风夜放花千树，更吹落、星如雨。宝马雕车香满路。凤箫声动，玉壶光转，一夜鱼龙舞。蛾儿雪柳黄金缕，笑语盈盈暗香去。众里寻他千百度，蓦然回首，那人却在，灯火阑珊处。

这是一个很高的境界，这个境界具有普遍的象征性，王国维在《人间词话》中将它引申为古今“成大事业、大学问者”的“第三种境界”。

爱国主义的词章

中原失陷以来，表现对于民族耻辱的悲愤，抒发报国热情，已经成为文学的中心主题，辛词更具有一种卓尔不群的光彩。那雄大的气势和魄力，那不可抑制的英雄主义精神充溢词中。《永遇乐·京口北固亭怀古》就是这样的作品：

千古江山，英雄无觅孙仲谋处。舞榭歌台，风流总被雨打风吹去。斜阳草树，寻常巷陌，人道寄奴曾住。想当年，金戈铁马，气吞万里如虎。元嘉草草，封狼居胥，赢得仓皇北顾。四十三年，望中犹记，烽火扬州路。可堪回首，佛狸祠下，一片神鸦社鼓。凭谁问，廉颇老矣，尚能饭否？

全词笔势纵横开合，意境深宏博大；语言精练深刻，虽然用典较多，但都关合时事；借古论今，含蕴深刻。明人杨慎《词品》中将其列为稼轩词中压卷之作，亦可见其在后世影响之大。

姜夔的生平

姜夔（1155—1221），字尧章，号白石道人。少有诗名，一生未曾仕宦，卖字而外，皆靠他人周济生活。往来于湖州、杭州、苏州、金陵、合肥等地，与杨万里、范成大、辛弃疾等结交。晚岁朋辈凋零，生计凄苦，六十余岁卒于西湖。姜夔词集名《白石道人歌曲》。

白石词的特点

姜夔以词名世，他的词格律严密，词风清峻峭拔。张炎《词源》说：“（白石词）不惟清空，又且骚雅，读之使人神观飞越。”“清空”“骚雅”，代表了南宋雅词的风格。所谓“清空”，就是表面看似平淡，实则意蕴无穷，富有深远的意趣；“骚雅”便是有格调。《暗香》《疏影》就是这样幽雅清丽的作品。

白石词的感伤

姜夔可以说是南宋中期向后期过渡时期的代表性词人。他的词中仍有不少慨叹国事的作品，虽然不像辛弃疾、陆游等人那样充满激情，但从中仍能感受到一种深深的伤感与凄凉。《扬州慢》是他的早期作品。淳熙三年（1176），自汉阳沿江东下，经过扬州时“四顾萧条，寒水自碧，暮色渐起，戍角悲吟”。词人满怀怆然，感慨今昔，抒写黍离之悲：

二十四桥仍在，波心荡冷月无声。念桥边红药，年年知为谁生！

全词的情调悲凉而低沉，充满着无奈的感慨、哀愁的叹息。

宋代最后一位大词人吴文英

吴文英（1212—1272），字君特，号梦窗，又号觉翁，四明（今浙江宁波）人。长期流寓于苏、杭、越诸州。曾为苏州仓台幕僚。一生以布衣终老，所与交游多为达官权贵，如吴潜、史宅之、尹焕、贾似道等。吴文英为晚宋一大词家，上承周邦彦而自成一格，词藻密丽，用典繁复，造语工曲，构成深微窈缈的词境，也不免晦涩堆垛之弊。今传《梦窗词》甲乙丙丁四稿。

吴文英论词

吴文英有论词四法则：“词之作难于诗：盖音律欲其协，不协则成长短之诗；下字欲其雅，不雅则近乎缠令之体；用字不可太露，露则直突而无深长之味；发意不可太高，高则狂怪而失柔婉之意。因此则知所以为难。”可见他亦以骚雅为宗旨。但他的骚雅又以秾挚质实为特色，与姜夔的清空又不同。吴词较秾艳凝涩，但其梦幻般的意象，奇丽凄迷的境界，缠绵沉挚的情感又成为宋词中不可多得的佳品。

吴文英的长篇恋情词

吴文英的大量作品均属于情词。与前人不同的是，这些情词并非泛写情愫或与歌伎的一般调笑，而是为他所深眷的一位特定情人而作，数量之多、情感之深挚，均超过了其他词家。据词中透露线索，他所爱恋的对象是身份卑微的“姬妾”，曾与他有“十载西湖”的欢会，又在苏州遣遣，后亡故。为怀念和悼亡昔日情人，他创作了不少词。如《风入松》：

听风听雨过清明，愁草瘗花铭。楼前绿暗分携路，一丝柳、一寸柔情。料峭春寒中酒，交加晓梦啼莺。西园日日扫林亭，依旧赏新晴。黄蜂频扑秋千索，有当时、纤手香凝。惆怅双鸳不到，幽阶一夜苔生。

这是西园怀人之词。吴文英与爱妾十年相伴，恩爱缠绵，感情笃深。西园在西湖，是诗人和情人寓居之处，而二人也在这里分手。妾去后，每当春晨秋夕，不免愁生，此词作于别后的第一个清明，十分生动地表现词人的思念之情。《莺啼序》全文二百四十字，是吴文英晚年所作的一首长篇恋情词，描写恋爱经历，借咏荷抒发一生的恋爱悲剧。感情深沉，意境开阔。因伊人逝去，已非一日，词人对她的悼念，也已经岁经年，但却是“此恨绵绵无绝期”。

宋末四大家

宋代后期的词人中，张炎、王沂孙、蒋捷、周密皆精于音律、擅长咏物，一些词作寄托着亡国之际的忧思。这四人被称为“宋末四大家”。

宋末四大家之张炎

张炎（1248—1320），字叔夏，号玉田、乐笑翁。宋高宗时大将张俊后裔。宋亡，一度北游，后南归，晚年落拓而卒。张炎工于词，精于声律，是南宋格律派的最后一位重要词人。有《山中白云词》八卷。

宋末四大家之王沂孙

王沂孙（?—约1290），字圣与，号碧山。其生活于宋元易代之际，所作多咏物篇什，或托物以咏怀，或借景以抒情，颇多家国身世之感。词风典雅浑厚，结构曲折缜密，深为清代常州派词人所推重。

宋末四大家之蒋捷

蒋捷（生卒年不详），字胜欲，自号竹山，学者称竹山先生，阳羡（今江苏宜兴）人。宋度宗咸淳十年进士。宋亡，遁迹未仕。蒋捷“以词名一时”（沈雄《古今词话》引《松筠录》语），与周密、王沂孙、张炎并称“宋末四大家”。有《竹山词》传世。

宋末四大家之周密

周密（1232—1298），字公谨，号草窗。南宋灭亡后，隐居杭州。周密与吴文英（号梦窗）齐名，并称“二窗”。词作多为咏物、记游、感怀，宋亡后又多寄托亡国之痛。词格严谨，讲究音律，语言精美，风格清丽。著作甚富，有《草窗词》等，编有《绝妙好词》。

元散曲

散曲是一种可以配乐演唱的歌曲，在北宋已有萌芽，在金代已相当成熟，在元初进入全盛时期。由于宫廷朝会大合乐时采用散曲，并且由翰苑人物撰词，皇帝嘉赏，散曲地位逐渐提高，作家辈出，可考者有二百七十人，流传下来的作品有四千多首。从内容来看，散曲主要有风情和隐逸两类，此外还有一些揭露现实和写景、咏史、抒怀之作。散曲在艺术上取得了很高的成就，它以泼辣的作风、活泼的形式、质朴的语言和灵动的气势，在元代文坛上异军突起，在一定程度上超过了传统诗词，成为元代最富于生命力的诗歌样式。

元曲四大家——关白郑马

元代是我国戏曲史上的黄金时代，作家辈出，有姓名可考的杂剧作家就有100多人，见于书名记载的作品有500多种。在这众多的作家中，出现了不少优秀作家，最著名的就是元曲四大家。据元朝人周德清《中原音韵》和明朝人何良俊《四友斋丛说》记载，元代四个著名杂剧作家关汉卿、马致远、郑光祖、白朴被合称为“元曲四大家”,或称为“关马郑白”。也有一种说法认为元曲四大家是“关王马白”，其中王是王实甫。

元曲四大家之关汉卿

关汉卿（约1220—1300），号已斋，汉卿可能是他的字，大都（今北京）人。曾为太医院尹，一说是太医院户。《青楼集》称他为“金遗民，入元不仕”。关汉卿是元代的著名作家和元杂剧的奠基人之一，为元曲四大家之首，不仅在当时享有盛誉，至今也是世界公认的文化大师。著有杂剧六十余种，现存十八种，其中最著名的如《窦娥冤》《救风尘》等，为元杂剧划时代的伟大作品。

关汉卿的散曲作品

关汉卿一生落拓，不屑仕进，又多才多艺，富于浪漫主义精神。他的《不伏老》表现了其性格。特别是最后一段，不仅作者既坚且韧，既英雄又无赖的个性跃然纸上，弟子们受骗上当努力挣扎又无可奈何的形象跃然纸上，连妓女们甜言蜜语、软磨硬泡、口蜜腹剑的形象也跃然纸上。他的《大德歌》（四首）描写离情别恨，把这种情感与一年的四个季节联系起来，写出了春之缠绵、夏之激烈、秋之悲酸、冬之寥落四种不同的情调，具有很深的艺术感染力。

元曲四大家之马致远

马致远（约1250—1321），字千里，号东篱，大都（今北京）人。年轻时曾致力于功名，希望一展才华，实现政治抱负，可惜在仕途上不得意，约不惑之年时就离开官场，过着诗酒生活。马致远是元前期最有代表性的散曲作家。他还著有杂剧十三种，今存《汉宫秋》《荐福碑》《青衫泪》《岳阳楼》《黄粱梦》《任风子》《陈抟高卧》七种，有“马神仙”之称。

《秋思》是他的散曲代表作：

枯藤老树昏鸦，小桥流水人家，古

道西风瘦马。夕阳西下，断肠人在天涯。

这首小令虽然极短小，在同类题材中却被推为“秋思之祖”，可见其艺术成就非同一般。“断肠人在天涯”句极尽音调之哀，重在描写人的生存状态，以体现“秋思”的主题。

元曲四大家之郑光祖

郑光祖，字德辉，生平事迹不详。所作杂剧有名目可考者十八种，现存八种，以《倩女离魂》最为著名。他的杂剧的主要特征是情致凄婉，词曲清丽。但是有贪于俳谐，多于斧凿之缺点。他的《梦中作》描写梦中与所爱美人相会，醒来仍缠绵悱恻，无法忘怀的心绪。写男欢女爱之梦，以“歌罢钱塘，赋罢高唐”暗喻男女之欢，以清风送爽、月照纱窗暗喻事情之完成，完全采取虚写方法，直到梦醒后的余香淡妆才落笔实写，避免了俗与艳，显得清丽而典雅。

元曲四大家之白朴

白朴（1226—？），原名恒，字仁甫，后改字太素，号兰谷先生。蒙古军大举进攻金都南京（今开封）时，白朴失去了母亲，父亲在外，他由元好问抚养教育。父亲找到他后，同卜居滹阳，从事词曲创作。曾北上燕京，南游杭州、扬州等地，徙居金陵。白朴是元代“四大曲家”之一，所著十六种，杂剧中仅存《梧桐雨》《墙头马上》《东墙记》三种。其中《梧桐雨》被誉为“千古绝品”，其风格淡雅庄重，凄凉沉痛。

他的散曲《天净沙》分别写春、夏、秋、冬四季的自然风光，一反春愁、夏苦、秋悲、冬寂的传统模式，分别开创新的美好意境，体现出作者对生活的热爱和艺术上的独特追求。其中《秋》有着特别的韵味：

孤村落日残霞，轻烟老树寒鸦，一点飞鸿影下。青山绿水，白草红叶黄花。

张弘范的小令

张弘范（1238—1280），字仲畴，易州定兴（今河北）人。一生为军，曾俘文天祥于海丰五坡岭，善马槊。颇能为诗歌，文采斐然，语言清丽。著有《淮阳集》《淮阳乐府》。《全元散曲》录存其小令三首。〔中吕〕《喜春来》写作者作为蒙古军队首领渡江攻宋、得胜归来的场面，塑造了一个身着戎装，志得意满，在众人的喧声和旌旗影里纵马飞驰的英武形象，声势逼人，昂扬欢乐。“宝剑”“虎头”“玉带”“红绒”，是对武力的夸耀：

金妆宝剑藏龙口，玉带红绒挂虎头。旌旗影里骤骅骝。得志秋，喧满凤凰楼。

伯颜的小令

伯颜（1236—1295），军事家，蒙古巴邻氏。生长于伊儿汗国。以深略善断著称，至元二年（1265），任中书左丞相，后迁中书右丞。七年（1270），改任同知枢密院事。十一年（1274），复任左丞相，统兵攻宋。十三年（1276），陷临安，俘宋帝、谢太后等北还。元朝建立后，为重臣，地位显赫。官知枢密院事。死后追封淮安王、淮王。他的〔中吕〕《喜春来》写得很有气势，只用寥寥数语，就勾勒出一位开国功臣的形象。调子昂扬豪迈，充满入世精神，在元散曲一片遁世声中，可谓别开生面。

金鱼玉带罗襕扣，皂盖朱幡列五侯，山河判断在俺笔尖头。得意秋，分破帝王忧。

商挺的小令

商挺（1209—1288），字孟卿，一作梦卿，晚年自号左山老人，曹州济阴（今山东菏泽）人。出身于词曲世家，元初做过行台幕官、京兆宣抚司郎中，后迁任参知政事、枢密副使等职，晚年因病免官。善隶书，擅墨竹山水，工诗曲，曾著诗千余首，惜多散失。今存小令十九首。

〔双调〕潘妃曲（二首）：

闷酒将来刚刚咽，欲饮先浇奠。
频祝愿，普天下心厮爱早团圆。
谢神天，教俺也频频的勤相见。

一点青灯人千里，锦字凭谁寄？
雁来稀，花落东君也憔悴。
投至望君回，滴尽多少关山泪。

第一首劈头用“闷酒”二字，点明了女子的心情和为什么要喝酒，原来是情郎远离，心中烦闷的缘故。女子以酒泼地敬神，一次又一次地祝愿普天下相爱的人早日团圆。

第二首写女子在油灯下给情郎写信。“一点青灯人千里”，将写信人和收信人并列一处来写，而中间却隔着千里之遥，令人唏嘘。言为心声，字为心画，其中寄托着少女多少美好的愿望！然而，锦书投寄无门，女子不免哀叹，到情郎收到这封信的时候，真不知要流多少眼泪了！

胡祗遹的小令

胡祗遹（1227—1295），字绍开，号紫山，磁州武安（今河北武安）人。几十年辗转为官，所到之处，抑豪强，扶寡弱，敦教化，厉士风，政绩卓著。著有《紫山大全集》。《太和正音谱》评云：“胡紫山之词，如秋潭孤月。”正是文如其人。〔中吕〕《喜春来》是一组描绘阳春三月明媚风光的春景图，明丽的景物，清雅的词采，精巧的构思，无不体现出作者对春天的陶醉与留恋。

几枝红雪墙头杏，数点青山屋上屏。
一春能得几晴明？三月景，宜醉不宜醒。

残花酝酿蜂儿蜜，细雨调和燕子泥。
绿窗春睡觉来迟。谁唤起？窗外晓莺啼。

一帘红雨桃花谢，十里清阴柳影斜。
洛阳花酒一时别。春去也，闲煞旧蜂蝶。

卢挚的作品

卢挚（约1242—1314），字处道，一字莘老，号疏斋，又号嵩翁。元初著名作家，旧学深厚，诗、词、文兼善，与白朴、马致远、珠帘秀均有唱和。文和散曲与姚燧齐名，诗与刘因并肩，散曲的成就和影响比姚燧大。他的散曲写得很典雅，语言生动质朴。如《折桂令》：

想人生七十犹稀，百岁光阴，先过了三十。七十年间，十岁顽童，十载尪羸。五十年除分昼黑，刚分得一半儿白日。风雨相催，兔走乌飞。子细沉吟，都不如快活了便宜。

这首小令以分析计算的方式，表达了人生百年，如白驹过隙的思想。全曲未用任何惜春伤秋之类的景物描写和抒情方式，像解一道简单的算术题一样，将百年人生计算得清清楚楚。

姚燧的作品

姚燧（1238—1313），字端逋，号牧庵，为当时理学大家，曾为太子宾客、翰林学士承旨。当世名儒、文章宗师，是当时负有盛名的散文大家，或与卢挚并称姚卢，或与虞集并称为元文两大家。他的小曲写得很有情致，有诗的风韵。如《凭阑人 · 寄征衣》一直被后人传诵：

欲寄君衣君不还，不寄君衣君又寒。
寄与不寄间，妾身千万难。

这首小令，篇幅短小而容量大，事情虽小而关乎至情。少妇意欲给丈夫寄征衣，却怕丈夫在外更久，欲要不寄，又恐丈夫受冻的反复踌躇。但是，就在这“千万难”的踌躇之中，透露出少妇的相思与期盼。

王和卿小令的特色

王和卿（1242—1320），原名王鼎，字和卿，大名（今属河北）人。祖籍太原，为太原望族。20多岁在大都担任架阁库官，长期在宦海沉浮，但没有做过高官。有人以为他就是汴梁通许县尹王鼎，但无确证。与关汉卿同时并结为好友。今存小令21首，套数完整的仅〔大石调 · 蓦山溪〕《闺情》一篇，另有残套二篇。他的性格特点对创作影响很明显，既有《咏大蝴蝶》《大鱼》这样的好作品，也有《胖妓》《胖妻夫》之类流于庸俗的恶谑。〔仙吕〕《醉中天·咏大蝴蝶》描写一只蝴蝶从庄周的梦中挣脱出来了，真是神来之笔。此曲的最大特色是夸张。作者紧紧抓住蝴蝶之大，夸张到了荒诞不经的程度，令人忍俊不禁。

弹破庄周梦，两翅驾东风，三百座名园、一采一个空。谁道风流种，唬杀寻芳的蜜蜂。轻轻飞动，把卖花人搧过桥东。

刘因的小令

刘因（1249—1293），保定容城（今河北）人。名骃，字梦骥，后改名因，字梦吉。他以精研宋元理学著称，与河内许衡被誉为北方两大儒，又是元代著名诗人。著有《静修集》，今存小令二首。〔黄钟〕《人月圆》表现世事无常，四大皆空的虚无感，句句抒情，坦白直露，似有着内心深处的隐痛，这茫茫的宇宙，像一个大洪炉，无边无际，没有什么东西在这个大洪炉里不灰飞烟灭，化作虚无的。所以，“古今多少，荒烟废垒，老树遗台？”

茫茫大块洪炉里，何物不寒灰？
古今多少，荒烟废垒，老树遗台？
太行如砺，黄河如带，等是尘埃。
不须更叹，花开花落，春去春来。

睢景臣讽高祖

睢景臣，一作舜臣，字景贤，一字嘉贤，扬州人，生卒年不详。秉性聪明，酷爱音律。写过《莺莺牡丹记》《千里投人》《屈原投江》等三种杂剧，都没有保存下来。《哨遍·高祖还乡》是他最为著名的散曲，也是元代最著名的套曲之一。据说当时以同一题材写套曲的有多个作家，而睢景臣技压群芳，独占鳌头，赢得了众口一词的称赞。“高祖还乡”说平民出生的高祖刘邦当上皇帝后衣锦还乡的事情，借用一个乡民的口吻，表现“帝王之尊”的虚伪与可笑，丝毫不把一个高高在上的皇帝放在眼里，语言平直有力。特别是《尾声》：

少我的钱差发内旋拨还，欠我的粟税粮中私准除。只道刘三谁肯把你揪捽住？白甚么改了姓更了名，唤做汉高祖！

刘时中的作品

刘时中，洪州（今江西南昌）人，生平不详。今流传下来的《端正好·上高监司》反映元代末年江西一带灾荒，百姓们奔走啼号、卖儿鬻女、死于沟壑的惨状，揭露贪官污吏和豪强奸商趁火打劫、百般盘剥的罪行，歌颂了“高监司”努力救民、打击各类不法行为的德政。

乔吉的作品

乔吉（？—1345），又名乔吉甫，字梦符，号笙鹤翁，又号惺惺道人。山西太原人，流寓杭州。他是元曲后期作家的重要代表之一，与张可久并称为后期元曲的两大家，编撰杂剧十一种，现存《两世姻缘》《金钱记》《扬州梦》三种。他崇拜唐代著名诗人杜牧的文章风流，有过风流浪漫的生活，对扬州名妓李楚仪等多所题赠。他对散曲创作的艺术方法与结构，提出了带有理论色彩的主张。他的作品大多抒怀遣兴，咏物写景则清丽自然。

贯云石的作品

贯云石（1286—1324），维吾尔族人，因喜饮醋，故号“酸斋”。出身将门，文武双全，仕途通达，但他却无意于此，让爵位给其弟，师从姚燧。其文章“峭厉有法”，诗歌“慷慨激烈”，后称疾辞官南下，隐居杭州一带，过着诗酒优游的生活。他的散曲现存八十篇，以写风情和隐逸为主要内容。他的《咏梅》赞美梅花报春不争春、幽香不媚俗的风骨和逸趣，赞美和咏叹梅花的高洁品性，写得缠绵之致；情景交融，构思新颖别致，是咏梅佳作。

张可久的作品

张可久（约1270—1348），字小山；一说名伯远，字可久，号小山。曾任桐庐典史。到至正初，年届古稀，尚为昆山幕僚。毕生致力于散曲创作。现存小令八百五十五首，套数九套，是元代散曲作家中流传作品最多的一位。与卢挚、贯云石等均有唱和。

张可久的散曲体现了一种蕴藉典雅的风韵，清秀含蓄，更接近于诗词的风格。如《西陵送别》：

画船儿载不起离愁，人到西陵，恨满东州。懒上归鞍，慵开泪眼，怕倚层楼。春去春来，管送别依依岸柳；潮生潮落，会忘机泛泛沙鸥。烟水悠悠，有句相酬，无计相留。

自古以送别为题材的诗词、曲作数不胜数，表达多种多样，这一首同样是从离别写起，抒发感慨结束，但其真心挚爱、依依之情，历历可见，颇有宋词的味道。

《阳春白雪》

全名《乐府新编阳春白雪》，元代杨朝英编。该书是现存流布最广的一种元代散曲总集。收录作家，除无名氏外，四十七人。计选小令四百九十二首，套数四十七套。这些作品包括了豪放、婉约、质朴、绮丽、粗俗、典雅等诸种风格，缤纷绚烂，姿态横出，比较全面生动地反映了元代散曲艺术上的真实面貌。

《太平乐府》

全名《朝野新声太平乐府》，元代杨朝英编。该书是一部元人散曲总集，《阳春白雪》的姊妹篇。所收作家，除无名氏外，共八十五人。计选小令一千零六十二首，套数一百四十一套。元代一些著名散曲作家未入选《阳春白雪》者，均补选在了该书中。人称《阳春白雪》

与《太平乐府》这两部散曲总集为“杨氏二选”。它们选录了元代许多散曲作家的作品，保存了散曲史上头等重要的资料；就文字来说，最接近原作的本来面貌；就所注作者姓名来说，也最为可靠。

元杂剧

元杂剧产生于13世纪前半叶，是在宋杂剧和金院本的基础上发展起来的。它是融合宋、金以来的音乐、说唱、舞蹈等艺术样式，并在唐、宋以来词曲和说唱文学的基础上，产生的韵文和散文相结合的、结构完整的文学剧本。元杂剧以中国北方流行的曲调演唱，因此也称北曲或北杂剧。杂剧先在中国北方流行，元灭南宋（1279）以后，又逐渐流行到中国南方。此时，南方已有南戏流行，它是用南方语言和南方歌曲组成的一种民间戏曲。北杂剧流传到南方以后，南戏吸收其特点，逐渐成熟，但北曲杂剧仍占主导地位。元代是元杂剧的黄金时代，时人已把“大元乐府”和唐诗、宋词共称。这里所谓“大元乐府”兼指散曲和剧曲。后人则专把元杂剧和唐诗、宋词相提并论，并称为我国文学史上三座重要的里程碑。

《窦娥冤》

全称《感天动地窦娥冤》，作者关汉卿。《窦娥冤》是关汉卿杂剧中最出色的悲剧，是中国十大悲剧之一的传统剧目。据统计，我国有八十六个剧种上演过此剧。

故事描写楚州贫儒窦天章因无钱进京赶考，无奈之下将7岁的女儿窦娥卖给蔡婆家为童养媳。窦娥婚后丈夫去世，婆媳相依为命。蔡婆外出讨债，被赛卢医骗到郊外，要将她害死，恰遇张驴儿父子相救。不料，赶走一个坏蛋，又来了两个更凶恶的坏蛋。张驴儿企图霸占窦娥，窦娥不从，他便想毒死蔡婆以要挟，却毒死了自己的父亲。张驴儿以“药死公公”为名诬告窦娥，官府严刑逼讯婆媳二人，窦娥为救蔡婆自认杀人，被判斩刑。窦娥在临刑之时指天为誓，死后将血溅白练、六月降雪、大旱三年，以明己冤。后来果然都应验。三年后，窦天章任廉访使至楚州，见窦娥鬼魂出现，哭诉冤屈，于是重审此案，窦娥冤终于昭雪。

《窦娥冤》的主题思想

《窦娥冤》形象鲜明，情节曲折，以浪漫主义手法，突出描写反抗精神，十分感人。作品主要塑造了窦娥这一封建社会被压迫妇女典型。她的一生可以概括中国封建社会普通妇女的悲惨历史。通过窦娥的悲剧，尖锐深刻地解剖和批判了元代社会的政治、伦理、高利贷和社会风尚。

《救风尘》

全称《赵盼儿风月救风尘》。作者关

汉卿，是一部喜剧。写妓女赵盼儿为挽救同行姊妹宋引章，与纨袴子弟周舍展开斗争，最后挫败了他的种种奸猾伎俩，终于恶棍受到惩罚，善良和正义得到伸张。故事迂回曲折、惊奇多变，歌颂了妓女们勇敢反抗的精神和智慧。作品深刻地揭示了妓女想要摆脱“皮肉生涯”所遇到的社会障碍，愤怒地抨击了把妓女当作物品任意“买休卖休”的黑暗势力；并满怀激情地指出，只有用自己的力量和智慧去制伏那些市井流氓，妓女才能改变自己的悲剧命运。

《单刀会》

全称《关大王单刀会》，作者关汉卿，是一部著名的历史英雄剧。剧本的历史背景是：东汉末年，曹操、刘备、孙权争夺天下，赤壁之战后，刘备依然没有立足之地，趁孙权与曹操争夺荆州之际，用计取了荆州。刘备取了西川后，无意归还荆州，命关羽守荆州。《单刀会》就描写了关羽接受东吴鲁肃的邀请，单刀赴会的故事。戏的中心内容是三国之间的争夺，说明荆州应归汉家，因为汉家是正统，别人无权过问。这在元代是有现实意义的。剧作家集中处理戏剧冲突，采用了烘托和渲染的艺术手法，刻意描绘戏剧冲突的中心人物关羽，表现出他那种坚贞不屈、英勇豪壮、胸襟磊落的精神和崇高的气节，并且借此吊古伤今，抒发感慨。

《望江亭》

全称《望江亭中秋切鲙》，作者关汉卿。《救风尘》的姊妹篇，关汉卿喜剧创作的双璧之一。其写权贵杨衙内谋夺白士中之妻谭记儿，向皇帝请得势剑金牌，前来拿办白士中，谭记儿得讯，假扮渔妇，在望江亭上智赚势剑金牌，使杨衙内不得不服罪的故事。作品创造了谭记儿自尊刚毅、机智勇敢的典型性格。喜剧特色在于嘲笑了封建大官僚卑鄙、丑恶的面貌，歌颂了妇女机智勇敢的反抗斗争精神，并对这种斗争充满了信心和喜悦、乐观的情绪。

《调风月》

全称《诈妮子调风月》，关汉卿杂剧之一。写婢女燕燕奉夫人之命去书院服侍公子小千户，日久生情，便许下终身。不料，以后小千户却与另一小姐结成新交，燕燕十分愤慨。小姐与小千户成婚时，倔强泼辣的燕燕去给小姐上妆打扮，对着小姐发泄了满腹不平。后来夫人了解了详情，出面调停，许她做妾，了结了这段婚姻。在艺术上，善于通过矛盾冲突表现人物，增强了艺术效果。该剧现仅存曲词与部分科白。

四大爱情剧之《西厢记》

全称《崔莺莺待月西厢记》，作者王实甫。该剧是中国戏曲中一颗光辉灿烂的明星，是元代爱情剧的高峰。它取材于元稹的《会真记》和董解元的《西厢记诸宫调》，故事的主题是“愿普天下有情人都成眷属”。

故事大意：崔相国之女崔莺莺已许与郑尚书之长子郑恒。崔相国死后，崔夫人携小女莺莺送丈夫灵柩回乡，途中因故受阻，暂住河中府普救寺。白衣秀士张君瑞到普救寺游玩，恰遇莺莺，一见钟情。河桥守将孙飞虎听说崔莺莺有倾国倾城之容，欲掳之为妻，兵围普救寺。郑夫人被迫声言将莺莺许以退敌英雄。张生修书与结拜兄弟白马将军，解了普救寺之围。但老夫人却食言。张生在丫鬟红娘的帮助下，对莺莺弹琴寄思，送简传情。张生害了相思病，莺莺借探病为名，到张生房中与他幽会。老夫人见木已成舟，只得将莺莺许配张生。前提是张生赴考，高中后方可娶回莺莺。张生考得状元，与莺莺终成眷属。

剧中人物性格鲜明，文辞优美，诗意浓郁。在结构上突破了元杂剧一本四折的惯例，共写成五本二十一折，一气呵成。人物内心描写尤其出色，充分发掘了人物内心深处复杂的心理活动。崔莺莺冲破封建礼教的束缚，大胆追求爱情幸福的行为更是鼓舞了无数青年男女。金圣叹把它与《庄子》《离骚》《史记》《水浒传》及杜甫诗并列，称为第六才子书。

四大爱情剧之《墙头马上》

全名《裴少俊墙头马上》，作者白朴，被誉为元杂剧四大爱情剧之一。

故事描写尚书裴行俭的儿子少俊，奉唐高宗命去洛阳买花。一日，经过洛阳总管李世杰的花园，在马上看见他家女儿李千金，便写诗投入。李千金写了答诗，二人当夜私奔。裴少俊携李千金回到长安家中，将她藏在后花园。两人共同生活，生下一双儿女。七年后被裴父发现，李千金被休回家，留下了两个小孩。李千金回到洛阳家中，父母已亡，在家守节。裴少俊进京赶考得了官，裴父发现李千金是他的旧交李世杰之女，以前也曾为儿女议婚，于是到李千金处赔礼，夫妇得以团圆。剧本着力塑造了李千金的形象，她大胆主动，刚强泼辣，坚贞不屈，对爱情勇敢追求，是一个光彩照人的形象。

《看钱奴》

作者郑廷玉。“看钱奴”即现在说的“守财奴”。写的是贫民贾仁掘得金银财宝一大批，发了大财，然而他十分吝啬。他以很便宜的价钱买了周荣祖的儿子做义子。二十年后，贾仁死了，周家父子相聚，发现财物上有周家祖先的印记，才知道原是周家财产，至此物归原主。

元曲冠冕——《梧桐雨》

全名《唐明皇秋夜梧桐雨》，作者白朴。写安史之乱前后唐明皇李隆基与杨贵妃爱情的悲欢离合，共四折一楔子。

第一折唐明皇在太平之日，贪图淫逸，把子妃杨玉环据为已有，并且对贻误军机的败将安禄山委以重任。杨贵妃与她的“义子”安禄山有暧昧关系，她思念安禄山。唐明皇却倦理朝政，“一心想着杨贵妃”。七月七日，贵妃与明皇在长生殿欢宴，二人深感牛郎织女的坚贞，对星盟誓，愿生生世世为夫妇。第二折写正在杨贵妃品尝着鲜嫩的荔枝时，安禄山攻下潼关，直逼长安，李隆基被迫带着杨贵妃逃往四川。第三折写马嵬兵变，士兵刀砍杨国忠，马踏杨贵妃。第四折根据《长恨歌》“春风桃李花开日，秋雨梧桐叶落时”的诗意，描写已为太上皇的李隆基在一个秋雨之夜，梦到了他朝思暮想的杨贵妃，并请他到长生殿赴宴，往日的繁华生活又重现眼前，但窗外传来的滴在梧桐叶上的阵阵雨声惊醒了他的美梦。梦醒之后，更感到今日的凄凉，人世间由盛而衰的沧桑变化，使他无限怅惘与哀愁。

作品通过安史之乱这场灾难的描述以及由此带来的人事的变化，表达对世事陵替、人生变迁、盛衰转化的感叹。王国维《宋元戏曲考》评价此剧“沉雄悲壮，为元曲冠冕”。

《汉宫秋》的艺术特色

全称《破幽梦孤雁汉宫秋》，作者马致远。该剧取材于晋葛洪的《西京杂记》并加以虚构。写西汉元帝受匈奴威胁，被迫送爱妃王昭君出塞和亲的故事，塑造了汉元帝、王昭君、毛延寿、番王呼韩邪单于、番王使者等戏剧人物形象。

该剧着重刻画将相的怯懦自私，描写汉元帝对王昭君的爱情以及王昭君热爱祖国之情。全剧的戏剧冲突不突出，而是以人物内心强烈的感情扣人心弦，有浓厚的抒情意味。尤其是第三折，描写汉元帝与昭君离别的悲哀苦闷，具有浓厚的悲剧气氛。昭君的车队远去了，旌旗的影子在漫天飞雪中飘动，凄厉的号角声在山野中回荡，而汉元帝面前，则是悲凉的旷野，遍地的枯草，还有那霜兔苍犬和打猎的人马。回宫之后，宫殿一片孤寂，昏黄的月色，如泣如诉的蟋蟀的叫声，萧瑟清凉的景色，更衬托汉元帝忧伤悲凉的心情。在落叶萧萧的季节里，他梦见昭君逃回汉宫，但还没来得及细诉衷肠，长空孤雁一声凄厉的鸣叫，惊醒了梦中人。于是，汉元帝想到自己和那孤雁原来是一样的孤独寂寞。作品反复吟咏凄怆、悲凉的情调，加以孤雁的鸣叫，更增添了悲剧气氛。

【蔓青菜调】白日里无承应，教寡人不曾一觉到天明，做得个团圆梦境。(雁见科)(唱)却原来雁叫长门二三声，怎知道更有个人孤零。

马致远把人类至情，融入到戏剧创作的个性之中，体现了《汉宫秋》古典现实主义与浪漫主义相结合的特色，历来为人们所称颂。

忠肝义胆的《赵氏孤儿》

全称《冤报冤赵氏孤儿》或《赵氏孤儿大报仇》,作者纪君祥。其取材于《史记·赵世家》。写春秋时晋国权臣屠岸贾残杀赵盾全家，并搜捕孤儿赵武，赵家门客程婴与公孙杵臼定计，用自己的孩子假称赵武，结果自己的孩子和公孙杵臼被杀，程婴设法和赵武一起隐藏到深山里。十五年的光阴转眼过去。晋灵公已死，新君即位，赵氏孤儿也长大了。晋景公得知赵武还活着，让他继承赵氏家业，杀死屠岸贾，赵武母子相见，冤仇大白于天下。程婴忠义大白于天下，公孙杵臼忠烈大白于天下。最后的程婴，并未品味胜利的美酒，十数年积聚的丧子之痛，丧君之痛，丧友之痛一并袭上心头。程婴自刎而死，赵武为其服孝三年。

《赵氏孤儿》的历史来源

这是一段传奇故事，如果没有这段赵氏孤儿的传奇故事，也就不会有战国时代的名门望族赵氏的复兴，更不会有后来雄霸天下的赵简子、赵襄子，也就不会有韩、赵、魏三分晋国的历史了。该剧描写封建社会内正直忠良的官吏和专横奸佞者的一场政治斗争，联系到广阔深刻的社会现实。其艺术成就在于表现主题极为集中，矛盾冲突尖锐，在尖锐紧张的冲突之中显示了作品的社会意义。

四大爱情剧之《倩女离魂》

全称《迷青琐倩女离魂》，作者郑光祖。其是元代后期杂剧最优秀的作品。该剧取材于唐陈玄祐传奇《离魂记》。故事大义是：张倩女与王文举曾经指腹为婚，倩女的母亲嫌文举功名未就，令其赴考，文举被迫离京赴考，倩女相思成疾，魂魄离躯，赶上文举，共同赴京。文举得官后与倩女魂魄一同回家，倩女的魂魄与卧病的身躯合而为一，最后终于正式结为夫妇。

《倩女离魂》的艺术特点

《倩女离魂》表现青年男女敢于不遵从父母之命而私下结合，是对封建礼教的反抗，体现了封建社会青年男女的纯朴愿望。该剧在人物塑造、戏剧冲突和情节处理上，都颇受王实甫《西厢记》的影响。文辞典雅工丽。作品中“离魂”的情节虽近于荒诞，但“私奔”在现实生活中是屡见不鲜的，“离魂”则是对现实生活的曲折反映。这种浪漫主义的表现手法为作品增添了艺术的感染力。

《潇湘夜雨》

全称《临江驿潇湘夜雨》。作者杨显之，生卒年不详，大都（今北京）人。因善于对别人的作品提出意见，故被称为“杨补丁”。此剧是元杂剧中唯一一部描写男子负心的作品。故事描写北宋官员张商英同女儿翠鸾乘船去江州赴任，在淮河遇风翻船。翠鸾被渔夫崔文远救起，认为义女。后来，崔文远做主把翠鸾嫁给他的侄子崔通。婚后，崔通中了状元,娶试官的女儿为妻,到秦川县为官。张翠鸾寻至崔通任所时，崔通竟诬陷她是私逃的奴婢，将她判罪，发配沙门岛，阴谋途中加害。行至临江驿，翠鸾深夜悲哭，惊醒了张商英。此时张商英已升任肃政廉访使,在临江驿歇息。父女相逢，翠鸾得到解救。翠鸾亲往秦川县捉拿崔通,张商英欲将他斩首。崔文远赶到劝解，翠鸾与崔通重归于好。

《潇湘夜雨》的艺术特点

《潇湘夜雨》以精彩的对比手法，充分揭露崔通的负心，谴责他趋炎附势、毫无信义的邪恶性格。翠鸾是一位受害者，作者极写她所经历的痛苦，寻夫、发配、临江驿相会等几折戏，集中表现她对负心郎的控诉。临江驿父女相会是全剧的高潮，秋雨凄凄的自然景色，翠鸾父亲对女儿的思念，翠鸾的哭诉，驿丞的吵闹等交织起来，加重了悲剧气氛。这是《潇湘夜雨》在艺术上特别值得称道的地方。

包公戏《陈州粜米》

全称《包待制陈州粜米》，作者无名氏，是包公戏中一部优秀的作品。写宋代陈州荒旱，范仲淹奉旨选派官员去赈灾，刘衙内保举自己的儿子小衙内和女婿杨金吾去陈州粜米。这两人趁开仓粜米之机，大事搜刮，农民张撇古与之辩理,竟被打死。张子小撇古到包公处上告，经包拯陈州私访，探明了真相，处决了贪官。该剧揭露了元代社会尖锐的阶级矛盾，批判了统治阶级的贪赃枉法，歌颂了人民的反抗精神，成功地塑造了张撇古、包公两个形象鲜明的人物。但描写人民幻想依靠包公那样的清官来摧毁黑暗的封建统治，则是时代的局限。

水浒戏《李逵负荆》

全称《梁山泊李逵负荆》，一作《梁山泊黑旋风负荆》，作者康进之。元杂剧中有二十多种水浒戏，现存六种，本书是最优秀的作品。写两个坏人冒梁山头领宋江、鲁智深之名，抢去王林的女儿，李逵听说了信以为真，大怒之下，回山砍倒杏黄旗，大闹忠义堂。后真相大明，李逵向宋江负荆请罪，并下山抓住两个坏人。中心内容是描写梁山英雄的“替天行道”，为了解救被压迫人民的苦难可以牺牲自己。

《李逵负荆》的艺术特点

剧本集中刻画了李逵朴实、豪爽、疾恶如仇的性格，也描写了他对梁山的热爱和天真稚气的性格。他欣赏梁山美好的景色，追逐着桃花瓣儿，说：“人道我梁山泊无有景致，俺打那厮的嘴。”描写很生动细致，结构紧凑，语言质朴，所以一直受到人们的喜爱。

《元曲选》

《元曲选》又名《元人百种曲》，明代臧懋循（1550—1620）编。该书是现存流布最广的一部元人杂剧总集。全书十集，每集十卷，每卷一剧，共收录元人杂剧九十四种，明初人杂剧六种。拥有现存元人杂剧的三分之二。在质量上，这些作品是经过选择的，保存了许多公认的杰作。当然也有一些糟粕，但无损该书的重要性。同时，编者对所录作品作了一些“参伍校订”工作，整理得文字通顺，科白齐全，对读者极为方便。

南戏

南戏，又名“戏文”，它是北宋末叶在南方温州一带兴起的一种戏曲形式，也称为“温州杂剧”“永嘉杂剧”。因主要用南曲演唱，故又称“南曲戏文”，简称“南戏”“南戏文”“南曲”。南戏是中国最早的成熟戏曲形式，到明代进一步发展为传奇，以后又发展为各种地方剧种。宋元南戏剧本今存十几种，高明的《琵琶记》是南戏的第一部优秀剧作。南戏的形式自由灵活，每个剧本出数不定，每出不限一种宫调，也不限一个角色演唱，因而产生了深远的影响。

“四大南戏”——“荆刘拜杀”

“四大南戏”即《荆钗记》《白兔记》《拜月亭》《杀狗记》，又称“荆、刘、拜、杀”，是元末明初风靡舞台的剧作。南戏到明代发展为不同的声腔，开始用昆山腔演唱以后，习惯上就称为“传奇”。

第一南戏《琵琶记》

全称《忠孝蔡伯喈琵琶记》，又题《蔡中郎忠孝传》。该剧共四十二出，是根据早期南戏《赵贞女蔡二郎》创作而成的。写蔡伯喈赴京应试，妻赵五娘在家侍奉翁姑。蔡伯喈在京得中状元，招赘于牛相府。家乡遭受灾荒，蔡伯喈的父母饿死。赵五娘求乞进京寻夫，最后得牛女之助，与蔡伯喈团圆。

作家把民间传说中蔡伯喈的弃亲背妇改为被迫行为，把“不忠不孝”改为“全忠全孝”，变谴责为同情，并以一夫二妻大团圆作结局。在结构上以对比的方式处理冲突，细致深刻地描写人物的内心世界，语言接近口语，又富有文采。

“南戏之祖”高明

高明（约1307—1359），字则诚，自号菜根道人，浙江瑞安人。瑞安属古永嘉郡，永嘉亦称东嘉，故后人亦称他作高东嘉。据说高明死后，有人把他的《琵琶记》进呈皇帝。皇上看完，说：“五经四书在民间如五谷不可缺，此记如珍馐百味，富贵之家其可无也！”高明也因此被后人誉为“南戏之祖”。该剧对明清传奇和近代许多戏曲剧种有很大的影响，不少剧种都改编演出。

《荆钗记》

全称《王十朋荆钗记》。作者柯丹丘，生平不详。该剧是南戏剧本，共四十八出，与《白兔记》《拜月亭》《杀狗记》并称四大传奇。写书生王十朋以荆钗聘钱玉莲为妻，后中状元，因拒万俟丞相逼婚，被遣派到瘴疠之地的潮州。钱玉莲亦因拒绝富豪孙汝权迫害，投江自尽，被人救起。后二人相遇，证以荆钗，重获团圆。该剧歌颂了王、钱二人坚贞不渝的爱情，他们的悲欢离合，是不能以封建的节义来概括的。

《白兔记》

全称《刘知远白兔记》，作者不详，共三十二出。其取材于民间传说。刘知远原是破落户的子弟，被李文奎收留做义工，后来又被招赘为婿。刘知远外出投军，再婚岳氏，在岳父提拔下升到九州安抚史，享尽荣华富贵。妻子李三娘在娘家受尽折磨，生下儿子托人送交刘知远处抚养。十余年后，其子射猎；追赶白兔而得见亲母，于是一家团圆。剧中主要颂扬李三娘这个人物，她断然拒绝兄嫂威逼她改嫁的要求，被罚充当奴仆，剥夺了财产继承权，过了十六年黑暗生活。她坚强的意志，使人钦佩。剧本曲词本色朴素，具有民间戏曲的特色。

四大爱情剧之《拜月亭》

全称《王瑞兰闺怨拜月亭》或《蒋世隆拜月亭》，作者施惠。该剧根据关汉卿杂剧《闺怨佳人拜月亭》再创作。叙写金、元交战之际，家庭的离乱与意外的婚姻。金朝末年，蒙古兵南下，金迁都汴梁，兵荒马乱中，书生蒋世隆与兵部尚书王镇的女儿瑞兰旷野相逢，结伴同行，结为夫妇。王镇议和归来，以门第不符为名，强行拆散恩爱夫妻。瑞兰始终忠于患难中建立的爱情，不因环境地位的改变而动摇。她思念丈夫，幽闺拜月，祷祝团聚。后蒋世隆考中状元，夫妻破镜重圆。该剧突破了“才子佳人一见钟情”的俗套，突出描写蒋王二人在患难中建立起来的纯洁、坚贞的爱情，具有一定的社会意义。

《杀狗记》

全称《杨德贤妇杀狗劝夫》，作者传为徐畛。该剧是根据元萧德祥杂剧《杨氏女杀狗劝夫》再创作的南戏剧本，共三十六出。叙写富家子弟孙华为独占家产，在恶人柳龙卿、胡子传的挑拨下，将胞弟孙荣赶出家门，听任他寄食破窑，乞食街头。孙华之妻杨月贞屡次劝夫，孙华都不悔改，乃设计杀狗，给它穿上人衣。孙华酒醉回来被绊倒，以为人尸，惊慌中打算私埋。柳、胡二人借此向他要挟，向官府告发，胞弟孙荣却不计前怨，舍身相救。孙华终于认清事实，兄弟重归于好。主要内容是宣扬“亲睦为本”“孝友为先”“妻贤夫祸少”的道德信条，可取之处是其暴露了私有制下家庭生活的矛盾，揭露了酒肉朋友有利则趋附、有害则远避的恶劣行径。剧本语言较生动、朴实。

梦想与虚无——《柳毅传书》

全称《洞庭湖柳毅传书》，作者尚仲贤。该剧取材于唐李朝威传奇小说《柳毅传》。写洞庭龙王见泾河小龙彬彬有礼，善于言谈，非常喜欢，就把独生女儿许配给了他。泾河小龙把龙女娶回老龙潭后，却虐待龙女。后来将龙女处罚到荒无人烟的河滩上常年牧羊。岁月交替，春夏秋冬，龙女一个人在河滩上熬了一年又一年。有一天，前往长安赴考途中的书生柳毅路过这里，十分同情龙女的苦楚和度日如年的处境，替她送信向龙王求救。龙君见信得知女儿遭此虐待，非常气愤。龙君的弟弟钱塘龙君一怒之下，率兵西征，讨伐泾河小龙，将侄女接回了洞庭湖。柳毅回到地面之后，经常望湖兴叹，而龙女也对柳毅日夜挂念。最后，钱塘龙君化身为媒婆前往柳家说媒，于是有情人终成眷属。该剧体现了梦想与虚无，是一部浪漫与现实交织在一起的戏剧名作。

《张生煮海》

全称《沙门岛张生煮海》，作者李好古。该剧是一本神话传说剧。剧情大意是:潮州儒生张羽寓居石佛寺，清夜抚琴，招来东海龙王的女儿琼莲，两人生爱慕之情，约定中秋之夜相会。不料，龙王阻挠，未能如愿。后张羽用仙姑所赠宝物银锅煮海水，大海翻腾，龙王不得已将张羽召至龙宫，张羽与琼莲得以成婚。该剧反映了封建社会中青年男女对理想婚姻的追求和在追求过程中的坚贞不屈的意志与反抗精神。该剧在人物塑造和情节安排上，很多地方学习了王实甫的《西厢记》，有异曲同工之妙。

明代戏曲

中国古代戏曲起自宋、元，至明代发展到高峰。明代戏曲是在宋元南戏和金元杂剧的基础上发展起来的，包括传奇戏曲和杂剧两种。传奇戏曲的前身是南戏，是明代戏曲的主要形式。嘉靖以后传奇创作大盛，有《宝剑记》《鸣凤记》《浣纱记》三部重要作品。杂剧成就虽不如元代，但仍出现了像徐渭这样的大戏剧家。汤显祖则是明代戏剧创作的最杰出大师。

水浒故事《宝剑记》

全称《新编林冲宝剑记》。作者李开先（1502—1568），字伯华，号中麓子、中麓山人、中麓放客，山东章丘人。该剧是传奇剧本，取材小说《水浒传》而情节有所变动。剧情大意是：林冲是一位在疆场上立下赫赫战功的将军，他具有公平正直的美德，因为看不惯奸佞大臣高俅等人专权误国，上疏弹劾，结果被降职为禁军教头。但林冲仍不妥协，继续上疏，揭露高俅等人的种种恶行。高俅恼羞成怒，将林冲刺配沧州，最后逼上梁山。高俅子谋占林冲妻张贞娘，贞娘出逃，在白云庵出家。后林冲带兵打京城，皇帝将高俅父子送至梁山军前处死，梁山好汉接受招安。作者把林冲塑造成一个勇于向高俅、童贯作斗争的草莽英雄，借以表达对当时黑暗统治的抗议。

《玉簪记》

作者高濂，字深甫，号瑞南，浙江钱塘人，大约生活在明万历年间。《玉簪记》是他的传世名作，为传奇剧本，共三十三出。剧情大意是：少女陈娇莲在金兵南下之际逃难中与母亲失散，不得已入金陵女贞观为道姑，名妙常。后观主的侄子潘必正借宿观中，与妙常相遇，二人茶叙、琴挑、偷诗，经过一番曲折，私自结合了。很快观主发现了他们的恋情，潘必正只得离观赴试，妙常追赶到舟中，哭诉离情。故事以大团圆结局：潘必正登第得官，迎娶妙常。

《玉簪记》的思想意义

《玉簪记》围绕主要人物的矛盾冲突展开，深刻细致地揭示了他们的恋爱心理。特别是作品正视青年男女的感情要求，肯定人的情欲是正当的、健康的，人人都有追求幸福的权利。比如，作品描写妙常长夜难眠的情形，用她自作的词，写道："一念静中思动，遍身欲火难禁，强将津吐咽凡心，争奈凡心转盛。"凡世的幸福具有如此大的吸引力，正常的情欲又怎么能禁止住呢？本剧虽然剧情简单，但语言讲究。该剧后被各剧种移植，产生了流传很广的《琴挑》《偷诗》《秋江》等折子戏。

昆曲剧本的开山祖——《浣纱记》

原名《吴越春秋》。作者梁辰鱼（约1521—1594），字伯龙，号少白，一号仇池外史，江苏昆山人。该剧是传奇剧本，共四十五出。剧情大意是：春秋时期，吴越两国相互攻伐，越被吴打败，越王勾践君臣被罚做吴王的奴仆。后被放回越国，越王勾践卧薪尝胆，范蠡又为越王献计，向吴王夫差进献浣纱女西施，并离间吴国君臣，终于灭吴。范蠡功成后即弃官，携西施泛舟而去。剧本松散的结构，优美的曲调，富丽秾艳的曲词，堪称曲中骈俪派的杰作。它为昆曲树立了楷模，是昆曲剧本的开山祖。

《浣纱记》的政治寓意

《浣纱记》有鲜明的政治倾向，歌颂越国君臣发愤图强的精神。特别是着力刻画了西施的爱国形象，她追怀故国和家园，怀念父母，思念范蠡。剧的结尾安排西施与情人范蠡泛舟而去，又表现了他们对统治者本质的清醒认识，避免了“飞鸟尽，良弓藏；狡兔死，走狗烹”的悲剧结局。作品同时赞扬伍子胥的忠义，批判夫差骄傲腐败，杀身亡国。作品通过西施、范蠡悲欢离合的爱情故事寓意了吴、越两国的兴亡。

晚明文学的前驱——徐渭

徐渭（1521—1593），字文长，号天池山人、青藤居士、田水月、青藤老人等，浙江山阴（今绍兴）人。一生磨难，生母是地位低下的奴婢，出生百日后父亲撒手人寰，由嫡母抚养，后生母被卖出，嫡母亦去世，跟随异母兄生活，受尽虐待。后入赘潘家，不幸妻子又死去。生活无以为继，只得走科举之路。然而后来连应八次乡试都名落孙山，终身不得志于功名。一度投入兵部右侍郎胡宗宪幕僚，参与过东南沿海的抗倭斗争。胡宗宪被弹劾为严嵩同党，被逮自杀，徐渭深受刺激，一度发狂，精神失常，先后九次蓄意自杀。又在发病时杀死继室张氏，度过七年囚徒生活。

“明曲第一”——《四声猿》

徐渭是晚明文学的前驱。他的杂剧名作《四声猿》是中国戏曲史上的一朵奇葩，在当时就受到不少人的追捧。《四声猿》包括四个杂剧：《渔阳梦》《翠乡梦》《雌木兰》《女状元》。《狂鼓吏渔阳三弄》通过三国祢衡死后在阴间怒骂曹操的情节，以影射当时的奸相严嵩，且痛快淋漓，大快人心；《玉禅师翠乡一梦》具有佛教的轮回色彩，揭露了当时官场与佛门的尔虞我诈和禁欲主义丧失人性的虚伪本质，显示出作者对官场黑暗的憎恶；《雌木兰替父从军》通过花木兰驰骋疆场，歌颂这位光彩照人的巾帼女英雄，其中木兰出征经过，到凯旋、出嫁的情节都是作者的创造；《女状元辞凤得凰》刻画了才华出众的女状元黄崇嘏乔装男子，安邦定国，只因暴露女儿身，满腹才华葬送闺阁的艺术形象。如作者在剧中所说：“裙钗伴，立地撑天，说什么男儿汉。”“世间好事属何人，不在男儿在女子。”为封建礼教束缚下的妇女扬眉吐气。这四部剧作有“明曲第一”之称。

嬉笑怒骂《歌代啸》

《歌代啸》也是徐渭创作的，是一本四出的市井讽刺杂剧，每出故事相对独立。故事写李和尚和王辑迪的老婆私通，却偷了张和尚的帽子，让张和尚去顶罪，无辜的张和尚被发配。州官好色而惧内，只许夫人放火，不许百姓点灯前来救火。全剧通过荒诞的情节，漫画式的人物，幽默风趣的语言，对佛门的腐败和官场的黑暗进行冷嘲热讽。作者嬉笑怒骂，长歌当哭，以喜剧的形式表达对黑暗现实的不满和控诉，具有极强烈的叛逆精神。

《鸣凤记》

作者据传是明代大学者王世贞，也有说是他的学生所作，由他补充而成。传奇剧本，共四十一出。取材于明代的现实生活。剧情大意是：杨继盛等八个谏官连续同大奸臣严嵩进行政治斗争，最后严嵩父子罪状被揭发，受到制裁，忠臣义士获得了胜利。作品深刻反映了明代的社会政治情况，暴露了明嘉靖年间政治的黑暗腐败，歌颂了杨继盛等人为国除奸的无畏精神。

取材于现实的剧作

《鸣凤记》中的主人公杨继盛是现实人物，他与王世贞为同年进士，当杨继盛与严嵩父子斗争时，王世贞父子曾不遗余力地营救。可见作品是有现实基础的。在中国文学史上，戏曲及时地表现当时的重大政治事件，是从该剧开始的。故事在明代就很流行，它打破了传奇以生旦悲欢离合为主的局面，对后世文学产生了积极的影响。

戏剧大师汤显祖

汤显祖（1550—1616），字义仍，号海若士，一称若士，49岁时自署清远道人，晚年又号“茧翁”，江西临川人。他一生与权臣斗，与宦党斗，最终愤而辞官，创作了日后震惊中国和世界的“临川四梦”。在16—17世纪，他与英国戏剧大师莎士比亚一东一西，遥相呼应，成为东西方戏剧界的两颗璀璨的星辰。虽然他们彼此并不知晓，但他们在各自的作品中都表达了同一思想，高举着同一面伟大的旗帜，那就是人文主义的大旗，歌颂人性的美好，歌颂爱情的忠贞，歌颂自由的可贵。

万历二十六年（1598）秋，《牡丹亭》创作完成。这是中国戏剧史上继《西厢记》之后一部最优秀的爱情剧，标志着明代戏剧史一个划时代的高潮的到来。

“临川四梦”

临川四梦是汤显祖的四部戏剧的合称，包括《紫钗记》《牡丹亭》《南柯记》《邯郸记》。有人认为“四剧”皆有梦境，才有“临川四梦”之说，“四剧”本身就是汤显祖毕生心血凝聚成的人生之梦。汤显祖的一位同时代人王思任，在概括“临川四梦”的“立言神旨”时说：“《邯郸》，仙也；《南柯》，佛也；《紫钗》，侠也；《牡丹亭》，情也。”“临川四梦”的四个梦境演绎了纷繁世间事，而四个梦境千变万化总是情。

“临川四梦”之《牡丹亭》

《牡丹亭》又名《还魂记》。传奇剧本，共五十五出。《牡丹亭》是一部震撼心灵的爱情悲剧。它的故事取材于明代话本小说《杜丽娘慕色还魂》，写的是：福建南安太守杜宝的女儿杜丽娘，师从父亲为她请来的教书先生、腐儒陈最良学《诗经》，首篇《关雎》中那执着的对情人的思慕，引起了少女的烦闷情绪，于是在伴读丫头春香的怂恿下，第一次到后花园赏春。美妙的春光掀起了她情感的涟漪，而春光的短暂易逝，又勾起了她对自己既美妙又短暂的青春的深切怜惜。她开始希望自己的青春能够拥有一个美满的归宿。

花园赏春后，杜丽娘做了一个梦，梦见一个手持柳枝的英俊青年，拥抱着她来到牡丹亭畔、太湖石边、芍药栏前，他们相依相随，无比爱恋。

然而，梦境绝不等于现实。梦境破灭后，杜丽娘为相思所苦，伤情而死。

三年后，柳梦梅去临安应试，经过杜丽娘的墓地，拾得她的自画像，和杜丽娘的鬼魂相会，并掘墓开棺，杜丽娘感而复生，毅然相从。二人结成眷属。

可是，杜宝却极力反对他们的结合，但是杜丽娘誓死坚持。后来，柳梦梅高中状元，由皇帝做主，杜宝才认了女儿、女婿。

《牡丹亭》的艺术特色

《牡丹亭》通过杜丽娘和柳梦梅的爱情故事，暴露了封建社会上层家庭关系的冷酷与虚伪，歌颂了青年男女在反封建礼教和追求婚姻自主方面所作的不屈斗争。作品通过离魂的幻想来写，具有浓厚的浪漫主义色彩，风格清丽，语汇丰富多彩，对景物和人的内心世界描绘精巧、细致。还善于把人物的心情与客观事物结合起来描写，抒情诗气息很浓厚。它和《西厢记》都是词曲中最精工者，对后世文学产生了很大的影响。

高歌“情”与“礼”

杜丽娘和柳梦梅的爱情故事，是汤显祖旷世才情的一次奔腾流泻。杜丽娘是一个在封建礼教下执着追求爱情和个性解放的人物，她为“情”而死，又为“情”复生。在那个时代，她的追求是大胆的、热烈的，在“情”与“礼”的激烈碰撞中，戏剧家赋予一个小女子光照千古的形象，把人带到了一个爱与美的崇高境地。

汤显祖在《牡丹亭题词》中说：“情有者，理必无；理有者，情必无。”“情不知所起，一往而深。生者可以死，死可以生。生而不可与死，死而不可复生者，皆非情之至也。”他肯定“情”是生活的主旋律，任何人都不可以抹杀它。

《牡丹亭》对后世的影响

《牡丹亭》诞生的时代，正是理学泛滥的时代，“存天理，灭人欲”像枷锁一样禁锢着人们的精神。《牡丹亭》予“至情”

以极力肯定，不啻对理学思想明目张胆的挑战。因此，《牡丹亭》对于受到理学窒息的青年男女来说，犹如黑暗中的一线光明，鼓舞着他们挣脱封建礼教的束缚，出生入死，去追求自己的幸福生活。《红楼梦》专有一回“牡丹事艳曲警芳心”，介绍林黛玉这位封建叛逆女性是如何从《牡丹亭》中接受启蒙的，其予当时和后代的影响，由此可见一斑。

“临川四梦”之《紫钗记》

《紫钗记》是汤显祖的早期作品，取材于唐代传奇小说《霍小玉传》，作者在原作的基础上做了重大的改变，改悲剧结尾为喜剧，将原小说中李益负心与小玉痴情的情节改为小玉与卢太尉之间的对立，李益在其中游摆不定，最后通过黄衫客成全一段姻缘。剧情大意是：霍小玉在元宵灯会上失落紫钗一支，被才子李益拾得，还钗之后，李、霍结为百年之好。李益考中状元后，受到卢太尉的赏识，卢太尉的女儿卢燕贞见李益俊美，暗生爱慕之情，便暗示父亲招李为东床快婿，被李益拒绝。李益被贬为参军赴塞外。小玉深受其害，忧思成疾。卢太尉乘机使出奸计，不惜高价收买小玉珍藏之紫钗，召回李益，以玉钗证明小玉变节，逼迫李益与燕贞成婚。小玉闯太尉府索夫，被太尉阻挠，诬陷李益有反唐诗句，以诛九族作威胁。黄衫客赶到，怒斥太尉作恶多端，革去其职。最后，有情人终成眷属。全剧歌颂一对青年男女对爱情的忠贞，抨击权贵的罪恶。

“临川四梦”之《南柯记》

作者汤显祖。《南柯记》取材于唐代传奇小说《南柯太守传》。剧情大意是：唐代东平游侠淳于棼武艺高强。因酒被免职，闲居扬州城，每天借酒浇愁。一日做梦，梦见自己被大槐安国使者迎去，被招为驸马。淳于棼到南柯，边事平宁，让民休养生息，为太守二十年，政绩卓著。出现了“官也清、吏也清，村民无事到公廷”“征徭薄、米谷多，官民易亲风景和”的局面，百姓都为他歌功颂德，显然寄寓了作者的理想。后来，淳于棼被召回朝廷，任左丞相。想不到，他竟日甚一日地腐化堕落了。他受着君王国母的宠爱，自由地出入宫廷，权门贵戚无不逢迎，终竟发展到了与琼英郡主、灵芝夫人和上真仙姑在宫中淫乱，终被逐出大槐安国。淳于棼沉梦醒来，才知是南柯一梦。经契玄禅师点破，才知大槐安国不过是大槐洞里的蚂蚁群。他顿然彻悟：“人间君臣眷属，蝼蚁何殊？一切苦乐兴衰，南柯无二。等为梦境，何处升天？”于是，遁入空门。这样的结局，无疑寓意着作者对现实政治的失望以及无药可救的感伤，更有着对人生无常、超俗出世的感慨。

“临川四梦”之《邯郸记》

作者汤显祖。《邯郸记》取材于唐

人传奇小说《枕中记》。剧情大意是：在邯郸县的一个小旅馆里，穷困潦倒的卢生，黄粱米刚下锅，一时困倦，想小睡片刻，八仙之一的吕洞宾想度化他，给卢生一只瓷枕，两端有孔，卢生对孔看着看着，便跳进孔里做起梦来。梦中，他与世代荣华的崔氏女成亲。崔氏女又安排他进京应试。临行前，崔氏女对他说："奴家再着一家兄相帮引进，取状元如反掌耳！"这"家兄"就是外圆内方的钱。卢生用金钱打通了关系，果然高中状元，入翰林。考官宇文融因为卢生没有贿赂他，怀恨在心。把芦生贬出朝廷。卢生在外开通河道，挂帅征战，功成回朝，反被诬陷，免死发配。最后，崔氏女织了回文锦控诉他们一家的遭遇，皇上御览后，方知卢生冤枉，立即将宇文融处死。卢生当了二十多年的太平宰相，蒙受皇恩，享尽荣华，儿孙满堂。但因纵欲而得病，最后归天而去。崔氏的哭声惊醒了卢生。梦醒后，万物俱空，锅里的黄粱米饭尚未煮熟。卢生此时方知刚才一切全是黄粱一梦。吕洞宾点道："都是妄想游魂，参成世界。"卢生蟠然醒悟："人生眷属，亦犹是耳，岂有真实相乎？其间宠辱之数，得丧之理，生死之情，尽知之矣！"卢生就随吕洞宾去蓬莱仙山做桃花苑的扫花使者去了。《邯郸记》通过卢生在黄粱梦中的官宦生涯，由布衣而登青紫，历宦海而几度沉浮，终拜相而享福寿，真是梦中世界，枕里乾坤。

《东郭记》

《东郭记》，一题《饮袋记》。作者孙仲龄（生卒年不详），字红孺，号峨眉子，又号白雪道人、白雪楼主人，明代戏曲作家。该剧是传奇剧本，共四十四出。题材是以《孟子·离娄》篇《齐人有一妻一妾》章为主干，综合《滕文公》篇陈仲子事和《孟子》中"私垄断""齐人伐燕取之"等材料而成。剧本以夸张和讽刺的手法，嘲笑当时社会极端败坏的道德风尚和官场的腐朽黑暗。剧情处理比较严密。中心线索是齐人，又穿插了淳于髡、王欢、陈仲子等人事，波澜起伏，富有戏剧性。

《绣襦记》

作者薛近衮（约明成化、弘治年间），字百昌，江苏武进（今江苏常州）人。该剧是传奇剧本，共四十一出。取材于唐白行简的《李娃传》，吸取了元石君宝的《李亚仙诗酒曲江池》和明周宪王的《李亚仙花酒曲江池》的关目和细节。写书生郑元和与妓女李亚仙的爱情故事，揭露了鸨母的唯利是图和封建伦理代表郑儋的残酷虚伪，赞扬了李、郑二人的真挚爱情和李亚仙的正直性格、生活理想等。剧本风格朴素自然，语言融合古代诗词，但浑然一体，只是结构较松散。它对清代的《桃花扇》有较大的影响。

《精忠旗》

明冯梦龙作。写民族英雄岳飞，率领岳家军大破金兵，决心直捣黄龙。奸相秦桧却连下十三道金牌，把他召了回来，关进了监牢，最后以“莫须有”的罪名，把岳家父子杀死在风波亭，造成了千古奇冤。剧中金牌伪召，河北父老、两河豪杰哭留岳家军和岳飞被逮后当堂辩诬，以及狱中哭二帝等情节，颇为动人。

《绿牡丹》

作者吴炳（？—1650），字石渠，号粲花主人，江苏宜兴人。明末追随桂王朱由榔到桂林，任兵部侍郎。清兵南下，被俘，绝食而死。作传奇《绿牡丹》《西园记》等五种，合称《粲花别墅五种曲》。《绿牡丹》剧情大意是：书生柳希潜、车木高、顾粲三人，争着要娶翰林沈重之女沈婉娥，沈重令三人以绿牡丹为题，各作诗一首。柳希潜请馆师谢英代笔，车木高请妹妹车静芳代笔，只有顾粲是自己做的。车静芳见到柳诗后，十分喜爱。但恐怕不是柳自己作的。沈重父女也怀疑有人作弊，请柳、车两人面试，作弊的事被揭穿。后来乡试时，谢英、顾粲两人考中了，遂与车静芳、沈婉娥成婚。剧本情节曲折，淋漓尽致地对柳希潜、车木高在考试中作弊的丑态，对科场弊端进行了冷嘲热讽。全剧充满了喜剧气氛。

清代戏剧

在清代，文学领域传统的体裁，如赋、文、诗、词、曲、小说等，都在一定程度上得到再现，特别是戏曲和小说的艺术样式更加成熟了。清前期，是戏剧的全盛时期，产生了李玉、李渔、吴伟业、尤侗等戏曲大家和戏曲理论家。洪昇的《长生殿》和孔尚任的《桃花扇》代表了清代戏剧的最高成就。清初戏剧大多为悲剧，寓意着历史兴亡之感，将个人的悲欢离合与国家的盛衰兴亡交织在一起，缠绵悱恻。通过家国的覆亡，朝代的更替，传达对整个人生的空幻之感。

戏剧家李玉

李玉（？—1671），字玄玉，号苏门啸侣，又号一笠庵主人，江苏吴县人。明亡后绝意仕进，毕生从事戏曲创作和研究。相传他一共编写了六十多个剧本，其中“一笠庵四种曲”，即《一捧雪》《人兽关》《永团圆》《占花魁》最有名。

悲剧《一捧雪》

《一捧雪》被称为李玉戏曲代表作之首，曲家追捧可步汤显祖，是一部具有深刻社会意义的悲剧。剧情大意是：莫怀古带着爱妾雪艳、管家莫成、门客汤勤入京补官。汤勤密告严世蕃，莫怀古有传家玉杯一捧雪，严世蕃倚仗其父严嵩之势，把持朝政，卖官鬻爵，为夺取这只玉杯，严世蕃追杀莫怀古，莫成代主而死，莫怀古为戚继光所救。雪艳为救丈夫和戚继光，刺杀汤勤，莫怀古家破人亡。最后严嵩父子被弹劾，家败而亡，莫家才父子团圆。剧本在一定程度上揭露了明代统治阶级的贪婪残暴和社会黑暗。

“事俱按实”的《清忠谱》

作者李玉、朱素臣、毕万后、叶雉斐。《清忠谱》写的是明代天启年间在苏州发生的一次民变，是一次真实的事件。宦官魏忠贤的死党、巡抚毛一鹭强迫苏州人民兴建魏忠贤生祠，激起民愤。东林党人周顺昌斥责魏忠贤，魏派爪牙捉拿，激怒了苏州人民。市民颜佩韦等五人率众大闹府衙，要求释放周顺昌。后周顺昌被解往北京，死于狱中，颜佩韦等也被杀害。魏忠贤阉党势败后，惨死者才得到昭雪。苏州人民感念五人之义，乃毁魏忠贤生祠，建五人墓。剧本以歌颂周顺昌为主，对颜佩韦等也予以赞扬，反映了明末尖锐的政治斗争。作者大概亲身经历了这次事件，创作剧本时“事俱按实”，所以本剧被称为我国戏曲史上第一部“事俱按实”的历史剧。

《秣陵春》

作者吴伟业。《秣陵春》是一部传奇剧。其讲述的是一桩具有奇幻色彩的爱情故事，发生在南唐学士徐玄之子徐适与后主的内侄女黄展娘之间。南唐覆没，后主魂归天庭。曾经的门庭若市，人丁兴旺，如今只落得凄凄惨惨戚戚，朱门洞敞，全不似旧时情况。徐适书剑飘零，浪迹金陵，不热衷于仕途，成日把玩古董打发日子。展娘家父黄济将军府也是门庭冷落，担心自己年衰，女儿展娘无所依傍，更添几分惆怅。后主生前曾允诺替展娘择婚，于是巧借神力，让徐适和展娘在玉杯和宝镜中互见对方身影。从此，二人历经动荡之世的悲欢离合，终被邀至天庭完婚，有情人终成眷属。

《秣陵春》蕴涵的兴亡之感

《秣陵春》描写的轰动一时的天缘巧配的爱情故事，在吴伟业天赋诗情的渲染之下，更加曲折婉转，情凄意长。在情事之中，更蕴涵着作者的兴衰之感，即以南唐末世代指明清易代，男女主人公的爱情故事不过是一种象征，如《秣陵春》收场诗所言：“门前不改旧山河，惆怅兴亡系绮罗，百岁婚姻天上合，宫槐摇落夕阳多。”百年好合的婚姻若不是在杯影镜中，就只能在天上了！

戏剧家洪昇

洪昇（1645—1704），字防思，号稗畦，又号稗村、南屏樵者，浙江钱塘人。他出身于仕宦世家，家中藏书极富。康熙七年（1668）入北京国子监当太学生，以后长达二十年的时间里，始终没能打开仕宦的大门，加上“三藩之乱”，家庭变故，他自己生活陷入困顿，精神痛苦。于是，举十年之力，完成了《长生殿》的创作，立即轰动了整个清初剧坛。作为戏曲作家、诗人，他与孔尚任齐名，有“南洪北孔”之称。

《长生殿》

《长生殿》是洪昇的代表作，也是清代著名剧作之一，共五十出。它是综合了历代关于唐天宝时期的历史、传记、传奇、小说、杂剧、诗歌撰写而成的。前二十五出为上卷，主要敷演李、杨爱情以及安史之乱，马嵬之变；二十六出以后为下卷，表现安史之乱后，唐明皇对杨玉环的思念和最后的仙界“重圆”。《长生殿》旨在“言情”。历史上，唐明皇册封杨贵妃时，李隆基已63岁，杨玉环仅27岁。特殊的地位，年龄的差距，使他们不可能像普通人家那样痴情于男女情事，即“情之所钟，在帝王家罕有”，然而在洪昇的笔下，他们却做到了。在洪昇的笔下，李隆基情同少年，他们之间的爱情热烈而执着。比如，在第二十出《密誓》中写他们发誓：“李隆基与杨玉环，情重恩深，愿世世生生，共为夫妇，永不相离。有渝此盟，双星鉴之。在天愿为比翼鸟，在地愿为连理枝。天长地久有时尽，此誓绵绵无绝期。”

帝王与妃子的爱情，是那样富有浪漫色彩，这显然寄予了作者的理想，即“情”之伟大，足以超越一切。

《长生殿》的寓意

除了对爱情的描写，《长生殿》也寄予着劝惩的功能，即“逞侈心而穷人欲，祸败随之”。李、杨的爱情悲剧，也是一个时代的历史悲剧。作家通过对爱情的描写流露了强烈的国破家亡之恨，表现了爱国思想。所以作者既歌颂李、杨的爱情，又批判他们生活的荒淫。在艺术上，情节曲折严密，场面壮阔，语言淳朴而生动，富于诗意。该剧受《牡丹亭》影响很深，有“一部闹热《牡丹亭》”之誉。

戏剧家孔尚任

孔尚任（1648—1718），字聘之，又字季重，号东塘、岸塘，又号云亭山人，山东曲阜人，孔子的64代孙。康熙朝历任国子监博士、户部主事、广东司外郎。他与洪昇齐名，有“南洪北孔”之称。他以毕生努力，三易其稿，在52岁时，终于写成了《桃花扇》。一时洛阳纸贵，在京城频繁演出，骚人墨客，竞相观赏，几至“岁无虚日”，座无虚席，皇帝内廷亦有演出，并且流传到偏远的地方。

《桃花扇》

《桃花扇》与《长生殿》是清初剧坛上的双璧。但在创作上他与洪昇不同。洪昇继承汤显祖的传统，孔尚任则继承李玉、吴伟业的传统，以反映政治斗争为主要内容。该剧为传奇剧本，共四十出。

剧情大意是：明末复社名士侯方域避乱南京，结识了秦淮名妓李香君，二人一见钟情，侯方域在一把宫扇上题诗以为聘。定情的次日，香君得知，由退职县令杨龙友所助的妆奁费用乃阉党余孽阮大铖所出，意在结交复社名士，以开脱恶名。香君怒斥阮大铖，变卖首饰凑足银钱退回阮大铖。阮大铖衔恨欲报复。李自成攻陷北京，崇祯皇帝自缢煤山。阮大铖、马士英在南京迎立福王，建立弘光王朝。阮大铖趁机陷害侯方域。侯方域连夜逃出南京，投奔扬州督师史可法。阮大铖强将李香君许配漕抚田仰为妾，李香君坚决不从，撞破头颅，血溅诗扇，侯方域的朋友杨龙友利用血点在扇中画出一树桃花。李香君乃将桃花扇寄给侯方域。福王贪恋声色，选优伶入宫，香君也被逼入宫，她大骂马、阮之流，被幽闭宫中。南明灭亡后，李香君入山出家。扬州陷落后，史可法殉国，侯方域逃回寻找李香君，最后也出家学道。全剧在一片悲歌中结束。

《桃花扇》的寓意

《桃花扇》通过描写侯方域和李香君悲欢离合的爱情故事来揭示南明王朝的灭亡原因，广泛而深刻地揭露了南明统治阶级内部的矛盾和政治腐败，歌颂李香君的坚贞不屈，赞扬柳敬亭、苏昆生的侠义豪爽，钦佩史可法的英勇杀敌。在艺术上，运用了中国传统寓褒贬的写史笔法，表现出鲜明的爱憎态度。结构严整、别致，有新的创造，具有独特风格。全剧通过老赞礼随时指点，把整个戏剧连贯起来。最后又通过老赞礼的口说："地难填，天难补，造化如斯！释尽了，胸中愁，欣欣微笑；江自流，云自卷，我又何疑？" 抒发了对人生无可奈何的感叹。

戏剧家蒋士铨

蒋士铨（1725—1784），字心馀，又字苕生，号藏园，又号清容居士，江西铅山人。曾任翰林院庶吉士编修，善诗文，与赵翼、袁枚并称为乾隆三大家。创作戏曲十六种，现存九种，合称“藏园九种曲”。他在创作上追随汤显祖，从汤显祖一派发展而来，文辞华艳，但结构松散，戏剧冲突不多。

《临川梦》

《临川梦》是蒋士铨的代表作，共二十出。以汤显祖一生事迹为题材，歌颂了他的才华及其对权贵的藐视。结束时使汤显祖进入梦境，同他的剧中人物淳于棼、卢生等相会，还穿插了娄江女子俞二娘的故事。作者把汤显祖塑造成一个“忠孝两全”的人物。全剧构思细密、精巧，语言蕴藉、典丽而酣畅，具有诗的韵调。

《雷峰塔》

初为黄图珌所撰，后由陈嘉言父女

改编，经方成培加工完成。其取材于民间传说，描写修炼千年的白蛇（白娘子、白素贞），收青蛇（小青）为侍女，同至杭州，遇药材店伙计许宣，结为夫妻，金山寺法海和尚从中破坏，借佛法把白娘子摄入金钵，压在雷峰塔下。故事以白蛇和许宣的爱情故事为主，突出了白娘子忠于爱情，敢于同封建势力斗争的反抗性格和自我牺牲精神，控诉了以法海为首的恶势力。《断桥》一场最为传诵，许宣被法海蒙蔽上金山，白娘子与法海斗法失败，回到杭州，在断桥与许宣相遇。白娘子爱许宣，又恨他听信谗言；许宣心中狐疑，却又割舍不断与白娘子的恩情；小青恨许宣，又对白娘子充满友情。故事中对此描绘得十分感人细腻。故事最终虽然以白娘子的失败而告终，使全剧充满悲剧色彩，但白娘子的优美品质和叛逆精神却受到人们的普遍喜爱。

《中山狼》

明代康海作。其取材于小说《中山狼传》。写的是中山狼被猎人追赶，乞求东郭先生救它，东郭先生把它藏在口袋里，骗走了猎人。狼出来后，说它快饿死了，救命就要救到底，一定要吃掉东郭先生。亏得路遇老丈，设计杀死了恶狼。

散文

在我国古代，只要是不押韵的文章，都是散文，即除诗、词、曲、赋之外，不论是文学作品还是非文学作品，都一概称之为“散文”。散文的内容和写法都很自由，无论是写景的游记，写人的传记，写情的抒情小品，写事的叙事散文，写物的咏物小品，写理的议论或说理散文，都在散文的范围之内，因此散文是最自由、最活泼的文体，它几乎是无所不“散”，不拘格套。我国历代散文极为发达，早期的散文多为著述文，是实用的、学术的文章，而非唯美唯情的文章。后期散文则多美感，抒发的是作者的内心感受或者描写自然的美好景色。

先秦散文

春秋末期，社会发生了急骤的变化，“士”的阶层崛起，他们纷纷聚众讲学，著书立说。到战国时期，其中的代表人物如儒家的孟轲、荀卿，墨家的墨翟，法家的商鞅、韩非，纵横的苏秦、张仪等，还以学者或政治家的身份活跃于政治舞台上，又以文章表达他们的政治理想。于是，散文空前地繁荣起来。战国的散文主要有两种：历史散文和诸子散文。历史散文主要有《左传》《国语》《战国策》。诸子散文又称“哲理散文”，主要有《论语》《墨子》《孟子》《韩非子》《荀子》等。先秦散文文学成就较高，历来与汉赋、唐诗、宋词、元曲、明清小说并称。

《国语》的语言特色

《国语》是一部史传文学著作，由

左丘明整理汇编。《国语》的文学成就不及《左传》，但它长于对话，在人物语言艺术和人物性格刻画方面有一定的特色。《国语》中的《晋语》故事生动，语言幽默风趣，人物性格鲜明，可以算是妙笔。

《战国策》的人物塑造

《战国策》以清新流丽、富于文采的笔触，通过人物生动多彩的言辞、传神的姿态、跌宕起伏的情节、逼真的细节，展示了战国乱世中各种人物的内心世界与性格特征，有血有肉、栩栩如生，如权机善变的苏秦，朝秦暮楚的陈轸，壮烈死节的荆轲，智勇双全的毛遂，阴险狠毒的郑袖，寡廉鲜耻的宣太后，礼贤下士的孟尝君、平原君、信陵君、春申君，等等。这些人物相互联系斗争，构成了一幅多姿多彩的战国社会图画。

秦汉散文

秦代文学是一片空白，遗留下来的秦文献，大多散在泰山、琊耶台等地的刻石，内容大多为歌功颂德。李斯的《谏逐客书》代表秦代文学的最高成就。汉代以赋为一代文学之盛。汉初以贾谊、晁错的政论文比较有代表性。《史记》和《汉书》代表散文的最高成就。

李斯《谏逐客书》

《谏逐客书》最大的艺术特色是综合运用铺陈夸张、排比对偶的写法，议论纵横捭阖，文势起伏跌宕，辞采富丽生动，句式整齐流畅，音节铿锵有力，具有辞赋的特色，曾被后人追认为“骈体初祖”。文中有些句子常为后世所引用，如“泰山不让土壤，故能成其大；河海不择细流，故能就其深；王者不却众庶，故能明其德”等。

“西汉鸿文”《过秦论》

贾谊的《过秦论》是“西汉鸿文”，它以炽烈的感情，磅礴的气势，雄辩的说服力，表达了自己强烈的政治愿望，青年政治家的自我形象跃然于纸上。作者要论证治国之本在于“施仁义”的道理，但却不以抽象的理论进行正面说理，而用了大量的篇幅层层深入地铺叙事实。落笔即写秦孝公的图强，文势突兀而起，排空而来，极有力量；接着浓墨重彩地描写秦的步步强大与秦始皇的统一，以大量的排比、对偶句极力铺张渲染，给人以气焰赫赫、不可一世的感觉；而篇末笔锋突然一转，极写强秦的倾覆之迅速、容易、凄惨，在强烈的对比反衬中有力地揭示了主题。文笔大开大合、气如河海、顿挫抑扬、淋漓酣畅，可谓滔滔而言，其势不可犯，其理亦无穷，有战国纵横家遗风。

六朝散文

魏晋南北朝时期，骈文大盛，散文

成就不高。西晋初年的张华写有笔札，信手挥洒，自然洒脱。东晋王羲之、陶渊明成就较高。他们的散文清新疏朗，不事雕琢。到齐、梁时期，有人起来反对骈文，文章出现了由文而质的转变，出现了一些散文佳作。

史评发轫之作《典论》

作者曹丕。《典论·论文》是中国文学批评史上奠基性的作品。其主要贡献在于肯定了作家的不同风格，指出了风格与人的关系，分析了各种文体的不同要求与特点。这些见解对后代的文艺批评著作有深刻的影响。

山水游记的开端——《水经注》

作者郦道元(466或472—527)。《水经注》是对魏晋时代无名氏所著的《水经》一书所作的注释。《水经》是一部地理书，郦道元为之作注，却是“别开生面”的著作。它所包容的地理内容十分广泛，自然地理、人文地理、山川胜景、历史沿革、风俗习惯、人物掌故、神话故事等等，真可谓是我国6世纪的一部地理百科全书，无所不容。从文学角度来看，这部书在描写山川景物方面取得了值得珍视的成就。《江水注·巫峡》一节，就是自古传诵的名篇。文章以两岸高山重叠，江流奔腾湍急，说明山势的雄伟；以“春冬之时”和“晴初霜旦”的凄清幽寂，表现景色随季节的变换。全文只一百五十余字，却以精练的语言，生动的描写，将三峡奇景呈现在读者面前，令人心向往之。

《水经注》善于描写自然山河的壮丽，受到后代文人的喜爱，成为后代山水游记的开端。

《洛阳伽蓝记》的双重价值

作者是北魏人杨衒之。北魏一度佛教极其兴盛，到处兴建寺庙，最盛时京城里外佛寺多到1360余所。北魏迁都邺城以后，洛阳寺庙大半在兵火中毁灭。后来杨衒之重游洛阳，见“城郭崩毁，宫室倾覆，寺观灰烬，庙塔丘墟”，有感于佛寺的兴废盛衰，因而撰《洛阳伽蓝记》。以北魏京城洛阳佛寺兴废为题，记佛寺建筑的宏伟精致，对当时的政治、人物、风俗、地理以及掌故博闻都有记述。全书体系完整，行文简明清丽，考据精审，具有很高的历史价值和文学价值。

家书典范——《颜氏家训》

作者颜之推。颜之推(531—约595)字介，原籍琅邪，世居建康。出身世家大族，生于南北朝时期的梁朝，历仕北齐、北周、隋，自叹“三为亡国之人”。

《颜氏家训》是他的传世著作，也是一部杂著类散文作品集，旨在传述“立家之法，辨正时俗之谬，以训世人”。但涉及极广，对于佛教之流行，玄风之炽烈，鲜卑语之传播，俗文字之盛兴等都作了较为翔实的记录。它对研讨古代丰富的文化遗产，做出了巨大的贡献。从文学角度说，该书多是质朴的散文，行文如话家常，又不失委婉典雅，动之以情，晓之以理，恰到好处。书中常用夹叙夹议的方法，为证明自己的主张，援引一些生动的事例，刻画生动传神。《颜氏家训》问世后，流传十分广泛，成为后代家书典范。

《诗品》的开创性贡献

作者钟嵘（约468—518，或480—552），字伟长，南朝梁著名文学理论批评家。该书专论五言诗，分上中下三卷，品评了从汉到梁一百二十二个作家的作品，分别等第，评其优劣，列入上中下三品。每品之首，又各加上一篇序文，说明著书的理论和根据。论诗主张自然，注意词藻，提出“滋味”说，反对堆砌典故、四声八病之说和高谈哲理，有力地批判了形式主义。该书与《文心雕龙》一样，建树了系统的理论，标志着中国古典文艺理论与批评发展的高峰。在《诗品》之后，定名为某某“诗话”成为中国古典文艺理论著作的习用表达形式之一，产生了数量可观的作品。

语言华丽的《文心雕龙》

《文心雕龙》的作者是刘勰。刘勰（约465—520），南朝梁人。该书是中国文学批评和讨论创作的第一部专著。全书五十篇，思绪周密，条理井然，形成一个理论体系。它初步树立了发展的文学史观，阐发了内容先于形式、内容形式并重的理论，提出“为情而造文”，反对“为文而造情”，反对“贵古贱今”“崇己抑人”“信伪崇迷”的态度。在《声律》《丽辞》《比兴》等篇中还有关于写作方法、技巧的论述。它强调文学的美质，追求华丽，全书都用华美的骈文写成。该书在中国文学批评史上具有极重要的地位，有“龙学”之称。

诗歌教育的典范——《文选》

《文选》又称《昭明文选》，是南朝梁太子萧统所编。萧统（501—531）是萧衍的长子，两岁被立为太子，未及即位而卒，谥昭明，世称昭明太子。萧统对文学颇有研究，召集文人学士，广集古今书籍3万卷，编集成《文选》三十卷。《文选》是中国古代第一部文学作品选集，被认为是古代文学教材的典范，也是诗歌教育的典范教材。选编了先秦至梁以前的各种文体代表作品，对后世有较大影响。《文选》“事出于沉思，义归乎翰藻”的选文准则，为后世推崇。唐李善作注时分为六十卷，其中有诗歌十二卷，骚二卷。《文选》共收入周代至齐梁时期130多个知名作者和少数佚名作者的诗文作品752篇，其中诗歌434篇。这部书在唐代受到高度重视，成为文人学子必读之书，有所谓“文选学”之名。北宋时有“文选烂，秀才半”（陆游《老学庵笔记》卷八）一说，足见此书的影响和价值。

《玉台新咏》

编者是南朝陈徐陵（507—583）。他是宫体诗的代表作家，与庾信齐名，世称“徐庾体”。该书是南北朝时期的一部诗歌总集。本为梁元帝萧绎的徐妃用作排忧解闷的读物。它选录了汉魏以后到南朝梁代有关男女闺情的诗歌七百六十九篇，其中由《文选》所收有六十九篇。这些作品不出离愁别恨、中道弃捐、伤遇感时的范围，有不少艳情诗糟粕，但也有许多表现真挚爱情和妇女痛苦的具有人民性的佳作。《为焦仲卿妻作》一诗即由其保存而得以流传。

唐代古文运动

唐代中叶，以韩愈、柳宗元为代表，发起了一场反对统治文坛的骈体文，提倡用“古文”，写散体文的运动，当时参加这场斗争的人很多，并且最终取得了胜利，在文学史上就称之为古文运动。韩愈、柳宗元提倡“文以载道”的古文，使文学与儒学合而为一。于是文风转变，文人洗去江左绮靡的习气，转而效韩、柳的古文，蔚成风气，使韩、柳成为当时文坛的盟主，而散文再度跃居文坛的主流。

宋代古文运动

继中唐以后，宋代欧阳修及其门生曾巩、王安石、苏洵、苏轼、苏辙再次掀起古文运动。欧阳修承前启后，其诗文革新理论上溯韩愈，与其一脉相承，领导北宋古文运动取得辉煌成就，廓清宋初以来之浮靡文风，并确立北宋文学之基本风貌，对整个宋代文学之发展产生了深远的影响。“唐宋八大家”提倡散文，反对骈文，给予当时和后世的文坛以深远的影响。唐宋古文运动，可说是中国散文发展史上一座重要的里程碑。

明清古文运动

明代前、后七子，以及反对前、后七子的公安派的古文运动，清代方苞、刘大櫆、姚鼐等桐城派的古文运动，追根溯源，无一不是受到唐宋古文运动的启发或影响。

“唐宋八大家”

唐宋八大家，是唐宋时期八大散文代表作家的合称，即唐代的韩愈、柳宗元和宋代的欧阳修、苏洵、苏轼、苏辙、王安石、曾巩。

“唐宋八大家”的称谓究竟起于何时？据查，明初朱祐将以上八位散文家的文章编成《八先生文集》，八大家之名始于此。明中叶唐顺之所纂的《文编》，仅取唐宋八位散文家的文章，其他作家的文章一律不收。这对唐宋八大家名称的定型和流传起了一定的作用。以后不久，推崇唐顺之的茅坤根据朱、唐的编法选了八家的文章，辑为《唐宋八大家文钞》，唐宋八大家之称遂固定下来。唐宋八大家乃主持唐宋古文运动的中心人物，他们提倡散文，反对骈文，给予当时和后世的文坛以深远的影响。

韩愈的生平

韩愈（768—824)，唐代文学家、哲学家，字退之。河南河阳（今河南孟县）人，祖籍河北昌黎，自称郡望昌黎，世称韩昌黎。因官吏部侍郎，又称韩吏部。谥号“文”，又称韩文公。在文学成就上，同柳宗元齐名，称为“韩柳”。他是唐代古文运动的倡导者，世盛称其“文起八代之衰”，是唐宋八大家之首。

韩愈的“杂著”

韩愈的“杂著”或“杂文”，内容复杂丰富，形式也多种多样，或借题发挥，或感慨议论，充分发挥了散文的战斗性功能，达到了思想性和艺术性的统一。比如《原道》中，韩愈有感于佛老盛行，倡导复兴儒学，攘斥佛老，以儒家之道而不是佛老之道为士人的安身立命之地。他指斥僧侣道徒不耕而食，不织而衣，耗费大量财物，蠹国殃民，主张对佛老“人其人，火其书，庐其居，明先王之道以道之，鳏寡孤独废疾者有养也”。这在唐代思想领域曾引起强烈反响。《原毁》中，韩愈通过对当时社会现象的精辟分析，揭露了士族士大夫所以要诋毁庶族后进之士的根本原因。他指责当时社会人情的恶薄，自鸣不平，最后发出呼吁：“呜呼！士之处此世，而望名誉之光，道德之行，难已！”《师说》《杂说四》都是非常有名的散文。

名文《师说》

《师说》论述师的作用和相师的重要。韩愈认为“道之所存，师之所存”，“无贵无贱，无长无少”都可以为师，“弟子不必不如师，师不必贤于弟子，闻道有先后，术业有专攻，如此而已”。这些见解不但打破了由来已久的封建传统的师道观念，而且勇敢地向当时人耻相师的社会风气提出挑战。

《杂说四》中的短文

《杂说四》是一篇流传了一千多年，脍炙人口的短文，韩愈以“千里马常有，而伯乐不常有”比喻贤才难遇知己；以“只辱于奴隶人之手”“虽有千里之能，食不饱，力不足”，寄寓了他对自身及一切被埋没者遭遇的不平；以“策之不以其道，食之不能尽其材，鸣之而不能通其意，执策而临之曰：‘天下无马’”，对那些身居高位、负选才重任而又有眼无珠的当权人物进行了辛辣的讽刺。

柳宗元的生平

柳宗元（773—819），字子厚。祖籍河东，后迁长安，出身官宦家庭。与韩愈共同倡导唐代古文运动，并称“韩柳”。因为他是河东人，终于柳州刺史任上，所以人称柳河东或柳柳州。他是散文大家，也是诗人。贞元年间，他曾参与王叔文集团的政治革新。革新失败后，一直不得志，47岁就去世了。

柳宗元的散文

柳宗元对散文发展的贡献是巨大的。他热情地培养和指导后进的古文作者，又以自己优秀的散文作品树立了新型“古文”的威望，扩大了“古文”的社会影响，促进了古文运动的蓬勃发展。他的论说散文很出色。《捕蛇者说》是最为后世传诵的名作。其中描绘了一个劳动者的辛酸经历，他为了免除繁重的捐税和劳役，甘愿冒着生命危险捕蛇献给官吏。作者有感于此，愤而议论：

余闻而愈悲，孔子曰：“苛政猛于虎也！”吾尝疑乎是，今以蒋氏观之，犹信。呜呼！孰知赋敛之毒，有甚于是蛇者乎！故为之说，以俟夫观人风者得焉。

柳宗元的寓言

柳宗元继承并发展了先秦诸子中的寓言片断发展成独立的寓言，并赋予丰富的社会内容。通过动物的故事，尖锐地抨击了外强中干、贪得无厌的统治阶级，还含有更广泛的讽喻意义。代表作有《临江之麋》《黔之驴》《永某氏之鼠》《罴说》等篇。嬉笑怒骂，因物肖形，表现了高度的幽默讽刺艺术。

柳宗元的山水游记

柳宗元的山水游记散文，如《永州八记》《始得西山宴游记》《钴鉧潭记》《钴鉧潭西小丘记》《至小丘西小石潭记》《袁家渴记》《石渠记》《石涧记》《小石城山记》等，用优美神奇的彩笔，描绘祖国的壮美山川，文中有画，画中有文，其中还渗透着作者壮志未酬的抑郁情怀。

此外，他的传记文也颇为著名，如《段太尉逸事状》《童区寄传》等，记叙真人真事，栩栩如生；《种树郭橐驼传》《宋清传》等，把传记文学和寓言的精神结合起来，非常有特色。

“三苏”

“三苏”是宋代文学家苏洵、苏轼、苏辙父子三人的合称，均被列入“唐宋八大家”。苏洵（1009—1066），字明允，号老泉，眉州眉山（今属四川）人。应试不举，经韩琦荐任秘书省校书郎、文安县主簿。长于散文，尤擅政论，议论明畅，笔势雄健。苏轼（1037—1101），号东坡居士，诗、词、文、画俱佳。苏辙（1039—1112），字子由，晚年自号颍滨遗老。苏轼之弟，人称“小苏”。苏辙是散文家，为文以策论见长，在北宋也自成一家，但比不上苏轼的才华横溢。他在散文上的成就，如苏轼所说，达到了“汪洋澹泊，有一唱三叹之声，而其秀杰之气终不可没”。

苏轼的散文

苏轼继续欧阳修等前辈的努力，使宋代的散文创作进入了一个新的阶段。他自己也有着全面的文学才能。他的散文是唐宋八大家之一，而且向来同韩、柳、欧三家并称，在八家中居于领先地位。苏轼的政论文可分两类：一类是针对时事的奏议和策论，如《上神宗皇帝书》《策论》《策别》《策断》等。另一类是史论，如《留侯论》《晁错论》等。这两类都写得明晰透辟，文笔恣肆，雄辩滔滔，颇有先秦诸子的遗风。

苏轼的游记

游记、随笔、小赋、杂记等是苏轼散文中成就最高的。无论柳宗元的记山水，还是范仲淹的《岳阳楼记》，欧阳修的《醉翁亭记》等，大都用情景交融的手法来表达他们的思想和感情，景物描写是作品的重点。苏轼的记亭台，却以叙述、描写、议论的错杂并用为特点，结构布局又随着主题表达的需要而变化多端。如他的《喜雨亭记》《超然亭记》《放鹤亭记》《石钟山记》，其中叙述、描写、议论的位置穿插各不相同，而“以论为记”则是共同的。

苏轼散文的特点

苏轼的《前赤壁赋》和《后赤壁赋》也可以看作是优美的散文诗。他的《志林》包括了许多作者日常生活片断的记叙，用极精练的文字，鲜明而又仿佛不经意地写出一种情调或一片心境，如《承天寺夜游》等。苏轼的散文既通畅晓达，如行云流水，又真率自然，气势雄浑，同时还有诗的韵味，丰富浪漫的想象，或强烈，或潇洒，或悲壮，或旷达的世态人情，在他笔下都得到了最完美的表达，散文在他那里变得更加富有诗意。

前七子的古文

明代永乐、弘治前后，诗坛上出现了以“三杨”（杨士奇、杨荣、杨溥）为代表的“台阁体”诗派。他们都是台阁重臣，写些歌功颂德、粉饰太平的诗文。这种诗风先后流行了一百多年。到了明朝中叶，才出现了李梦阳、何景明的文学“复古运动”。

后七子的古文

后七子以李攀龙、王世贞为代表，还有谢榛、宗臣、梁有誉、徐中行、吴国伦等人。他们继前七子之后，又把文学复古运动推向一个新高潮。他们在文学创作上，主张学古模拟，抄章摘句，篇章结构、句法词汇都要模拟，模拟得越像越好。

前后七子的“复古运动”，风靡一时，对矫正“台阁体”的弊病虽有一定的作用，但他们以模拟抄袭古人为能事，实质上仍然是一种形式主义。

“公安三袁”

“公安三袁”即袁宗道和他的两位弟弟袁宏道、袁中道，在当时的文学界，同时享有很高名气。他们大多活动于明万历年间。当时的文坛，复古派“文必秦汉，诗必盛唐”，以模拟剽窃为能的风气，酿成了很深的流弊。针对这种情况，他们勇敢地举起了反抗的旗帜。在他们看来，文学应该随着时代的发展而发展。贵古而贱今，“袭古人语言之迹”，是不足取的。这在当时，无疑是具有革新意义的。

“公安派”

“公安三袁”的创作成就主要在散文。他们的作品轻巧自然，一扫复古文学那种板滞矫揉的旧习，致使“靡然而从”的人很多，文坛的空气也发生了很大变化。文学史上，把“公安三袁”及其追随者们叫作“公安派”。

袁宏道的散文

“公安三袁”中，袁宏道的才力和名望最高。十六七岁，他的诗文就风靡乡里。32岁举进士，官至吏部员外郎，但他始终无意于仕途，而去访师求学，游历山川，写下了很多著名的游记，如《虎丘记》《初至西湖记》等。这些作品情真意切，物我交融，语言潇洒流利，不仅使瑰丽壮美的景色跃然纸上，作者自己的个性更是得到充分的张扬。

桐城派古文

清代康熙时代开始，中国封建社会进入又一个盛世。这时期，又产生了“盛世之音”。桐城派古文就是清中叶最著名的一个散文流派，由方苞所开创，其后刘大櫆、姚鼐等又进一步加以发展。他们都是安徽桐城人，故名桐城派。但后来桐城派的作家，却不都是桐城人。他们主张学习《左传》《史记》等先秦两汉散文和唐宋古文家韩愈、欧阳修等人的作品，讲究“义法”，要求语言“雅洁”，以阳刚阴柔分析文章风格。姚鼐是其中最有成就的作家。

古文大家姚鼐

姚鼐（1731—1815），字姬传，一字梦谷，室名惜抱轩。先从世父姚范学经学，后从刘大櫆学习古文。乾隆二十八年（1763）中进士，授庶吉士。乾隆三十八年，充四库馆纂修官。《四库全书》成，鼐乞养归里，不入仕途，时年44岁。此后在江南紫阳、钟山等书院讲学40年。姚鼐是桐城派的奠基者，他主张“明道义，维风俗”，提出义理、考据、词章三者合一的主张。在他的作品中，乃至在桐城派作品中，《李斯论》都可称上乘之作，写秦代历史一段最精彩，颇得后人好评。

姚鼐散文的特色

姚鼐的写景散文也很有特色。《登泰山记》是他的代表作，主要描绘泰山风雪初霁的壮丽景色。写作特点：首先是以时间为顺序，以游踪为线索，依次记叙了作者游泰山的历程和所见到的景色，剪裁得体，详略分明，气清文畅，是古往今来泰山游记中的精品。文章气势恢弘，笔力强劲，又多风光景色特有的旖旎之感，具有中国画的味道，历来为人们所喜爱。另外一些山水游记小品，如《快雨亭记》《岘亭记》等都是脍炙人口的名篇。

姚门四大弟子

姚鼐之后，姚门四大弟子继续桐城派的创作，他们是管同、梅曾亮、方东树、姚莹等，一直到晚清的曾国藩，仍不时地做一些桐城式的古文。但因时代的发展，桐城派古文最终成为绝响。

什么是小说

“小说”一词，最早见于《庄子·外物》：“饰小说以干县令，其于大达亦远矣。”将“小说”与“大达”对举，显然是指一些不合“大道”的琐屑言论。东汉桓谭在《新论》中说：“若其小说家，合丛残小语，近取譬论，以作短书，治身理家有可观之辞。”开始肯定小说也是一种书面著作，使小说初步具有了文体上的意义。班固认为小说是“街谈巷语、道听途说者之所造”，他在《汉书·艺文志》《诸子略》中列九流十家，小说家列最末一流。到清末民初，梁启超等大力倡导“小说界革命”，小说地位得以提高，成为一种主要的文学形式。

笔记小说

笔记小说兼有“笔记”和“小说”的特征。我国历代笔记浩如烟海，从形式上讲，凡是古人不拘格套，随手记录下来的文字连缀成篇，都可称作笔记。宋人宋祁著有《笔记》三卷，一般认为是用“笔记”这两个字作为正式书名的开始。笔记这种体裁则至少可以追溯到汉代班固的《白虎通义》等。笔记小说内容涉及很广，天文地理、医卜星相、风俗人情、轶闻琐事、怪异灾变、典章制度、经史训诂、文学艺术等等，无所不包。

《西京杂记》

作者葛洪。葛洪是东晋道教理论家，其著作还有《抱朴子》《神仙传》等。《西京杂记》中的“西京”指的是西汉的首都长安。该书是西汉的杂史，记有长安的宫室、苑囿，帝后贵戚的奢侈生活，上层文学家们的逸事和掌故，其中还夹杂着一些鬼怪故事。在记载中，一般缺乏完整的人物，但某些细节刻画比较生动真切。该书后来被大量引用，不少故事成为作家诗人习用的典故。如人们喜闻乐道、传为佳话的“昭君出塞”“卓文君私奔司马相如”等，许多妙趣横生的故事皆首出此书。成语“凿壁借光”，也是从这本书中匡衡的故事流传出来的。

《搜神记》对后世小说的影响

作者干宝（283—351）是东晋著名的文史学家，著有《晋纪》。干宝喜阴阳术数，搜集了许多“古今神祇灵异人物变化”的故事，撰成《搜神记》三十卷，是一部志怪小说集。作者相信鬼神是实有的，所载故事大多为神仙道术，鬼怪灵异的内容。但故事来源广泛，保存了不少优秀的民间故事和神话传说，如《东海孝妇》《干将莫邪》《李寄》《韩凭夫妇》等。它对后代文学艺术的发展影响很大，唐人传奇和俗文学曾受到它的直接影响。宋元平话、元明清小说戏剧多取材于这些传说和故事，以致影响到现代的戏曲创作，如关汉卿的《窦娥冤》就是以《东海孝妇》为蓝本，黄梅戏《天仙配》是从《董永》而来。

《博物志》

作者张华（232—300），东晋著名的文学家，以学问渊博著称。该书原本四百卷，晋武帝司马炎嫌其内容失实、杂乱，命张华删削成十卷。但这十卷本已佚，今本是后人“杂合成编”的。内容十分广泛，分类记载异境奇物、古代琐闻杂事及神仙方术等。内容多取材于古籍，包罗万象，举凡山川地理、历史人物、草木鱼虫、飞禽走兽等都有描述，还有怪诞不经的神仙方技的故事，其中还保存了不少古代神话材料。如所记八月有人浮槎至天河见织女的传闻，是有关牛郎织女神话故事的原始资料。

《世说新语》

作者刘义庆（403—444），江苏彭城人。南朝刘宋宗室，袭封临川王，爱好文史。该书是一部集汉魏至东晋传闻逸事之作，也是同类著作中唯一保存完整的、集大成的一种作品。原只称《世说》，唐人称它作《世说新书》，宋人称《世说新语》。全书分德行、言语、政事、文学等三十六门，主要记载汉末至东晋人物的逸事和言谈，反映出这段历史动荡时期的社会现实，包括名流清谈、人物品评、风尚习俗、腐朽生活及精神面貌等。

《世说新语》的艺术特点

在艺术上，《世说新语》善于抓住典型事件进行概括描写，记言记行紧密结合，人物语言富有个性化、口语化，能准确地传达出人物的说话语气和心理活动。该书在当时就成为必读的“教科书”，帝王们对其非常重视，文人学士以熟悉故事为学问，竞相炫耀，以示渊博，编撰小说一时蔚然成风。

《世说新语》对后世的影响

《世说新语》对后代的笔记小说有很大影响。自它之后，步趋它的体例之作层出不穷。书中不少故事成为后代戏剧、小说的创作素材或古典诗文的成语、典故。如《三国演义》中的“望梅止渴”“三步成诗”等情节都出于此书。

张岱的生平

张岱（1597—1689），字宗子，改字石公，号陶庵，又号蝶庵居士，浙江山阴人。张岱出身于繁华之家，又当明清易代之际，因此晚岁有不胜兴衰存亡之感。他早年曾有功名之念，明亡后即披发入山，安贫著书。他的著述很丰富，今存有《西湖寻梦》《陶庵梦忆》《石匮藏书》等。

《陶庵梦忆》

《陶庵梦忆》，作者张岱，是回忆往昔生活之作，寄寓了故国之思。对晚明官僚、士人、市民社会生活以至山川风物、民情土俗、文物古迹、工艺书画等均有记载，有助于对晚明社会的研究。作者受公安派、竟陵派的影响，但感情比他们深沉，文笔清奇短隽，有凄凉之意，又常常杂以诙谐，形成了自己的特色，成为晚明小品文的代表作家。

《陶庵梦忆》散文的特点

《陶庵梦忆》中有很多为后世传诵的名篇，如《湖心亭看雪》《柳敬亭说书》《西湖七月半》等。《湖心亭看雪》是一篇仅仅二百字的短文，描绘西湖冬日清晨的一片雪景，文字精练到了极点。大雪后的山光水色，凝寒的空气，湖上人物，构成了一幅生动的图画。《柳敬亭说书》则将说书人及说书的场景刻画得极为生动，又借助说书人之口反映了那个时代的沧桑历史。

纪昀的生平

纪昀（1724—1805），字晓岚，一字春帆，河北直隶献县人，出生于世代书香门第。历雍正、乾隆、嘉庆三朝，乾隆朝进士，历任学士、学政、知府等，累官至礼部尚书、协办大学士。《四库全书》总纂官。学问渊通，长于训诂。他襟怀夷旷，机智诙谐，常常出语惊人，妙趣横生，盛名当世。嘉庆帝御赐碑文有“敏而好学可为文，授之以政无不达”，故卒后谥号“文达”，乡里世称文达公。

《阅微草堂笔记》

《阅微草堂笔记》是纪昀晚年所作，是一部短篇志怪小说集。全集分五书，共二十四卷，一千二百零八则，约四十万字。其中《滦阳消夏录》六卷，《如是我闻》四卷，《槐西杂志》四卷，《姑妄听之》四卷，《滦阳续录》六卷，合称《阅微草堂笔记五种》，后通称《阅微草堂笔记》。

《阅微草堂笔记》的特色

《阅微草堂笔记》所记内容广博，多为流传的狐鬼神仙、因果报应、劝善惩恶等乡野怪谈，或作者亲身所听闻的奇情逸事。其中不乏“借狐鬼的话，以攻击社会”之作，构成了既志狐鬼，亦叙人事，间杂考辨的风格。部分评诗文、谈考证、记掌故、叙风习的篇什有不少可取的见解和可供参考的材料。在艺术上，叙事委曲周至，说理明畅透辟，文笔精粹简约，意味隽永。它取法六朝笔记小说而有所发展变化，在中国古代笔记小说中，是一部有特色的作品，影响颇为广泛。

传奇小说

唐以前，已有小说的雏形。中唐以后，出现了小说创作的一次大飞跃，产生了“传奇小说”。作者开始有意识地进行小说创作，更多地取材于现实生活，在现实生活的基础上进行艺术的概括、集中和典型化，刻画出栩栩如生的艺术形象，《霍小玉传》《柳毅传》《莺莺传》《李娃传》等就是这一时期的代表作。但这时的小说，还只是各有篇名，并没有“传奇”这个称谓。“传奇”这一名称最早出现在晚唐，裴铏写作小说集《传奇》，是唐代第一次采用“传奇”这一词语。“传奇”这一名称简明浅显地概括了唐人小说“传写奇事”这一特色，到宋以后，人们就把这种体裁的唐宋小说统称为“传奇”。“传奇”这一名称到后来发生了变化，元人把杂剧称为传奇，明清把南戏称为传奇。

《传奇》

《传奇》写于晚唐。当时社会动乱，战争频繁，许多人对现实绝望，把希望寄托在神出鬼没、除暴安良的侠客身上，一时游侠之风盛行。这种幻想反映到文学领域中，就产生了多少带有神秘色彩的豪侠故事。《传奇》中的《昆仑奴》《聂隐娘》就表现出了这一创作倾向。《昆仑奴》描写了一个身怀绝技的昆仑奴磨勒，他不畏强暴，帮助贵官家的姬仆逃出苦海，与她所爱的人结为自由夫妻；《聂隐娘》叙述了一飞檐走壁的女侠为其主报恩效力的故事，情节离奇，具有浓厚的神秘色彩。由于裴铏的《传奇》在唐人小说中具有一定的代表性，再加上

“传奇”这一名称简明浅显地概括了唐人小说“传写奇事”这一特色，到宋以后，人们就把这种体裁的唐宋小说统称为“传奇”了。

《任氏传》

作者沈既济（约750—800），苏州人。约在唐天宝至贞元年间，官至礼部员外郎。撰有历史著作《建中实录》，传奇小说《枕中记》《任氏传》。《任氏传》是一篇具有浓厚志怪色彩的传奇小说，其中又充满着人间的气息。故事大意：贫士郑六，一日在长安宣平之南遇到一位白衣美妇。郑六不禁心向往之，与之相随，一起到了她的住处。女子自称任氏，美艳丰丽，歌笑俱绝。郑六与她流连，天明始离开。后得知任氏乃狐仙幻化，郑六留恋任氏的美艳无法相忘，立誓赌咒，与之相恋，宛若夫妻。任氏为郑六筹划，借资市马，谋取厚利。后郑六得官，要西去远行就职。任氏预知此行不祥，不肯同行。郑六再三恳请，任氏只好同行。行至马嵬时，正碰上一群猎户。一只苍犬自草丛中突然窜出，任氏大惊，化成狐狸狂奔，最后死于苍犬之口。

《任氏传》人物对后世的影响

《任氏传》中的任氏亦狐亦人，她具有中国传统女子的美德，敢于追求爱情，不攀附高门华族，也不惜殉情而死。《任氏传》在唐人小说中是很突出的，故事情节曲折生动，内容绚丽多彩。其对后代戏曲小说颇有影响，《聊斋志异》中狐仙的原型，无论婴宁还是青凤，都能看出任氏的影子。

《柳毅传》

作者李朝威，生平不详，约中唐时人。故事描写落第书生柳毅回乡途中，遇见在荒野牧羊的龙女。龙女自称是龙王洞庭君的女儿，远嫁泾川，受其夫泾阳君与公婆虐待。柳毅出于激愤，自愿替她传家书至洞庭龙宫，得其叔父钱塘君营救，龙女回归洞庭。钱塘君即令柳毅与龙女成婚。柳毅因传信乃急人之难，本无私心，加上钱塘君态度蛮横，毅然拒绝。柳毅回到家中，先后两次娶妻，均亡故。龙女对柳毅爱慕不已，化身卢氏，嫁给柳毅，二人终成眷属。

《柳毅传》的人物形象

《柳毅传》塑造了柳毅为人忠厚、见义勇为、不求回报、不为强权所屈的性格。柳毅的正直形象和高尚品格正是对现实中追名逐利、趋炎附势的知识分子的批判，虽然富有神话色彩，但具有现实意义，它把灵怪、侠义、爱情三者结合在一起，为后期小说开拓了境界。到元代，它被改编成戏曲《柳毅传书》，一直受到人们喜爱。

《李娃传》

《李娃传》又名《汧国夫人传》，作者白行简（775—826），字知退，陕西华州下邽人，白居易之弟。元和二年（807）进士，累官司门员外郎、主客郎中等职。故事大意：荥阳大族郑生赴京应试，与名妓李娃相爱。因二人地位悬殊，李娃忍情割爱，与情人断然分手。后来，郑生几乎被其父鞭挞致死，流落街头，在垂死中,得李娃百般救护。在李娃的督促下，郑生发愤用功，皇天不负有心人，郑生应试得中，并官授成都府参军。李娃施恩不图回报，“涉江送子”，至剑门而回。郑生有感于李娃的高尚品质，不顾门第悬殊，以隆重的礼节迎娶李娃。郑父也回心转意，认李娃为儿媳。

才子佳人的滥觞——《李娃传》

《李娃传》全篇情节波澜起伏，结构完整。特别是对李娃形象的描绘极为精妙，将情节的发展与刻画人物、描摹世态人情结合在一起，具有一定的进步意义。它对后代小说戏曲都有巨大的影响，成为后世历经磨难而最终团圆的才子佳人类情节，以及“落难公子中状元”的俗套的滥觞。明代传奇《绣襦记》就是根据这篇小说改编的。

《霍小玉传》

作者蒋防，生卒年不详，字子征，一作子微，江苏义兴人。历官知制诰、翰林学士、中书舍人，曾被贬为汀州刺史、连州刺史。《霍小玉传》描写陇西大族出身的李益与妓女霍小玉相恋结合，李益得官后，背弃了“与卿偕老”的“皎日之誓”，聘表妹卢氏，与小玉断绝，成为可耻的负心汉。小玉日夜思念成疾，后得知李益负约，愤恨欲绝。忽有“豪士”挟持李益至小玉家中，小玉誓言死后必为厉鬼报复。李益娶卢氏后，因猜忌而休妻，“至于三娶，率皆如初焉”。

《霍小玉传》与《紫钗记》

《霍小玉传》是一出爱情悲剧，作者着力刻画了霍小玉的悲惨命运，谴责李益的负心，爱憎分明。尤其是她和李益最后会面的场景，凄艳欲绝，把一个情深义烈的女子的爱与恨写到了极致。整篇小说，情节凄楚动人，为唐人最精彩动人的传奇，历代传诵不衰。著名戏剧大师汤显祖的名作《紫钗记》就是据此改编的。

《莺莺传》的悲剧意义

《莺莺传》又名《会真记》，作者元稹。《莺莺传》是唐传奇小说中的名篇佳作，是《西厢记》故事的最早来源。这是一出“始乱终弃”的爱情悲剧，写张生和崔莺莺相见、相悦、相爱，最终决绝的故事。故事的主人公崔莺莺是一个大家闺秀，她容貌出众，才艺过人，诗琴女红，娴熟精湛，张生为她惊艳而倾倒，莺莺在经历一番内心斗争之后，终于以身相许，而结果却是被张生无情地抛弃。莺莺的悲剧不仅在于她委之以身的张生是一个负心汉，更可悲的是她遭到遗弃后，因这种结合非父母之命，媒妁之姻，而得不到社会的同情。所以她只能哀伤凄恻，自悔自咎地承受着，这使这部悲剧具有更加震撼人心的力量。

《虬髯客传》

作者是唐代杜光庭（850—933），字宾至，处州缙云（今属浙江）人。曾为天台山道士，后避乱入蜀。王建据蜀建国以后，历任金紫光禄大夫、左谏议大夫，进户部侍郎等职，封蔡国公，号广成先生。后主王衍时，隐居青城山，号东瀛子。

《虬髯客传》属于侠义小说，描写李靖于隋末在长安谒见司空杨素，为杨素家妓红拂所倾慕，二人遂相携出奔。途中结识侠士虬髯客，同到太原，通过刘文静会见李世民。虬髯客折服李世民是真命天子，不可匹敌，遂倾其家财资助李靖，让他辅佐李世民成就帝王大业。虬髯客自己则跑到海外，在扶余国另立为王。

"风尘三侠"

《虬髯客传》故事情节曲折，人物个性鲜明，三个主要人物都有侠义之气。红拂女的机智俏丽，李靖的沉着英俊，虬髯客的侠义刚烈，相映成趣，给后人留下了极深的印象，后人称其为"风尘三侠"。对李世民的描写也很精彩，分明就是"真命天子"的形象。通过主要人物的描写，反映了隋末动乱之际，英雄豪杰之间错综复杂的关系。小说具有很强的艺术感染力，表明晚唐时期的小说创作已经达到了很高的程度，对后世的侠义小说、戏剧影响都很大。

短篇小说

白话短篇小说，世称"话本"，是"说话"艺人表演时所依据的底本，也就是市井小说。话本在唐代已流行。宋元时期，由于都市日趋繁荣，市民对娱乐的要求增加，各种瓦肆伎艺应运而生，"说话"更为流行。从内容来看，宋元话本分"小说"、讲史、讲经、诨话四家。"小说"是其中影响最大的一家，和今天的小说概念有些不同，专指短篇的话本，现存约四十篇，如《碾玉观音》《错斩崔宁》。大都以现实生活为题材，又以爱情和公案两类最常见。讲史话本都是根据史书敷演成篇的。讲经话本以《大唐三藏取经诗话》最为著名。

宋、元话本在我国白话小说发展史上开创了一个崭新的阶段，对后来的小说、戏曲产生了深远的影响。

《碾玉观音》

《碾玉观音》是宋元话本中优秀的篇章之一，它讲述了一个令人窒息的爱情悲剧故事。主人公璩秀秀，出身于贫寒的装裱匠家庭，生得美貌出众，聪明伶俐，更练就了一手刺绣功夫。无奈家境窘迫，其父将她卖给咸安郡王做刺绣的婢女。从此，正值豆蔻年华的秀秀，身入侯门，失去自由。一次，郡王府失火，秀秀“提着一帕子金珠富贝”逃了出来，路上遇见王府中年轻能干的碾玉匠崔宁；秀秀见他诚实可靠，便主动提出和他做夫妻。于是，两人一起私奔，逃到潭州，夫妻开了一个碾玉作坊。可是好景不长，他们被郡王府走狗郭排军发现并告发，秀秀被毒打致死。崔宁的父母也受牵连死了。崔宁却被无罪放归。但秀秀又化成鬼，与崔宁继续生活。一次偶然的机会，他们又被郭排军发现，郭排军再次告发了他们。郡王不相信人死能复活，打了郭排军五十大板。最后，秀秀对崔宁解释说：“我为了你，被郡王打死了，埋在后花园里。只恨那郭排军多嘴多舌，今天我已经报仇了，伸了怨。现在人人都知道我是鬼了，我在人间不能继续生活下去了。”于是，把崔宁也拉到阴间做鬼去了。小说成功地描写了秀秀对爱情大胆、热烈、执着的追求，以及她强烈的反抗精神，同时对崔宁老实忠厚、畏首畏尾的性格刻画也很成功。小说情节的安排颇具匠心，成为宋代爱情小说的代表作。

通俗文学家冯梦龙

冯梦龙（1574—1645），字犹龙，又字子龙，号墨憨斋主人，长州（今江苏苏州）人。冯梦龙少有才气，狂放不羁，一生仕途不畅。明朝灭亡后，他忧愤而死。他毕生从事通俗文学的搜集、整理和编辑工作，是我国著名的“全能”通俗文学家。他曾改编长篇小说《三遂平妖传》《新列国志》，推动书商购印《金瓶梅词话》，刊行民间歌曲集《桂枝儿》《山歌》，编印《笑府》《古今谭概》《情史类略》，编辑有散曲集《太霞新奏》，也曾写作传奇剧本，并刻印了《墨憨斋传奇定本》十种。最重要的是，他编著的“三言”，即《喻世明言》（原称《古今小说》）、《警世通言》《醒世恒言》。“三言”中的《杜十娘怒投百宝箱》《乔太守乱点鸳鸯谱》等，在中国人中已是家喻户晓。“三言”是他一生对文学上最大的贡献。

“三言”

《喻世明言》《醒世恒言》《警世通言》三书合称“三言”。编者冯梦龙。“三言”各四十卷，每卷一篇，共收话本小说一百二十篇。其故事有的取自历史文言小说，有的修润宋元话本而成，有的是作者的创作。内容主要反映城市市民的生活面貌，大致有以下几个方面：描写市民的爱情理想和生活愿望，代表作如《杜十娘怒沉百宝箱》《卖油郎独占花魁女》等；描写朋友之间的真诚友爱和小商人恪守信义的道德观念，如《施润泽滩阙遇友》《吕大郎还金完骨肉》等；暴露封建官僚、地主、恶霸的凶恶面貌和无耻行径，如《沈小霞相会出师表》《灌园叟晚逢仙女》等。

“三言”的主题

作者编辑“三言”的目的是：劝谕、警诫、唤醒世人，有明确的社会功能。从文学史上看，“三言”是宋、元、明三代短篇话本和拟话本最重要的一部总集，被称为我国古代白话短篇小说的宝库。它的出现，标志着古代白话短篇小说整理和创作高峰的到来。

“二拍”

《初刻拍案惊奇》《二刻拍案惊奇》二书合称“二拍”。编著者凌濛初（1580—1644），字玄房，号初成，浙江乌程人，崇祯十七年（1644）因镇压李自成农民起义军失败，呕血而死。他是中国创作拟话本小说最多的一个作家。二书各四十卷，因有一卷重复，一卷为杂剧，故实有七十八卷。在艺术上，“二拍”善于组织故事情节，语言也较生动，有一定的吸引力。但书中消极、落后的成分较多，如因果报应、封建迷信和宿命论思想比比皆是，少数篇章还攻击农民起义。

“二拍”的主题

“二拍”一个重要的主题是反映商人的经济活动和追求财富的人生观念，这明显地反映了明代商品经济繁荣的现实。如《乌将军一饭必酬》的“头回”，写王生与婶母杨氏相依为命，王生经商屡遭风险，杨氏一再出资，鼓励他不要泄气。在过去的文学作品中，商人都是被贬损的对象，在这里，以经商为“正经”的杨氏是正面形象，作者称赞她是“大贤之人”，这反映了当时市民的观念。《转运汉遇巧洞庭红》则以欢快的笔调描述商人的奇遇，赞赏他们冒险追求财富的人生态度。

“二拍”的另一个重要的主题是婚姻与爱情，其中一些优秀的爱情故事，以“情”为线，把“情”视为理想的人伦关系的基础，并且对女性的情欲多作肯定的描述。如《闻人生野战翠扶庵》写女尼静观偷偷爱上了闻人生，就主动追求他，最后完成美满婚姻。在两性关系上，编者也明显持平等观。如《酒下酒赵尼媪迷花》一篇，写巫娘子遭人奸污，之后设计报仇，她的丈夫不但不怪她，反而越发敬重她，这和宋明时期理学家们提倡的“饿死事小，失节事大”显然是相悖的，更多了一些人道色彩。

“世界短篇小说之王”——蒲松龄

蒲松龄（1640—1715），字留仙，一字剑臣，号柳泉居士，山东淄川人。出身于一个逐渐败落的地主家庭。19岁应童子试，以县、府、道三考皆第一而闻名籍里，补博士弟子员。但后来却屡应省试不第，直至71岁时才成岁贡生。他一生坎坷，历尽贫穷困顿，在长达40年的时间里，在家乡的几家望族做塾师，舌耕笔耘。世称“聊斋先生”，更有“世界短篇小说之王”的美誉。

《聊斋志异》——鞭挞黑暗社会

作者蒲松龄。《聊斋志异》共八卷、四百九十一篇，约四十余万字，是中国文学史上成就最高的一部短篇小说集。作品的内容丰富多彩，各种社会问题、生活哲理无不涉及。一部分作品尖锐地暴露了当时黑暗腐败的政治，鞭挞了无恶不作的贪官污吏和土豪劣绅，对封建社会一切不平现象进行了指责、抨击和控诉。如《促织》，写老实人成名为宣德皇帝寻蟋蟀，走投无路之际，其妻求得神示，抓到了一只蟋蟀，谁知他的儿子不慎将这只蟋蟀弄死了。儿子被逼投井。后来儿子的灵魂幻化为一只无与匹敌的促织，成名将其献给皇上，皇上非常满意，成名也因此发了大财。这个离合悲欢的故事，从一个侧面暴露了统治者的荒淫。

《聊斋志异》——歌颂婚姻爱情

以婚姻爱情为题材的作品在《聊斋志异》全书中占四分之一。作者讴歌男女情事，寄托人生理想。许多故事写得酣畅淋漓，动人心魄，女主角多为狐鬼仙魅，她们不仅貌美多情，而且超凡脱俗，作者在她们身上倾注了自己的理想、情趣和追求。如《青凤》《小谢》《婴宁》《莲香》《宦娘》《聂小倩》等，她们虽为鬼狐异类，但她们有着同人一样的情感追求，特别是作者把所写的狐、魔、花、妖的形象与社会某一阶级、阶层的人物性格统一起来，通过幻想表现社会生活，具有浪漫主义色彩。

《聊斋志异》——抨击科举制度

《聊斋志异》中还有一部分作品深刻揭露科举制度造成的种种弊端，尤其是对文人造成的心理影响，如《司文郎》《王子安》《叶生》《镜听》等，对参加考试的考生所经历的非人遭遇以及精神的极度扭曲进行了入木三分的刻画。

《聊斋志异》——抒写家国之痛

《聊斋志异》的一部分作品则反映清初时事，宣泄民族情绪，流露作者自己的不满。如《公孙九娘》既是一个爱情悲剧，也一定程度反映当时的现实。故事先写于七起事遭到清廷镇压，“碧血满地，白骨撑天”。因死者太多，棺材都缺了。接着写莱阳生到济南去祭拜自己的亲友，邂逅了天仙一般的公孙九娘，与之结合。新婚之夜，九娘追述往事，道出自己的身世。原来她与母亲被清兵捕获后，母亲不堪困苦而死，九娘也自刭。九娘嘱托莱阳生把自己的尸骨迁到母亲的坟旁，莱阳生在乱坟岗中无法寻找，终于导致二人爱情失败。过了半年，莱阳生又去济南，天色暗下，只见一地鬼火，旧地重游，无限惆怅。隐约中看见公孙九娘在坟岗之间，莱阳生连连呼唤：“九娘，九娘……”却始终不见公孙九娘回答。《林四娘》也是一段人鬼相恋的故事，结尾写她即将转生，乃赋诗：“静锁深宫十七年，谁将故国问青天？闲看殿宇封乔木，泣望君王化杜鹃。”黍离之悲，亡国之痛，尽在其中。

章回小说

章回小说是我国古典小说的主要形式，由宋元讲史话本发展而来。它的主要特点是分回标目、故事连续、段落整齐、首尾完具。至迟在宋代就已经出现了长篇分回的说书艺术，元末明初出现了一批较为成熟的章回体小说，如《三国志通俗演义》《水浒传》等。到明代中期，章回小说更趋成熟，出现《西游记》《金瓶梅》等作品。清代，章回小说继续发展，到《红楼梦》的诞生，章回小说的创作达到艺术高峰。

“四大奇书”

《三国演义》《水浒传》《西游记》《金瓶梅》被明代文学家冯梦龙称为“四大奇书”。冯梦龙生活的时代，正值明中后期的资本主义萌芽、市民文化勃兴、传统儒家经典遭到怀疑、大众文化需要确立自身的地位，通俗小说已经成为大众的主要文化消费对象，通俗文学对大众精神生活和文化生活产生了重大影响，于是，随着这四部著作的相继出现，“四大奇书”的地位也随之确立，并且一直沿用至今。

四大古典文学名著

现代文学把《三国演义》《水浒传》《西游记》《红楼梦》称为四大古典文学名著。19 世纪末 20 世纪初，受西方文学观念的影响，人们对小说空前重视起来，甚至把救亡图强的希望寄托到小说身上。于是，对旧小说有了空前高的评价，到 20 世纪 50 年代，“四大名著”这个名词便成为约定俗成的提法。

四大谴责小说

晚清的小说创作得到了空前的发展，涌现出一大批有影响的小说，形成了晚清小说创作繁荣的局面。其中，有《官场现形记》《二十年目睹之怪现状》《老残游记》《孽海花》四部小说，因为它们都以揭露社会现实的丑陋和黑暗为主，被称为谴责小说，代表了这类小说的最高成就，号称四大谴责小说。

章回小说的雏形——《穆天子传》

《穆天子传》又名《周穆王游行记》《周王传》，为历史小说。作者不详。西晋武帝太康二年（280）于汲郡战国魏襄王墓中出土。前五卷写穆王十三至十七年驾八骏往会西王母事，记录了途中与西方民族往来和殊方玉山、珍禽怪兽、奇花异草等。其中，自宗周至河宗段里程及道里风俗近于翔实。后一卷记盛姬之死，又称《盛姬录》。书中西王母、赤乌氏、盛姬等故事为后世小说之滥觞。全书以人物为中心，布局已略具后世章回小说的雏形。

《东周列国志》

作者蔡元放，生活在清乾隆年间。该书是一部长篇历史小说，描写春秋战国间的故事。元代已有平话本，明嘉靖、隆庆间，余邵鱼编成《列国志传》八卷，冯梦龙加以修订，成为一百零八回的《新列国志》，蔡氏对冯著又作修润，加上自己的批语，题为《批评东周列国志》，遂广为流行。全书起于周幽王被杀，平王东迁，终于秦始皇统一六国，叙述了春秋战国时期五百多年的历史故事。其间英雄辈出，群星灿烂，是非善恶，忠奸智愚，让人一目了然。

《东周列国志》的取材

《东周列国志》在人物描写上比较鲜明生动，虽未能塑造出典型人物，而且结构上线索繁杂，但已粗略地描绘出人物的神态。故事取材于《战国策》《左传》《国语》《史记》四部史书，将分散的历史故事和人物传记按照时间顺序穿插编排，融为一炉，成为一部结构完整的历史演义。

小说家罗贯中

罗贯中（1330—1400），名本，字贯中，号湖海散人。元末明初通俗小说家、戏曲家，是中国章回小说的鼻祖。一生著作颇丰，主要作品有：剧本《赵太祖龙虎风云会》《忠正孝子连环谏》《三平章死哭蜚虎子》，小说《隋唐两朝志传》《残唐五代史演义》《三遂平妖传》，以及代表作《三国演义》等。

《三国演义》的人物形象

全称《三国志通俗演义》，作者罗贯中。该书是中国古代历史小说成就最高的一部。根据陈寿《三国志》与裴松之注，以及元刊《三国志平话》与民间所传三国故事等加工而成。描写东汉末年和魏、蜀、吴三国纷争的历史故事。它反映了三国政治、军事的复杂和矛盾斗争，以及这些矛盾的互相渗透和转化，概括了这一时代的历史，塑造了英雄人物的典型形象。其中，最突出的就是毛宗岗称之为“三奇”“三绝”的诸葛亮、关羽、曹操。诸葛亮是“古今来贤相中第一奇人”，关羽是“古今来名将中第一奇人”，曹操是“古今来奸雄中第一奇人”。这些典型人物的性格特征又是通过生动具体的故事表现出来的，这些故事早已为中国人妇孺皆知。如描写诸葛亮的三顾茅庐、舌战群儒、草船借箭、借东风、空城计、七擒孟获、秋风五丈原等，表现他超人的智慧和“鞠躬尽瘁，死而后已”

的精神。描写关羽则通过斩华雄、单刀会、刮骨疗毒、过五关斩六将等表现他忠义神武的品格。描写曹操则通过“挟天子以令诸侯”“借人头”“割发代首”等情节，表现他“宁教我负天下人，休教天下人负我”的奸雄形象。这一系列成功的人物形象的塑造，也将三国时期广阔的社会历史画面展现在读者面前；加上作者表现手法高超，将一系列大大小小的战争描写得千变万化，不重复，不呆板，独具特色，使《三国演义》一直受到人们喜爱。

《三国演义》“尊刘贬曹”的倾向

《三国演义》用了大量的篇幅，写刘备出身贫苦，了解下情，桃园结义时就怀抱着“上报国家，下安黎庶”的理想，把他塑造成仁义、宽厚、忠义，凡事“每与操相反，事乃可成”的理想君主；对曹操，作者则有意把他塑造成奸诈、阴险、自私的人，堪称“一代奸雄”，与刘备形成了鲜明的对比。这和陈寿的《三国志》是有明显区别的。

《三国演义》的“七分实事”

清代史家章学诚说《三国演义》是“七分实事，三分虚构”，这基本上是符合实际的。

“七分实事”是说《三国演义》是依据正史，特别是陈寿的《三国志》创作的，与正史有许多共同之处，如东汉末年士族与宦官的斗争，魏、蜀、吴三国的纷争，西晋的统一，基本上符合史实。许多重大的战役，如官渡之战、赤壁之战等，历史上确有其事。许多人物，如曹操、刘备、诸葛亮等，他们的生平事迹也基本上符合历史。总之，《三国演义》的时间、地点、人物、事件，都基本上符合历史事实。

《三国演义》的“三分虚构”

“三分虚构”是作者为了使故事情节生动精彩，或表达自己的“尊刘贬曹”思想而对真正的历史进行了一定的改动。如演义中所讲的诸葛亮“舌战群雄”“三气周瑜”“借东风”“空城计”“安居定五军”等一系列脍炙人口的故事；为了突出刘备的“仁君”形象，塑造“携民渡江”“怒摔阿斗”的故事；为了突出曹操多疑的奸雄形象，塑造出“设七十二疑冢”的故事；等等。

小说家施耐庵

施耐庵（1296—1371），名耳，祖籍苏州。自幼聪明好学，才气过人，事亲至孝，为人仗义。19 岁中秀才，28 岁中举人，36 岁与刘伯温同榜中进士。他曾在钱塘（今浙江杭州）为官三年，因不满官场黑暗，不愿逢迎权贵，弃官回乡。张士诚起义抗元时，施耐庵参加了他的军事活动。张士诚失败，朱元璋立国，施耐庵隐居不出，感时衰败，作《水浒传》

寄托心意，又与弟子罗贯中撰《三国演义》《三遂平妖传》等小说。

《水浒传》的创作过程

《水浒传》又称《忠义水浒传》，是中国古代著名的长篇小说之一，是一部英雄传奇。《大宋宣和遗事》已记载水浒人物三十六人，宋末著名画家李嵩为之画像，龚圣与作赞。施耐庵根据宋元之际流传的话本与民间的水浒故事加工整理而成。高儒《百川书志》载：“《忠义水浒传》一百卷。钱塘施耐庵底本，罗贯中编次。”学者认为，施耐庵的本子又可能经过他的学生罗贯中的进一步加工。嘉靖时期，又有人进行了修改。著名文学批评家金圣叹（1608—1661）再修改，从此成为最流行的本子。

梁山泊英雄谱《水浒传》

《水浒传》今传一百二十回，根据民间流传的宋江起义故事加工定型。全书叙述北宋末年官逼民反，梁山泊英雄聚众起义的故事，再现了封建时代农民起义从发生、发展到失败的全过程，塑造了宋江、李逵、武松、林冲、鲁智深等英雄人物形象。其中暴露了封建统治阶级的残暴与腐朽，但宣扬“只反贪官，不反皇帝”，接受朝廷招安等，则是严重的思想局限。

《水浒传》的艺术特色

《水浒传》在艺术上最突出的成就，是成功地刻画了众多不同性格的典型人物，他们通过现实斗争展开，让人物自己在斗争中揭示性格本身的意义。正如金圣叹所说，写一百零八个人性格，真是一百零八样。这是它的最成功之处。它的情节结构很有特色，全书结构是有机的，统一的，但某些章节又有相对独立性，可以独自成篇。语言洗练、明快、生动，富有节奏感。明、清以来小说、戏剧多从中取材，其影响很大，很多人物和故事更是家喻户晓。

小说家吴承恩

吴承恩（约1500—1582），字汝忠，号射阳山人，山阳（今江苏淮安）人。出身于书香世家，到他这一代已没落。早年是个神童，但科场不利，人到中年才补上个“岁贡生”，六十多岁的时候，出任长兴县丞，不久辞官。古稀之年，他又离开家乡，到湖北蕲州任职。几年后，回归乡里，贫老以终。他自幼喜欢读野言稗史，志奇鬼怪。曾写过一本《禹鼎志》，今已不传。因“家贫无子”，逝世后“遗稿多散佚”，后来他的表外孙丘正纲“收拾残缺，分为四卷，刊布于世”，这就是吴承恩留给后世的《射阳先生存稿》。

神魔小说《西游记》

《西游记》是一部神魔小说，以唐代玄奘和尚赴西天取经的经历为蓝本，在《大唐西域记》《大唐慈恩寺三藏法师传》等作品的基础上，经过整理、构思最终写定。小说借助唐僧师徒在取经路上经历的八十一难，折射出人间现实社会的种种情况。小说想象大胆，构思新奇，在人物塑造上采用人、神、兽三位一体的塑造方法，创造出唐僧、孙悟空、猪八戒、沙僧等不朽的艺术形象。既写出了作为神魔的特殊形象，又体现了封建社会中复杂的社会关系。神魔和人的形象的结合，是其艺术特色之一。而一部《西游记》更堪称是孙悟空的英雄史，其中的浪漫主义和英雄主义色彩令古今时代的人们仰慕不已。全书的基本格调是幽默诙谐，充满了乐观主义精神。

浪漫主义风格的杰作《西游记》

《西游记》的出现，开辟了神魔长篇章回小说的新门类，书中将善意的嘲笑、辛辣的讽刺和严肃的批判巧妙地结合的特点直接影响着讽刺小说的发展。《西游记》是古代长篇小说浪漫主义的高峰，在世界文学史上，它也是浪漫主义的杰作。《美国大百科全书》认为它是“一部具有丰富内容和光辉思想的神话小说”。《法国大百科全书》说它“全书故事的描写充满幽默和风趣，给读者以浓厚的兴味”。从19世纪开始，它被翻译为日、英、法、德、俄等十来种文字流行于世。

《封神演义》的成书

《封神演义》一般俗称《封神榜》，又名《商周列国全传》《武王伐纣外史》《封神传》，共一百回。作者许仲琳，大约生活在明代隆庆、万历年间。该书是一部神魔小说，以元代平话《武王伐纣书》为依据，参照有关古籍与民间传说敷衍而成，具有魔幻神话色彩，几百年来，以其独特的魅力，吸引着众多读者，并以其篇幅之巨大、幻想之奇特而闻名于世。它演述了商末政治纷乱和武王伐纣的历史故事。

《封神演义》的神话色彩

《封神演义》的内容依托商灭周兴的历史背景，用武王伐纣为时空线索，从女娲降香开书，到姜子牙封三百六十五位正神结束。其中的哪吒闹海、姜子牙下山、文王访贤、三抢封神榜、众仙斗阵斗法等情节，展现了古人丰富的想象力；腾云驾雾、呼风唤雨、搬山移海、撒豆成兵，还有水遁、土遁、风火轮、火尖枪……仙佛祇魔斗法的描写，富有神话色彩，对一部分人物性格的刻画特别鲜明突出。该书是模仿《西游记》创作的，自诞生以来一直受到人们喜爱。

《金瓶梅》的作者到底是谁

《金瓶梅》诞生于大约万历年间，被称为“第一奇书”，作者署名“兰陵笑笑生”。万历丁巳(1617)刻本《金瓶梅词话》开卷就是欣欣子序，欣欣子序第一句话就说“窃谓兰陵笑笑生作《金瓶梅传》”。“兰陵笑笑生”究竟是何人？因书中对话有大量的山东方言，所以一般认为作者为山东人。明沈德符《万历野获编》则说是“嘉靖间大名士手笔”，就是说，“笑笑生”是明嘉靖间“一巨公”“大名士”仍无真实姓名。后人涉足研究《金瓶梅》作者的无以计数。围绕着作者的真名是谁，争论最多，众说纷纭，被称为古典小说研究中的“哥德巴赫猜想”。至今有王世贞、屠隆、李开先、徐渭等多种说法。

古代世情小说的杰出代表——《金瓶梅》

《金瓶梅》是中国第一部文人独创的长篇小说，又是中国第一部以家庭生活为题材的小说，是古代世情小说的杰出代表。全书一百回，借《水浒传》中西门庆、潘金莲的故事为线索，描写恶霸西门庆勾结官府，横行乡里，蹂躏妇女，由发迹到灭亡的罪恶历史。以西门庆发迹到暴亡为中心，描绘了上起封建最高统治机构，下至市井无赖所构成的多彩世界。它第一个把笔触深入到家庭的日常生活范围，细致描写西门庆一家的生活，夫妻、妻妾、主仆之间的种种矛盾，多侧面地反映了一个时代光怪陆离的社会生活画卷，暴露了明代社会政治的黑暗、经济的腐朽、道德风尚的堕落和伦理关系的严酷。

《金瓶梅》为何被称为“天下第一淫书”

《金瓶梅》作者善于刻画人物，性格鲜明，描摹人情事态很细致，细节描写很成功，具有社会意义，语言生动传神，爽朗泼辣。书中有很多自然主义的手法，描写淫乱生活，因此在封建社会被当作“天下第一淫书”，屡屡受到责难。

《金瓶梅》对后世文学创作的影响

在中国文学史上，《金瓶梅》是一座丰碑，从《三国演义》的历史演义，《水浒传》的英雄传奇，《西游记》的神魔志怪，到《金瓶梅》的世情小说，是一个伟大的转变，它对后来的小说创作影响非常大，曹雪芹的《红楼梦》在题材和细节描写方面都明显地受到它的影响。

小说家吴敬梓

吴敬梓（1701—1754），字敏轩，一字粒民，晚年自号文木老人、秦淮寓客，安徽全椒人。出身于大官僚世家，到他父亲时，家道中落。他一生不应科举，晚年生活极度贫困。他举二十年之力写成的《儒林外史》，是讽刺文学的丰碑。

《儒林外史》人物塑造

全书五十六章，由许多个生动的故事连缀而成。全书没有一个中心，但有一个特别鲜明的主题，那就是运用讽刺文学的手法对明清的科举制度以及吃人的礼教进行深刻揭露和嘲笑。描写一大批官僚、豪绅、膏粱子弟、秀才、举人、贡生、名士、清客的脸谱和丑态，其中一些人物，如范进、王举人、张乡绅、牛布衣、汤知县等，都给读者留下了深刻的印象。

《儒林外史》寄托的理想

《儒林外史》批判了各种类型封建士大夫的功名利禄观念，描写他们在追求功名利禄过程中丑恶的精神面貌和败坏的道德风尚的同时，也描写了品德纯正、自食其力的正面形象，寓意着作者的理想。特别是把“四大奇人”—— 会写字的季遐年、卖火纸筒子的王太等,当作“述往思来”的一流人物。在儒林中一片狼藉之时，市井中则有闪光的人格，无疑是代表着理想人格。像他们这样淡泊功名利禄的隐士在市井中还有，但是在那些达官贵人看来，追求功名利禄才是正道。

《儒林外史》的艺术成就

《儒林外史》的艺术成就很高，讽刺手法超过了以往任何作品，表现了严格的现实主义精神。语言刚劲、犀利、辛辣，描写人物只需寥寥几笔就能状貌传神、绘影绘形、声态并作。该书集我国讽刺文学之大成，对后世文学产生了深刻的影响。晚清谴责小说以至鲁迅的小说、杂文，不论风格、手法及人物创造都吸收了它的一些创作经验。现在，《儒林外史》已被译成英、法、德、俄、日等多种文字，成为一部世界性的文学名著。

小说家曹雪芹

曹雪芹（1715—1763），名霑，字梦阮，号雪芹，又号芹圃、芹溪，祖籍辽阳，后为满洲正白旗“包衣”人。曹雪芹生活在一个“百年望族”的大官僚地主家庭。他的曾祖父曹玺担任江宁织造，他的曾祖母孙氏做过康熙帝的保姆。祖父曹寅做过康熙帝的伴读和御前侍卫，后任江宁织造，兼任两淮巡盐监察御史，极受康熙帝宠信。康熙六下江南，其中四次由曹寅负责接驾，并住在曹家。曹寅病故，其子曹颙、曹頫先后继任江宁织造。从康熙二年（1663）到雍正六年（1728），曹家祖孙三代四人担任江宁织造达六十年之久。雍正继位以后，曹家遭受打击而落败，曹雪芹的父亲曹頫革职下狱，家产被抄没。曹家从金陵迁到北京，从此一蹶不振，日渐衰微。那年，曹雪芹 13 岁。晚年，曹雪芹移居北京西郊，生活更加穷苦，“满径蓬蒿”，“举家食粥”，就在这样极端困苦的环境下，完成了不朽的巨著《红楼梦》。

《红楼梦》的版本

《红楼梦》又名《石头记》《金玉缘》，一百二十回，前八十回为曹雪芹原作，后四十回一般认为是高鹗续补。有脂砚斋评《红楼梦》八十回本，是该书最早的本子，分为三种，甲戌本、己卯本和庚辰本；由程伟元整理而于乾隆五十六年刊刻，是为“程甲本”，次年复加修改再刻，是为“程乙本”。

《红楼梦》的社会意义

《红楼梦》是中国古代最伟大的长篇小说。它以前所未有的广度和深度反映了清代前期的社会面貌和世态人情，揭露了封建家族的荒淫与腐败，显示出封建制度濒于崩溃和必然灭亡的命运。它以贵族封建家庭生活素材为基础，以贾宝玉和林黛玉的爱情悲剧及贾宝玉与薛宝钗的婚姻悲剧为经线，纵向剖析了造成悲剧的深刻社会根源；同时，以贾府的兴衰为纬线，通过贾、史、王、薛四大家族间卫道者与叛逆者之间的矛盾冲突，横向展示了由众多人物构成的广阔的社会生活环境。

《红楼梦》的人物塑造

《红楼梦》对那些在反封建生活道路上的叛逆者，作了热情的歌颂。塑造的贾宝玉、林黛玉两个叛逆性格的典型形象，体现了那一历史时期要求进步的青年的思想面貌。它的艺术成就极高。其中的人物，如宝玉、黛玉、宝钗、王熙凤、湘云、探春、惜春、贾母、王夫人、贾政、贾琏、贾雨村、尤二姐、尤三姐、平儿、鸳鸯、晴雯、袭人、刘姥姥等，血肉饱满，个性鲜明。结构宏伟而又自然，形成一个高度的有机体；细节描写特别出色，反映了生活的本质，具有丰富深刻的社会意义；语言洗练自然，切合每个人物的性格口吻。总之，《红楼梦》以高度的思想性和卓越的艺术成就，达到了中国现实主义古典小说的高峰。

《红楼梦》蕴涵的文化

《红楼梦》堪称一部中国传统文化的百科全书，中国传统文化的要素几乎无所不包，如经学、史学、诸子之学，散文、骈文、对联、词曲、绘画、书法、酒令、诗谜、饮食、服饰、礼节等，无不渗透其中。每读一遍《红楼梦》，都会大大提高传统文化的素养。

“红学”

《红楼梦》一经诞生即风行于世，评说《红楼梦》蔚然成风，甚至形成了“开谈不说《红楼梦》，读尽诗书是枉然”的风气。19世纪末，戊戌变法前后，“红学”大盛，辛亥革命前后以至到现在，研究“红学”更是呈现出前所未有的高潮。

《镜花缘》的成书

作者李汝珍（约1763—1830），字松石，直隶大兴（今北京）人。该书是带有浓厚神话色彩、浪漫幻想的中国古典长篇小说，共一百回。作者自小多才多艺，曾写了一本音韵方面的书——《音鉴》。可是他一直不得志，最后花了十几年的时间，写成了这本《镜花缘》。该作品全书内容庞杂，涉猎的知识面广阔。作品颂扬女性的才能，充分肯定女子的社会地位，批判男尊女卑、女子无才便是德的封建观念，颂扬了才女的智慧才干。

《镜花缘》中的“女儿国”

故事发生在唐武则天当政时期。一日，天降大雪，武则天因醉下诏百花盛开，不巧百花仙子出游，众花神无从请示，又不敢违旨不遵，只得开花，因此违犯天条，被上帝贬谪到人间。百花仙子托生为秀才唐敖之女唐小山。唐敖出海经商，到过三十多个国家。见识了各种奇人异事、奇风异俗，并结识由花仙转世的女子，后唐敖入小蓬莱山求仙不返。他的女儿唐小山出海寻父，游历各处仙境。作者通过父女两人的游历，描写了自己心中理想的以女性为中心的“女儿国”，歌颂女子的智慧，反映出作者对男女平等、女子和男人具有同样社会地位的良好愿望。“女儿国”的理想社会是李汝珍的独创。

李宝嘉的生平

李宝嘉（1867—1906），又名宝凯，字伯元，别号南亭亭长，笔名游戏主人、讴歌变俗人等，江苏武进（今江苏常州）人。1896年到上海，1900年开始，成为专业小说家和报刊编辑，先后办过《游戏报》《世界繁华报》《绣像小说》。经历了戊戌变法、庚子事变等重大事件，他不满于清朝的腐败，帝国主义的侵略，“以痛哭流涕之笔，写嬉笑怒骂之文”。他的作品有《官场现形记》《文明小史》《中国现在记》《活地狱》《海天鸿雪记》《庚子国变弹词》等。他的小说创作目的正如他在《活地狱》的“楔子”中所说：“世界昏昏成黑暗，未知何日放光明；书生一掬伤时泪，誓洒大千救众生。”于是，揭露时弊，洗刷污浊，改进政治，推动社会进步，就成为他创作的宗旨。

《官场现形记》的创作宗旨

《官场现形记》是李宝嘉的代表作，共五编六十回，是清末谴责小说代表作之一。以谴责晚清官场黑暗为主题，描写当时官僚阶层贪赃枉法、敲诈勒索、投降卖国等罪恶，塑造了清末官僚群丑图。作品在结构上仿《儒林外史》，由许多独立故事连缀而成。用夸张手法揭露人物，颇为生动。此书开创了专写官场、揭露其弊恶的小说新格局，是清末小说中写得较好的一种，揭开了清末谴责小说的创作高潮。

刘鹗的生平

刘鹗（1857—1909），字铁云，别署鸿都百炼生，江苏丹徒人。早年科场失利，曾行医经商，参与过洋务运动，崇拜“西学”，对数学、医学、水利等都有所研究。著作数十种，《老残游记》是其代表作。

《老残游记》

本书是一部思想比较复杂的长篇小说，初集二十回，二集残存九回，外编为残稿。全书属于游记体，通过一个摇串铃的江湖医生老残，把在山东行医时的见闻做了记录，暴露当时官场丑闻。作者对名为“清官”，实则酷吏的虐民行为进行了有力的抨击，揭发了他们以“万家流血”来染红帽顶的罪恶，直斥清官误国、清官害民，指出有时清官的昏庸并不比贪官好多少。但对帝国主义国家的侵略本质缺乏认识，反对资产阶级民主革命和义和团运动，则是明显的缺陷。在艺术上，语言生动，观察生活细致，描写逼真，尤其是善于描写自然景色和人物心理，摆脱了陈词套语，通过自己切身的感受，逼真地勾勒出景物的本来面貌，表现出很高的艺术成就。该书最早在《绣像小说》上连载，未完，翌年在天津《日日新闻》重新发表，后出版单行本。

吴沃尧的生平

吴沃尧（1866—1910），又名宝震，字小允，号茧人，后改趼人，广东南海人，祖居佛山镇，故自称我佛山人。他的曾祖曾官至巡抚，到他父辈家道中落。1897年起，五六年间，他先后主笔《字林沪报》副刊及《采风报》《奇新报》《寓言报》。其著作约有三十余种。其中较重要的，长篇有《二十年目睹之怪现状》《痛史》《恨海》《新石头记》《九命奇冤》《糊涂世界》《劫余灰》《上海游骖录》等十八种，短篇、剧本、笔记、诗文有十几种。

《二十年目睹之怪现状》

该书用自号“九死一生”者的口吻，描写从1884年中法战争前后开始的20年左右的见闻。在着重描写的官场种种“怪现状”中，尖锐地揭发了大小官僚的各种罪行和丑行，揭露了半殖民地社会“洋场”的黑幕，辛辣地讽刺了洋场才子、斗方名士一类人卑鄙无耻的市侩丑态。作者愤世嫉俗，有“救世”之志，但又主张恢复旧道德来改造旧道德，给他的小说带来局限。又加上看不到前途，在小说中往往表露出无可奈何、悲观厌世的思想。

曾朴的生平

曾朴（1872—1935），字孟朴，号铭珊，笔名东亚病夫，江苏常熟人。曾入同文馆学法文，对西方文化，特别是法国文化比较了解，翻译过雨果等人的作品。参加过戊戌变法，一度从政，1927年以后主要在上海从事书刊出版活动。《孽海花》是一部成就很高、影响很大的小说，小说署名“爱自由者发起，东亚病夫编述”，表明作者是有自由主义倾向的作家。

《孽海花》故事的特点

《孽海花》全书三十回，前四回由金天翮，号爱自由者撰写。四回以下由曾朴写作。全书以名妓傅彩云和状元金雯青的故事为线索，广泛地暴露了清末封建统治集团和一些文人专横腐化、祸国殃民的罪恶和丑行，反映了社会现实的某些侧面。书中人物皆以现实人物为原型，如傅彩云为赛金花，金雯青为洪钧，威毅伯为李鸿章，唐犹辉为康有为，梁超如为梁启超，等等。有的还直接用原名。小说叙述金雯青中状元后回家乡苏州丁母忧，与名妓傅彩云相遇，不久纳为小妾，又携她出使俄、德、荷、奥四国，为大使夫人；四年后归国，金雯青病死，傅彩云离开金家，改名赛金花，重操旧业，成为京、津、沪三地名妓。作者在他们身上投入了大量笔墨，留下了很多故事。如写赛金花是一个水性杨花的女人，她既聪明伶俐，又果敢刚毅，书中写她与八国联军司令瓦德西的艳情最有传奇色彩。

《孽海花》对小说发展的意义

《孽海花》通过描写金雯青、傅彩云的婚姻生活故事，将30年间重要历史事件的侧影及其相关的趣闻逸事加以剪裁提炼，“把奇妙和真实”结合在一起，塑造“个人与社会历史命运更紧密结合的人物”，表现历史的本质和趋向，堪称具有近代意义的历史小说。

“作家”一词的含义

相传有人给唐朝宰相王玙送稿费去，却误敲了大诗人王维家的门，王维问清了来由，就指点给他看：“大作家在那边。”这里，“作家”的用法似乎跟现在差不多，就是“专家、高手”的意思，加上“大”字，却有了讥讽的意味。北宋秦观所写的词，被称为“作家歌”，意思是他的词不仅语言好，而且合乎音律，朗朗上口，当时一些著名的歌者都喜欢唱他的词。这里，“作家”与“内行”是同义词。明代小说《封神演义》：“二将大战，正是棋逢对手，将遇作家。”这里，“作家”与“高手”是同义词。后来，“作家”专门指从事文学创作的人。

什么是“评点”

评点是我国古代一种很重要的文学批评形式。始于南宋，吕祖谦的《古文关键》就是一本评点文章的著作。据史料记载：刘辰翁、方回等也曾评点过唐人的小说和诗集。明代中叶以后，评点普遍流行，对后世影响很大。

什么是"风骨"

"风骨"一词,最早大量应用于魏、晋、南朝的人物评论,后引用到书画理论和文学评论之中。至于文学评论,当以南唐刘勰的《文心雕龙·风骨》为最早。《风骨》篇,对文章的风骨问题作了专门论述。刘勰总结了建安文学"梗概多气"的时代特点,赋予"风骨"以新的含意,将它作为最高的风格标准。比刘勰稍后的钟嵘,则在《诗品》中更为明确地提出"建安风力"的概念。风力或风骨理论的提出,标志着文艺理论发展到了一个新阶段。

"诗人"的来源

诗人一词,战国时就有了。《楚辞·九辩》说:"窃慕诗人之遗风兮,愿托志乎素餐。"《正字通》注释说:"屈原作离骚,言遭忧也,今谓诗人为骚人。"这便是"诗人"一词的最早提法。从此以后,诗人便成为两汉人习用的名词。辞赋兴起之后,又产生辞人一词。杨子云《法言·吾子篇》说:"诗人之赋丽以则,辞人之赋丽以淫。"用"则"和"淫"来划分诗人与辞人的区别,足见汉代是把诗人看得很高贵,把辞人看得比较低贱。

骚、骚体、骚人

骚指屈原的代表作《离骚》,后人用以代指屈原的作品,并用以概括屈原作品的爱国主义思想内容和艺术上的浪漫主义传统。骚体也叫"楚辞体",是以屈原《离骚》等作品为代表的一种诗体。六朝以后,社会上更看重屈赋,认为上不类诗,下不类赋,以此又创立了"骚人"一词。从战国而至盛唐,诗人、骚人始终被人看作是极为尊贵的称号。

"梨园弟子"的由来

过去常称戏曲演员为"梨园弟子",其实,最早并不是指戏曲演员,而是指乐器演员。《新唐书·礼乐志》记载,唐玄宗李隆基喜欢音乐,精通音律,尤其欣赏清雅的《法曲》。于是,他就挑选了300名乐工,在皇宫里的梨园专门教他们演奏《法曲》。李隆基亲临指导,称这些乐工为"皇帝园弟子"。这就是"梨园弟子"一词的由来。

什么是小品

小品这个名称最早来自4世纪的佛经翻译。那时有一个高僧鸠摩罗什翻译《般若经》,他把较详的译本称作《大品般若》,较略的称为《小品般若》。此后,一些短小而文情并茂的文章也就叫作小品,如"六朝小品""唐人小品""明人小品"等,其中如陶渊明的《五柳先生传》,柳宗元的《小石潭记》,明末张岱的《湖心亭看雪》等都是精品。

 五、书学

什么是书法

书法是中国特有的一种传统艺术，是中国传统文化的核心。汉字开始以图画记事，经过几千年的发展，演变成了当今的文字，这文字用毛笔书写，便产生了书法。书法的渊源很久远，在唐代最高学府有六种，即国子监、太学、四门学、律学、书学、算学。其中书学就是专门培养书法人才的。

书法艺术

书写汉字而成为一门学问，这主要是因为汉字所独具的实用和审美特征。古往今来的书家用简单的柔笔黑墨，点化各种单纯的线条，便夺天地之造化，显不测之玄机。点画之间，动天地之变；落墨之际，蕴风云之色。在时间的长河里，历代书家以其灵思妙想，承传开创，天光云锦，翠羽丹霞。于是，形成了一种中华民族独有的艺术形式。

甲骨文是怎样出现的

甲骨文出现在3000多年前，也叫契文、甲骨刻辞、卜辞、龟版文、殷墟文字等。商朝人很迷信，遇到什么事情都要卜问天神，如举行祭祀、狩猎、天气的晴雨、收成的丰歉、出行的吉凶等，都要通过占卜，谨遵神意行事。虽然现在看来这纯属一种愚昧无知的迷信活动，但在殷人眼中，占卜却是最灵验的。怎样占卜呢？就是在乌龟腹部的那块壳儿上挖一个小坑儿，用火烧一下，这样在另一面就出现了裂纹。管占卜的人就根据裂纹的形状对卜问的事情进行推测判断，为了防止遗忘，过后，就把占卜的时间、占卜者的名字、所占卜的事情、若干日后的吉凶应验，用刀刻在龟甲、兽骨上。甲骨文的笔法已经有粗细、轻重、疾徐的变化，而且字感古朴沉着，劲秀铦锐，奠定了书法艺术的基本书写规则。

金文的特点

金文也称“钟鼎文”，即商周时刻在钟、鼎、彝等青铜器上的铭文。周代是

青铜器的鼎盛期，不少青铜器都铸有铭文，书体由甲骨文演变而成，比甲骨文更加端庄、凝重，线条遒劲稳健，布局妥帖。主要作品有《散氏盘》《史墙盘》《毛公鼎》《虢季子白盘》等。金文既是研究古代史的重要资料，也是习字者临习的重要字体。

石鼓文的出现

石鼓文即“籀文”，也叫大篆。相传周宣王时太史籀著《大篆》十五篇，与古文或同或异。到孔子书六经，左丘明述《春秋传》，用的都是古文。后来，周室衰微，诸侯征伐，分为七国，田畴异晦，车涂异轨，律令异法，衣冠异制，言语异声，文字异形。秦国使用这种籀文，至今发现的在十面像鼓一样的石头上刻写的文字，为四言诗，内容歌咏秦国国君狩猎的情况，所以又称为猎碣。

石鼓文的强悍之气

《石鼓文》相比金文，书体更加成熟，其用笔起止均为藏锋，圆融浑劲，结体促长伸短，匀称适中。古茂雄秀，冠绝古今，体现着秦国那股强悍的霸主气势。石鼓文被历代书家视为习篆书的重要范本，有“书家第一法则”美誉。唐代张怀瓘《书断》评价：“《石鼓文》开阖古文，畅其戚锐，但折直劲迅，有如铁针而端委旁逸又婉润焉。”

小篆——秦代统一的汉字

小篆一名秦篆，秦丞相李斯所作，也有人说，小篆是下邽人程邈创制。秦始皇灭六国，统一四海，天下公务渐多，文书日益繁缛，于是命臣工创新体文字。丞相李斯作《仓颉篇》，中车府令赵高作《爰历篇》，太史令胡毋敬作《博学篇》，都是依据史籀大篆略加省改而成。从此废除了各国的异体字，汉字得到统一，人们把这种统一后的汉字叫作“小篆”。

由古文变而为大篆，大篆变而为小篆，小篆形体明显地简略，更加便于书写了。大、小篆书体的创制，在中国文化史上极为重要，无论史学或字学，都有重大关系。专就书法而论，历代书家，如果仅仅是描摹文字，而不追溯文字书体的渊源，则不能得书法研究之极致，只是书匠而已。

秦代刻石

小篆成为秦代通用的文字。秦始皇曾数次东巡，每到一地便刻石立碑宣扬自己的“威德”，如《峄山刻石》《泰山刻石》《琅琊刻石》《芝罘刻石》《碣石刻石》《会稽刻石》。现在能看到的原石拓本只有《琅琊台刻石》《泰山刻石》。此外，还有南唐时徐铉所摹刻的《峄山刻石》《会稽刻石》。秦碑不仅是研究秦代历史的宝贵资料，亦为我国书法作品的杰作。

篆书艺术

小篆笔画圆转流畅，粗细相等，内聚环抱，颇有气势，因此为历代书家所喜爱。前述秦代刻石传为李斯所书，是小篆的代表作品，唐代李阳冰、五代徐锴与清代的邓石如都是小篆大家，在他们的努力和推动下，篆书艺术展示出极大的魅力。

徒隶创制的字体——隶书

小篆字形圆转，写起来很麻烦，所以秦朝时一般人写字多使用平直的笔画，这样一来，又形成了一种新字体——隶书。隶书的形成还有一个故事：相传秦下邽人程邈曾为狱吏，因为得罪了秦始皇，被关在云阳狱中。程邈看到当时狱官的幺牌用篆书写很麻烦，就作了改革，他用了 10 年的时间，斟酌古文、籀文、小篆等之点画，作隶书三千字，形成一种简捷的书体，呈给秦始皇。隶书化繁为简，化圆为方，秦始皇看了很欣赏，不仅赦了他的罪，还封他为御史，规定在官狱中使用这种字体。因为程邈是个徒隶，起初又专供隶役使用，所以把这一书体称为隶书。又因为秦代小篆是官方正式场合用字，隶书最初只用于辅助字体，所以又称“佐书”。

隶书的风格

隶书是由大、小篆以及古文变化而来，篆、隶二体，当为书学的渊源。其后草书、行书、楷书都由隶书演变而来。隶书又有秦隶、汉隶之分。在纸张尚未普遍应用之前，文字大多书写在竹、木、帛上，称为竹简书、木牍书、帛书。在这些材质上书写，书家大多率意而行，形成纵任奔逸的风格，从出土的云梦秦简上和马王堆的汉帛上都可以佐证。

古隶的风格

汉隶又有古隶、八分之别。古隶即八分以前之隶书，其代表作为秦权、秦斤、秦量，以及汉五凤二年刻石，汉孝成庙鼎，天凤三年《莱子侯刻石》等。古隶之风格带篆势而有古意，较后汉所行之八分书古朴。

“八分”隶书的特点

隶书在东汉臻于鼎盛，增添了笔画的“波势”或“波磔”，形成了生动飘逸、风姿独具的成熟书体，世称“八分”，代表了隶书的成熟形态。八分隶书的显著特点乃是构形扁方，笔画已具有规律性的波势和挑法，左波右磔对比强烈，字形内敛而外张，如燕舒双翅，意欲凌飞，用笔已很有规律，横画切锋重入，方起尖收，犹如燕尾，点、撇、捺已成为构形的主要笔画。笔画的丰富，为隶书的书写增添了无穷妙趣，俯仰开合，长短相聚，粗细相间，轻重肥瘦等出神入化的境界极大地提高了书法的审美价值。

"熹平石经"

隶书工整美观，便于书写，因而赢得了正式书体的地位。汉隶书家，以蔡邕为代表。汉灵帝熹平年间（172—177），蔡邕等人用这种字体把《尚书》《诗经》等刻在四十多块石碑上，供人们抄写校对，这就是有名的"熹平石经"。

东汉碑文

在书学上，秦、汉金石仍居贵重的地位，保存到现在的，以汉碑为最多，尤以东汉碑文为盛。刘勰《文心雕龙·诔碑》云："自后汉以来，碑碣云起。"东汉隶书形体娴熟，妙态毕陈。传世的百余种汉碑，肥瘦方圆，姿态各异，呈现出辉煌竞秀的风貌。隶书的出现与成熟应该说是书史上的一座划时代的里程碑。

汉碑精品

汉碑的文字，因时代不同而表现出不同的风格。就是在同一时代中所刻，其姿势也不相同，又有因地域的不同，文字的形貌、神韵也颇多差异。而其笔势横展，波磔雄强，精气外耀，内蕴款婉的特征是显见的。所以汉碑每碑出一奇，各有风韵。汉碑的传世名品非常多，《曹全碑》《张迁碑》《礼器碑》《朝侯小子残碑》《史晨碑》《华山碑》《孔宙碑》等，皆表现出各自不同的风韵，是珍贵的艺术品。

汉碑之《曹全碑》

《曹全碑》刻于东汉中平二年（185），记述合阳令曹全生平。它以风格秀逸多姿和结体匀整著称于世，因此历来为书家所重。清孙承泽《庚子销夏记》称："字法遒秀逸致，翩翩与《礼器碑》前后辉映，汉石中之至宝也。"清万经评此碑："秀美生动，不束缚，不驰骤，洵神品也。"西安碑林博物馆陈列，是隶书的代表，汉碑中的精品。

汉碑之《张迁碑》

《张迁碑》，篆额题《汉故穀城长荡阴令张君表颂》，刻于东汉中平三年（186），现存于山东泰安岱庙。明代王世贞评此碑："书法不能工，而典雅饶古意，终非永嘉以后所可及也。"书法以方笔为主，厚重质朴，骨力劲健，再加上篆籀笔意的运用，使其古拙中有一股雄秀之气。其结体常于平稳中见奇崛，静中寓动，错综而富于变化，堪称汉碑中的上品。

汉碑之《礼器碑》

《礼器碑》，全称为《鲁相韩敕造孔庙礼器碑》，历来被推为隶书极则，也是学习隶书的最佳范本之一。书风细劲雄健，端严峻逸，方整秀丽兼而有之。其结体寓欹侧于平正中，含疏秀二严密内。翁方纲夸为汉隶中第一。此碑对以后唐代楷法的形成影响很大。

草书的出现

“章草出于急就章”，古代记录章程文书，急促之际，所用文字，来不及加工，即成草率之书。进入东汉后，经过文人、书法家的加工，草书有了比较规整、严格的形体，可以用在一些官方场合，称之为“章草”。吴皇象《急就章》的松江本是章草的代表作。

今草

东汉末期，张芝创立了今草。东汉的草书家，以杜度、崔瑗、张芝为代表，张芝被后人称为“草圣”。今草风格多样，体势一笔而成，秀丽多姿，晋王羲之、王献之父子擅长今草，字势结构微妙，又称“小草”，王羲之的《初月》《得示》等是今草的代表作。

狂草

到唐代，张旭、怀素又将草书发展为笔势连绵回绕，字形变化繁多的“狂草”。“狂草”又名“大草”“醉草”，在草书中笔意最放纵，势如急雨旋风，气似万马奔腾，使转之妙，焕乎神明，不仅如此，狂草的章法容纳最多，敧正、虚实、疏密、穿插、避让等各种变化都要在经意与不经意之间和谐地统一起来。张旭《千文断碑》《古诗四道》，僧怀素《自叙帖》等为代表作。宋代黄山谷的《李白忆旧游诗》堪称狂草的佳作。

草书的完善

汉代创兴草书，草书的诞生，在书法艺术的发展史上有着重大意义。它标志着书法开始成为一种能够高度自由地抒发情感，表现书法家个性的艺术。经过汉代，至晋代、唐代，以至于明清，草书作为一种独特的艺术形式吸引了无数书家，他们的努力与实践，拓宽了草书的意境，表现了更加丰富的内涵。

楷书

通常所说真、草、隶、篆中的“真”即指“楷书”，因形体方正，笔画平直，可作楷模，故名。草书之名出于草率、草稿。楷书则相反，是隶书、章草演变而来的。张怀瓘《书断》说：“八分本亦称为楷书。”显然和今天所说楷书不同，楷书笔画端方，波磔势少，与八分不同。但楷书具有古隶之方正，八分之遒美，章草之简捷等。

魏晋楷书

楷书萌生于汉末，《晋书·卫恒传》说“上谷王次仲始作楷书”。刘向《列仙传》则谓“上谷王次仲作八分书”。主张不同，即就八分、楷书而言，亦有异论。赵明诚《金石录》称隶书为今之楷书或真书。

魏、晋以降，六朝之际，在书学上是一个辉煌时代。三国时的钟繇，备尽法度，被视为“楷书始祖”。他的《荐季直表》《宣示表》等成了雄视百代的珍品。

东晋楷书的代表作《乐毅论》《黄庭经》《东方朔画赞》等，传为王羲之所作。王羲之子王献之的《洛神赋》字法端劲，所创“破体”与“一笔书”为书法史上的重大贡献。

魏碑

南北朝时期，中国书法艺术进入北碑南帖时代。楷书迎来了一个新时代，以魏碑为代表，风格多姿多彩。代表作有《张猛龙碑》《敬使君碑》《郑文公碑》。北派书写者多为庶人，书不具名，故书法时冠冕，被誉为“书中之圣”。魏碑历来受到高度赞誉，康有为赞为：“备众美，通古今，极正变，是为书家极则。”

隋唐楷书之盛

隋、唐时期是楷书的集大成时期，在唐代，楷书达到了历史上的最高峰，名家辈出，灿若繁星，令人仰止。欧阳询、虞世南、褚遂良、薛稷为“初唐四家”；中唐有颜真卿、柳公权等；晚唐有王文秉的篆书，李鹗的楷书和杨凝式的“二王颜柳”余韵。欧、虞、褚、李、颜、柳更为一时大宗。

行书

张怀瓘《书断》说：“行书者，乃后汉颍川刘德升所造，即正书之变体，务从简易，相间流行，故称之‘行书’。刘德升即行书之祖也。”又说：“夫行书者，非草、非真，离方，进圆，在乎季孟，兼行草者谓之真行，兼草者谓之行草。”刘熙载《书概》说：“盖行者，真之捷而草之详。”行书是非真非草，介于真、草之间的。行书中存有隶书、八分、章草等笔意，非一时代一个人新创一种书法，而是经过许多时日，历几多推移，才得以完成。

行书之宝——“三希”

行书出于后汉，魏初胡昭、钟繇并师其法，胡肥、钟瘦，各得刘之一体。然而其真迹今皆不存。两晋书法最盛时，主要表现在行书上。其代表作“三希”，王羲之的《快雪时晴帖》、王献之的《中秋帖》、王珣的《伯远帖》被认为是三件稀有的宝物，合称“三希”，清乾隆时特辟“三希堂”以贮之，现藏于故宫博物院。

“天下第一行书”——《兰亭序》

王羲之的行书《兰亭序》被誉为“天下第一行书”，论者称其笔势飘若浮云，矫若惊龙。唐代李邕的《麓山寺碑》，畅达而腴润。宋代的苏轼、黄庭坚、米芾、蔡襄，元代的赵孟頫、鲜于枢、康里，明代的祝允明、文征明、董其昌、王铎，清代的何绍基等，都擅长行书或行草，他们留下的作品已成为书法艺术的珍品。

李斯的小篆

历史上第一个有记载的书法家是秦代李斯。李斯不仅是一个政治家、文学家，而且在书法上也开一代风气。他是楚国上蔡人，荀卿的弟子，学成后西入秦，秦始皇统一中国，他被任为丞相。秦统一前，中国经历了长达500年的春秋战国时期，国与国之间长期隔绝，以致“言语异声”“文字异形”。秦国习用的大篆书写也不方便，李斯削其繁冗，归于简约，成小篆体，即秦篆，作为天下通行的标准书体，并与赵高、胡毋敬分别写了《仓颉篇》《爰历篇》《博学篇》为临摹范本。

小篆刚柔并济，圆浑挺健，对汉字的规范化起到了极大的作用。以后，秦始皇东巡会稽，即命李斯刻石颂之，传世的《泰山刻石》《峄山刻石》《琅琊台刻石》《芝罘刻石》《碣石门刻石》《会稽刻石》等石刻，成为小篆的标准样板。

李斯的小篆如锥画石，体势飞动，结构严谨，不失为学习小篆的好范本。

蔡邕正定“六经”文字

蔡邕（133—192），字伯喈，陈留圉人。东汉文学家、书法家。汉献帝时曾拜左中郎将，故后人也称他“蔡中郎”，封高阳乡侯。熹平四年（175），曾上书奏请正定“六经”文字，诏允后，蔡邕亲自书丹于碑，命工镌刻，立于太学门外。碑凡46块，称《鸿都石经》，亦称《熹平石经》。最始，乘车来观览、摹写者每日有千余人，道路为之填塞。唐张怀瓘《书断》评其书法：“体法百变，穷灵尽妙，独步古今。”传其著有《笔论》。

《笔论》的传承与失传

蔡邕无子，有女文姬，即后世闻名的女诗人蔡琰。文姬嗣其家学，博学多才，精通音律。献帝兴平间，文姬被掳入南匈奴，嫁左贤王，生二子。建安十二年（207），曹操以重金将她赎回，曹操说：“闻夫人家多藏典籍，今尚存否？”文姬说：“昔亡父有赐书四千余卷，妾尚能忆诵四百余篇。”操曰：“当令吏十人就夫人所忆而录存之。”文姬曰：“男女有别，礼不亲授；乞给纸笔，真草唯命。”于是蔡文姬凭记忆默写出四百篇文章，文无遗误，可见蔡文姬才情之高。传说蔡邕将其《笔论》传给文姬，以后又传到了三国时书家韦诞的手中。钟繇得《笔论》，又传给卫夫人，卫夫人传给王羲之，羲之传给献之，献之传给外甥羊欣，羊欣传给王僧虔，以后依次传给萧子云、智永、虞世南、欧阳询、陆柬之、张旭、李阳冰、徐浩、颜真卿等人，直到唐代的崔邈时失传。

一代书家钟繇

钟繇（151—230），字元常，颍川长社人。三国魏大臣，书法家。以功封定陵侯，魏明帝时官至太傅，人称“钟太傅”。卒谥成侯。钟繇早年师从刘德升，苦练十六年。临终时传授他的儿子钟会：“吾精思书学三十年，坐与人语，以指就座边数步之地书之；卧则书于寝具，具为之穿。”

钟繇盗墓得《笔论》

钟繇精于隶书、楷书。书若飞鸿戏海，舞鹤游天。后人评其隶行入神，八分入妙，和大书法家胡昭并称“胡肥钟瘦”。与晋王羲之并称“钟王”。但其人品多为人所诟病。据《志林》记载，钟繇、曹操等人在韦诞家中讨论笔法，知道韦诞藏有蔡邕《笔论》，几番苦求不得，竟至于槌胸吐血；幸好曹操以五灵丹救之，钟繇才大难不死，渐渐复苏。韦诞死后，钟繇盗其墓，得《笔论》，苦读精研，终于成为一代书家。唐代张怀瓘《书断》评其书：“真书绝世，刚柔备焉，点画之间，多有异趣，可谓幽深无际，古雅有余，秦汉以来，一人而已。其行书则略逊于王羲之、王献之，草书则卫协、索靖之下，八分书则有《魏受禅碑》，称此为最。钟繇之书，有唐以前多有称道，以为王羲之亦不如也。唐李世民以帝王之尊独推王羲之，故有唐以后，以王为冠绝，则钟之名斯在其下矣。”

女书法家卫夫人

卫夫人名铄，字茂猗，东晋汝阴太守李矩之妻。家学渊源极深，是北派之祖卫罐侄女，其书法在当时就很有名，正书妙入能品。有人认为钟繇将笔法传卫夫人，卫夫人传王羲之。王铎的《书评》评其书：“如插花少女，低昂美容；又如美女登台，仙娥弄影，红莲映水，碧海浮霞。”

“书圣”王羲之

王羲之（303—361），字逸少，号澹斋，原籍琅琊临沂（今属山东），后迁居山阴（今浙江绍兴）。曾为右军将军，世称“王右军”，是东晋伟大的书法家，被后人尊为“书圣”。王羲之从卫夫人学书，《笔势传》记载：“羲之学三年，日进十二功，卫夫人见太常王策，语曰：‘此小儿必见用笔诀，近顷观其书，便智若老成。’因流涕曰：‘此子必蔽吾书名。’”王羲之后北渡江，游名山，得见汉魏以来诸名家书法。遂博采众长，备精诸体，自成家法，得千变万化之神，为书林圣手。后世誉为“飘若浮云，矫若惊龙”“铁书银钩，冠绝古今”。

王羲之墨池

王羲之7岁练习书法，勤奋好学。17岁时他把父亲秘藏的前代书法论著偷来阅读，看熟了就练着写，他每天坐在池子边练字，送走黄昏，迎来黎明，写完了多多少少的墨水，写烂了多多少少的笔头，每天练完字就在池水里洗笔，天长日久竟将一池水都洗成了墨色，这就是人们今天在绍兴看到的传说中的墨池。

名震千古的《兰亭序》

王羲之善草隶、八分、飞白、章、行诸体，其楷书以《黄庭经》《乐毅论》为最，行书以《兰亭序》为最，草书以《快雪时晴帖》《初目帖》等为最。永和九年的三月三日，王羲之为会稽内史时，与一些文人到兰亭的河边修禊。大家一面喝酒，一面作诗。作完了诗，文人们把诗汇集起来，合成一本《兰亭集》，又公推王羲之作一篇序文。这时王羲之已醉了，他趁着酒意，挥笔作书。这篇序文，就是名震千古的《兰亭序》。

王羲之以书换白鹅

关于王羲之，有很多传说。王羲之有个特殊的癖好，非常喜欢鹅，不管哪里有好鹅，他都有兴趣去看，或者把它买回来玩赏。山阴有道士打听到王羲之喜欢白鹅，就特地养了一批品种好的鹅。王羲之听说道士家有好鹅，真的跑去看了。那群鹅在水面上悠闲地浮游着，一身雪白的羽毛，映衬着高高的红顶，实在逗人喜爱。王羲之请求道士把这群鹅卖给他。道士说："倘若右军大人想要，就请代我书写一部道家养生修炼的《黄庭经》吧！"王羲之求鹅心切，欣然答应了，这就是"王羲之以书换白鹅"的故事。

王羲之墨迹珍品

王羲之评价自己的书法："吾书比之钟繇，钟当抗行；草书比之张芝，犹当雁行耳。"尝与人书云："张芝临池学书，池水尽黑；假令寡人耽之若此，未必后之。"王羲之真迹多不传。唐太宗李世民时代，曾从唐内府所藏王羲之书迹及民间集字，历时二十余年而成《大唐三藏圣教序》。它至今仍然是学习王羲之行书最好的范本字帖。

怀仁为《圣教序》集"王"字

玄奘和尚西天取经回国后，唐太宗李世民亲自撰文的《大唐三藏圣教序》(简称《圣教序》)盛赞这一壮举。文章写成了，谁有资格来书写皇上的文字呢？由于文字内容和佛教有关，责任便落到佛门。长安佛界经过反复商讨，最终把皮球踢给弘福寺的怀仁和尚。这可难坏了怀仁。想来想去，突然灵机一动：皇上酷爱书圣王羲之，书圣虽然已逝，但当时留下的墨宝却很多，何不集"王"字呢！于是，怀仁从内府借得王羲之书迹，从中逐字寻找，然后精心描摹，一丝不苟。据说怀仁在集字过程中，有几个字怎么也找不到。不得已，他奏请朝廷昭示天下，谁能献出碑文中急需的一字，赏千金。书家写字要求一气贯之，字与字之间都有安排照顾。集字则不然，需要在若干个同样的字里选择出最适合的字出来，排列组合。这个过程，需要花费的心血可想而知。怀仁呕心沥血，殚精竭虑，历时二十余年，终于完成了这项浩大工程。

《兰亭序》殉葬昭陵

贞观二十二年（648），唐太宗李世民病危时，还念念不忘王羲之的《兰亭序》。于是，在临终时召见了太子李治。太宗说："吾欲从汝求一物，汝诚孝也，岂能违吾心愿。吾所欲得兰亭，汝意如何？"据说李治也非常喜爱收藏书画名品，何况王羲之的《兰亭序》，那可是天下最值得收藏的稀世奇珍。可是，太宗的语气看似请求，实是非取不可，如果不把《兰亭序》作为陪葬，就是不孝啊。听了父亲的话，望着父亲期盼的眼神，作为儿子的李治，只好把《兰亭序》装入玉匣之中，亲自放在太宗面前。举世闻名的《兰亭序》，就这样随着唐太宗的死而殉葬昭陵了。

王献之的"游丝草"

王献之（344—386），东晋书法家、诗人，字子敬，王羲之第七子，与其父并称为"二王"。工草隶，七八岁时学书，羲之曾叹曰："此儿后当复有大名。"王献之初学其父，后改变制度，别创新法。羲之、献之书法，世称"今草"；结构微妙，所以也叫"小草""游丝草"。其书字画娟秀，妙绝时伦。王献之的遗墨保存很少，数量远远没有王羲之的那么丰富。因唐太宗贬献之而不购求其书作，内府的王献之书迹"仅有存焉"。宋初的书法，并举"二王"，王献之在书学上的地位开始受到重视，他的小楷《洛神赋》，虽然仅余十三行，却是宋朝以来书家争相称颂效法的名作。他的《中秋帖》是"三希"之一。

"唐初四家"之虞世南

虞世南（558—638），字伯施，越州馀姚人。沉静寡欲，笃志好学，善属文，从王羲之的七世孙、隋朝书法家智永禅师学习书法，妙得其体要。隋大业初，授秘书郎。太宗引为秦府参军，弘文馆学士。太宗曾命书《烈女传》，以装屏风。当时正好无书，虞世南乃默诵而书，一字无缺。贞观七年，转秘书监，赐爵永兴县子。太宗称赞他："世南有五绝：一曰'德行'，二曰'忠直'，三曰'博学'，四曰'文词'，五曰'书翰'。"授银青光禄大夫，谥曰"文献"。

太宗师法虞世南

太宗学隶书，就师法虞世南。唐太宗常感到"戈"字难写。有一天，他写字时写到"戬"字，只写了"晋"的半边，让虞世南写另外半边的"戈"。写成以后，唐太宗让魏征来鉴赏，魏征看了说："天笔所临，万象其能逃形，非臣下所能拟书；惟仰观圣作，以'戬'字戈法，最为逼真。"唐太宗赞叹魏征的眼力高，也更看重虞世南的书法了。

虞世南自己曾说："余尝梦吞笔，又梦张芝指授笔法，方悟作书之道。"他学书非常勤奋，夜卧则画腹作书，故晚年尤妙，作《孔子庙堂碑》，以拓本进呈，特赐王羲之黄金印一颗，其见重如此。明王世贞评价："见其萧散虚和，风流姿态种种，有笔外意。"著有《笔髓论》，学者宗之。

"唐初四家"之欧阳询

欧阳询（557—641），字信本，潭州临湘人。敏悟绝人，贯博经世；在隋代为太常博士。唐高祖李渊未登极前即与之游；及高祖即位，累擢至给事中。欧阳询书初学王羲之，而险劲过之，因此自成一体。欧阳询学书用心极苦。有一次，他外出游览，在路旁见到一块西晋书法家索靖所写的章草石碑，看了几眼，就走开了。走了很远又回来了，伫立在碑前，反复地观看了几遍，发现其中确有精深绝妙之处。于是，在碑旁布席而宿，研究了三天三夜，终于领悟到索靖书法用笔的精神所在，因而书法更臻完美。

欧阳询八体兼妙，篆法尤精。真行学王献之，别成一家；草书跌宕流通。他曾经以三百缣购得王羲之授献之《指归图》一本，日夜赏玩，高兴得夜不能寐。他的楷书以《九成宫醴泉铭》等，行书以《梦奠帖》《张翰帖》等为最著名。

欧阳通书法

欧阳询的儿子欧阳通，也是一代书法大家，父子二人被称为"大小欧阳"。欧阳询去世时，欧阳通尚年幼。母徐氏盼子继承父业，亲自督教书法。那时其父亲的手迹大多散存于民间，徐氏不惜以重价购回。欧阳通朝夕临摹，书法大进，尽得父法。南宋董卣《广川书跋》评其书："笔力劲健，尽得家风，但微伤丰浓，故有愧于父。至于惊奇跳骏，小欧阳《道因法师碑》，隶意更浓，然而锋颖过露，含蓄处不及其父。"

"唐初四家"之褚遂良

褚遂良（596—659），字登善，杭州钱塘人，散骑常侍褚亮之子。博通文史，尤工隶书。由魏征推荐给唐太宗，受到赏识。高宗时，官至中书令，封河南县公，进郡公，人称"褚河南"。魏征认为："遂良下笔遒劲，甚得王逸少之体。"把他推荐给唐太宗，太宗即日召为侍书。太宗曾下诏以金帛购求王羲之书迹，每逢真假难辨之时，总要请褚遂良帮他鉴定，遂良仔细甄辨，竟没有一次失误。唐太宗曾对魏征说："虞世南死后，没有人跟我论书了。"

他的书法初学欧阳询，继学虞世南，长则祖述羲之，甚得其媚趣。隶行则得史陵亲授，其书师法于古，不名一家，结体学钟繇，古雅绝伦。笔法似逸少，惟馀瘦硬。至章草之间，婉美华丽，尤推妙品。

"唐初四家"之薛稷

薛稷（649—713），唐代画家、书法家。字嗣通，蒲州汾阴（今山西万荣）人。外祖魏征为初唐名臣，他本人曾任黄门侍郎、参知机务、太子少保、礼部尚书，后被赐死狱中。工书法，师承褚遂良，与虞世南、欧阳询、褚遂良并列初唐四大书法家。薛稷为人好古博雅，辞章甚美。政事之余，专力于书画艺术。他的隶书、行书俱入能品，"章草书亦其亚也"。其书法特色是"结体遒丽"，"媚好肤肉"，被人形容为"风惊苑花，雪惹山柏"，充满了诗情画意。书法作品有《中岳碑》《升仙太子碑》《信行禅师兴教碑》《佛石迹图传》等。

唐玄宗李隆基的八分草书

唐玄宗李隆基的书法也是可圈可点。开元中，他亲注《孝经》，并以八分题之，立于国学。天宝中，亲撰《鹡鸰颂》并行书之。天台山《桐柏观颂》为天宝三年（744）真书并篆额。开元十五年诏以王屋山建阳台观赐司马承祯，并题额赠之。十六年，帝自择廷臣为诸州刺史，诏宰相、诸王、御史以上祖战于洛水，命高力士以赐诗题座右，他亲赋诗，并献书。十七年，以宋璟为右丞相，张说为左丞相，源乾曜为太子少傅，皆同日拜命。诏尚书省百官会集吏堂，赐酒馔，他自赋《三杰诗》，亲赐书。太子宾客韩思复去世，他自题其碑"有唐忠孝韩长山之墓"，尝题诗江楼中，作八分草书，一篇一体，无有同者。

"三绝"之张旭

张旭，生卒年不详，字伯高，苏州吴县人。与怀素同为草书大家，后世有"张颠素狂"或"颠张醉素"之称。张旭善草书，嗜酒。每醉后号呼狂走，索笔挥洒，或以头濡墨而书，变化无穷，若有神助，时人号为"张颠"。曾经自言"始见公主、担夫争道，又闻鼓吹而得笔法意；观公孙大娘舞剑器，始得其神"。颜真卿尝访张旭求师笔法，并称其"楷法精详，特为真正"（《怀素上人草书歌序》）。

张旭书法的传承

唐朝文宗皇帝曾向全国发出了一道罕见的诏书：李白的诗歌、张旭的草书、斐旻的剑舞为天下"三绝"。其《古诗四帖》，气高格古，连绵婉转，倏忽万里，无往而不收。

《历代名画记》曰："张颠以善草书得名，余尝见小楷《乐毅论》，则韶秀殆虞、褚之流。唐《郎官石柱记》亦为旭所书，楷法工整，甚可爱赏也。"旭法传授之人甚多，有韩滉、颜真卿、魏仲犀、崔邈等。

怀素芭蕉练字

释怀素，字藏真。幼年出家为僧，嗜饮，一日酒醉，酒酣兴发，振笔落墨。其草如“寒猿饮水撼枯藤，壮士拔山伸劲铁”，“奔蛇走虺势入座，骤雨旋风声满堂”(《自叙帖》)。他在10岁时“忽发出家之意”，父母想阻也阻止不了。他在《自叙帖》里开门见山地说：“怀素家长沙，幼而事佛，经禅文暇，颇喜笔翰。”他对书法的追求达到了惊人的程度。他在《自叙帖》中说，因为买不起纸张，就在寺院附近的一块荒地，种植了一万多株芭蕉树。芭蕉长大后，他摘下芭叶，铺在桌上，临帖挥毫。老芭蕉叶剥光了，小叶又舍不得摘，他就干脆站在芭蕉树前，对着鲜叶挥洒。写完一处，再写另一处，从未间断。这就是有名的怀素芭蕉练字。

“退笔冢”

释怀素练字极其刻苦，他曾置一盘一板，放在膝上书写，书写时间久了，板都穿透了。他用过的笔不计其数，弃笔堆积，埋在山下，号曰“退笔冢”。

怀素“醉仙书”

对于自己痴迷草书，怀素自言：“素性嗜酒，藉草书以畅志养性。十日九醉，时因谓之‘醉仙书’。”在唐代，怀素的声誉极高，歌颂他草书的诗篇有37篇之多。他的草书有《自叙帖》《苦笋帖》《圣母帖》《食鱼帖》《论书帖》《大草千字文》《小草千字文》等。其中《食鱼帖》极为瘦削，骨力强健，谨严沉着。宋代书法家米芾赞誉：“怀素如壮士拔剑，神采动人，而回旋进退，莫不中节。”

颜真卿

颜真卿(709—785)，字清臣，山东琅琊临沂人，大儒颜师古之五世从孙。开元中进士，天宝末，为杨国忠所排挤，出为平原太守，世称颜平原。安史之乱，抗贼有功，入京历任吏部尚书、太子太师，封鲁郡开国公，故又世称颜鲁公。德宗兴元元年，淮西节度使李希烈叛乱，奸相卢杞趁机借李希烈之手杀害他，派其前往劝谕，颜真卿亲赴敌营，晓以大义，终为李希烈缢杀。德宗诏文曰：“器质天资，公忠杰出，出入四朝，坚贞一志。”

“颜体”

颜真卿是继“二王”之后成就最高、影响最大的书法家。他善正书、草书，笔力遒婉。他的楷书一反初唐书风，行以篆籀之笔，化瘦硬为丰腴雄浑，结体宽博而气势恢宏，骨力遒劲而气概凛然，这种风格也体现了大唐帝国繁盛的风度，并与他高尚的人格契合，是书法美与人格美完美结合的典例。朱长文赞其书：“点如坠石，画如夏云，钩如屈金，戈如发弩，纵横有象，低昂有志，自羲、献以来，未有如公者也。”他的书体被称为“颜体”，与柳公权并称“颜柳”，有“颜筋柳骨”之美誉。

“天下第二行书”

颜真卿的书迹作品，据说有138种，其碑刻遗迹存者最多。《多宝塔碑》点画丰腴，用笔劲健，一撇一捺见其静中有动，飘然欲仙；《中兴颂》宏伟发扬，状其功业之隆盛；《家庙碑》庄重笃实，见其家教之谨严；《麻姑仙坛记》秀丽超举，像其志气之高远；《元次山碑》淳涵深厚，见其业履之纯笃。行草书有《祭侄稿》《争座位帖》《裴将军帖》《自书告身》等，其中《祭侄文稿》最为著名。他的堂兄颜杲卿与子颜季明在安史之乱中罹难，他在极其悲愤的心情下写下此书，从而进入最高艺术境界，被称为“天下第二行书”。

“柳字一字值千金”

柳公权（778—865），字诚悬，京兆华原人。元和初，擢进士，后授秘书省校书郎。穆宗即位，召见公权，对他说：“吾尝于佛寺见卿之笔迹，思之久矣！”即日拜右拾遗，充翰林侍书学士。穆宗曾请教柳公权：“用笔如何始能尽法？”对曰：“用笔在心，心正则笔正。”历仕穆、敬、文三朝，禁中侍书。武宗即位，累迁河东郡公，人称“柳河东”。成通初，进太子少师，人称“柳少师”。柳公权的书法在当时就极负盛名，公、卿、大臣争相购求柳书，民间更有“柳字一字值千金”的说法。

柳公权楷书名品

柳公权初学王书，遍阅近代笔法，体势劲媚，自成一家。他是颜真卿的后继者，后世以“颜柳”并称，为历代书法楷模。后世称“颜筋柳骨”，可见他的书法是以骨力取胜的。

《金刚经刻石》清劲而峻拔，为柳书早期代表作，备钟、王、欧、虞、褚、陆诸体，最为得意之笔；《神策军碑》法度谨严，精魄强健；《玄秘塔》气象雍容，劲健清新，被称为柳书传世最佳者。孙承泽说：“书法端劲中带有温恭之致，乃其最得意之笔。”柳公权的楷书中以《神策军碑》《玄秘塔碑》影响最深远。

柳公权楷书精品之《神策军碑》

《神策军碑》全名《皇帝巡幸左神策军纪圣德碑》，是柳公权68岁时所书。记唐武宗李炎巡幸左神策军事。其笔法与结构极精练而凝重，保留了左紧右舒的传统结构。运笔方圆兼施，运用自如。笔画敦厚，沉着稳健，神完气足，较其他柳书更有精练苍劲、气象雍容之感，为今传柳书使用最为广泛的佳帖之一。读此碑可以使人加深对“颜筋柳骨”这句话的艺术特征的理解。

柳公权楷书精品之《玄秘塔碑》

《玄秘塔碑》全称《唐故左街僧录内供奉三教谈论引驾大德安国寺上座赐紫大达法师玄秘塔碑铭并序》，唐裴休撰文，柳公权书并篆额。立于唐会昌元年（841）十二月，楷书共28行，满行54字，藏西安碑林，是柳公权64岁时所书。王澍《虚舟题跋》说此书是“诚悬极矜练之作”。《玄秘塔碑》结字的特点主要是内敛外拓，这种结字容易紧密，挺劲；运笔健劲舒展，干净利落，四面周到，有自己独特的面目。

唐玄度十体

唐玄度字彦升，文宗时待诏。工书，尤精小学。推原字画，使有指归。为十体曰：古文、大篆、小篆、八分、飞白、薤叶、悬针、垂露、鸟书、连珠。网罗古今绳墨，盖亦无遗。十体中作飞白书与散隶相近，但笔势飘渺萦回，又全用楷法。开成二年（837）太学立石壁九经，文宗令翰林勒字官唐玄度复校字体。著有《九经字样》一卷。

杜牧《张好好诗并序》

杜牧不仅是一代文学大家，而且书法亦卓有造诣。作草书，气格雄健，与文章相近。传世之作《张好好诗并序》是为歌伎张好好而作，叙述歌伎张好好的不幸遭遇和作者的“感旧伤怀”。书法雄健姿媚，笔势飞动，深得六朝人遗风，更与其诗文相表里。《宣和书谱》一书评杜牧书法：“气格雄健，与文章相表里。”杜牧诗文、书法有统一的风格。

释怀仁

初唐僧人，驻锡京师之弘福寺。唐太宗李世民制《圣教序》，他建议征集天下王羲之行书，经年而逐字摹写拼合，居然一气呵成。

徐铉小篆

徐铉（916—991），五代宋初文学家、书法家。字鼎臣，广陵（今江苏扬州）人。早年仕于南唐，官至吏部尚书。后随李煜归宋，官至散骑常侍，世称徐骑省。淳化二年（991）被贬谪为静难行军司马，不久就死在贬所。徐铉在南唐时，文章议论与韩熙载齐名，称“韩徐”，又与弟徐锴俱精通文字学，号“大小徐”。他精于李斯小篆，与弟徐锴作八分小篆，号曰“二徐”。有《篆书千文》《成武王庙碑》，摹《峄山铭》《大钲铭碑》等传世。

李建中

李建中（945—1013），字得中，自号岩夫民伯。五代宋初书法家，京兆（今陕西西安）人。曾任太常博士、金部员外郎、工部郎中、西京留司御史台等职，人称“李西台”。他擅草、隶、篆、籀、八分等书体，多构新体，师法颜真卿及魏晋书风。其书笔致丰腴肥厚，结体端庄稳健，风格丰肌秀骨，气宇轩昂。人争摹习，以为楷法。墨迹有《同年帖》《宝宅帖》《土母帖》，石刻有翻刻《峄山碑》及法帖《千字文》等传世。

王著编订《淳化阁帖》

王著是北宋书法家，字知微，成都（今属四川）人。累官至殿中侍御史。《书史会要》称："王著笔法圆劲，不减徐浩，少令韵胜，其所书《乐毅论》学虞永兴（世南），可抗行也。"宋太宗求购古今书法，他奉敕编订《淳化阁帖》十卷。

郭忠恕

郭忠恕（？—977）是五代末期至宋代初期的画家，字恕先，又字国宝，洛阳人。7岁能诵书属文，举童子及第。后周广顺中（952）召为宗正丞兼国子监书学博士。入宋，官国子监主簿，益纵酒肆言，因讥讽时政，又遭流配登州，死于临邑途中。曾入龙山，得鸟迹篆，一见辄能背诵。工画山水，尤擅界画，兼精文字学、文学，善写篆、隶书。著有《佩觿》三卷，阐述文字变迁并考证传写错误。又汇编古文字《汗简》，为研究古文字学提供了珍贵资料。书法传世者有《五代汉高祖庙碑》，笔力脆弱；《怀嵩楼记》为晚年所作，笔力老劲；宋代所刻之《三体阴符》也是郭忠恕所书。

向敏中

向敏中（948—1019），北宋书法家。字常之（一作长之），开封人。太平兴国五年第进士。真宗朝，拜右仆射。门阑寂然，宴饮不备。帝闻之叹曰："敏中大耐官职！"以年老多疾，屡辞不许，竟卒于官。谥文简。著有文集十五卷，《宋史本传》传于世。工于笔札，真迹杂见于曾宏父《凤墅续杂帖》中。

欧阳修书法

欧阳修不仅为一代政治家、文学大家，也是出色的书法家。他嗜好古学，于天下金石之刻无所不阅，从而品藻凡周汉以来金石遗文，断简残编，掇拾异同，辑成《集古录》十卷，为开创金石学的先导人物。东坡曰："文忠公喜用尖笔，干墨，以作方阔之字，神采秀发，膏润无穷。"喜论古今书，书论有《论南北朝书》《论仙篆》《六一题跋》《集古录跋尾》等。世传书法作品有《集古录跋尾》等。

王安石书法

王安石集政治家、文学家、书法家于一身，他以文章和改革名世，然其书法造诣亦相当精湛，为世人所推重。《宣和书谱》评其书曰："凡作行字，率多淡墨疾书……美而不妖娆，秀而不枯瘁。"与王安石同时代之大书法家黄庭坚评曰："荆公书法奇古，似晋宋间人笔墨。"行草多用波墨疾书，似未尝经意间而成。他在去世前一年曾亲书《楞严经旨要》，为传世名品。

司马光楷书

司马光不仅是一代伟大的历史学家，以《资治通鉴》闻名于世，而且是政治家、书法家。黄庭坚评价他的书法："温公正书不甚善，而隶法极端劲，似其为人，所谓左准绳，右规矩，声为律，身为度者，观其书可想见其风采。"所著《通鉴》数百卷，稿件均作楷书，无草率者。故历时 19 年，始克成书。

北宋四大书家之苏轼

苏轼是宋代最杰出的文学家、书画家，他与父亲苏洵、弟弟苏辙皆以文学名世，世称"三苏"。苏轼死后，其弟苏辙为之作墓志铭曰："自幼好书，老而不倦。自言不及晋人，至唐之褚、薛、颜、柳则仿佛近之。"黄庭坚曰："东坡少日学《兰亭》，故其书姿媚似徐季海。至酒酣放浪，意忘工拙，字特瘦劲，似柳诚悬。中岁喜学颜鲁公、杨风子书，其合处不减李北海。本朝善书，自当推为第一。"他的儿子叔党跋其书云："吾先君子岂欲以书名哉！特其至大至刚之气，蕴蓄于胸而应之于手，故点画之间不见妩媚之姿，而端章甫服有凛然难犯之色。少喜'二王'书，晚乃学颜平原。"其书法风格丰腴跌宕，天真浩瀚，观其书法即可想象其为人，他的兄弟子侄朋友，以及其后不少历史名人都向他学习。他是"苏、黄、米、蔡"四大书家之首。

苏轼存世书迹

苏轼对自己的书法颇为自负，一日，闲坐学士院中，忽命左右取纸笔，写了"平畴交远风，良苗亦怀新"两句。用大书、小楷、行、草书，写了七八张纸，掷笔叹息："好！好！"

苏轼存世书迹有《黄州寒食诗》《赤壁赋》《答谢民师论文》与《祭黄几道文》等。其中《黄州寒食诗》是苏轼被贬谪黄州团练副使三年后，精神寂寞，郁郁不得志，生活穷愁潦倒的情形下写作的，故彰显动势，洋溢着起伏的情绪。书法上表现得参差错落，恣肆奇崛，变化万千。难怪黄庭坚为之折腰，叹曰："东坡此诗似李太白，犹恐太白有未到处。此书兼颜鲁公、杨少师、李西台笔意，试使东坡复为之，未必及此。"（《黄州寒食诗跋》）

北宋四大书家之黄庭坚

黄庭坚是与苏轼齐名的书法大家，也是著名的文学家。宋徽宗时，官吏部员外郎。他擅长草书，楷法亦自成一家，自号"山谷道人"。尝曰："余学草书三十余年，初以周越为师，故抖擞二十年，尚未脱尽俗气，晚得苏才翁子美书观之，乃得古人笔意；其后又得张长史，僧怀素及高闲之墨迹，乃窥其笔法。”《洞天清录》曰：“山谷悬腕书深得《兰亭》风韵，然真不及行，行不及草。”可见他是在学习怀素、张旭等前人大家的基础上又有创新的。

黄庭坚传世名品

黄庭坚的行书有一个显著的特点，即由中间向四周辐射，被后世书法史论家称为“辐射体”，《松风阁诗》就体现出这种风格。他的大字行书有《黄州寒食诗卷跋》《伏波神祠字卷》等，笔画遒劲郁拔，而神闲意浓，具有典型的黄书特色。草书有《李白忆旧游诗卷》《诸上座帖》等，结字雄放瑰奇，笔势飘动隽逸，是其革新狂草的代表作。《经伏波神祠诗》是其晚年的得意之作，范成大评：“山谷晚年书法大成，如此帖毫发无遗恨矣，心手调合，笔墨又如人意。”

北宋四大书家之蔡襄

蔡襄（1012—1067），字君谟，兴化仙游人。举进士，官西京留守推官。宋英宗时，拜端明殿学士，知杭州，赠吏部侍郎。工书，为当时第一。谥“忠惠”。

书法史上论及宋代书法，素有“苏、黄、米、蔡”四大书家的说法，他们四人被认为是宋代书法风格的典型代表。蔡襄楷、行、草书皆入妙品，笃志博学，冠绝一时。其书少时刚劲，气势雄伟；晚年则淳淡婉美。他非常爱惜笔墨，轻易不给别人题字。苏轼认为：“古人以散笔作隶，号曰‘散隶’；近年君谟又以散笔作草书，亦可谓之‘散草’，或名‘飞草’。”苏颂《魏公集》说：“君谟飞草尽风云龙蛇之变。”又说：“蔡忠惠公大字端重沉着，本朝书法第一。”沈括在《梦溪笔谈》中评论蔡襄的草书：“以散笔作草书，谓之散草，或曰飞草，其法皆生于飞白，自成一家。存张旭、怀素之古韵，有风云变幻之势，又纵逸而富古意。”

碑刻有《洛阳桥记》《吐谷浑词》共推大书冠冕。所书《画锦堂记》，每字书数字，择而合之，名“百衲本”。

北宋四大书家之米芾

米芾（1051—1107），字元章，号海岳外史。祖籍山西，迁居襄阳，有“米襄阳”之称。他是宋代另一位具有鲜明个性的书法大家。他是个怪才，喜穿唐服，嗜洁成癖，遇石称“兄”，膜拜不已，因而人称“米颠”。据《宋史》及有关记载，米芾为文奇险，特工于翰墨；召为书画学博士，赐谒便殿，擢礼部员外郎，出知淮阳军。他在官场上并不得意，但却成就了他的卓异于世的书法天才。他与苏轼、黄庭坚、蔡襄，书法史称“宋四大家”。他还是大画家，独创山水画中的“米家云山”之法。

米芾评书家

米芾平生于书法用功最深，成就以

行书为最大，得王献之笔意。书法潇洒自如，有骨有肉，肉中透着骨气，骨气中透着灵气。

宋高宗曾以书学博士召对。皇帝问："本朝以书名世者凡几人？"米芾说："蔡京不得笔，蔡卞得笔而乏逸韵，蔡襄勒字，沈辽排字，黄庭坚描字，苏轼画字。"皇帝又问："卿书如何？"对曰："臣书刷字耳！"就是说他自己五指执笔之势，翩翩如飞，结体飘逸而少法度。其得意处大似李北海，亦时窃小王。有一次，蔡京问米芾："近世工书者几人？"米芾答："晚时柳氏，近时君家兄弟。"是指蔡京、蔡卞兄弟。"再其次？"米芾答："芾耳！"

米芾的临摹功夫

米芾最工临摹，几与真迹莫辨，尤精鉴别，遇古器物、书画之佳者，则力求归己有。他经常从别人那里借古本临摹，临摹完了，把临本与原本一并还之，让人家自己选择哪是原本；借家往往不能辨，误将临本取去，所以他家里藏了不少古书、古画。苏东坡在《二王帖跋》中说他："锦囊玉轴来无耻，粲然夺真疑圣智。"虽说有些不当手段，但足见其以假乱真的高深功夫。

米芾的传世作品有《蜀素帖》《乐见帖》《珊瑚帖》《苕溪诗帖》等。他的儿子米友仁书法继承家风，也是一代书家。

米芾装癫索砚

米芾痴迷砚台，为了一台砚，即使在皇帝面前也可以不顾大雅。一次，同为书法家的宋徽宗让米芾以两韵诗草书御屏，实际上也想见识一下米芾的书法。米芾笔走龙蛇，从上而下其直如线，宋徽宗看后觉得果然名不虚传，大加赞赏。米芾看到皇上高兴，随即将皇上心爱的砚台装入怀中，墨汁四处飞溅，并告皇帝："此砚已被臣濡染，皇上不能再用，请陛下赐予臣吧！"徽宗爱惜其书法，不觉大笑，将砚赐之。米芾爱砚之深，将砚比作自己的头，抱着所爱之砚曾共眠数日。

米芾洁癖

米芾有洁癖，到了神经质的地步。他和周仁熟交情很好。一天，米芾向周仁熟炫耀，说："我得了一方砚，世间罕见，定是天地秘藏，只等着我来鉴识它。"周仁熟说："你虽博识，可得到的东西真假各半，只是特能夸口罢了。"米芾就要把砚取出来，周仁熟知米芾的毛病，拿了毛巾再三地擦手，像是要很恭敬地观赏的样子。米芾喜出望外，拿出砚来，周仁熟称赏不已，说："真是好东西，就是不知道发墨怎么样？"随即就吐了口唾沫开始研墨。米芾立马变了脸色道："砚也被你弄脏了，这不能用了！"就让周仁熟把砚拿走了。其实，周仁熟也不是真的想要人家的砚台，只是知道米芾有洁癖，就跟他开个玩笑。周仁熟后来要把砚还给米芾，米芾说什么也不要了。

宋徽宗的生平

宋徽宗（1082—1135），姓赵名佶，神宗第十一子。宋朝第八位皇帝，1100—1125年在位。他重用蔡京、童贯、高俅等奸臣主持朝政，大肆搜刮民财，穷奢极侈，荒淫无度。靖康二年（1127），他与钦宗一同被金兵俘虏。后被押往北边囚禁，死于五国城（今黑龙江依兰）。囚禁期间，宋徽宗曾写下了许多悔恨、哀怨、凄凉的诗句，如：

彻夜西风撼破扉，萧条孤馆一灯微。
家山回首三千里，目断山南无雁飞。

宋徽宗时期的书画艺术

宋徽宗治国无能，宠信道教，艺术上卓有成就，又大力扶持艺术，在位期间设立书画院，即徽宗宣和画院，将书画名家和鉴赏名家集中起来，从事创作和研究工作。当时书画家们的地位很高，待遇优厚，因此创作出了不少传世之作，著名的《宣和书谱》和《宣和画谱》，就是在那个时期编纂完成的，成为今天研究古代书画史的重要资料。

宋徽宗首创“瘦金书”

宋徽宗自己也从事书画创作。他的艺术才能颇高，能诗，能书，能画。他的行、草、正书笔势劲逸，初学薛稷，自变其法度，号“瘦金书”。这是他首创的一种特殊书体。其代表作有《瘦金书千字文》《洛神赋》《夏日诗帖》等。他好收藏，凡御府所储，必以御笔金书小楷题签。他被掳后，财宝被夺，毫不惋惜，听说皇家藏书被抢去，却禁不住仰天长叹。他的传世画作有《芙蓉锦鸡》《池塘晚秋》等。

赵明诚《金石录》

赵明诚（1081—1129），字德甫（又作德父），密州诸城（今山东诸城龙都街道）人，宋徽宗崇宁年间宰相赵挺之之子。著名金石学家、文物收藏家。一生致力于金石之学，曾自谓：“余自少小喜从当世学士大夫访问前代金石刻词。”（《金石录》序）与李清照结婚后，对金石学志趣更是有增无减，日趋痴迷，有“尽天下古文奇字之志”（《金石录后序》）。尝以所藏三代彝器及汉、唐以来刻石，仿欧阳修《集古录》例，著《金石录》三十卷，绍兴年间由李清照上表，献之朝廷。该书为研究古代金石刻必资之书。

范成大

范成大（1126—1193），字致能，号石湖散居士，平江吴郡（今江苏吴县）人。素有文名，与陆游、杨万里、尤袤齐名，为南宋四大家之一。书法成就也很高，只是为诗名所掩，书名不彰。他的书法受母亲的影响，他的母亲蔡夫人，是北宋四大书家之一蔡襄的孙女。范成大传世墨迹，以尺牍简札居多。黄庭坚、米芾多宗其遒劲。

朱熹书法

朱熹（1130—1200），宋代理学的集大成者，诗人、哲学家，也善书法，名重一时。明陶宗仪《书史会要》云："朱子继续道统、优入圣域，而于翰墨亦工。善行草，尤善大字，下笔即沉着典雅，虽片缣寸楮，人争珍秘。"

姜夔书法

姜夔（1155—1221），南宋大词家，亦工书法。书法出于二王一路，用笔精到，典雅俊润，且受初唐诸家书风影响，不随时俗，清新脱俗。传世墨迹不多。有《小楷跋王献之保母帖》传世。著有《续书谱》一卷，议论精到，用志刻苦。

王庭筠

王庭筠（1151—1202），金代书法家，字子端，河东（今山西永济）人。大定十六年进士，后卜居彰德，买田黄华，读书山寺，因以字号。后奉诏与张汝方同品第书法、名画，选翰林院修撰书法。王庭筠是米芾的外甥，家学渊源，其书法沉顿雄快，与南宋诸老各行南北。

赵秉文

赵秉文（1159—1232），金代书法家，字周臣，号闲闲居士，金磁州滏阳（今河北磁县）人。金世宗大定二十五年(1185)登进士第。金宣宗兴定元年(1217)拜礼部尚书，兼侍读学士，同修国史、知集贤院事。哀宗即位，改翰林学士。赵秉文生性好学，诗文书画皆工，书法笔力遒劲，大气磅礴，自然生动，功力非凡。传世之作有《赤壁图卷题诗》等。

元初三大书家之赵孟頫

赵孟頫（1254—1322），字子昂，自号"松雪道人"。宋太祖之子秦王赵德芳之后，湖州人。他以诗、书、画"三绝"名世。入元以后，得元世祖赏识，惊为"神仙中人"，授兵部郎中，迁集贤馆学士。元世祖把赵孟頫比作唐之李白、宋之苏轼，对他极为礼遇。仁宗时晋升为翰林学士承旨、荣禄大夫，官居从一品。封魏国公，谥文敏。

赵孟頫篆、籀、分、隶、真、行、草书无不冠绝古今，以书名天下。天竺僧人不远数万里来求归其书，奉为国宝。他的书法和绘画成就最高，开创元代新画风，被称为"元人冠冕"。他的楷书称为"赵体"，与唐代的"欧体""颜体""柳体"并称为四种最重要的楷体，是后世学习、临摹的重要书体。

赵孟頫传世书迹

赵孟頫5岁开始学书，从无间断，直至临死前还在观书作字。他专以古人为法，篆则法《石鼓》《诅楚》，隶则师梁鹄、钟繇，行、草则法逸少，又借鉴近人书法成就。其作书一生三变：初临思陵，中年学钟繇及羲、献诸家，晚学李北海。元人鲜于枢称赞："子昂篆、隶、正、行、章草为当代第一，小楷又为子昂诸书第一。"他一日能书万字，所以张伯雨子昂《过秦三论跋》评论："后世谁知公落笔如风雨。"

赵孟頫传世书迹较多，代表作有《千字文》《洛神赋》《归去来兮辞》《兰亭十三跋》《赤壁赋》《道德经》《与山巨源绝交书》等。

管夫人

赵孟頫的夫人管道昇是我国历史上最著名的女书画家之一，天资聪慧，能书善画，才华横溢。她的小楷端庄，行草俊逸，风格深受赵孟頫影响，明代书画家董其昌曾评价她的书法与赵孟頫"殆不可辨同异，卫夫人后无俦"。管道昇曾手书《金刚经》数十卷，赠与名山古刹。她根据前秦苏蕙的织锦《回文璇玑图诗》而作的《写璇玑图诗》，五色相间，笔法工绝，成为璇玑图后的又一段佳话。

元初三大书家之邓文原

邓文原（1258—1328），元代书法家，字善之，一字匪石，人称素履先生，绵州（今四川绵阳）人。其父早年避兵入杭，或称杭州人。又因绵州古属巴西郡，人称邓文原为"邓巴西"。历官国子监司业，集贤直学士，兼国子祭酒，拜翰林侍讲学士。卒谥文肃，《元史》有传。著述有《巴西文集》《内制集》《素履斋稿》等。工书能画，书风韵致古雅，擅行、草书。邓文原书法在元初颇负盛名，与赵孟頫、鲜于枢齐名，并称元初三大书法家。以章草见称，传世书迹有《急就章》《跋王羲之雨后帖》等。

元初三大书家之鲜于枢

鲜于枢（1246—1302），元代书法家，字伯机，晚年营室名"困学之斋"，自号困学山民，又号直寄老人。曾任太常典簿。为人豪放耿直，常与上司争是非于公庭之间，一语不合，则拂袖而去，为百姓爱戴，称"我鲜于公"。好诗歌与古董，文名显于当时，书法成就最著。元代书法的再次振兴，多以赵孟頫和鲜于枢为巨擘。著有《困学斋集》。明代朱权《太和正音谱》将其列于"词林英杰"一百五十人之中。

康里巎巎

康里巎巎（1295—1345），字山，号正斋，色目康里部人，幼年时在皇家图书馆受过充分的汉文化教育，后来做过文宗和顺帝的老师，授集贤殿待制，顺帝时官翰林学士。擅长真、行、草书，代表作有《谪龙说卷》《李白试卷》《述笔法卷》等。

金石书画鉴定家柯九思

柯九思（1290—1343），元代著名书画家，字敬仲，号丹丘生、五云阁吏，台州仙居（今浙江临海）人。自幼爱好书画，聪颖绝伦，被视为神童。文宗时被授予典瑞院都事，随后特授奎章阁鉴书博士，专门负责宫廷所藏的金石书画的鉴定。凡内府所藏古器物、书画均命柯九思鉴定，赐予牙章。他与虞集、揭傒斯同为文宗时代奎章阁的代表人物。后因朝中官僚的妒忌及文宗去世，柯九思束装南归，退居吴下，流寓松江（今属上海）。博学能文，擅写墨竹，师文同一派，并融以书法的用笔。著有《竹谱》一书。有行书《老人星赋》《陆浚之皇极赋跋》等传世。

倪瓒书法

倪瓒（1301—1374），元末明初书法家，字元镇，无锡人。他强学好修，性爱雅洁，淡于荣利；所居阁名“清闷阁”，乔木、修篁围绕，蔚然深秀，自号“云林居士”。他一生不做官，其家是吴中有名的富户，多藏古书、名画。元至正年间，天下大乱，他忽然散尽家资，扁舟往来湖山间，雅趣吟兴，辄挥洒缣索，苍劲妍润，得清秀之致。他擅长楷书，古淡秀雅，得魏晋人风致。董其昌评曰：“古淡天真，米痴（即米芾）后一人而已。”其书法传世作品有《三印帖》《月初发舟帖》《客居诗帖》《杂诗帖》《寄陈惟寅诗卷》《与率度札》《与良常诗翰》等多种。

宋濂小楷书

宋濂（1310—1381），字景濂，号潜溪，浙江金华人。自幼好学，少负文名。元至正九年（1349）被荐为翰林编修，他固辞不就，隐后居山中。朱元璋称帝后，任命他为文学顾问、江南儒学提举，授太子经。卒后追谥文宪。明太祖朱元璋推其为“开国文臣之首”。工小楷，能一黍做十余字。《六研斋笔记》云：“唐宋名公多以行、草擅长，昭代小楷之精者，惟宋公景濂一人而已。”

江南才子解缙

解缙（1369—1415），字大绅，吉水人。洪武二十一年进士、授中书庶吉士。明成祖时进侍读学士。为文雅劲奇古，力追司马迁、韩退之。诗豪宕丰赡似李、杜。书小楷精绝，行、草皆佳。时天子爱惜楷书，至亲为持砚。有农家陆颖者善制笔，欲缙作佳书者必得颍笔。永乐时，能书者众而缙居首。王世贞曰：“缙以狂草名一时，然纵荡无法，惟正书颇精研耳!”

传世书迹有《宋赵恒殿试佚事》《游七星岩诗》等。

杨士奇书法

杨士奇（1365—1444），名寓，字士奇，号东里，江西泰和人。因其居地所处，时人称之为“西杨”。累进至礼部左侍郎兼华盖殿大学士，赠太师，谥文正。“三杨”中，杨士奇以“学行”见长，人称“士奇善行、草，笔法古雅，微少风韵”。

李东阳书法

李东阳（1447—1516），明代书法家、文学家，字宾之，号西涯，湖南茶陵人。累官至礼部尚书兼文渊阁大学士，卒赠太师，谥文正。李东阳善诗文，以内阁大臣地位主持诗坛，为文典雅流丽。自幼习文，4岁能作径尺大字，长于篆、隶、楷、行、草书。他是明初台阁体书法向明中期吴门书法过渡期间的书法家，开吴门书法的先声。他的行、草书融有篆、隶遗意，而结体宽博疏朗，与古劲细瘦的用笔互相生辉，形成自己的风格。传世之作有篆书《怀素自叙帖引首》、楷书《邃庵铭》、行草书《自书诗卷》等。

吴宽书法

吴宽（1435—1504），明代诗人、散文家、书法家，字原博，号匏庵、玉亭主，世称匏庵先生，长洲（今江苏苏州）人。累官至吏部右侍郎、礼部尚书等。吴宽作风高洁，不受时尚左右，而以清正自守。死后谥文定。为文不事雕琢，惟体裁谨严；作诗沉着雄壮，一洗近世尖新之习；作书滋润之中，亦时露奇倔，体虽规抚苏轼，而多有自得之趣。

王守仁书法

王守仁是理学大家，以阳明心学名于世，书法手迹流传不多。他的书法多以行草为主。其行草作品潇洒秀逸，流畅圆转，用笔劲健老辣，受李东阳书风影响颇深。《七律寿诗》为天香楼王氏家藏，其书法挥洒自如，爽直刚健，得右军之骨。

“吴门书派”之王宠

王宠（1494—1533），字履吉，号雅宜山人，吴县（今苏州）人。祝允明、文征明之后，“吴门书派”的又一位大师，可惜英年早逝。性情豪荡不羁，书攻草书、小楷。他的楷书初学虞世南、智永，笔画之间有形断意连之韵味。草书师法孙过庭，其风格“拙中见秀”“拙中见雅”。王世贞在《三吴楷法十册》跋中认为，王宠所书《琴操》“兼正行体，意态古雅，风韵遒逸，所谓大巧若拙，书家之上乘也”。传世墨迹有《自书五忆歌》《白雀寺诗》等。

明代书坛、画坛领袖——董其昌

董其昌（1555—1636），字玄宰，华亭人。一生仕途坦荡，到天启二年迁南京礼部尚书，赠太子太傅，赠“文敏”。他天才俊逸，善谈名理；少好书、画，临摹真迹，至忘寝食。中年后，微有悟入，遂自名家；行、楷之妙，跨越一代，是明代书坛、画坛领袖。他的作品流传民间，争相购之，视之若宝。

董其昌在17岁时开始学书，以古人为师，初师颜真卿《多宝塔》，又改学虞世南；后认为唐书不如晋、魏书，于是模仿王羲之《黄庭经》及钟繇《宣示表》《力命表》《还示帖》《丙舍帖》，凡三年，自谓“逼古”。

董其昌善于向前人学习，他自己曾说：“余书较之赵子昂，各有短长；行间茂密，千字一律，吾不如赵；若临仿历代真迹，赵仅得其十一，吾得其十七。又赵书因熟得俗态，吾书因生得秀色；然吾书往往率意，较赵书亦略输一筹。”他在楷书、行草、狂草等书体上都有极高的造诣。他的书法综合了晋、唐、宋、元各家的书风，自成一体，笔画圆劲秀逸，平淡古朴，自然灵动。传世墨迹有《月赋》《东方先生画赞碑》《岳阳楼记》等。

米万钟书法

米万钟（1570—1628），字仲诏，原籍安化（今属陕西），后迁顺天（今北京），米芾后裔。擅长行草书，驰名天下。书法与邢侗、张瑞图、董其昌并称。其书迹遍于天下，行草得米芾家法，与董其昌齐名，有“南董、北米”之誉，性好石，故号友石先生。《七言诗句》轴是其代表作。

清四大书家之成亲王

成亲王，清乾隆帝第十一子，嘉庆帝之兄。幼精书法，深得古人笔意。嘉庆九年（1804），帝特命刻其帖序，流播海内。

傅山书法

傅山（1607—1684），明末清初书法家、画家、医学家，字青竹，后改字青主，号真山、石道人、松侨老人等，阳曲（今山西太原）人。明亡后，着朱衣，居土穴，自号朱道人，隐居山中，埋头学问。通经史，工诗文，精书法，擅楷、行、草、篆、隶诸体，亦擅画。尝自论其书：“弱冠学晋唐人之楷法皆不能效，及得松雪香光之墨迹临之，则遂乱真。”论书主张“宁拙毋巧，宁丑毋媚，宁支离毋轻滑，宁真率毋安排”，对后世影响很大。著有《霜红龛集》。

王铎书法

王铎（1592—1652），字觉斯，号嵩樵，清代书法家。官至礼部尚书，谥文安。书宗魏、晋，名重当代，与董其昌并称，素有“文安公书法妙天下”和“神笔王铎”

之美誉。清《评书帖》称“王铎书得执笔法，学米南宫，苍老劲健，全以力胜”。法帖有《拟山园帖》《琅华馆帖》等十余种。

王时敏书法

王时敏（1592—1680），字逊之，号烟客，晚号西庐老人，江苏太仓人。与王翚、王鉴、王原祁为代表，形成受皇室扶植的“四王”画派。祖父王锡爵为明朝万历年间相国，家本富于收藏，对宋、元名迹，无不精研。崇祯初以荫仕太常寺卿，故亦称“王奉常”。隶书追法秦、汉，榜书、八分亦负有盛名。

“扬州八怪”之郑燮

郑燮（1693—1765），字克柔，号板桥，江南兴化人。康熙年间秀才，雍正年间举人，乾隆年间进士。客居扬州，以卖画为生。为“扬州八怪”之一。《广陵涛事》曰：“板桥小楷法极为工整，自谓‘世人好奇’，因子正书中杂以篆、隶，又间参以画法，故波磔之中，往往杂有石文、兰叶。”《墨林今话》曰：“书法隶、楷参半，自称‘六分半书’，极瘦硬之致。”为人风流潇洒，诗、书、画俱别成一格，古秀绝伦。有诗曰：

咬定青山不放松，立根原在破岩中。
千磨万击还坚劲，任尔东西南北风。

传世墨迹有《行书自书诗》《草书书法尺牍》等。

“扬州八怪”之首金农

金农（1687—1764），字寿门，号冬心，又号司农，有稽留山民、昔耶居士、寿道士、粥饭僧、金牛等二十几种别号。中年后浪迹齐、鲁、燕、赵、秦、晋、楚、粤间，足迹半天下。五十岁，开始学画，晚年寄寓扬州，卖书、画亦自给。其学问渊博，浏览名迹众多，又有深厚书法功底，终于成为一代名家。书法出入楷、隶，有楷隶本之《国山》及《天发神谶》两碑，自创一格，自称《漆书》。金农嗜奇好古，收金石文字千卷，精鉴赏，善于鉴别古书画真赝，精篆刻。

清四大书家之翁方纲

翁方纲（1733—1818），清代书法家，字正三，号覃溪，晚号苏斋。长于考证金石，富藏书。乾隆十七年进士，官至内阁学士。书法欧阳询，规矩谨严，尤善隶书，与刘墉、梁同书、王文治齐名，并称“翁刘梁王”。亦有以其与刘墉、成亲王、铁保齐名，称“翁刘成铁”。晚年好佛，喜书《金刚经》。长于金石考证之学，所作碑帖题跋甚多。传世之作有《苏轼论书跋语轴》等，著有《两汉石记》《粤东金石略》《汉石经残字考》《石州诗话》等。

清四大书家之铁保

铁保（1752—1824），字冶亭，号梅庵，满洲正黄旗人，与成亲王、刘墉、翁方纲并称为清四大书家。先世姓觉罗，后改栋鄂氏。乾隆三十七年进士，官至两江总督，道光初以三品卿衔致仕。少有诗名，尤工书法，长于行草，清人马宗霍在《书林藻鉴》中称："铁公《神道碑》楷书模平原，草书法右军，旁及怀素、孙过庭，临池功夫，天下莫及。"传世书迹有《平定州修石路记》《漫录书轴》《行书七言联》等。

清四大书家之刘墉

刘墉（1719—1804），字崇如，号石庵，山东诸城人。生于书香门第，长于显宦之家。乾隆十六年进士，官至吏部尚书、体仁阁大学士，谥文清。清代书坛以帖学和碑学交互起伏。帖学经过董其昌和刘墉等人的推动，已经发展到了极致。刘墉是帖学的集大成者，刻有《清爱堂帖》。

帖学的集大成者——刘墉

包世臣《艺舟双楫》评价刘墉："石庵书少习香光，壮迁坡老，七十以后，潜心北朝碑版；惜精力已衰，未能深造；然学识意兴超然尘外。"《松轩随笔》曰："陈星斋先生尝评论本朝书法：首推何义门，次则姜西溟、赵大鲸。似属偏嗜。以愚见言之，当以王文安、刘文清为最，次则张文敏、陈香泉、汪退谷；然张、陈、汪，皆不及王、刘之厚，王犹依傍古人，刘则能自成一体，从古人入，不从古人出。"其书初看圆软滑，若团团棉花；细审则骨骼分明，内含刚劲，颇为后来书家赏识。

碑学大师——邓石如

邓石如（1743—1805），字顽伯，号完白山民，本名琰，因避仁宗庙讳，以字行，安徽怀宁人。他出生于寒门，9岁时读过一年书，停学后采樵、卖饼饵糊口。后又靠写字、刻印谋生。曾在江宁大收藏家梅镠处8年，得以纵观秦汉以来金石善本，手自临摹；遂工四体书，篆书尤称"神品"。包世臣著《艺舟双楫》推为清代第一，《息柯杂著》曰："完白真书深入六朝，盖多以篆隶用笔之法行之；姿媚之中，别饶古趣；近代以来所未有也。"他在成名后往来公卿间，以书、刻自给。好游山水，尝一筇、一笠，肩行李走百里，自号笈游道人。嘉庆中以布衣终，为一代碑学大师。

张廷济书法

张廷济（1768—1848），原名汝林，字顺安，号叔未，晚号眉寿老人，浙江海盐县人。嘉庆三年（1798）解元。不应仕途，结庐高隐，以图书金石自娱，收藏鼎彝、碑版及书、画甚多。能篆、隶，精行、楷，初规摹钟、王，五十后出入颜、欧间，晚年兼法米芾，得其神似。有《清仪阁题跋》传世。

包世臣书法

包世臣（1783—1826），字季怀，安徽泾县人。道光元年举人。道光六年（1826）辞官南归，辞世于家中，享年43岁。中年之书从欧、柳入手，转及苏、董，后专力于北魏，对清代中、后期书风变革，碑学发展甚有影响。晚年专习二王，遂成一代名家。

何绍基书法

何绍基（1799—1873），湖南道州人，晚清书法家兼诗人，字子贞，号东洲居士，晚号暖叟，一作猿臂翁。官至文渊校理，武英殿纂修、学政等职。曾主讲长沙城南书院、寓长高码头东洲草堂。博览诗书，于六经、子、史皆有著述，尤精小学，旁及金石碑版文字。自谓“学书四十余年，溯源篆分。楷法则由北朝求篆分入真楷之绪”。书法上溯周秦两汉古篆籀，下至六朝南、北碑，皆心摹手追，遍临诸帖，得其精华。于《黑女志》尤有独到之处，卓然一家，草书为一代之冠。

曾国藩书法

曾国藩（1811—1872）为清末洋务派和湘军首领，原名子城，字伯涵，号涤生，湖南湘乡人。道光进士，穆彰阿的门生。官至两江总督，文章功业冠绝一时，书法亦遒劲俊逸，自成一家。早年临摹欧、柳，晚年倾注于李海，合南北以成一家，所作有《金陵水师忠祠记》等碑。

卫夫人著《笔阵图》

《笔阵图》作者卫铄（272—349），即晋代著名女书法家卫夫人。这是中国书法理论早期著作之一。全文五百余字，简要地说明执笔与用笔的方法，列举横、点、捺、戈、竖、撇、环七种基本笔画的写法，成为以后“永字八法”的雏形。同时对传统书学理论的法则以及选择笔、墨、纸、砚等问题，加以阐发，多有创见。它以战阵比喻书法，首创笔阵学说，对中国传统书法理论体系的建立发挥了重要作用，一直被历代书法家反复征引和演绎。

庾肩吾著《书品》

庾肩吾（487—551），字子慎，南朝梁文学家、书法理论家。《书品》是一部书法评论，记载了自汉至齐梁能真草书者一百二十八人（其中有唐代魏征，盖为后人加入者），分上、中、下三等九品，以总序冠于前，各附短论，品评各家艺术成就。该书保存了中国古代书法艺术的珍贵史料，有很大的参考价值。

虞世南著《笔髓论》

《笔髓论》的作者虞世南是唐代著名书法家，与欧阳询、褚遂良、薛稷并称“唐初四家”。该书是书法论著，兼论用笔法和真、行、草各体书写规则，以及书法艺术的神韵。《契妙》一节尤为精髓，提出“故知书道玄万，必资神遇，不可以力求也。机巧必须心悟，不可以留取也”。主张求神韵于法则之外，可谓深得书道之味。《宣和书谱》记载虞世南：“尝作《笔髓》学者所宗。”因虞世南为一代书法大家，其著作亦受后世学书者重视。

李嗣真著《书后品》

李嗣真（？—696），字承胄，滑州匡城（今河南长垣）人，一说赵州柏仁（今河北唐山西）人。唐代画家与书法家。本书是书法评论，记载了八十二名书法家，其在《自序》中则说为八十一人，将书家分为十等，各有叙录，有评有赞，条理井然。因已有王僧虔、袁昂、庾肩吾等著《书品》，前品已定，所以不复诠释。但在上上品之上更设逸品，为作者独创，明确列在九等以上。

孙过庭著《书谱》

孙过庭（648—703），字虔礼，一说名虔礼，字过庭，自署吴郡（今江苏苏州，或今河南陈留，或今浙江富阳）人。唐代著名书法家。该书传世手迹一卷本，专论正、草二体书法与章法，兼论六书、八体。对书法源流、书体特点、书品标准、创作经验和各流派的优劣，进行了深入的论证，见解精辟，文字宏丽，言微旨奥。《书断》评为“穷搜远讨，博采旁证”。不足之处是词语僻涩，影响了内容的发挥。它是中国古代非常有影响的书学理论名著。

张怀瓘著《书断》

张怀瓘生活在唐代开元时期，海陵（今江苏泰县）人。唐代书法家。本书是一部书法论评，分上、中、下三卷。上卷列古文、大篆、籀文、小篆、八分、隶书、章草、行书、飞白、草书十体，分别叙述其源流，系之以赞，后有《总论》一篇。中卷、下卷分为神、妙、能三品，每品各以书体划分，共得书法家八十六人，各附以小传，传中附录又得三十八人。最后有总评一篇，张彦远《法书要录》全文收入。该书记叙详尽，征引繁博，评论允当，多证逸闻，堪称书法评论的精鉴之作。

张彦远著《法书要录》

本书是一部书学论著汇编，十卷。编集起于东汉，迄于唐代元和年间的名家书法理论文章和著名书法的著录等。皆具录原文，未见原书者，亦存其目。对自认为伪托之作，如王羲之《笔势论十二章》等，均在目录下俱注不录。末附二王帖释文四首八十二条。采辑精审。前代遗文佚篇，多仰赖此书得以保存。庾肩吾、李嗣真、张怀瓘、窦息等人的论著都保存在本书中。它是研究中国书法的重要基础资料。

朱长文著《墨池篇》

朱长文（1041—1100），字伯原，江苏吴县人。本书是一部书学论著汇编，原为二十卷，明以后并为六卷。采辑前人书学论著较张彦远《法书要录》为广，分为字学、笔法、杂议、品藻、赞述、宝藏、碑刻、器用等八门，其体例仿自《法书要录》。中国论书法之书有分类自该书始。每卷末或篇末时有评论，考核得失，抒发己见，多有精到之言。因采辑广博，前人佚文往往借以保存。历代存疑之作，仍均以著录。以后《书苑精华》诸书，或有增加，都不出该书范围。它是研究中国古代书学的重要著作之一。

米芾著《书史》

本书是一部书法品鉴专著。对前人的书迹进行评论，皆以平生目历者为断。所评内容为上起西晋，下至五代的书法名迹，皆考订真伪，辨述流传渊源，举凡印章、跋尾、纸绢、装裱、摹拓等情况，进行详细评论，识别精微。它是研究中国古代书法名迹较早的重要参考资料。

宋徽宗敕撰《宣和书谱》

中国古代书法著录书，共二十卷。宋徽宗时内臣奉命编集，亦为官方编纂，体例基本一致。该书记载了宋徽宗时内府所藏名家法帖。一卷为帝王诸书，二卷为篆隶，三至六卷为正书，七至十二卷为行书，十三至十九卷为草书，二十卷为分书，并附制诰。书内著录名迹颇为精简，作品之前的书家小传亦很详尽，许多遗文逸事，赖以生存传后世。

曹氏冕著《法帖谱系》

本书成于宋代淳祐五年（1245），专门论述宋代印本法帖的源流。卷首为谱系图，上卷记淳化阁帖二十二种，下卷记绛本旧帖十四种。以淳化阁帖为大宗，绛帖为别子，其他诸本为支派。每种法帖均叙述摹刻始末，辨别异同，评论工拙，颇为详悉，考论精当，足资考证。它对于研究中国书法史有较大的参考价值。

陶宗仪著《书史会要》

作者陶宗仪（约1329—1412），字九成，号南村，黄岩（今属浙江）人，元末明初作家。本书是一部书学史传著作，九卷，补遗一卷。前八卷辑录上古三皇至元末书法家小传，卷九为摘编前人技法理论，末附补遗一卷。此书内容丰富，文笔简当，间有评论，有褒有贬，对研究中国书法史有一定的参考价值。

乾隆帝敕编《三希堂法帖》

清乾隆十二年（1747），梁诗正等奉命，以内府所藏魏、晋至明历代书法，乾隆皇帝弘历亲自选录，编次摹刻《三希堂法帖》，三年后完成，共三十二卷，收录三百五十余件书迹，是历代网罗最富的大型丛帖。全帖共收录历代书法家134人作品，各种书体名籍349件，刻于459块富阳石上，置于今北海阅古楼。此帖摹勒之佳，卷之富有，审定之精为历代法帖之冠。因乾隆得王羲之《快雪时晴帖》、王献之《中秋帖》、王珣《伯远帖》，名所藏之室为“三希堂”，此帖包含这三件书迹，故名。

文房四宝

“文房四宝”是中国古代文人学子书房必备的用具。在我国历史文化长河中，很早就已有“文房”之称，笔、墨、纸、砚则为“四宝”，在用于书法、绘画的文化艺术工具中，仅这四样宝，就已备受文人的喜爱和珍藏。这四宝是最基本的工具。

“蒙恬造笔”的传说

毛笔具有一种与众不同的神韵，特别是在中华书法、绘画上，表现出了特殊的韵味。毛笔的起源，很难考证。古文献上常提到“蒙恬造笔”。后唐马缟《中华古今注》载：蒙恬始作秦笔，以枯木为管，鹿毛为柱，羊毛为被，谓之“苍毫”。因此，蒙恬就成了旧时制笔的祖师爷。其实，这种说法很不可靠。据专家研究，新石器时代彩陶上的花纹就是用毛笔描绘的，殷商时候甲骨上的文字，也有用毛笔书写的痕迹。在古代文献资料中，如《诗经·静女》篇中就有“贻我彤管”的句子，有人认为“彤管”就是一种红管的毛笔。一些实物的发现可以推测我国使用毛笔的历史。在湖南长沙左家公山的战国墓穴中，挖掘出一套写字工具，其中就有一支用上好的兔箭毛制成的毛笔。可见，在秦以前，毛笔就已经出现了，所谓“蒙恬造笔”，可能只是改进了毛笔的制造方法。甘肃武威的一座东汉墓出土过一支毛笔，可以看作是蒙恬改造以后的汉代毛笔的实例。

韦诞制笔法

秦以后，毛笔的使用日益广泛，毛笔的制造也愈加精良。三国的书法家韦诞是制笔的高手，相传用韦诞法制笔，能达到四德齐备。其法以强毫为柱，柔毫为被。

诸葛高制紫毫笔

唐代安徽宣城的诸葛氏用宣州兔毫制成的紫毫笔，名噪一时，精美绝伦。诸葛氏一门最出色的制笔者是诸葛高，诗人梅圣俞称赞：“笔工诸葛高，海内称第一。”欧阳修盛赞：“圣俞宣城人，能使紫毫笔。宣人诸葛高，世业守不失，紧心缚长毫，三付颇精密。软硬适人手，百管不差一。”大文豪苏轼非常喜爱这种笔，作字婉转可意，妍媚百出，自得其趣。

“湖笔”名闻全国

到元代，制笔中心由宣城转移到湖州，即浙江吴兴。据《清一统志》记载：元代湖州笔工冯应科、陆文宝精于制笔，他们的制笔技术世代相传，不断发展，“湖笔”的称号闻名全国。湖笔笔头饱满，写起字来，自然收拢成锋，弹性适度。湖笔便取代宣笔，风行全国。在元代，冯应科所造的笔，与赵孟頫的字、钱舜举的画并称为“吴兴三绝”，有“吴兴冯笔妙无伦”的美誉。湖笔还进入宫廷，承接了“御用笔”的制作。当然，湖笔制作的历史更早，有人认为起于南北朝时期，至今已有一千多年。

王羲之的鼠须笔

古代的书家们对笔的要求是很严格的。书圣王羲之就很会挑选笔，他总是用最好的笔写字。他写《兰亭序》，用的笔毫是老鼠嘴巴上的须，叫作鼠须笔；这种须毛很硬，写起字来非常遒媚劲健。他对友人所用的笔，感觉满意的很少。他写信给宰相谢安说：“现在的笔，的确不少，但是那些笔都非常差劲，没有一支是我中意的。”所以，他总用自己做的笔写字。谢安向他求笔，他也不给。他制笔采用的毛，除了老鼠的胡须，以山西太原出产的兔毛最多，也用过人的胡须做笔毫。他写的《笔经》，称赞“人须作笔甚佳”。

“梦笔生花”

文人和笔也总是有不解之缘。很多人想成名，梦见笔便大放光彩。扬雄写完《甘泉赋》，做梦口吐白凤，词赋就越写越奇了。南朝的江淹，梦见有人给他一支五色笔，醒来以后，他写的文章，用的辞藻，一天比一天地华美了。石晋的丞相赵莹，在没有做官以前，常在华岳庙向神祷告。有一天晚上，梦见神给他一支笔和两把剑，他后来就当了丞相。李白在年轻的时候，梦笔生花，他的才思，从此就飘逸起来。“梦笔生花”的故事不胜枚举。

墨的出现

墨给人的印象稍嫌单一，但它却能够传神地表达中华书画奇幻美妙的意境，它的内涵极其广阔。墨的产生，由来已久。东汉和帝时曾做过兰台令史的李尤认为，墨、砚这两件东西与文字同始于黄帝时代。“墨始于黄帝之时，一云田真造墨。”这种说法缺乏事实根据。《庄子》一书记载：宋元君养了许多有名无实的画师，有一次宋元君召他们作画，这些人突然遇到考验，焦急万分，一个个眨眉眨眼，不知所措，只是在那里装模作样地“舐笔和墨”。这个故事表明，战国时期已经有墨，该是无疑问的了。

墨的制作

在人工制墨出现前，一般是利用天然墨或半天然墨，史前彩陶纹饰及商周甲骨文、竹木简牍等，都留下了原始用墨的痕迹。大概到汉代，出现了人工墨品，就是用松烟、油烟、漆烟和胶制成的墨。三国时著名的书法家皇象谈到墨时，有“多胶黝黑”的话。大书法家韦诞不但是制笔能手，所做的墨也很出名，他在墨中加入了珍珠、麝香等香料，捣细后下于铁臼中，再捣三万杵，使之质理坚硬，这种墨品在当时极受推崇，有“一点似漆”的称誉。

“徽墨”

在中国古代，以徽墨最为尊贵。五代以前，制墨业的中心在北方。唐末五代，因战乱，制墨业的中心转移到南方。据明朝陶宗仪的《辍耕录》记载：北方墨工奚廷珪和他的父亲奚超南迁，见到歙州地方松树很多，就定居下来制墨。他们不断探索，改进技术，造出了绝品佳墨。后人誉之为“坚如玉，纹如犀”，“丰肌腻理、光泽如漆”。南唐后主李煜非常喜爱这种墨，特意嘉奖他们，封他们为墨官，并赐国姓“李”。宋朝时，歙州改名徽州，制墨家潘谷所做的墨尤为精妙，传说他所制的墨品，“香彻肌骨，磨研至尽，而香不衰”。苏轼称他为“墨仙”，有诗赞道：

徂徕无老松，易水无良工。
珍材取乐浪，妙手惟潘翁。
鱼胞熟万杵，犀角盘双龙。
墨成不敢用，进入蓬莱宫。

传说潘谷晚年醉酒落井而死，体皆柔软，疑其解化。

徽墨到明清时期达到鼎盛，出现了歙派和休宁派。

蔡伦发明纸

纸是我国古代的四大发明之一，为中国传统文化的传播立下了卓著功勋。从文献资料和出土文物看，西汉时代我国已经有了麻纸和絮纸。到了东汉中叶，蔡伦总结了前人造纸的经验，改进了造纸方法，纸的质量显著提高。蔡伦发明的纸是真正的植物纤维纸，它逐渐取代了简帛的地位，成为主要的书写材料，他制的纸人称“蔡侯纸”。东汉末年，造纸名家左伯在这个基础上又有了新的创造，所做的纸更为精良，被称为“妍妙辉光”。后来，造纸手工业在全国普遍发展起来，造纸技术不断提高，用以造纸的原料也愈来愈多，麻、竹、桑皮、稻秆等都可以用于造纸。

“纸寿千年”——宣纸

最适合于书写、绘画的要算是“宣纸”。宣纸产于泾县，泾县唐代属宣州管辖。传说，蔡伦死后，他的弟子孔丹由于怀念师傅，就想造一种特别好的纸为师傅画像作纪念，但屡试不成。后来，他看见倒在山溪里的檀树，因受水侵蚀，已腐烂发白，受到启发，于是想到利用檀树皮做纸，经过了多年的试验，终于制成宣纸。宣纸坚韧柔软，洁白匀称，不蠹不腐，耐老化、耐破裂，润墨性强，宜书宜画，有“纸寿千年”的美誉。我国保存到现在的许多古代文献、书画，就是用宣纸抄写、绘制的。

“薛涛笺”

文人们和纸演绎出了不少故事。盛唐女诗人薛涛本长安人，幼年随父亲宦居四川，后父逝，沦落风尘成为乐妓。她工诗词，晓音律，时称“女校书”。她和当时很多大文人相唱和。有感于当时纸幅太大，就亲自指导工人改制小幅纸，用来写小诗酬和，因用薛涛宅旁浣花溪水制成，因而又称“浣花笺”，或“薛涛笺”。相传薛涛曾把植物花瓣撒在纸面上加工制成彩笺。这种纸色彩斑斓，精致玲珑，又称“松花笺”。因桃花溪水清滑异常，造出的纸也光洁可爱。诗人们常常赞美这种纸。大诗人韦庄《乞彩笺歌》赞曰：

浣花溪上如花客，绿阁红藏人不识。
留得溪头瑟瑟波，泼成纸上猩猩色。
手把金刀擘彩云，有时剪破秋天碧。
不使红霓段段飞，一时驱上丹霞壁。
……
人间无处买烟霞，须知得自神仙手。
也知价重连城璧，一纸万金犹不惜。
薛涛昨夜梦中来，殷勤劝向君边觅。

“四宝”之首——砚

“四宝”砚为首，砚是研墨的工具，因其质地坚实，能传之百代，所以，在现代“四宝”收藏中，砚最为多见。在陕西省临潼县姜寨的一处原始社会遗址中，就发现了一方石砚。据《文房四谱》引伍缉之的《从征记》说，鲁国孔子庙中有一石砚，制作古朴，是孔子平生所用的东西。由此可见，秦以前已经有砚是可以确定的。汉朝时，砚的制作达到了很高的水平。不但使用多种材质制造，而且增添了纹饰，使砚兼具实用和审美的功能。魏晋南北朝时候，制砚的材料非常广泛，除了一般的石砚以外，还有豪华的银砚和特制的铜砚、铁砚。到唐代，砚的种类更多，尤其是用汉未央宫瓦和魏铜雀台瓦制成的瓦砚，以及用绛州（今山西新绛）汾河泥烧制的澄泥砚，特别名贵。

“端砚”

端砚是中国名砚的代表，它在中国

砚中龙头老大的地位从来就不曾动摇过。端石石质坚实细润，最名贵的石砚是“端砚”，产地在端州（今广东高要）。端砚一经问世，就受到了特殊的礼遇和恩宠，它是在一片颂扬声中成长起来的。唐代很多大诗人竞相赞美它，李贺《杨生青花紫石砚歌》赞曰：

端州石工巧如神，踏天磨刀割紫云。
佣刓抱水含满唇，暗洒苌弘冷血痕。
纱帷昼暖墨花春，轻沤漂沫松麝薰。
干腻薄重立脚匀，数寸光秋无日昏。
圆毫促点声静新，孔砚宽硕何足云！

到宋朝，端砚更是闻名全国，以紫色者尤为世所重。它的石质坚实、细润，发墨不损毫，利于书写，且造型美，雕琢精，一向被书画家们视为珍宝。

六、画学

什么是中国画

中国画在古代无确定名称，一般称之为丹青，主要指的是画在绢、宣纸、帛上并加以装裱的卷轴画。近现代以来为区别于西方输入的油画（又称西洋画）等外国绘画而称之为中国画，简称“国画”。它是用中国所独有的毛笔、水墨和颜料，依照长期形成的表现形式及艺术法则而创作出的绘画。

“水墨丹青”

中国传统绘画常用朱红色、石青、石绿等色，故称“丹青”，用来形容中国绘画。丹指红，青指蓝绿。古人画画，常用水溶性的颜料，墨是最容易找到的东西，古人的素描画就是用木炭条来起稿，用墨色来定稿；只用黑墨画的画叫作“水墨画”；中国画以墨色为主，以其他色彩为辅，所以中国画也称为“水墨丹青”。

中国画的种类

中国画按其使用材料和表现方法，又可细分为水墨画、重彩、浅绛、工笔、写意、白描等；按其题材又有人物画、山水画、花鸟画等。中国画的画幅形式较为多样，横向展开的有长卷（又称手卷）、横披，纵向展开的有条幅、中堂，盈尺大小的有册页、斗方，画在扇面上面的有折扇、团扇等。

岩画

岩画，又称岩壁画、崖画、岩刻、石山画、岩石艺术等，是一种刻凿或画在岩石上的图像。在公元前几万年乃至数百万年前，先民们就已经在地面、岩壁、陶器、青铜器上刻画、涂绘各种各样丰富的图形。远古绘画艺术，多在旷野中的石块、岩洞、山崖峭壁上进行创作。因为它是刻画在各种石头上的画，所以称之为“岩画”。岩画艺术遍布世界各地，仅内蒙古阴山山脉、贺兰山北部、乌兰察布高原等处，发现的岩画就有两万多幅之巨。岩画是远古人类在文字产生之前的艺术萌芽，是原始造型艺术语言的重要部分，是史前时代用形象撰写的“百科全书”。

内蒙古岩画

内蒙古自治区是岩画遗存最多的地区之一，发现的岩画数量之多，内容之丰富，分布之广，是非常罕见的，可称为世界文化艺术宝库中的一颗璀璨的明珠。内蒙古阴山山脉西段的毫牙尔宝格达（二狼山）和鄂尔多斯高原北部的阿尔巴斯（桌子山）岩画，可以说是中国最早期岩画的代表。内蒙古的岩画不仅代表了远古草原文化，也是全人类文化遗产的重要组成部分。这些规模宏大的岩画，对现代人研究考古学、文化人类学、文字史学、历史学、民族学以及美学、艺术史等，都有着极其重要的价值。

岩画包含的意义

岩画是在一种神秘的、变了形的神人同形论的意图下制造出来的。原始先民面对具有无限威力的一切自然力量，最直接的思路就是把它们人格化，认为它们有灵魂、思想、意志和情感，通过对它们的虔诚的膜拜，达到驾驭它们的目的。他们画上狩猎的场面，是祈愿每次出猎都能满载而归；画上男女交媾，是祈求子孙繁衍生息；画上男人女人生殖器，是把生殖看作是最为神圣的事业；那些面目诡异的脸，神秘莫测的形象，可能是祭祀活动中能够通灵的巫师。

彩陶绘画艺术

陶器的出现是人类文明发展的一个重要标志。陶器的制作过程，也是先民发现并创造美的过程。最初，人们可能是发现制陶过程中遗留在陶器上的痕迹很美观；后来，可能有意留下一些纹饰；再后来，人们发现了点、线、面构成的图案的美感作用；继续发挥人类想象力的结果是，人类在不同地区不约而同地发展出了彩陶绘画艺术。彩陶绘画艺术可划分为大汶口文化彩陶、红山文化彩陶、河姆渡文化彩陶等几大类。其中最具有代表性的是半坡型、庙底沟型及马家窑型的彩陶艺术。

“人面鱼纹盆”

仰韶文化发现了一件精彩的彩陶，就是我们熟知的“人面鱼纹盆”，在盆底对称画着两张人面和两条鱼。其人物面部和鱼纹图案组合成极具寓意的装饰纹样，人物头上佩戴着椎形饰物，嘴上衔着双鱼，两耳横挂双鱼。整个画面呈现着一种对称美。线条造型匀称，在一些地方施以块面平涂，画面清晰、劲挺、豪爽，用无声的语言向我们描述着当时人们的心理意识：也许是人对鱼的崇拜，也许是祈求捕鱼丰收，也许是与生殖有关的多子多福的愿望，也许是连年有余的期望。鱼在中国语言中具有生殖繁盛的祝福含义。鱼纹可能就是半坡氏族图腾崇拜的徽号。

“舞蹈彩陶纹盆”

青海大通县上孙家寨出土的马家窑文化彩陶“舞蹈彩陶纹盆”，盆内壁绘五人一组，共三组十五人，在杨柳依依的河畔，画中人正手拉手地跳舞。画面重复排列的舞蹈人物携手成排，双腿分开，身体向左，发辫和腰间飘带随着翩翩起舞而摆动。为了表现动感和旋转，还将每组靠边者的手臂以双线重复。整个画面具有强烈的节奏感和装饰性。

青铜器上的绘画

中国远在夏代，就已经从石器时代进入到铜器时代。到了商代，青铜冶炼技术的提高，使得青铜器开始广泛使用。因此，夏、商、西周和春秋时代是青铜器铸造的辉煌时期，在历史上也称之为青铜时代。青铜的用器和礼器有鼎、鬲、簋、爵、觚、尊、壶、卣、盘、盂、簠、豆、鉴等，乐器有钟、铙等，武器有戈、矛、斧、钺、刀、剑等。这些青铜器，形制庄严、凝重、华美，纹饰大方优美而质朴。以青铜工艺为代表的美术创作，是继原始彩陶以后出现的中国古代绘画史上的又一个高潮。

“饕餮纹”

青铜器上的纹饰具有统一性，许多纹饰有相似的特点：以鼻为中线左右对称排列，上端第一道是角，角下面有目。有的目上还有眉，目两侧有耳。多数有曲张的爪，两侧有左右展开的龙形纹样。具有这个模式的青铜纹饰，旧称“饕餮纹”，通常称为“兽面纹”，主要流行于商代和西周早期。饕餮是古代传说中贪食的凶兽，可能有特定的含义。

战国楚墓帛画《人物龙凤图》

《人物龙凤图》是在长沙陈家大山楚墓发现的一幅帛画，是随墓而葬的铭旌。在手帕般大小的丝织物上，墓主人双手合十，侧身左向而立，长长的头发高高盘起。贵妇细腰宽袖，长裙曳地。在她头顶左上方，有一只矫健振翅的凤鸟，双脚前屈后伸，呈意欲腾空之势。凤的前端，有一龙扶摇直上，但在视觉上，远不如凤鸟的姿态显耀。全图表示着借助龙凤为死者祈福，使墓主人灵魂升天这一主题。帛画以墨线勾描，用笔有力，但生涩不畅。在人物的嘴唇、衣袖等处略点朱彩，在凤鸟、人物衣饰上添加纹饰，全画构图平稳，人物比例恰当，龙、凤与侍女动静有别，对比十分强烈。

战国楚墓帛画《人物驭龙图》

《人物驭龙图》中，一颀长、蓄须的贵族男子左向而立，头戴曲形高冠，宽袍飘举，手执缰绳，驾驭着一条巨龙。龙在他身下，头部高昂，尾巴翘起，龙身平伏。龙尾上立着一只悠然自得的鹭，圆目长喙，昂首仰天。图的左下侧，有一只游动的鱼作为前导。男子头上还有一顶华盖，其上飘带随风拂动，加之服饰衣袂的飘举，增强了人物飘逸潇洒的风度。与《人物龙凤图》相比，《人物驭龙图》在技法上显得更娴熟，造型更生动，气氛更加悠游自在，反映出画家状物的精心细致。

秦宫壁画《车马仪仗图》

秦在统一全国的过程中，在咸阳大兴土木，大规模仿造六国宫殿。建国后更大事兴建宫苑。皇帝的宫室庙堂、贵族的殿堂寝所、官吏的府邸等诸多建筑群，均雕梁画栋，莫不需绘画为装饰。遗憾的是，经历战火之后，建筑及壁画早已荡然无存。考古人员在咸阳第三号秦宫遗址发现了以车骑、人物等为内容的壁画《车马仪仗图》，该图现知有三组，第一组画枣红色马四匹，拉一车，车盖如伞盖，黑色；第二组绘四马一车，隐约可见顶端相连的三轭车伞，马为枣红色；第三组有黑色马一匹。在各组车马之间，有两株并列的树，树冠作松塔形，褐色，表现出宏大壮阔的构图，造型浑厚生动。

长沙马王堆汉墓帛画

马王堆汉墓是我国重大的考古发现，墓内发现大量殉葬品，在墓壁上绘制着表现墓主人生前地位及神话传说故事和祥瑞内容的壁画。《轪侯妻墓帛画》是从一号墓出土的帛画，画面呈“T”字形，主要描绘祈祝墓主人魂灵升天的内容。此画面分三个部分。上部帛画象征着天界，上面有日、月、扶桑树以及神仙、禽兽，女墓主正奔向月亮。这部分内容显然是死者灵魂希望归宿的天国的景象。下部帛画分成两部分。上半部分描写人间情形，身着锦衣华服的墓主人拄杖缓行，身后三位女仆侍立，似乎正在为主人灵魂升天而默默祈祷。下半部分描绘地下的图景，赤裸身体的地神双手托着象征大地的平板，板下立有两条大鱼，两侧有口衔流云的大龟、鸱鸮等神异动物。画面涉及很多神话，如日中金乌，月中玉兔与蟾蜍，人首蛇身的“烛龙”等，令人联想到屈原的名篇《天问》中描写的浪漫境界。

汉代——绘画的独立

汉代绘画的面貌因汉代厚葬之风的盛行而得以大规模地展示在后人面前，其载体就是汉代的墓室壁画和画像石、画像砖。绘画发展到汉代，表现的内容和表现的手法，不像原始时期绘画的手法完全与绘画的目的合为一体。汉代画工们则有更大的空间去展示个人的绘画技巧，绘画作为一种独立的艺术门类，其地位已经开始确立。

汉代壁画表现的内容

在汉代壁画中，有描述城市、衙署、府舍、庄园、农耕、采桑、狩猎、放牧等生活生产场景的，也有描绘历史故事、神话祥瑞等形象的，多方位地反映了当时的生活风貌。如《车骑出行图》是汉代一位贵族的墓室壁画。此墓中现存壁画五十多组，场面宏大，内容广泛，此图是壁画中的一部分，是最具代表性的一段。画中上部，有一辆奔马快车，可见御者端坐其中；下部是群马并立，高头大马雄姿各异；中段画了三匹小马驹，其姿态、性情豪放狂野，只用了寥寥数笔的勾勒，便生动逼真地表现出其动感。这幅壁画，应是墓主人生活情景的再现。

王昭君与画工毛延寿

王昭君，也叫王嫱，出生在风光秀美的湖北秭归。汉元帝时入选皇宫。由于从全国各地挑选入宫的美女数以千计，汉元帝无法一一召见，就命宫中的知名画师毛延寿为各位佳丽各描肖像一幅，以便挑选。那些出身富贵的千金们无不重金贿赂画工，以图毛延寿在画卷上为她们增添姿色。唯独艳压群芳的王昭君对他不屑一顾。毛延寿遂故意把王昭君的画像描绘得十分平庸。更为恶毒的是，他在画像的面颊上点了一颗黑痣，正是这颗黑痣让汉元帝对王昭君顿起嫌恶之心。因此，五年过去了，王昭君仍然待诏宫中，无缘与汉元帝相见。直到汉元帝竟宁元年，南匈奴单于呼韩邪携带大批贡品来到长安，提出和亲，汉元帝欣然应允，下诏征选宫女与呼韩邪成婚。王昭君毅然要求出塞。临别这一天，汉元帝看着这位“丰容靓饰，顾影徘徊”的翩翩美人，无论如何也与画像上的那个大丑八怪联系不起来。无奈诏书已下，汉元帝只好让昭君出塞。后来，汉元帝查出是毛延寿索贿不成故意陷害，将毛延寿以欺君之罪问斩。曾有诗云：

曾闻汉主斩画师，何由画师定妍媸？
宫中多少如花女，不嫁单于君不知。

魏晋南北朝时期的绘画

魏晋南北朝是历史上罕有的分裂动荡以及复杂变革的时代。这一时期包括三国鼎立、西晋短期统一、晋室南迁和南北对峙。到隋代统一为止，前后历经三百余年，战乱频繁，政权分裂，社会矛盾异常激烈。这时期，传统的经学衰落了，道家清静无为、崇尚自然的思想得到发挥，玄学盛行。人的个性不再压抑在纲常礼法之下，而是任情发挥出来，有些士族文人放浪形骸的举止，人格个性的自然流露受到了肯定。加上佛学兴起，民族文化与地域文化的融合，催生了文化艺术的迅速发展。中国绘画在接受外来文化的同时，逐渐形成了具有民族特色的中国佛教艺术样式，并迅速地向民间渗透。与此同时，以顾恺之为代表的能表现一定感情的人物故事画在民间逐渐兴起。

画祖顾恺之

顾恺之（约346—407），字长康，小字虎头，晋陵无锡人。东晋时期杰出的人物画家。他家祖辈都是晋朝官吏、书香人家。顾恺之很小就博览群书，崭露才华。他能诗善赋，擅长书法，尤其精于绘画，是少年成名的天才艺术家。他曾任参军、散骑常侍等职。出身士族，多才艺，工诗词文赋，尤精绘画。擅肖像、历史人物、道释、禽兽、山水等题材。画人物主张传神，重视点睛，认为“传神写照，正在阿堵（指眼睛）中”。史称曹不兴、顾恺之、陆探微、张僧繇为“六朝四大家”。唐代张怀瓘对其画评价甚高，云：“张僧繇得其肉，陆探微得其骨，顾恺之得其神。”

“三绝”画家

后人称顾恺之有三绝：“才绝”“画绝”“痴绝”。“才绝”指他有深厚的文化素质，文采斐然。“画绝”是指他的绘画超绝一时。“痴绝”则就他的性格而言。顾恺之的人物画堪称一绝，但每次快画完的时候，偏偏不把画中人物的眼睛点上，有时一搁就好几年。别人问他为什么，他答说，因为他画人物，特别注重传神，而传神的关键，就在于眼睛，身体外形的美丑并不重要，所以眼睛必须仔细处理，不能随便点上。

眼睛一点，点来一百万

历史上关于顾恺之的逸事有不少记载。有一年，当时的都城建康（今南京）城里要修建一座寺庙，住持和尚因找不到资金而没了办法。这时候来了个年轻人，说要捐一百万钱。住持和尚以为他吹牛，起初不相信。年轻人提出要在一面粉刷好的墙上画一幅维摩诘像，可以向前来观看他作画的人征集捐款。就这样，一连三天，观众人山人海，把寺庙挤得水泄不通。等到最后，这个年轻人为维摩诘点上眼珠的时候，画上的人物就像活了一样，观众的赞叹声、掌声、欢呼声响成一片。这时募集的钱早超过了一百万。这个年轻人就是顾恺之。这幅维摩诘壁画像也就成为他的名作。

飞白画法

有一回，顾恺之为殷仲堪画像。殷先生有眼疾，画出来不好看，他不愿入画。顾恺之再三保证，画出来保证让他满意。顾恺之便用“飞白”的技巧作画。飞白指的是笔画露白，仿佛枯笔所写，顾恺之用飞白的巧妙手法处理殷仲堪的眼睛，就是在他的瞳子上用飞白拂一下，使眼睛如轻云蔽日，这样既传神，又不失其美，令人赞叹不已。

无真迹传世的画家

顾恺之画迹非常多，有《司马宣王像》

《谢安像》《刘牢之像》《王安期像》《阮脩像》《阮咸像》《晋帝相列像》《司马宣王并魏二太子像》《桂阳王美人图》《荡舟图》《虎豹杂鸷鸟图》《凫雁水鸟图》《庐山会图》《水府图》《行三龙图》《夏禹治水图》等，可惜都已不传。我们今天能看到的《女史箴图》《洛神赋图》《列女仁智图》等均为唐宋摹本，但也一直为历代视如珍宝。

《洛神赋图》背后的故事

《洛神赋图》是以曹植的著名诗篇《洛神赋》为题材创作的巨幅绢本着色画卷。曹植是曹操的第二个儿子。曹植和他的哥哥曹丕跟着曹操大破袁绍的时候，得到甄氏女子。曹植喜爱甄氏，曹操却把甄氏许配给曹丕。一次曹植到京城朝见，得知甄氏已抑郁而死，心里非常难过。当他在归途中经过洛水时，更激起了他对甄氏的怀恋之情。追想宋玉所讲的神女故事，作叙事赋一篇，名《感甄赋》，以后被曹丕改名为《洛神赋》。赋中抒发曹植在爱情生活中的感伤情绪。顾恺之就以此赋为题材，画成《洛神赋图》。

千古名品——《洛神赋图》

《洛神赋图》描绘曹植和仆从们在归途中经过长途跋涉，人困马乏，黄昏时节，停歇在洛水边上。忽然望见飘忽于洛水之上的美丽女神，“翩若惊鸿，婉若游龙”，“仿佛兮若轻云之蔽月，飘飘兮若流风之回雪”。他和洛神互赠礼物，共登云车，畅叙衷情和遗恨。最后因“人神之道殊”，他们不得不分别。洛神离去，曹植懊恼思慕，坐着一叶轻舟，面对两支残烛,浮在洛水上不肯离去。回到岸上，伤痛难忍的曹植不得不坐上东归的马车，情不自禁地回头张望，“怅盘桓而不能去”。顾恺之生动传达了这一神话般的浪漫，女神衣带飘举，神态安详，回眸顾盼，深情款款。曹植雍容儒雅，情不能胜。整幅作品富于诗意与抒情,跌宕多姿，有一种很强的节奏感。

《洛神赋图》的艺术性

《洛神赋图》不只是表现了曹植《洛神赋》这一文学佳作，重要的是顾恺之用绘画展现了文学作品所蕴含的那种真挚的情感。画中顾恺之巧妙地把诗人的幻想在造型艺术上加以形象化。例如，洛神曾多次出现在水面上，她手持麈尾，衣带飘飘，柔婉从容。她似来又去，含情脉脉，表现出无限惆怅的情境。曹植头戴梁冠，身穿宽衣大袖，在打着华盖的随从者的簇拥下，尽显贵族诗人的优雅风度。画中的景物也被形象化了，如高飞的鸿雁，腾空的游龙，云中的明月，初升的朝霞，出污泥而不染的荷花，不仅增强了人物之间的联系，更添加了神话梦幻的色彩。

《女史箴图》

《女史箴图》是顾恺之根据西晋著名

文学家张华的《女史箴》创作的千古名画，原作十二段，现存九段，每段画一个故事。由于顾恺之对贵族妇女的生活比较熟悉，所以画面在一定程度上展示了中国古代贵族妇女生活的某些侧面。作品在绘画技巧上，比较准确地描绘了各种人物的身份和特征。如第四段题曰："人咸知修其容，莫知饰其性；性之不饰，或愆礼正；斧之藻之，克念作圣。"画的是贵族女子对镜梳妆的情景。女子云髻高耸，长裙曳地，仪态典雅。左边的侍女在为贵族妇女梳理发髻。圆形镜子旁还有长圆不同的梳妆盒。画面右边还有一贵族妇女，正持镜整理并欣赏自己的发髻。画面生动形象，笔法紧劲连绵，设色典丽秀润，画风较《洛神赋图》为古，与北魏司马金龙墓屏风漆画风格相近。其山水与人物关系则人大于山，山石空勾不皴，也反映了早期山水画的面貌。此画堪称古代绘画史上的杰作。

顾恺之《画云台山记》

顾恺之在绘画理论上也有突出成就，今存有《魏晋胜流画赞》《论画》《画云台山记》三篇画论。《画云台山记》是画家为张道陵在四川苍溪县云台山试弟子这一道教画创作的，记述了所画云台山的内容，论述了布局方法。可看出画家严密而完整的创作构思和构图处理，典型而深刻的人物思想感情，以及周密而恰当的背景安排和色彩使用，是中国古代画论中一篇极为重要的著作，也是现存有关中国山水画问题的最初文献资料。

顾恺之的道画

顾恺之崇尚老庄，常以龙为题材作道画，附会老子犹龙之说法，其后云龙便成为道画的特色之一。据《贞观公私画录》，顾恺之还画过《刘仙像》《三天女像》等，并且著有《画云台山记》，叙述他的道祖故事画的内容和构思。画面上有丹崖险峻高大，颜色红紫，显示其为神仙之境。张天师脸型瘦削，飘然若仙，于丹崖七试弟子。其弟子王长穆然作答，赵升神爽气怡，另两位弟子则魄散神飞、汗流失色。

魏晋南北朝的山水人物画

在中国绘画史上，魏晋南北朝是一个非常重要的历史时期。长期南北战乱，朝代频繁更替，使当时的文化思想格外活跃，促进了艺术的发展。这一时期的石窟壁画、墓室壁画、石刻、砖刻以及漆画等，都已达到相当高的水平，出现了开宗立派的专业画家、书法家，作为奠基中国绘画理论基础的"六法论"也在这一时期提出。

"画圣"卫协

卫协深得六朝人所重，被称为"画圣"，顾恺之也很佩服他，曾对他的画给予很高赞誉。卫协的画精于运思和描写。

虽然卫协的画今已不存，但是从秦汉绘画到顾恺之作品，我们大致可看出从简率至巧密的发展轨迹，而卫协正是其中转折期的关键人物。

曹不兴“误笔成蝇”

“六朝四大家”是指三国东吴的曹不兴，南朝梁时的张僧繇，东晋的顾恺之，南朝宋时的陆探微。曹不兴，其流传最广的故事是“误笔成蝇”。有一次孙权令其画屏风，他不慎落点墨于绢素上，于是勾勒几笔画成苍蝇。孙权见之，几次挥手弹之，知道是画蝇后，称赞道：“真乃画中圣手！”曹不兴因此名声大振。相传南朝宋时大旱，人们拿出曹不兴的《青赤龙图》求雨，结果电闪雷鸣，大雨倾盆而降。

张僧繇的“画龙点睛”

张僧繇为梁朝人，主要创作活动在萧梁时期，擅画佛像、人物肖像、禽兽等。梁武帝萧衍狂热地提倡佛教，大建佛寺，自己还几度出家为僧，随后连政事都荒废了。随着佛教的几度兴盛，佛教绘画也兴盛起来，因而释道画在张僧繇的创作中占了相当比重。他笔下的人物都显丰腴，故称“张得其肉”。张僧繇的“画龙点睛”被传得神乎其神。他在金陵安乐寺画的白龙，点睛之后竟破壁而去。又有一则逸事，说他为苏州华严寺画的龙，每逢风雨就腾跃，于是他只好又在龙身上画了锁，才将龙锁住。《五星二十八宿图》是张僧繇人物画的代表作。

陆探微“秀骨清像”

陆探微为宋人，活跃于刘宋文帝至明帝期间，擅画道士及古贤、贵族、名士肖像，也画类似风俗画和花鸟画作品。他师法顾恺之，然在人物造型上独有一种“秀骨清像”的特点，所以说“陆得其骨”。

山水画

返归自然，避开尘世的纷嚣，是魏晋南北朝时期文人士族追求的一种隐逸方式。但是，很多人虽然向往寄情于山水，却没有条件隐逸，于是山水画便成了文人表达隐逸情怀的一种方式。通过画山水，让思想情感优游于名山大川，在一定程度上满足了文人士族的隐逸心理。

宫廷画家杨子华

杨子华（生卒年不详）是北齐著名画家，官任直阁将军、员外散骑常侍。他善画贵族人物和车马、宫苑等。传说杨子华在壁上画马，在夜间可听到“蹄啮长鸣，如索水草”；在绢上画龙，绢素上就有云气萦回。因此，他在北齐被喻为“画圣”，成为宫廷画家。现存宋人画的《北齐校书图》，据说是宋人根据杨子华的画本临摹的。当时有王子冲棋艺精绝，所以二人号称“二绝”。

《北齐校书图》

《北齐校书图》取材于北齐天保七年（556）文宣帝高洋命樊逊及秀才高乾和等十二人共同刊校国家收藏的五经诸史的事。图中画三组人物，中心是士大夫四人坐于榻上，榻上有盘盛的菜肴、酒杯、砚台、箭壶、琴等。榻内侧一人大概即是樊逊，正认真执笔书写，其余三人，一人手执毛笔，一手举着刚写完的书绢似在审阅，另一人是背面，盘膝而坐，琴一角搭在腿上，一角搭在榻上，伸右手拉住右边一人的腰带，那人似乎欲逃洒下榻，一童仆正给穿靴。榻旁围列女侍五人，或捧杯、或执卷、或抱凭几、或抱靠垫、或提酒壶，排列有致，顾盼生姿。画左侧有奚官三人，马两匹，一灰一黑，皆静立观望。整个画面既反映了北齐对古代文献清理的史实，又不乏诙谐、随意，给人一种轻松的艺术享受。

山水画论《画山水序》

宗炳（375—443）的《画山水序》是中国绘画史上最早的一篇山水画论。宗炳主张用写实的手法表现山水——“况乎身所盘桓，目所绸缪，以形写形，以色貌色也。”可以用画面之形图自然山水之形，以艺术之色图自然山水之色：“竖划三寸，当千仞之高；横墨数尺，体百里之迥。”画家远距离地观察山水，再将山水之形映衬于绢素的方寸之内，再用笔墨将它的总体形态再现出来，同时使精神得到满足舒畅。从某种意义上说，后世的山水画，除了绘画技法的探索外，其画家的精神追求，都是围绕“畅神”展开的。此书把已经成为一种独立画种的状貌如实地反映出来，是中国山水画艺术的重要文献之一。

山水画论《叙画》

《叙画》与宗炳的《画山水序》同为中国山水画形成期的两大重要文献。作者王微（415—443），南朝宋画家。这篇论文是画家应友人颜延之来信要求他对绘画艺术的价值不低于书法的道理发表一些意见而写成的。首先着重说明了绘画艺术与地图是不同的，强调表现自然界景物的美。接着指出绘画不是无动于衷地照抄自然，如果这样做，形象就不生动，也就不成为艺术了。画家必须要进行艺术构思，取舍对象，表现其内在精神。主张要根据不同的对象而运用不同的表现技法。最后，认为绘画艺术的作用就是要使观赏者达到“望秋云，神飞扬，临春风，思浩荡”那样的艺术境界，从画面上获得自然界的真实美感，激发精神。这是认识不同于宗炳的地方。

“六法”原则——《古画品录》

《古画品录》是南齐谢赫撰写的

一部画论著作，其中品评了魏晋六朝二十七位画家。在前言中，谢赫写道：“虽画有六法，罕能尽该。而自古及今，各善一节。六法者何？一、气韵，生动是也。二、骨法，用笔是也。三、应物，象形是也。四、随类，赋彩是也。五、经营，位置是也。六、传移，摹写是也。”谢赫的“六法论”第一次完整地创设出一个简明的绘画美学体系，即气韵生动，骨法用笔，应物象形，随类赋彩，经营位置，传模移写。“气韵生动”是绘画精神和灵魂的自由流转。一个人的情调、个性有清远、通达之美，而这种美流注于人的形象之间，从形象中得以外现。“骨法用笔”强调的是绘画中的笔法应有力度、有筋骨。“应物象形”就是画家对物象的感应，绘画是面对自然物象有感而发的艺术活动。“随类赋彩”是绘画应根据不同类型的对象，敷施色彩。“经营位置”即指构图。“传模移写”是画家通过临摹前人作品，传承前人绘画技法，积累自己的技法与素养。《古画品录》是第一部具有科学性和系统性的美术批评著作，在中国绘画史上占有极高的地位。

佛教绘画艺术

六朝时期佛教的兴盛，为佛教艺术留下了很大的空间。就绘画而言，佛教绘画在整个魏晋六朝作为重要的艺术内容存在，并带动了整个六朝绘画美学和技法的新变。因为上层统治者的极力提倡，皇室和地方政权的介入和庇护，广大民众的参与，魏晋时期各地到处开始大兴土木，建佛寺、凿石窟、塑佛像、制壁画，一时间佛教艺术蔚然成风。到北朝时，全国佛寺达三万多所，在新疆的克弥尔、甘肃的敦煌及麦积山、山西的大同、河南的龙门等地，都建造了大规模石窟，佛教的兴起和传播成为广泛的群众运动。这种空前的佛教狂热，也推动了佛教绘画的发展。

“东方艺术明珠”——敦煌莫高窟

敦煌莫高窟拥有规模最宏大、内容最丰富的佛教壁画。敦煌莫高窟历时千余年，经十一个朝代不断修造而成，至今保存下来的洞窟四百九十二个，佛像两千四百余尊，壁画四五万平方米，彩塑两千四百一十五尊，飞天四千余身，唐宋木结构建筑五座，莲花柱石和铺地花砖数千块，是一处由建筑、绘画、雕塑组成的博大精深的综合艺术殿堂，也是世界上现存规模最宏大、保存最完好的佛教艺术宝库，被誉为“东方艺术明珠”。可惜，这些文化瑰宝被帝国主义分子纷纷掠夺而去，至今仍大量流散国外，成为我国古代文化的一大浩劫。

敦煌莫高窟壁画故事

佛教石窟壁画以佛教故事为内容，主要绘制的是释迦所述前世因缘故事，传播施舍、仁义等思想，宣扬忍辱牺牲、舍己为人的苦行。与佛教一起传入的还有西域画法，其时也在中原流播开来。张僧繇曾在一乘寺寺门上遍画凹凸花，用朱和青绿诸色画成，远看有凹凸效果，近看却是平整的。时人都对这种画法感到奇异，称一乘寺为凹凸寺。这种画法其实是通过晕染和色彩的对比，在视觉上产生了立体感。

“曹衣出水”

北齐曹仲达的佛教画与张僧繇、唐代吴道子和周昉的绘画被张彦远称为后世模范。曹仲达来自西域曹国（今中亚撒马尔罕一带）。他的“梵像”画风格独特。他笔下的佛像，以细劲的线描绘紧贴在身躯之上的衣纹，躯体在薄衣下若隐若现，像是刚出水时衣服紧贴身体的感觉，故他的风格又被称为“曹衣出水”。这种式样大约是受印度艺术的影响又融入中原画风的产物。这种风格影响到佛教造像，成为南北朝隋唐时期富有影响的佛教艺术中四大风格之一。

《五百强盗成佛》

《五百强盗成佛》位于敦煌莫高窟第285窟南壁，是具有中原绘画风格的西魏时期的壁画。古代桥萨罗国有五百人造反，政府派兵围剿，五百强盗被俘后个个被剜去双眼。失去双目的强盗痛苦哀号，他们得到佛的拯救。佛吹香山药使其双目复明，并为他们说法，劝其从善，五百强盗最后皈依佛法。五百强盗成佛故事原流行于西域，但画面上的人物已是中国人的装束。起义者手持兵刃与官兵勇敢作战的场面，被俘后受酷刑的场面，剜眼后痛哭呼号的场面，以及树木摇动的气氛，都被渲染得生动传神。

《九色鹿本生》

《九色鹿本生》（北魏壁画，敦煌莫高窟第257窟西壁）绘的是《佛说九色鹿经》故事。在恒河里，九色鹿救起一个落水人。值王后做梦，见到九色鹿的美丽，于是希望能获得鹿皮做褥子、鹿角做饰品。国王便在全国悬赏求鹿。落水人贪图财利，忘恩负义，向国王告密，并引众兵捕捉到了九色鹿。面对国王，九色鹿将搭救落水人之事讲出。国王深受感动，不忍杀害它，并下令保护九色鹿。此后背信弃义的落水人全身长毒疮，得到报应，王后也羞愤而死。全画用连环画形式画出各个重要情节。画中背景山水正合“人大于山，谁不容泛”的特点。

《沙弥守戒自杀品》

《沙弥守戒自杀品》出自敦煌莫高窟第257窟南壁，也是北魏时期的壁画，描绘佛经中的一个故事：一个小沙弥出门化缘到一户人家，刚好主人外出，只留下女儿在家。女儿看到沙弥英俊俏美，顿生爱意，于是要求一同作欢。沙弥坚守戒规，不得已持刀自杀。主人回来后，其女告以真情，他便忙向国王禀报，并交罚金以示赎罪。为表彰沙弥，国王命火化其尸，起塔供养。此壁画是一幅长卷连环画，情节连贯，简明扼要。

《伎乐天》

《伎乐天》出自敦煌莫高窟第 249 窟西壁，是西魏时期的作品。伎乐天是佛教中的香音之神，此图采用恰当的装饰手法，将两位飞天巧妙地画在龛沿转角与背光之间的几何形中，飞天正在翩翩飞舞，衣饰飘带随风而起，动态感极强，为西魏飞天中具有代表性特征的一幅。变色后显现的白鼻梁、白眼睛，衣带上的白色“提神线”，流畅自如，使画面充满音乐般的韵律。

墓室绘画

北朝绘画进一步向前发展。酒泉丁家闸五号墓壁画《乐伎与百戏》，描写墓主人生前的娱乐生活。朱屋内，头戴三梁进贤冠、身着黄地朱纹长袍的墓主人端坐于榻上，右手执麈尾，左手凭几，聚精会神地观赏歌舞。身后女侍朱唇粉面，手持曲柄华盖；男侍双手捧盒，胡须上翘，透出几分神气。南侧为跪坐的乐队，男乐师侧身弹筝，翘须闭嘴，沉浸于乐曲声中；三位乐女发髻飞扬，分别演奏着琵琶、竖笛、腰鼓。两名赤足彩衣的舞女在跃身腾空翻飞，动作轻盈洒脱。壁画上的人物之间通过眼神相顾盼的表现技巧，完全可以与东晋顾恺之相媲美。画师用精细的线描和清秀的形象进行创作，获得了不同的艺术效果。

《游骑出行图》

北齐娄睿墓壁画《游骑出行图》极力表现了墓主豪华奢侈的生活气派。该图绘于墓道西壁中栏，以长卷式构图布局。画面人物神情表达出神入化，马匹动态各具姿态，无一雷同。作者以勾线辅助渲染和强调物体的体积感，线条造型简练、大方、准确、精致，用笔健挺流畅，挥洒自如。《游骑出行图》第三组的几匹马体态彪悍，其中一匹大红马的头微微侧转，凝视画外，目光温和优雅，让人怦然心动。墓道墙上还画有骆驼队和军乐仪仗、侍卫门吏。墓门分别画着青龙、白虎、兽面、莲花。墓室内画着墓主人夫妇观赏歌舞以及准备出行的车骑。这堪称现实生活在阴界的生动反映。

《羲和捧日与常羲捧月》

《羲和捧日与常羲捧月》出自吉林集安五盔坟四号墓壁画。壁画直接画在岩面上，羲和着黄领缘合衽羽衣，黄带束腰，双翼展开，双手捧日轮于头上，日中有三足乌，身躯为五色，在空中飞腾。常羲白面朱唇，着绿领缘合衽羽衣，白带束腰，双翼展开，双手捧月轮于头上，月中有蟾蜍，身躯也为五色，在空中飞腾。二神之间及尾端绘草树。此画线条流畅，色彩艳丽，有极强的艺术感染力。羲和、常羲的传说是中国流传最久、最广的神话之一。

隋唐五代绘画艺术

隋代结束了南北的分裂，绘画风格开始有所会通融合，南朝的华美与北朝的雄浑结合，孕育出豪放的特征。虽然隋朝统治时间很短，但这一时期却涌现出了一批在绘画史上具有承上启下作用的画家，如展子虔、杨契丹、田增亮、阎毗等名家。他们综合了前朝各种绘画艺术表现形式，为唐代绘画的发展奠定了基础。只是鲜有画迹流传，是为遗憾。唐朝是中国历史上封建王朝的全盛时期，经济发达、文化繁荣、外交活跃，在当时世界是一个鼎盛强国。唐朝的诗、文、书法，绘画、建筑、音乐，无一不盛。唐代是中国绘画走向成熟的时期，也是在中国绘画史上有划时代意义的时期。

大画家展子虔

展子虔（约 550—604）是北周末隋初最杰出的画家。渤海人，入隋曾任朝散大夫、帐内都督。在洛阳、长安的寺院里绘制壁画，人物描法细致，以色晕染面部；画马入神，立马有走势，卧马则腹有腾骧起跃之势。与黄伯仁齐名。亦工台阁，但不及董伯仁；写山川远近，有咫尺千里之势。展子虔是个多产的画家，人物、山水、杂画几乎无所不能。后世将他与东晋南朝的另三位名家并列，称为顾（恺之）、陆（探微）、张（僧繇）、展（子虔）。

《游春图》

《游春图》为展子虔传世之作。这是一幅描绘贵族游春的青绿山水画，也是我国存世最早的一幅独立山水画。它是一幅以描绘自然景色为主的青绿山水画卷，表现人们春天出游的情景。画家在不大的绢幅上以妥善的经营、细劲的笔法和绚丽的色彩，画出了青山叠翠、花木葱茏、波光粼粼的湖山佳境。全图依山傍水，一条沿着坡岸的曲径蜿蜒通往幽静的山谷，山间花木丛中寺观严整，木桥如虹，层层峰峦，叠叠翠冀，白云冉冉升起，在水光潋滟的湖面上，一艘高篷游艇在碧波中游曳，三位女子坐于舱中欣赏湖山佳趣，艄公从容摇橹。湖边数人或骑马或漫步于山间小道，或袖手伫立岸边。画家通过对各种自然景色和人物活动的生动描绘，成功地突出了“游春”这一主题，使画面充溢着既清幽又活泼的气氛，给人以强烈的艺术感染。

阎立德

阎立德（？—656），名让，又字行。雍州万年（今陕西西安）人，与父毗、弟立本俱擅绘画工艺和建筑。唐高祖武德间任尚衣奉御，造衮冕大裘等六服，腰舆伞扇，咸得妙制。太宗贞观初封将作大臣，因督造翠微宫、昭陵及船舰等有功，官至工部尚书，进封为公。善画人物故事、树木禽兽，师张僧繇、杨契丹、展子虔，并继承陆探微、谢赫笔法而有所发展。谢元深入朝，颜师古奏请画《王会图》，阎立德应命画之，人物诡异，备得人情。李嗣真誉为“象人之妙，号为中兴”。

《职贡图》

阎立德流传下来的画作是《职贡图》。此图描绘大唐帝国的强盛，也就是番邦外族远道来中国朝贡的史实。张盖骑马，前后卫士围拥，有提鸟笼的，有背象牙的，有拿孔雀羽扇的，有牵羊的。宋代大文豪苏东坡很欣赏这幅画，特意作诗称道：“粉本遗墨开明窗，我喟而作笔未降。”阎立德最精于人像画和人物故事画。

阎立本

阎立本（?—673），雍州万年（今陕西西安）人。曾任主爵郎中、刑部侍郎、将作少监、工部尚书、右相。其父阎毗长于绘画、工艺、建筑。阎立本承其家学，尤长于绘画，所画人物、车马、台阁精妙，有“丹青神化”之美誉。他在唐高祖、太宗、高宗三朝历仕高位，朝廷的各种大事历历在胸。他本身善于写真，能将不同人物的特点表达得恰如其分。其肖像画多描绘唐初建功立业的功臣形象，如描绘房玄龄、杜如晦等十八位文人谋士肖像的《秦府十八学士图》，又如画长孙无忌、魏征等二十四位功臣像的《凌烟阁功臣图》等。他曾经到荆州，见张僧繇的画，认为“徒有虚名”，明日再往，认为只是“近代佳手”，三往，叹曰“名下定无虚士”。遂十日不离，寝卧榻下。取法张僧繇、郑法式、杨契丹、展子虔，而能“变古象今”。

《步辇图》

《步辇图》是阎立本的名作之一，表现的是吐蕃使者禄东赞朝见唐太宗时的情景。贞观十四年吐蕃王松赞干布因仰慕大唐文明，派使者禄东赞到长安通聘。《步辇图》描绘的就是当时唐太宗与禄东赞会面的场景。图卷右侧是在宫女簇拥下坐在步辇中的唐太宗。左侧立有三人，前为典礼官，中为禄东赞，后为通译者。作者笔下的唐太宗面目俊朗，目光深邃，神情庄重，顾盼之间充分展露出盛唐一代明君的风范与威仪。宫女们体态娇小、稚嫩，或执扇或抬辇。中立者禄东赞，身穿吐蕃民族服装，正对太宗恭敬地行礼，其服饰、举止、面部表情非常富于民族特点。整个会见场面显得严肃庄重，是一幅成功地描写古代吐蕃少数民族地区和中原友好交往的历史画卷。

《历代帝王图》

《历代帝王图》由十三个帝王的肖像构成。阎立本仅凭文献记载和前人图画作为参考，从不同侧面塑造了汉昭帝刘弗陵、光武帝刘秀、魏文帝曹丕、蜀主刘备、吴主孙权、晋武帝司马炎、陈文帝陈茜、废帝陈伯宗、宣帝陈顼、后主陈叔宝、北周武帝宇文邕、隋文帝杨坚、隋炀帝杨广等众多形神各异的帝王肖像。阎立本把握了帝王们“王者之尊”的共同气度，同时又注意表现每个皇帝的个性特征，把他们各自不同的作为、境遇、喜好、性情等细腻地刻画出来。而每个帝王身旁陪衬的侍从人物则比例较小，形象塑造类型化。画中每个帝王都有榜书，有些还注明了在位时对宗教的态度。这幅作品不仅体现了阎立本出众的绘画才能，同时也反映了他对历代帝王的评价。

张萱

张萱（713—741），京兆（今陕西西安）人，活动在开元年间，是中国绘画史上一个具有代表性的著名画家。张萱以画宫中贵妇见长，略带夸张的表现手法是他的绘画特征。那些丰腴富态、雍容华贵的仕女人物形象是他的率先创造，体现了唐风人物的审美特征；又以点簇笔法构成亭台、树木、花鸟等宫苑景物，很有特色。张萱的画对后世画家有很大影响。

《虢国夫人游春图》

《虢国夫人游春图》是张萱人物画的代表作，表现的是贵族豪华和奢靡的生活，画的是唐玄宗宠妃杨玉环的三姐虢国夫人等人骑马游春的悠闲场景。虢国夫人自恃美艳，行为骄纵，当时全朝文武对其行为极为不满。杜甫的名诗《丽人行》，就是反映这些问题的。更有张祜《集灵台》中“虢国夫人承主恩，平明骑马入宫门。却嫌脂粉污颜色，淡扫蛾眉朝至尊”的描写。图中，虢国夫人身着淡青色窄袖长衣，披白花巾，胭脂裙上有描金团花，头上梳着高髻，淡扫蛾眉，风姿绰约。画无背景，人物形态的闲散，单薄鲜艳的服装，缓步而行的马蹄，都使画面体现出盎然的春意。在构图上，人马疏密参差有致，形成一种视觉节奏的韵律感。通过张萱对人物面部细微的刻画，表现出不同性格、年龄和身份人物的内心世界。线描用笔细劲而不觉柔弱，敷色深艳而不失典雅，画面工而不滞、细而不腻。画中人物个个衣冠华丽，表现宫廷妇女在阳光明媚的暮春时节盛装出游时的心情。

《捣练图》

《捣练图》是张萱人物画的另一杰作，描写宫中妇女捣练的情形。在唐代，采蚕、织布被看作体现女德的象征，所以唐代妇女以此为风尚。《捣练图》中所绘十二人，或老或少，或站或蹲，组成画幅的韵律节奏。捣练中的四位妇人，正侧直屈，各有分寸，或执杵下捣，或稍作歇息，或捋衣挽袖。修织缝制的两位妇人一高一低坐于几上席上，正聚精会神地缝制。

一个女孩正执扇扇火，烟熏火燎直逼得她歪头斜身以躲避热浪。手扯白练的两人，伸臂挺腰身体向后倾斜，使劲把练扯平。练下一幼女穿行嬉玩。一妇人手执熨斗神态安详细心操作，对面一妇人帮助扯平练面。画中所有人物或坐或立，或动或静，或疏或密，或远或近，形成凹形构图，显示出起伏的律动感，达到了既独立又相互呼应的艺术效果。

“周家样式”周昉

周昉（745—804），字仲朗，又字景玄，长安（今陕西西安）人。出身贵族门第，官至宣州长史。周昉“善属文，穷丹青之妙，多游卿相间，贵公子也”。他的绘画“初效张萱后则小异”，他笔下的仕女，“衣裳简劲，彩色柔丽”而“颇具风姿”。在宗教绘画中他创造了“周家样式”的“水月观音形象”，成为在“安史之乱”后最著名的人物画家。

《挥扇仕女图》

《挥扇仕女图》是周昉的传世名作，通过十三个不同地位的嫔妃宫娥簪花、刺绣、对语，表现她们久禁深宫、冷寂空虚的生活。画中有一位独坐的妃子形象，她微显倦意地斜倚在环椅中，微微倾斜的脸部凝神前视，含着几分得意之情。她的右边有太监挥扇，左边二侍女分别持巾捧盆等待她起身梳理。另一个是对镜梳妆的妃子，一个侍者为她持镜，后边二女正待抽琴。画面中部，两个妃子坐观绣女刺绣。一个背对而坐的妃子，挥扇转头与倚在梧桐树上的另一妃子说话。从这些画面形象中可以看到，前两组妃子有侍者环绕簇拥，且面部流露一种受宠的表情；而观绣女的两妇人则略有失宠之意；倚梧桐相互倾诉的两个妃子，其失宠愁人之态尽现于纸上。欣赏这幅作品，会令人想起元稹那首诗来：“寥落古行宫，宫花寂寞红。白头宫女在，闲坐说玄宗。”

《簪花仕女图》

《簪花仕女图》取材于宫廷妇女的生活，是周昉的又一件传世杰作。时值春夏之交，百花竞放的时节，一队盛装艳丽的贵族妇女在庭院中游戏娱乐。其中六人，她们采花、赏花、戏犬、漫步，但舒适悠闲的生活掩饰不住寥落的心情。画作中，贵妇们梳着高髻，头插簪花配饰，在浓妆艳抹的粉脸上画着樱桃小口，细条凤眼上蛾眉飞扬，华丽而薄如蝉翼的纱衣下，透露着内衣的花饰和白皙的肌肤。而人物神情淡漠怅惘而凄迷，显示其生活的百无聊赖。这幅作品对贵妇们的内心刻画极其成功，是一幅不可多得的刻画宫廷妇女内心生活的稀世珍品。

韩幹画马

韩幹（生卒年不详），陕西蓝田人。家贫，少时喜画，传说他在一家酒肆帮工，一次到王维家送酒，主人不在，他只好在门口等待，并在地上画起画来。王维回来见此情景，发现了他的才能，遂资助于他。韩幹学画历十年而成。他在唐玄宗天宝年间被召入宫中为内廷供奉。韩幹认为自己的最好老师是御厩中的马。玄宗曾让他向陈闳学画，他回道："臣自有师，陛下内厩之马，皆臣之师也。"他笔下的马，壮硕丰肥，多肉而少筋骨，充满着健壮向上的精神。

《照夜白图》

韩幹所作《照夜白图》描绘玄宗的宠马照夜白不能忍受被拴在木桩上，不满地昂着头嘶鸣，双目怒睁，四蹄乱踢，似要挣脱缰绳而去。韩幹是唐代画鞍马最为出色的画家。照夜白那发怒时立起的鬃毛、撅起的屁股、紧绷的颈腹、腾空的四蹄，充满着"万里可横行"的气概。

《牧马图》

《牧马图》是韩幹的传世之作。《牧马图》绘黑白二马，并辔缓行，马匹体态肥硕，骨肉均匀，形体准确，健壮有神。一奚官骑乘白马，腰插马鞭，勒缰远视。他深目、虬须、钩鼻、白袍、戴楼幞头，威武沉稳，其外形具有游牧民族的特征。在构图上，此图亦颇具匠心，黑马置于画幅前端，突出全马的雄壮气势；而白马则利用与黑马的相叠，着笔不多，以臀部交代其雄健，以眼强调其神情，以尾点出其动感。黑白两马在使用线条方法上也不尽相同，黑马线条粗犷而厚实，白马线条细劲而流畅。《牧马图》静中寓动，平中寓奇，细腻而有情趣，更富有诗意。

画家韩滉

韩滉（723—787），字太冲，长安（今西安）人。官为金紫光禄大夫、两浙节度使，封晋国公，曾参与平定藩镇叛乱斗争。韩滉工书画，长于画家畜、田家生活题材。人物牛马画得尤其好。古人认为牛马近在眼前，描绘最难相似，韩滉下笔过人，但世人很少得到他的真品。

《五牛图》

《五牛图》是韩滉的传世之作，图中五牛各具特征，形态各异，或俯首寻食，或仰头前瞻。中间画了正面透视的一只牛，从构图看，有间隔视觉之作用，使长卷中的五牛产生一种节奏变化。画中的五牛用粗放豪迈的劲线勾勒，画风朴实、沉着，结构严谨，五头牛的色泽花纹各异，皮毛质感真切，或仰首，或转头，姿势各异，为形神兼备之佳作。

花鸟画

花鸟画到唐代才真正兴起。贵族庭园中的奇花异禽都成为花鸟画的表现对象，多画于团扇、屏风壁障上，作为装饰和点缀。见于文献记载的花鸟画家有殷仲客、冯绍正、薛稷、姜皎、边鸾、梁广、萧悦、刁光胤、滕昌佑等人。只可惜他们的花鸟画罕有流传，仅在一些工艺品（染织、金银器、铜镜等）上可见到一些花鸟装饰。另外，就是从文字资料中了解当时及其后对他们绘画作品的描述。

盛唐山水画

山水画在魏晋南北朝时期处于萌芽状态，至隋唐时期，山水绘画题材有很大扩展。这是由于人民生活较安定，有了更高的精神需求，艺术欣赏水平也在不断提高，贵族家中厅堂需要装饰山水画，宗教壁画中对山水的描述也逐渐增多。适应这种社会需求，始于魏晋的山水画逐渐成熟，形成独立的画种。

画家李思训

李思训（651—718），字建。出身唐朝宗室，晚年曾任宗正卿，后任左羽林卫大将军。因地位显赫，战功卓著，著名书法家李邕为他写了一个著名的碑文《云麾将军李思训碑》，因此人称“大李将军”。李思训善画山水，唐人对他推崇备至，称其作品为“国朝山水第一”。李思训亦工书法。关于他现存于世的作品，没有可靠资料记载和著录。《江帆楼阁图》相传为李思训作。

《江帆楼阁图》

《江帆楼阁图》是一件大幅青绿山水画，上部江天浩渺，风帆溯流，下段树木山石结构繁复，树枝杆杈前后偃仰交叉穿插，安岐对此画有这样的描写：“下段长松秀岭，山径层叠，碧殿朱廊，翠竹掩映，具唐衣者四人，内同游者二人，殿内独步者一人，乘骑于蹬道者一人，仆从有前导者，肩托酒肴之具，后随者行于桃红丛绿之间，亦可谓游春图。”繁茂的树木占了画幅的下部空间，浩渺的江水出现在画幅上部，几叶小舟从天际飘来，江水显得更为壮阔。此图中树叶的画法也很多样，表现出不同树木不同的形态特征，颇有域外绘画的痕迹。

李昭道《明皇幸蜀图》

李昭道是李思训之子，官至太子中舍人，人称“小李将军”。擅画青绿山水，在继承家学基础上“妙又过之”。传说《明皇幸蜀图》是其代表作品。《明皇幸蜀图》是反映“安史之乱”时，唐明皇避难入蜀的故事。在崇山峻岭中，长途跋涉的避难队伍断断续续，画面中部，一群劳乏人马正在卸鞍休息。图右下角身着红衣者，正是唐明皇。“初见平陆，马皆若惊，而帝马见小桥，作徘徊不进状。”能对皇家避难一事作如此细致的描绘，体现了画家的非凡功力。

山水画大师王维

王维不仅是盛唐时著名的山水田园诗人，而且擅画，他的画受吴道子影响，以山水画见长，喜作雪景、剑阁、栈道、晓行等题材。单纯墨色的运用，使王维的画可以更好地表现优美幽静的景物和他的恬淡心境。王维与孟浩然同为唐代田园山水诗的代表人物。诗有画境，画有诗意，这是后世文人画追求的最高境界。传为王维作品的《长江积雪图》，画江南雪景，陋舍寒江，一片萧瑟，看了让人陡生无限思绪。“行到水穷处，坐看云起时。”王维的山水诗典型地反映了当时士大夫向往隐居山林、笑傲江湖的心绪。

“画圣”吴道子

在中国古代艺术史上，有三位艺术家被称作“圣”人：一位是晋代王羲之，被称为“书圣”；一位是唐代杜甫，被称为“诗圣”；还有一位被誉为“画圣”，那就是唐代的吴道子。

吴道子（680—759），又名道玄，阳翟（今河南禹县）人。幼年父母双亡，生活贫寒而好学不已，初学书于张旭、贺知章，后改习绘画，作未弱冠，穷丹青之矿（《唐朝名画录》）。十几岁开始在绘画上展露才华。他曾在韦嗣立帐下做小吏，又任暇丘县尉，后来“浪迹”东都洛阳，玄宗闻其名，召入宫，任内教博士。曾与陈闳、韦无恭三人奉诏合作《金桥图》。吴道子把传统中原画风与西域画风融而为一，自成风貌。所绘人物，其势转，衣服宽松，裙带飘举，被誉为“吴带当风”。他还创造了一种淡着色法，世称“吴装”，甚至有不设色的自画，成为后世白描的先驱。与李思训用笔工细、金碧辉煌的山水相比，吴道子的山水为笔简意远的“疏体”，在当时也为创格。时人评价“凡画人物、佛像、神鬼、禽兽、山水台殿、草木，皆冠绝于世，国朝第一”。《送子天王图》《八十七神仙图》传为他的绝世之作。

《送子天王图》

《送子天王图》曾被认为是吴道子的作品，但后来研究表明此图可能是吴道子传派所画。此图能够帮助了解吴道子的风格面貌。图中某局部描写释迦牟尼降生后，其父净饭王严驾抱他朝谒大自在天神庙，诸神却悉数礼拜起太子来。净饭王惊叹曰：“我子于天神中更尊胜，宜字天中天。”净饭王和摩耶夫人原为印度人，在此图中皆为中原装束，天神正诚惶诚恐地匍匐在地上跪拜释迦。全图淡设色，近似白描，笔墨雄放，用线挺拔流畅，轻重顿挫似有节奏，衣带飘举作兰叶描并略加渲染，二十余位人物形象各具特点，是后世“白描画”的最早典范。

《维摩诘像》

《维摩诘像》是敦煌莫高窟第103窟

东壁壁画，在唐代描绘维摩诘形象绘画作品中，吴道子的这幅维摩诘像是最生动传神、最具代表性的杰作。画中维摩诘手执拂尘坐于胡床之上，身子前倾，凝神聚眉，思虑深邃的样子。吴道子以流利刚健的线描将维摩诘像一气呵成，有“虬须云鬓，数尺飞动，毛根出肉，力健有余”之感。

《山鬼图》

《山鬼图》传为吴道子之作品，以阴刻方法刻于河北曲阳北岳庙石碑背面。画面中有鬼一位，但在衣饰飘带、头发飞舞之中，见不到其真面目，只见那流畅欲飘、遒劲如铁的线条塑造出风动飞舞的衣带，确有“吴带当风”之妙；山鬼狰狞恐怖、迅疾行进的形象令人毛骨悚然。右上角有“吴道子笔”题款。

卢楞伽《十六尊者图》

卢楞伽（生卒年不详），活动于盛唐时期，西安人，是著名画家吴道子的得意门生。他擅画佛像，与颜真卿题字时称“二绝”。他作过许多壁画，都画在西安和四川的神庙中。传说他学吴道子十分用心刻苦，以至于学得成就时竟力竭而卒。《十六尊者图》传为卢楞伽的作品，画中人物形象刻画富于个性，准确地抓住十六位尊者各自的形象特征，用线细劲，流利潇洒，颜色敷以淡彩，意味盎然，画面笼罩着佛的神秘光环。

《幻城喻品》

《幻城喻品》是盛唐时代的壁画，出于敦煌217窟，是反映现实生活的一幅穿插人物的青绿山水画，其题材取自佛教《法华经》中的一章。故事说的是一群男女与导师一同远道寻宝，途中行至“险难恶道，旷绝无人”之地，人马均疲惫不堪，惧乏交加。正在人们畏难欲退之机，导师灵机一动，幻化出一个城来，山水秀丽，林木繁茂。行人们在此愉快休息，缓解了疲劳，于是导师鼓舞众人继续前行。故事的寓意是引导人们皈依佛教。画中将此故事用几个场景进行描绘，中间右下画的是导师裸身短裙，赤足于前边引导，后边两骑跟随。画中一行人分几部分，各有处所，进行休整。崇山环绕，沟壑曲折，草木茂盛，具有浓郁的民族风情意味。

《舞乐》

《舞乐》也是一幅唐代壁画，出于榆林25窟南壁。图中乐队于殿两旁一字排开，席地而坐，各人手中拿着乐器，有腰鼓、排箫、拍板、横笛、竖笛、海螺、笙及琵琶等。中间有一高大舞伎将腰鼓系在胸前，双臂外展，十指伸开，抬左腿做击鼓跳跃之姿，身上飘带随风起舞，回转飘动。有一鸟身人面者拨奏五弦，在一旁助乐应和。其他奏乐者各有姿态，应和中间的舞者。王室贵族们的墓室壁画展现的纯粹是一幅人间享乐生活的图景。

《弈棋仕女图》

《弈棋仕女图》（唐代壁画，新疆吐鲁番阿斯塔那187号墓出土）是唐代武则天时西安都护府官员墓中的文物，画虽残破，但仍能辨认出描绘的是墓主人日常生活中的玩乐场面。这幅画描绘家庭中的弈棋娱乐情景。豪华的服装、首饰，丰腴的妇人形象，高髻的发式，都体现了唐代时尚。那弈棋妇女专注凝神的姿态以及她拈棋欲置的手指，无不反映了作者绘画技巧的精妙和对人物神态动作的敏锐的观察能力。

五代十国时期的山水画和花鸟画

从唐代开始，山水画和花鸟画从墙壁和器物上走下来，成为在绢素上单幅创作的独立画科，至唐末五代而趋于成熟。山水画的成熟，打破了古老的单纯的线条勾勒表现形式。山水对宁静或者萧条淡泊的诗意的追求，使绘画中色彩逐渐减弱，以至走向纯用水墨。在这一时期，诞生了一大批在历史上享有盛誉的画家，并因有了几位开宗立派的大家而在中国绘画史上占有特殊的地位。这几位就是在画史上被连称为荆（浩）关（仝）董（源）巨（然）的山水画家和黄家花鸟画派的黄氏家族（黄筌、黄居寀）。荆关山水的雄伟瑰丽，董巨山水的闲适悠远，都为中国山水画开拓了新的境界，为迭起的两宋山水画的发展奠定了坚实的基础。后蜀黄筌勾勒精细、若无笔踪的“写生”手法也使其成为北宋画院花鸟画的标准，并为以后的院体画风格奠定了基础。

《韩熙载夜宴图》——“孤幅压五代”

南唐画院翰林待诏顾闳中（907—960）擅画，是“目识心记”的高手。他的作品独有《韩熙载夜宴图》传世，但却以“孤幅压五代”的气势留存于世。《韩熙载夜宴图》是描写南唐官僚韩熙载夜生活的长卷。韩熙载出身北方豪族，因父亲遭杀戮而逃到江南。他才华出众，是一个有远大抱负的政治家，诗文书画音乐无不精通。后主李煜却不思振国图强，终日赋诗作画，沉迷酒色。韩熙载感到世事日非，无意在仕途上有所作为，所以装癫卖傻，疏狂自放，以此逃避朝廷的任命。李煜命顾闳中夜至韩的府第窥探，把他的荒纵生活图绘下来，试图以此来规劝韩熙载。全卷共分五段，每段巧妙地以屏风相隔而又连贯一气。第一段画韩熙载与一朱衣人（大约是状元郎粲）坐在床上，与其他宾客听歌伎弹琵琶；第二段画韩熙载自击鼓，与宾客观看王屋山舞蹈；第三段画韩熙载洗手休息；第四段画韩熙载坐着聆听众伎吹奏；第五段画韩熙载宾客与诸伎调笑状。画面描绘了感到大势已去的韩熙载，面对华宴歌舞时的平淡和郁悒的神态，刻画了韩熙载在当时的形势下内心的深刻矛盾、苦闷空虚却又依恋奢侈糜烂生活的复杂心境。这一画卷隐示着南唐覆灭命运的即将到来和韩熙载在这一形势下的精神状态。

周文矩

周文矩（生卒年不详），建康句容（今江苏句容）人。南唐宫廷画家，翰林待诏，当时曾与顾闳中奉后主之命潜入韩熙载府第，“目识心记绘画以上之”。他工山水、人物、车器，尤精仕女人物。所画仕女纤细艳丽，他常以宫中仕女为题材作画，用笔颇有书法之妙。所绘人物肖像，注重对性格特征作细微刻画，颇具表现能力，是五代著名人物画家之一。

《重屏会棋图》

《重屏会棋图》描绘的是南唐中主李璟和众兄弟弈棋的场面。居中观棋者，头戴高帽，手托盘盒，神情自若；身着红袍的观棋者为中主李璟；对弈者是齐王景达和江王景逖。背后屏风上有根据白居易《偶眠》诗意画的作品。因画中再次出现屏风，故称《重屏会棋图》。舒适的环境与会棋情景融为一体，完美地烘托了人物的闲情逸致。

《文苑图》

据考证，《文苑图》画风具五代特色，从人物描绘特征和衣纹线条运用的特征分析，应当是周文矩《琉璃堂人物图》中的后半段。画中宋徽宗所题“韩滉文苑图”乃为误题。此卷精心描绘了四位文人运思觅句的情态。一位书童躬身低头认真地研墨，一文士就石舒纸，握笔支颐，正凝神思觅文句。另外两位文士坐于石凳之上，展开书卷正在切磋研讨。一棵苍松曲盘而上，其中一文士笼袖倚松而立，陷入思索状态。作品中人物神态刻画传神入微，画面构图起伏循环，设色淡雅清秀，格调超逸。

荆浩

荆浩（生卒年不详），字浩然，沁水（今河南沁阳）人，博通经史。唐末之后，中原连年战乱，荆浩隐居于太行山洪谷，自耕自食，自号洪谷子。他擅画山水，隐居期间，将自己融于山川旷野之中，仔细观察山水树石，认真揣摸，大量作画练习。因荆浩长期受北方自然景物的陶冶，其笔下的崇山峻岭，层峦叠嶂，雄伟壮阔，体现了北方大山大水的雄浑景色。

《匡庐图》

《匡庐图》是荆浩的传世之品，描写庐山景色，“云中山顶，四面峻厚”，是深阔雄奇的全景山水。在章法和表现手段上，荆浩曾这样说：“恣意纵横扫，峰峦次第成。笔尖寒树瘦，墨淡野云轻。岩石喷泉窄，山根到水平。禅房时一展，兼称苦空情。”在此图中，荆浩以勾、皴、染三法并举，先以突出的轮廓线和结构线确定山石的形体凹凸，然后以短条子皴出山石质感，再用水墨进行渲染。既突出了造型的结构、形体的凹凸，又表现了物体的质感，充分发挥了水墨技法的优势，由此完美地体现出“大山堂堂”的磅礴气势。

关仝

关仝（生卒年不详），长安（今陕西西安）人，活跃于五代末年至初宋。关仝早年师法荆浩，后人称其“青出于蓝而胜于蓝”，创立了独具风格的“关家山水”。他擅画秋山寒林、野渡村居、逸士幽人等题材。画风简练而凝重，《图画见闻志》中称“石体坚凝，杂木丰茂，台阁古雅，人物幽闲者，关氏之风也”。以后的人们将荆浩、关仝及后世的李成、范宽并称为五代、北宋间四大山水画家。

《关山行旅图》

《关山行旅图》传为关仝所作，是一幅具有北方山水特征的水墨作品。荒村野店，秋林萧瑟，危峰突兀，幽僻荒寒，树木出枝有干无叶，用笔简练、苍劲、老辣，尽显关仝的画风。经过皴染后的山石，更觉嶙峋奇峭，寒气威严。

《山溪待渡图》

关仝喜作秋山寒林，形象洗练而完整，给人以身临其境之感。所作秋山、林木、村居、野渡具有雄伟苍凉的气氛，使观者如在“灞桥风雪中，三峡闻猿时”。此图上方正中主峰突起，瀑布在崖间飞泻而下，在山下汇成涓涓溪流，山脚有大石，林木间露出村屋房舍，溪水边有人策驴唤渡。宋人谓关仝山水“坐突危峰，下瞰穷谷，卓尔峭拔者，仝能一笔而成。其竦擢之状，突如涌出”。本图正显示了此特色。画中无款，诗堂上题有“关仝溪山行旅图”。

董源

董源（?—962），字叔达，江南钟陵（今江西进贤）人，后唐中主时任北苑副使，故人称董北苑。董源工画山水、牛、虎、人物，最擅长山水，作峰峦出没、云雾显晦、溪桥渔浦、洲诸掩映的江南一带山景水色，不为奇峭之笔，开创平淡天真的江南画派特有风格，丰富了山水画的表现技法。自北宋巨然、米芾、江参以至元四家、高克恭，明代沈周、文征明、董其昌等，都传其画法，董源一派被尊为画派正宗。米芾评他的画风“平淡天真，唐无此品”。

《潇湘图》

《潇湘图》是董源代表作之一，画上原无款，明代董其昌据《宣和画谱》记载，说是描绘“洞庭张乐地，潇湘帝子游”的诗句，故定名为《潇湘图》。画中描绘了南方连绵起伏的山峦，密林深处的山村，宽阔平静的大河，错落的沙洲，繁忙的船渡渔翁，还有待渡的过客。以横幅形式描绘草木繁茂、云雾晦明的江南景色，极得山川神气。人物很小，但用粉白青红诸色，在山水比照下既醒目又调和。该画为董源后期山水画的代表作。

《夏山图》

《夏山图》也是董源代表作之一，其构图别于《潇湘图》，而以“高远”取势法画长卷式幅面。画南方之山峦累叠，连绵不断，“云雾显晦，岚色郁苍，护翠浮岚，草木葱茏，枝干劲挺，咸有生意”。横幅画卷充分展现了开阔的境界，而在其“高远”的取势中，重叠的山峦又有了深远幽静的空间效果，不仅增强了山峦大地辽阔苍茫的气势，而且体现了雨水丰沛、草木繁茂的意境。

巨然

巨然（约937—975），江宁（今南京）人，在江宁开元寺为僧。巨然精于山水画，因画而盛名，并成为南唐后主李煜的宾客。后随李煜归宋，到汴梁（今河南开封）居开宝寺中。因作《烟岚晚景》壁画而享名于朝野，广受赞誉。他的山水画师承董源，沈括在《图画歌》中说“江南董源，僧巨然，淡墨轻岚为一体”。他的画风较董源更显雄秀奇逸，更趋成熟，有“岚气清润”“明润郁葱，最有爽气”之称。巨然的山水画师法董源，又有独创，后人将董源、巨然并称“董巨”。巨然多作“奇绝”“峭拔”的高山大川，他善用长披麻皴，用笔率直，有旷达爽朗之气。他在中国绘画史上与荆浩、关仝、董源并称为五代北宋间四大山水画家，后世的米芾及元代四家，无不受他画风的影响。

《层岩丛树图》

《层岩丛树图》是巨然的代表作，描绘江南的山林景象。峰峦耸峙，丛树茂密，山神路曲，意境深远，兼具南北方山水的润泽与气势，是巨然风格的特点。此图将“高远”法与“深远”法相结合，画出山峰层峦叠嶂，林道蜿蜒曲折。画巨峰山石时，使用长条披麻皴，间以点染相辅。画岭间山头遍布的树丛时，有苍苍茫茫雾气弥漫的气象。全画没有农家，不见人踪，表现出一种秀逸、静寂、朦胧之美，是一幅十分成功的山水画作品。

卫贤

卫贤（生卒年不详），京兆（今陕西西安）人，是五代南唐画家。擅画山水人物，尤精于楼台、车器，界画功夫十分精到。其画初学尹继昭，后学吴道子，擅界画，既能“折算无差”，又无庸俗匠气，被称为唐以来第一能手，盛名一时。

《高士图》

《高士图》是卫贤传世之作，描写汉

代隐士梁鸿和其妻孟光“相敬如宾、举案齐眉”的故事。画中楼阁掩映在花树葳蕤的环境之中，堂屋内孟光正举案齐眉，向丈夫梁鸿奉上饭菜。梁鸿为东汉初隐士，精通群书，为人正直，深得其妻孟光敬仰。孟光每次为丈夫送饭菜，必举案齐眉，世人传为佳话。此图用干笔皴擦，重墨染出山石的凹凸、斜正和阴阳向背，强调山石的结构。远树表现简略，近树则勾皴并用，先画出树的结构，再用墨色晕染。其人物、楼阁、山水合于一图，近景、中景、远景置于一卷，繁密而不琐碎，难怪乾隆皇帝要在右上角大书一个“神”字，以表达其佩服之情。

花鸟画家黄筌

黄筌（903—965），字要叔，四川成都人。黄筌是早熟而又终生享受皇室利禄的花鸟画家。早年避难到四川，十三岁时开始学画，五代时西蜀画院的宫廷画家，翰林待诏，并主持画院。

后来转入北宋画院。他绘画题材广泛，以花鸟画最著名，亦能画人物、山水。他的花鸟题材，多是宫廷中的奇花异草，珍禽异兽，风格富丽工巧。主要画法是勾勒填色。他的画细腻入微，形态逼真，色彩艳丽，富于装饰性，与宫廷中豪华富丽的格调相吻合。据《梦溪笔谈》说：“诸黄画花，妙在赋色，用笔极精细，几不见墨迹，但以五彩布成，谓之写生。”他的这种画法，代表着画院的风格，在宋代影响极大。

“六鹤殿”的传说

黄筌很注重写生，造型准确以至乱真。有个故事说他奉诏为御苑中的几只鹤写生，他就在殿壁上画了“唳天”“警露”“啄苔”“舞风”“梳翎”“顾步”六鹤图，竟把真鹤引来做伴，为此皇帝大加赞赏，遂将此殿称为“六鹤殿”。

“黄家富贵”

黄筌曾为蜀帝孟昶画四时花竹雉兔于八卦殿上，白鹰误认为画中雉雀为真，遂奋臂扑掣。黄筌还在家中养了很多鹰鹘，每天观察它们的神情姿态，并进行摹写，所以才能将禽鸟表现得宛然若真。黄筌身在宫廷画院，所见多是“珍禽瑞鸟，奇花怪石”，多数作品又是“应诏制作”，笔下禽鸟多有雍容之气，故世称“黄家富贵”。

《写生珍禽图》

黄筌是当时最为受宠的宫廷画家，作品非常丰盛，在《宣和画谱》著录中就有三百四十九件。然而流传至今的仅一件《写生珍禽图》，还是当年他教子作画的样稿，尽管如此，这幅写生画仍具有珍贵的价值。《写生珍禽图》用细密的线条和浓丽的色彩，描绘了大自然的众多生灵。在尺幅不大的绢素上，画家画了昆虫、鸟雀及龟类 24 只，均以细劲的线条画出轮廓，然后赋以重彩。这些动物的造型准确、严谨，特征鲜明。每一动物的神态都画得活灵活现，富有情趣，耐人寻味。例如，画中两只麻雀，一老一小，相对而立，雏雀扑翅张口，嗷嗷待哺的神情，惹人怜爱；老雀低首而视，默默无语，好像无食可喂，一副无可奈何的模样。下端一只老龟，不紧不慢，一步步向前爬行，两眼注视前方，有一种不达目的决不罢休的毅力。

“徐熙野逸”

徐熙（生卒年不详），出身于江南显族，却无意做官，以布衣终身，是一位在野画家。徐熙常于田野园圃徜徉，所见多蜂蝶、花草、果蔬之类，以其入画，借以表现其高旷的情怀。他的画风与当时流行的用笔细腻、赋色浓艳的花鸟画迥异，他作画以灵动的笔墨写出动植物之形神，然后施以淡彩，画中流露出高旷脱俗的志趣，这是一种接近小写意的风格，宋人谓之“徐熙野逸”。时人对徐熙的评价很高，说他神妙俱全。传为其作品的有《玉堂富贵图》《画竹图》等。

胡瓌

胡瓌（生卒年不详），契丹族，是辽代早期的画家，范阳（今河北涿州）人。随李克涌入中原。他擅长描绘草原风物和游猎生活，对辽代的人马画起到十分重要的典范作用。他曾作有《卓歇图》《回猎图》等。

《卓歇图》

《卓歇图》，胡瓌作，是一幅长卷，画契丹族游牧生活。“卓歇”是立着小憩之意。图中左部是可汗与其妻阏氏坐在红花绣毡上，一边饮酒一边观看乐舞，旁有侍者跪侍；可汗身后几员侍卫袖手而立，阏氏身后立有三女子，另有两女侍正过来献花进酒。图的中部和右部还有众多骑士或席地而坐，或倚马而立，马鞍上可见猎物。

李赞华

李赞华（899—936），契丹族，是辽代皇室的第一位画家。他本名耶律倍，辽太祖耶律阿保机长子，阿保机死，次子耶律德光继位后，因受猜疑而出奔后唐，唐明宗赐其名，封怀化军节度使。他多才多艺，尤善画契丹人马，宋人王复休称赞他的画“自得穷荒步骤之态”。

《射骑图》

《射骑图》为契丹太子东丹王李赞华所绘。构图简洁，仅一人一马。马匹为精良剽悍的乌珠穆沁马（蒙古马），马具复杂而华丽，五朵红缨格外夺目，一个中年贵族弓腰持箭，立于马前，正在校正箭杆，似在做出猎前的准备。人马刻画最见功夫，活灵活现，血肉俱足。笔法细腻，设色清雅，实为佳品。

宋朝绘画

宋朝皇帝多喜丹青，徽宗甚至亲自主持画院，以致绘画艺术空前繁盛。宋画以神趣为归，形成了院体风格。与此同时，院外画家自行其是，表现文人逸趣的文人画悄然兴起。山水画至北宋趋于成熟，北宋初期的著名画家有李成和范宽。北宋中期的山水画则以郭熙的创作最为突出。李成的画虽出于荆关，但又不同于荆关。北宋的山水画家许道宁以及北宋中期的名家郭熙等人皆属李成一系，成为北宋山水画的主流。郭熙师承李成，又吸取董源、范宽的一些手法，开创了北宋山水画的新局面，比之李成有过之而无不及。后世把他和李成并称李郭，堪称绝响。北宋末至南宋初，“院体画”风行一时，花鸟画以黄徐异体，各自名重院内外。南宋花卉画派，人物画中也出现了水墨写意的“减笔画”。虽然南宋画院依旧，但画风骤变，李（唐）、刘（松年）、马（远）、夏（圭）院体山水别创一格，风靡画坛。此间，辽、西夏、金的绘画，则表现出既受中原文化影响，又有各自风格和内容。

北宋画院“六科”

宋朝皇帝都好书画，画家的待遇也因之提高。但是真正使得画院达到鼎盛局面的，还是北宋皇帝赵佶的统治时期。赵佶（1082—1135）从小喜欢书画，当上皇帝以后，在政治上昏庸无能，但在书画方面却取得了很大的成就，并对中国绘画的发展有过重要贡献。他对画院非常重视，在北宋崇宁三年（1104）设立了绘画学科，正式将美术纳入科举考试，招揽天下画家。画学分为佛道、人物、山水、鸟兽、花竹等六科，选择古人诗句作为考题。考入后按身份分等级，分别居住在不同的地方，加以培养，并进行考核。

北宋画家的崇高地位

画院画家在艺术上的取士标准为“以不仿前人，而物之情志形色，俱若自然，笔韵高简为工”。当时，画家的地位明显提高，在收入方面比其他艺人要高。有了优厚的待遇，加上皇上的关怀，使得这一时期的画院创作最为繁荣。在赵佶的指示下，皇家的收藏也得到了极大地丰富，并且将宫内书画收藏编成《宣和书谱》和《宣和画谱》，成为今天研究古代绘画史的重要资料。

《宣和画谱》

《宣和画谱》是北宋徽宗时期编成的，作者不详，“宣和”是徽宗在位后七年的年号。该书叙录宣和内府所藏的自三国吴到当时二百三十一名画家的画迹，分为道释、人物、宫室、番族、龙鱼、山水、畜牧、花鸟、墨竹、蔬果十门。每门画家，又按时代先后编排，各作以评传叙其生平，评论艺术成就，后即著录内府所藏画目。全书著录画目总数六千三百九十六轴，可称为著录巨著。书中所作的画家列传颇为完备，记有籍里、职官、修养、爱好、专擅、故事等，对研究中国绘画史有很大的价值。

赵佶的花鸟画

赵佶本人的创作风格并不十分细致，而是偏于粗犷的水墨画，传世作品很多被认定是当时画院中的高手代笔。只有藏在美国纳尔逊艺术博物馆的《四禽图》卷和藏在中国上海博物馆的《柳鸦图》卷被认定是他的原作，两画都是水墨纸本，笔法简朴。流传至今有着赵佶署款的画有《芙蓉锦鸡图》《腊梅山禽图》《五色鹦鹉图》《祥龙石图》《柳鸦芦雁图卷》《池塘秋晚图》等。《芙蓉锦鸡图》画芙蓉二枝，锦鸡一只。枝叶繁茂，双蝶飞舞，一派生机。

《听琴图》

《听琴图》是徽宗画院的代表作，是工笔重彩画的杰作。此画笔极细秀，气韵深静。在画的右上有徽宗的瘦金体书"听琴图"三字，左下有"天下一人"的书押。画面正上方是蔡京的七言诗跋。画面布局工稳雅洁。苍松挺秀多姿生翠欲滴，凌霄花花叶纷披缭绕其间。松树下有四人，一人危坐弹琴，黄冠缁服抚琴，自有一种寂然凝虑、若喜若悲的神情。左右各一人侧耳倾听，着红袍者右手反拄石凳，左手执一团扇，俯首凝神倾听。穿绿袍者笼手端坐，身子微微前倾，有心领神会之状。伺立在他身旁的童子颇为聪慧，若有所悟。乌几旁立，香炉中檀烟缥缈，锦石前置，鼎彝中奇花呈瑞，倍添贵重娴雅的情致。抚琴者着道服，疑为赵佶本人，听琴人中着红袍者，可能是蔡京。

黄居宷

黄居宷（933—993）是黄筌的幼子，字伯鸾，后蜀归顺宋后随父入汴京，并任翰林待诏。黄筌故后，他便接任入主画院，将业已流行的"黄家富贵"画风继承下来，沿袭其父荣誉，雄霸花鸟画坛。北宋黄休复在《成都名画记》中有这样的记载，说黄居宷"画艺敏赡，不让其父"。黄居宷擅长画花竹翎毛，兼工山水人物。他的画传承父法，勾勒遒劲，设色浓厚。他画的花卉翎毛富于天趣，怪石山景胜过他的父亲。

院体画的开端

以黄筌父子为代表的"富丽工巧"的黄家画风在宋代初年可谓如日中天，不仅被奉为翰林图画院的楷模，并且也是品评当时画家技艺优劣的标准，是画家能否进入翰林院的标准，也是院体画的开端。

《山鹧棘雀图》

黄居寀的《山鹧棘雀图》，是“黄家富贵”的典型之作。画家经过仔细观察、精心刻画，画中体现着黄家严谨的家风。它是唯一能够全面反映黄家花鸟画风的作品，也是中国绘画史上现存花鸟卷轴画中最早的有年代和作者记载的作品。画家笔法工稳，意趣典雅，画涧水坡石，野草竹棘，禽鸟嬉戏其中。画家对于鹧、雀的描绘中，着墨最多、刻画最细的是近处的长尾山鹧，它红嘴黑颈，一袭雪羽，笔法洗练而端凝。

写生赵昌

赵昌（生卒年不详）最初师从滕昌佑画花果。他善画花鸟，笔迹柔美，色彩艳丽，所画折枝花与草虫也非常逼真，被认为能“与花传神”。他不肯趋炎附势，州伯郡牧争相求画，他并不轻与，所以能得到他的画的人都引以为珍。传说赵昌常于清晨朝露未干时，绕栏杆对花反复凝视把玩，然后调彩色写之，自号“写生赵昌”。《写生蛱蝶图》为他的传世之作。

易元吉

易元吉早期也以画花果为专长，但当他见到赵昌的作品后，深为叹服，便改画獐猿。他曾经深入荆湖等地的山区，观察獐猿的自然动态及其林石景物；他还在自己长沙的居所构筑池沼，间以乱石，种上花木，饲养水禽，从窗中观察它们的动、静、游、歇之态，心传手记，所以笔下的动物能得其天性野逸之趣。仁宗时易元吉曾奉诏入宫，在屏风中画太湖石、花鸟，当时被评为“徐熙后一人而已”。

崔白的花鸟画

崔白，字子西，濠梁（今安徽凤阳）人，以画具有野情野趣的败荷凫雁著名，擅长所谓的“花竹翎毛”。他的画体制清澹，虽然以画败荷、凫雁、雪滩、风烟之景得名，但也精于佛道鬼神。史载他作画不起草稿，不用界尺，信笔即合法度。崔白性情疏放，不拘礼法，神宗时被召入画院，曾表示不愿久留。他的花鸟画自然生动而毫无造作痕迹，画面的动势很强，画败荷、苇岸、芦汀、寒塘、秋江及各种野禽时有突出的创造，在写实中具有野逸的情趣。崔白在《寒雀图》《竹鸥图》中，将寒风中依缩于枯枝上的麻雀，逆风涉水的白鸥，都刻画得十分出色。《双喜图》是崔白的代表作，历来被推为中国花鸟画的典范之作。

苏轼画竹

苏轼以文学知名于世，精于书法，亦画枯木竹石。他的思想以儒家学说为主导，掺杂佛道，在文学理论上表现出多重复杂性。苏轼的文人画理论，在美术史上有较大影响。苏轼将“诗中有画，画中有诗”作为文人画与工匠画的显著区别，对当时的院体画也有微词，认为其过于强调形似，束缚画家才能，作品往往“有形无韵”。当时的文人画家崇拜王维，崇尚竹石一类题材。苏轼是画竹高手，所画竹石随兴之所至，有的飞舞跌宕，有的荒空沉郁。

《枯木怪石图》

《枯木怪石图》是苏轼竹石体裁的代表作。此图绘一棵枯树扭转盘曲上扬，树枝杈叶，树叶已落尽。画石并非因物造型，却是笔意含盘旋之中，凝聚着一团耿耿不平之气。画枯木则另有一股浩然气脉，由树干而树梢，突破了扭曲盘结，冲向昊天。其动势已不属于造化，而是情绪理念交织的产物，是胸中盘郁与笔下创新的艺术成果。与此同时，画面还体现出由敛而放、由内而外的主体精神力量。米芾评为：“子瞻作枯木，枝干虬屈无端，石瘦硬，亦怪怪奇奇无端，如胸中盘郁也。”

文同

文同（1018—1079），字与可，四川梓潼人。诗人兼书法家，长于墨竹，是苏轼的表兄。作画要求“胸有成竹”之语，就出自文同，在画界广为流传。苏轼的墨竹就是学自文同，他们一起创立了“湖州竹派”。他们在五代墨竹基础上，对墨竹画法加以改造，以淡墨为叶背，以浓墨为叶面，竹枝叶不再双勾，纯以水墨画。黄庭坚谓“潇洒大似王摩诘，而功夫不减关仝”。文同与苏轼还是挚友，文同画竹，单等苏轼题款。

《墨竹图》

《墨竹图》是文同的传世之作。此图笔墨流畅，富潇洒之姿，逼檀栾之秀，枝节舒展，竹叶向背由浓淡而分。墨竹由左上方下垂，跋尾上翘，欣然一种不甘俯屈之意。画面右上方有“文同”“与可”两方墨印。左边有残字迹一行，为后人拼凑之笔。

“古今第一”——李成

李成（约919—967），字咸熙，营丘（今山东益都）人，世称“李营丘”，唐皇室后裔。李成品格清高，有深厚的文学修养，胸怀抱负，但因时逢乱世而无处施展，遂恃酒自傲于天下。他喜好游历山川风光，以山水画自娱，据载他狂歌痛饮之后死于旅途的客店中。李成主要活动在五代末年，但被认为属于北宋最重要的山水画家之一。《宣和画谱》这样评价他说：“所画山林薮泽，平远险易，萦带曲折。飞流、危栈、断桥、绝涧、水石、风雨、晦明、烟云雪雾之状，一皆吐其胸中，而写之笔下。”李成在北宋只生活了八年就去世了，然而在这八年中，他在画坛享有极高的地位。李成画山水擅长寒林平远之景，极负盛名，被誉为“古今第一”。

《读碑窠石图》

李成的画风靡一时，当时就有许多模仿品出现。米芾说他平生只见过两件李成真迹，而模仿品见过三百。所以，世间流传的李成真迹堪称凤毛麟角，仅能凭借传为李成的作品体会其风韵。《读碑窠石图》传为李成所作。图的中央耸立着龟座龙颜巨碑，一位骑驴过客与童子往步读碑。时值深秋，几棵苍老的枯树从乱石堆中立起，曲枝盘结，被安置于巨碑的左边。巨碑老树后面是一片空茫，荒寒凄迷，表现出一种“气象萧疏”的悲凉意境。画面是李成典型的平远寒林，置景幽寒苍凉，衬托出读碑者悠然思古时的一怀惆怅。

范宽

范宽（生卒年不详），名中正，字仲立，华原（今陕西耀县）人。他嗜酒好道，性格宽厚、大度，因此人称范宽。他终生未入仕途，亦未进翰林图画院供职，活动于北宋太宗、真宗时期。早年山水学李成，后取法荆浩，画雪山学王维。后有所悟，立志创新，索性到险峻的终南山、太华山一带隐居。面对自然山川，常常“危坐终日，纵目四顾，以求其趣”，发之毫端，写山真貌而不取繁饰，卓然成为一家。

《雪景寒林图》

《雪景寒林图》为范宽传世之作，三屏大幅立图。图画中主峰屹立中央，与远处的群山一同融入深远的天空。山间雾气迷漫，裹覆着白雪的密林掩映寒寺，河边古木成林，莽莽苍苍。有三五人家依山傍水取势而居。一片白茫茫的银雪之中，江流环绕，板桥横卧。此画构图严谨，用笔苍润浑厚，生动表现了秦陇山川的磅礴气势，是一件难得的稀世珍品。

《溪山行旅图》

范宽的传世作品《溪山行旅图》是公认的真迹。画面的构图看似平易，却有一种撼人心魄的力量感。顶天立地、迎面矗立的山峰，表现了雄伟磅礴的气概。高山上一线飞流倾泻而下，绕过山冈，汇成河流。岩石与溪流在画面上形成刚与柔的对比，体现着天地万物的阴阳结合。走过崎岖的山道，一队驮马行旅于山脚下鱼贯而出，在巨峰与密林之中，显得渺小且微不足道，就连空白处，也有一种真气弥漫的空间感。这幅画的意境已足以代表北宋山水画“无我之境”的高度所在，所以人称“范宽以后无此品”！

郭熙

郭熙（1000—1090），字淳夫、河阳，河南温县人。出生布衣，后奉诏入宫廷画院，终生供职于宫廷之中。郭熙工画山水，取法李成，朝夕临写，钻研投入，以至画艺大进，最后脱开师学而自成体系，山水画技艺炉火纯青。早年风格较工巧，晚年转为雄壮。他的画被推为当世独绝，并且流传甚广。神宗酷爱郭熙的画，殿堂中几乎全部用他的画来装饰。其中学士院壁画《春江晓景》《秋山平远》表现了“春晴之融洽，物态之欣豫”，其优美意境和精湛技艺得到苏轼、黄庭坚等人赋诗赞赏。元丰末年（1085），八十多岁的郭熙还为显庆寺僧人画十二幅大屏，高二丈，山重水复，意境壮美，年虽老而落笔益壮，不减当年。

郭熙“三远”法

郭熙常于巨嶂高壁，作长松乔木，回溪断涧，峰峦秀拔，云烟变幻之景，易经清旷动人，时称独步。为李成画派之后进，与之并称“李郭”。他深究画理，取景方法上提出高远、深远、平远的“三远”法。主张在兼收博览古人画迹的同时，要饱看自然界。对四季山水有“春山如笑，夏山如滴，秋山如妆，冬山如睡”之说。

《早春图》

《早春图》是郭熙传世作品中的代表作。画面表现的是“乍暖还凉”的早春山景：山间还弥漫着薄薄的寒雾，枝叶却似乎已蕴起绿意。在构图上，画家运用了平远、高远、深远的全景式方法，以表达春天来临，大地万物复苏的境界，冥迷朦胧的淡淡墨色，晕出春晓潮润的气氛。迷茫的晨雾笼罩着山峦、巨峰、楼阁，山泉河流苍郁林树，孕育着勃勃生机，告诉人们严冬已去，春天即至。画作中用石体的“卷云皴”和树枝的“蟹爪”，体现了郭熙对李成的画风继承，而丘壑峰峦的营造，则超越了李成的平远法。

《窠石平远图》

《窠石平远图》也是郭熙的传世之作。画面描绘深秋时节树木萧疏、平野清旷的景象。图中晚霞笼罩，树枝张舞。近处溪水清浅，岩石裸露，石上杂树一丛，或枝干踏曲，或树叶脱尽。荒原之外，远山起伏，寒烟笼罩。远山隐隐，清朗虚旷的幽寂空间，呈现出气象萧疏的深秋景象。

米友仁

米友仁是米芾之长子，官至工部侍郎，敷文阁直学士。他的山水画承袭家风，与其父共创“米家山水”。他“略变其尊人所为，成一家法”。用水墨横点，连点成片，构成“烟云变灭，林泉幽壑，生意无穷”的画面，强调“借物写心”，崇尚平淡天真，运笔草草，自称“墨戏”，对后来“文人画”中的笔墨纵放脱略形状有影响。做官后颇少为人作画，虽亲舅间亦无缘得之。

“米氏云山”

“米家山水”，也叫“米氏云山”。“米家山水”不师前人，尽脱古人窠臼，自成一体。所创米点云山，突破以往用线作皴的传统方法，以水墨渲染、泼墨，以及横点作皴，表现江南风雨迷蒙潮润、烟云奇幻变化的特征。米家之法作画，笔中有墨，墨中有笔，润而不浮滑，厚而不枯涩，是水墨画中的一个新境界，表现了文人绘画中“墨戏”的情致，这种绘画方式对后世文人画产生了巨大影响。正如《松壶画忆》中所云：“米家法要知积墨、破墨，方得真境，盖积墨使之厚，破墨使之清耳。”

《潇湘奇观图》

《潇湘奇观图》是一幅长卷，也是米友仁“米氏云山”的代表作。此图画江边云山云雾明灭变幻奇境。虽然是江南的低矮山丘，起伏绵延，隐入苍茫雾气中，看似平淡无奇，却令人一洗俗肠。林树丛生，依山势而列，山脚下河水平缓无声地流过，一切仿佛微妙敏感而若不经意，微浓微淡，有无穷墨趣。画云则用富有书法意味的线若断若续、或浓或淡地勾出，略加晕染。画面禅意颇浓，格调绝高。

《千里江山图》

《千里江山图》是北宋画家王希孟（1090—?）所作。王希孟是徽宗时画院学生，擅画山水，曾得徽宗指点笔墨蹊径，画遂超越矩度，秀出天表。政和三年（1113），年十八，绘成《千里江山图》，不久病死。此画堪称中国古代绘画第一长卷，画面长达十多米，用一匹整绢，以青绿重彩画千里江山。此图峰峦叠嶂连绵起伏，江河湖泊烟波浩渺，奇峰幽谷之间涌泉飞瀑。王希孟运用平远、高远、深远法，分别表现疏木翠竹、红花绿柳、村舍楼观、木桥船舫，虽景物繁多、气象万千，却被安排得有条不紊、虚实得当。细节刻画精致细微，与画面谐调统一、浑然一体。

武宗元

武宗元（?—1050），字总之，河南白波人。他精道释画，是北宋继承吴道子画派的画家中最有成就的。洛阳北邙山玄原皇帝庙原有吴道子画的《五圣朝元图》，至宋初被毁。武宗元为该庙补绘壁画，被叹为精绝，那时他才十七岁。宋真宗时为修玉清昭应宫而征召画师，武宗元在所选一百画师中名列首位。他在开封、洛阳一带绘制了很多壁画，其中绘三十六天帝时，将其中天帝画成宋太宗的形象，真宗见之不禁焚香礼拜。

《朝元仙杖图卷》

《朝元仙杖图卷》是武宗元所绘壁画，可惜仅以副本小样传世，其真实壁画与武宗元的其他壁画一样，早已随寺观的坍毁而不得流传。《朝元仙杖图卷》画五方帝君朝见最高神仙的行列，以东华、南极二位帝君为中心，簇拥着仙伯、神将、女仙等神。天帝庄重瑞严，神将威武，仙伯神清气朗，女仙轻盈，服饰多样，动态各异，线条圆转流动，富于节奏感。

李公麟

李公麟（1049—1106），字伯时，安徽舒城人。他出身于书香门第，曾登进士第，在地方任官职，后在中书门下任职。哲宗元符三年（1100）因病退休，归隐家乡龙眠山庄，自号龙眠居士。李公麟是宋代文人士大夫画家中的卓越代表人物。他精文字，善鉴赏古物，书法有晋宋风度。他的绘画表现范围很广，道释、人物、鞍马、宫室、山水、花鸟无所不能。尤精画鞍马，曾画《龙眠山庄图》，人比之王维《辋川图》。

《维摩教演图》

《维摩教演图》传为李公麟佛教人物画的一种，是佛教《维摩诘所说经》中记载的一则故事。维摩诘是佛在世时的毗耶离城居士，辅释迦弘扬佛法。佛在毗耶离城准备对五百长者说法，维摩诘故意托病不去，等佛派菩萨前来问病时，准备借机宣扬大乘教教义。当佛派文殊菩萨前往探病时，维摩诘与文殊展开辩论，吸引无数天神和国王大臣前来听法。这是佛教美术中常见的题材，李公麟在此画中给予了世俗化的理解，当维摩诘与文殊辩论时，维摩诘精神矍铄，充满智慧；坐在对面须弥座上的文殊，正在静听对方说法。在他们中间，维摩诘一侧，一天女体态婀娜，亭亭玉立，左手托花篮，右手拈花正抛向空中；文殊一侧，舍利弗忙不迭地去掸头上、身上的花瓣，情态狼狈。其余的均为听说法的法侣、天女等众，另有两个武士为护法天神。衣纹长带，飘举飞动，流畅遒劲；坐榻香几，刻画精微，不板不滞。

《五马图》

流传至今的李公麟人物画真迹只有两件，即《临韦偃放牧图》和《五马图》。其中后者是公认的李公麟的代表作，画的是宋朝元柘初年天驷监中的五匹西域名马，依次为凤头骢、锦膊骢、好头赤、照夜白和满川花。马官中两位是汉人，三位是少数民族。《五马图》中，边地献给皇帝的五匹马皆为神骏，骏马虽呈静止或缓步行进之状，但仍然能表现出马之健壮神勇。对五位牵马人，李公麟也画出了不同的民族、身份和神情气质上的差异。《五马图》堪称历代画马之作中的精品。

《临韦偃放牧图》

《临韦偃放牧图》是李公麟奉皇帝之命临摹唐代画马名家韦偃的作品。全卷共有马1268匹，马官134人，皆勾画精确生动，一丝不苟。马有正侧向背、立卧滚爬、交颈相摩、分背相踢、追逐撕咬、昂首嘶鸣等，千姿百态，气势雄伟。

张择端

张择端（生卒年不详），字正道，东武（山东诸城）人。“性习绘事，工于界画，尤嗜于舟车、市桥、郭径，别成家数也。”徽宗朝供职于画院。他的作品传世极少，却以《清明上河图》光照千秋，名闻四海。

《清明上河图》

《清明上河图》是一幅具有珍贵历史价值的风俗画，描绘汴京城郊清明时节的繁华景象。画面从郊区开始，逐渐向市中心进展，到虹桥形成第一高潮；进入城门到酒楼前为第二高潮；后段街市延续，最后在一家药铺前，有行人背着包袱向城里走去而结束。有序曲，有高潮，也有收尾。这里重点反映了当时北方经济动脉汴河的航运，也表现来自远方的骆驼商队。对于都市中各种商业、手工业者的活动，更是描写入微。表现大街小巷，而不是唐画中那些富丽堂皇的宫廷建筑，虽然也出现了骑马的官员和坐着小轿的贵妇，但在画面中并不突出，而数目众多、扮演画面主要角色的，却是当时汴京城中诸如各种店铺的伙计、出入酒楼茶馆的各色市民、木匠、铁匠、卖弓者、摊贩、货郎担、卖唱者，等等。《清明上河图》这幅作品场面宏大，屋宇人物无数，而画面结构严谨，有条不紊。人物的各种活动，刻画得非常细致生动，且前后呼应，一气呵成。

画院画家李迪

李迪（生卒年不详），是宣和画院的旧人，南渡后一直供职于画院，是活跃于孝宗、光宗、宁宗三朝的花鸟巨匠。他擅长画花鸟竹石、山水小景，传世作品不少，有《猩奴蜻蜓图》《雏鸡待饲图》《雪树寒禽图》《枫鹰雉鸡图》《风雨归牧图》等。

《雪树寒禽图》

《雪树寒禽图》是李迪的作品。在积雪的石竹中，棘枝横斜而上，一只伯劳栖枝而居，整个画面深沉、凝重，一片寒冬萧索的景象。苍劲的笔调，工细的布局，对花鸟精确的描绘，反映出画家成熟精湛之手笔。

“南宋四大家”之李唐

李唐（约1085—1165），字晞古，河阳（今河南孟州）人。他是一个全能画家，山水、人物、花鸟无所不精。

四十八岁左右他以第一名的成绩考入画院，成为宣和画院中的著名画家。北宋灭亡，李唐被掳，后来冒死逃出金营，南渡投奔宋高宗赵构。画院恢复前，他过了十几年困顿的生活，但却启动了他的“衰年变法”。起初李唐山水师荆浩、关仝、范宽的风骨，作品浑雄坚实，刻画繁复。晚年开创了一代水墨苍劲的山水画风，为后世画家所效仿。李唐直到去世之前，都在一步步地完善那前无古人的独创风格。他与刘松年、马远、夏圭合称“南宋四大家”。现存的《采薇图》就是他南渡后变法过程中的作品。

《采薇图》

《采薇图》是李唐的传世之作，描写的是殷代遗民伯夷、叔齐二人不愿降周，逃至首阳山，靠采野菜薇蕨充饥，最终饿死的故事。画中伯夷倚树正坐，神情悲愤，目光炯炯，叔齐一手撑地，侧身与之交谈。人物刻画生动传神，表现了一种不屈不挠、刚直不阿的气概。二人须发蓬松，脸部瘦削，目光专注，十分传神，可谓形神兼备。画面截取了半山腰的一角，采用狭长的横构图，突出人物活动的场面。石壁、古松、苍藤的笔法粗简，墨色湿润。

《万壑松风图》

《万壑松风图》也是李唐的传世之作。画万松深壑、高岭飞泉的北方山水，用“高远”“深远”法。主峰突兀，烟云缭绕，劲峭雄秀。谷中飞涧流泉，如闻其声；松林郁郁森森，如有风啸其间，气象万千；笔墨浓密，望之如行夜山。画山石多用小斧劈皴，皴擦点染并用，反复交替，兼容了北派诸家的笔墨技法。画中松泉、流云、山石繁复细密，却布置得体，层次分明。飞泉自上而下，自小见大，使山得水而活。此图堪与范宽的《溪山行旅图》媲美。

李唐弟子萧照

萧照（生卒年不详），沪泽（今山西阳城）人。据传他于北宋末年曾入太行山中为盗，一次与其他匪徒同劫一客，搜遍其身，仅得颜料画笔，后方知此人便是画家李唐。因慕李唐画名，遂还其物，退其众，拜为师，从李唐而去，成为李唐嫡传弟子。李唐尽力授其画法，在李唐指导下，萧照技艺大进。在金兵入侵、国难临头之际，萧照毅然投笔从戎，后随李唐南渡到临安，入南宋画院，为待诏，赐金带，是李唐弟子中的佼佼者。

《山腰楼观图》

《山腰楼观图》是萧照的传世之作，在树石的画法上继承了李唐早期的画法：裸露的坚凝石体，近处坡石上的大树，远处山顶的密林，质感对比极有节奏感，树叶的画法以及山石的画法，用小斧劈皴和皴染的笔法。在布局上，则吸收了李唐南渡以后的新格局，画面让出了水天浩渺的一半空间，使画面产生了纵深感。

扬无咎

扬无咎（1097—1171），字补之，号逃禅老人，洪州（今江西南昌）人。活动于南宋前期。一生未做官，自称汉代扬雄后代，姓氏从“才”而不从“木”。他工诗文、书法、绘画，擅长画水墨兰、竹、水仙，尤善画墨梅。

《四梅图》

扬无咎现存的作品以《四梅图》最具代表性。这是一幅纸本水墨长卷，画梅花四枝。自右至左，依次表现了梅花含苞结蕾、含苞欲放、盛开怒放、渐次谢落将残之态。用焦墨渴笔画枝干，用饱蘸浓墨画枝梢，时见飞白。淡墨白描花瓣，浓墨点蕊。笔法清淡野逸。梅花如含山野清气，拂人眉宇。画家以四枝不同开花时期的梅花，表现超越时空的各种情态，如一首抒情诗。

马和之

马和之（生卒年不详），钱塘（今杭州）人。他的画风迥然不同于南宋以及北宋的任何一家的风格，其线条飘洒俊逸，自成一格，独创“兰叶描”画法。他活动于高宗、孝宗时期，官至工部侍郎。南宋绘画中传为马和之的作品有《毛诗图三百篇图》和《后赤壁赋图》。

《后赤壁赋图》

《后赤壁赋图》是马和之最负盛名的作品。画面几乎只是一片汪洋。江水浩瀚，一叶扁舟随波漂荡，艄公挟橹，袖坐观景，童子把桨搁在舱板上，写出了“放乎中流，听其所止而休焉”的景象。三人席舱而坐，围着樽、盘、杯、盏，居中正坐者即主人苏轼，他敞襟袒胸，长髯飘拂，左手扶舷，回首后仰，一副狂放不露的神态，笔触简略，却传达了既已“履巉岩，披蒙茸，踞虎豹，登虬龙，攀栖鹘之危巢，俯冯夷之幽宫”，复又登舟之后的豪情逸趣。

南宋四大家之刘松年

刘松年（约1151—1218），钱塘（今杭州）人，南宋孝宗时为画院学生，后在光宗绍熙年间升为画院待诏。宁宗时因进《耕织图》承旨获得赐金腰带的奖掖。刘松年的画师承李唐并自成体系，他的人物、山水对后人影响甚大，他山水、人物兼能，被称为“绝品”。《画继补遗》中称叹他“山水人物，恬洁滋润，时辈不及”。后人把他与李唐、马远、夏圭并称“南宋四大家”。

《四景山水图卷》

《四景山水图卷》分四幅描绘春、夏、秋、冬四景。画面描绘了居住在江南山湖楼阁中的士大夫精致悠闲的生活。画面对季节的渲染自然得体，如春日的绿柳红桃，夏日的清凉水榭，秋日的远山红叶，冬日的映雪苍松、板桥行人。其中的屋宇台榭用界画法，一丝不苟。坡石多用小斧劈皴，笔墨设色苍逸清润，彩绘有点睛之感。空间的虚实处理灵活，与景物描绘相融无间，显出江南一带优美雅致的风景特色。

《中兴四将图》

《中兴四将图》传为刘松年的作品，画中四将是刘光世、韩世忠、张俊、岳飞，四将身旁各有一名贴身侍卫。刘松年对每个人的形象特征进行了认真严谨的刻画，表现出或深沉、或威严的不同性格特征。

《罗汉图》

《罗汉图》是刘松年的作品，也是南宋佛禅画中的精品。相传佛祖释迦牟尼曾令十六大阿罗汉常住人间，济度众生。刘松年在此图中画的就是十六罗汉之一。这个罗汉形貌古怪，倚在一截枯枝上沉思，双眉紧锁，如忧人间疾苦。他身旁的童子正在接猿猴摘给他的野果，人物和动物神态都很生动。背景树枝疏密有致，笔法工细而具力度，树干皴以浓重墨色，增强了苍劲力度和体积感，山石斧劈皴是李唐遗风。

“马一角”“夏半边”

马远和夏圭是南宋中后期宁宗、理宗朝院画家中的杰出代表。他们的山水画，世称“马一角”“夏半边”。在董其昌的南北宗论中，尤其将“马夏”突出于北宗之中，与南宗的荆关董巨、李成、范宽对立。马远、夏圭的杰出成就，将南宋山水画推向第二个高峰。

南宋四大家之马远

马远（1140—1225），字遥父，号钦山，祖籍河中（今山西永济），生于杭州。从他的曾祖起，几代都是宫廷画家，到他已是第四代。他在光宗、宁宗、理宗朝任画院待诏。他继承家学并超越前辈，山水、人物、花鸟、杂画兼能，是一位全才画家，在画坛独步一时。而成就最高、影响最大的，则是他的山水画。称他为“马一角”，是因为他绘画的构图突破了前人大山大水章法，以独具的胆识联合裁剪，往往将实景置于画面的一角，使画面留出大面积广阔空间，表现了深远浩渺空灵的广阔天地。

《踏歌图》

《踏歌图》是马远最为著名的传世作

品，打破了北宋以来全景式的画法，对大自然的景色进行了大胆剪裁，又用大片的云烟加以衔接。画石只分几个大面，用大斧劈皴侧锋直皴，快速而又有雄奇之势，老树干笔法一如山石，枝梢转折延伸，人称“拖枝”。画中远峰如笔插于半空，近处右边翠竹丛中探出一株疏柳，左边是两大巨石。其下一条大道横贯左右，路边有叮咚流泉。路上四个酩酊老汉，乘着酒兴手舞足蹈做踏歌状，招致两小童奇怪地回头观看，动作神态生动有趣。

《梅石溪凫图》

《梅石溪凫图》描绘早春时节山崖、泉水、梅花、群鸭的景象，充满着诗一般的意境。其山崖露出一角，下有一汪泉水微波荡漾，梅花初开，群鸭戏水，春天的气氛盎然纸上。

《寒江独钓图》

《寒江独钓图》是马远的经典之作。整个画幅中只有几条淡淡的水波和漂荡其上的一叶扁舟，四周大片的空白令人想象江水浩渺之情景。其中一老翁俯身垂钓，画家画得很少，但画面并不空，反而令人觉得江水浩渺，寒气逼人；而且还觉得空白之处有一种语言难以表述的意趣，是空疏寂静，还是萧条淡泊，真令人思之不尽。

马麟

马麟是马远的儿子，继承家学，工画人物、山水、花鸟，供职于画院，颇得宁宗、杨皇后赏识，时常得到他们的亲笔题识。《层叠冰绡图》是他的传世之作，画中梅花，据称为绿萼梅，是梅花中的名品。此图画梅花两枝，一枝昂首，一枝低头含笑，充分表达出梅花俏丽的姿容。此图笔法精工巧丽，故有“宫梅”之称。画幅中部有宋宁宗皇后杨氏所题“层叠冰绡”四字，上部又题七言诗一首，把梅花喻为汉宫中的美女，使之更增添了感情色彩。

南宋四大家之夏圭

夏圭，字禹玉，浙江钱塘人，宁宗、理宗朝画院待诏。夏圭是南宋最著名的画家之一，因为他的出众才华，人们对他有“院人中山水，李唐以下，无出其右者”的评价。初学人物，后攻山水，师承范宽、李唐，用秃笔带水作大斧劈皴，人称“拖泥带水皴”或“带水斧劈皴”，将水墨技法提高到“酝酿墨色，丽如傅染”，淋漓苍劲，墨气袭人的效果。树叶有夹笔，楼阁不用界尺，景中人物点簇而成，神态生动。斧劈皴比李唐更活。构图常取半边，焦点集中，空间旷大，近景突出，远景清淡，清旷俏丽，自具一格，人称“夏半边”，后人认为此系南宋偏安写照。写雪景仍师法范宽。后人把他与马远并称“马夏”，并李唐、刘松年称“南宋四家”。作品有《雪堂客话图》《松溪泛月图》《烟岫林居图》等。

《雪堂客话图》

《雪堂客话图》是夏圭传世之作。空旷的天空下，两高士坐于倾斜的岩石上相对而谈，神情专注，气氛融洽，其身后石崖陡峭险峻。崖间苍松虬曲，突兀有力，隔溪丛树依稀，景色迷离。整个画面近实远虚，左实右虚。明王履称夏圭山水拙而不流于俗，细而不流于媚，有活旷超凡之远韵，无猥暗蒙尘之鄙俗，可谓公允的评价。

《溪山清远图》

《溪山清远图》亦为夏圭传世之作，是一幅长卷山水画，全长近九米。图中大刀阔斧的皴法和细小的短斫交替使用，浓淡干湿的灵活处理，使画中山石坚挺，树木润秀。构图疏密相间，忽山忽水，巨石峭壁，远峰迷蒙，景色开阔而有深度，意境深远隽永，使人耳目一新，心旷神怡。

梁楷

梁楷（生卒年不详），山东东平（今山东东平）人。他是一位很特别的院画家，人物、山水、花鸟、道释、鬼神，无一不能。“师贾师古，描写飘逸，青胜于蓝。”他最善于用简练的笔墨，描绘人物的个性特点和音容笑貌。在绘画史上称为泼墨简笔画。他的泼墨简笔画独树一帜，超绝一时。他在宁宗嘉泰年间在画院当待诏的时候，“赐金带，楷不受，挂于院内，嗜酒自乐，号梁疯子”。梁楷的作品以佛禅道家题材为多，如《八高僧故事图》《释迦出山图》《布袋和尚图》等，这些都是人物画；还有《秋柳双鸦图》《雪栈行骑图》等花鸟画。

《八高僧故事图》

《八高僧故事图》是梁楷的作品，共有八幅画面，分别绘制南北朝至唐代佛教禅宗八个高僧的故事。依次是：（一）达摩面壁，神光参问；（二）弘忍童身，道逢杖叟；（三）白居易拱谒，鸟窠指说；（四）智闲拥帚，回睨竹林；（五）李源圆泽系舟，女子行舟；（六）灌溪索饮，童子方汲；（七）酒楼一角，楼子拜参；（八）孤篷芦岸，僧倚钓车。每一段都描写了古代高僧参禅的一则逸事，生动有趣，极富禅机。

《六祖斫竹图》

《六祖斫竹图》是梁楷传世之作，画六祖慧能的故事。慧能姓卢，家居范阳，曾是樵夫。他认为，万物皆具佛性，人只要心悦便可成佛。此图画六祖一手持竹，一手举刀砍竹。本画作有高度凝练的笔情墨意，以写意笔法，将形象之意勾画得活灵活现，笔法刚劲老练。

法常

法常是宋末僧人，号牧溪，南宋理宗、度宗时在西湖长庆寺为僧。他喜画水墨龙虎、猿、鹤、禽鸟、山水、人物等。因为有一天言语触犯了当时理宗贾妃之弟、著名的奸相贾似道而遭到通缉，而后他不得不隐迹山林，直到贾似道死了，南宋灭亡后，才得以露面。梁楷的叛逆是通过佯疯的方式，而法常则是直面，显示出他的个性更为刚直。法常的绘画继承了梁楷的画法而又有发展变化。法常的作品有些流传到日本，对日本的绘画产生了很大的影响。现在日本仍珍藏有他的《观音图》《猿图》《鹤图》《罗汉图》《松树八哥图》。国内还有他的《写生蔬果图》《花果翎毛图》等。

《观音图》

《观音图》是法常的代表作之一，曾被日本著名美术史家矢代幸雄誉为“幽婉的梦幻般的白观音”端坐于溪边的岩石上，神态端庄，作冥思状。旁置净水瓶，身后石崖长有垂草野竹，间有淡淡烟岚。观音衣纹用淡墨，圆润流畅而简洁，岩石用披麻皴，用笔秀逸，画面清幽静穆，很好地表现了观音的寂寞、大关怀、大悲悯的心境。

赵孟坚

赵孟坚（1199—1264），字子固，号彝斋，宋太祖赵匡胤十一世孙。他虽为太祖后裔，却家境贫寒。北宋之后，迁至海盐。1226年中进士，官至朝散大夫。善画水墨梅花、竹石、兰花、水仙，尤精白描水仙，笔致细劲挺秀。元代汤垕的《画鉴》中评他的作品说：“画梅、竹、水仙、松枝墨戏，皆为妙品。水仙尤高。”

《墨兰图》

《墨兰图》中，赵孟坚画兰二株，生于草地上，兰花盛开，如彩蝶翩翩起舞。花叶用淡墨撇出，笔法萧散闲淡，松秀明快。兰叶之贯气，劲爽而不滞板，轻快而不柔媚，两株兰草搭配为一，在画卷中央，兰叶作开放式分向三面，两端横向叶梢伸出画外，上端亦出画外，汲取了幅外的空间。画中有自题诗句：“六月衡湘暑气蒸，幽香一喷冰人清。曾将移入浙西种，一岁才发一两茎。”诗中透出文人志士清高脱俗、孤芳自赏之气。

《岁寒三友图》

《岁寒三友图》是赵孟坚的代表作。画中，截取松、竹、梅枝干的局部，从画幅的左下角斜插进入画面。松枝迎着寒风上下摇曳；梅干从下至上，破出画面，枝上梅花朵朵，花苞累累；几片竹叶，映衬其后。全图清而不凡，秀而淡雅，表现了作者清高超脱的精神境界。画家以清秀雅逸的风格，画梅、竹、松三友，以松竹梅在寒风中傲然挺立的风姿，象征文人志士身处逆境而不失气节的情操。

李山《风雪松杉图》

金代御用画家名家荟萃，美术史上有名的就有十多位。李山的山水画在后世享有很高的声誉。李山（生卒年不详），也是一位士大夫。《墨缘汇观》上评价他的画说："水墨雪景，气韵浑成，得荆、范遗意。山多直峰。""其树石水口，用笔若不经意，纵横有笔法，沙汀得淡远之致。"李山流传下来的《风雪松杉图》，可以看出基本上是北宋李成的遗风。图中一排劲松顶天立地，犹如一天然屏障，背景雪山寒雾之中，隐现雪竹、庭院、溪流，别出新意。

《文姬归汉图》

《文姬归汉图》是一件金代的作品，画的是东汉末年文学家蔡邕的女儿蔡文姬归汉的故事。画面是蔡文姬一行十二人归汉的行旅场面，人骑疏密错落，前后呼应，真切地描绘出长途跋涉、风尘仆仆的气氛和寒风凛冽的塞外环境。画面上对不同人物的内心刻画耐人寻味：蔡文姬表现出归国之乐和失子之痛交加的复杂心理，护送她的胡服官员则表现出他们的离愁别绪。这幅画的左上方有署款："祗应司张□画"。张下一字模糊不清，郭沫若释为"瑀"字。

王庭筠

王庭筠为金代诗、书、画三坛的盟主，而且以书画和鉴识之才博得章宗的青睐。王庭筠早年学过范宽一路的风格，后学米芾的书画，擅长画山水、古木、竹石，尤以墨竹出名。他画墨竹"每于灯下照竹枝模影写真，宜异乎常人之为者"。有《古柏图》《墨竹图》《熊岳图》《雪溪小隐图》等，惜皆已不存。

《幽竹枯槎图》

《幽竹枯槎图》是王庭筠流传至今的唯一真迹。此图用水墨写一截藤蔓缠绕的枯柏和二三枝错落的野竹。布局简单别致，若不经意。笔墨苍逸，约放有致，将赋予寓意的枯柏幽竹的风骨表现得淋漓尽致。画上有他满怀感慨的自跋："黄华山真隐，一行涉世，便觉俗态可憎，时拈秃笔作幽竹枯槎，以自料理耳。"

元代绘画艺术

元朝建立后，宋院体画风沉寂而文人画风兴起，并成为中国山水画的另一大高峰和一大转折。人物画相对减少，绘画画法也强调古意，远追盛唐。绘画题材多以梅、兰、竹、菊、石来体现画意，并提倡以书入画。元初以钱选、赵孟頫为代表,以后黄（公望）吴（镇）王（蒙）倪（瓒）四家又把文人山水画推向高峰。元代山水、花鸟界画都很发达，少数民族画家也名家辈出。山水画与水墨梅竹、水墨花鸟的大发展，显示出文人画思潮逐渐统治中国画坛的势头。

高克恭

高克恭（1248—1310），字彦敬，号房山，是北方影响最大的画家，所谓“世之图青山白云者，皆尚高房山”。他与赵孟頫、商琦、李衎为元前期画坛的巨擘。高克恭是色目人，其祖父是西域人。他官至刑部尚书和大名路总管（均为正三品）的显位。高克恭能诗善画，与赵孟頫、李衎等交游甚密。画因人贵，他的山水和墨竹被推为当时的第一“名笔”:“国朝名笔谁第一，尚书醉后妙无敌。”高克恭的山水画，最早由金代王庭筠、王曼庆父子入手，后来学“二米”云山，又参董、巨之法，最终形成自己笔墨苍润、气势沉雄的艺术风格。

《云横秀岭图》

《云横秀岭图》是高克恭的风格成熟期的优秀作品之一。此画在布局上主峰突兀，岗阜林壑相拥，树木茂盛葱茏，云塞山腰，下有烟林溪渚。李衎在题跋中说“……上轴树老古苍，明丽落，古所谓有笔有墨者，使人心降气下，绝无可诚者。”

赵孟頫

赵孟頫是宋太祖赵匡胤之子赵德芳的十世孙。33岁那年，赵孟頫入朝，深得元世祖眷爱，后“被遇五朝，官至一品，名满天下”。尽管仕途风光显赫，他的内心却有着深刻的矛盾和痛苦，他既对元代统治者的恩遇满怀感激之情，又因民族之痛有深深的自惭，使他深陷矛盾苦闷之中。他不仅是一位出色的文学家,更是一代书画大家。他崇尚五代唐风，主张作画要“存古意”，反对浓艳柔媚的南宋院体风气。他博采众长，自成一家，推崇文人绘画,提倡“书画同源”的理论。力求师法自然,提出以“到处云山是吾师”的理论。他的绘画追求不仅左右了当朝画家的创作，对后世文人绘画也产生了重大的影响。赵孟頫是人物鞍马、山水竹石兼能画的大家。

《红衣罗汉图》

《红衣罗汉图》是赵孟頫人物画佳作，是赵孟頫替天竺僧所作画像。此画受唐人卢楞伽所画的《罗汉像》影响，着朱红袈裟的天竺僧，盘膝侧坐，左掌平伸作示人状，面部平涂，神态生动，风格浑穆,画后用行书题“大德八年暮春之初，吴兴赵孟頫子昂书”款。设色整块而单纯，画面有一种朴拙、鲜明、简洁、古雅的意韵。

《鹊华秋色图》

《鹊华秋色图》也是赵孟頫山水画的代表作之一。画面中，山峦的形貌单纯抽象，丛林村舍、沙渚舟楫、芦荻水草，似乎只是点缀在一望无际的平川上。线条的浓淡、干湿、疏密敏感多变，又统一在幽静的调子里。用花青、赭石设色，色不掩墨，淡而微远，开启了元代文人画的新风。

《秋郊饮马图》

赵孟頫是位全才画家，山水、人物、花鸟、动物无所不能，无一不精。他画的马曾名盛一时，自题道："我自幼好画马，自谓颇近物之性，友人郭佑之尝赠余诗云：'世人但解比龙眠，那知已出曹韩上。'曹韩因是过许，使龙眠无恙，当与之并驱耳。"《秋郊饮马图》描绘江南初秋时节，奚官溪涧放牧的情景。画面有骏马数匹，姿态各异，笔法简练浑厚，线描圆润，色彩浓丽，意趣高雅，是赵孟頫鞍马人物画的代表作。

龚开

龚开（约1222—1304），字圣予，号翠岩，江苏淮阴人。南宋亡后，他隐居在苏州、杭州等地，以遗老身份卖画度日。传说他曾一度穷困潦倒，连画画的桌子也没有了，作画时让其子伏跪于地，在其背上作画。对现实的不满和对宋朝的怀念，使龚开常在笔端发泄，曾画瘦马及钟馗、宋江等三十六人像，并在其上题诗以明志。

《中山出游图》

《中山出游图》是龚开的传世作品。此图水墨画钟馗及小妹乘舆出游，随从趋走，都是鬼卒。小妹脸颊以墨涂示作胭脂，颇有漫画意味。钟馗本是传说中驱鬼之神，此图却画钟馗统领群鬼的情状，借以表达驱除异族之观念。

郑思肖

郑思肖（1241—1318），字忆翁，号所南。能诗善文，元兵南下后，他隐居吴中以终老。他坐必南向，在屋门上悬一写有"本穴世界"（"本穴"两字可拆拼为"大宋"两字）的匾额，他画的树根常露根不见土，以示他的故国情怀。他没有明确直接的师承，受宋代后期盛行的水墨画风影响较大。

《墨兰图》

《墨兰图》是郑思肖的传世作品，用极简淡之笔画出一花数叶，亦不画土，益显兰花品格不凡。在图的左下角有一方印，文为"求则不得不求或与，老眼空阔清风古今"，也可见其狷介清高的精神风貌。

钱选

钱选（1235—1301），字舜举，号玉潭，别号雪溪翁，浙江吴兴人。南宋景定年间进士，与赵孟頫等人有"吴兴八俊"之誉。他一生不与元代朝廷合作，"励志耻作黄金奴"，"隐于绘事以终其身"，过着读书弹琴、吟诗作画的隐士生活。赵孟頫早年曾向他请教画学。钱选在花鸟、山水、人物方面均有成就，博取赵昌、王诜、赵伯驹和李公麟众家所长，而不为其法度所拘，自出新意，个人风格十分鲜明，其中尤其以花鸟画成就最高。

《浮玉山居图》

《浮玉山居图》是钱选山水画中的代表作。画家突破了前人青绿山水的传统模式，画中的山石，是在山石堆垒而起的几何形体上顺势皴、擦、点、染绘成。山石起伏间，青绿树木依势而上，点染其中，浑拙朴实而又雅致清秀，别具一种沉着、庄重的意味。

《八花图》

《八花图》，钱选作品，是对八种花卉的描绘，用桂花、海棠、杏花、栀子、水仙等八种花构成此长卷，体现了钱选花鸟画的风貌和成就。此图精巧工致，所绘花卉形神兼备，生意浮动。笔法工整而有古拙之态，设色明净清淡。钱选入元后，一度成为职业画家，靠卖画为生。据传，在相当一段时间里，他的花鸟画备受青睐，以至兴起模仿之风，大量赝品随之出现。这使钱选不得不转变画风，并在画上题款加注，以别于他作。钱选的花鸟画，是中国花鸟画从宋代的工丽富贵向元代的清微淡远转变的先声。

任仁发

任仁发（1254—1327），字子明，号月山道人，松江（今上海）人，是一位卓有贡献的水利专家，官至都水少监，又是士大夫中较出色的画家。任仁发擅画鞍马，画人物生动传神。

《二马图》

《二马图》，任仁发的传世之作。画中一肥一瘦两匹马，寓意贪婪与廉洁的官吏。在题跋中抨击和讽刺当时的社会状况。此画用笔简劲，二马的形象生动逼真，表现了画家深厚的功力。

《张果老见明皇图》

《张果老见明皇图》根据传说故事绘成。张果老是民间传说中的八仙之一，相传长寿达几百岁。他常倒骑毛驴，日行数万里，歇息时可将神驴折叠起来放入口袋，对着纸驴吐口唾沫即可使其复生。此图画张果老被皇上召入宫中表演变驴魔法的情景。任仁发笔下的皇上及周围官员和侍从被画得高大，而张果老及奔驰的神驴却较正常比例小得多，但其画风文质彬彬，充满了文人画气息，是任氏人物画的精品。

元四大家之首——黄公望

黄公望（1269—1354），原姓陆名

坚，过继浙江永嘉黄氏，其父九十始得之，有“涀公望子久矣”之语，遂名公望，字子久，号一峰、大痴道人、井西老人等，江苏常熟人。曾做过小吏，因受累入狱，出狱后隐居江湖，入道教全真派。工书法，善诗词、散曲，颇有成就，50岁后始画山水，师法赵孟頫、董源、巨然、荆浩、关仝、李成等，晚年大变其法，自成一家。其画注重师法造化，常携带纸笔描绘虞山、三泖、九峰、富春江等地的自然胜景。以书法中的草籀笔法入画，有水墨、浅绛两种面貌，笔墨简远逸迈，风格苍劲高旷，气势雄秀。黄公望的绘画在元末明清及近代影响极大，画史将他与吴镇、倪瓒、王蒙合称元四家。著《写山水诀》，阐述画理、画法及布局、意境等。

画学理论《写山水诀》

黄公望著。该书共三十二则，对五代宋初江南与北方两大流派的山水画，从笔法到所画树石方面指出了它们的不同，论述了董源的树石、山水、皴染、用墨等方面的优秀技法，提出了山水画透视平远、阔远、高远的“三远”说以及山水画的许多技法问题。其是作者一生创作山水画的心得体会，也是黄、巨以来山水画技法的经验总结，对后世山水画创作有很大的影响。

黄公望的传世作品

黄公望作品近百幅，现存有《江山胜览图》《皤溪渔隐图》《芝兰室图》《雨岩仙观图》《天池石壁图》《陡壑密林图》《秋山幽寂图》《浮岚暖翠图》《九峰雪霁图》《快雪时晴图》《富春大岭图》《仙山图》《秋山无尽图》等。其山水风格有两种：“一种作浅绛色者，山头多结石，笔势雄伟；一种水墨者，皴纹甚少，笔墨尤为简远。”

《天池石壁图》

此画是黄公望的传世作品。以浅绛法为之，即勾皴之后施以浅淡赭石和花青，既有文人画的清逸之意，又切合江南明丽秀润的山水特点。这一创造不仅为画界所推崇，而且对后世的山水画发展具有重大、深远的影响。此画前景为坡石、高松、杂树，其间几处屋宇显露。其后为山石堆垒直上云端，雄伟高耸的大山间，树林茂密，布满沟壑，并依山势而上峰顶，最终山与树均隐于苍茫雾气中。

《富春山居图》

此画是黄公望七十岁以后在富春江畔创作的，用水墨技法描绘中国南方富春江一带的秋天景色。在构思时，他跑遍了富春江两岸，用六七年时间，至八十二岁时才画成，画面表现出秀润淡雅的风貌，气度不凡。这幅画体现了黄公望炉火纯青的艺术境界，历来为藏者喜爱。画面峰峦岗阜起伏，河滩沙渚逶迤，杂树参差不齐，村落或隐或现，笔致密而有韵，淡而有致。此画不仅是黄公望传世的代表作，也是元代文人山水画的最重要作品之一，明清以来被画家们视为经典之作，竞相临摹，影响深远。

《溪凫图》

《溪凫图》是陈琳的传世佳作。陈琳（生卒年不详），字仲美，是一位山水、人物、花鸟兼擅的全才型画家。尤其善于临摹古迹。《溪凫图》中，用水墨淡设色画溪边的一头绿头鸭，体态丰腴，毛羽光润，栩栩如生。此画用笔粗简，而书法笔趣盎然。

元四大家之吴镇

吴镇（1280—1354），字仲圭，号梅花道人，浙江嘉兴人。他工诗善画能书，学识修养不凡，但却终生不仕，过着隐士生活。他鲜于游历走动，不善交际，少与达官贵人相往，品性孤洁自傲，不与世苟合。吴镇一生贫寒，靠卖布卖画及教书为生。山水师法董源、巨然，兼取荆浩、关仝、李成，自成“幽远闲放之情”，别具浑朴苍郁之气。吴镇善画山水、梅花、竹石。其山水画在董源、巨然画法的基础上加以发展，表现苍茫幽静的山川景色和清高孤傲的志趣。

《渔父图》

吴镇最喜作渔父题材作品，一生画过很多《渔父图》，并且有多种样式。他笔下的渔父在明净清寂的山水中，或垂钓，或酣睡，或鼓楫而歌，或停舟闲坐，皆悠然自得，舟中人物仅寥寥数笔，却神态生动。在各种《渔父图》上，他又以草书题词写诗于图中，以抒写情怀，使绘画、诗词、书法相互映衬，表现了不慕荣华、与世无争的志趣。

《墨竹谱》

吴镇是从心态到生活都最平和、沉静、闲适的人，他也只是将墨竹画当成抒情悦性的一种方式。他在七十一岁高龄时，为侄孙辈画下了脍炙人口的《墨竹谱》。《墨竹谱》一共二十二幅，前两幅作者书苏轼撰文同偃竹记，后二十幅画竹各有题识。他引用“成竹在胸”“意在笔先”“画超象外”等概念，注重书法笔意和自然天趣的表现。他笔下的墨竹多为折枝式，构图有奇趣，对明清的墨竹画影响最为深远。

元四大家之倪瓒

倪瓒（1301—1374），字元镇、玄瑛，号云林、云林生等，别号众多，如幻霞生、净名居士等，是东晋顾恺之的同乡，江苏无锡人。倪瓒家为江南巨富，家有藏书万卷，收藏书画文物、古董不计其数。元末，他弃家浪迹于松江、华亭一带，与黄公望、王蒙、陈惟寅等画家交谊至深，形成元末最重要的文人画家群。

他们的绘画在形式和意趣上都和元代中期有所区别，有所突破，共同将文人画推进到有史以来最为鼎盛的时期。在明清时期文人雅士的心中，倪瓒的画是“逸品”的代名词，是中国文人画最高境界的标志。

《六君子图》

《六君子图》是倪瓒成熟期的代表作。画坡石上的六棵细瘦的树木，据李日华云为松、柏、樟、楠、槐、榆，各有象征意义。黄公望题诗中指：“居然相对六君子，正直特立吴偏颇。”画面衬以浅坡疏林，阔水远山，体现出倪瓒画风中清寂萧疏之气。以枯笔绘制的六棵疏木，表现了倪瓒追求的人格理想——孤傲、纯洁、正直。旷阔的水域画法，可见他受黄公望“阔远”法的影响。

《渔庄秋霁图》

《渔庄秋霁图》也是倪瓒成熟期的代表作，是元画中最具代表性的杰作之一，也是中国文人画逸品的典范之作。在此图中，构图的“一水两岸加天空”已是倪瓒固定的模式。画面近景陂陀一片，五六株杂树如文人君子般屹立其间。远处几层矮坡，起伏有致，淡漠轻岚，没有一丝人迹，没有一声鸟语，寂如枯禅，意境荒疏简远。董其昌在此图裱边上题道：“一变董、巨，自立门庭，真所谓逸品在神妙之上者。”

元四大家之王蒙

王蒙（1308—1385），字叔明，号黄鹤山樵，吴兴（今浙江湖州）人。他是赵孟頫的外孙，自幼生活在富贵的诗书之族，家庭的熏陶使他才华出众。王蒙一生时隐时仕，曾断断续续地在元末出仕过小官。元末隐居于杭州附近的黄鹤山中，明初出任泰安知府。后因胡惟庸被株连，入狱后病死狱中。他的画有激情，用笔有力，人称“笔能扛鼎”，又有萦回曲折、山重水复、深邃繁密的特点。

《青卞隐居图》

《青卞隐居图》是王蒙传世绘画中的杰出作品。山峦盘旋重叠，有强烈的向上涌动的动势，气势充沛苍郁。山腰处有庄院，厅堂中高士怡然闲坐。山间溪流瀑布时隐时现，细路小径相通，景色清幽恬静。景物繁密，气势充沛，表现出山深林密、郁然苍秀的风貌，却毫无迫塞之感，难怪明代董其昌赞誉此画为“天下第一”画。

此画笔法细密，灵活多变，注重书法笔意。用墨先淡后浓，层层皴染，醒以焦墨。画面雄秀苍润，郁郁葱葱。

《葛稚川移居图》

此图画的是晋葛洪移居罗浮山的故事。画面采用北宋全景式的构图。葛洪，字稚川，好道家神仙导引之术，晚年辞官率全家到罗浮山中炼丹，死于山中。此图山峦层叠，草树茂密，山脚清溪上有板桥。画面上葛洪正立在桥上招呼后面的家人，前面挑夫坐在路边休息，身后老妻骑牛抱一小儿。葛洪儒雅飘逸，笔法精妙，造景犹如仙境，反映了王蒙对隐逸生活的向往。

《春山读书图》

《春山读书图》中山势峻险，古松参天，气势雄伟。几所精致书亭茅屋北靠青山，头盖松荫，坐落于台阁青溪之上，居室内有高士在读书、写字，书童侍立其后。这种幽静自然的理想环境正是文人隐士们向往的境界。

王渊《竹石集禽图》

王渊，字若水，号澹轩，杭州人，职业画家，除花鸟外亦能作山水人物，曾受过赵孟頫的指点。他尤其精于画水墨花鸟竹石，时称“当代绝艺”。《竹石集禽图》是王渊的代表作。此图纸本墨笔，不着一点颜色。石竹和杜鹃之间，上有麻雀嬉戏，下面栖息着两只角鹰。造型精确而生动自然，笔法与墨法的融合既细腻又工谨，富有层次，画面的气息既贵重又雅洁。王渊的传世作品还有《桃竹春禽图》《山桃锦鸡图》等。

“岁寒三友”与“四君子”

元代墨花墨禽画的流行，是与水墨梅兰竹菊的蔚兴并驾齐驱的。梅花、兰花、竹石、菊花、水仙、松树等，在画家笔下都是象征君子人格的自然物。竹的画题是最早出现的，后又逐渐扩展到梅、兰、菊、松等，这些画题都有雅称：竹为“墨君”、松竹梅为“岁寒三友”，直到明代后期，则正式将梅兰竹菊命名为“四君子”。

墨梅之冠——王冕

王冕（1287—1359），字元章，号煮石山农，会稽（今浙江绍兴）人。王冕出生于农家，幼时家贫而好学，常借寺院佛灯读书达旦，被民间传为美谈。王冕曾一度想进取功名，但因元朝的制度未能如愿，中年历览南北各地，晚年隐居山中以卖画为生。直至朱元璋率部进军浙东，他出任参军，不久病逝。王冕的墨梅代表了元代的成就，标志着墨梅画达到了前所未有的高度。以胭脂作没骨梅花，是王冕的一大贡献，影响着后世许多画家。

《墨梅图》

《墨梅图》中墨梅倒出数枝，繁茂的枝干，密集的花朵，清气袭人。千花万蕊，老干新枝，富有生意。“宋人画梅大都疏枝浅蕊，至元煮石山农，易以繁花千丛万簇，倍觉风神绰约，珠胎隐现，为此花别开生面。”这是世人对王冕梅花的恰切评价。

王冕曾在一幅《墨梅图》上题诗：“吾家洗砚池头树，个个花开淡墨痕。不要人夸颜色好，只留清气满乾坤。”以梅花寓示个性，不甘与黑暗腐败同流合污。

徐贲

徐贲（1335—1393），字幼文，祖籍四川，居于苏州城北，号北郭生。明初被任命为河南布政史，因军队过境犒劳失时而被查处，后死于狱中。徐贲工于诗文书画，与高启、杨基、张羽并称为“明初四子”。著有《北郭集》，传世作品有《秋林草堂图》《快雪时晴图》《蜀山图》等。他的画风继承董源、巨然传统，笔墨苍润秀逸，代表元末山水画的一种面貌。《秋林草亭图》写文人高士隐居生活。高山幽谷相拥而上，溪水秋林相依而润，板桥平湖清幽空阔。此画在布局章法上取倪瓒“三段式”，用笔设色精巧细致，疏淡清润。

赵原

赵原（生卒年不详），字善长，号丹林，原籍山东莒城，后居吴门（今苏州）。洪武年间被召入宫廷，曾受命绘制历代功臣像。后以应对不合朱元璋意而被杀。其擅长山水，兼作竹石，善用枯笔浓墨，具有深邃郁苍的风貌韵致。在元末明初的文人水墨山水画中，赵原自成一家。传世之作有《合溪草堂图》《溪亭秋色图》《陆羽烹茶图》等。

《陆羽烹茶图》

《陆羽烹茶图》的主题内容表现了元代文人的消遁思想，赵原正是想借画中陆羽的“茶”浇心中的块垒。画面上，山水清远，茅檐数椽，屋内峨冠博带、倚坐榻上者即为陆羽，前有一童子焙炉烹茶。画面图文并茂，铸造了士大夫烟霞痼疾、泉石膏肓的精神世界，从一个侧面折射了元代的社会思潮。

明代绘画

明代以后，各朝皇帝多好丹青，促使明前宫廷绘画显赫一时。这一时期，在民间的浙派也以遭贬的宫廷画家戴进为代表逐渐形成，随之还出现了以吴伟为首的分支江夏派。浙派山水笔势健拔劲锐，墨色纵肆酣畅，与院派山水同盛行于明代前期。当然，在元代十分盛行的文人画，并没有因此而在明代消失。在经过明前朝的一段沉寂之后，以沈周、文征明为代表的吴门画派于嘉靖年间逐渐兴起。与此同时，职业画家在苏州也活跃起来，老画师周臣不但自己创作丰富，而且还培养了两个著名的画家——唐寅和仇英。沈、文、唐、仇被称为“吴门四家”。吴门画派称雄画坛长达百年。至明末期，出现了一批以徐渭、陈淳和张风为代表的写意泼墨画派以及以董其昌为首的华亭派等诸多画派。明代城市的繁荣，也造成了人物画的兴盛。

谢缙的文人画

谢缙是明初有名的大才子，擅长诗文，亦擅绘画，其山水师法王蒙、赵原各家，他的传世作品稀少，《云阳早行图》《潭北草堂图》《春林雨意图》为其代表作。《潭北草堂图》是谢缙为好友杜琼而作。其画师法王蒙，以解锁皴与牛毛皴作山石，浅绛设色。此画上，高岭突起，山林茂密，古松荫护下，三四文士于山间茅屋谈论诗书。这是明代表现文人士夫隐逸山水常有的题材。

王绂

王绂（1362—1416），字孟端，号友石，又号九龙山人，江苏无锡人。生平好游历，遍览名胜，短期入仕，后居江南，隐居九龙山，并以此得号。王绂擅长画山水和墨竹，继承元人水墨画法的传统。其传世作品有《潇湘秋意图》《隐居图》《湖山书屋图》等，都体现了王绂画作苍郁清润的风格特点。

王绂的墨竹图

除山水画以外，王绂也以擅画墨竹而知名，其所绘墨竹有“国朝第一”之称。在《竹鹤双清图》中，王绂与边景昭合作，王绂画竹石，边景昭画双鹤。画中之竹遒劲姿媚，纵横洒落，充满林野散迭之气，形态潇洒挺秀。他的代表作品另有《淇渭图》《万竹秋深图》《秀石晴竹》等。

《北京八景图》

《北京八景图》是王绂的传世之作，描绘北京名胜八处，每幅各自独立。其中，《太液清波》绘明皇城西太液池之景，两旁分别是岛屿，中间池水宽阔，横桥卧波，水阁亭台；《居庸叠翠》绘京北燕山景色，山峰群列，树繁草深，居庸关于云烟中显现，“一夫当关，万夫莫开”之气势，跃然画上。

杜琼

杜琼（1396—1474），字用嘉，号东源耕者，晚号鹿冠道人，世称东原先生，江苏吴县人。杜琼以隐居为生，不近仕途，并以卖画自给。他精工诗文书画，长于描绘山水和人物。他的山水画兼师董源、巨然和王蒙，多以干笔皴擦和淡墨烘染，所画多为雄伟深厚的高山峻岭，还写清幽的园林景物，题材比较广泛。他的传世作品如《友松图》《南村别墅图》《天香深处图》等。意境苍秀深静，又富于悠然自得的气息。他的画风曾开吴门画派的先河，对当时和明代中期文人山水画派具有促进作用。

《南村别墅图》

《南村别墅图》是杜琼按他的老师陶宗仪撰写的文稿《南村别墅》里面的描述而绘制的。清冷山石林木间，雾气迷蒙，辽阔清旷，其画风朴实自然，用笔苍厚雄健，设色润秀雅逸，具有文人画的意味。

夏昶

夏昶（1388—1470），字仲昭，江苏昆山人。夏昶传王绂的墨竹衣钵而稍有变化，对下一代影响深远，董其昌称誉他是明代画竹的“开山手”。夏昶的作品当时被视为珍品，人们争以高价购求，名闻域外，有“夏卿一个竹，西凉十锭金”之誉。他笔下的竹枝具有“趋然之韵，挺然之节，苍然之姿”。

《戛玉秋声图》

《戛玉秋声图》是夏昶的传世之作。画中坡石独立，一丛细竹在萧瑟秋风中摇曳舞动，画家以劲利、巧媚中饶有韵致的笔情墨意，心平气和地将竹的竿、枝、叶描绘得有条不紊，真实地刻画出竹子在秋风中飘举摇曳的情状。画家通过笔墨的锤炼，以浓淡虚实相生的墨色，并配合客观的模拟，将阴阳相背和前后参差的空间感表现得淋漓尽致，并成功地刻画出一个优美逼真的艺术境界。

姚绶

姚绶(1423—1495)，字公绶，号穀庵，又号云东逸史，浙江嘉兴人。天顺间进士，成化初年曾任永宁郡。后辞官归隐，往来吴、越之间。擅长画山水、竹石，其山水皴染得当，墨色显示苍润之气，其竹石又具有潇洒之致。有《桂菊山禽图》《墨竹图》和《竹石图》等作品传世。《秋江渔隐图》在图幅的下半部画青山翠林，隔水而居，绿水闲舟，一士夫垂钓于船头，透出清旷秀逸之气。

倪端《聘庞图》

倪端是明宣德时期的画家，他作的《聘庞图》代表明初人物画的风格。内容描写三国时刘表聘请隐士庞德公的故事，寓意在于对礼贤下士的称颂。画家将人物以点景出现，减弱了画作的宣教因素，增强了观赏性。此画中，山水的恬静与人物的彬彬有礼，表现出刘表礼贤下士、诚求能臣的开明形象。

边景昭

边景昭，字文进，福建沙县人。他作画师法黄筌，精花卉翎毛。设色蕴藉艳丽，手法细腻，对“花之娇笑，鸟之飞鸣，叶之反正，色之蕴藉，不但勾勒有笔，其用墨无不合宜”。他是明代院体派花鸟画的鼻祖，与蒋子成、赵廉被称为“禁中三绝”。

《竹鹤图》

《竹鹤图》是边景昭的传世之作。画溪畔竹林间的两只白鹤，一只踱步低首，另一只单腿独立曲颈梳毛，神态造型准确生动。画面颜色上的红、绿、黑、白掩映得体，变化有致，妍雅而不柔媚，用笔圆劲而不板滞，一笔不苟，点点入肉，足可见其画功之精深。

李在《琴高乘鲤图》

李在（?—1431），字以政，福建莆田人，后迁居云南。宣德时与戴进、谢环、石锐、周文清同为待召，入直仁智殿。他擅画山水。李在的画细润处接近郭熙，豪放处似马远、夏圭，对戴进和吴伟的画法也悉心学同，融会变通，自成风格。他的《琴高乘鲤图》，取材于战国时琴高鼓琴乘鲤出水的神话传说，琴高修仙得道，与弟子约定入涿水取龙子，定期返回。至期，弟子在水边等候，琴高果然乘鲤而出。画中人物衣纹线条劲秀流畅，通过衣袂服饰的飘动，斜倚的风树，水面腾起的波浪和水雾，烘托出神话气氛。

《归去来兮图·临清流而赋诗》

此画为李在、马拭、夏芷根据陶渊明的《归去来兮辞》一起创作的，共九幅合成一卷。《临清流而赋诗》为李在所绘。画幅非常简练，一目了然。两株枝叶稀疏的松树立于画卷左部，成左右张开之势。一抹斜坡衬托着画中人物，诗人坐在垫子上，伸着腿，面前地上铺着纸，他左手握笔，右手抚膝，正凝神构思赋诗。诗人身后站着一个衣衫粗陋、赤着双脚的书童，正捧砚磨墨。两股清流分出于左右，在诗人面前合为一溪，几根草苇摇曳于溪岸，两只白鹭立在溪流对岸。画面气氛淡雅、清疏，有一股“不食人间烟火气”的意味。

商喜《关羽擒将图》

商喜，字惟吉，宣德中征入画院，授锦衣卫指挥。除人物外，兼擅山水、花鸟翎毛。商喜的《关羽擒将图》是中国古代历史人物画中的一件精品，描述的是三国时“水淹七军，活捉庞德”的故事。画中的庞德虽然被擒，但心中不服，怒睁双目、咬紧钢牙、咆哮挣扎，几近全裸的身体正可表现庞德雄壮的体魄。二员裨将一按住庞德，一正加紧钉敲木桩以捆缚庞德——否则真难制伏庞德。关平欲拔佩剑，周仓厉声呵斥，两人高度警惕，随时准备应付突发事件。而关羽相对轻松，坐于山石之上，正双手抱膝，身体略向前倾，美髯拂动，气宇轩昂，注视着庞德的一举一动。庞德的凶猛，关羽的神威，充满戏剧性。人物的衣纹线条刚劲有力，笔势飞动。

刘俊《雪夜访普图》

刘俊（生卒年不详），擅画人物、

山水，曾官锦衣都指挥，供奉内廷，是明代中期较有成就的一位宫廷画家。《雪夜访普图》，描写宋太祖赵匡胤雪夜中拜访开国功臣赵普，并共商统一大业的故事。赵匡胤雪夜与赵普谈话的情节，被在门旁不住地呵手踏脚的几个卫兵的动作衬托出来。人物刻画精细生动，厅堂一丝不苟，是一幅比较成功的人物故事画。

林良

林良（约1436—1487），字以善，广东南海人。天顺间供奉内廷，官至锦衣卫镇抚。少年时从颜宗学山水，从何寅学人物，后专攻花鸟。好画鹰、雁、孔雀、锦鸡等大型禽鸟及芦荻野草、灌木丛林之类。他继承了南宋梁楷、牧溪的风格，又有创新意识，所以他画的写意、花鸟画既“华丽谨严”，又“往往皆天趣”。

《芦雁图》

《芦雁图》是林良传世之作，描绘两只飞行的大雁，伸着脖子，瞪着眼睛从空中扑向芦苇的情形。作者用笔纯熟而富于变化，苇丛和似乎漫不经心的水波显得准确利落，毫不拖泥带水，将言简意赅的艺术特点发挥到了极致，表现了作者高超的笔墨技术。

“浙派”领袖戴进

戴进（1388—1462），字文进，号静庵，又号玉泉山人，浙江钱塘（今杭州）人。小时候当过铸造金银器的工匠，制作出的钗花、人物、花鸟，技艺精湛，很有名气。后来改学习绘画，以其突出的画艺先后于永乐、宣德间两次入宫，但由于其画艺为人所忌,以作画不“称旨”被黜，不得志而回归故里杭州，以卖画及在寺院作道释画为生，主要艺术活动和影响是在民间。他一生贫困，“生平作画不能买一饱”。戴进作为明代著名的画家，他的山水、神像、人物、走兽，没有不精通的。

戴进绘画的影响

戴进的作品在明代中期被大众认为是经典艺术，跟随他学习的人很多。据美术史记载，受到戴进画风影响的除了他儿子戴泉、女婿王世祥以外,还有夏芷、夏葵、方钺、仲昂，以后又有吴伟、张路、蒋嵩、汪肇等人。戴进的画风盛行一时，在社会上名气始终不衰，士大夫阶层也有许多爱好者。他的画风在宫廷内外特别是江浙地区影响很大，形成独具特色的流派，画史称作“浙派”。而戴进作为浙派的创始人，深受人们的重视和赞誉。

《钟馗夜游图》

《钟馗夜游图》是戴进人物画中的

代表作。此图画钟馗出游查收鬼魅。画法与前朝龚开大相径庭，吸取民间画风和壁画技法，以迎合大众化的审美趣味。画中白雪皑皑，月色朦胧，钟馗由鬼卒抬着出游。钟馗目光如电，鬼卒奇形怪状，极富有戏剧气氛，勾写出威风凛凛的钟馗和面目狰狞的鬼卒。钟馗一行神态森严，行进匆忙，画中简朴的衣着、椅舆、破伞、琴剑书籍等，对钟馗的个性起到烘托作用。此作用笔峻拢劲利，墨色凄迷蒙蒙，渲染出壮烈的氛围。

“画状元”吴伟

吴伟（1459—1508），字次翁，号小仙，江夏（今湖北武昌）人。弘治时，两次被召入宫，任仁智殿待诏，授锦衣镇抚、百户，深受宪宗朱见深的宠信，赐“画状元”印和居第。后由于其傲视权贵、不拘礼法而被放归。武宗即位后又遣使召之，却不幸醉死途中。吴伟的绘画，擅长山水、人物，使笔运墨趋于放纵，有如其狂放不羁的性格。他的山水画多长卷大幅，纵笔如飞，急如迅电。

《灞桥风雪图》

《灞桥风雪图》是吴伟的传世之作。灞桥在陕西长安县东，亦称霸桥。唐人送别者多于此折柳相赠，有“灞桥折柳”典故。又有“诗思在灞桥风雪中驴子上”之说，故画家亦常以“灞桥风雪”为画题。《灞桥风雪图》绘一老者骑驴在风雪中过桥，人物虽极简略，但形态生动，人似在低首沉思。山林中一片萧索，山野悬岩，树木凋零，河流封冻，寒气逼人。此画线条粗简，水墨淋漓，一次皴染，颇得气势，表现了风雪骤急的深山景象，显示了节奏的强劲和内在生命的律动。

《长江万里图》

《长江万里图》是吴伟的代表作之一，长达九米多，峻岭连绵，城市相望，江流浩荡，一气呵成，充分表现出浩浩长江的气势和秀丽，抒发了画家对祖国山河无限热爱的情怀。吴伟的山水树石画法，一般说是南宋马、夏传统，准斧劈皴，但从这幅画上我们看到，他主要采用刚健奔放的勾勒和水墨晕染相结合的手法，达到了苍莽秀润的效果。这既符合南方山水的地区特点，也表现出他作为“江夏派”代表画家的个人风格。

《铁笛图》

吴伟的人物画，创造了一系列高人逸士形象，其多昂扬自信、豪迈洒脱之风采，如《武陵春图》《铁笛图》和《孔子问津图》等。《铁笛图》表现元末诗人杨维桢的风雅生活。图中，杨维桢在苍松翠柏间倚石而坐，旁有姬妾陪伴。

《武陵春像卷》

《武陵春像卷》也是吴伟的代表作之

一，画江南名伎武陵春，一手执卷，一手托颐，沉浸在忧思之中。画中石案、琴书笔砚、腊梅陈设寥寥，画面清幽。武陵春原名齐慧真，能诗书，善鼓琴，与江南傅生相爱五年。后傅生获罪，齐慧真倾其所有营救未成，悲愤成疾而死。

汪肇的山水画

汪肇，字德初，号海云，安徽休宁人。他一生落寞，擅山水、人物，作画挺健疏放，迅扫如风。《松瀑樵话图》是汪肇的代表作。老干虬枝，瀑水奔落，飞漱之声若出缣素之上。《起蛟图》描绘一叟一童在山路行进，忽然间浓云密布，风狂雨骤，有蛟龙出现其间。整幅画面以泼墨形式显现了风声大作、天昏地暗的境地，树木在风中摇曳，笔法率逸，墨气湿润，表现出风云变幻、烟水苍茫的气势。

张路《风雨归庄图》

张路(1464—1538)，字天驰，号平山，祥符(今河南开封)人。擅长山水和人物。《风雨归庄图》是张路的传世之作。此画写山雨欲来前的瞬间，泼墨法画山石，远山含雨欲滴，山下风声大作，树叶翻动，取势迎风，富有奇趣。樵夫吃力地走在桥上，山间房屋的窗帘及房中人物须发都随风而起，在粗犷豪放中不乏精细。

吴门画派

明代中期，苏州一带出现了中国绘画史上非常有影响的吴门画派，这一画派中出现了许多杰出的画家，沈周、文征明为一代画坛宗师。吴门画派是属于文人画体系的流派。其中的画家大都是文人，他们注重自我品格的完善，接受过良好的古典经史诗文和书画艺术的教育和修养，强调作品意境的构造和笔墨趣味的表达。

吴门画派的创始人沈周

沈周(1427—1509)，字启南，号石田，晚号白石翁，亦作玉田翁，人称白石先生，江苏长洲（今苏州）人。沈周出身于世代文人之家，他的曾祖父是王蒙的好友，父亲恒吉，又是画家杜琼的学生，父亲、伯父都以诗文书画在当地闻名。他自己为人温和宽厚，道德高尚，处世淡泊而超然物外，唯以优游林下寄情山水为乐。沈周是中国明代中期的著名画家，吴门画派的创始人。

沈周的画风

元代和明代，是中国文人画发展的一个重要时期。沈周书法学习黄庭坚，绘画造诣很深，他会画山水、花鸟，也能画人物，主要风格继承董源、巨然以及元代画家黄公望、王蒙和吴镇的水墨浅绛体系，吸收南宋时期几位大师的笔墨，形成粗笔水墨的新风格，自成一派。他创作的山水画，大多是描写南方山水和园林景物，表现了当时文人生活的悠闲情趣。沈周早年多画小画，四十岁以后才画大幅绘画作品，中年画法严谨，用笔沉着，晚年笔墨豪放，气势雄强。

沈周的传世画作

沈周的绘画，技艺全面，在学习前人的基础上有自己的创造，发展了文人水墨写意山水、花鸟画的表现技法，成为吴门画派的领袖。沈周的代表作品有《仿董巨山水图》《沧州趣图》《三桧图》《卒夷图》《墨菜图》《卧游图》《东庄图》《牡丹图》《盆菊幽赏图》《烟江叠嶂图》等。此外,也有《慈鸟图》《枇杷图》《荔枝图》等花鸟小品。

《庐山高图》

《庐山高图》是沈周的传世之作。画中山峦层叠，草木繁茂，以庐山香炉峰瀑布为主景,显现出庐山的高、深和密实。这幅作品是沈周专为他的老师陈宽祝寿而画的，借庐山颂赞老师的高尚道德，具有高山仰止的气概。沈周用庐山象征老师的崇高人格，也是他自己思想境界的体现。五老峰雄踞于山巅之首，飞瀑直泻而下，山脚松荫溪边，一高士双手抱于胸前，迎瀑布而立，比例虽小却引人注目。沈周的题诗气势豪宏，把老师的为人与壮阔的自然景色联系起来，“公乎浩荡在物表，黄鹄高举凌天风”，充分表达了作者的思想境界。

《三桧图》

《三桧图》也是沈周的传世之作。画江苏常熟县虞山致道观里的三株古桧。古桧树原有七株，传为南朝宋梁年间所种，经历千年风霜寒暑，到明代仅剩下三株。画中，三株古桧虽老态龙钟，但老干虬枝各具姿态，沈周是用此画来礼赞坚忍不拔、永不衰竭的生命。

周臣

周臣，字舜卿，号东村，江苏吴县人。山水人物尤得李唐精髓，在艺术成就上被认为可与戴进并肩，为吴门画派的先导，“吴门四大家”中的唐寅、仇英都出自他的门下。他作画既不雕琢刻画，又不粗疏放逸。周臣中年用笔稳健凝重，用色雅致。晚期画作构图周密，显露清旷之气。《山斋客至图》《春泉小隐图》为其传世精品，以文人隐居生活为表现题材，反映了士大夫赋予山水的闲情雅致。《桃花源图》是周臣的传世之作，笔墨流畅，构图深远，画意清新，为晚年的精心之作。

“吴门四大家”之文征明

文征明同样是一位诗、文、书、画名重一时的全才，由于师友们都先于他早逝，子、侄及弟子辈后起成名，如众星捧月，他很自然地继沈周之后成为画坛明主，将明代文人画推向了另一个高峰。文征明长期隐居，笃志于书画以修身养性，成为一种文人理想人格的典范模式。文征明诗文书画造诣全面，画路极广，人物、山水、花鸟、梅菊竹石无所不精。他一生做学问兢兢业业，得盛名于世，与其老师沈周并称于吴门，是“吴门四大家”之一。

文征明的笔墨风格

关于文征明的笔墨风格，又有“细文”和“粗文”两种说法。“粗文”指笔墨酣畅，画面郁密苍劲，如《霜柯竹石图》；而“细文”指用青绿山水和浅绛山水，较为工整细腻，画面柔密秀丽，如《万壑争流图》。其山水作品有表现幽静深远的自然境界之作，也有表现吴地风景的写生纪事之作。无论用笔“细文”还是“粗文”，都无不具有清新典雅的文人理想境界。沈周曾题文征明山水“文章胸次有江山”，是对这种文人山水境界的经典概括。于吴门画派中，文征明善取前人之长，承接文人画“衣钵”，并“独步吾吴”，成为明中期文人画艺术的一代楷模。

《真赏斋图》

《真赏斋图》以工整细致的笔法画幽居山野的文士华夏之斋。华夏是赏鉴家，藏金石书画四十年，有极高的鉴赏力和知名度，颇受人尊重，是文征明的好友。他在湖边修建别墅，取名“真赏斋”。文征明用这幅画将华夏的隐居之所描绘给世人。此画构图疏密讲究，富有节奏韵味。山石画法在较为细密的勾皴之后点上密集苔点，设色以赭石花青，分阴阳向背，呈现一种鲜丽清雅之气。文人雅士咸集、水木环抱清幽之所的韵味跃然纸上。

“吴门四大家”之唐寅

唐寅自命“江南第一风流才子”，民间有他的许多逸闻趣事和风流传说。早年历尽坎坷，“科场舞弊案”之后，唐寅绝意仕途，游历名山大川，致力绘画。后半生，他在苏州城桃花坞建一“桃花庵”，以卖文鬻画闻名天下。死后葬在桃花坞北。个人的挫折促使他无奈地取狂放与玩世的生活方式，“任逸不羁，颇嗜声色”，实则常借诗画宣泄心中郁愤。民间缘其画，惜其才，又据传闻重新为他塑造了一个风流才子唐伯虎的形象。在中国说起唐伯虎，可谓妇孺皆知。“唐伯虎点秋香”“三笑”“三约牡丹亭”等风流逸事在民间广为流传。唐寅在绘画上曾得到沈周的指导，但对他最有影响力的是苏州老画师周臣。

《落霞孤鹜图》

此画是唐寅传世之作。画中高山丛林虚掩水阁，一士端坐窗前眺望远山近水，身后书童侍立。天际云霞缭绕，落日西沉。此画构图别致，画法工整细致，设色纯净清雅，为唐寅盛年之代表作。画家以此抒发了怀才不遇的愁思，在画上题诗云："画栋珠帘烟水中，落霞孤鹜渺无踪。千年想见王南海，曾借龙王一阵风。"

唐寅的仕女图

唐寅笔下的仕女形象大都绢秀端丽，衣纹线条遒劲畅利，晕染匀整，既吸收了宋代人物画的线描风格，又兼容了元代人物画中刚健方折的笔法，创设了明代仕女图的一种格式。《牡丹仕女图》绘手持纨扇和手擎牡丹的一女子的形象，暗寓惜春流年、人生苦短的感叹之情。画中亦有诗云："牡丹庭深又春深，一寸光阴万两金。拂曙起来人不解，只缘难放惜花心。"

《秋风纨扇图》

《秋风纨扇图》是唐寅著名的仕女画。画中一仕女亭亭玉立，手执纨扇凝神前望，坡石草木衬出其忧伤氛围。画上题诗曰："秋来纨扇合收藏，何事佳人重感伤。请把世情详细看，大都谁不逐炎凉。"

《孟蜀宫妓图》

此图描绘五代前蜀后主王建宫中的四位宫妓，她们身着道衣，头戴莲花冠，执物侍宴的情景。画上题诗，尖锐地抨击了蜀后主荒淫糜烂的生活，具有明显的讽喻之意。诗云："莲花冠子道人衣，日侍君王宴紫微。花柳不知人已去，年年斗绿与争绯。"全画线条如春蚕吐丝，流转自然。设色艳丽明洁，富于变幻和节奏感。从内容到形式，都充分显示出画家的讽喻才华和艺术上的创造精神。

"吴门四大家"之仇英

在吴门画派中，仇英一生始终以职业画家的方式从事绘画，并从生活底层的工匠，跻身于文人画家之林，且与沈、文、唐齐名，入"明四家"也即"吴门四大家"之列。仇英曾做过漆工，兼画建筑彩画，后转学绘画，师从周臣。并有幸在收藏家项元汴家中临仿古画名迹，又得文征明父子的鼓励与传授。他从临摹古画中，广泛地吸取前代大师的技法技巧，受到名流的器重和熏陶，并予以融会，画风也注入了雅致的文人气息。仇英艺术突出的是工笔重彩人物和大青绿山水画。在纤细、精巧和艳丽画风之中，透现古朴、典雅的意趣。

仇英的山水画作

仇英的传世作品很多，如《莲溪渔隐图》《玉洞仙源图》《桃源仙境图》《剑阁图》等，都是代表作品。《莲溪渔隐图》中描写江南平远山水之景，将其中的庄院、田畴、远山、村舍、湖水以及往来人物，无不处置妥帖，刻画精微。《松溪横笛图》中高山巨石斧劈刀削般硬直，松木草石杂陈，溪流湍急，一隐士横笛船头。他全心吹奏长笛的神情，让人不由得不羡慕这爽朗秋日中的隐士生活。《剑阁图》画四川剑阁县的剑门栈道景观。行旅众多，沿栈道从下方环绕而上，直至走入天际之中，体现了“蜀道难”的高绝。

仇英的人物故事画

古代人物故事画，也是仇英擅画的内容，如《兰亭修禊图》《夜宴桃李图》《人物故事图册》《文姬归汉图》等。其笔下妇女形象，无不呈现出一种图式化的形态：细眉丹唇，纤纤素手，小巧身段，这对后世颇有影响，成为一代审美典型。

董其昌的山水画

吴门画派之后，最具影响力的，首推以董其昌为代表的“华亭派”。董其昌为晚明画界里程碑式的中心人物，在他的画风和理论的带动下，使文人画的体系得到进一步发展和充实。董其昌不仅书法著名，还擅长绘画、收藏、鉴赏，他的山水画格调清新，被认为是明代绘画的一代宗师。董其昌的山水画主要有两种风格：一种是水墨画，这种作品比较常见；另一种是青绿彩色，有时不画草稿，作品比较少见。

董其昌的传世作品

董其昌的传世作品有《高逸图》《松溪幽胜图》《江干三树图》《关山雪霁图》等，为其水墨山水画的代表作。《关山雪霁图》是董其昌晚年力作。墨笔画平远景，山峦起伏层叠，林壑幽深，全幅布局严谨，气势雄健，苍苍莽莽。

《昼锦堂图》

《昼锦堂图》是董其昌的传世之作，是一幅小青绿山水，以宋代文学家欧阳修《昼锦堂记》为题，描绘了夏秋之交，一片茂林峦岫，远近相连，林间隐约而现数间茅屋。笔墨潇洒率真，山石轮廓线描很淡，以深浅不同的石青、石绿为主，兼用赭墨淡色，皴点晕染，色泽温润，气韵淡雅，意境悠远。

陈继儒

陈继儒（1558—1639），字仲醇，号眉公，华亭（今上海松江）人。隐居不仕，以书画著名，兼工诗文，有《书画史》《眉公秘笈》等著作行世。其绘画专于山水画，并兼长画梅，笔墨简朴清逸，追求生拙的画趣。陈继儒是董其昌挚友，他们倡导画分南北二宗之说。从他的《云山幽趣图》《墨梅图》《雾村图》《江村云树》等传世作品中，可以领略其画风面貌之一斑。

《云山幽趣图》

《云山幽趣图》是陈继儒的一幅水墨

画，云树山峦一片幽静，云山仿米氏画法，树却是自家风貌。

《墨梅图》

此图册共四页，均有作者行书题记，分别记录作者关于画梅的心得和咏梅绝句。画面点染精妙，构图不俗，格调清远。

赵左

赵左（生卒年不详），字文度，华亭（今上海松江）人。赵左画宗董源，兼学黄公望和倪瓒，为“苏松派”的主将，善用干笔焦墨，长于烘染，水墨湿润，以秀雅为尚。他的《仿大痴秋山无尽图》《山居闲眺图》等传世作品，显现出笔法秀雅之气，画境静逸之趣。

李士达《三驼图》

李士达（1550—1620），号仰槐，吴县（今苏州）人。长于人物画，其画往往造型怪异。《三驼图》是李士达的代表作，画三个驼背老人，形态极为独特而简洁。画中有钱允治题诗云：“张驼提盒去探亲，李驼遇见问缘因。赵驼拍手呵呵笑，世上原来无直人。”又有文谦光书：“形模相肖更相亲，会聚三驼似有因。却羡渊明归思早，世途只见折腰人。”点出了画面中蕴藏的主题，反映了世态炎凉对于画家心灵世界的扭曲。

丁云鹏

丁云鹏（1547—1628），字南羽，号圣华居士，安徽休宁人。他工诗善画，长于人物、佛像，尤善白描。他早年画风秀丽，用笔纤细秀润，设色明艳古雅；晚年笔法趋于粗放，古拙浑朴，笔力伟然。丁云鹏能于丝发眉目之间，将人物的生意神韵充分显现。被董其昌誉为“三百年来无此手”，并为他刻了一方室名印章曰“毫生馆”，意在赞赏他笔下的人物精致入微。

丁云鹏画迹

丁云鹏生活在雕版刻书和制墨工艺非常发达的徽州，曾为制墨商绘制墨模上的图案，又为书籍版画创作了不少画稿。著名墨工程君房、方于鲁的墨谱享誉世间，丁云鹏为之画了许多插图，徽刻版画集《程式墨苑》及《方式墨谱》中绘图，大都出自丁云鹏的手笔。其卷轴画作品也传世较多，其中尤以佛画人物见胜。如《漉酒图》《待朝图》《洗象图》《观音大士像》《罗浮花月图》《白马驮经图》等，都为丁云鹏传世画迹中的精品。

吴彬

吴彬，字文中，号枝庵发僧，福建莆田人，流寓金陵（今南京），官至中书舍人。他作画不摹古人，自立门户，构图独特，笔调细密严整，秀雅不凡。善画人物、佛像，形象塑造夸张变形，尤工白描。他作山水画从造型到意境都十分奇特，让人观之恍若梦中所见。

《山阴道上图》

《山阴道上图》是吴彬的传世之作，是一幅长卷，画上层峦叠嶂，千峰万壑，盘亘交错，有密不透风之感；溪谷飞瀑，密林丛树，轻云薄雾，有应接不暇之意。此图用笔繁密紧凑，技法上自成一家。

崔子忠的绘画

崔子忠（1574—1644），初名丹，字开予，更名子忠，字道母，号北海，山东莱阳人。曾学于董其昌门下，擅画人物、仕女，兼工肖像画。李自成义军攻克北京时，他匿居土室饿饿而死。他与陈洪绶齐名，有“南陈北崔”之称。崔子忠的《长白仙踪图》堪称晚明人物画中的精品，绘明万历时工部尚书张延登晚年隐居长白山的情景。画中人物束发宽衣，持杖缓步，足下白兔相伴，山景若洞天仙境。

陈洪绶

陈洪绶（1598—1652），字章侯，号老莲，浙江诸暨人，出身于世代为宦的名门望族，有良好的诗文家学陶冶。其人物、花鸟、山水画都十分擅长，名冠一时。崇祯年间，陈洪绶被召入宫为中书舍人，有机会观赏皇家私藏书画，临摹宫中藏画。明之后他的朋友多自杀殉国，他也一度皈依为僧，改号“悔迟”，并在杭州、绍兴一带以卖画为生。在明末的人物画家中，以陈洪绶的声名为最盛，其艺术成就也最为卓著。

陈洪绶的花鸟画

陈洪绶的花鸟画，线条细劲圆润，转角多方折，色彩多以自我感受加以安排。花鸟造型富于变化，用图案化的装饰趣味取代了写真处理效果，笔墨线条和色彩晕染趋于独立的审美品格。这从其《荷花鸳鸯图》和《莲石图》等作品中可见其貌。《荷花鸳鸯图》画池中情趣，湖石用笔劲直，莲叶荷花之下，一对鸳鸯静静相视，设色浓丽明艳，天空中飞舞双蝶，使画面静中有动。《花鸟草虫册》之“桃花”一册，画桃花谢时，纷纷飞落的花瓣顺溪流而下，蝴蝶弄花追随而去。简洁的两三朵落梅，令人联想到“繁花似锦飘落去”的伤逝情怀。

陈洪绶的人物画

陈洪绶最受后人赞誉的是杰出的人物画艺术。陈洪绶所作人物注意神情描述，形象有一定夸张，衣纹细润圆劲，设色古艳。他的遭遇和内心苦痛以及他狂放的生活态度，在作品中时有流露。他十分善于利用夸大个性特征和衬托对比的手法，将笔下的人物经过大胆的夸张变形，形成了他的人物造型奇异的变形特征。《异庵簪花图》《归去来辞图》《雅集图》长卷等都是他的传世之作。

陈洪绶的书籍插画

陈洪绶对民间美术有特别的关注，画过不少书籍插图，如《西厢记》插图、《楚辞·九歌》插图、《博古叶子》《水浒叶子》等。这些插图显示出陈洪绶丰富的想象力、非凡的构图能力以及刻画人物性格的能力。

曾鲸《王时敏小像》

曾鲸（1568—1650），字波臣，福建莆田人，久居南京，是明代最有影响的肖像画家。画史称曾鲸所画肖像，“如镜取影，妙得神情”。他吸收了民间画师的渲染敷色方法，使作品形象真实，既显出体积和质感，又传达出人物的精神气质。《王时敏小像》一作，画王时敏眉目清秀，神态自若，手执拂尘，正襟盘膝坐于蒲团之上，背景不着一笔，留出很大空白，烘托出人物形象的庄重和豁达。

徐渭的水墨画

徐渭是明代杰出的文学艺术家，列为中国古代十大名画家之一。徐渭多才多艺，在书画、诗文、戏曲等领域均有很深造诣，且能独树一帜，给当世与后代都留下了深远的影响。但这样一个天才却极不得志，一生经历充满坎坷、险恶和痛苦，最终穷困潦倒而死。徐渭晚年命运更加困窘，画画成为释放自己内心情感的唯一方式。在晚明，以徐渭为代表的泼墨大写意画非常流行，他成为当时最有成就的写意画大师。他的写意花卉，用笔狂放，笔墨淋漓，不简单地追求物象外表形式，独创水墨写意画新风。他被画界誉为“才横而笔豪”，“有倔强不驯之气”。

《墨葡萄图》

徐渭所作《墨葡萄图》《牡丹蕉石图》《山水人物花鸟》以及晚年所作《墨花》九段卷等，都是其重要代表作。《墨葡萄图》以独出心裁的表现手法，奇特的构图，自右上画藤条纷披错落低垂，数串葡萄倒挂枝头，意趣横生。他以泼墨写意法点成茂叶，水墨酣畅，表现出葡萄晶莹欲滴之感。画面左上方以草书自题七绝诗：“半生落魄已成翁，独立书斋啸晚风。笔底明珠无处卖，闲抛闲掷野藤中。”诗中有画，画中有诗，《墨葡萄图》因此得以广为传诵。

清代绘画

明朝灭亡以后，像陈洪绶那样，出家做和尚的画家很多，最有名的有四位，被称为“明末四僧”，他们是八大山人、石涛、浙江和石豁。他们的作品与清初失意文人的创作曾一度辉煌。清初绘画受董其昌理论与实践的启示，仿古成风，在清初“四王”时达到登峰造极的程度，并被目为正统，长期主宰宫廷绘画，与“四僧”和梅清、龚贤为代表的遗民画家形成对峙。此时的写意花鸟画亦有建树。至清代中期，以写意花鸟画为主的扬州画派崛起，其代表人物便是著名的“扬州八怪”了。他们继承了“四僧”的传统，作品更加豪纵、古拙而富有个性。后又逐渐形成了以赵之谦为代表的金石画派，开刚健豪放写意花卉的新风气，而宫廷花鸟则以继承清初恽寿平复兴的没骨法为主流。在人物画方面，清初波臣派余响不绝，后来西方传教士郎士宁又运用西洋透视法和写生法与中国传统审美趣味相糅合，开辟了中西合璧派。清末海上画派中任伯年亦参用西法而异军突起，一振颓败的人物画。

“清初六大家”

在清初画坛上，遗民画家的山水画与“四王”系统的山水画，构成了清代山水画艺术的两大部分。王时敏、王鉴、王翚、王原祁，合称“四王”，他们与吴历、恽寿平一起，又称为“清初六大家”。他们深受董其昌的影响，在清代画坛上占主流地位。“四王”这一体系的山水画，影响了此后画坛达二百年之久。

清初六家之首王时敏

王时敏（1592—1680），字逊之，号烟客，晚号西庐老人，亦称“王奉常”，江苏太仓人。王时敏出身官僚家庭，祖父在明朝任宰相，父亲是翰林，他本人在明末官至太常寺奉常。因家庭修置园林，富于收藏，王时敏早年即喜弄笔墨，少时与董其昌、陈继儒往来密切，深受董其昌影响，入清后隐居不仕，工诗文书画，致力于山水画实践。他学习各家之长，逐渐创制了笔意圆润、墨法醇厚精深、风格苍秀的独特绘画风格。

《仙山楼阁图》

《仙山楼阁图》是王时敏山水画的代表作。画家以老到的笔墨、饱满的构图、娴熟的技巧画仙山、丛林、亭阁。林木依山势而列，用笔密集细致，富于空间深度，山石纯净浑厚，相累而上，亭阁茅舍掩映在山林间，布陈有度。这是一幅融各家之法的佳作。

清初六家之王鉴

王鉴（1598—1677），字圆照，号湘碧，自称染香庵主，江苏太仓人，为明代著名文人王世贞之孙。明末官廉州太守，故有“王廉州”之称。入清后隐居不仕。其山水亦多仿古之作，但不偏于黄公望一家，而专心致力于董源、巨然、文征明、沈周诸家画艺。他早年的作品亦宗法黄公望，与王时敏画风接近。至晚年逐渐形成自己的风格特色。他的传世作品有《仿古山水屏》《仿古山水册》《梦境图》《夏日山居图》《长松仙馆图》《溪亭山水图》等。

清初六家之王翚

王翚（1632—1717），字石谷，号耕烟散人，又号乌目山中人、清晖老人等，江苏常熟人。他出身于文人世家，祖上五世均善画。受此耳濡目染，王翚自幼喜爱绘画，曾拜师，学仿古山水之法。后又得到王鉴和王时敏的传授，遍游各地，得以临摹古画真迹，技艺大进，画艺益精，最终成为一代名家。他将笔墨的精神传达与造型结构相结合，体现一种“以元人笔墨，运宋人丘壑，而泽以唐人气韵，乃为大成”的艺术理想。

《康熙南巡图》

王翚在六十岁时主绘《康熙南巡图》共十二大卷，深得康熙赏识，康熙为之亲书“山水清晖”相赐。画面自京城永定门开始，至绍兴大禹庙，再经金陵回京城，呈现康熙南巡盛况以及沿途风土人情和山川景色，场面浩繁，内容丰富，实为清代卷画中的鸿篇楷模。

《仿巨然夏山图》

《仿巨然夏山图》是王翚四十岁时的作品，这一时期是他广集博收的阶段，元人笔墨，宋人丘壑，唐人气韵，在其笔下得以体现。图中虽然景物繁多，但用笔毫无苟简之意，可见其作画的严谨态度。

清初六家之王原祁

王原祁（1642—1715），字茂京，号麓台，别号石师道人，为王时敏之孙，江苏太仓人。在“四王”中，王原祁年纪最小，但成就最高。康熙时中进士，被召供奉内廷，作画并鉴定古画。王原祁曾担任户部左侍郎职位，故人称“王司农”。康熙四十四年（1705）时，任书画谱馆总裁，与孙岳颁、宋骏业、王铨等人共同编写大型书画书籍《佩文斋书画谱》一百卷，用三年完成。这本画谱是中国绘画史上的第一部宝典，为书画爱好者提供了珍贵而全面的资料。王原祁因为很受康熙皇帝赏识，所以学生很多，逐渐形成一支独立的画派。

王原祁的画风

在绘画方面他得到祖父王时敏和王鉴的传授，喜欢临摹五代至元代时期的绘画名作，绘画风格主要受黄公望影响。他属于生活在具有传承影响关系中的仕宦文人画家，因早期山水画秉承家学，与王时敏画风接近。中期形成自己笔墨秀劲苍润的风格，如《仿黄鹤山樵松溪仙馆图》，景致既有繁密郁茂，又有空疏和留白，多用干笔淡墨，层层皴染绘成。布局用小石堆砌法，脉络清晰。如《仿高尚书云山图》《仿王蒙山水》等作品，布局缜密，显现苍秀高旷的气息。晚期画作笔墨越趋苍劲，色彩平和，色墨之间互不相碍，秀润中渗透浑厚气息，体现他所追求的某种拙朴趣味，如《仿古山水册》《仿黄公望山水图》和《仿梅道人云山图》等。

《仿大痴山水》

此画为王原祁的传世之作。在这件作品中，已不太容易看到大痴最具代表性的披麻皴法。繁密的皴法变成了层层淡墨渲染和焦墨点苔，而用笔则更显得老练空灵。画中山不算高，林不算密，但布陈得当，疏朗有致，加之几处农舍错落其间，闲逸生活气息扑面而至。

清初六家之吴历

吴历（1632—1718），本名启历，字渔山，自号墨井道人，江苏常熟人。早期家境没落，以卖画为生。吴历在画学之道中虽与“四王”有所联系，曾随王时敏、王鉴学画，但处世态度迥异，终而导致卓尔不群的脱俗画品气格的形成。他的作品布局取景比较真实，安置得宜，富有远近感；用笔沉着谨严，善用重墨、积墨，山石富有立体感，风格浑朴厚润。作品有《静深秋晓图》《柳树秋思图》《泉声松色图》和《夏山雨霁图》等。

清初六家之恽寿平

恽寿平（1633—1690），初名格，字寿平，后改字正叔，号南田云溪外史、瓯香散人等，江苏武进人。他一生饱经困苦，坎坷多难，清初隐居乡里，以卖画为生。恽寿平幼承家学，其山水画既出入于宋元之风，又以董、巨、倪、黄为师。至中期，恽寿平山水广泛取法宋元诸家，又自创山水风格，形成幽冷隽永、轻灵秀洁的特征，渐露自家风貌，如《仿黄鹤山樵夏山图》《山水册》《夜雨初霁图》等，准确传达各家精华风貌，艺术已臻成熟阶段。晚年画风趋于苍老，表现景物变化多样，线条细劲而皴笔老到，墨色处理浓淡适宜而对比得当。

“清初四僧”

弘仁、髡残、石涛和八大山人（朱耷）被称为“清初四僧”，也即清初的遗民画家，在中国画史上占有重要的地位，其人数之多、声势之大和影响之远，都超过了元代的遗民画家。这些具有遗民特质的画家，其山水画创作，同样影响了清代山水画的发展，并相应构成了异于“清初六大家”山水画的另一部分。在他们的视野中，“泪眼中的旧江山”，具有与众不同的特殊寓意。他们寄情山水，托意笔墨，使作品形成了气象荒寒、清冷幽僻的意趣格调。

八大山人朱耷

朱耷（约1626—1705），名统𨨗，号八大山人，江西南昌人。据说他出生时两耳特大，故取乳名为耷子，朱耷一名，亦由此来。朱耷本明室王孙，为朱元璋第十六子朱权之九世孙。祖父袭封为封国将军，父亲封为镇国将军。其祖父、父亲皆长于书画，于当世颇有文名。朱耷自小聪颖敏慧，“性孤介，颖异绝伦。八岁即能诗，善书法，工篆刻，尤精绘事……善诙谐，喜议论，娓娓不倦，偿倾倒四座”。明朝灭亡不久，父亲去世。此时朱耷十九岁，从此成为遗民，经济上穷困潦倒，政治上遭受迫害，抑郁愤懑，孤寂终生。六十岁前，八大山人因狂疾而尽情发泄内心所压抑的痛苦，多酒酣泼墨，奔肆不羁，作画形象往往怪异，基本不顾规矩法度，信笔挥洒，笔墨语言涌动奔放。六十岁后，为八大山人艺术最成熟的阶段，并以署款“八大山人”者为标志。

《荷花小鸟图》

此画为八大山人传世之作。画中荷叶呈即将衰败之势，荷花也将凋谢；两只小鸟则各自鼓着一双惑眼，四目对注，流露出几多对未来的惶惑和不解……整个画面，墨荷生动，各有姿态，意趣盎然。

《柳禽图》

八大山人画中有不少双禽图，绝大多数亦为冷瑟枯寂之意境。若《柳禽图》，右边之鸟收尾缩项低头闭眼，单脚斜立枝头，全幅虽无寒风，但给人一种寒风中的萧瑟清冷倦怠之感。八大山人花鸟鱼石之画，多用枯墨颓笔：一枯柳，一粗石，一枝荷茎，就连荷叶荷花亦多枯墨，这就给人一种荒冷之感。而满幅只一枝花，一瘦鸟，一怪石，一倦猫，在构图布局上给人一种孤零零、冷清清的荒冷萧瑟之感。

“扬州八怪”

清代中期最具特色和对后代影响深远的画家，当首推一批被称之为“扬州八怪”的画家。他们发展了抒发性灵的阔笔写意画，尤其是写意花鸟画。因画风不在被当时正统所标榜之列，时人视之为“怪”。“扬州八怪”，由此约定俗成地得此说法。扬州八怪虽然“怪以八名”，但并无一致记载，被列入八怪者多至十五人。他们是：华岩、高凤翰、汪士慎、李鲜、金农、边寿民、杨法、李方膺、陈撰、闵贞、罗聘、黄慎、高翔、郑燮、李勉。他们都是在野的文人，生活上较困苦，又自命清高，不愿做官。他们的作品大胆地突破了当时形式主义画风的束缚，在题材上，主要是宋元以来文人士大夫所喜欢的“四君子”梅、兰、竹、菊和写意花鸟，并运用诗、书、画、印的巧妙结合，来抒发其思想感情，表现其强烈的“叛逆性”。他们主张学习传统，但反对泥古不化，在艺术上继承了徐渭、石涛、朱耷等人，挥洒自如，不守成规，具有大胆、放纵的艺术特色，因此，他们的画，被当时守旧的人斥为“异端”，视之为“怪”。

“扬州八怪”之华岩

华岩（1682—1756），字秋岳，号新罗山人、东园生、布衣生，临汀（今福建上杭）人。他曾在造纸作坊当徒工，青年时期曾居杭州，又流寓扬州以卖画为生。他发愤潜心于诗文书画，兼擅山水、人物和花鸟。他重视写生观察，使形象姿态清新活泼，作品具有文质相兼和雅俗共赏的特点。华岩的山水融合于吴浙各派，小景尤佳。他的人物画中常描绘高士、仕女及传说中的人物，有时也画边塞人物。他的花鸟画在淡逸雅致的“扬州画派”以外创立了自己的风格，尤喜画自由飞鸣的鸟雀。

“扬州八怪”之金农

金农（1687—1764），字寿门，号冬心，杭州人。在“扬州八怪”中，金农居扬州卖画时间最久，而其学养也最为广博，精鉴赏，工诗文。曾被荐举应博学鸿词科，未被录取，心情抑郁不得志，遂周游各地，终居扬州三祝庵、西方寺，以卖画为主。金农“五十始从事于画”，但大器晚成，成为“扬州八怪”首要人物。最初画梅画竹，后来画佛像、鞍马及杂画。他的梅花常用大片水墨涂出老干，圈点花朵，风格古雅朴拙。金农每画梅竹，必题诗。如：“横斜梅影古墙西，八九分花开已齐，偏是春风多狡狯，乱吹乱落乱沾泥。”

“扬州八怪”之郑燮

“扬州画派”中最有代表性、艺术成就最突出、影响最深远的要算郑燮。郑燮诗、书、画三绝，尤其他的兰、竹之作，驰誉中外，深得人们的喜爱和推崇。郑燮，号板桥，有多方面的艺术成就。他偏爱画兰、竹、石，特别擅长墨竹，他提出“眼中之竹”“胸中之竹”“手中之竹”的创作方法。赋予墨竹“真性情”“真意气”，在对象“瘦与节”的结合中，反映其人格力量的外化。

郑板桥《墨竹图》

郑板桥擅长画兰草、竹子、石头，墨竹作品非常精彩。他学习徐渭、石涛、八大山人等人的画法，擅长水墨写意。《墨竹图》最能表现郑板桥孤傲刚正的气节，“凡吾画兰，画竹，画石，用以应天下之劳人，非以供天下之安享人也”。他不以追求竹的表面形态为目的，而是以竹的清高脱俗之性为载体，抒发胸中之性情，主张“师其意不在迹象间”。

任熊

任熊（1823—1857），字渭长，浙江萧山人。早年家境贫寒，后往来苏州、上海之间卖画为生。他师法陈洪绶，人物、山水、花鸟无不精通。他笔下的人物惟妙惟肖、呼之欲出。《自画像》中，任熊以一种顶天立地的构图画自己的肖像，衣纹处理如坚利的石头，围裹着清瘦的躯体，袒胸露臂取塔柱的姿态，武士豪侠一般，有当仁不让、万夫莫开之势。

任颐

任颐(1840—1896),初名润,字伯年，号小楼，别号山阴道人，山阴（今浙江绍兴）人。他的父亲是民间艺人，任颐少时曾做过太平军旗手，后从父学艺。到上海后，他曾从任薰学画，并以卖画为生。任颐作为清末海派的重要画家，在人物、花鸟诸传统绘画领域都有建树。任颐30岁到上海后，完全进入了后来被史家称作“海派”的文人画家的圈子里，他除了画肖像画之外，主要是致力于学习与创作花鸟画作品。他所取花鸟，大多为常见的，如芭蕉、紫藤、水仙、牡丹、山茶、菊花、麻雀、燕子、锦鸡、八哥、鸳鸯、翠鸟等，构思呈千姿百态的形态、自然有趣。

七、蒙学

什么是蒙学

蒙学就是中国传统文化的启蒙教育。它对中华民族的社会、经济、文化、思想、科技的进步发展起到了十分重要的作用。蒙学教材是启蒙教育的重要工具，内容包括文史哲、经籍、典章制度、天文地理、名物典故、风俗人情、礼仪道德、勤勉故事、优秀诗歌等多方面的丰富知识。它们大都通俗易懂，言简意赅；形式整齐多样，生动活泼；读起来朗朗上口，便于诵记。所以许多蒙学教材问世以来颇受欢迎与重视，且家喻户晓，流传不衰。传统蒙学在其两千年的历史中，不断发展完善，表现了顽强的生命力和适应性，它不仅为中国人所接受，而且引起世界上许多国家人民的重视。

"蒙"的含义

中华民族历来重视启蒙教育，蒙学即对儿童进行启蒙教育的学问。蒙是蒙昧、幼稚之意。《易经》中《序卦》曰："物生必蒙，故受之以蒙。蒙者，蒙也，物之稚也。物稚不可不养也，故受之以需。"幼童来到这个世界，称为童蒙。启迪童稚，消除蒙昧称之启蒙，或称之发蒙、训蒙、养蒙、开蒙。《易·蒙卦》："匪我求童蒙，童蒙求我。"意思是并非我去求蒙昧的幼童，而是蒙昧的幼童求我教导。童蒙主动来求我教导了，我就要施之以教育。

蒙学的范围

蒙学，《辞海》的解释是：中国封建时代对儿童进行启蒙教育的学问。蒙学的教育内容主要是识字、写字和封建道德教育。教材一般为《千字文》《三字经》《百家姓》《千家诗》《蒙求》《四书》等。蒙学阶段没有固定年限，通常采用个别教学，识字、习字，注重背诵。学术界所称的蒙学有狭义和广义之分，广义上讲，泛指古代启蒙教育，包括教育体制、教学方法、教材等内容；狭义上讲，专指启蒙教材，也就是蒙学文献。

最早的蒙学教材——《史籀篇》

《史籀篇》为周宣王时作，《汉书·艺文志》把《史籀篇》列为"小学类"第一种，本注云："周宣王太史作，大篆，十五篇。建武时亡六篇矣。"又说："《史籀篇》者，周时史官教学童书也，与孔氏壁中古文异体。《仓颉》七章者，秦丞相李斯所作也；《爰历》六章者，车府令赵高所作也；《博学》七章者，太史令胡毋敬所作也；文字多取《史籀篇》，而篆体复颇异，所谓秦篆者也。"东汉光武建安年间，此书丢失六章，可见至少在西汉时此书尚在流行，也可知我国对幼童的启蒙教育很早，而且有了专门的教材。《史籀篇》可称作是我国最早的著录于史册的启蒙教材。还有学者认为，《说文解字》在文体上应当是模仿《史籀篇》而成文；"字书鼻祖"应当是《史籀篇》，而非《说文解字》。

秦代的蒙书

秦代随着统一大帝国的出现，启蒙教育也得到进一步发展，秦始皇接受李斯的请求，"罢其不与秦文合者"。这时秦使用籀文已500多年，笔画繁复，实用中渐趋简化。于是，李斯作《仓颉篇》，中车府令赵高作《爰历篇》，太史令胡毋敬作《博学篇》。"皆取史籀大篆，或颇省改"，从此定型为小篆。汉初，闾里书师合《仓颉》《爰历》《博学》三篇，断60字以为一章，凡55章，统称《仓颉篇》。《仓颉篇》不但使秦代的文字得到了规范，而且成为权威的蒙童识字教材。《仓颉篇》一直流行到东汉，后来被保存在《三仓》中，唐以后才完全亡佚。

两汉有哪些蒙书

两汉时期，蒙书的编撰蔚然成风。一些文史大家，纷纷加入了蒙书的编辑中。《汉书·艺文志》所收小学类文献几十家，十二种，四十五篇，大多数已经亡佚。《隋书·经籍志》著录了两汉多篇启蒙字书，其中有：在汉武帝刘彻时期的司马相如作的《凡将篇》，汉元帝刘奭时期史游作的《急就篇》，汉成帝刘骜时期李长作的《元尚篇》，新帝王莽当政时期扬雄作的《训纂篇》，东汉和帝时贾鲂的《滂喜篇》，班固的《太甲篇》《在昔篇》，汉献帝时蔡邕的《劝学》《圣皇篇》《吴章篇》《女史篇》等。这些蒙学教材，基本上都是字书，以提供标准字体为主，兼作识字教材。但这些字书基本上都佚失了，现仅有《急就篇》还保存完整。

司马相如《凡将篇》

《凡将篇》是汉武帝时期大文学家、辞赋大家司马相如编。《汉书·艺文志》："武帝时司马相如作《凡将篇》，无复字。"《凡将篇》中的大多数字取之于《仓颉篇》，但其中没有重复的字。这样对蒙童识字效率的提高是有好处的。

扬雄《训纂篇》

《汉书·艺文志》说，西汉平帝"元始中，征天下通小学者以百数，各令记字于庭中。扬雄取其有用者，以作《训纂篇》”。《训纂篇》在体例上继承了《仓颉篇》的做法，补充了《仓颉篇》里没有的字，去掉了《仓颉篇》重复的字，收录 5340 字。

史游《急就篇》

史游是汉元帝时的黄门令，作《急就章》。“急救”二字，宋人晁公武解释为：“杂记姓名诸物五官等字，以教童蒙，‘急救’者，谓之难知者，缓急可救儿求焉。”《急就章》把当时的常用字 2006 个，以姓名、衣服、饮食、器用等分类编纂成三言、四言、七言的韵语，既便于记诵，又便于书写。此书一直流行到唐代，是当时最好的蒙童识字教材，并且一直保存至今。

“天下第一字书”——《千字文》

《千字文》是南朝梁武帝萧衍命周兴嗣编成。《千字文》共二百五十句，每四字一句，四句一组，两组一韵，前后贯通，互不重复。所选的一千字，都是古书上常用的，没有很生僻的字。用文言的标准看，多数句子也是普通结构，艰涩难懂的句子很少。引古书，用典故的地方有一些，但不太多，也不算艰深。上至天文，下至历史，举凡园艺、饮食、起居、修身养性及封建纲常礼教等各个方面，可谓包罗万象，涵盖广泛。融知识性、可读性和教化性为一炉，文采斐然，合辙押韵，朗朗上口，易诵易记。因为《千字文》既是一千字的集合，又是一篇涵盖各类知识的绝妙韵文，故被誉为“天下第一字书”。

周兴嗣一夜头白

梁武帝萧衍是一位多才多艺学识广博的学者，但始终不忘读书。他希望皇室子孙成为饱学之士，“出乎其类，拔乎其萃”。但当时还没有一本合适的启蒙读物，他命人从大书法家王羲之的手迹中精选出一千个各不相同的字，每字一纸，一字一字地教授那些皇子，这些字杂乱无章，不便记忆，皇子们学了也收效甚微。梁武帝就打算把这一千个各不相同的字，编成一篇通畅又有韵味的文章。任务就落到了员外散骑侍郎周兴嗣的身上。他将这一千字摊在桌上，摆在床上地上，逐字揣摩，反复吟诵。整整一夜，到天明时，周兴嗣豁然开朗，终于将这一千个不同的字，连缀成一篇四字一句的韵文。《千字文》这部伟大的蒙学作品一夜之间诞生了，时间大约是公元 535 年前后。周兴嗣因用脑过度，一夜间鬓发尽白。宋代徐钧有诗《周兴嗣》赞曰：“文成千字贯如珠，一夜劳心白尽须。不省海咸河淡句，帖中已有汉章书。”

《千字文》风行天下

《千字文》的出现是我国识字教材的一大转折，是中国识字方法之集大成者。它上承周朝的《史籀篇》、先秦的《仓颉篇》和汉魏的《急就篇》，下启唐、宋、元、明、清五代，甚至到今天还为人们所喜爱。过去商人账册的编号，考场试卷的编号，以至大部头书籍的卷册编号，常用《千字文》里的字序作线索，编成“天字某号”“地字某号”等等。直到今天，有的城市（如天津）还用《千字文》开头一部分字给街道命名。清代以后，《千字文》不仅在汉民族中间传播，还有满汉对照本和蒙汉对照本，供满族、蒙族的儿童学习汉字之用；《千字文》还传到了日本，有日本的刻本，供日本初学者学习汉文之用。

唐代有哪些蒙学教材

唐代非常重视蒙学教育。当时的蒙学教材有许多种，如沿用前代的《急就篇》《开蒙要例》《千字文》；唐代编写的《兔园册》《蒙求》《杂抄》《太公家教》。其中《太公家教》与《蒙求》影响最大。这些读本大多采用韵语形式，是诗歌教育的初级教材。

李翰编《蒙求》

《蒙求》是在唐代出现的一本蒙童识字课本，李翰编著，以介绍掌故和各科知识为主。《蒙求》全书都用四言韵文，每四个字是一个主谓结构的短句，上下两句成为对偶，各讲一个掌故，总计2484字。内容大部分是历史故事，也包括一些神话故事和古代寓言。其中有表现某种可取言行的，有带有激励劝勉意味的，有文学上脍炙人口的逸闻，如“王商止讹”“西门投巫”“孙敬闭户”“屈原泽畔”“绿珠坠楼”等等。《蒙求》中的很多典故还成为后来《三字经》《龙文鞭影》《幼学》取材的来源。如“女娲补天”“长房缩地”“杜康造酒”“蔡伦造纸”等。

《蒙求》的形式

《蒙求》仿照《千字文》的形式，采用四言押韵的形式，两句一组，互为对偶。如开头：“王戎简要，裴楷清通。孔明卧龙，吕望非熊。杨震关西，丁宽易东。谢安高洁，王导公忠。”八句四组讲了八个历史人物的故事，概括了八人的典型特征，不但便于记诵，而且包含着对人们鲜明的褒扬。《蒙求》用592个典故串联而成一篇完整的四言诗，会引起幼童极大的记忆兴趣。

《蒙求》风靡后世

《蒙求》读物自唐代李翰开始，所以后世人都称“李氏蒙求”。因为此文的形式和内容都有新颖之处，后来人们纷纷模仿，产生了众多的都以“蒙求”为名的读物，如《广蒙求》《叙古蒙求》《春秋蒙求》《左氏蒙求》《十七史蒙求》《南北史蒙求》《三国蒙求》《唐蒙求》《宋蒙求》等等，于是“蒙求”在蒙学中形成了一种体裁。

《太公家教》的内容

《太公家教》是我国最古老的治家格言，也是现存最早的识字与道德教育相结合的蒙学教材，出于敦煌遗籍，盛行于中唐到北宋初年。它既吸取古书上的词句，也吸取流行谚语，其内容大多是讲述忠君孝亲、隐恶扬善、委曲求全、明哲保身等为人处世之道，侧重于对蒙童进行伦理道德教育，主要采用四言韵语形式，少数属于杂言。其文字通俗易懂，夹杂着不少俗语，易读易记。其中就包含着很多我们现代人仍然耳熟能详的格言，如"一日为师，终日为父。一日为君，终日为主""罗网之鸟，恨不高飞；吞钩之鱼，恨不忍饥""近朱者赤，近墨者黑；蓬生麻中，不扶自直""凡人不可貌相，海水不可斗量""人无远虑，必有近忧""女慕贞洁，男效才良；行善获福，行恶得殃。行来不远，所见不长；学问不广，智慧不长"等。这本书是从中唐到北宋初年最盛行的童蒙课本，在社会上广泛流行，家喻户晓，后渐失传。

《太公家教》的道德教育

《太公家教》对唐以后的各类儿童识字教材的编写产生了重要影响。唐代以后，为蒙学教育编写专门的道德教育教材，开始为不少大思想家所重视，因此这类识字和道德教育相结合的教材逐渐增多。《太公家教》中的内容大多是关于行为规范和为人处世之道的，可以说是一本不折不扣的"思想教育"教材。其言如："事君尽忠，事父尽敬。礼闻来学，不闻往教。舍父事师，敬同于父。立身之奉，义让为先。人生不学，言不成章。"其中有些还是《论语》的内容，如"三人行，必有我师焉。择其善者而从之，其不善者而改之""人无远虑，必有近忧"等。所以这部书也被称为"格言谚语的汇海"。此书和《蒙求》一样获得了认可和传播。

《咏史诗》

《咏史诗》是在唐末出现的蒙学诗歌读本，由胡曾撰写。最初，咏史诗本不是为蒙童写的，也很少用作启蒙教材。唐代一些诗人咏史的组诗数量非常多，胡曾有《咏史诗》150首，汪遵有《咏史诗》60首，徐寅有《咏史诗》6首，孙元晏有《咏史诗》75首。其中，胡曾的《咏史诗》含150首七言咏史绝句，包含了从春秋战国一直到魏晋南北朝的历史故事，语言通俗，明快上口，容易背诵，所以在五代和宋代广泛流传。如《五湖》："东上高山望五湖，雪涛烟浪起天隅。不知范蠡乘舟后，更有功臣继踵无。"又如《汉宫》："明妃远嫁泣西风，玉箸双垂出汉宫。何事将军封万户，却令红粉为和戎。"用短诗形象地传播历史文化知识，这和以前的蒙学教材又有很大不同，对后世蒙书编写多有启迪。

《百家姓》出于何时

《百家姓》是我国流行时间最长，流传最广的一种蒙学教材。它的成书和普及要早于《三字经》，有一千多年的历史，自公元10世纪北宋朝代起在中国广为流传。是谁创造了《百家姓》？它何时初具规模？又何时出版？这些问题直到今天还是个谜。

《百家姓》的排序

《百家姓》以“赵”作为首姓，有“尊国姓”的意思，其次是钱姓，钱是五代十国中吴越国王的姓氏，所以推论此书为北宋初年所作。宋朝的一位学者相信“孙”是宋朝皇族妻妾的姓氏，“李”是南唐的统治者——李后主的姓氏。这就是《百家姓》的开场白——“赵钱孙李”次序的由来。

《百家姓》的流传

目前发现的最早的印刷体《百家姓》是在元朝（14世纪初）出版的，它根据汉字和蒙古字的语音、笔画对应而成。但是元朝的版本并不完整，流传已久的《百家姓》直到明朝才算收录完整。它记录了408个单姓，由102行组成；38个复姓，编成19行。最后一行是“百家姓终”，即百家姓完结篇，由118行构成，共有472个字。

《百家姓》

《百家姓》属于蒙学读物，将常见的姓氏编成四字一句的韵文，就像一首四言长诗，它的内容缺乏文理，但编排合理，句式整齐，隔句押韵，读来顺口，易学好记。如：“赵钱孙李，周吴郑王；冯陈诸卫，蒋沈韩杨；朱秦尤许，何吕施张；孔曹严华，金魏陶姜；戚谢邹喻，柏水窦章；云苏潘葛，奚范彭郎……”它还蕴涵着中国绵延数千年的姓氏文化。所以，读《百家姓》有如读史，可以以姓氏为索引，“翻阅”历代仁人志士、英雄豪杰，乃至奸佞之徒的事略。《百家姓》与《千字文》《三字经》相配合，成为我国古代蒙学中的固定教材，影响深远，至今仍在流传。熟悉它，于古于今皆有裨益。

北宋的蒙学

宋代的知识分子有强烈的使命感，十分重视诗文的政治教化功能，“文以载道”的思想在宋代文坛上占据着统治地位。经过先后三次兴学后，官学、私学、书院等三类学校的学科门类增多，课程内容也更加丰富实用。由于知识分子受到重视和优待，除了一部分“学而优则仕”外，教授私学成为他们的谋生方式，因此，宋代的私学十分兴盛和普及，而私学往往集中于蒙学阶段。宋代的蒙学教育比前代更发达，当时的小学、乡学、村学、义学、家塾等十分普遍。蒙学的教材体系也比较完备，包括《千字文》《蒙求》《百家姓》《十七史蒙求》《神童诗》等。其中，《百家姓》《神童诗》是北宋时期出现的两种对后世影响极其深远的蒙学读本。

《十七史蒙求》

《十七史蒙求》的作者是北宋时期著名的诗人王令。王令（1032—1059），字逢源。他5岁丧父母，随其叔祖居广陵（今江苏扬州），刻苦读书。17岁就自立门户，在天长、高邮等地以做私塾先生为生，素有治国安民之志。年仅28岁便在贫病交加之中辞世。王令是一位颇有才华的青年诗人，大政治家王安石非常赏识他。《十七史蒙求》共十六卷，仿照唐朝李翰《蒙求》的形式，采用四言韵语，上下两句对偶，生动地介绍了许多历史典故，富有教育意义。如："宋璟第一，李广无双。燕许手笔，李杜文章。""石苞当相，卫青封侯。误点作蝇，落笔画牛。一诺季布，片言仲申。衍口雌黄，裒皮阳秋。荀家八龙，贾氏三虎。战胜朝廷，折冲樽俎。汉卧发兵，郝餐击虏。致瓜苏琼，挂黄兴祖。"

神童写《神童诗》

《神童诗》相传是北宋学者汪洙所作。汪洙自幼聪明好学，9岁便善赋诗，号称汪神童。古书记载，一次上级官吏听说他是神童而召见他，他穿一件很短的衫子去应见。官吏便问他为什么衫子这么短，他当即作诗回答："神童衫子短，袖大惹春风。为去朝天子，先来谒相公。"这个故事表现了他的聪明和才华。他曾筑室西山，每月召集诸儒讲学，以教授族闾子弟，乡称崇儒馆。《神童诗》是一部影响广泛的启蒙读物。

《神童诗》有多少首

据学者考证，通行的《神童诗》并非汪洙一人所作，《神童诗》最初共34首，均为五言绝句，其中劝学诗14首，表现科举及第得意心情的诗5首，歌咏时令节气的诗15首。后人又增补了一些描写花草和自然现象的诗篇。通行的《神童诗》有48首。

《神童诗》的特点

《神童诗》全部选用五言绝句，篇幅短小，简洁含蓄，浅白清新，诗味浓郁，格律严谨，音韵和谐，对仗工整，朗朗上口，情趣盎然，易于记诵。《神童诗》是优秀的少儿诗歌读物，也是教导少年儿童学作诗歌的示范教材。因受时代局限，这些诗标榜的"万般皆下品，唯有读书高"，以高官厚禄引导学童一心读书，曾遭人非议，但在宋元明清时期影响很大。

南宋蒙学

南宋蒙学教育十分发达，有乡校、村校、义学、家塾等，遍布乡村城镇。

陆游的《秋日郊居》之三就描述了村学的情形："儿童冬学闹比邻，据案愚儒却自珍。授罢村书闭门睡，终年不著面看人。"诗下作者自注曰："农家十月，乃遣子弟入学，谓之冬学。所读'杂字'《百家姓》之类，谓之村书。"这时的蒙学教育主要是进行初步的道德行为训练，学习基本文化知识，以识字、写字、背书为主，每日功课一般是背书、授新书、作对、写字、读诗等，主要教材有《千字文》《百家姓》《神童诗》《十七史蒙求》《训蒙诗》《小学诗礼》《三字经》《名物蒙求》《千家诗》等。许多大学者还亲自编写蒙学读本，如朱熹的《训蒙诗》、方逢辰的《名物蒙求》、王应麟的《三字经》等。

古今奇书——《三字经》

《三字经》出现在南宋，至今已有七百多年历史，是学习中华传统文化不可多得的儿童启蒙读物，全书共532句，1596个字，一经诞生，就家喻户晓，脍炙人口。三字一句的韵文极易成诵，内容包括了中国传统的教育、历史、天文、地理、伦理和道德以及一些民间传说，广泛生动而又言简意赅，曾被翻译成多国文字，被誉为"古今奇书"。

《三字经》的影响

《三字经》自诞生后，就一直盛行，成为古代社会最有代表性的一种蒙学教材。清代道光年间，学者贺兴思增补了关于元、明、清三代的历史记述共24句。通行的《三字经》共416句，1248个汉字。七百多年来，《三字经》不但是蒙学基本教材，而且在社会上广泛传播，家喻户晓，妇孺皆知，对中国社会有着广泛而深远的影响。1989年10月，《三字经》英译本由新加坡教育出版社出版并向全世界发行。1990年，联合国教科文组织将《三字经》确定为儿童道德丛书之一。

《三字经》的作者

《三字经》的作者历来有不同说法。一是宋末区适子说。明代黄佐《广州人物传·十》，明末诸生屈大均《广东新语·十一》，清代恽敬《大云山房记·二》，都持此说。二是明代黎贞撰。清代邵晋涵诗有"读得贞黎三字训"，自注："《三字经》，南海黎贞撰。"据此以为《三字经》为明代黎贞撰。三是区适子所撰，黎贞增广之说。四是世传王应麟撰。清代夏之翰《〈小学绀珠〉序》："逌年十七，始知其《三字经》作者自先生（王应麟），因取文熟复焉，而叹其要而该也。"清代贺兴思《〈三字经〉注解备要叙》："宋儒王伯厚先生《三字经》一出，海内外子弟之发蒙者，咸恭若球刀。"都明确认为《三字经》是王应麟所撰。一般来说，《三字经》作者应为王应麟。

王应麟编《三字经》

王应麟（1223—1296），南宋学者、教育家、政治家。字伯厚，号深宁居士。历事南宋理宗、度宗、恭帝三朝，位至吏部尚书。王应麟博学多才，对经史子集、天文地理都有研究，是南宋末年的政治人物和经史学者。南宋灭亡以后，他隐居乡里，闭门谢客，著书立说。他的《玉海》是百科全书式的著作；《困学纪闻》是笔记类的著作，集合其大量经史研究的心得成果；《汉制考》为历史著作；《通鉴地理通释》是历史地理学著作；儿童启蒙读物《三字经》更是家喻户晓。

“蒙学之冠”

王应麟编《三字经》后，随后又出现了多种增订本，清代大学问家章太炎也曾为其增补。《三字经》具有识字、广见闻和灌输封建伦理道德观念，也就是传授知识与封建政治思想教育双重功能。书中文笔自然流畅，朴实无华，深入浅出，情真意切。包含着丰富的知识，既概括了中华五千年历史的变迁，又包含着人伦大道，历来备受赞誉。就教育作用之深以及流传时间之久而言，在中国古代蒙书教材中，《三字经》影响最大、最有代表性，堪称“蒙学之冠”。

朱熹《训蒙诗》

南宋理学大家朱熹曾亲自写作100首七言诗，结集为蒙学教材《训蒙诗》，内容是借诗来阐明义理，将义理通俗化，以此向儿童进行伦理道德教育。如《天》：“气体苍苍故曰天，其中有理是为乾。浑然气理流行际，万物同根此一源。”《致知》：“此心原自有知存，气蔽其明物有昏。渐渐剔开昏与蔽，一时通透理穷源。”《中庸》：“过兼不及总非中，离却平常不是庸。二字莫将容易看，只斯为道用无穷。”但因缺乏艺术感染力，这部《训蒙诗》流传不广，影响有限。

《小学诗礼》

《小学诗礼》是朱熹的弟子陈淳仿照《训蒙诗》编著，将《礼记》中的《曲礼》《内则》《少仪》的主要内容编写为43首五言诗，分为事亲、事长、男女、杂仪四部分，向儿童传授儒家伦理道德规范。如：“父立则视足，父坐则视膝。应对言视面，立视前三尺。”“父母或有过，柔声以谏之。三谏而不听，则号泣而随。”“目不视恶色，耳不听恶声。非法不敢道，非德不敢行。”“入境必问禁，入国必问俗，入门必问讳，与人不问欲。”“临丧则不笑，临祭则不惰。当食则不叹，让食则不唾。”此书不是直接对蒙童进行道德教育，但它通过诗歌这种形式，以发其志意，熏陶渍染，渐滋化音，使儿童在讽诵吟咏中接受教育。

刘克庄编辑《千家诗》

南宋刘克庄编辑的《千家诗》全名是《分门纂类唐宋时贤千家诗选》，全书共22卷，收录360余人的作品，其中绝大部分为唐、宋诗人的作品。录诗1270多首，全是律诗和绝句，分别按照时令、节令、昼夜、百花、竹木、天文、地理、器用、昆虫、人品等14个方面进行编排。

《千家诗》的特点

刘克庄编辑的《千家诗》，选录广泛，不拘一格，注重选录简洁短小、通俗易懂、脍炙人口的诗篇，而不苛求于作者的名气大小、地位高低。从入选的作者来看，既有帝王将相（如唐玄宗）和士大夫，也有无名氏（如《题壁》《答人》）和僧人（如僧惠洪、释处默）。所选诗文可谓“鼎尝一脔，其味无穷”。后世署名谢枋得编选的七言《千家诗》就是在此基础上编录的。

《千家诗》

作为蒙学教材通行的七言《千家诗》是清代王相根据刘克庄《千家诗》编补注释的，分为上、下两集，上集收七言绝句94首，下集收七言律诗48首，共142首。它是后来流传时间最长的诗歌基础教材。大部分诗歌浅近易懂，朗朗上口，且富于美感，内容上于儿童成长有益。其中包括不少脍炙人口的名篇，如杜甫的《绝句》（“两个黄鹂鸣翠柳”）、杜牧的《清明》（“清明时节雨纷纷”）、程颢的《春日偶成》（“云淡风轻近午天”）、朱熹的《春日》（“胜日寻芳泗水滨”）等。所以，此书不仅受到蒙童的喜爱，一些成年人也经常吟咏。

《千家诗》的选编原则

七言《千家诗》之所以流传很广，是因为它具备了通俗易懂的特点。在编选上，一是大多是名家名篇，能使儿童掌握诗歌语言及艺术。二是所选诗篇大多浅近易懂，既上口，又便于背诵，非常适合儿童学习。如杜牧的《清明》：“清明时节雨纷纷，路上行人欲断魂。借问酒家何处有？牧童遥指杏花村。”刚学会说话的孩童都可以记诵下来。三是所选诗中多名言警句，对学童有思想教育意义。四是所选诗篇内容丰富，基本按季节岁时为序，同人们的生活息息相关，学习它可使学生获得更多的知识，进一步了解社会生活。

“三百千千”

《三字经》《百家姓》《千字文》《千家诗》是蒙学最基本的教材，自从它们诞生以来，就得到广泛的传播和使用，因为它们在蒙学中占有的特殊地位，人们就将这四部书合起来简称为“三百千千”。在中国传统文化中，“三百千千”也占有极其重要的地位。

《名物蒙求》

《名物蒙求》是方逢辰编撰的，是一本启蒙教材。方逢辰（1221—1291），宋末元初人，初名梦魁，字君锡。学者称其为蛟峰先生。淳祐十年（1250）进士第一，理宗改赐今名。官至吏部侍郎等。曾聚徒讲学于石峡书院，入元不仕，潜心经史。有经传注释多种，今不传，仅存《蛟峰集》《名物蒙求》。《名物蒙求》继承了孔子关于“多识于鸟兽草木之名”的主张，主要介绍各种名物知识，涉及天文、地理、花木、鸟兽、器物、耕作、亲属、家庭、伦理等方面的名称和常识，采用四言韵语形式，全书凡2720字。如“天尊地卑，乾坤定位。轻清为天，重浊为地。丽乎天者，日月星辰。润以雨露，鼓以风霆。云维何兴，以水之升。雨维何降，以云之蒸。物无知者，为草为木。”该书通俗易懂，在古代很受欢迎。

女子蒙学读物

宋代以后，专门为女子编写的蒙学读物也相继出现，如《女小儿语》《闺训千字文》《改良女儿经》《女诫》《女论语》《内训》《女范捷录》等。但多为灌输“三从四德”观念，也包括部分女子日常生活常识的内容。

明代蒙学

明代蒙学阶段与诗歌教育相关的教材十分丰富，除《诗经》外，还有宋代谢枋得的《重定千家诗》。“三百千千”是当时蒙学最基本的教材。此外，明代学者编撰了大量韵文类儿童读物，如吕得胜的《小儿语》、吕坤的《续小儿语》和《好人歌》、李廷机的《鉴略妥注》（又名《五字鉴》）、程登吉的《幼学求源》（《幼学琼林》）、司守谦的《训蒙骈句》、萧良有的《蒙养故事》（《龙文鞭影》）、吴沉和刘仲质的《皇明百家姓》等。

《小儿语》

《小儿语》是明代吕得胜所撰。吕得胜生活在嘉靖年间。他很关心蒙童的教育工作，主张对儿童进行正确教育，特别是品德修养教育。但是当时民间流传的一些儿歌，如《盘却盘》《东屋点灯西屋亮》之类，没有什么实质性的内容，对品德修养以及后来的发展也没有什么好处。于是，他就和他的儿子吕坤编写新的儿歌，他们先后编写了《小儿语》和《续小儿语》，形式上采用四言、六言、杂言句式。如《小儿语》开头部分：“一切言动，都要安详。十差九错，只为慌张。沉静立身，从容说话。不要轻薄，惹人笑骂。先学耐烦，快休使气。性躁心粗，一生不济。能有几句，见人胡讲。洪钟无声，满瓶不响。”这样语言浅近，人人明白，隔句押韵，句式整齐，易诵易记。自问世以来，此书很受欢迎，普遍流行于民间。

《好人歌》

吕坤（1536—1618），明朝学者，字叔简，卑心吾、新吾，自号抱独居士。官至右侍郎，巡抚山西时，著有《实政录》，被仕宦奉为楷模。吕坤爱民如子弟，视贪官若仇人。他与沈鲤、郭正域被誉为明万历年间天下“三大贤”。后因不满朝政称病退休，专事讲学与著述。著有《呻吟语》《交泰韵》等。他编写的《好人歌》劝人“循礼为善”，共七十余句，每句五字，隔句押韵。如：“好人先忠信，好人重孝悌。好人知廉耻，好人守礼仪。好人不纵酒，好人不嫖妓。好人不赌钱，好人不尚气。好人不仗富，好人不倚势。好人不欠粮，好人不侵地。”通俗易懂，故广为流传。

《五字鉴》的流传

《五字鉴》原名为《鉴略》，是一部几百年来流传较广的蒙学读物，明代李廷机根据我国古史资料所写。李廷机(1542—1616)，字尔张，是晋江（今福建泉州）人。他是一个刚正的官员，累官至礼部尚书、东阁大学士，最后以晋太子太保致仕回籍。著述颇丰。《鉴略妥注》是一部几百年来流传较广的蒙学读物。

《五字鉴》的内容

《五字鉴》是李廷机根据我国古史资料所写。据清人翻刻者邹梧桐所说：“有明李廷机先生，胸罗全史，手著《鉴略》，自皇古以乞宋元事迹，举其大纲，略其小目，俾读者开卷了然，俨与历世受命之主，赓扬一堂；更可喜者，句调叶律，有类诗歌，与人可诵可读，一部二十一史之要领也。”恰当地评述了该书的特点。即以五言诗的形式，按时间顺序将上自远古、下至元明的历史进程进行了简明扼要的概述，全书仅万余字，从《三皇纪》到《明纪》共三十一个部分，各部分内容多少不一。

《五字鉴》之得名

《五字鉴》行文言简意赅，叙事条理分明，赢得了旧时读书人的喜爱，并成为明清时期蒙馆中与《三字经》《增广贤文》《幼学琼林》并列的蒙学读物。如《三皇纪》：“乾坤初开张，天地人三皇。天形如卵白，地形如卵黄。五行生万物，六合运三光。天皇十二子，地皇十一郎。无为而自化，岁起摄提纲。人皇九兄弟，寿命最延长。各万八千岁，一人兴一邦。分长九州地，发育无边疆。有巢氏以出，食果始为粮。构木为巢室，衮叶为衣裳。燧人氏以出，世事相迷茫。钻木始取火，衣食无所妨。结绳记其事，年代难考详。”每句五字，基本上隔句押韵，易读易懂，因而受到欢迎。

《幼学琼林》之得名

《幼学琼林》最初叫《幼学求源》《幼学须知》，又名《成语考》《故事寻源》，简称《幼学》。一般认为，这本书最初的编著者是明末学者程登吉（字允升），也有人认为是明代景泰年间的进士邱濬。清朝嘉靖年间，学者邹圣脉又作了一些增补并更名为《幼学琼林》，也叫《幼学故事琼林》，遍行天下。民国时期，学者费有容、叶浦荪和蔡东藩等又对其进行了增补。

蒙学百科全书——《幼学琼林》

《幼学琼林》共分四卷，按内容分类编排，分为三十三类，便于学习和记忆。全书是骈体文写成的，全部用对偶句，容易诵读，便于记忆。全书内容广博、包罗万象，涵盖天文地理、人情世故、婚姻家庭、生老病死、衣食住行、制作技艺、鸟兽花木、神话传说等各方面，几乎囊括了当时人们日常生活中常用的知识与词汇，被称为中国古代的百科全书。清代把它与《增广贤文》并列，人称“读了《增广》会说话，读了《幼学》走天下”，书中许多警句、格言至今仍然被传诵不绝。

《幼学琼林》的体例

《幼学琼林》用四言、五言、七言、八言、九言写成，文字简练，对仗工整，读起来朗朗上口，易学易懂易记。如《天文》：“混沌初开，乾坤始奠。气之较清上浮者为天，气之重浊下凝者为地。日月五星，谓之七政；天地与人，谓之三才。日为众阳之宗，月乃太阴之象。虹名蝃蝀，乃天地之淫气；月里蟾蜍，是月魄之精光。风欲起而石燕飞，天将雨而商羊舞。旋风名为羊角，闪电号曰雷鞭。”《幼学求源》虽然没有完全采用诗歌形式，但对于学童增长见闻、学习对句和作诗依然帮助极大，因而是我国明清时期广泛流传的蒙学读物，在乡塾蒙学教育中影响深远。

《训蒙骈句》

《训蒙骈句》是学习声律对句的一部教材，明代司守谦编写。司守谦，字益甫。能文，不幸早夭，诗文散佚，仅此篇存世。此书内容丰富，没有那么浓厚的伦理说教气息。全文采用平水韵平声的三十个韵部，按韵部次序编排，每韵三节，每节由三言、四言、五言、七言、十一言的五对骈句组成。如开头第一节：“天转北，日升东。东风淡淡，晓日濛濛。野桥霜正滑，江路雪初融。报国忠臣心秉赤，伤春美女脸消红。孟柯成儒，早藉三迁慈母力；曾参得道，终由一贯圣人功。”词句讲究平仄，隔句押韵，对仗工整，想象力异常丰富，向来受到喜爱和好评，清代的《笠翁对韵》《声律启蒙》就是受此影响而出现的。

何谓《龙文鞭影》

《龙文鞭影》原名《蒙养故事》，编者是明代万历年间学者萧良，他在唐代李翰《蒙求》的基础上编撰而成，学者夏广文为之作注。明末清初学者杨臣诤认为《蒙养故事》对幼学有利，但内容还是太简略，于是加以增订，改名《龙文鞭影》。其中“龙文”是指古代的良马，因见到鞭影就会奋力疾驰，而不用鞭打，其含义是读了这本书，自然就会奋发向上了。

典故汇集的《龙文鞭影》

其内容主要来自史书中的人物典故，同时又从古代神话和笔记小说中广泛收集故事，辑录了历史上许多著名人物如孔子、庄子、司马迁、诸葛亮、李白、杜甫、岳飞等人的逸闻趣事，包括孟母断机、毛遂自荐、荆轲刺秦、鹬蚌相争、董永卖身、红叶题诗等两千多个典故。

《龙文鞭影》的体例

使用平水韵平声的全部三十个韵部，按韵编排，采用四言韵语，每句概括一个典故，两两相对，对仗工整，文字简明，易读易记。如开头部分：“粗成四字，诲尔童蒙。经书暇日，子史须通。重华大孝，武穆精忠。尧眉八彩，舜目重瞳。商王祷雨，汉祖歌风。秀巡河北，策据江东。太宗怀鹞，桓典乘骢。嘉宾赋雪，圣祖吟虹。郧仙秋水，宣圣春风。”这部书问世后，一直是深受欢迎的童蒙读物之一。

清代蒙学

清代蒙学大体沿用宋、元、明的教育体制，以识字为主，多以《三字经》《百家姓》《千字文》《蒙求》《神童诗》《小儿语》《续小儿语》《弟子规》《龙文鞭影》《笠翁对韵》《声律启蒙》《增广贤文》《千家诗》《唐诗三百首》等为教材，还有康熙帝亲自审定的《御制百家姓》。由于程朱理学的影响，这些蒙学教材多以强调儿童道德品质和行为规范的培养为中心内容。

《教童子法》

《教童子法》是清代道光年间的学者王筠（1784—1854）编写，专门阐述蒙童教育方法的著作，对蒙学识字、写字、读书、属对、作诗、作文等方面作了较系统的论述，对蒙学教育提出了一些独到见解。他强调教学要启发诱导，循序渐进，步步踏实。作者还特别重视学生的学习兴趣，反对当时强迫儿童呆读死背的教学方法。书中说：“学生是人，不是猪狗，读书而不讲，是念藏经也，嚼木札也。”儿童不了解书中的意思，读起来好像和尚念经，枯燥无味，自然把学习视为苦差事。他还提出了“以放为主”的原则。他说：“小儿无长精神，必须使有空闲，空闲即告以典故。”教学中要让儿童适当的休息，一边休息，一边给儿童讲些知识性故事，活典故能够培养儿童的思维。

李渔编著《笠翁对韵》

《笠翁对韵》是一本专门用来学习声韵格律的启蒙读物，是著名文学家李渔（字笠翁）编著的。其始刊行于道光二十九年（1849），一问世即引起轰动，是清代最流行的声律类蒙书之一。全书共三十韵，每韵二则至四则不等，从一字对、二字对、三字对、五字对、七字对到十一字对。声韵协调，朗朗上口，从中得到语音、词汇、修辞的训练。且用语清丽典雅，意境优美，富于生活气息，更易为初学之人掌握。如："天对地，雨对风。大陆对长空。山花对海树，赤日对苍穹。雷隐隐，雾蒙蒙。日下对天中。风高秋月白，雨霁晚霞红。牛女二星河左右，参商两曜斗西东。十月塞边，飒飒寒霜惊戍旅；三冬江上，漫漫朔雪冷渔翁。""雷对电，雾对霞。蚁阵对蜂衙。寄梅对怀橘，酿酒对烹茶。宜男草，益母花。杨柳对蒹葭。班姬辞帝辇，蔡琰泣胡笳。舞榭歌楼千万尺，竹篱茅舍两三家。珊枕半床，月明时梦飞塞外；银筝一奏，花落处人在天涯。"文中穿插了许多典故，既能够帮助学子增长见闻，又对品德修养产生了潜移默化的影响。

车万育编著《声律启蒙》

《声律启蒙》是清代车万育编著的，是一本专门训练儿童对偶技巧、掌握声韵格律的启蒙读物，与"三百千千"同为家喻户晓的蒙学教材，同时也是我国楹联史上的瑰宝。车万育，字与三，号鹤田，邵阳人。康熙甲辰进士，改庶吉士，官兵科掌印给事中。曾任岳麓书院山长。有《怀园集唐诗》。

楹联瑰宝——《声律启蒙》

全书按韵分编，包罗天文、地理、花木、鸟兽、人物、器物等的虚实应对。从单字对到双字对，三字对、五字对、七字对到十一字对，声韵协调，朗朗上口，从中得到语音、词汇、修辞的训练，而且韵味十足，方便记忆。如："云对雨，雪对风，晚照对晴空；来鸿对去燕，宿鸟对鸣虫。三尺剑，六钧弓，岭北对江东。人间清暑殿，天上广寒宫。两岸晓烟杨柳绿，一园春雨杏花红。两鬓风霜，途次早行之客；一蓑烟雨，溪边晚钓之翁。"又如："沿对革，异对同，白叟对黄童。江风对海雾，牧子对渔翁。颜巷陋，阮途穷，冀北对辽东。池中濯脚水，门外打头风。梁帝讲经同泰寺，汉皇置酒未央宫。尘虑萦心，懒抚七弦绿绮；霜华满鬓，羞看百炼青铜。"

《声律启蒙》的特点

《声律启蒙》的内容多以自然界的现象和实际生活中的事件人物作为范例，没有那么强烈的道德说教意味，通过深入浅出的语句，达到潜移默化的教育效果，既便于儿童理解，又能够陶冶学童情操，因此成为最风行的蒙学教材。如："寒冰三尺厚，秋月十分明。""花间双粉蝶，柳内几黄莺。""一轮秋夜月，几点晓天星。""渚莲千朵白，岸柳两行青。"

蒙学读本《增广贤文》

《增广贤文》又名《昔时贤文》《古今贤文》。书名最早见于明代万历年间的戏曲《牡丹亭》，据此可推知此书最迟写成于万历年间。后来经过明、清两代文人的不断增补，才改成现在这个模样，称《增广昔时贤文》，通称《增广贤文》，是一部极有影响的蒙学读本。

《增广贤文》的作者

《增广贤文》的作者和成书年代，至今尚无定论。目前，人们大多认为其成书于清代中叶，因为清代同治年间周希陶曾对《增广贤文》加以修订，并刊行了《重订增广》一书。这种意见可备一家之说，但究竟如何，还有待于进一步探讨。《重订增广》的出现表明，《增广贤文》一书至迟在清同治时期就有了广泛的流传。也有人认为是车万育编著的。

《增广贤文》的形式

《增广贤文》篇幅不长，通行本只有3800字左右。全书以韵文的形式，将格言排列在一起，三言、四言、五言、六言、七言交错而出，灵活多变，读起来抑扬顿挫，朗朗上口，从而突破了传统蒙学读物一种句式贯穿始终的基本格式，有的采自俗语，有的是圣哲语录，语句更接近于口语，更易于为人们接受。可以说，这是《增广贤文》深入民间的原因之一。

《增广贤文》的内容

《增广贤文》只有数千字，以格言的形式讲述了对人际关系的看法，介绍了待人接物的经验。它是对中国人处世经验、智慧和原则的总结，反映了古人之人生态度和处世原则，涉及为人处世的谚语很有哲理性，耐人寻味，值得借鉴。这正是它的生命力所在。如："知己知彼，将心比心""相识满天下，知心能几人""易涨易退山溪水，易反易复小人心""运去金成铁，时来铁似金""读书须用意，一字值千金""逢人且说三分话，未可全抛一片心""有意栽花花不发，无心插柳柳成荫""画虎画皮难画骨，知人知面不知心""钱财如粪土，仁义值千金""饶人不是痴汉，痴汉不会饶人""美不美，乡中水；亲不亲，故乡人""贫居闹市无人识，富在深山有远亲""谁人背后无人说，哪个人前不说人""近水楼台先得月，向阳花木早逢春"。有些句子连在一起简直就是诗歌，如："一年之计在于春，一日之计在于寅，一家之计在于和，一身之计在于勤""有茶有酒多兄弟，急难何曾见一人。人情似纸张张薄，世事如棋局局新""有田不耕仓廪虚，有书不读子孙愚，仓廪虚兮岁月乏，子孙愚兮礼义疏""庭前生瑞草，好事不如无。欲求生富贵，须下死工夫""磨刀恨不利，刀利伤人指；求财恨不多，财多害自己"。由于文中极少运用典故，语句接近于口语，容易被人们所接受，流传极广，影响深远，书中许多警句、格言至今仍然为人们所传诵。

《弟子规》

《弟子规》原名《训蒙文》，原作者李毓秀（1662—1722）是清朝康熙年间的秀才。以《论语·学而篇》中“弟子入则孝，出则悌，谨而信，泛爱众，而亲仁，行有余力，则以学文”为中心。就是首先在日常生活中要做到孝敬父母，友爱兄弟姐妹;其次一切言行中，要谨慎，要讲信用；和大众交往时要平等仁和，要时常亲近有仁德的人，向他学习。以上这些事是学习的根本，非做不可。如果做了还有余暇，更应努力地学习礼、乐、射、御、书、数等六艺，各种经典，以及其他有益的学问。全篇分五个部分，具体列述弟子在家、出外、待人、接物与学习上应该恪守的守则规范。后来清朝贾存仁修订改编《训蒙文》,并改名《弟子规》,是启蒙养正,教育子弟敦伦、尽分、防邪、存诚，养成忠厚家风的最佳读物。《弟子规》影响很大,读诵很广,仅次于《三字经》。

必读书《唐诗三百首》

编者清代孙洙（1711—1778），字苓西（一作临西），号蘅塘（一作蘅堂），晚号退士，江苏无锡人。该书以《唐诗别裁》作为蓝本再加选汰而成，卷首有蘅塘退士序:“世俗儿童就学，即授《千家诗》，取其易于成诵，故流传不废。但其诗随手掇拾，工拙莫辨。且只五、七律、绝二体，而唐宋人又杂出其间，殊乖体制。因专就唐诗中脍炙人口之作，择其尤要者，每体得数十首，共三百余首，录成一编，为家塾课本。俾童而习之，白首亦莫能废，较《千家诗》不远胜耶？谚云:‘熟读唐诗三百首，不会作诗也会吟’，请以是编验之。”由此可知当时《千家诗》为童子学诗的启蒙读物。因为选量适当，作家广泛，诸体皆备，所以问世以后，受到极大欢迎，影响远远超过以前所有选本。其缺点是偏重于“温柔敦厚”的标准，反映社会现实的作品入选较少，而宫怨诗比重偏大，一些注释也过于简略。历来刻本很多，而各本篇数又不尽相同。其准确数字当为三百零二首。清末，《千家诗》《唐诗三百首》等诗歌读本依然是蒙童学习诗歌的主要教材。

必读书《宋词三百首》

《宋词三百首》的编者朱孝藏(1857—1931)，别名彊村，是近代词学大师。清光绪九年（1883）进士，做过礼部侍郎、广东学政等官。辛亥革命后，以遗老自居。他写词，走的是吴文英、周邦彦的路数，精通格律，讲究审音，有“律博士”之称。著有词集《彊村语业》。他对词学的另一贡献是编纂了《彊村丛书》，收集唐、宋、金、元词家专集163家，遍求善本加以校勘，是迄今所见较为完善的词的大型总集。《宋词三百首》是他为供自己的侄儿诵习而编，可以算是宋词的启蒙读本，也是近代以来流传较广的宋词普及读本。选词宗旨以浑成为主，所选的范围比较全面，并不拘泥于浙、常二派，各种流派的名家均有入选，能大体上反映宋词的全貌，适合学童诵读。